广西经济社会调查报告

（2012）

国家统计局广西调查总队　编

中国统计出版社
China Statistics Press

（京）新登字041号

图书在版编目（CIP）数据

广西经济社会调查报告. 2012 / 国家统计局广西调查总队编. — 北京 : 中国统计出版社， 2013.6

ISBN 978-7-5037-6815-6

Ⅰ. ①广… Ⅱ. ①国… Ⅲ. ①区域经济—调查报告—广西—2012②社会调查—调查报告—广西—2012 Ⅳ. ①F127.67

中国版本图书馆CIP数据核字（2013）第109110号

广西经济社会调查报告—2012

作　　者/ 国家统计局广西调查总队
责任编辑/ 佘竞雄
责任校对/ 施先文
装帧设计/ 张谱丽
出版发行/ 中国统计出版社
地　　址/ 北京市丰台区西三环南路甲6号　邮政编码/100073
电　　话/ 邮购（010）63376909　书店（010）68783171
网　　址/ http://csp.stats.gov.cn
印　　刷/ 广西民族印刷包装集团有限公司
经　　销/ 新华书店
开　　本/ 890mm × 1240mm　1/16
字　　数/ 1800千字
印　　张/ 47.5
版　　别/ 2013 年 6 月第 1 版
版　　次/ 2013 年 6 月第 1 次印刷
定　　价/ 260.00 元

如有印装差错，由本社发行部调换。

《广西经济社会调查报告—2012》

编辑委员会和编辑工作人员

编 者 说 明

2012年，在国家统计局和自治区党委、政府的正确领导下，广西调查总队按照“三个提高”的要求，紧紧围绕“管理提升年”主题活动，采取一系列措施促进调查信息报告编撰质量提高，稳步抓好统计调查服务工作。一是继续贯彻“突出质量管理，严控编发数量”的工作思路，紧紧围绕调查专业业务选题，突出重点和特色，对调查信息、报告的逻辑结构，言语表达，可读性进行严格把关；二是加大信息约稿、专题分析、季度专报等工作力度，深入基层开展调查研究，及时准确地掌握第一手资料，增强对经济形势的分析判断能力；三是继续加强“1+1”面对面培训互动交流，提升基层调查队信息报告的撰写水平。一年来，广西调查总队编发的调查信息报告引起了各级领导的高度关注，咨询决策能力和作用不断增强。据统计，2012年共编发调查信息516篇，调查报告155篇。其中：调查信息、调查报告专报被自治区“两办”及以上单位采用和领导批示共251篇次；被国家统计局采用和领导批示39篇；被“中办”及“国办”采用11篇次，国家领导人批示5篇。2012年度组织约稿60篇，被自治区“两办”及以上部门采用及领导批示94篇次，“中办”、“国办”采用16篇次，国家领导批示5篇。广西调查总队在2012年度自治区党委信息工作成绩位列前茅，荣获2012年度自治区政府信息工作先进单位二等奖。

《广西经济社会调查报告2012》全书收集了2012年度广西调查队系统开展的经济研究课题和部分统计调查分析报告文章，共103篇。全书按内容分为八个部分：第一部分课题研究篇，重点是经济研究课题以及反映广西经济社会发展的综合性调查报告；第二部分综合专报篇，主要对当前广西的物价形势、城乡居民收入和消费情况、农业生产形势、企业运行情况等四个专题进行分析并上报给自治区党委和政府的专题报告；第三部分农村生活篇，主要反映农村居民生活情况等题材的调查报告；第四部分城镇生活篇，主要反映城镇居民生活情况等内容的调查报告；第五部分农牧生产篇，主要反映农业生产情况等方面的调查报告；第六部分价格调查篇，主要反映生产、消费价格等方面的调查报告；第七部分企业调查篇，主要反映工业生产、企业监测、服务业调查等情况的调查报告；第八部分专题调查篇，主要是常规调查业务以外反映广西及市、县域经济发展等情况的调查报告。衷心希望此书出版发行能够为广西经济建设的发展，为广西统计调查事业发挥积极的作用。

由于编者水平有限，书中难免有疏漏和错误之处，敬请作者和读者批评指正。

国家统计局广西调查总队
二〇一三年四月

目 录

第一部分 课题研究篇

第二部分 综合专报篇

第三部分 农村生活篇

第四部分　城镇生活篇

第五部分 农牧生产篇

第六部分　价格调查篇

第七部分 企业调查篇

第八部分 专题调查篇

第一部分

课题研究篇

广西城乡居民收入分配差距研究

课题主持人： 邹伟忠
课题组成员： 何永东 施先文 文 著 劳 青

一、引言

（一）研究的背景与意义

改革开放以来，广西经济发展保持了持续高速增长态势，促进了城乡居民人均收入水平大幅增长，人均消费不断增长，恩格尔系数持续下降，生活水平显著改善和提高。据广西统计资料，广西地区生产总值（GDP）由1980年的97.3亿元增加到2011年的11720.87亿元（现价，下同），年均增加374.95亿元，年均增长10.5%（不变价，下同），人均GDP由1980年的275元增加到2011年的22544元，年均增加718元，年均增长9.1%；城镇居民人均可支配收入由1980年的455元增加至2011年的18854元，年均增加594元，年均增长6.4%；农村居民人均纯收入由1980年的173元增加至2011年的5231元，年均增加163元，年均增长4.8%。但是，在人均收入快速增长的同时，城乡居民收入比的差距却在不断拉大，2011年城乡居民收入绝对差额达13623元，比1980年的282元增加了13341元，城乡收入比由1980年的2.62∶1扩大到2011年3.60∶1。据此，我们拟以1980—2010年广西城乡居民收入分配数据为基础，分析研究广西城乡居民收入分配差距的变化及趋势，为今后解决相关问题，制定政策提供客观的基础。

（二）文献综述及研究思路

关于收入分配理论的研究最早见于古典经济学，以李嘉图为代表的古典经济学家在分配理论问题研究方面取得了成功，而进入新古典经济学后更加注重经济增长和效率的研究，并且在对投入要素同质性假设下，完全剥夺了经济行为的主体的差异性，使得按照边际生产力配置资源的结果导致收入分配问题远离了主流经济学。进入现代经济学，随着现代科学技术和生产力的进步，收入分配问题又重新回到主流经济学中。

围绕收入分配差距特别是城乡收入分配差距这一问题，学者们做了大量的研究。刘社建和徐艳（2004）认为经济体制改革以来我国城乡居民收入分配差距不断扩大，其原因是多方面的，既包括城乡二元经济结构、工农业产品“剪刀差”等因素，又包括城乡居民人力资本差异与收入分配制度等因素。穆月英等（2010）通过估计固定效应模型，对我国城乡居民收入分配的成因和敛散性进行研究，结果表明农村居民人力资本水平的影响最大，而城乡之间收入的收敛性是不稳定的。熊学华（2010）通过对各省农村居民收入与城镇居民收入进行比较分析，发现造成城乡居民收入差距过大的根本原因在于农民收入过低。

以上研究者从不同角度给出了收入分配差距大的原因和解释，并给出了针对性的政策建议。本文立足于现有文献的研究基础，并借鉴国内外研究收入分配差距的优秀方法，对广西城乡居民收入分配差距问题进行实证分析研究。本文分析研究整体结构思路如下：1980—2010年广西城乡居民收入分配差距的定性描述及动态演进过程；对收入分配差距的合理性进行判断；并用时间序列相关模型预测收入分配差距的未来变动趋势；结论和相关的政策建议。

二、广西城乡居民收入分配差距情况分析

（一）广西城乡居民收入分配差距变化情况

改革开放后，广西城乡居民收入分配差距总体上呈现不断扩大的趋势。1980年，城乡居民人均收入差额为282元，城乡居民人均收入比为2.6倍；随后城乡居民收入分配差距一度缩小，1983年城乡居民人均收入差额仅为182元，人均收入比为1.7倍；但是从20世纪80年代中期开始，城乡居民收入分配差距不断扩大，2010年城乡居民人均收入差额为12520元，人均收入比为3.8倍。

图1 广西城乡居民人均收入差额统计图（单位：元）

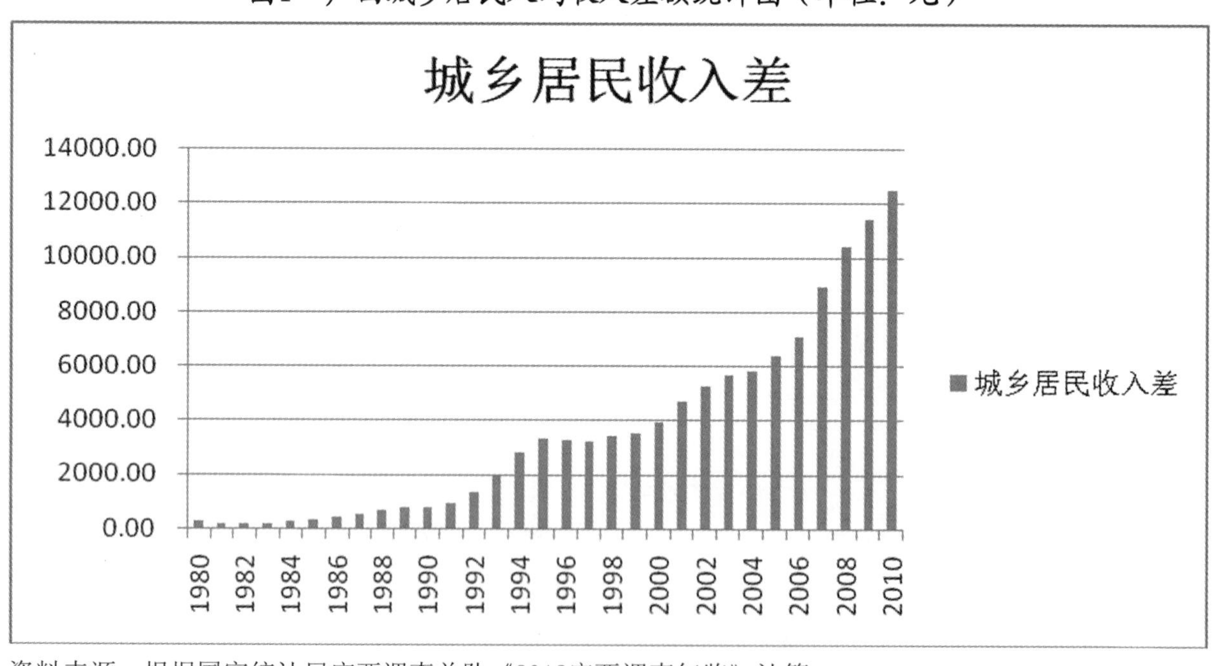

资料来源：根据国家统计局广西调查总队《2012广西调查年鉴》计算。

对城乡居民收入结构的比较有利于了解上述差距的根源。广西城乡居民收入来源主要包括：工资性收入、经营性收入、财产性收入和转移性收入等四个方面。以1995—2010年为例进行观察，发现广西城镇居民人均财产性收入和人均转移性收

图2 广西城乡居民人均比统计图

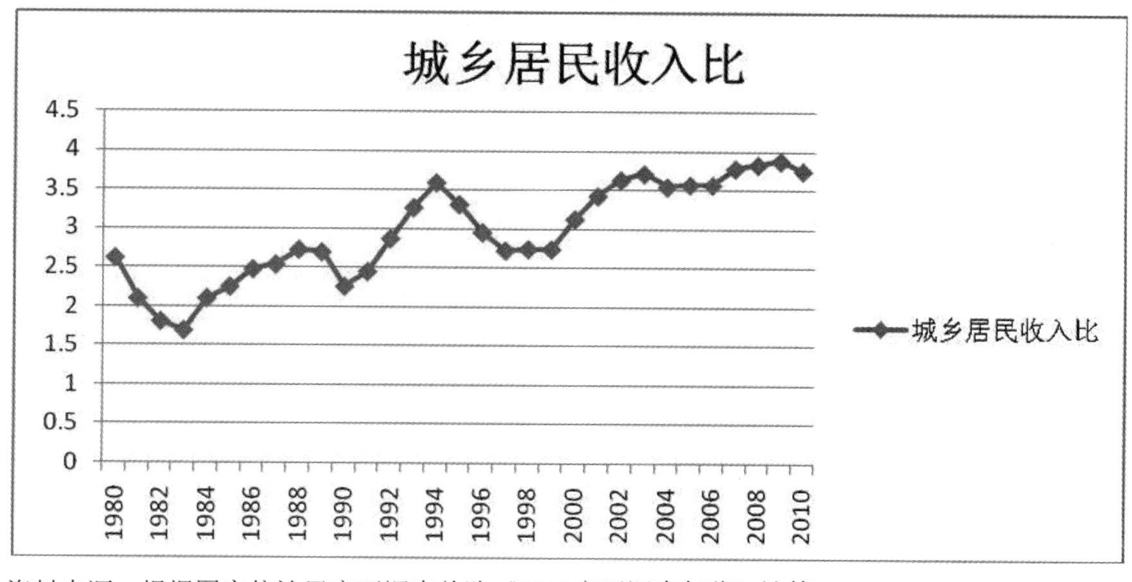

资料来源：根据国家统计局广西调查总队《2012广西调查年鉴》计算。

入明显高于农村居民的同类收入。如2000年，城镇居民人均财产性收入为306元，农村居民人均财产性收入仅为7元，城乡居民财产性收入比为41倍。2005年，城市居民人均转移性收入为1997元，农村居民人均转移性收入为53元，城乡居民转移性收入比为38倍。即使是实施强农惠农政策力度较大的2010年，农村居民人均转移性收入也仅为292.3元，城乡居民转移性收入比仍达到15.8倍。同一时期，城乡居民人均工资性收入差距基本保持稳定，除1995年外，城镇居民人均工资收入水平约为农村居民的7～9倍。

图3 1995—2010年城乡居民收入结构收入比

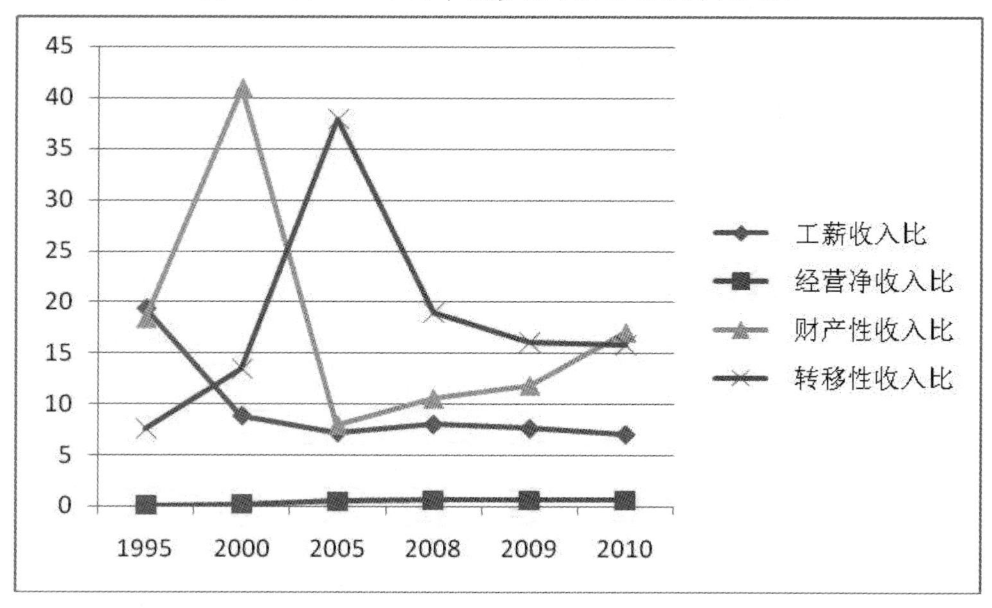

资料来源：根据国家统计局广西调查总队《2012广西调查年鉴》计算。

（二）广西城乡居民收入分配差距的动态演进分析

收入分配差距存在有其合理性，是市场经济发展的必然趋势，发达国家的发展经验数据证明了这点。美国经济学家西蒙. S. 库兹涅茨（Simon Smith Kuznets）在1955年所提出的收入分配状况随经济发展过程而变化的曲线，称为“库兹涅茨‘倒U’型曲线”，是对这一经验事实的总结。那么“库兹涅茨拐点”对经济发展的启示作用是什么，在动态的经济发展中，该拐点是一蹴而就还是反复的多重均衡的一个博弈过程再有拐点。带着对这一问题的考虑，本文采用非参数kernel密度估计方法，对广西城乡居民收入差距进行总体上的分析，判断其参数分布的形态，说明其整体收入差距的动态演进过程，以此来表明广西城乡居民收入分配是否出现了两极分化现象，即在考察期内广西城乡居民收入分配差距分布形态是单峰还是双峰。如果城乡居民收入差距分布的概率密度函数呈现单峰形状，则说明城乡居民收入分配差距向惟一的均衡点收敛，不存在多重均衡；如果城乡居民收入分布的概率密度函数是双峰形状，则表明城乡居民收入分配差距分别向着高水平和低水平两个均衡点收敛，由此认为城乡居民收入分配差距出现了两极分化现象。

限于篇幅，我们分成1980—1990年、1990—2000年、2000—2010年3个十年时间段进行考察。

图4　非参数核密度图

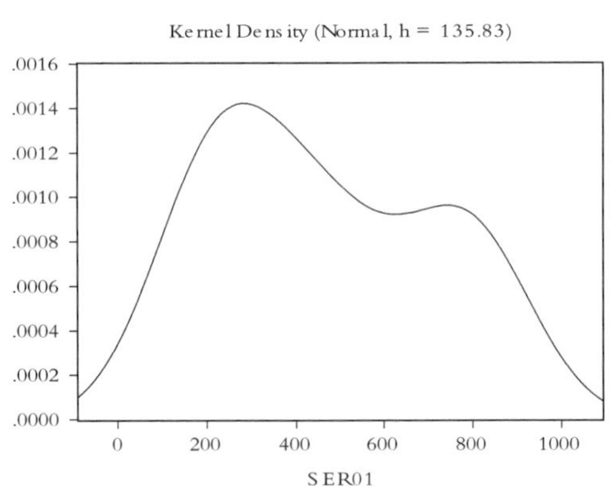

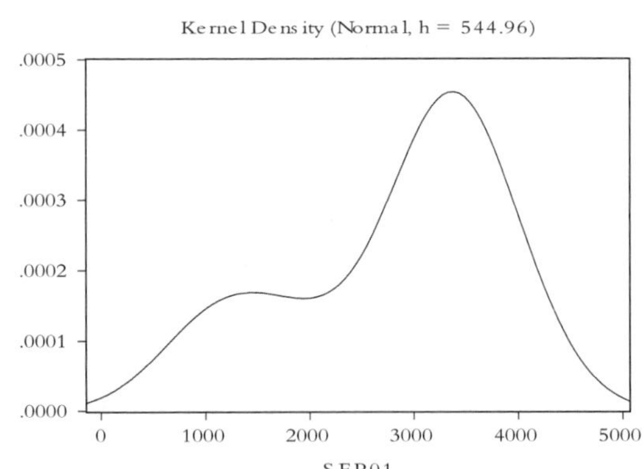

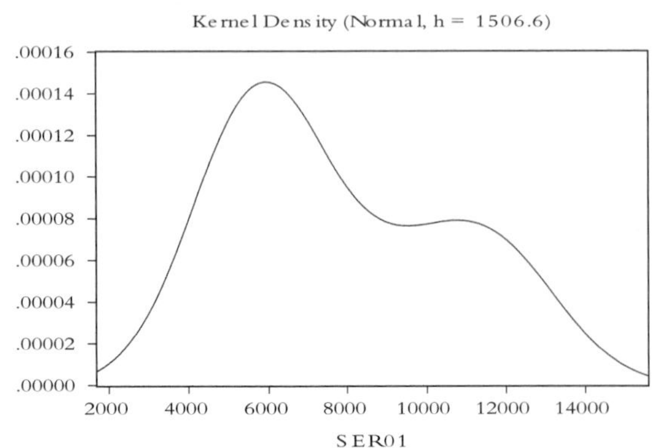

如图所示（横轴代表收入分配差距额，纵轴代表概率密度数值），三个图形呈现的均是双峰分布的形态，波峰呈右-左-右移动趋势，表明城乡居民收入差距呈现多重均衡，收入差距呈现持续性的扩大。同时近十年图（2000—2010年）表明城乡居民收入分配差距分布波峰高度持续增大且向右移现象明显，即波峰所对应的核密度和城乡居民收入分配差距都在增加。这种结果表明，广西城乡居民收入分配差距正不断扩大，而且扩大的范围也在增加。

（三）广西城乡居民收入分配差距的合理程度判断

库兹涅茨假说指出了在不同经济发展阶段城乡居民收入分配差距存在的合理性。但是，户籍管理制度、重点倾斜城市的经济政策（包括投资、就业等）因素造成了城乡居民收入分配水平不合理的差距。王少国（2006）指出，由于城乡收入分配差距与二元对比系数密切相关，因此如果能够找到与经济发展阶段相适应的合理的二元对比系数，就可以判断一个国家（地区）的二元对比系数的大小是否合理，将二元对比系数分为合理部分和不合理部分，从而确定与之相对应的城乡居民收入差别水平的合理性。本文借鉴其方法尝试对广西城乡居民收入分配差距的合理性做出判断，其中城乡居民收入分配差距以城乡居民收入比来衡量。

设G为总产值（或总收入），L为劳动力总数，G_1为农业部门产值（或收入），G_2为非农业部门产值（或收入），L_1为农业部门劳动力数，L_2为非农业部门劳动力数。又GR_1设为二元对比系数。很显然$G_1+G_2=G$，$L_1+L_2=L$。则比较劳动生产率的数学计算公式：

$$B_1=\frac{G_1/G}{L_1/L}\ ;\ B_2=\frac{G_2/G}{L_2/L}$$

二元对比系数的计算公式为：$R_1=\frac{B_1}{B_2}$

根据1990年—2010年广西GDP、第一产业增加值、总人口和农业人口四项指标，可以算出实际的二元对比函数。又根据王少国（2006）15个国家的人均GNP与二元对比系数得出的基准模型：

$$X=4.41-1.04\ln Y+0.06(\ln Y)^2$$

其中：Y代表人均GNP（以美元为单位），本文以人均GDP代替；X代表合理的二元对比系数。

由上述基准模型，计算得出的合理二元对比系数和实际二元对比系数结果见下表。

表1 二元对比系数表

年份	人均GDP（元）	汇率	人均GDP（美元）	实际二元对比系数	合理二元对比系数
1990	1066.00	4.78	222.87	0.10	0.54
1991	1211.00	5.32	227.50	0.10	0.53
1992	1490.00	5.52	270.17	0.10	0.47
1993	1982.00	5.76	343.98	0.08	0.38

续表

年份	人均GDP（元）	汇率	人均GDP（美元）	实际二元对比系数	合理二元对比系数
1994	2675.00	8.62	310.36	0.08	0.42
1995	3304.00	8.32	397.24	0.09	0.33
1996	3706.00	8.30	446.59	0.10	0.30
1997	3928.00	8.28	474.42	0.10	0.28
1998	4346.00	8.28	524.95	0.10	0.25
1999	4444.00	8.28	536.75	0.09	0.24
2000	4652.00	8.28	561.95	0.08	0.23
2001	5058.00	8.28	611.11	0.08	0.21
2002	5558.00	8.28	671.48	0.07	0.18
2003	6169.00	8.28	745.33	0.07	0.16
2004	7461.00	8.28	901.41	0.07	0.11
2005	8590.00	8.19	1048.62	0.07	0.08
2006	10121.00	7.97	1269.60	0.07	0.04
2007	12277.00	7.60	1614.54	0.06	0.00
2008	14652.00	6.95	2109.69	0.05	(0.04)
2009	16045.00	6.83	2348.85	0.05	(0.05)
2010	20219.00	6.77	2986.78	0.05	(0.07)

我们以1990—2010年广西调整的城乡居民人均实际可支配收入（纯收入）比Z_T作为被解释变量，以实际二元对比系数X的倒数N 作为解释变量。在0.05的显著性水平下，用SPSS计量结果如下：

Z_T=1.768+0.112N

(7.076) (6.233)

R^{-2}=0.645， S.E.=0.2856, F=38.854

我们利用上面的计量结果，将合理的二元对比系数的倒数带入，可以计算出城乡居民收入差别的合理部分，由实际城乡居民收入差别减去此合理部分计算出不合理部分。计算结果如下表。

表2　广西城乡居民收入比合理性计算

年份	城乡居民收入比	合理部分		不合理部分	
		绝对数	百分数	绝对数	百分数
1990	2.2645	2.021628	0.8927	0.2429	0.1073
1991	2.4533	2.042771	0.8327	0.4105	0.1673
1992	2.8753	2.090034	0.7269	0.7853	0.2731
1993	3.2720	2.134464	0.6523	1.1375	0.3477
1994	3.5962	2.170777	0.6036	1.4254	0.3964
1995	3.3136	2.139119	0.6456	1.1744	0.3544

续表

年份	城乡居民收入比	合理部分		不合理部分	
		绝对数	百分数	绝对数	百分数
1996	2.9553	2.098998	0.7102	0.8563	0.2898
1997	2.7251	2.073209	0.7608	0.6519	0.2392
1998	2.7447	2.075404	0.7562	0.6693	0.2438
1999	2.7439	2.075319	0.7563	0.6686	0.2437
2000	3.1292	2.118471	0.6770	1.0107	0.3230
2001	3.4283	2.151969	0.6277	1.2763	0.3723
2002	3.6348	2.175093	0.5984	1.4597	0.4016
2003	3.7160	2.184191	0.5878	1.5318	0.4122
2004	3.5477	2.165343	0.6104	1.3824	0.3896
2005	3.5743	2.168327	0.6066	1.4060	0.3934
2006	3.5724	2.168104	0.6069	1.4043	0.3931
2007	3.7841	2.191821	0.5792	1.5923	0.4208
2008	3.8336	2.197364	0.5732	1.6362	0.4268
2009	3.8817	2.202754	0.5675	1.6790	0.4325
2010	3.7557	2.188643	0.5827	1.5671	0.4173

图5 广西城乡居民收入比合理性统计

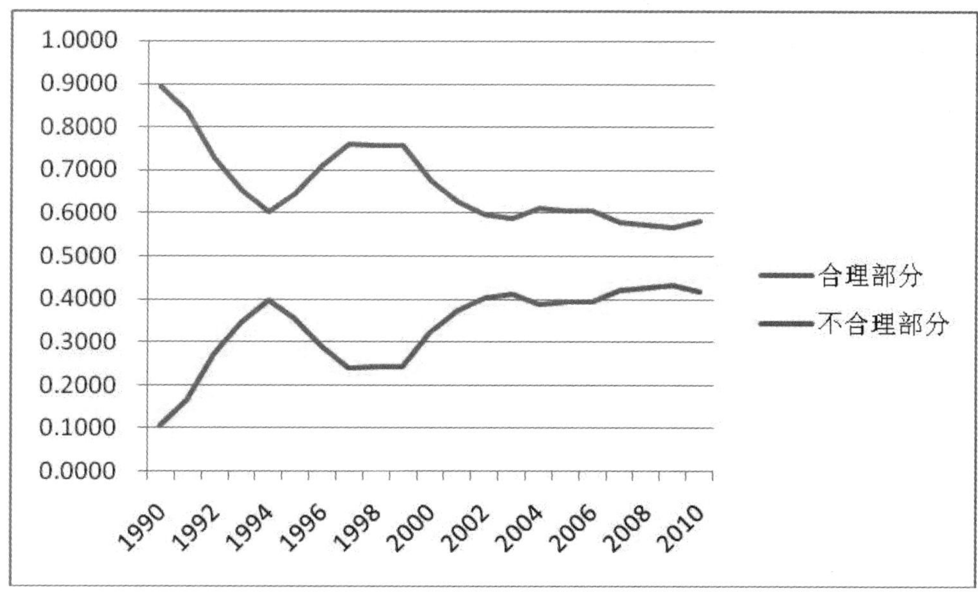

从上图可以看出，随着经济发展，广西由经济发展水平决定的城乡居民收入合理差别和由其他因素决定的不合理差别渐趋平稳。从2002年后，合理部分在60%左右波动，不合理部分则约占40%。

（四）广西城乡居民收入差距扩大的原因分析

1. 二元经济结构长期存在不断拉大城乡居民收入差距。城乡二元结构差异主要是由一系列的制度安排造成的，包括：

户籍制度、教育制度、就业制度和社会保障制度等。城乡之间的收入差距与二元经济结构之间有显著相关关系，“城乡二元结构”的存在，不可避免地导致经济利益的失衡，二元经济结构越明显，收入差距越大。广西属于偏远少数民族地区，其经济结构为典型的二元经济结构，因此，城乡居民之间的收入差距一直较为突出。国家统计局广西调查总队统计资料显示：在1981—2010年30年间，城镇居民收入增长速度高于农村居民收入增速的年份达19年，占63.33%；1980年广西城乡居民收入比为2.62∶1，2010年，城乡居民收入比为3.76∶1，除1981年至1983年在2.10∶1以下波动外，从1984年开始，城乡居民收入差距呈现出不断扩大趋势，2009年达到最高，收入比为3.88∶1。

2.城市偏向政策致使有限资源集中于城镇加剧城乡收入差距。城市偏向政策主要体现在：一是“重工业，轻农业；重城镇，轻农村”的发展模式是建立在牺牲农业、农村和农民利益基础之上建立起来的。在实施城市、工业优先发展战略中，政府把有限的资源主要投向城镇工业和城镇基础设施建设，忽视对农业水利、道路、科技等基础设施投入，造成欠账过多，严重削弱了农业、农村的发展活力。二是国家制定的农产品和工业制成品实行不平等交换价格政策，要求农村为城市、工业的发展提供大量廉价的食品和劳动力，最大限度地剥夺了农业农村的积累，致使农业和农村发展停滞不前，拉大了工业和农业，城镇和农村的收入差距。三是政府把有限的财力以补贴的形式主要用于城市市民，导致城乡之间在消费、工资和生产力水平上的差距以及少数繁荣的城市与广大贫困的农村并存的局面。近几年，尽管逐步实施了城乡统筹发展战略和以工补农的政策，由于城乡收入的基数差距过大，城乡收入比扩大的势头并没有得到遏制。

3.农村人力资本积累慢，劳动者素质低阻碍农民增收的实现。人力资本是影响收入差距的重要因素。从广西人均受教育程度的变动来看，广西城镇与农村的人力资本存量都在逐步提高，但农村人力资本提高的速度相对于城镇人力资本存量提高的速度要慢很多。尤其是优质教育资源集中城市、城镇和高额的学费使得众多的农村家庭子女失去了接受高等教育的机会，已完成高等教育学业的农村家庭子女，由于城乡差别明显，毕业后也不愿回农村服务，从而导致城乡人力资本存量差距迅速扩大。这种人力资本的“马太效应”，使得城乡之间人力资本存量差距迅速扩大，而导致广西城乡居民之间收入差距的扩大。反之，迅速扩大的城乡收入差距又会导致城乡之间的人力资本存量差距的扩大，从而进入一个恶性循环。据国家统计局广西调查总队农村住户调查资料显示：2010年农村劳动力主要以初中程度为主，平均每百个劳动力中拥有初中程度的人数达56.19人，比1995年的38.52人增加17.67人，而大中专程度以上学历的人数仅为5.89人，比1995年的0.69人增加5.2人。可见，农村人力资本积累慢，劳动者素质低也是广西城乡居民收入差距不断扩大的重要因素。

4.农业生产水平、农产品价格左右农民收入整体水平。由于县域经济发展不够快，农村居民收入来源结构主要以家庭经营收入为主，随着农村外出务工人员增加，打工收入占比虽有所增加，但以家庭经营收入为主的结构没有根本性的改变。据国家统计局广西调查总队调查资料，家庭经营收入占农村家庭总收入的比重，1995年为70.1%，2010年为68.1%。而农村家庭经营收入受农业生产水平、气候、农产品价格等不确定性影响较大，丰年产品价格低，收入不高，欠年价格较高但产量低，收入增长也不显著。因此，农村家庭经营收入受诸多因素影响，左右农村居民整体收入水平的提高。而城镇居民收入主要以工薪收入为主，且收入稳定，城乡居民收入的“旱涝保收”与“看天吃饭”使得城乡收入水平差距显著（详见下表）。此外，农村的土地没有资产收益，以及粮食等农业产品价格与工业品价格剪刀差过大，也是造成城乡差距扩大的原因。

表3 广西农村家庭经营收入与城镇居民工薪收入占比对比表（单位：元）

年份	城镇居民家庭收入			农村居民家庭收入			工薪收入与家庭经营收入差额	工薪收入与家庭经营收入比重差（%）
	总收入	工薪收入	比重（%）	总收入	家庭经营收入	比重（%）		
1995	4809	3913	81.4	3571	2502	70.1	1411	11.3
2000	5882	4288	72.9	4907	3157	64.3	1131	8.6
2005	9560	6581	68.8	6769	4596	67.9	1985	0.9
2010	18742	12062	64.4	9106	6199	68.1	5863	-3.7

资料来源：国家统计局广西调查总队《2012广西调查年鉴》

三、广西城乡居民收入分配差距的未来发展趋势

本文根据时间序列分析方法(指数曲线模型和ARMA模型)，对城乡居民人均可支配收入水平进行预测，然后分析城乡居民收入分配差距的未来变化趋势。

利用1980—2010年城乡居民收入的散点图，可以观测到两者皆近似于指数曲线模型，用SPSS进行回归，可以得出广西城镇居民人均可支配收入和农村居民人均纯收入的预测方程分别为：

$$y=0.131e^{3.409E-111t}$$

$$x=0.108e^{4.162E-91t}$$

以下是SPSS输出结果：

表4 模型汇总和参数估计值

因变量:y

方程	模型汇总					参数估计值	
	R方	F	df1	df2	Sig.	常数	b1
指数	.967	830.617	1	28	.000	3.490E-111	.131

自变量为t。

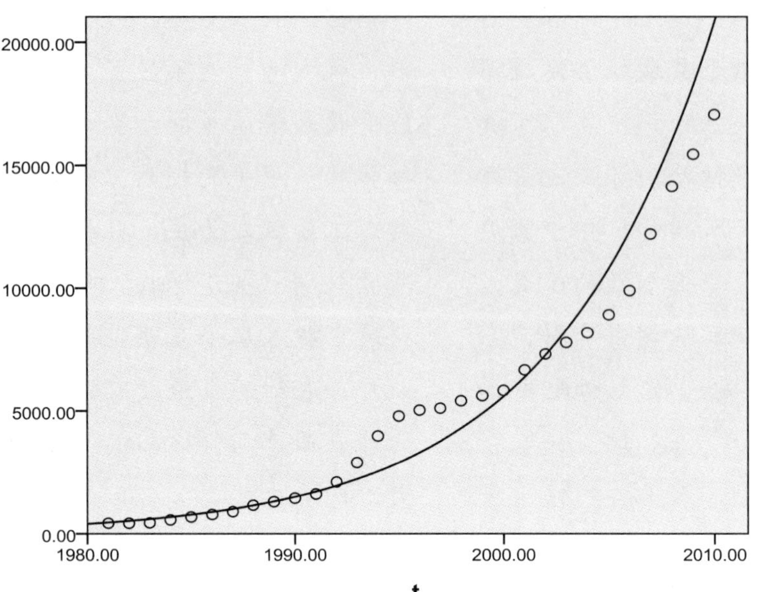

表5 模型汇总和参数估计值

因变量:x

	模型汇总					参数估计值	
方程	R方	F	df1	df2	Sig.	常数	b1
指数	.962	712.307	1	28	.000	4.162E-91	.108

自变量为t。

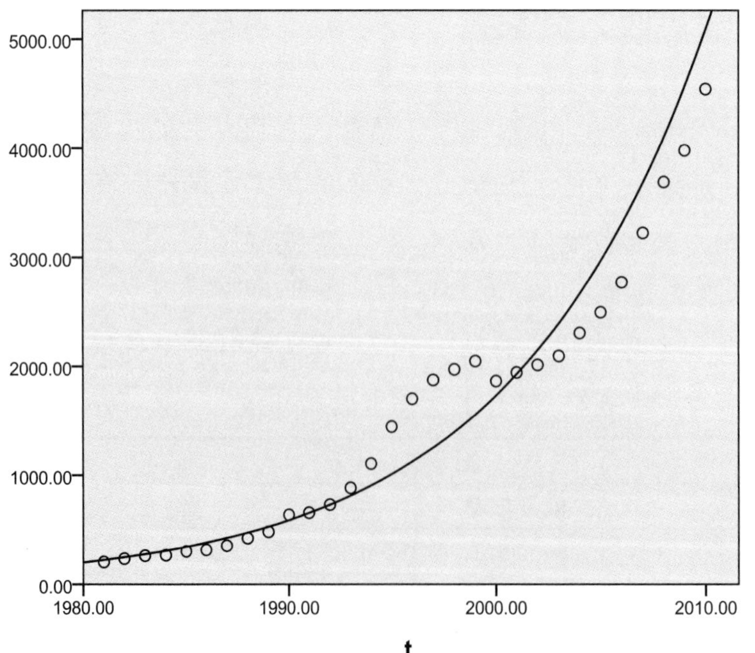

用Eviews分别对1981—2010年城乡居民人均可支配收入数据进行自相关和偏自相关图进行分析，考虑用ARMA(2, 3)模型和ARMA(2, 3)模型。预测方程分别为：

$$y_t=0.2143y_{t-1}+0.9908y_{t-2}+u_t-1.6465u_{t-1}-0.8580u_{t-2}-0.2102u_{t-3}$$

$$X_t=0.4417x_{t-1}+0.7345x_{t-2}+u_t-1.3298u_{t-1}-1.2024u_{t-2}-0.9316u_{t-3}$$

表6 预测方程系数表

Variable	Coefficient	Std. Error	t-Statistic	Prob.
AR(1)	0.214281	0.305465	0.701490	0.4900
AR(2)	0.990808	0.345408	2.868514	0.0087
MA(1)	1.646523	0.363496	4.529682	0.0002
MA(2)	0.858026	0.390846	2.195304	0.0385
MA(3)	0.210230	0.269046	0.781390	0.4425
R-squared	0.995426	Mean dependent var		5617.821
Adjusted R-squared	0.994631	S.D. dependent var		4738.431
S.E. of regression	347.2080	Akaike info criterion		14.69816
Sum Squared resid	2772727.	Schwarz criterion		14.93605
Log likelihood	-200.7742	Durbin-Watson stat		2.049318
Inverted AR Roots	1.11	-.89		
	Estimated AR process is nonstationary			
Inverted MA Roots	-.32-.32i	-.32+.32i		-1.00

Variable	Coefficient	Std. Error	t-Statistic	Prob.
AR(1)	0.441727	0.278212	1.587735	0.1260
AR(2)	0.734537	0.301448	2.436695	0.0230
MA(1)	1.329819	0.150933	8.810683	0.0000
MA(2)	1.202466	0.161002	7.468638	0.0000
MA(3)	0.931560	0.118188	7.882039	0.0000
R-squared	0.993876	Mean dependent var		1657.107
Adjusted R-squared	0.992811	S.D. dependent var		1207.416
S.E. Of regression	102.3768	Akaike info criterion		12.25563
Sum Squared resid	241063.4	Schwarz criterion		12.49352
Log likelihood	-166.5788	Durbin-Watson stat		2.273475
Inverted AR Roots	1.11	-.66		
	Estimated AR process is nonstationary			
Inverted MA Roots	-.15+.94i	-.15-.94i	-1.04	
	Estimated MA process is noninvertible			

在上述预测方程基础上，2011年—2015年广西城乡居民收入分配差距的变化趋势见图：

指数曲线模型表明，5年内广西城乡居民收入分配差距将继续加大，尤其是城乡居民收入差距扩张规模明显，由18000元增加到近3万元，但城乡居民收入比保持在1.3倍左右。ARMA模型则表明，城乡居民收入分配差距由14000元增加到24000元，城乡居民收入比将保持在4倍左右。实际上，2011年广西城镇居民人均可支配收入为18854元，农村居民人均纯收入为5231元，两者收入

图6 2011—2015年广西城乡居民收入分配差距预测趋势图

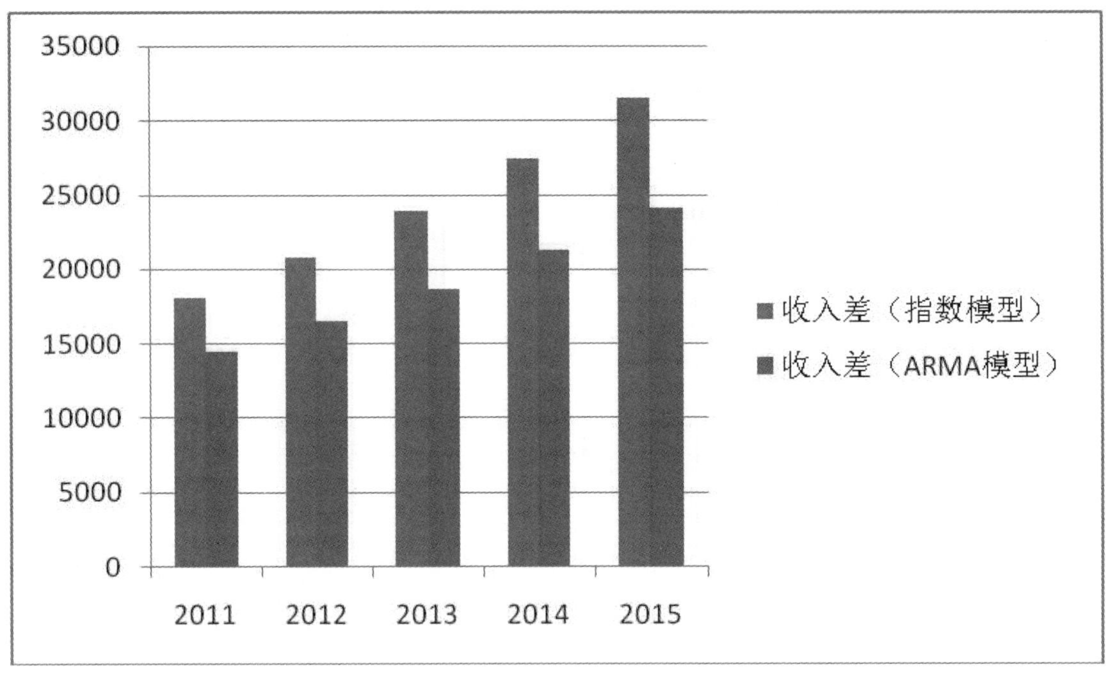

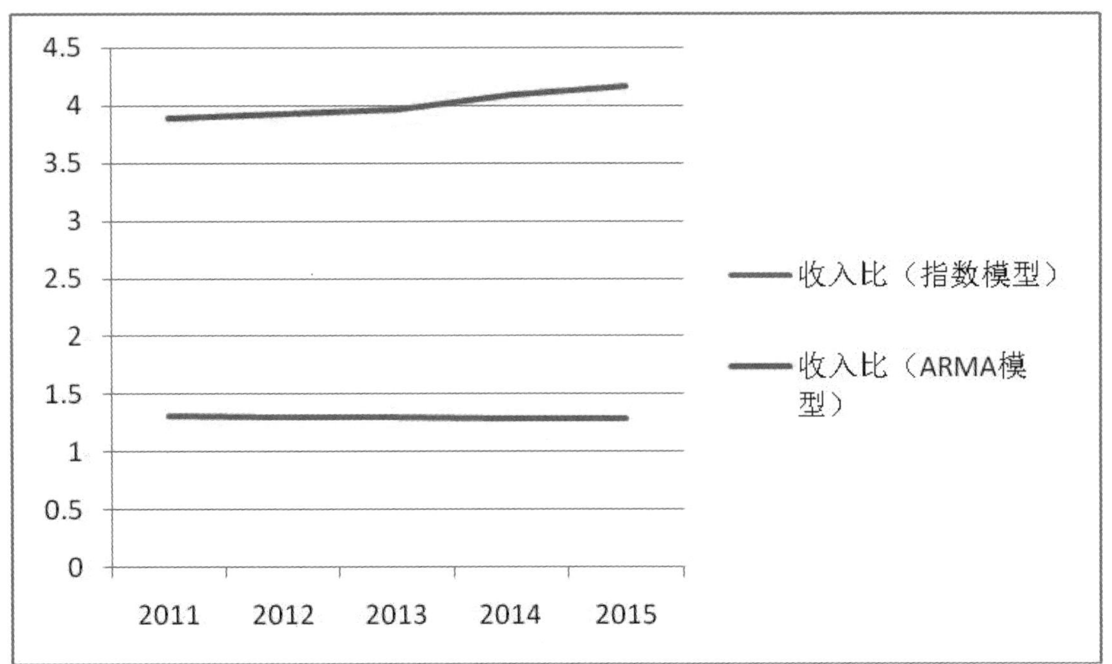

差为13622元，收入比为3.6，皆近似于ARMA模型预测数。

上述两种模型的预测结果存在一定的差异，这主要是由于模型的特点所造成的。但是，这种结果也为我们把握广西城乡居民收入分配差距的未来发展趋势提供了警示作用。如果目前城乡居民收入增长格局持续发展下去，广西城乡居民收入分配差距将进一步显著拉大，过度的城乡居民收入分配差距无疑将产生严重的社会问题，不仅影响社会稳定和谐，更影响经济的持续发展。

四、缩小城乡居民收入差距的政策建议

（一）发挥政府宏观调控的主导作用，加大财政转移支付对农村发展支持的力度。改革开放以来，随着经济的持续较快增长，城乡居民收入也有较大的增加，但二者增长并不完全同步，1980—2010年广西城乡居民人均收入年均增速都低于GDP及人均GDP年均增速，说明居民在国民收入分配中得到的利益偏低。特别是在转移支付方面，农村居民获得的收入与城镇居民获得的收入差距仍然很大，既影响了农村居民生产的后续发展，也影响了农村居民的消费行为，不利于发挥消费对经济发展的拉动作用，影响社会和谐和政治的稳定。因此，政府要按照“效率优先，兼顾公平”的分配原则，充分发挥收入分配改革的主导作用，调节和解决社会公平公正问题。既要保证城乡居民收入增长与经济发展同步，也要按照城乡一体化，统筹发展的要求，在使用政策资源调控区域发展时，尽可能地使可支配的物质资源投放到农村建设中，解决农业科研、农技推广、农业保险、农村信息服务、农村水利、交通、电力、教育、卫生、环境治理等问题，营造农村发展优良环境；在对居民转移支付补助方面，给与农村居民更多的倾斜和照顾，尽最大努力缩小城乡居民收入的差距。

（二）争取中央更多的政策支持。广西是边境省份，少数民族聚居自治地方，由于历史的原因，经济发展相对滞后。改革开放以来，随着西部大开发实施，中国—东盟自贸区建成，广西经济发展取得了令人属目的成就，但与全国平均水平比较仍有较大的差距。广西城乡居民收入要跟上全国的发展步伐，除继续利用好现有政策外，还应在发展民族教育、民族文化、民族旅游、民族政策，巩固边防，加强中国—东盟自贸区桥头堡建设，解决贫困人口等方面，向中央争取专项支持，加快边境民族地区的经济社会发展步伐，提高城乡居民生活水平，全面缩小与全国的差距。

（三）积极推进农村产业化龙头企业的发展。大力发展农村产业化龙头企业是缩小城乡经济发展水平和居民收入差距的重大政策选择。农村产业化龙头企业的发展，可以吸收大量的农村劳动力就业，这既实现了农村居民“离土不离乡”，解决农业富余劳动力的转移问题，增加了农村居民的收入，又有利于农村经济的稳定发展和缓解农村劳动力空心化趋势。因此，政府在制定和实施经济发展规划、产业政

策时，要在投资项目、融资安排、税收减免等方面，对发展农村产业化龙头企业给予政策支持和优惠，以发展壮大农村经济，缩小城乡经济发展差距和城乡居民收入差距。

（四）积极推动职业教育发展，鼓励知识青年回乡创业就业。政府要增加对农村教育的投入，除继续抓好九年制义务教育，将高中教育列入义务教育范围外，要有计划、有针对性的大力扶持发展职业教育，采取财政出资的形式聘请大学老师或农业产业化带头人作师资，在乡镇常年开办职业技能、种养技术培训学校，采取自愿参加的办法对农村劳动者进行职业教育培训、技能培训以及市场观念教育，增强致富的本领，提高生产收入水平。要制定农家子女高等教育学成回乡创业扶助政策，合理引导高学历知识青年回乡创业、就业，回乡服务，改善农村劳动力学历结构，解决农村劳动力素质过低的问题，增强农村经济发展活力。

（五）打好强农惠农政策“组合拳”，解除农村发展后顾之忧。

1.扩大农业各项补贴范围，提高农业各项补贴水平，放开粮食购销价格，实行粮食保护收购价。深化实施强农惠农政策，扩大农业各项补贴范围，进一步提高粮食、种子、化肥、农药、地膜补贴水平，在稳步提高粮食保护收购价的同时，放开粮食购销价格，改善粮食与经济作物的比价关系，提高粮食生产收益水平，调动粮食生产积极性，增加粮农收入，保证国家粮食安全。

2.开展政策性农业保险，稳定农产品收益水平。政府补贴的农业保险政策以及灾害补贴等政策，是克服农业风险和农民收入不确定性的矛盾，提高农产品竞争力，增加农民收入有力措施。政府要设立专项资金，由财政统一补贴保费，在种植水稻、玉米、甘蔗、大豆、养殖生猪、渔业生产等方面，开展政策性农业保险，帮助农民摆脱灾害对收入的影响。

3.努力提高农村社会保障水平。全面实施农村最低生活保障制度，实行城乡居民社会养老保险全覆盖，提高新农合补偿标准，农村“五保户”供养财政补助标准，提高计划生育家庭奖励扶助标准。

4.对农村居民实行常态化的家电下乡补贴、建材下乡补贴。

5.强化强农惠农政策落实情况的检查，严厉打击各种坑农损农害农行为，保护农民合法权益。

参考文献

[1] 李子奈.计量经济学 [M].高等教育出版社，2000.

[2] 易丹辉.数据分析与EViews应用 [M].中国人民大学出版社，2008.

[3] 2012广西统计年鉴 [M].中国统计出版社.

[4] 高铁海.计量经济分析方法与建模-EViews应用及实例 [M].清华大学出版社，2006.

[5] 张肖峒.计量经济分析 [M].经济科学出版社，2000.

[6] 转型期我国劳动力报酬的比较研究；国家统计局综合司课题；2012.

广西城镇居民工薪收入研究

课题主持人： 梁开光
课题组成员： 谢 胜 梁 鑫 陈天录 许景玲

摘要： 近年来，广西城镇居民收入增长速度明显放缓，虽然年均名义增长速度达到10%以上，但扣除价格上涨因素，实际增长速度不快，从而也导致了广西与全国发达地区以及与全国平均水平差距不断扩大。而工薪收入是城镇居民收入的主要来源，占居民可支配收入的70%以上，因此，要有效提高城镇居民收入水平，需要对城镇居民工薪收入的现状及其影响因素、发展趋势进行研究。本课题首先对近11年广西城镇居民工薪收入现状及其影响因素进行分析：由纵向比较发现，广西城镇居民工薪收入仍然是人均可支配收入的主要来源，虽然人均可支配收入及工薪收入的年均名义增长速度较快，但近几年实际增长速度有所放缓，并与经济发展不同步，最低工资标准总体呈现上升趋势；由内部比较发现，区内主要城市间工薪收入差异较大，部分城市增长速度缓慢，各行业间的工资水平差距较大；而由横向比较发现，工薪收入及最低工资标准仍落后于全国同期平均水平，与发达地区相比存在较大差距。其次，本课题利用时间序列分析方法及历史数据，建立了广西城镇居民工薪收入预测模型*ARIMA*（1,1,0），并利用该模型对“十二五”期间的广西城镇居民工薪收入及人均可支配收入进行了预测，指出到2015年的人均可支配收入为30596.15元，按2010年价格计算是22970.07元，年均增长6.13%（以2011年的CPI进行计算），未达到“十二五”规划指出的增长目标。最后，为促进广西城镇居民收入增长目标的实现提出了相关的建议。

前 言

党的十七大以后，从中央到地方更加关注国民收入初次分配和再分配比例问题，更加关注民生，关注社会的和谐发展，提出了全面建设小康社会的奋斗目标。在发布的《广西壮族自治区国民经济和社会发展第十二个五年规划纲要》[1]指出，“十二五”期末（2015年）广西城镇居民人均可支配收入（按2010年价格计算）达到27480元，年均增长10%。按此规划，到“十二五”期末（2015年）广西城镇居民人均可支配收入将首次超过全国平均水平，年均增长速度也将明显快于全国。但近年来，广西城镇居民收入增长速度明显放缓，虽然年均名义增长速度达到10%以上，但扣除价格上涨因素，实际增长速度不快，从而也导致了广西与全国发达地区以及与全国平均水平差距不断扩大，能否达到“十二五”规划提出的按可比价计算年均增长10%的目标值得各方面高度关注。而工薪收入是城镇居民收入的主要来源，占居民可支配收入的70%以上，在人力资源和社会劳动保障部工资研究所发布的2011年《中国薪酬发展报告》[2]中给出了全国总工会2010年的一项调查结果，调查结果表明两成职工5年间从未涨过工资。因此，要有效提高城镇居民收入水平，需要对城镇居民工薪收入的现状及其影响因素、发展趋势进行研究。

本课题对近十年广西城镇居民工薪收入现状进行分析，研究影响城镇居民工薪收入增长的因素，建立广西城镇居民工薪收入预测模型并对“十二五”进行预期研究，最后为促进广西城镇居民收入增长目标的实现提出相关的建议。

第一章 近十一年广西城镇居民工薪收入现状分析

近十一年，自治区党委、政府实施一系列重大决策部署，团结带领全区人民克难攻坚，锐意进取，保持和扩大了经济社会平稳较快发展的良好势头，区内经济高速发展，经济总量稳步提升，城镇居民可支配收入也得到了较大的提高。但近几年，广西城镇居民收入增长速度明显放缓，虽然年均名义增长速度达到10%以上，但扣除价格上涨因素，实际增长速度不快，从而也导致了广西与全国发达地区以及与全国平均水平差距不断扩大。

一、近几年城镇居民人均可支配收入实际增长速度放缓

根据国家统计局广西调查总队调查数据显示，近11年间广西城镇居民人均可支配收入由2001年的6666元增加到2011年的18854.06元，名义增长了182.39%，具体如图1和表1，表2：

由图1可见，近11年来广西城镇居民人均可支配收入均呈现出逐年增长的趋

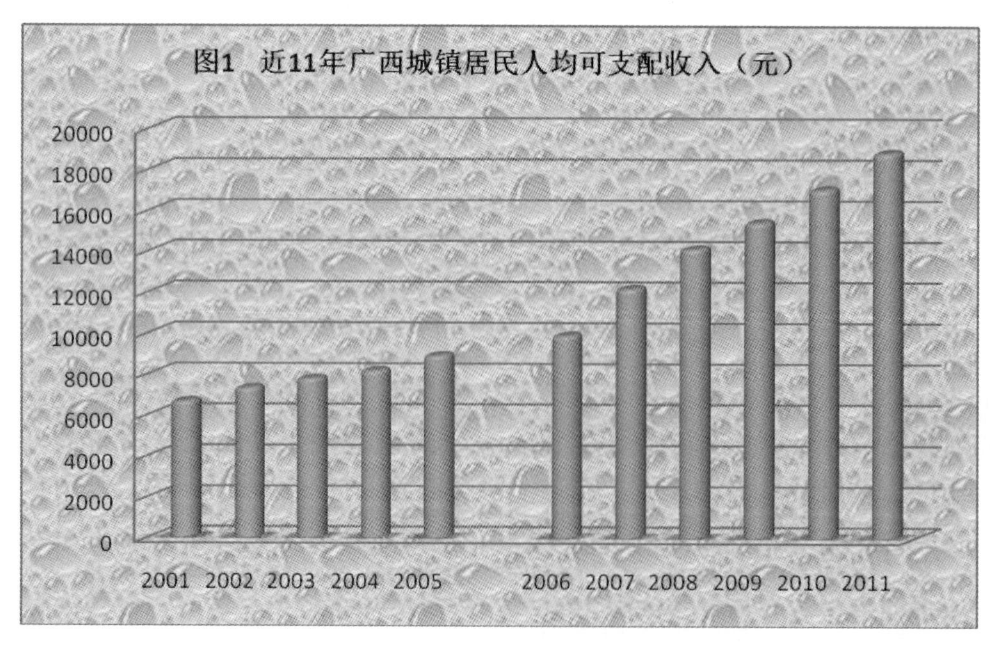

势，近几年的城镇居民人均可支配收入及比上年名义增长率明显高于“十五”期间，具体增长情况如表1：

表1 近11年广西城镇居民人均可支配收入名义增长情况表

年份	城镇居民人均可支配收入绝对数（元）	比上年名义增长（%）	五年平均名义增长（%）
2001	6666	14.26	8.86
2002	7315	9.74	
2003	7785	6.43	
2004	8177	5.04	
2005	8917	9.05	
2006	9899	11.01	13.86
2007	12200	23.24	
2008	14146	15.95	
2009	15451	9.23	
2010	17064	10.44	
2011	18854	10.49	10.49

表1中数据显示，2001—2011年间，广西城镇居民人均可支配收入呈现出逐年快速增长，在“十五”期间的人均可支配收入比上年名义增长除2001年的14.26%外，其他年份均在10%以下，而“十一五”至今的人均可支配收入名义增长率除2009年的9.23%外，其他年份均在10%以上，2007年则达到了23.24%。“十五”和“十一五”期间的平均年名义增长分别为8.86%和13.86%，2011年的年名义增长率为10.49%。但扣除价格上涨因素后，实际增长速度并不快，并且近几年增长速度有所减缓，具体实际增长情况如表2：

表2 近11年广西城镇居民人均可支配收入实际增长情况表

年份	比上年名义增长（%）	居民消费价格指数	比上年实际增长（%）	五年平均实际增长（%）
2001	14.26	100.6	13.58	7.34
2002	9.74	99.1	10.74	
2003	6.43	101.1	5.27	
2004	5.04	104.4	0.61	
2005	9.05	102.4	6.49	
2006	11.01	101.3	9.59	10.42
2007	23.24	106.1	16.15	
2008	15.95	107.8	7.56	
2009	9.23	97.9	11.57	
2010	10.44	103.0	7.22	
2011	10.49	105.9	4.33	4.33

表2中数据表明，在2001—2011年间，广西城镇居民人均可支配收入比上年实际增长率除2001、2002、2007、2009这四年达到10%以上，其他各年均未超过10%，而2004年则为0.61%，几乎没有增长。而在“十五”期间的年均实际增长率为7.34%，比年均名义增长率8.86%低了1.52%；在“十一五”期间的年均实际增长率为10.42%，比年均名义增长率13.86%低了3.44%；在2011年的实际增长率为4.33%，比名义增长率10.49%低了6.16%。可见，在扣除价格因素后，实际增长速度并不快，近几年的实际增长速度则呈现出明显放缓。

二、工薪收入是城镇居民可支配收入的主要来源

2001年以来，广西经济高速发展，人民群众经济收入的形式逐步面向多元化，但工薪收入仍然是城镇居民可支配收入的主要来源。根据国家统计局广西调查总队调查数据显示，这11年间广西城镇居民工薪收入占可支配收入的比例具体如图2和表3:

由图2可见，近11年来广西城镇居民工薪收入是城镇居民收入的主要来源，占据了居民人均可支配收入的较大比例，并与人均可支配收入一样呈现出逐年增长的趋势，具体比例情况如表3:

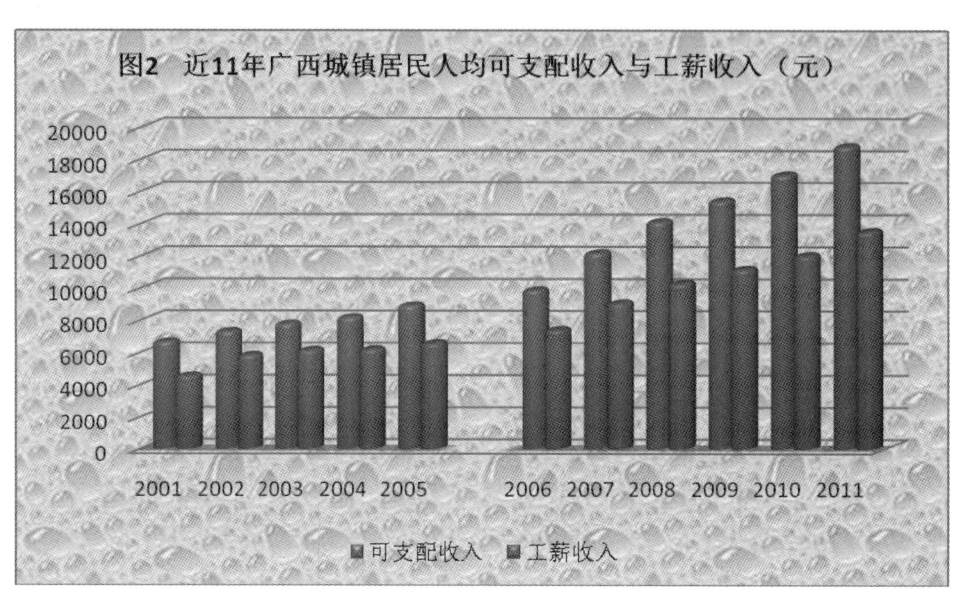

表3 近11年广西城镇居民工薪收入占人均可支配收入比例表

年份	人均可支配收入（元）	工薪收入（元）	工薪收入占可支配收入的比例（%）
2001	6666	4550.26	68
2002	7315	5835.84	80
2003	7785	6149.76	79
2004	8177	6196.84	76
2005	8917	6580.57	74
2006	9899	7419.39	75
2007	12200	9075.18	74
2008	14146	10321.2	73
2009	15451	11193.64	72
2010	17064	12061.82	71
2011	18854	13550.16	72

由表3可知，从2001到2011年广西城镇居民工薪收入占人均可支配收入的比例除2001年为68%，其他年份均在70%以上，说明广西城镇居民可支配收入中工薪收入是其主要来源。因此，工薪收入的增加将有效提高城镇居民的收入水平。

三、近几年城镇居民工薪收入实际增长速度放缓

近十年，自治区党委、政府实施一系列重大决策部署，区内经济高速发展，经济总量稳步提升，城镇居民的工薪收入也得到了较大的提高，由2001年的4550.26元增加到2011年的13550.16元，名义增长

了197.79%。但近年来广西各级政府出台影响面广、影响程度较深的增资政策不多，以致政策性因素对居民工薪收入增长的支撑作用不强，增长速度减缓。具体增长情况如表4:

表4 近11年广西城镇居民工薪收入增长情况表

年份	比上年名义增长（%）	五年平均名义增长（%）	比上年实际增长（%）	五年平均实际增长（%）
2001	15.53	11.02	13.85	9.54
2002	28.25		29.41	
2003	5.37		4.22	
2004	0.76		-3.49	
2005	6.19		3.70	
2006	12.75	13.00	11.30	9.50
2007	22.32		15.29	
2008	13.73		5.50	
2009	8.45		10.78	
2010	7.76		4.62	
2011	12.34	12.34	6.08	6.08

表4中数据显示，在“十五”期间的工薪收入比上年名义增长除2001年的15.53%及2002年的28.25%外，其他年份均在10%以下，2004年则为0.76%，几乎没有增长。而“十一五”至今的工薪收入名义增长率除2009年的8.45%及2010年的7.76%外，其他年份均在10%以上，2007年则达到了22.32%。“十五”和“十一五”期间的平均年名义增长分别为11.02%和13.00%，2011年的年名义增长率为12.34%。但扣除价格上涨因素后，实际增长速度并不快，工薪收入比上年实际增长率除2001、2002、2006、2007、2009这五年达到10%以上，其他各年均未超过10%，而2004年则为-3.49%，出现了负增长，说明当年的物价上涨比工薪收入的增长更快。而在“十五”期间的年均实际增长率为9.54%，比年均名义增长率11.02%低了1.48%；在“十一五”期间的年均实际增长率为9.50%，比年均名义增长率13.00%低了3.5%；在2011年的实际增长率为6.08%，比名义增长率12.34%低了6.26%。

综上，广西城镇居民工薪收入在过去十年内的实际增长速度相对较慢，从而造成了人均可支配收入的实际增长速度明显放缓。

四、城镇居民工薪收入与经济发展不同步

城镇居民收入的增加取决于经济的增长，如果经济保持稳定增长的态势，国民收入中城镇居民工薪收入部分也会按照一定的比例增加。根据广西统计局统计数据显示，近11年间广西人均GDP由2001年的5058元增加到2011年的25326元，名义增长了400.71%，增长速度明显快于工薪收入的197.79%，具体如图3和表5:

由图3可见，近11年来广西人均GDP呈现出快速增长的趋势，但广西人均GDP的比上年名义增长率与城镇居民工薪收入的比上年名义增长率并不同步，具体增长情况如表5:

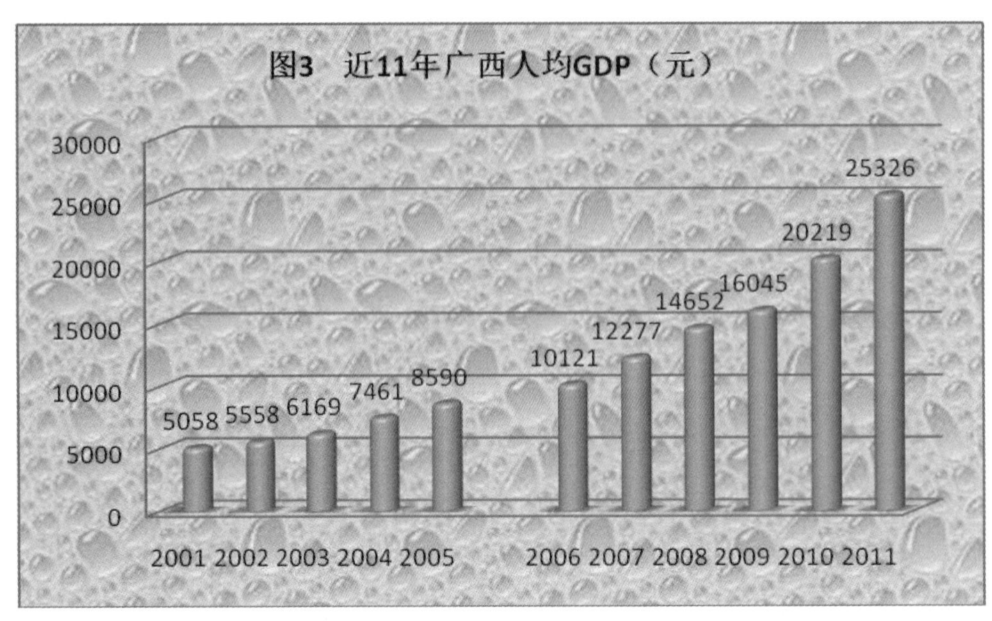

图3 近11年广西人均GDP（元）

表5 近11年城镇居民工薪收入与人均GDP名义增长率比较情况表

年份	人均GDP比上年名义增长（%）	工薪收入比上年名义增长（%）	名义增长之差（%）	人均GDP五年平均名义增长（%）	工薪收入五年平均名义增长（%）	平均名义增长之差（%）
2001	8.73	15.53	-6.80	13.14	11.02	2.12
2002	9.89	28.25	-18.36			
2003	10.99	5.37	5.62			
2004	20.94	0.76	20.18			
2005	15.13	6.19	8.94			
2006	17.82	12.75	5.07	18.80	13.00	5.80
2007	21.30	22.32	-1.02			
2008	19.35	13.73	5.62			
2009	9.51	8.45	1.06			
2010	26.01	7.76	18.25			
2011	25.26	12.34	12.92	25.26	12.34	12.92

由表5数据可见，近11年间，广西人均GDP的比上年名义增长率除2001年、2002年和2007年三年比城镇居民工薪收入的名义增长率低以外，其它各年均高于城镇居民工薪收入的名义增长率；“十五”期间广西人均GDP五年平均名义增长率为13.14%，高出城镇居民工薪收入平均名义增长率2.12个百分点；“十一五”期间广西人均GDP五年平均名义增长率18.80%，高出城镇居民工薪收入平均名义增长率5.80个百分点；而2011年的广西人均GDP名义增长率为25.26%，高出城镇居民工薪

收入名义增长率12.92个百分点。说明广西城镇居民工薪收入与经济发展并不同步，从长期看，广西人均GDP的增长速度要明显高于城镇居民工薪收入的增长速度。

五、广西最低工资标准总体呈上升趋势

最低工资标准变化情况在一定程度决定着人民生活水平的变化情况，随着经济的快速发展，居民生活水平的逐渐提高，广西区内的最低工资标准从2001年到2011年共进行了7次调整，分别为2001年、2004年、2006年、2007年、2008年、2010年和2011年。最低工资标准调整主要分四类城市，本文二、三、四类合并在一起，分两类城市进行讨论，2001年的一类城市指的是北海市，二类城市包括南宁市、柳州市、桂林市、梧州市、防城港市（不含市属12个县、上思县）、钦州市、贵港市、玉林市8个城市；而从2004年开始的6次调整中一类城市包括南宁市、柳州市、桂林市、梧州市、北海市5个城市，二类城市包括防城港市、钦州市、贵港市、玉林市、百色市、贺州市、河池市、来宾市、崇左市9个城市，具体情况如图4和表6：

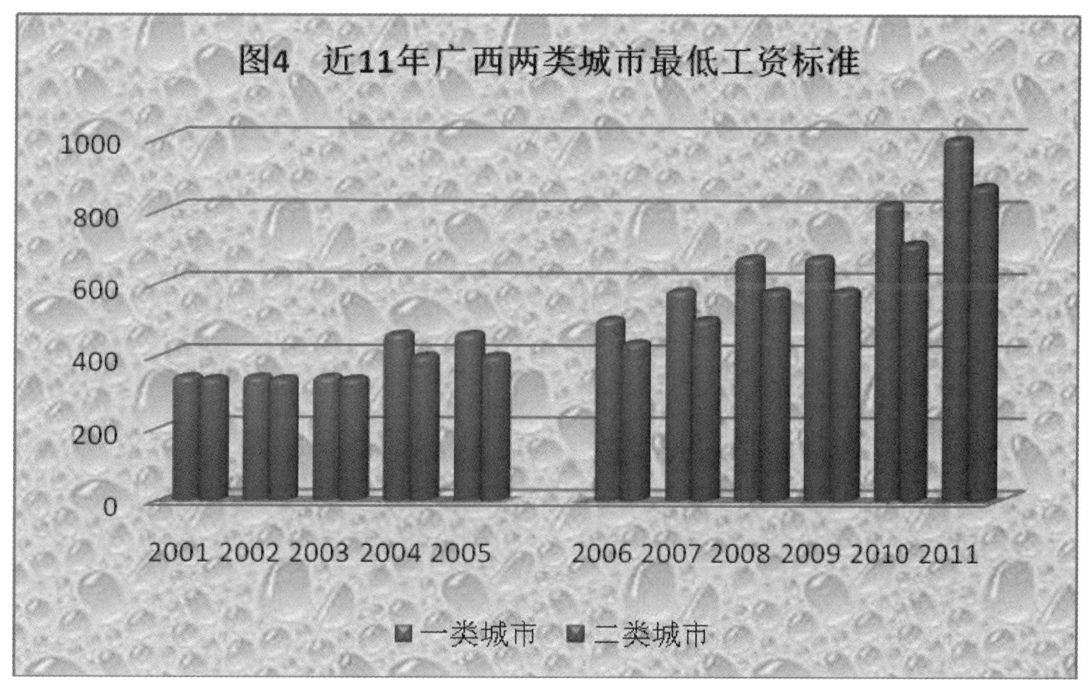

由图4可见，随着经济的快速发展，相关政策的不断完善，近11年来广西区内两类城市最低工资标准总体呈现出上升趋势，在2001年的最低工资标准进行调整时，两类城市的最低工资标准差距并不明显，但在2004年的最低工资标准进行第2次调整时，一类城市和二类城市开始呈现明显的区分度，一类城市相比上一次调整增加了35.29%，二类城市相比上一次调整增加了19.4%；而此后的5次调整，一类城市和二类城市的增长幅度大致相同，具体调整数值及增长率见表6：

表6　近11年广西两类城市最低工资标准比较情况表

年份	工薪收入（元）	一类城市（元）	比上一次增长（%）	占人均工薪收入（%）	二类城市（元）	比上一次增长（%）	占人均工薪收入（%）
2001	4550.26	340		7.47	335		7.36
2002	5835.84	340		5.83	335		5.74
2003	6149.76	340		5.53	335		5.45
2004	6196.84	460	35.29	7.42	400	19.4	6.45
2005	6580.57	460		6.99	400		6.08
2006	7419.39	500	8.7	6.74	435	8.75	5.86
2007	9075.18	580	16	6.39	500	14.94	5.51
2008	10321.2	670	15.52	6.49	580	16	5.62
2009	11193.64	670		5.99	580		5.18
2010	12061.82	820	22.39	6.80	710	22.41	5.89
2011	13550.16	1000	21.95	6.05	870	22.53	5.24

表6中数据显示，区内最低工资标准经过7次调整后，一类城市从2001年的340元增长到2011年的1000元，名义增长率为194.12%，比工薪收入的名义增长率197.79%低了3.67%；二类城市从2001年的335元增长到2011年的870元，名义增长率为159.7%，比工薪收入的名义增长率197.79%低了38.09%。这两类城市的最低工资标准均占人均工薪收入的6%左右，可见，最低工资标准的提高对工薪收入的增加起到一定的作用。而这7次调整有5次是在“十一五”期间，说明在“十一五”期间广西区政府及相关部门加强了政策引导，在一定程度上提高了城镇居民的收入水平，但是调整的幅度还不够。

六、广西不同行业工资水平差距明显

2011年《中国薪酬发展报告》中指出，2011年全国城镇企业（不含私营单位）在岗职工平均工资从2002年的12422元增长至42452元，年均增长达到14.6%；城镇私企单位就业人员年平均工资增长达到18.3%。但行业之间、部分职工群体之间的收入差距逐步拉大的趋势尚未根本扭转，分配秩序不够规范，分配不公问题比较突出。根据广西调查总队2011年调查资料显示，广西也存在部分行业工资水平过高，社会不同群体间的收入差距较大，目前在岗职工工资情况如图5：

由图5可见，2011年来广西各行业在岗职工工资水平差距较大，最高的是金融业，人均工资为74367元，最低是农、林、牧、渔业，人均工资为19131元，相差了3.89倍，其次较高的还有电力、煤气及水的生产和供应业，信息传输、计算机服务和软件业等，均达到了人均工资45000元以上。这些行业间工资的巨大差距将不利于社会的稳定和劳动生产率的提高。

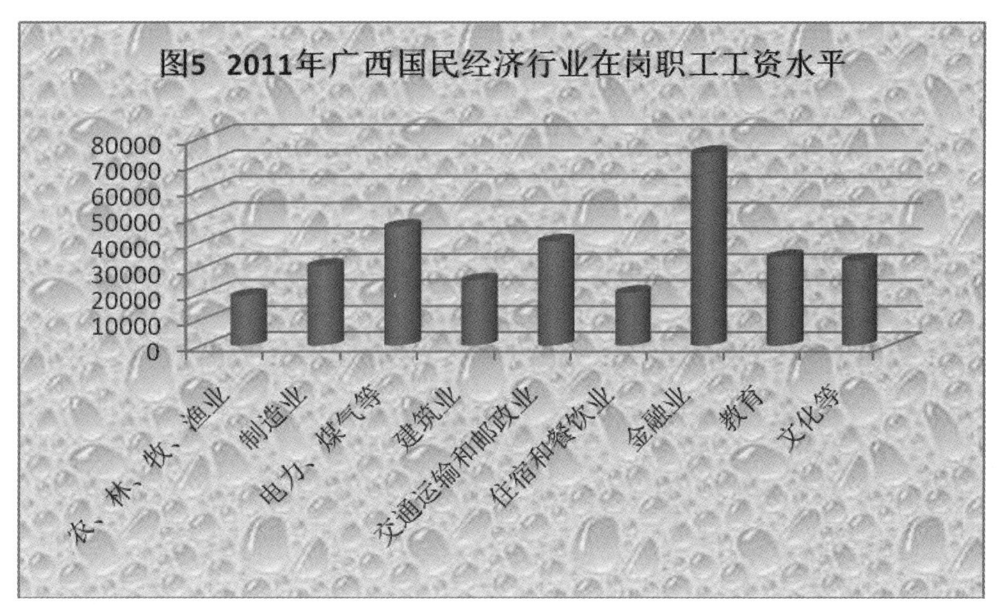

七、广西主要城市城镇居民工薪收入存在较大差异，部分城市增长速度缓慢

改革开放以来，广西经济发展有了长足进步，政府加大了政策引导，城镇居民的工薪收入有了较大提高，特别是2006年到2011年期间，广西经济发展迅速，城镇居民工薪收入有所增加，但各地区间人均工薪收入增长不平衡，仍存在较大差异，如2011年南宁市城镇居民人均工薪收入为16937.28元，而桂林市城镇居民人均工薪收入仅为9004.69元，相差了7932.59元，两者间的差距较大。其他主要城市的城镇居民工薪收入差距情况如图6和表7:

由图6可见，近11年间，广西主要城市工薪收入除部分城市在个别年份出现微小下降外，总体呈现出增长趋势。部分城市城镇居民工薪增长非常迅速，如百色和

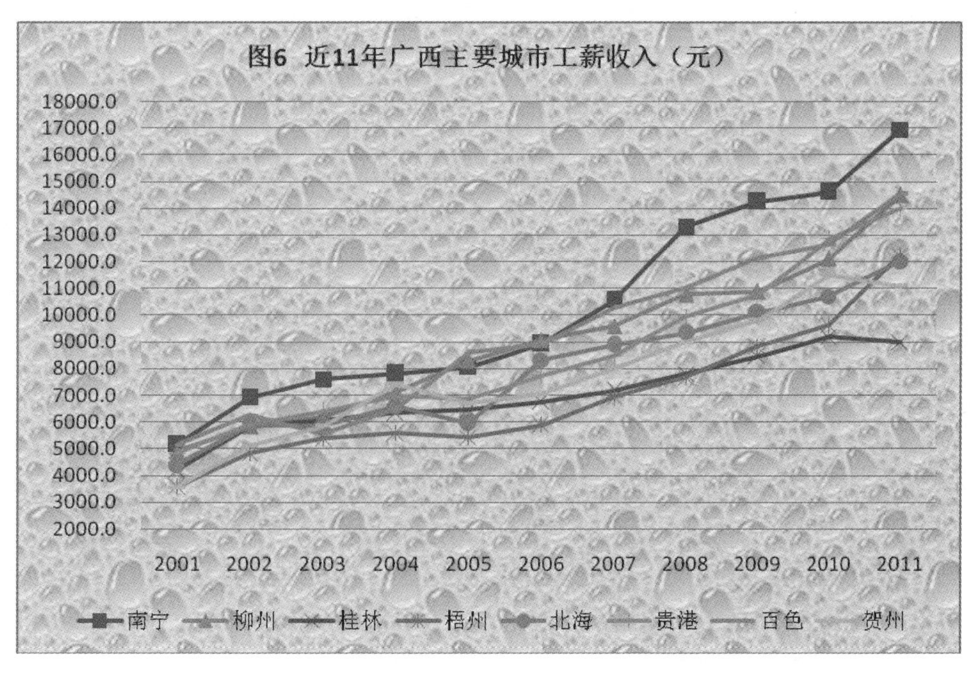

贵港等，到2011年底，百色的工薪收入超过了桂林、北海及柳州等城市，仅落后于南宁，但与南宁相比，仍相差了2392元，相对于全区平均水平的百分比为17.65%。其它城市的工薪收入情况具体如表7:

表7 近11年广西主要城市工薪收入情况表

（单位：元）

年份	全区	南宁	柳州	桂林	梧州	北海	贵港	百色	贺州
2001	4550	5174	4906	4184	3586	4396	4820	5147	3553
2002	5836	6905	5848	5837	4836	5871	5905	6250	5104
2003	6150	7607	6192	6069	5373	5882	6393	5564	5844
2004	6197	7814	7121	6326	5574	6572	6967	6500	7432
2005	6581	8058	8298	6454	5430	5955	6862	8627	6702
2006	7419	8941	9069	6753	5870	8314	7739	8944	7046
2007	9075	10554	9597	7198	6924	8899	8471	10284	8023
2008	10321	13322	10774	7800	7686	9337	9942	11014	8990
2009	11194	14245	10875	8462	8830	10079	10752	12123	9818
2010	12062	14618	12121	9187	9625	10711	12872	12650	11507
2011	13550	16937	14498	9005	12255	12021	14004	14545	11079

表7中数据显示，近11年间，广西主要城市工薪收入除百色在2003年，梧州、北海、贵港、贺州在2005年，桂林、贺州在2011年出现小幅减少外，其它年份各城市均呈现出增长趋势，桂林增长的速度较慢，南宁和百色增长速度较快，具体名义增长情况见表8:

表8 近11年广西主要城市城镇居民工薪收入名义增长情况表

（单位：%）

年份	全区	南宁	柳州	桂林	梧州	北海	贵港	百色	贺州
2001	14.5	-1.1	86.3	5.6	12.2	8.1	17.7	20.8	9.5
2002	28.3	33.5	19.2	39.5	34.8	33.5	22.5	21.4	43.6
2003	5.4	10.2	5.9	4.0	11.1	0.2	8.3	-11.0	14.5
2004	0.8	2.7	15.0	4.2	3.7	11.7	9.0	16.8	27.2
2005	6.2	3.1	16.5	2.0	-2.6	-9.4	-1.5	32.7	-9.8
2006	12.7	11.0	9.3	4.6	8.1	39.6	12.8	3.7	5.1
2007	22.3	18.0	5.8	6.6	18.0	7.0	9.5	15.0	13.9
2008	13.7	26.2	12.3	8.4	11.0	4.9	17.4	7.1	12.1
2009	8.5	6.9	0.9	8.5	14.9	7.9	8.1	10.1	9.2
2010	7.8	2.6	11.5	8.6	9.0	6.3	19.7	4.3	17.2
2011	12.3	15.9	19.6	-2.0	27.3	12.2	8.8	15.0	-3.7
11年均名义增长率	12.0	11.7	18.4	8.2	13.4	11.1	12.0	12.4	12.6
近6年均名义增长率	12.9	13.4	9.9	5.8	14.7	13.0	12.7	9.2	9.0

表8中数据表明，近11年间，广西主要城市城镇居民人均工薪收入除桂林的年均名义增长率为8.2%以外，其他七个城市均在10%以上，其中柳州的年均名义增长率最高，为18.4%，主要是因为柳州在2000年的城镇居民工薪收入为2633.5元，而2001年则增加到了4905.9元，将近翻了一番，在扣除该年的增长情况后，年均名义增长率仅为11.6%，低于全区平均增长水平；而南宁在2000年的城镇居民工薪收入为5229.8元，2001年有小幅下降，为5174.3元，从而造成年均名义增长率为11.7%，低于全区平均增长水平。在近6年，即“十一五”至今，广西主要城市城镇居民人均工薪收入有四个城市的年均名义增长率低于10%，分别为柳州、桂林、百色和贺州，仍然是桂林的年均名义增长率最低，为5.8%。其它四个城市的年均名义增长率均在10%以上，其中梧州的年均名义增长率最高，为14.7%。但扣除价格上涨因素后，很多城市的实际增长速度达不到10%以上，具体实际增长情况见表9:

表9 近11年广西主要城市城镇居民工薪收入实际增长情况表

（单位：%）

年份	全区	南宁	柳州	桂林	梧州	北海	贵港	百色	贺州
2001	13.8	-1.7	85.2	5.0	11.5	7.4	17.0	20.1	8.8
2002	29.4	34.7	20.3	40.8	36.1	34.8	23.6	22.5	44.9
2003	4.2	9.0	4.7	2.8	9.9	-0.9	7.1	-12.0	13.3
2004	-3.5	-1.6	10.2	-0.2	-0.6	7.0	4.4	11.9	21.8
2005	3.7	0.7	13.8	-0.4	-4.9	-11.5	-3.8	29.6	-11.9
2006	11.3	9.5	7.9	3.3	6.7	37.8	11.3	2.3	3.8
2007	15.3	11.3	-0.3	0.5	11.2	0.9	3.2	8.4	7.3
2008	5.5	17.1	4.1	0.5	3.0	-2.7	8.9	-0.6	4.0
2009	10.8	9.2	3.1	10.8	17.3	10.3	10.5	12.4	11.6
2010	4.6	-0.4	8.2	5.4	5.8	3.2	16.2	1.3	13.8
2011	6.1	9.4	12.9	-7.4	20.2	6.0	2.7	8.6	-9.1
11年均实际增长率	9.2	8.8	15.5	5.6	10.6	8.4	9.2	9.5	9.8
近6年均实际增长率	8.9	9.4	6.0	2.2	10.7	9.2	8.8	5.4	5.2

表9中数据表明，近11年间，广西主要城市城镇居民人均工薪收入除柳州和梧州的年均实际增长率在10以上外，其他六个城市均在10%以下，其中桂林的年均实际增长率最低，为5.6%，柳州的年平均实际增长率最高，为15.5%，原因如名义增长部分的说明，在扣除2001年的实际增长情况后，年均实际增长率仅为8.5%，低于全区平均增长水平。在近6年，即“十一五”至今，广西主要城市城镇居民人均工薪收入仅有梧州的年均实际增长率高于10%，为10.7%，而桂林的年均实际增长率最低，仅为2.2%，全区的平均实际增长率也低于10%，为8.9%。梧州的年均实

际增长率比其它城市高，说明近几年梧州的相关政府部门在政策引导及相关措施实施方面做得较好，很大程度上提高了城镇居民的工薪收入，同时也反应出梧州城镇居民的工薪收入起点较低，2001年梧州人均工薪收入为3586.4元，相比全区平均工薪收入4550.3元少了21.2%；2006年梧州人均工薪收入为5869.6元，相比全区平均工薪收入7419.4元少了20.9%；而到了2011年梧州人均工薪收入为12255.3元，相比全区平均工薪收入13550.2元仅少了9.6%。桂林作为广西、全国乃至世界文明的一个旅游城市，其城镇居民人均工薪收入低于全区平均水平，自2009年后低于全区其它七个主要城市，在2011年的人均工薪收入也没有突破万元大关，这些都与桂林的经济增长方式较为单一有关，过份的依赖旅游产业在一定程度上限制了该城市的工薪收入水平。总之，广西各城市的经济发展仍处于相当不均衡的状态，人均工薪收入存在较大差距。

八、工薪收入低于全国同期平均水平，与发达地区仍有较大差距

随着国家经济总体的快速发展，经济总量稳步提升，城镇居民的工薪收入有了较大的提高。但目前国内的经济发展仍处于相当不均衡的状态，区域发展不均衡，东部地区发展远远超过了中、西部地区，东部地区与西部地区的差距已经成为阻碍国家总体经济发展的重要因素。因此，对全国各省区的城镇居民工薪收入进行比较分析，将有利于认清广西目前所处的位置及未来的目标，为有效提高城镇居民的收入水平提供参考。

（一）工薪收入低于全国同期平均水平

近十年，区内经济高速发展，经济总量稳步提升，城镇居民的工薪收入也得到了较大的提高，但仍落后于全国同期平均水平，具体如图7和表10：

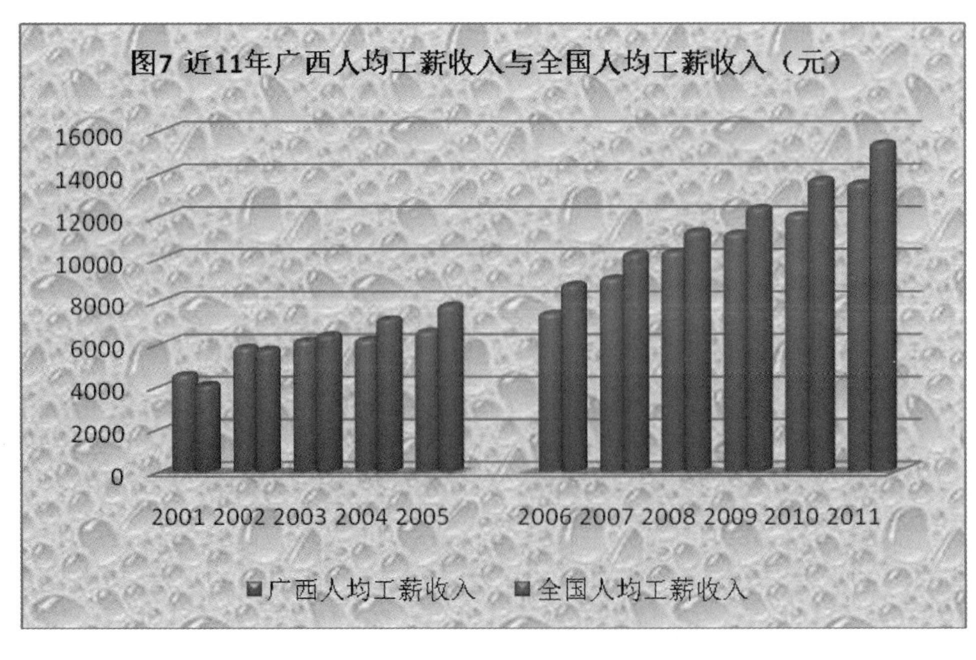

图7 近11年广西人均工薪收入与全国人均工薪收入（元）

由图7可见，近11年间，广西城镇居民工薪收入除2001年和2002年略微高于全国城镇居民工薪收入外，2003年至今，均低于全国城镇居民工薪收入，具体情况见表10:

表10 近11年广西城镇居民工薪收入与全国平均水平比较情况表

年份	全国城镇居民工薪收入（元）	广西城镇居民工薪收入（元）	相对全国落后（%）
2001	4061.79	4550.26	12.03
2002	5739.96	5835.84	1.67
2003	6410.22	6149.76	-4.06
2004	7152.76	6196.84	-13.36
2005	7797.54	6580.57	-15.61
2006	8766.96	7419.39	-15.37
2007	10234.76	9075.18	-11.33
2008	11298.97	10321.2	-8.65
2009	12382.11	11193.64	-9.60
2010	13707.68	12061.82	-12.01
2011	15411.91	13550.16	-12.08

表10中数据显示，虽然2001年和2002年的广西城镇居民工薪收入比全国同期平均水平分别高出12.03%和1.67%，但2003年至今均低于全国同期平均水平，最多为2005年，低于全国同期平均水平的15%以上，而近几年则基本维持在10%左右。

（二）工薪收入明显低于发达地区，略高于部分中西部地区

目前，国内的经济发展仍处于相当不均衡的状态，东部地区发展远远超过了中、西部地区，通过与发达地区及西部地区的比较将有利于认清广西所处的位置及存在的差距。根据广西调查总队调查数据显示，“十五”、“十一五”和“十二五”期间的首年，广西城镇居民工薪收入明显低于发达地区，而略高于部分中西部地区，具体如图8和表11:

由图8可见，在三个五年计划的首年（即2001年、2006年和2011年），全国31个省区城镇居民的工薪收入均出现了较为明显的增加，而这三年广西城镇居民的工

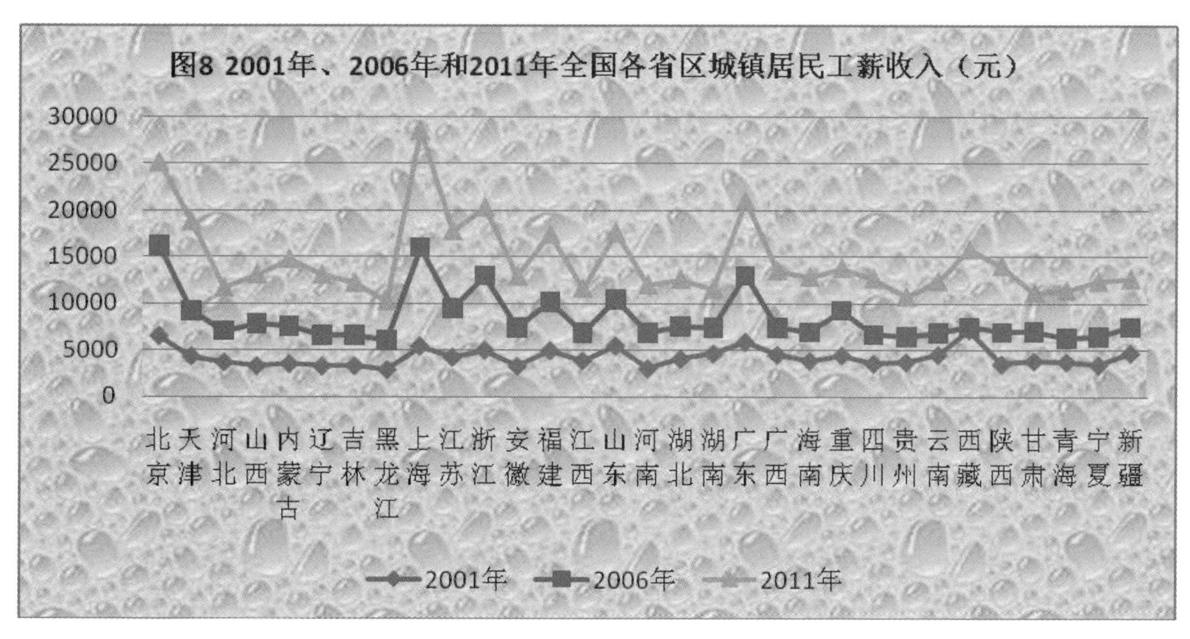

薪收入在全国31个省区中均处于中等水平，虽然与北京、上海、浙江、广东等发达地区仍有较大差距，但相比黑龙江、贵州、宁夏等中西部地区则相对好些，具体如表11：

表11 2001、2006和2011年全国各省区城镇居民工薪收入比较情况表

	2001年（元）	排名	2006年（元）	排名	2011年	排名
北京	6557.8	2	16284.17	1	25161.22	2
天津	4335.5	13	9259.72	9	18794.08	5
河北	3684.88	21	7065.29	18	11686.6	25
山西	3291.56	27	7877.30	10	13146.47	14
内蒙古	3521.16	23	7552.68	12	14779.08	10
辽宁	3235.24	29	6611.44	26	13093.86	15
吉林	3294.24	26	6576.52	27	12217.09	23
黑龙江	2856.51	31	6028.06	31	10235.04	31
上海	5445.95	5	16016.40	2	28550.76	1
江苏	4222.58	14	9501.35	7	17761.58	6
浙江	5022.75	6	13015.77	4	20334.25	4
安徽	3272.18	28	7430.86	15	12915.97	16
福建	4983.82	7	10164.49	6	17438.81	8
江西	3864.82	16	6897.94	22	11654.36	26
山东	5503.84	4	10442.06	5	17629.4	7
河南	2990.41	30	6861.49	24	12039.24	24
湖北	4070.63	15	7573.56	11	12622.44	20
湖南	4631.26	9	7401.73	17	11550.09	27
广东	5910.86	3	13031.33	3	21092.14	3
广西	4503.4	11	7419.40	16	13550.16	13
海南	3848.08	17	6954.45	21	12876.92	17
重庆	4446.71	12	9266.42	8	13827.72	12
四川	3541.44	22	6675.99	25	12687.29	18
贵州	3711.73	20	6507.12	28	10754.45	30
云南	4505.68	10	6881.39	23	12416.17	21
西藏	7229.41	1	7512.25	13	15854.97	9
陕西	3491.83	24	6958.23	20	14051.28	11
甘肃	3836.59	18	7008.40	19	11195.26	2
青海	3749.43	19	6316.64	30	11403.97	5
宁夏	3392.05	25	6450.79	29	12396.71	25
新疆	4682	8	7490.69	14	12653.43	14

表11中数据显示，2001年到2011年广西城镇居民的工薪收入在全国31个省区的排名中基本处于中等水平，2001年为11名，2006年为16名，2011年为13名；由表10可见，广西城镇居民工薪收入除2001年高于全国平均水平12.03%外，2006年和2011年均低于全国平均水平，分别为15.37%和12.08%。与发达地区相比，差距很大，如：2006年，广西城镇居民工薪收入比第1名的北京少了8864.77元，还不到北京城镇居民工薪收入的一半；2011年，广西城镇居民工薪收入比第1名的上海少了15000.6元，也不到上海城镇居民工薪收入的一半。与中西部地区相比，差距不大，如：2006年，广西城镇居民工薪收入比最后1名的黑龙江多出1391.34元，比同属西部地区的云南多出538.01元；2011年，广西城镇居民工薪收入比最后1名的黑龙江多出了3315.12元，比同属西部地区的云南多出1133.99元。可见，广西与发达地区相比仍有较大差距，而与中西部地区相比优势并不明显，要赶上发达地区，需要进一步加快经济发展的步伐。

九、广西最低工资标准增长梯度低于全国发达城市

随着经济的快速发展，居民生活水平的逐渐提高，广西区内的最低工资标准从2001年到2011年进行了7次调整，全国其他省份也进行了适应各省份实情的适当调整，仅2011年，全国就有27个省市区对最低工资标准进行了调整，具体情况如图9和表12：

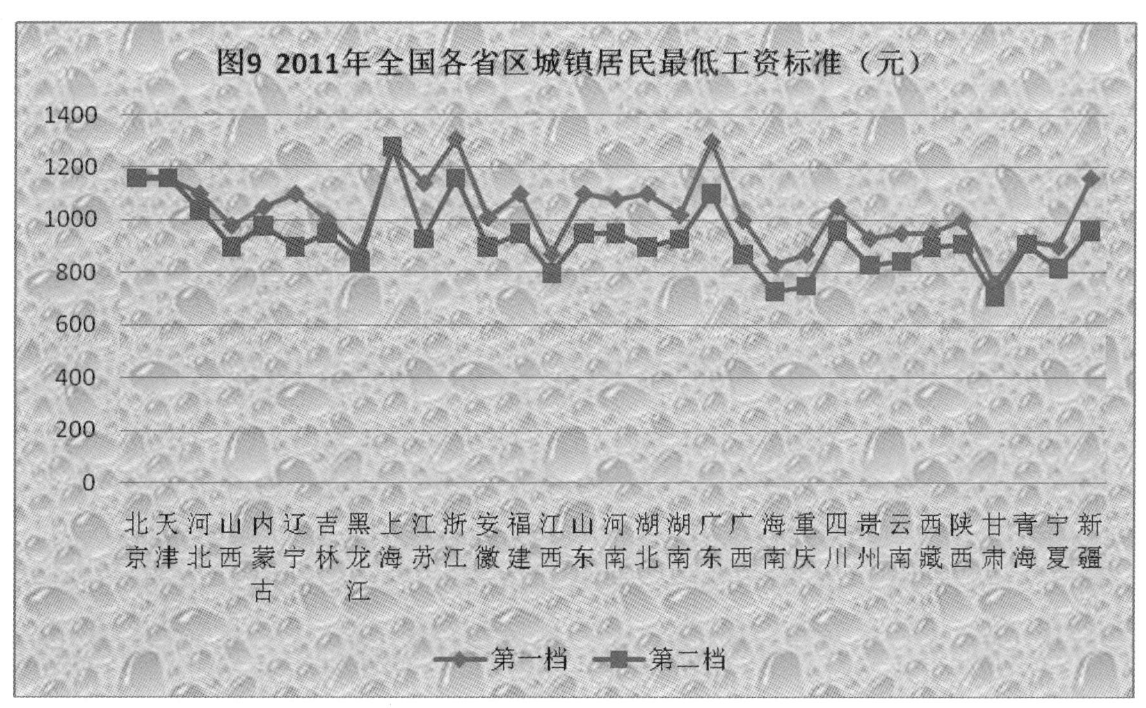

由图9可见，2011年全国各省区的最低工资标准的第一档基本在1000元左右，第二档在900元左右，广西城镇居民的最低工资标准在全国31个省区中均处于中等

偏下水平，与北京、上海、浙江、广东等发达地区仍有较大差距，相比贵州、江西、宁夏等中西部地区差距不大，具体如表12：

表12 2011年全国各省区城镇居民最低工资标准比较情况表

	第一档（元）	排名	第二档（元）	排名
北京	1160	4	1160	2
天津	1160	5	1160	3
河北	1100	8	1040	6
山西	980	21	900	18
内蒙古	1050	14	980	7
辽宁	1100	9	900	19
吉林	1000	18	950	10
黑龙江	880	27	840	25
上海	1280	3	1280	1
江苏	1140	7	930	14
浙江	1310	1	1160	4
安徽	1010	17	900	20
福建	1100	10	950	11
江西	870	28	800	28
山东	1100	11	950	12
河南	1080	13	950	13
湖北	1100	12	900	21
湖南	1020	16	930	15
广东	1300	2	1100	5
广西	1000	19	870	23
海南	830	30	730	30
重庆	870	29	750	29
四川	1050	15	960	8
贵州	930	24	830	26
云南	950	22	845	24
西藏	950	23	900	22
陕西	1000	20	910	16
甘肃	760	31	710	31
青海	920	25	910	17
宁夏	900	26	820	27
新疆	1160	6	960	9

表12中数据显示，2011年广西城镇居民的最低工资标准在全国31个省区的排名中，第一档为19名，第二档为23名；排在其后的海南、甘肃、黑龙江及西藏在2011年并没有进行最低工资标准的调整，扣除这四个城市，广西其实处于全国31个省区的中下水平。

综上所述，从纵向比较分析可见，近11年广西城镇居民工薪收入仍然是可支配收入的主要来源，虽然可支配收入及工薪收入的年均名义增长速度较快，但近几年实际增长速度有所放缓，并与经济发展不同步，最低工资标准总体呈现上升趋势；从内部比较分析可见，区内主要城市间工薪收入差异较大，部分城市增长速度缓慢，各行业间的工资水平差距较大；从横向比较分析可见，工薪收入及最低工资标准仍落后于全国同期平均水平，与发达地区相比差距较大。

第二章 近十一年广西城镇居民工薪收入增长影响因素分析

近十一年，广西经济增长保持了良好势头，多项主要经济指标实现了翻番，城镇居民工薪收入也得到了快速增长，但近几年实际增长速度放缓，与全国同期平均水平相比仍处于落后状态，与发达地区相比仍存在较大差距。因此，对广西城镇居民收入增长的各种影响因素进行分析，将对制定相关政策，进一步提高城镇居民工薪收入和缩小与发达地区差距起到重要的作用。

一、经济总量（GDP）的快速增长拉动了城镇居民工薪收入

随着经济总量的快速稳定增长，国民收入中供居民工薪收入的部分也按照一定的比例增加，拉动了城镇居民工薪收入的快速增加。根据广西统计局统计数据显示，近十一年广西GDP由2001年的2279.34亿元增加到2011年的11714.35亿元，增加了413.94%，具体情况如图10和表13：

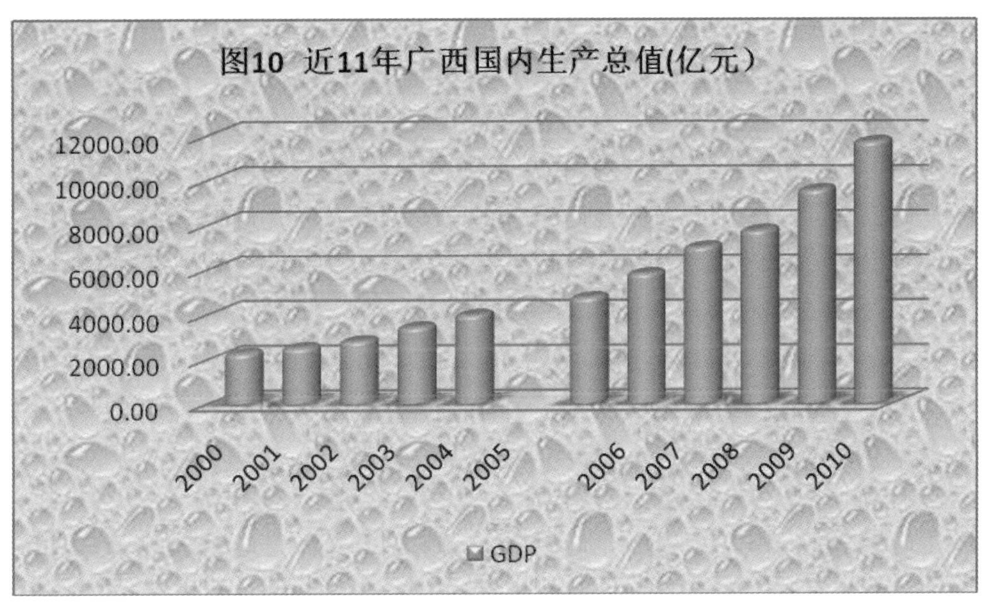

由图10可见，近十一年广西GDP呈现明显增长趋势，特别是近两年增长速度较快，具体年增长情况见表13：

表13 近11年广西GDP年增长率情况表

年份	GDP（亿元）	比上年增长（%）	五年平均增长（%）
2001	2279.34	9.58	13.88
2002	2523.73	10.72	
2003	2821.11	11.78	
2004	3433.50	21.71	
2005	3984.10	16.04	
2006	4746.16	19.13	19.16
2007	5823.41	22.70	
2008	7021.00	20.57	
2009	7759.16	10.51	
2010	9569.85	23.34	
2011	11714.35	22.41	—

表13中数据显示，近十一年来，广西GDP年增长率除2001年为9.58%，低于10%，其他年份均在10%以上，特别是2010年达到23.34%；“十五”期间年平均增长率为13.88%，比工薪收入增长率11.02%高出2.86个百分点；“十一五”期间年平均增长率为19.16%，比工薪收入增长率13.00%高出6.16个百分点；2011年增长率为22.41%，比工薪收入增长率12.34%高出10.07个百分点。说明GDP的快速增长也拉动了城镇居民工薪收入的快速增长。

二、居民消费价格指数（CPI）的相对稳定提升了城镇居民工薪收入

通货膨胀理论中提出，温和的通货

膨胀对产出有刺激作用，产出的增加会带来工资上涨[3]。而居民消费价格指数（CPI）作为通货膨胀率的代表之一，它的变动将对城镇居民工薪收入产生一定的影响。近11年的广西CPI在政府的调控下相对稳定，具体情况如图11和表14：

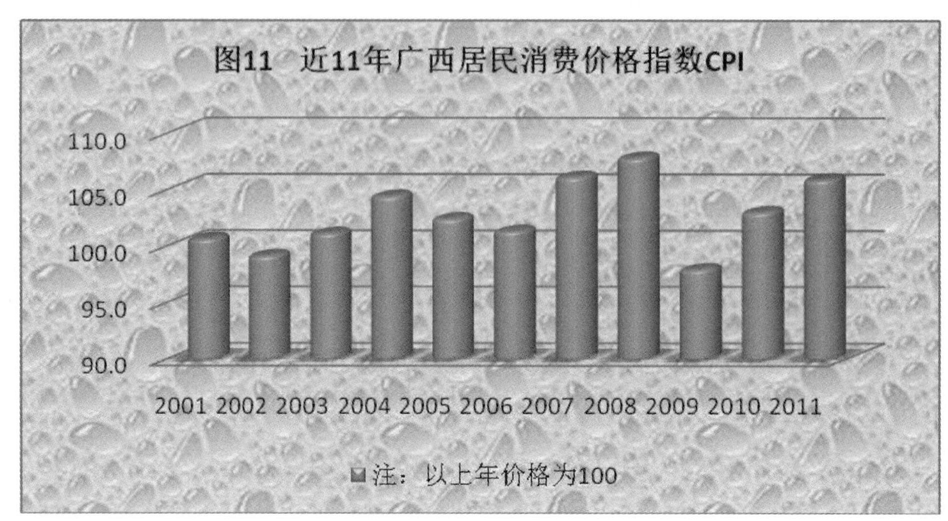

由图11可见，近十一年间，广西CPI相对稳定，增长幅度最大的是2008年，而2002年和2009年则出现了增长速度为负，具体年增长情况见表14：

表14 近11年广西CPI年增长率情况表

年份	CPI	比上年增长（%）	五年平均增长（%）
2001	100.6	0.6	1.50
2002	99.1	-0.9	
2003	101.1	1.1	
2004	104.4	4.4	
2005	102.4	2.4	
2006	101.3	1.3	3.16
2007	106.1	6.1	
2008	107.8	7.8	
2009	97.9	-2.1	
2010	103.0	3.0	
2011	105.9	5.9	—

表14中数据显示，近十一年间，广西CPI除2002年和2009年分别为99.1和97.9以为，其它各年均高于100，特别是2008年达到了107.8；“十五”期间的年平均CPI为1.50%，“十一五”期间的年平均CPI为3.16%，2011年的CPI为5.9%，走势较为平稳。同期的GDP年均增长率分别为13.88%，19.16%和22.41%，呈现出“高增长低通胀”的格局。而同期的工薪收入年均增长率分别为11.02%，13.00%和12.34%，说明CPI的相对稳定提升了城镇居民的工薪收入。

三、政策性增资提高了城镇居民工薪收入

城镇居民工薪收入主要取决于政府的宏观调控和政策引导，如最低工资制度在我国实施较晚，在1994年劳动法中才有政策性规定，而到了2004年才以法律形式出台《最低工资规定》，在覆盖范围、执行形式、监管力度、调整频率等许多方面进行了规范和完善[4]。此后，各地对最低工资标准的重视程度，调整频率和幅度都有了很大程度的提高。近11年间，广西最

低工资标准一共进行了7次调整，2006年至2011年共进行了5次调整，几乎一年一次，而由表4可见，这5次调整在不同程度上提高了城镇居民工薪收入，工薪收入的增长率均在10%左右。再如公务员工资改革制度自2006年3月温家宝总理在十届全国人大四次会议上所作的政府工作报告中提出后，在2006年5月，中共中央政治局会议进一步强调了完善收入分配制度，规范收入分配秩序，使得收入分配问题受到重视的程度达到空前的高度。而此次的收入分配制度是以公务员工资的改革为切入口，贯彻执行国家“限高、扩中、提高低收入者收入水平”社会收入分配体系的关键[5]。自2006年下半年进行的公务员工资改革制度后，公务员的工资在近几年呈现出平稳增长的态势，也在一定程度上提高了城镇居民工薪收入。此外，国家及自治区通过增加地方补贴，贯彻落实国家义务教育阶段教师绩效工资政策，个人所得税起征点的提升及推动国有企业改革等一系列措施，提高了机关、企事业单位职工的工资收入，促进了城镇居民工薪收入的增长。

四、外商直接投资（FDI）促进了城镇居民工薪收入的提高

随着经济全球化的日益加快和国际资本流动的日趋加强，外商直接投资（FDI）成为了我国经济增长的不可缺少的拉动力。外商投资企业由于其较高的劳动生产率通过各种途径带动了国内企业劳动生产率的提高。而劳动生产率的提高又进一步使得国内企业可以支付给员工更高的工资，这是FDI流入的积极效应，它促进了国内企业提高劳动生产率并且提高员工工资水平。且另一方面，外商投资企业的流入也促进了国内企业，尤其是国有企业的工资管理改革，使得工资支付更加符合市场经济的发展要求，更加积极有效。近十几年来，广西形成了“两区一带”的新格局，东盟自由贸易区，北部湾经济开发区以及西江经济带吸引了大量的外商到广西进行投资，投资额情况如图12:

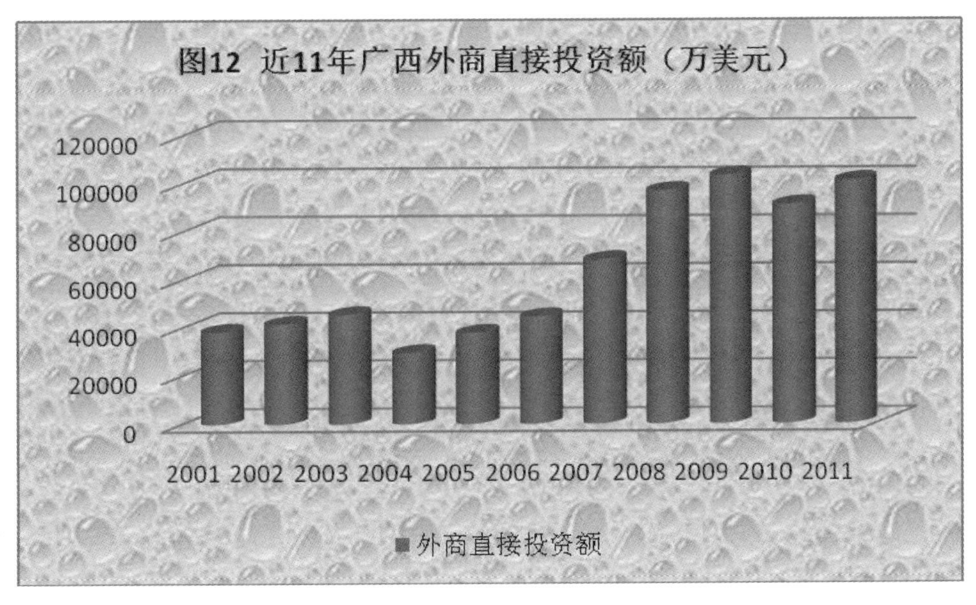

从图12可以看出，近几年广西保持在一个较高的水平，从而拉动了广西经济的快速发展，使得三大产业中的各个行业工资水平有了大幅度的提升，也促进了城镇居民工薪收入的进一步提高。

五、低收入居民家庭就业人口数少，赡养系数大制约了城镇居民收入增长

在广西，城镇低收入居民是个庞大的社会群体，根据广西调查总队2011年调查资料，占调查总体10%的城镇低收入居民家庭户均人口数3.35人，比总体平均人口3.09的人多2.6%；低收入家庭户均就业人口为1.44人，比全区平均的1.66人少2.2%；这些数据表明，低收入家庭人口多，就业人数少，赡养系数高，近六年城镇低收入家庭户均就业人口数及户均总人口数的情况如图13：

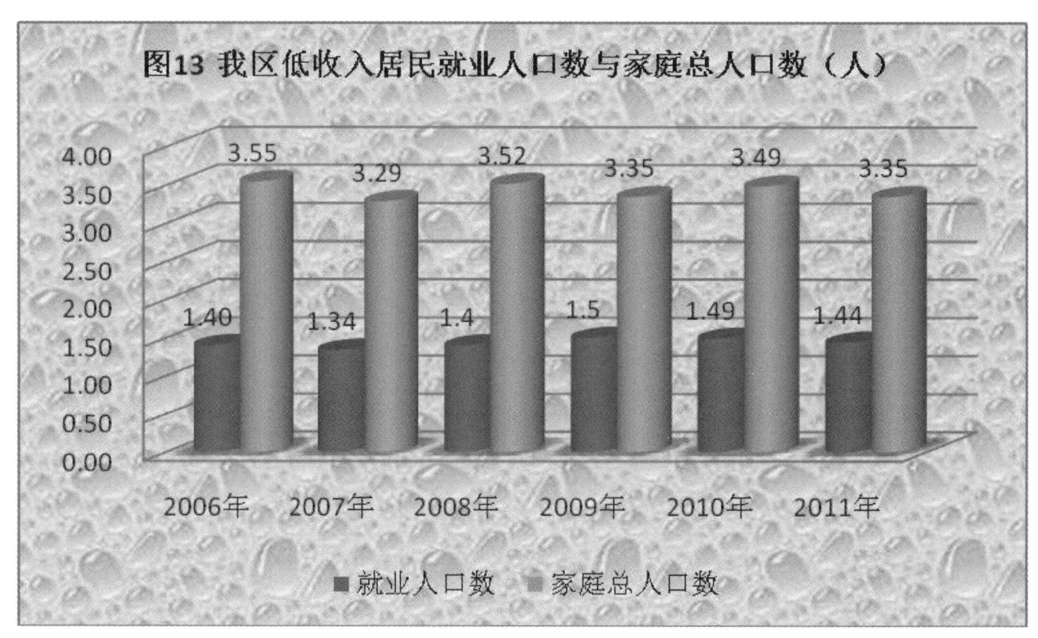

从图13可以看出，近几年广西城镇低收入居民家庭就业人口数占家庭人口的比例均维持在50%以下，制约了城镇低收入居民工薪收入的增长。

此外，区域间的经济发展不均衡，行业间工资水平差距大等等，都对城镇居民收入产生一定的影响。

综上所述，近11年间，广西经济总量的快速增长，CPI相对稳定，政策性增资的深入以及外商的直接投资等，都极大地拉动了城镇居民工薪收入的增长；同时，低收入居民家庭的就业人口少，赡养系数大，区域经济发展的不均衡，行业间工资水平差距大等，也制约着城镇居民收入的增长。

第三章 广西城镇居民工薪收入预测模型及其预期研究

广西壮族自治区国民经济和社会发展第十二个五年规划纲要中指出，“十二五”期末（2015年）广西城镇居民人均可支配收入（按2010年价格计算）达

到27480元，年均增长10%。但近年来，广西城镇居民收入增长速度明显放缓，虽然年均名义增长速度达到10%以上，但扣除价格上涨因素，实际增长速度不快。而工薪收入是城镇居民收入的主要来源，占居民可支配收入的70%以上，因此，从城镇居民工薪收入的历史数据出发，根据其统计规律，建立预测模型，并对未来的城镇居民工薪收入进行预测，将能较好预测未来城镇居民人均可支配收入。

一、广西城镇居民工薪收入预测模型的建立

城镇居民工薪收入受到较多因素的影响，从而造成其自身具有一定的规律。根据广西调查总队近三十年的抽样调查资料显示，广西城镇居民工薪收入呈现出明显的非平稳时间特征，具体如图14：

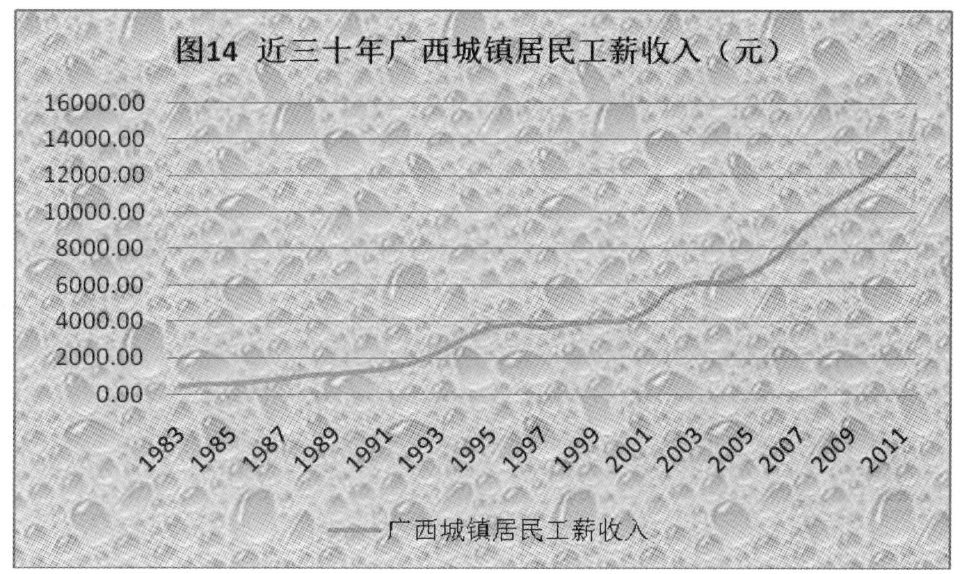

由图14可以看出，广西城镇居民工薪收入呈现出不断增长的趋势特征，具体的说是接近指数增长趋势，为一非平稳时间序列，因此考虑利用时间序列分析方法建立广西城镇居民工薪收入预测模型。

（一）时间序列分析方法

最早的时间序列分析可以追溯到7000年前的古埃及，古埃及人把尼罗河涨落的情况逐天记录下来，就构成所谓的时间序列。对这个时间序列长期的观察使他们发现尼罗河的涨落非常有规律，由于掌握了尼罗河泛滥的规律，使得古埃及的农业迅速发展，从而创建了埃及灿烂的史前文明。而按照时间的顺序把随机事件变化发展的过程记录下来就构成了一个时间序列，根据时间序列所反映出来的发展过程、方向和趋势，进行类推或延伸，借以预测下一段时间或以后若干年内可能达到的水平则构成了时间序列分析方法。

（二）*ARIMA*（p,d,q）模型

G.E.P.Box和 G.M.Jenkins在1970年出版的《Time Series Analysis Forecasting and Control》一书中首次提出了自回归移动平均模型（Autoregressive Integrated Moving Average Model），简称*ARIMA*（p,d,q）

模型，也称Box-Jenkins模型，该模型主要运用于对单变量、同方差场合的非平稳时间序列的拟合，近些年在各个领域中都得到了广泛的应用。

ARIMA（*p*, *d*, *q*）模型建模方法是以序列的平稳性为前提的，若是非平稳序列，则需要对序列进行变换和处理，使之平稳后再进行分析. *ARIMA*（*p*, *d*, *q*）模型（即自回归移动平均模型）的一般形式为：

$\Phi(B)(\nabla^d x_t)=\Theta(B)e_t$，或者

$\Phi(B)(1-B)^d x_t=\Theta(B)e_t$.

其中x_t为t时刻的时间序列值，B为后移算子，$Bx_t=x_{t-1}$，t为第t个时间点，∇为差分符号，$\nabla=1-B$，d为差分阶数；$\Phi(B)=1-\varphi_1 B-\varphi_1 B^2-\cdots\varphi_p B^p$，$p$为自回归算子，$p$为自回归阶数，$\varphi_1$，$\varphi_2$，$\cdots\varphi_p$为自回归部分参数；$\Theta(B)=1-\theta_1 B-\theta_2 B^2-\theta_q B^q$为移动平均算子，$q$为移动平均阶数，$\theta_1$，$\theta_2$，$\cdots\theta_q$为移动平均部分参数，$e_t$为白噪声序列。

（三）广西城镇居民工薪收入预测模型的建立

1. 广西城镇居民工薪收入序列的平稳性处理

由图12可以看出，广西城镇居民工薪收入为一非平稳时间序列，而*ARIMA*（*p*, *d*, *q*）模型是以序列的平稳性为前提的，因此需要对时间序列进行平稳化处理，对于含有指数趋势的非平稳时间序列，通常可以通过对指数趋势进行对数变换后转化为线性趋势，再对其进行差分来消除线性趋势。对原始数据进行对数变换及一阶差分后作时间序列图，如下图15：

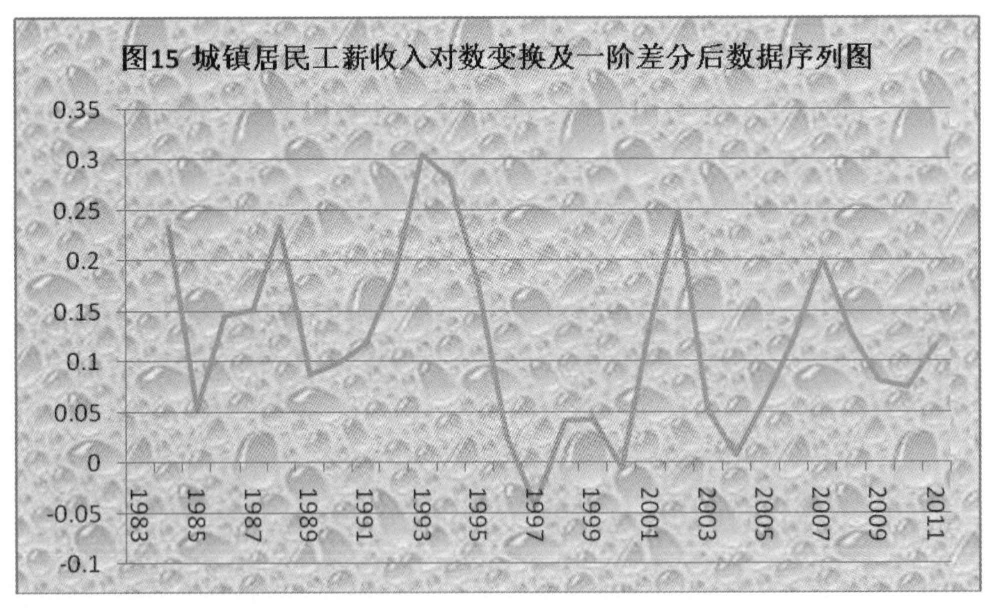

由图15可见，对过去近30年广西城镇居民工薪收入进行对数变换及一阶差分后的数据在图形上表现为所有样本点都在某一水平线上下随机波动，可初步断定为平稳序列。

2. 平稳化后的广西城镇居民工薪收入序列的白噪声检验

ARIMA（*p*, *d*, *q*）模型是对具有一定统计规律的平稳序列进行建模，若原始序列为纯随机序列（也称白噪声序列），则没

有建模的必要，因此需要对序列进行白噪声检验，利用Box-Ljung检验法对进行平稳化后的广西城镇居民工薪收入序列进行白噪声检验，得结果如表15:

表15 平稳化后的广西城镇居民工薪收入白噪声检验结果表

滞后阶数	自相关系数	标准误差	Box-Ljung检验		
			统计量值	自由度	显著性概率
1	0.418	0.179	5.443	1	0.020
2	-0.061	0.176	5.561	2	0.062
3	-0.257	0.173	7.780	3	0.051
4	-0.129	0.169	8.362	4	0.079
5	-0.064	0.165	8.512	5	0.130
6	0.038	0.162	8.567	6	0.199
7	0.085	0.158	8.854	7	0.263
8	0.075	0.154	9.088	8	0.335

表15中的数据显示，滞后1阶的Box-Ljung检验显著性概率均小于显著性水平0.05，说明平稳化后的广西城镇居民工薪收入序列具有短期自相关，不是白噪声序列，可以利用*ARIMA*（*p*,*d*,*q*）模型进行建模。

3.平稳化后广西城镇居民工薪收入预测模型阶数的确定

为了能找到最佳的阶数，我们对*ARIMA*（*p*,1,*q*）模型中的两个参数*p*、*q*采用最佳准则函数定阶法中的Akaike最小信息准则（AIC: Akaike Informaition Criterion）来确定。AIC准则首先由日本赤池（Akaike）提出并成功地应用于*AR*模型的分析定阶中，该方法也可用来辨识*ARMA*模型的阶数。

经比较，在收敛标准为（最大值为10；参数变化为0.001%；平方和变化为0.001%）的情况下，取（*p*,1,*q*）=（1,1,0）时，AIC值达到最小，此时*AIC*=58.79，*SBC*=-56.12。

4.平稳化后广西城镇居民工薪收入预测模型的参数估计

取（*p*,*d*,*q*）=(1,1,0)作为暂定值，得*ARIMA*(1,1,0)模型参数估计的结果如表16:

表16 *ARIMA*（1,1,0）模型参数估计结果表

参数	估计值	标准误差	统计量值	显著性概率
φ_1	0.430	0.174	2.466	0.021
常数	0.123	0.026	4.660	＜0.001

表16中的数据显示，对参数进行t检验所得显著性概率均小于显著水平0.05，说明估计的参数显著非零，为重要变量。

5.广西城镇居民工薪收入*ARIMA*(1,1,0)模型的适应性检验模型适应性检验即对所建模型的优劣进行检验，通过对序列原始数据与拟合数据的误差（常称为残差）序列进行检验来实现的。若残差序列为白噪声序列，则意味着所建立的模型已包含了原始序列的趋势，从而模型应用于预测是合适的；若残差序列不是白噪声序列，说明模型有改进的必要。对以上所建*ARIMA*（1，1，0）模型进行残差序列进行白噪声检验，所得结果如表17：

表17 ARIMA（1，1，0）模型残差序列白噪声检验结果表

滞后阶数	自相关系数	标准误差	Box-Ljung检验		
			统计量值	自由度	显著性概率
1	0.112	0.179	0.388	1	0.533
2	-0.172	0.176	1.339	2	0.512
3	-0.270	0.173	3.796	3	0.284
4	-0.018	0.169	3.808	4	0.433
5	-0.045	0.165	3.881	5	0.567
6	0.043	0.162	3.954	6	0.683
7	0.063	0.158	4.113	7	0.767
8	0.052	0.154	4.226	8	0.836

表17中的数据显示，滞后1阶至8阶的Box-Ljung检验显著性概率均大于显著性水平0.05，说明所建*ARIMA*(1,1,0)模型的残差序列为白噪声序列，即所建模型较好的反映了原始数据的统计规律。

6．广西城镇居民工薪收入预测模型*ARIMA*(1,1,0)

由上分析，可建立广西城镇居民工薪收入预测模型为*ARIMA*(1,1,0)，具体表达式为：

$$(1-\varphi_1 B)(1-B)^d 1nx_t=e_t+C$$

其中φ_1=0.43，d=1，C=0.123，B为后移算子，e_t为白噪声序列，x_t为广西城镇居民工薪收入序列值。

7．广西城镇居民工薪收入拟合精度

利用上述所建模型对广西城镇居民近三十年人均可支配收入进行拟合，做拟合图如图16：

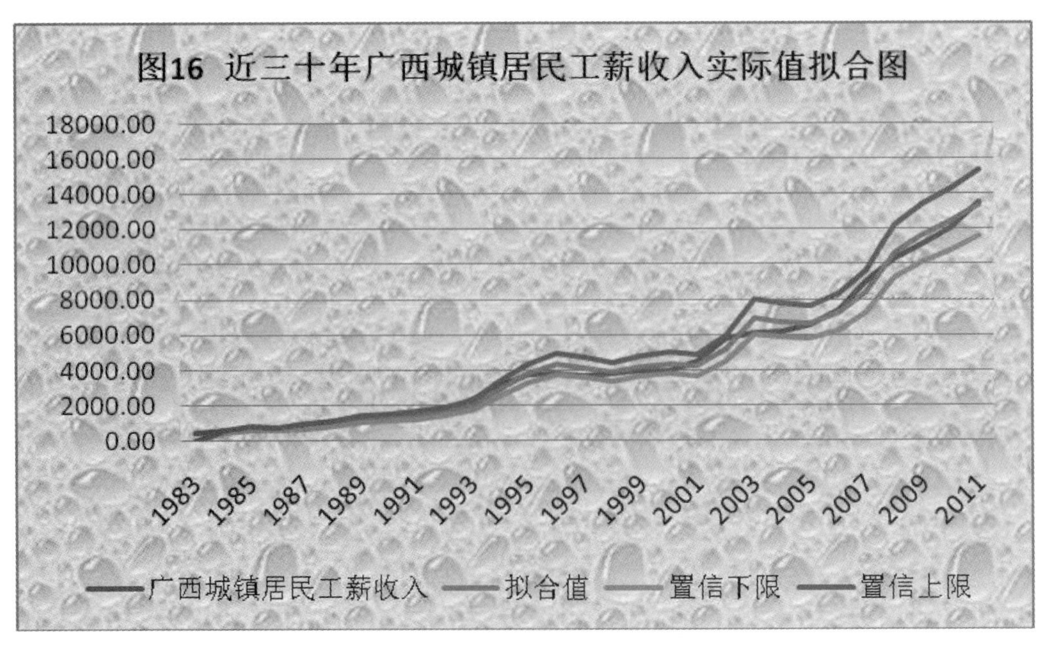

图16 近三十年广西城镇居民工薪收入实际值拟合图

由图16可见，*ARIMA*（1,1,0）模型所得拟合值与实际值间的误差较小，实际值均落在90%的置信区间内，说明拟合效果较好，近五年拟合精度如表18：

表18　2007年至2011年广西城镇居民工薪收入拟合精度表

	2007年	2008年	2009年	2010年	2011年
实际值（元）	9075.18	10321.20	11193.64	12061.82	13550.16
拟合值（元）	8377.838	10613.14	11698.12	12430.22	13357.21
相对误差绝对值（%）	7.68	2.83	4.50	3.05	1.42

表18中数据显示，2007年至2011年广西城镇居民工薪收入的实际值与拟合值的相对误差除2007年为7.68%以外，其他各年均控制在5%以内，特别是2011年，实际值与拟合值间的误差只有192.95元，说明*ARIMA*(1,1,0)模型的拟合精度较高。

二、“十二五”期间广西城镇居民工薪收入的预期

利用上述所建的广西城镇居民工薪收入预测模型*ARIMA*(1,1,0)对广西在“十二五”期间的城镇居民工薪收入进行预测，结果见表19：

表19　2012年至2015年广西城镇居民工薪收入预测结果表

	2012年	2013年	2014年	2015年
预测值（元）	15418.12	17436.19	19718.42	22299.36
90%预测区间下限（元）	13445.38	13531.88	14094.99	14871.62
90%预测区间上限（元）	17680.3	22467.01	27585.41	33436.95
比上年名义增长（%）	12.74	12.91	12.99	13.02

表19中的数据显示，2012年广西城镇居民工薪收入将达到15418.12元，2015年将达到22299.36元，根据2011年的比上年名义增长率为12.34%（见表4），可得“十二五”期间的工薪收入年均名义增长率为12.8%。再由表2得，2011年城镇居民工薪收入占人均可支配收入的比例为72%，以此为基础折算得2012年至2015年广西城镇居民人均可支配收入的预测结果如下表20：

表20　2012年至2015年广西城镇居民人均可支配收入预测结果表

	2012年	2013年	2014年	2015年
预测值（元）	21217.72	23958.24	27070.66	30596.15
90%预测区间下限（元）	18422.79	18653.60	19149.49	19874.59
90%预测区间上限（元）	24436.68	30771.38	38268.41	47101.56
比上年名义增长（%）	12.54	12.92	12.99	13.02

表20中的数据显示，2012年广西城镇居民人均可支配收入将达到21217.72元，2015年将达到30596.15元，根据2011年的比上年名义增长率为10.49%（见表2），可得“十二五”期间的人均可支配收入年均名义增长率为12.39%。

《广西壮族自治区国民经济和社会发展第十二个五年规划纲要》中指出，

“十二五”期末（2015年）广西城镇居民人均可支配收入（按2010年价格计算）达到27480元，年均增长10%。若2012年至2015年的CPI仍以2011年的CPI来进行折算，则到2015年按2010年价格计算的CPI是133.2，人均可支配收入30596.15按2010年价格计算是22970.07元，年均增长6.13%，并未达到“十二五”规划纲要中要求的27480元，年均增长10%。要顺利完成区“十二五”规划的目标还需要努力，而工薪收入在未来多年内仍然是人均可支配收入的主要来源，基本还能保持在72%左右的比例，因此，要有效提高人均可支配收入，需要进一步提高工薪收入，在提高工薪收入的同时要做到“提低，扩中，调高”，尽量控制通货膨胀。若以“十一五”期间2010年相对2005年的CPI值116.8（见表2）为基准进行价格换算，2015年的人均可支配收入30596.15按2010年价格计算是26195.33元，年均增长8.36%，接近“十二五”规划纲要中要求的27480元，年均增长10%。

第四章 加快广西城镇居民工薪收入增长的政策建议

城镇居民人均可支配收入是衡量城镇居民家庭生活水平高低及社会经济发展的重要指标之一。《中华人民共和国国民经济和社会发展第十二个五年规划纲要》[7]中指出，“要加快城乡居民收入增长。健全初次分配和再分配调节体系，合理调理国家、企业、个人分配关系，努力实现居民收入增长和经济发展同步、劳动报酬增长和劳动生产率提高同步，明显增加低收入者收入，持续扩大中等收入群体，努力扭转城乡、区域、行业和社会成员之间收入差距扩大趋势。”因此，进一步有效快速地提高城镇居民工薪收入，将有利于促进城镇居民人均可支配收入。

本课题从纵向，内部和横向三方面对目前广西城镇居民工薪收入的现状进行了比较分析，研究结果主要表现在：广西城镇居民工薪收入仍然是人均可支配收入的主要来源，虽然人均可支配收入及工薪收入的年均名义增长速度较快，但近几年实际增长速度有所放缓，并与经济发展不同步；区内主要城市间工薪收入仍存在较大差异，部分城市增长速度缓慢；工薪收入及最低工资标准仍落后于全国同期平均水平，与发达地区相比存在较大差距。因此，基于本课题上述的分析结果，结合目前广西的具体实际，坚持以“政策引导、统筹发展、效率优先、注重公平”为基本原则，以“加快城镇居民收入增长，实现经济发展同步”为主要目标，提出相关的措施和建议。

一、促进经济结构调整，增强综合经济实力

经济总量的快速稳定增长将有效拉动城镇居民工薪收入增长，广西与发达地区间的差距主要体现在经济实力上的差距，因此，通过经济结构的调整，增强综合实力是赶超全国城镇居民收入平均水平、缩小同经济发达地区差距的根本途径，也是推动城镇居民工薪收入快速增长的有效措

施。结合广西的自身特点，可以通过发展高新技术产业、新型服务业以及生态农业等，不断增强产业发展后劲；进一步加快东盟自由贸易区，北部湾经济开发区以及西江黄金水道建设，不断推进区域协调发展；努力提高民营经济比重，促进所有制结构调整，进一步加快民营经济的发展[8][9]。

二、加强政府调控，确保居民消费价格指数相对稳定

通货膨胀理论中提出，温和的通货膨胀对产出有刺激作用，产出的增加则会带来工资的上涨。而居民消费价格指数（CPI）作为通货膨胀率的代表之一，保持其相对稳定从某种程度来说是提升了城镇居民的工薪收入。要保持居民消费价格指数的相对稳定，需要对垄断行业商品以及生活必需商品的价格水平上涨幅度加以控制，避免其他行业价格水平向这些行业看齐，造成通货膨胀压力的加大和宏观调控难度的增加；同时制定科学的方法计量政府部门和服务型企业员工的生产率，政府制定出能够可靠计量生产率的方法后，可以通过规范劳务定价控制工资的非理性增长，达到控制通货膨胀的目的[3]。

三、加大职工增资力度，提高职工工资收入

国家自2006年进行公务员工资改革制度后，近几年来，广西没有出台影响较大的调资增资政策，居民工薪收入增长缺乏政策后劲，造成增长速度放缓。公务员作为一个特殊的群体，它担负着治理国家的重任，其工作实现着政府对各个领域、各个部门和一切事业的导向、指挥、协调、调控、服务的重要职能，行使着国家权力，执行着政府公务。其工作的好坏直接影响到国家的稳定、社会经济的发展、人民生活的改善，居于特别重要的地位[5]。而公务员是中等收入群体的最突出代表，因此其工资的调整具有风向标作用。要有效地拉动城镇居民工薪收入的增长，可以运用财政政策提高公务员及事业单位职工待遇水平，结合政府机构改革及其职能转变，按照经济增长指数和财政收入状况，逐年相应增加政府支出，以增加公务员、非赢利机构人员工资和离退休人员工资和养老金[10]。

四、加大外资引进力度，加强政策引导，缩小工资水平差距

随着经济全球化的日益加快和国际资本流动的日趋加强，外商直接投资（FDI）成为了我国经济增长不可缺少的拉动力。因此，广西应进一步加快“两区一带”新格局的建设，通过优惠政策吸引外资的进入。FDI对工资的提升在一定程度上取决于外资进入行业对相关产业的关联效应，因此，要发挥FDI对国内投资的诱发效应，就必须注重关联产业的培养。地区政府必须制定和执行科学的产业政策，针对地区迫切需要而又尚无能力独立发展的具有发展前景的产业，对相关产业具有较高带动能力的产业等进行外资的引进，并且向与之相关的产业（如上游产

业）提供优惠的政策，将会更好的发挥外资对国内投资的诱发效应[11]。从而促进这些产业及相关产业工资水平的提高，同时，也能更好的拉近不同行业间工资水平的差距。

此外，对相对落后的地区，政府应该加大投入，改善这些地区的基础设施和投资软环境，提高这些地区的开放程度，使这些地区的居民也能享有开放带来的利益，进而缩小地区间工资水平的差距。

五、努力扩大就业，不断完善最低工资制度

近几年，广西城镇低收入居民家庭就业人口数占家庭总人口数的比例均在50%以下，极大的制约了城镇居民工薪收入的增长。因此，扩大就业是提高居民工薪收入水平的根本，应把扩大就业放在经济社会发展更加突出的位置，实行积极的就业政策。可以通过不断拓宽就业渠道，大力提倡自主创业和加大劳务输出工作力度等，最大限度地减少长期失业者数量，全力推进就业和再就业工作[12]。

此外，最低工资设立之初是旨在提高低收入人群的工资收入和生活标准，缩小社会不同群体间的收入差距。近几年，最低工资标准在覆盖范围、执行形式、监管力度、调整频率等许多方面得到了一定的规范和完善，而对最低工资制度的进一步完善则需要考虑在防止恶性竞争，促进产业升级以及提高劳动生产率等方面发挥其更大的作用。同时，在深化收入改革的过程中既要注重“提低”又要紧抓“调高”。收入差距过大是抑制我国经济发展的原因之一，单方面“提低”会使平均工资水平上涨，从而引起通货膨胀导致价格信号紊乱，为了使经济平稳发展，做好“提低”的同时也要紧抓“调高”，这样既可以缩小收入差距也可保持经济健康发展[3]。

六、加快收入分配制度改革步伐，完善收入分配调控机制

继续调整和规范国家、企业和个人的分配关系，确立劳动、资本、技术和管理等生产要素按贡献参与分配的原则，完善按劳分配为主体、多种分配方式并存的分配制度，坚持效率优先、兼顾公平，既要提倡奉献精神，又要落实分配政策；既要反对平均主义，又要防止收入悬殊。进一步深化企业内部收入分配制度改革，大力推行岗位工资为主的基本工资制度，调节和规范垄断性行业企业收入分配，建立公平竞争的市场机制。完善收入分配宏观调控机制，充分发挥市场在资源配置基础性作用的同时，适当加大政府干预力度，加强对高收入阶层的积极监督，加大维持社会公平的转移支付力度，稳步提高职工收入水平，逐步解决收入分配不均衡问题[12]。

主要参考文献

[1]《广西壮族自治区国民经济和社会发展第十二个五年规划纲要》.

[2]《中国薪酬发展报告》，中华人民共和国人力资源和社会保障部，2011.

[3]冯渤潇，《中国通货膨胀与居民工

资变动相关性研究》［D］. 吉林大学，2009.

［4］井润田，《最低工资标准对就业、生产率、出口影响的实证分析》［D］. 电子科技大学，2009.

［5］冯丽铭，《我国公务员工资改革研究》［D］. 西北大学，2008.

［6］王志刚，《FDI对我国工资水平的影响：基于行业面板数据的分析》［D］. 湖南大学，2009.

［7］《中华人民共和国国民经济和社会发展第十二个五年规划纲要》.

［8］《中共广西壮族自治区委员会关于制定国民经济和社会发展第十二个五年规划的建议》.

［9］蒋升湧，对广西“十二五”发展的几点建议［J］. 市场论坛，2010(9):1.

［10］李秀林，提高辽宁省城镇居民人均可支配收入问题的思考与建议，党政干部学刊［J］. 2006(12):13-15.

［11］童聿忻《外商直接投资的实际工资效应》［D］. 复旦大学，2008.

［12］张春艳，城镇居民人均可支配收入问题初探，科技信息，2007(27):484-485.

繁荣广西农村文化问题研究

课题主持人： 杨锡虹
课题组成员： 林卯来 邓有朝 陈炳辉
杨明东 罗天明 王 飞

摘要： 农村的文化建设问题，党和政府历来十分重视。从十一届三中全会以来，就加强农村文化建设、丰富农村群众文化生活，先后出台一系列的政策文件，党的十七届六中全会通过了《中共中央关于深化文化体制改革，推动社会主义文化大发展大繁荣若干重大问题的决定》，提出了建设社会主义文化强国的历史任务。广西根据国家的政策也相应出台了政策措施，促进了农村文化建设，取得了良好的效果，农民群众的精神文化生活有了较大改善，农村文化建设呈现良好的发展局面。但受到历史上“二元体制”和地域条件的影响，广西农村文化建设与全面建设小康社会的目标、与经济社会的协调发展、与农民群众的精神文化需求还不相适应，农村文化事业发展和城市相比还有较大差距。根据广西农村文化的建设，研究如何加大投入力度，在提高农民收入的同时，有效促进农民在文化方面的支出，缩小城乡文化事业发展差距，对繁荣广西农村文化具有重要的意义。

前 言

农村的文化建设问题，党和政府历来十分重视。从十一届三中全会以来，就加强农村文化建设、丰富农村群众文化生活，先后出台一系列的政策文件。特别是2006年中央一号文件《中共中央国务院关于推进社会主义新农村建设的若干意见》，首次把农村“文化建设”提到与“经济、政治、社会和党的建设”同等重要的高度，强调要使文化资源向农村倾斜。党的十七届六中全会通过了《中共中央关于深化文化体制改革，推动社会主义文化大发展大繁荣若干重大问题的决定》，要求全党充分认识推进文化改革发展的重要性和紧迫性，更加自觉、主动地推动社会主义文化大发展大繁荣，努力建设社会主义文化强国，将社会主义文化大发展大繁荣提高到一个前所未有的高度。

广西根据国家的政策也相应出台了政策措施，有效促进了农村文化建设，特别是推进了广播电视村村通工程、农村电影放映工程、文化信息资源共享工程、万里边疆文化长廊建设工程、送书下乡工程，还投资加强综合文化站、农家书屋建设等重点文化建设工程。各地区还因地制宜地组织开展各种农村文化活动，培育农村文化市场，开展文化、科技、卫生“三下乡”，取得了良好的效果，农民群众的精神文化生活有了较大改善，农村文化建设呈现良好的发展局面。

但受到历史上“二元体制”和地域条件的影响，广西农村文化建设与全面建设小康社会的目标要求还不相适应，与经济社会的协调发展还不相适应，与农民群众的精神文化需求还不相适应，农村文化事业发展和城市相比还有较大差距。农民文化素质总体相对较低，农村文化体制不健全，农村文化基础设施薄弱，农村基层文化队伍弱小，农村文化产业相对落后，农村文化支出较低。在社会主义新农村建设过程中，加大投入力度，在提高农民收入的同时，有效促进农民在文化方面的支出，缩小城乡文化事业发展差距，仍是一项重要且迫切的任务。

一、广西农村文化建设的现状

广西是少数民族居住地，多民族文化聚集在此，尤其以山歌出名，每年壮乡传统民间节日“三月三”，各地山歌涌动，吸引了海内外越来越多地客人观看，唱响了中国壮乡文化品牌。随着广西各项繁荣农村文化政策的贯彻和措施，一些由政府主导的面向农村的公益性文化建设和活动深入展开，如广播电视村村通工程、农村电影放映工程、文化信息资源共享工程、万里边疆文化长廊建设工程、送书下乡工程，开展文化、科技、卫生“三下乡”，以及综合文化站建设、农家书屋建设的加强，促进了农民群众的精神文化生活有了改善，农村文化建设呈现良好的发展局面。

（一）公共文化设施建设初具规模，农村文化设施建设有所改善。近年来广西农村公共文化服务的设施和网络不断完善，公共文化服务的内容和形式不断得到丰富，形成了以政府为主导、以文化部门为骨干、以乡镇为依托、以村屯为重点、以农民为建设主体，加快构建农村公共文化服务体系的新格局。

广西农村文化基本上由乡镇文化站统一指挥和协调，农村公共文化建设初具规模，文化设施建设不断完善。2011年广西拥有乡镇文化站点1126个，与2010年相比，公用房屋建筑面积增加13.33%，人员增加2.48%，藏书量增加3.01%，达到5524.93千册，拥有的计算机台数增加35.50%，财政拨款增加63.74%，其中业务活动经费更是增加了16.66倍。加强了村级公共服务中心建设，以一栋综合楼、一个篮球场、一个戏台、一支篮球队、一支文艺队的“五个一”为建设标准的公共服务中心累计完成2500个，其中2011年新增800个，比2010年增加了60%。在政府增加投入的基础上，乡镇文化站各种文化活动表现活跃，2011年与2010年相比，组织文艺活动次数增加了0.25%，指导性的业余文艺团队增加了23.63%，达到4892个，辖区内村文化室增加了16.61%，在工资福利支出增加不大的情况下，2011年项目支出、各种设备购置支出明显增加，分别比上年增加了136.28%和648.24%。

表1 广西乡镇文化站文化设施建设及经费使用情况

指标名称	2011年	2010年	增幅（%）
乡镇文化站数（个）	1126	1126	
从业人员（人）	2516	2455	2.48
其中：高级职称（人）	71	97	-26.80
中级职称（人）	333	422	-21.09
藏书（千册）	5524.93	5363.74	3.01
举办展览个数（个）	1891	1916	-1.30
组织文艺活动次数（次）	13008	12976	0.25
举办训练班班次（次）	5175	5766	-10.25
培训人次（千人）	337.84	265.29	27.35
计算机（台）	5630	4155	35.50
指导的业余文艺团队（个）	4892	3957	23.63
公用房屋建筑面积（千平方米）	432.11	381.28	13.33
资产总计（千元）	331746	241754	37.22
其中：固定资产原值（千元）	305380	228192	33.83
收入合计（千元）	102523	57844	77.24
其中：财政拨款（千元）	88903	54295	63.74
其中：业务活动经费（千元）	20309	1150	1666.00
支出合计（千元）	91602	58455	56.71
其中：基本支出（千元）	72213	52763	36.86
项目支出（千元）	10316	4366	136.28
商品和服务支出（千元）	15880	2631	503.57
工资福利支出（千元）	51310	46486	10.38
其他资本性支出（千元）	6973	3236	115.48
其中：各种设备购置费（千元）	6592	881	648.24
辖区内村文化室（个数）	6466	5545	16.61

注:资料来源《广西壮族自治区文化事业统计资料》。

（二）农村居民家庭拥有的文化主要消费品明显增加。国家统计局广西调查总队农村住户抽样调查显示，随着广播电视村村通工程和文化信息资源共享工程建设的推进，越来越多的农村居民家庭文化主要消费品（耐用品）明显增加，其中彩色电视机2011年比2010年增加了10.25%，计算机增加了112.5%，其中接入互联网的增加了105.41%，摄像机的拥有量增加了25倍。

表2 广西农村居民家庭文化主要消费品拥有情况

指标名称	2011年	2010年	增幅（%）
彩色电视机（台）	2527	2292	10.25
其中：接入有线电视网的（台）	721	844	-14.57
摄像机（台）	26	1	2500.00
影碟机（台）	1012	1102	-8.17
照相机（台）	48	56	-14.29
家用计算机（台）	221	104	112.50
其中接入互联网的（台）	152	74	105.41
中高档乐器（台）	6	10	-40.00

注:资料来源《广西调查年鉴》。

（三）农村居民家庭文化消费明显增加。为了满足自身文化生活的需要，农村居民家庭文化消费明显增加。广西调查总队农村住户抽样调查显示，2011年农村居民家庭文化教育、娱乐消费支出比2010年增加了19.81%。

表3 广西农村居民家庭人均文化消费情况

指标名称	2011年	2010年	增幅（%）
总支出（元）	6792.05	5270.80	28.86
生活消费支出（元）	4210.89	3455.29	21.87
文化教育、娱乐消费支出（元）	218.72	182.55	19.81
其中：书报杂志（元）	8.29	8.99	-7.78
纸张文具（元）	4.62	6.63	-30.22
音像制品（元）	0.27	0.30	-7.59
计算机零配件及耗材（元）	0.04	0.01	251.72

注:资料来源《广西调查年鉴》。

（四）当前广西农村文化存在的问题。虽然广西公共文化设施建设初具规模，农村文化设施建设有所改善，农村居民家庭拥有的文化主要消费品明显增加，家庭文化消费有所上升，但农村文化专业人才流失明显，乡镇文化站具有高、中级职称的人才2011年比2010年分别下降了26.80%和21.09%。虽然广播电视村村通工程实施多年，但农村居民家庭接入有线电视网的彩色电视机2011年比2010年下降了14.57%，农户拥有的影碟机、照相机、中高档乐器等文化消费品也分别下降了8.17%、14.29%和40%，农户人均文化教育和娱乐消费支出占总支出和生活消费支出的比重分别下降了0.24%和0.09%。

二、广西城市和农村文化的差距表现

多年来，广西根据党中央国务院的指示出台了一系列加快文化发展的政策措施，有力地推动了文化事业的繁荣和文化产业的发展，农村文化阵地得到了巩固，农民文化生活得到了改善，农村文化呈现出良好的发展势头。但与城市相比、与农民群众的所求所盼相比，农村的文化建设还存在着较大差距。在此我们仅对城市文化馆情况和乡镇文化站情况以及城镇、农村住户文化消费情况进行比较，分析城市和农村文化水平的差距。

（一）城市文化馆条件比乡镇文化站条件好

城市文化馆无论是在软件上，还是在硬件上，包括政府投资方面，均好于乡镇文化站。

1. 软件方面。城市文化馆从业人员和拥有高、中级职称的人数平均比乡镇文化站的分别高5.29倍、12.17倍和11.69倍，人员平均工资福利城市比乡镇高1.5倍，举办展览数量、组织文艺活动次数、举办训练班班次、指导的业余文艺团队城市比乡镇高2.38倍、3.93倍、5.27倍和8.51倍。

2. 硬件方面。城市文化馆公用房屋建筑面积、拥有的固定资产、计算机数量比乡镇文化站的分别高3.84倍、4.36倍和1.32倍。城市文化馆藏书数量虽乡镇文化站少，但城市还有图书馆做支撑。

3. 政府投入方面。城市文化馆财政拨款比乡镇文化站高11.97倍，其中用于业务活动的拨款城市文化馆比乡镇文化站高7.09倍，用于各种设备购置的费用城市文化馆比乡镇文化站高4.41倍。

表4　2011年广西城市文化馆和乡镇文化站软、硬件及投入情况

指标名称	2011年乡镇文化站数	2011年城市文化馆
机构数（个）	1126	122
从业人员（人）	2516	1441
其中：高级职称（人）	71	89
中级职称（人）	333	414
藏书（千册）	5524.93	180.90
举办展览个数（个）	1891	487
组织文艺活动次数（次）	13008	5542
举办训练班班次（次）	5175	2959
培训人次（千人）	337.84	151.7
计算机（台）	5630	807
指导的业余文艺团队（个）	4892	4507
公用房屋建筑面积（千平方米）	432.11	178.40
资产总计（千元）	331746	177112
其中：固定资产原值（千元）	305380	144317
收入合计（千元）	102523	127206
其中：财政拨款（千元）	88903	115271
其中：业务活动经费（千元）	20309	15598
支出合计（千元）	91602	119055
其中：基本支出（千元）	72213	85180
项目支出（千元）	10316	22926

续表

指标名称	2011年乡镇文化站数	2011年城市文化馆
商品和服务支出（千元）	15880	32404
工资福利支出（千元）	51310	43945
其他资本性支出（千元）	6973	10023
其中：各种设备购置费（千元）	6592	3147

注:资料来源《广西壮族自治区文化事业统计资料》。

（二）城镇居民家庭拥有的文化主要消费品明显多于农村

城镇居民家庭每百户拥有的彩色电视机比农村家庭高24.35%，其中接入有线电视每百户城镇家庭比农村家庭高2倍。计算机拥有量每百户城镇家庭比农村家庭高8.58倍，其中接入互联网的每百户城镇家庭比农村家庭高10倍左右。拥有摄像机、照相机、中高档乐器的数量每百户城镇家庭比农村家庭分别高5.45倍、21.97倍和23.08倍。

表5 2011年广西城镇、农村家庭文化主要消费品情况

指标名称	农村家庭	城镇家庭
彩色电视机（台/百户）	109.39	136.03
其中接入有线电视网的（台/百户）	31.21	93.23
摄像机（台/百户）	1.13	7.29
照相机（台/百户）	2.08	47.77
家用计算机（台/百户）	9.57	91.72
其中接入互联网的（台/百户）	6.58	72.25
中高档乐器（台/百户）	0.26	6.26

注:资料来源《广西调查年鉴》。

（三）城镇居民家庭人均文化消费比农村居民家庭高近6倍

人均文化教育、娱乐消费支出城镇居民家庭比农村居民家庭高5.87倍。从文化教育、娱乐消费支出占生活消费支出和总支出的比例来看，城镇居民家庭比农村家庭人均分别高6.51和5.55个百分点。

表6 2011年广西城镇家庭与农村家庭人均文化消费情况

指标名称	农村家庭	城镇家庭
总支出（元）	6792.05	17125.96
生活消费支出（元）	4210.89	12848.37
文化教育、娱乐消费支出（元）	218.72	1502.65
其中书报杂志（元）	8.29	88.63
纸张文具（元）	4.62	15.96
音像制品（元）	0.27	3.50
计算机零配件及耗材（元）	0.04	5.13

注:资料来源《广西调查年鉴》。

三、广西农村文化建设的主要问题及原因分析

广西在新农村建设、全面小康社会建设、公共文化服务体系建设等一系列工作的推动下，农村公共文化建设取得很大成效，但农村公共文化实际运行中仍然存在许多问题，特别是农村基层文化建设体制性的问题仍十分突出。

（一）广西农村文化建设的主要问题

1. 农村文化在社会事业的地位较低，政府投资不足。地方各级政府乃至村级干部的考核制度重经济发展、社会治安、计划生育而轻文化事业的倾向十分普遍，从地方政府到基层自治组织始终难以将文化事业列为中心工作之一，文化财政支出增长速度低于政府财政收入增长速度，农村文化事业投入又远低于城市文化事业投入是长期以来的普遍现象。2011年广西财政收入增长25.5%，而同期用于文化事业发展的财政拨款增加24.3%；2011年122个城市文化馆比1126个乡镇文化站得到的财政拨款多29.7%。

2. 农民文化生活形式单调、文化活动吸引力不够。大多数农民群众在业余时间里，选择的主要是室内的、简单的、氛围不够浓厚的文化活动形式，其中以看电视最为普遍和典型，至于看戏、看电影以及一些先进的政府主导的浓厚氛围的集体文化活动较少。广西城市文化馆2011年平均组织45.4次文艺活动，远高于乡镇文化站11.6次的年平均次数。

3. 公共文化产品的供给与农民群众的需求错位。农村公共文化建设目的是最大程度保障农村群众基本文化权利的实现，文化权利实现应该是在群众自觉自愿基础上的。文化权利不只是享有文化，还在于拥有自由选择文化产品与服务的权利。农村公共文化建设中缺乏群众参与度高的文化组织和相应的动员机制，服务中很多文化服务的内容和形式与农民群众的文化需要错位，致使群众接受服务的积极性不高，比如一些地区的送电影下乡，电影虽然放了，但真正观看电影的却寥寥无几，戏送下去了，观众却没有几个，农家书屋建起来，却受到冷落，文化大院空心化，这不是真正的满足人民群众的精神文化需要，而是一种形式主义、一种文化资源的浪费。

4. 文化专业技术人才不足。文化建设关键是人才，文化的特点决定了文化专业人才的重要性，没有一定数量的文化专业技术人才，公共文化活动就不能开展，服务就不能提供。农村公共文化建设不只是基础设施落后的问题，更是人才缺乏问题。农村人才包括本土人才和外来人才，无论是外来相关人才还是本土文化人才都相对不足，专职文化人才与业余文化人才数量都不能与城镇相比。农村公共文化建设更需要懂得乡村文化和农村社区内实际情况的本土文化人才，文化人才的缺乏是当前农村公共文化产品与服务落后的一个主要原因。组织人才的缺乏是很多农村公共文化活动不足的主要原因。广西平均每个乡镇文化站拥有中、高级职称人员仅为0.36人，是城市文化馆的8.74%。

（二）基于体制机制的原因分析。

1. 财政体制和行政体制的原因。当前的财政体制存在的主要问题是农村基层财政困难，分税制改革后，各级政府偏向于集中财政，省级财政集中，市级财政也集中，结果是县乡两级财政普遍紧张，而农村公共文化建设任务主要在县乡两级政府，这与财政能力是不相适应的。财政和行政层级过多，中间耗费大，投入资金使用效率低也是农村公共文化建设资金困难之一。

2. 供给决策模式单一，服务受众非决策主体，意愿表达机制不畅。文化产品的生产与提供要根据群众的意愿来决定，如果与群众需求相偏离，政府花钱提供的文化活动和文化服务就不为人民所认同。文化消费需要人们的认同，基本文化权利的保障需要以尊重农民群众的文化认同为前提，农民群众生于农村，长于农村，工作生活于农村，更熟悉和认同农村传统文化，他们真正需要的是先进文化与农村传统优秀文化相结合的文化产品与服务，更需要自己参与的文化活动，需要真正与自己工作生活密切相关的文化知识。

3. 内部管理机制创新不足，激励措施欠缺。受传统管理模式的影响，当前文化事业单位内部管理机制还基本延续旧的管理模式，虽然近几年进行了一定改革，但实质问题未得到根本解决，比如以岗位和工作成绩定报酬问题，这导致干部和员工的积极性得不到提高，不能充分发挥创造性和工作能力，人力资源和物质资源中间耗费大，运行效率得不到明显提高。传统管理模式下的运行机制还导致服务被动，而不是自觉自愿的行动，其服务创新与创造受到很大影响。由于考核缺少服务受众的参与，公共文化主体不关心受众的真实需要，对其意愿不重视，产品与服务的内容与形式往往与群众的真实需求错位。此外，只注重外援力量的作用，忽视内部资源的开发利用，农村本土能人的作用得不到发挥，文化工作实效小。

4. 农村基层自治组织功能发挥不够。一些地方只注重于一些看得见摸得着的公共文化的硬件建设，对见效慢的农村公共文化软件建设重视不够，一些村干部建设公共文化硬件一般都比较积极热情，但对活动组织缺少热情。此外，农村公共文化基础设施空壳和闲置的另一原因在于业绩考核中文化建设不好量化，很多地方未将其纳入考核的指标体系，而经济发展指标则比较好量化，指标权重比较大，这促使基层更偏重于经济建设，一些地方财政还承担一部分经济投资职能，重视对有经济功能的文化建设的投入，而忽视单纯公益性文化建设的投入。

5. 农村生活与工作环境尚有较大差距，从业机会成本远远大于城镇。由于传统城乡二元结构的影响，当前农村与城市的生活条件还有较大的差距，工资福利待遇也不及城市，因此，农村很难能留住文化专业技术人才。农村青壮年的进城务工，剩余劳动力的外流也是农村文化人才缺乏的主要原因，农村文化建设需要外来人才与本土人才的相互促进，但更多需要本土文化人才，在本土人才流失，外来人才又留不住的情况下，农村文化事业很难有较快的发展。

四、繁荣广西农村文化的途径

（一）建立与广西农村文化事业发展相适应机制和体制。科学的合理的运行机制是保障广西农村文化事业发展的动力，必须建立健全与新农村建设相适应的农村文化建设运行机制。

1. 建立与新时期发展相适应的文化管理机制。把农村文化建设纳入经济和社会发展总体规划，协调相关部门共同参与农村文化建设。文化主管部门要建立农村文化建设监测体系，全面跟踪和把握农村文化建设的方向和进度，及时总结农村文化工作中的新经验，解决突出的困难和问题。坚持“种文化”与“送文化”的指导思路，在继续强化文艺下乡的同时，加强对农村文化管理指导机构的建设，关注、扶持农村文化活动骨干，积极培养和提高基层文化工作者和民间艺人素质，发挥农村文化骨干辐射带动作用，让文化更好的地在农村扎根。

2. 建立与新时期农村文化建设相匹配的长效投入机制。一是投向文化建设的财政资金的增量应向农村倾斜，不断加大倾斜力度。二是完善政策保障机制。保证公共财政对农村文化建设投入的力度，扩大公共财政覆盖范围，完善投入方式，加强资金管理，提高资金使用效益，保障公共文化服务体系建设和运行，继续推进和完善广播电视村村通工程，提高农村电视的入网率。

3. 改革农村公共文化建设与管理的体制机制。一是建立政府主导，社会组织和群众互动的多元建设与管理体制。农村公共文化建设必须要基于农村特点，完善相关政策措施，扶持民间文化组织的建立与成长，使民间文化组织在农村公共文化建设中发挥应有作用。二是通过制度建设，法律建设和宣传教育，促进政府对农村公共文化由管制型向服务型政府转变。政府不包办农村公共文化，而是积极引导并服务于公共文化的生产与提供。文化建设是群众的事业，人民群众是建设的主体，凸显农民群众的主体文化价值和文化权利，建立群众文化代表制度，让群众的意愿表达制度化，渠道更加顺畅，发挥群众的智慧和创造力量，改变政府或公共文化单位决定公共文化内容与形式的现状。三是改变送文化的服务模式，向培育农村自己的文化活动转变，增强农民群众的文化自我服务能力。要发挥村委和支部的组织作用，注重发挥内源力量的推动作用，使内源力量和外源力量相互协调促进乡村文化建设。建立村文化艺术组织，注重培养其生存能力，让农民群众在自己娱乐的同时向其他群众提供乡土气息浓厚的公共文化。

（二）加快农村文化基础设施建设，为农村文化建设提供更多的资金支持。进一步整合资源，采取共建、共用、共享的方式，加快在所有乡镇建成功能齐全的综合文化站，鼓励和帮助以多种形式在行政村建立文化活动室，为广大农民群众开展读书、培训以及各种文体活动提供基本的阵地和场所。保证一定数量的财政转移支付资金用于乡镇和村文化建设，在财政经费中安排设立农村文化建设资金和基金，专项用于农村文化设施建设、文化产品采购、文化活动开展、文化产业开发的扶持，确保所需建设的项目和开展的活动有基本的、稳定的财力保障。

（三）鼓励和扶持在文化资源富集、靠近旅游景区和交通便利的农村发展有地域特色、民族风情的文化产业。通过政策引导、资金扶持和信息服务，鼓励和引导农民大力发展具有地域和民族特色的文化产品和文化服务，协助农村文化企业培育竞争力，打造文化品牌。在文化产业发展初期，要热情培育并着力打造一批以市场为主导，具有地方特色、文化影响力和市场竞争力的农村文化企业和文化品牌，比如大型实景演出《印象·刘三姐》，将桂林山水和“刘三姐”的传说有机融合，现已成为阳朔县文化产业的龙头，参与演出的近300名当地农民，在传承民族文化、亲身体验文化活动和感知艺术审美的同时，每个人每年还能获得约4000元至10000元的收入，还有加工生产地方工艺品和民族服饰、进行书法绘画创作和歌舞戏曲表演、开发地方特色饮食、开展民族文化旅游等，以此实现农民不离土离乡，就能就近从事文化产业，开辟了新的就业渠道和稳定的收入来源。另外，在这一过程中，既可以弘扬当地优秀的乡土文化，还能够增强农民群众的自信心和自豪感。

（四）创作生产和采购配送农民喜爱、积极健康的文化产品，鼓励农村开展各种生动活泼、格调健康的文化活动。要按照农民的意愿和喜好，以政府采购的形式，量身定做和组织配送有针对性的影视、报刊、书籍和演艺产品，重点解决农村看书报、戏曲和电影电视难的问题，最大限度地满足广大农民群众基本的精神文化需求。进一步实施好一批深受农民欢迎的文化惠民工程。鼓励文化单位面向农村提供流动服务、网点服务。以政府采购或补贴等方式，支持各类文艺院团和电影放映企业走村入户为农民进行文艺演出和电影放映，让农民群众在家门口也能享受到高品质的文化产品和服务。

（五）为农村输送文化建设急需的各类人才。基层文化人才队伍是文化改革发展的基础力量，要制定实施基层文化人才队伍建设规划，完善机构编制、学习培训、待遇保障等方面的政策措施，吸引优秀文化人才服务基层。

一是配好配齐乡镇综合文化站专职人员，设立乡镇公共文化服务岗位，对服务期满高校毕业生报考文化部门公务员、相关专业研究生实行定向招录。

二是重视发现和培养扎根基层的乡土文化能人、民族民间文化传承人特别是非物质文化遗产项目代表性传承人，鼓励和扶持群众中涌现出的各类文化人才和文化活动积极分子，促进其健康成长、发挥作用。

三是壮大文化志愿者队伍，鼓励专业文化工作者和社会各界人士参与基层文化建设和群众文化活动，形成专兼结合的基层文化工作队伍。

四是由乡镇文化站的工作人员分别兼任辖区内村级的文化辅导员，文化部门招录的高校毕业生可先到农村担任一至两年的文化辅导员，鼓励和引导社会各界人士到农村做文化服务志愿者，以此来解决农村文化人才短缺的问题，从而使农村的文化创作、生产及活动有人指导、培训和组织。

五是要注重发现和培养农村文化能人和非物质文化遗产项目传承人，充分发挥他们在农村文化发展中的带头和示范作用，鼓励他们带动农村文化进城，城市文化下乡。

（六）积极培育和引导农民的文化消费观念。农村文化市场的壮大，有赖于农村文化市场的主体—农民的支持和参与，因此，必须要有意识地培养和引导农村群众的文化消费观念，在努力增加农民收入的同时，增加农民在文化方面的消费。

广西小微型工业企业转型升级研究

课题主持人： 杨锡虹
课题组成员： 杜雪勇 龚建峰

2010年来，广西小微工业企业发展较快，在吸纳人员就业、促进区域经济增长、维护社会稳定等方面发挥着十分了重要的作用。同时，小微工业企业转型升级动力逐步提升，转型升级取得初步成效。受当前宏观经济运行环境趋紧、市场竞争加剧及企业先天不足实力较弱等因素影响，这些主要集中于传统制造业的小微企业面临企业转型升级的紧迫性认识不足、创新能力不强、资金紧缺、人才流失严重、相关扶持政策弱、抗风险能力较弱等问题与困难，迫切需要进一步加快企业结构调整升级、增强企业创新动力，提高市场竞争力，促进企业可持续健康发展。

一、小微企业的背景

（一）小微企业的界定

我国的中小企业划分为中型、小型、微型三种类型，但从前对微型企业的提法相对较少。2011年11月，工业和信息化部、国家统计局、发展改革委、财政部研究制定了《中小企业划型标准规定》，具体标准根据企业从业人员、营业收入、资产总额等指标，结合行业特点制定。涉及的企业包括农、林、牧、渔业，工业（包括采矿业，制造业，电力、热力、燃气及水生产和供应业），建筑业，批发业，零售业，交通运输业（不含铁路运输业），仓储业，邮政业，住宿业，餐饮业，信息传输业（包括电信、互联网和相关服务），软件和信息技术服务业，房地产开发经营，物业管理，租赁和商务服务业，其他未列明行业（包括科学研究和技术服务业，水利、环境和公共设施管理业，居民服务、修理和其他服务业，社会工作，文化、体育和娱乐业等）。并对以上各个行业制定了不同的划分标准。如工业企业，从业人员1000人以下或营业收入40000万元以下的为中小微型企业。其中，从业人员300人及以上，且营业收入2000万元及以上的为中型企业；从业人员20人及以上，且营业收入300万元及以上的为小型企业；从业人员20人以下或营业收入300万元以下的为微型企业。其他行业大多是10人以下为微型企业。这一标准的细分，不仅有利于对中小企业的分类统计管理，也使我国企业标准的类型更加完善，与世界主要国家对微型企业的界定大体一致。根据以上划分标准统计，截至2011年12月，广西基本单位名录库管理的小型、微型企业法人单位共有12.4万家（不包括个体工商户），占全区企业法人单位总数的98%。其中，小、微型工业企业大多集中在采矿业、农副食品加工业、通用设备制造业和非金属矿物制品业，依次为采矿业占小微型工业企业总数的10.5%；农副食品加工制造业占12.6%；水泥石灰砖瓦石材制造占11.3%，其他制造业占63.9%。

（二）小微企业转型升级研究背景

"十二五"时期是我国经济转型的关键期，传统高耗能、高投入、低效益的经济发展模式已走到尽头，大量依靠这种方式生产的企业必然遭遇关停并转。如何减少转型的痛苦，我们需要大力发展小微型企业，利用他们的快速反应能力及创新能力改造传统产业和催生新产业。从以下两个方面来看小微企业转型升级面临的紧迫性。

从我国经济发展的大背景来看。近两年来，在国内经济增速放缓、国际经济局势动荡、劳动力成本上升、融资难等系列因素影响下，我国的小微企业面临更加复杂的经济形势，小微企业面临的这些挑战，是在经济转型的大趋势下产生的。回顾上世纪80年代末到90年代初，那是我国乡镇小微企业快速发展的黄金期，其背后的原因是国内产品的普遍短缺；90年代中后期，出口带动开始成为经济主要重要推动力，依靠中国廉价的劳动力，沿海地区造就了大量的加工出口企业及配套小微企业。而目前，随着国内劳动力、土地成本的上升以及人民币汇率提高，节能减排压力比较大等，原有的这些优势已逐渐消失，内需、外需都开始出现增长乏力迹象，若不及时化解这些小微企业的经营困境，将可能影响国民经济的健康发展，小微企业面临着再一次转型的压力。

从本地区发展阶段来看。当前，广西生态文明示范区建设、加快转变经济发展方式、促进产业转型升级进入了攻坚阶段。今年广西在全区开展以环境倒逼机制推动产业转型升级共建战略，采取治本之策，标本兼治，不留死角，从根本上杜绝类似龙江河突发环境事件的发生，确保全区安全发展和可持续发展，确保全面实现科学发展和加快转变经济发展方式。全区一大批有色金属开采、冶炼等小微工业企业受到影响，因此推动小微工业企业转型升级迫在眉睫，刻不容缓。

二、小微工业企业转型升级的基本状况

工业企业的转型升级包括三个层次：一是经济发展方式的转型升级，即从粗放型向集约型、外延型向内涵型、资源消耗型向创新驱动型转变；二是产业结构优化升级，即从低技术水平向高新技术水平、产业低度化向高端化、低端低位的产业链向先进制造创造转变；三是产品结构优化升级，即产品从低附加值向高附加值、初级加工向终端产品、低技术含量向高新技术含量转变。"十二五"时期，我国仍处于可以大有作为的重要战略机遇期。《工业转型升级规划（2011—2015）》提出，未来一段时期我国工业发展，既有国际金融危机带来的深刻影响，也有国内经济发展方式转变提出的紧迫要求，我国已进入只有加快转型升级才能实现工业又好又快

发展的关键时期。近年来，政府和企业越来越认识到转型升级对于地区和企业发展的重要性。

（一）企业转型升级调查内容及样本分布

2012年9月至11月，国家统计局广西调查总队在全区范围内开展了小微工业企业转型升级状况专项问卷调查，调查样本550家（见表1），涉及全区42个市县区。调查采取问卷填写及走访调研结合的方式，调查内容主要包括企业转型升级的主要方式和影响因素、主要动因、企业转型升级所面临的困难和问题，以及政府部门在转型升级中的作用等。

表1 550家小微工业企业调查样本分布情况表

类 别	企业数（家）	比 例（%）
合计	550	100.0
按企业性质分		
国有企业	24	4.4
集体企业	49	8.9
股份合作企业	18	3.3
有限责任公司	32	5.8
股份有限公司	9	1.6
私营企业	370	67.3
其他企业	48	8.7
按企业规模分		
小型企业	299	54.4
微型企业	251	45.6

从这次调查的样本单位的行业分布看，主要集中于水的生产和供应业、电力、热力生产和供应业、非金属矿物制品业、专用设备制造业，木材加工和木、竹、藤、棕、草制品业，橡胶和塑料制品业，非金属矿采选业、印刷和记录媒介复制业、酒、饮料和精制茶制造业等行业，以上行业样本数占被调查企业的60.2%，调查问卷中反映的情况和问题对广西小微工业企业具有较强的代表性。

（二）转型升级对企业发展重要性分析

1. 大多数企业认为转型升级对企业发展重要。小微企业是转变经济发展方式、稳定就业、促进社会和谐的重要生力军，企业对转型升级的认识水平直接关系到企业转型升级决策与成效。调查显示，68%的企业认为转型升级对企业发展“重要”，认为作用“一般”的占22.5%，还有8.5%的企业认为“不重要”，仅有不到1%的企业认为“很不重要”。甚至在部分地区转型升级成为小微企业生存发展的唯一出路。如河池市南丹县，目前该县涉重金属的小微工业企业经营状况不佳，受镉污染和其他原因影响，全县规模以下涉重金属工业企业无一生产。根据当前的政策要求，2012年4季度基本无生产可能，因此，转型升级是当下南丹县涉重小微工业企业的唯一出路。

2. 近七成企业认为政府在转型升级中能够发挥重要作用。市场经济下，企业的生存发展更多的依赖市场规则。而调查中发现，众多的小微企业将自身的经营发展和政府的作用紧密联系在一起。特别是随着各级政府部门不断引导、鼓励和支持小微企业调整产品结构、促进企业转型升级，多数企业越来越认识到政府在企业转型升级中所发挥的积极作用。调查显示，69.9%的被调查企业认为政府在企业转型升级中能够发挥“重要”作用，其中认为发挥作用“很重要”的企业占35.4%；25.6%的企业认为政府的作用“一般”；只有4.4%的企业认为政府发挥的作用不大。

（三）企业转型升级主要动因分析

面对国际国内不断变化的复杂经济形势，小微企业遇到严峻挑战，特别是在收入与成本因素的上、下夹击形势下，小微企业逐步认识到“转型升级”才是企业的唯一出路，必须要转粗放经营、高消耗、高成本、低效能的“型”，升企业核心竞争力之“级”，唯有发挥转型升级的主动权，及时调整发展战略，调整产品结构，苦练内功挖潜力等方式促进企业转型升级应对国内外环境的变化。调查显示，现阶段，广西小微企业在产业结构调整的大背景下，为了企业长远发展是企业转型升级的主要立足点。据550家小微企业对影响本企业转型升级的因素判断选择，其中有48.4%的被调查企业认为企业转型升级最主要原因是为了企业的长远发展；有15.8%企业转型升级是发现新的市场机会；有7%的企业转型升级是所在行业发展前景黯淡；有7.3%企业转型升级是因为产能过剩、恶性竞争；有9.5%的企业转型升级是受到其他企业影响；仅有5.4%的企业新产品或技术研发成功促使企业转型升级；还有6.6%的企业因为是国家或地区产业政策的要求。可见，立足长远发展是企业转型升级的主要因素。

（四）提升自身核心竞争力成为企业转型升级的主要方式

根据企业转型升级的实践，小微企业转型升级的方式可以进行如下归类：1.转型可分为转行与转轨，转行主要内容为业主不变进入新行业，业主转向新行业，但仍保留原行业；退出原行业，完全进入新行业；在本行业中向上游产业延伸；在本行业中向下游产业延伸；从制造业领域转向服务员领域。转轨的主要内容主要为企业类型转型、商业模式转型、进入新的市场、管理转型、创业者自身转型；2.升级则主要为创新新产品，提高产品技术含量，打造名牌产品，战略重点从生产向研发转移。“打铁还需自身硬”，更多的企业认识到要实现转型升级还得从提升自身的核心竞争力入手，而依靠人才引进被动转型企业认可度不高。调查显示，26.9%的企业认同转型升级应从提高企业自身技术含量和核心竞争力入手；14.6%的企业认同从管理模式转型方面入手；23.4%的企业认同以市场为导向，自主开发新产品入手；22.2%的企业认同做好产业规划、提高产品质量方面入手；而仅有5.1%的企业认同加大人才引进、科研投入力度入手；还有7.9%的企业认同其他方式。

（五）转型升级扶持政策落实不够，受惠面小

2011年以来，广西出台了加快实施“抓大壮小扶微”工程、《加快推进我区万家小型企业上规模工程实施方案》和《加快推进微型企业发展工程实施方案》、开展以环境倒逼机制推动产业转型升级攻坚战，推进涉重金属行业资源整合等一系列推动工业企业转型升级的政策措施，但由于宣传不够深入，小微企业感党扶持作用有限，只有少数企业认为政策落实到位并能真正享受到，这些企业主要是科技型小微企业。调查资料显示，只有7.6%的被调查小微工业企业了解并享受过政府出台的各项推动企业转型升级的政策；有34.8%的被调查企业表示了解但从没有享受过；还有高达57.6%的被调查企业表示并不了解政府出台的各项政策。

（六）企业对转型升级的紧迫性认识不足，实施度低

目前广西小微工业企业受国内经济下行压力、库存增加、“三角债”问题等困难影响，部分小微工业企业主审时度势，及时调整发展战略，已经着手并实施转型升级，并取得了一定成效。但仍有部分企业主对转型升级的紧迫性认识不足，仅仅满足现状或驻留眼前利益上，对企业的长远发展缺乏战略眼光或无规划，甚至在企业濒临“关停”边缘而无任何“作为”。主要体现在：企业产品结构调整力度小、基本维持现有生产规模，被动接受政策性关停，淘汰现有产品、研发或引进技术含量更高的新产品的企业比例较低。调查资料显示，仅有9.5%的被调查小微企业表示正在进行转型升级，28.5%的被调查企业表示计划转型升级。而转型升级是企业发展的内在要求，在宏观经济发展环境不佳或企业自身条件不具备的条件下，企业往往不会进行转型升级，调查数据显示，就有62.0%的被调查企业并没有转型升级的打算。

三、小微工业企业转型升级面临的制约因素

从调研的情况看，虽然有部分小微工业企业认识到转型升级的必要性，并且实施早转型缓解了国际金融危机以及当前内需外需不足，成本上升，库存增加带来的不利影响，但大部分未转型的小微工业企业在发展进程中，仍面临诸多不利因素，滞缓了企业转型升级的步伐。

（一）成本上涨问题影响大

1.用工成本上升快是企业面临最突出问题。2012年以来，广西小微型企业用工成本不断上升。据调查，2012年1—9月，

图1 当前小微企业面临的最突出问题

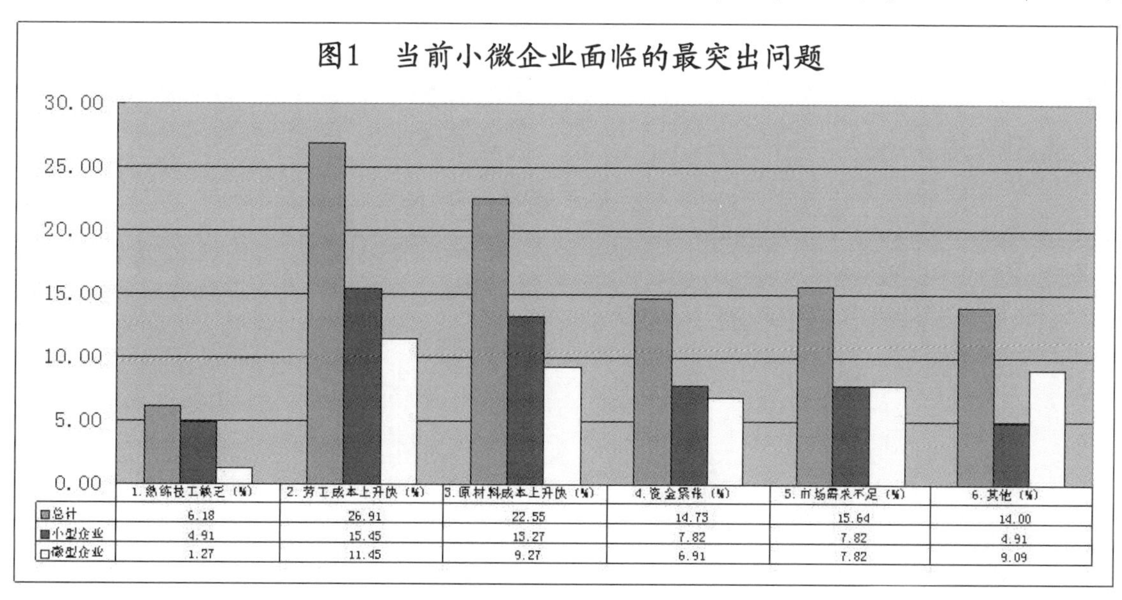

	1.熟练技工缺乏（%）	2.劳工成本上升快（%）	3.原材料成本上升快（%）	4.资金紧张（%）	5.市场需求不足（%）	6.其他（%）
▩总计	6.18	26.91	22.55	14.73	15.64	14.00
■小型企业	4.91	15.45	13.27	7.82	7.82	4.91
□微型企业	1.27	11.45	9.27	6.91	7.82	9.09

广西小微型工业企业应付职工人均薪酬同比上涨10.78%。同时，据对550家小微企业调查问卷显示，26.91%的企业表示“用工成本上升快”是当前面临的最突出问题。如图1:

从转型升级角度看，由劳动密集型向资本、技术密集型转变是必然趋势，但是面对广西人口众多的现实，小微工业企业依托的更多的是劳动密集型产业，小微企业解决的是广西众多人口的就业问题，创造的社会效益远远大于其经济效益。随着国家对于劳动保障的一系列政策法规的出台，企业增加了对工人社会保险、医疗保险、失业保险的缴付支出，物价和生活成本上升加大工人的工资预期。不断攀升的劳动力用工成本，对于劳动密集型小微工业企业转型升级来说带来的更多是挑战。

2.原材料价格不稳加大成本控制难度。调查资料显示，22.55%的企业表示原材料价格上涨是企业当前面临的最突出问题。广西部分原材料价格仍高企，拉高企业经营成本。原材料方面，农产品、中药材、木材、手工艺品、河沙石灰等价格都有所上升，如岑溪市制沙砖要用的河沙和石灰目前的市场价格约上涨10%—20%。另外，油价的再次上涨，也加重了企业的运输成本。部分企业的原材料需要外运，运输成本的上升也使得原材料成本增加。波动的原材料价格不断挤压小微企业经营盈利空间，延缓了企业转型升级步伐。

（二）招工与留人难并存，高素质人才匮乏

1.招工难较普遍。调查数据显示，2012年3季度仍有13.25%的被调查小微工业企业反映有招工需求却没能招到所需员工。在调查过程中，90%企业反映，目前员工招聘变得越来越困难。劳动密集型的企业面临着一线生产工人和服务人员的普遍短缺，技术密集型（或知识密集型）的企业则面临着高级管理人员和技术人员的短缺。小微企业用工难的主要成因:

（1）工资水平普遍偏低。虽然近年来广西不断提高最低工资标准水平，2012年广西一类地区的月最低工资标准与2010年相比涨幅高达22%，但仍远远不及邻近省份广东省的工资标准（见表2），很多的工人和农民工更倾向于到广东寻找就业机会。并且小微型企业由于规模小，产品单一，技术含量低，工人工资甚至比不上当地泥水工、砍蔗工。

表2 广西、广东各年最低工资标准对比表

地区	年度	一类适用地区		二类适用地区		三类适用地区		四类适用地区	
		元/月	元/小时	元/月	元/小时	元/月	元/小时	元/月	元/小时
广西	2008	670	5	580	4.5	520	4	460	3.5
	2010	820	6	710	5.5	635	5	565	4.5
	2012	1000	8.5	870	7.5	780	6.5	690	6
广东	2011	1300	12.5	1100	10.5	950	9.3	850	8.3

（2）用工不够规范，保障措施难到位。据调查，由于小微企业的特性，部分企业为了减少企业用工成本，一般不与工人直接签劳动合同，而是通过劳动派遣机构等中介机构签订合同。由于没有和员工签订劳务合同，每到农忙时，很多员工都回家帮忙，这时候工厂的员工缺口达60%~70%。

（3）务工人员思想观念转变。当前青壮年劳动力的思想观念有了很大改变，尤其是18~25岁阶段的劳动者，对生活品质、工作自由度均有较高要求，由过去单一的生存转变为对生存及生活和未来有更高期望的复合型观念，他们更注重自身能力提升和长远发展空间等，因此他们为寻求更合适的就业岗位宁愿到沿海发达地区或大中城市发展也不愿在家门口的企业打工，一些工人不愿进入小微型企业务工或没有长期工作心理准备。

（4）用工环境与员工需求差距大。小微型企业工作和生活环境欠佳，职工业余文体生活又单调，很难吸引年轻人在企业中稳定工作下来。

2. 人才结构性失衡。人才是企业转型升级的重要支撑因素，但很多小微企业却缺乏人才。小微工业企业由于工资待遇、发展前景等方面难以匹敌大企业集团，众多人才不愿意到小微企业任职，这种结构性的失衡成为小微工业企业难以突破的瓶颈制约。有的小微企业就算招进了人才，由于整个社会大环境不佳，比如子女教育，住房问题得不到解决，也难以留下高端人才。同时，高级人才对小微企业缺乏信心和职业安全感，小微企业薪酬制定不合理、绩效考核不科学，缺乏有效的人才激励机制和良好的企业文化氛围等因素也导致小微企业高端人才稳定难。尽管有些小微企业有强烈的转型升级愿望，但高端人才的匮乏，使转型升级缺乏必要的技术和管理支持。而现有人才难以担负起企业转型升级的重任。调查数据显示，只有12%的被调查企业认为现有人才能满足企业转型升级需要；还有45%的企业认为能够满足一些，还有43%的企业认为完全不能满足需要。

（三）企业规模小，产业水平低竞争能力偏弱

1. 企业规模偏小。规模以下工业企业在广西约有将近2万家，分布在广西109个县区，相当分散。目前，广西的工业园区内规模以下工业企业的数量也并不多。而且，部分规模以下工业企业通常分布在离原材料较近的地方，如砖厂、采石场等，以方便生产，节省原材料运输费用，还有部分规模以下工业企业是某些大型企业如玉柴机械厂、上汽通用五菱汽车厂的相关配套产品生产厂家，就分布在这些大型企业的生产基地附近。所以就广西规模以下工业企业目前的分布情况看，并没有形成规模体系。

2. 产业化程度不高不利于转型升级。广西小微工业呈散、小、乱的特点，经营上多数是就地取材、就地加工、就地销售，使得产业化程度不高，产业关联度低。以广西服装加工行业为例，目前广西已具备生产和加工各种类型服装的能力，但单个工业规模小、加工能力有限，产业化水平较低，呈现单打独斗、自成一体的格局，难以形成产业整体优势。如玉林市福绵区的服装90%以上是以生产裤子为主，品种单一，产品样式也是近亲繁殖，且加工工业分布零散，几乎每个村落都有小服装工业的存在，无法形成产业效应，在区域内部出现了恶性竞争的弊端。并且由于产品技术含量低等原因，在同行业中竞争力偏弱。

（四）资金紧张影响企业转型升级

小微工业企业转型升级一般采取引进和消化新技术、添置先进生产线、增加研发投入，提高生产过程的环保水平和资源利用水平，提高产品技术含量和竞争能力等。这些设备配置、技术研发、人才培训都需要资金给予支持。据问卷调查，只有3%的被调查小微企业表示资金宽裕。如图2:

图2 目前企业流动资金情况

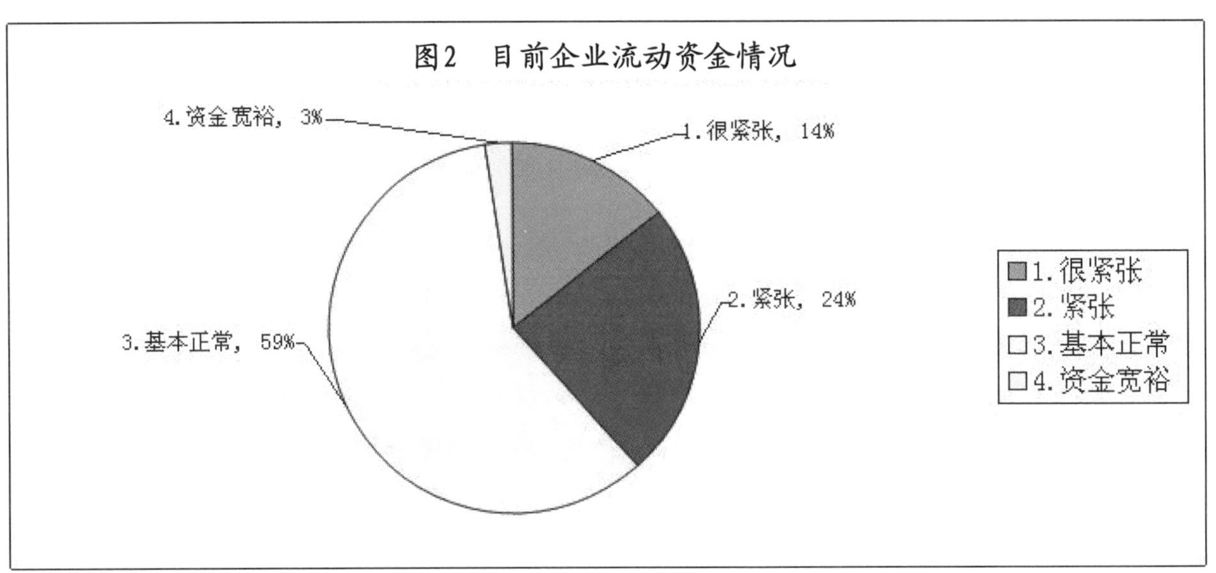

此外，小微企业之间“三角债”问题也加剧了企业资金紧张的状况。据推算，2012年1—9月，广西小微工业企业应收账款达46.46亿元，同比上升13.03%；应收账款占主营业务收入的比重为13.98%，比上年同期提高了1.02个百分点。如百色市某石料加工企业应收帐款高达292.8万元，导致资金无法回笼，出现资金紧缺局面。柳州某汽车配件企业反映，如今账款的回收至少要3—4个月，比以前推迟了1—2个月。部分正在转型的小微企业因为资金紧缺或资金链断裂而停止或放缓进度，部分企业由于缺乏资金也难以进行产品研发。

（五）融资能力不足是制约企业转型升级的重要因素

金融支持不但制约着区域转型升级的速度和能力，同时也决定着企业转型升级的成功与否。小微企业在转型升级过程中需要高新技术引进与消化吸收，环境污染治理等方面进行大力投资，而大多数小微工业企业资金实力不够雄厚，仅仅依靠自有资金难以推进转型升级，因此通过银行融资成为小微企业转型升级的不二选择。但小微企业由于生产规模小，固定资产价值较低，特别是位于乡镇的小微企业，大多使用的是以前镇办、村办企业遗留的旧厂房，土地属集体所有，或者为租赁性质，机器设备老旧，抵押物价值低，抵押能力不达标，难以从银行贷到所需款项。虽然可通过担保公司提供担保获得贷款，但对于这类企业，同样是出于无抵押或者与担保公司要求的反担保标准存在较大差距，担保公司往往不愿意担保，即使做了担保，企业也只能获得小额贷款，仍无法有效解决资金问题。

再加上，部分拥有贷款审批权的上级行对申请贷款企业的具体情况不了解，只是按照程式化的审批标准判断，导致许多虽然抵押物存在缺陷，但经营前景较好、现金流较大的小微企业提出的贷款申请被卡死。部分金融机构为了保证上报贷款的审批通过率，往往会优先上报抵押物充足、偿还能力强、贷款额度大的客户申请，导致抵押能力不足而具有转型升级发展前景、有潜力的小微型企业融资需求很难快速获得审批。

但同时，在一些工业园区了解到，政府通过招商引资引进的一些小微企业已进驻筹备建设多年，由于生产许可证尚未办妥等原因导致项目建设进展缓慢。一些金融机构虽有意对园区企业发放贷款、也密切进行了跟踪和关注，但终因企业发展不成熟而迟迟不能放贷。小微企业融资难问题尤为突出，极大的制约了企业转型升级步伐。

（六）企业研发能力不足

广西小微工业企业主要分布在技术含量低、产品附加值低的劳动密集型行业，不具有产品的定价能力和议价能力，市场抗风险能力较弱。随着当前内外需市场环境变化、国家产业结构的调整、节能降耗工作的不断推进，产品技术含量低、品牌意识差、市场竞争力弱的小微企业生存空间不断收窄，经营压力明显加大。调查问卷显示，有51%的被调查小微企业表示研发能力弱或很弱；有38%的企业表示企业研发能力一般，只有11%的被调查企业表示研发能力强。

（七）企业负担问题影响

据企业反映，目前企业税负和行政性收费仍过多，有些税费设置不合理，存在重复征收问题缴费项目多，社会保险负担较重。另外政府出台的减负措施落实不及时，有些政策落实到企业时，企业已经过了急需扶持期，对企业已经起不了多大的减负作用。体制机制不够灵活，管理部门多，真正能够对企业起帮助作用的部门少。

（八）土地成本问题

部分小微企业没有自己的厂房、土地利用方面较为困难。部分企业由于历史原因，土地证、房产证一直无法解决。有的企业之前利用农民闲置土地进行生产，但如今却要求搬迁，致使企业生产不能安心正常生产和转型升级。此外，土地产权不明析也制约企业发展。贵港市反映超过90%的调查企业都存在着土地产权不明析现象。2012年贵港市因为没有合法的土地使用权，11家企业曾经被清除或停产，目前又重建开始生产；钦州市部分企业反映扩建的厂房建筑规费太多。

四、促进小微工业企业转型升级的几点建议

“十二五”是小微企业转型成长的关键时期，当前，广西小微工业企业转型升级的任务重、要求高、困难多。全区各级政府部门应积极营造有利于小微企业转型升级的宽松环境，不断提高企业核心竞争力，增强可持续发展能力，多措并举，全力扶持小微工业企业转型发展。

（一）加大政策的宣传、落实力度，提升服务企业水平

当前，各级政府陆续出台了一系列扶持小微企业发展的优惠政策，但对企业来说不是政府制订了多少政策，而是这些政策是否是企业需要的，并且能否真正落到实处。从调查的情况来看，由于申报程序复杂，执行兑现难，小微企业不知从何入手，真正得到的实惠少。因此，首先政府应加大政策的宣传和执行力度，尽快将各项优惠措施落到实处，为企业发展创造公平公正的市场经济秩序和体系；在政策协调性上，改变某些企业重复享受政策，而小微企业享受不到的问题，加强部门之间的协调，避免交叉重复，使扶持政策更具有层次性、针对性和科学性。其次，各级政府部门要充分发挥其决策、引导和服务的职能，切实提升服务水平。应积极主动为转型升级提供服务，搭建信息服务、创业服务、融资服务、人才培训与员工服务、科技创新服务、法律服务等公共服务体系平台，帮助企业解决实际困难，切实减轻企业负担。政府应依法清理对企业的不合理收费项目，简化相关行政审批手续；尽可能地取消各类行政性收费，降低企业生产经营的税费率，减免部分增值税、所得税、土地使用税、自用房产税和“耕地占用税”，让企业有更多的财力投入转型升级。

（二）破解企业融资难瓶颈，规范企业自身管理

目前，广西小微企业融资难问题有一定缓解，但银行贷款难、融资成本高的问题并未得到彻底解决，需继续落实已出台的相关优惠扶持政策，进一步改善对小微企业的金融服务。

1.完善小微工业企业贷款担保体系。发展商业性担保机构，建立政府、银行、企业三方融资风险共担机制，形成“政府引导、社会参与”的融资担保体系；引导小微型工业企业通过信用贷款、抵押贷款的方式，盘活企业有形资产和无形资产，降低融资成本、扩大融资规模，实现企业资金运转和自身发展的良性循环。

2.打造更加有效的公共服务平台。以金融知识教育和有效信息沟通为主要目标，建立多层次的公共服务平台，指导小微企业主使用财务工具及获得融资的方法，增进资金供需双方的了解，化解信用障碍与信息障碍。同时，有针对性地设计实施符合小微企业特点的金融产品，简化审批手续，加强综合金融服务。

3.拓宽渠道多方式促进融资。一是积极鼓励金融组织创新，大力引导互助式金融组织的发展；鼓励金融产品创新，及时推出适用性强的信贷品种，加大推广工作，使创新金融服务更上一台阶。二是通

过政府支持，推进小微企业债券和集合信托的发行，开拓资金来源。三是在融资方面降低门槛，简化程序，缩短评估周期，设立小微企业融资通道，为小微企业融资服务提供专门的组织支持和人员保障。四是建立起小微企业的信用档案，帮助小微企业进行信用增级。

4. 规范小微型工业企业自身经营管理。小微企业要专注于核心业务，加强品牌建设，增强自身实力；健全企业制度，强化内部管理，提高生产经营的透明度，保证财务信息的合法性、真实性和有效性；要增强信用意识，塑造良好形象，提升信用等级和信誉度；尤其要充分了解并利用好政府、银行提供的各项优惠政策。

（三）构建人才交流平台，增强企业人才吸引力

1. 人才是企业做大做强的重要保障，在当前的经济形势下，企业转型升级尤其要抓好人才的培训与交流。要进一步完善企业引进和使用人才的政策，制定鼓励优秀科技人才投身小微型科技创业企业的优惠政策，深入推进校企合作，引导高校毕业生到小微型科技企业就业。培养创业创新型人才，解决小微型企业急需的高技能人才短缺问题，为小微企业转型升级提供人才保障。

2. 小微企业必须树立“以人为本”的现代管理理念，通过完善用人机制、健全激励机制，营造优秀的企业文化环境，提供充足的人才发展空间等多方面措施，留住优秀人才，减少人才流失，避免“用工荒”现象的发生。

（四）推进管理机制创新，增强企业竞争力

1. 加强制度创新力度。企业是技术创新的主体，小微企业的创新发展，离不开制度创新基础保障和管理创新协同效应的发挥。各政府部门要积极引导企业建立符合现代企业制度要求、适应本企业实际和发展需要的企业组织形式和法人治理结构，注重体制与机制创新，推动企业由一般加工向创新创造升级、由单纯制造向服务制造升级、由产品经营向品牌经营升级。企业要增强现代企业管理意识，加强内部管理，加强成本核算、分析和控制，建立和完善从产品开发到售后服务全过程的质量监控体系，提升经营管理人员素质，推动自身整体管理水平提高。

2. 转变观念，做强做优。面对激烈的市场竞争，小微企业要改变现状，不能单纯依靠政府扶持，还需要转变观念。小微企业应以市场需求为导向，以区域经济调整为契机，进一步增强小微企业自主创新能力。加大新产品研发投入，消化、吸收先进设备，提高国产设备的自主开发水平，提升小微企业的技术装备水平、产品质量安全水平。建立与现代企业制度相适应的管理体系，实现企业管理模式从粗放型向集约型转变，管理方式由外行型向专业型转变，管理过程从放任型向约束型转变。

（五）推动工业园区建设，合理规划土地资源配置

2010年来广西工业园区快速发展，但小微企业进园入驻率不高。引导小微企业向工业园区、专业集群和龙头企业积聚是转型升级的必然方向。一是政府应加大工业园区建设，使小微工业企业就近进入工业园区，尤其是对于那些有一定管理经验、创业资金和发展愿望的小微企业，应敞开转型之门，畅通升级之路。这样不仅可以节约土地、减少资源浪费，还易于环境污染的治理，同时还可通过发展特色产业集群，有效地整合利用资源，规避小微工业企业间的盲目竞争，提高企业的抗风险能力，进而带动周边地区的行业发展。二是要积极引导小微工业企业主动集聚。鼓励小微企业与大企业、行业龙头企业开展协作配套，推进产业链上下游整体协同发展。重点支持园区小微企业应用新技术、新工艺、新装备，鼓励有条件的小微型企业参与园区产业共性关键技术研发、国家和地方科技项目以及标准制定。三要优化要素保障。盘活小微企业闲置用地，妥善处理小微企业土地使用历史遗留问题，科学配置土地，对高税收无土地小微企业优先安排用地，提高标准厂房使用效益和项目供地的配套标准。

参考文献

[1]《工业转型升级规划（2011—2015年）》.

[2]《广西国民经济和社会发展十二五规划纲要》.

[3]吴家曦等. 浙江省中小企业转型升级调查报告[J]. 管理世界，2009（8）.

[4]国家统计局广西调查总队. 广西调查年鉴2011[M]. 北京：中国统计出版社，2011,11.

[5]金寅迹. 浅析中国中小企业的转型升级.

[6]唐辉亮等. 企业转型升级文献综述. 宜春学院学报，2011,5.

[7]王吉发等. 企业转型的内涵研究[J]. 统计与决策，2006（1）.

[8]莫可杨. 当前广西“小微”企业发展面临的问题与思考[J]. 广西经济. 2012（01）.

第二部分

综合专报篇

2011年广西经济形势专题分析报告

从调查的情况看，2011年广西居民消费价格总体上呈现高位运行的态势；工业品出厂价格高位运行；城镇居民收支平缓增长，农村居民收支较快增长；粮食生产实现恢复性增产、畜牧生产形势保持平稳、农产品生产价格持续高涨；企业景气指数整体平稳运行，规模以下工业快速发展，经营形势整体向好。

一、物价形势

（一）居民消费价格高位运行

1.基本情况：广西全年居民消费价格（CPI）比上年上涨5.9%，涨幅比上年高3个百分点。其中，农村上涨6.4%，城市上涨5.7%。调查的八大类商品和服务中，食品价格上涨14.4%，烟酒类价格上涨3.7%，医疗保健和个人用品价格上涨3.5%，居住价格上涨2.2%，衣着类和交通和通信类均上涨1.9%，家庭设备用品及维修服务类价格上涨1.7%，娱乐教育文化用品及服务类价格上涨0.1%。

2.运行特点：一是高位运行。与全国相比，2011年广西CPI比全国平均涨幅5.4%高出0.4个百分点，居全国31个省（自治区、直辖市）第五位。二是先扬后抑。上半年呈逐月扩大态势，下半年逐步快速回落。三是全面上涨。在调查的八大类商品和服务中，出现全面上涨的态势。四是食品类价格涨幅最大。全年食品类价格上涨14.4%，拉动居民消费价格总水平上涨4.6个百分点，占CPI涨幅的78%，是居民消费价格总水平上涨的第一拉动力。五是翘尾因素和新涨价因素共同影响。2011年的CPI涨幅中，受2010年涨价滞后影响（即翘尾因素）的幅度为3.2个百分点，本年产生的新涨价因素影响为2.7个百分点。

（二）工业生产者出厂高位运行

1.基本情况：2011年广西工业生产者出厂价格（PPI）上涨8.5%，涨幅比上年回落3.5个百分点；工业生产者购进价格上涨10.0%。

2.运行特点：一是高位运行。与全国相比，2011年广西PPI涨幅比全国平均涨幅6.0%高出2.5个百分点；工业品购进价格涨幅比全国平均涨幅9.1%高0.9个百分点。二是前扬后抑。1—3季度高位攀升，4季度加速回落。三是上涨面广。广西所调查的35个行业大类中，共有34个大类同比指数上涨，上涨面达到97.1%，比上年91.4%的上涨面高出5.7个百分点。四是“高进低出”。连续12个月购进价格涨幅超过出厂价格涨幅。

二、城乡居民收入和消费

（一）城镇居民收支平缓增长

1.基本情况：2011年广西城镇居民人均可支配收入为18854元，比上年增加1790元，增长10.5%，剔除物价上涨因素的影响，实际增长4.5%。其中工资性收入13550元、经营净收入1700元、财产性收入845元、转移性收入4751元，分别增长12.3%、15.3%、46.5%、2.7%。人均消费性支出12848元，比上年增加1358元，增长11.8%，剔除物价上涨因素的影响，实际增长5.8%。

2.主要特点：一是收入增速放缓。纵向看，收入实际增速比上年的7.2%下降2.7个百分点；横向看，比全国平均实际增速8.4%低4.1个百分点。二是物价上涨冲击较大。受食品价格大幅上涨的影响，2011年广西城镇居民人均食品消费支出5074元，占生活消费支出比重的39.5%，比上年提高1.4个百分点。食品价格大幅上涨，对低收入家庭的影响尤其大。2011年占调查总体10%的广西城镇低收入居民人均消费猪肉22.8公斤，比上年减少3.3公斤，下降12.5%；鸡8.2公斤，减少1.4公斤，下降14.7%；鱼8.2公斤，减少1.6公斤，下降16.4%。

3.收入放缓原因：工资性收入是城镇居民收入的主要来源，约占可支配收入的70%左右。2011年广西基本没有大面积提资政策的强力支撑，居民收入增长缺乏后劲。

（二）农民收入快速增长

1.基本情况：2011年广西农村居民人均纯收入5231元，比上年增加688元，增长15.1%；剔除物价因素的影响，实际增长8.2%。其中工资性收入1821元、家庭经营收入3008元、财产性收入41元、转移性收入362元，分别增长6.6%、19.8%、22%、23.8%。农民人均生活消费支出4211元，比上年增加756元，增长21.9%；剔除物价因素的影响，实际增长14.6%。

2.主要特点：一是收入快速增长。2011年广西农村居民人均纯收入增加额为“十五”以来最高，增速为“十五”以来第二。二是城乡收入差距略微缩小。全年城乡居民收入比为3.60∶1（以农村居民人均纯收入为1），比上年的3.75∶1略有缩小。

3.增收原因：一是农产品价格整体上涨拉动。全年农产品出售价格整体上涨，使农村居民家庭经营纯收入增长19.8%，对纯收入增长的贡献率为72.4%，拉动农村居民人均纯收入增长10.9个百分点。二是大宗农副产品出售数量增加。全区农业生产比重较大的大宗农产品除生猪外，均实现了增产，支撑家庭经营纯收入增长。其中，农村居民人均出售粮食150公斤、糖料蔗1490公斤、蔬菜186公斤、蚕茧11公斤，分别比上年增加1.3%、3.6%、9.9%、32.1%。三是林业副产品及林业手工产品出售收入大增。全区农民人均林业收入161元，比上年增加37元，增长29.5%。四是本地非农务工收入大涨。全年农民人均本乡地域内劳动收入为903元，增加259元，增长40.2%；五是政府补贴增加。全年农民人均收到来自政府的补贴138元，增加68元，增长95.9%。

三、农业生产形势

（一）粮食生产实现恢复性增产

1.基本情况：2011年广西粮食播种面积4609.2万亩，比上年增加17.6万亩，增长0.38%；粮食总产量1429.9万吨，比上年增加17.6万吨，增长1.25%。其中稻谷产量为1084.1万吨，比上年减产3.31%。虽稻谷减产，但玉米、豆类、薯类等其他粮食作物大幅增产，保证了全年粮食总产量在上年减产的基础上实现恢复性增产。

2.稻谷减产原因：一是早稻播种面积下降。虽然单产增加，但仍造成早稻减产。2011年农业气象条件利于早稻生长，同时各项财政政策对粮食生产的支持力度加大，大力推广以超级稻为代表的优良种，早稻单产创近10年来新高，早稻实测亩产为375.66公斤，比上年增长2.28%。但受种植结构调整、部分地区干旱等因素的影响，早稻播种面积为1411.9万亩，比上年减少2.44%。二是晚稻因灾大幅减产。全区晚稻种植面积1479.4万亩，比上年增长0.67%，比早稻面积增长2.75%。但受到严重寒露风、强台风等自然灾害的影响，全区晚稻平均亩产为319公斤，比上年下降7.97%。

（二）畜牧生产形势保持平稳

2011年广西主要畜禽基本保持较平稳发展的态势，其中生猪存栏稳中有升，四季度末生猪存栏2411.98万头，同比增长2.90%，能繁母猪存栏284.44万头，同比增长0.51%；但生猪生产年初受阴冷气候、疾病等因素影响，全年出栏3195.12万头，较上年减少1.08%。牛全年出栏为150.4万头，增长2.8%；羊出栏204.96万只，减少3.46%；家禽出栏79169.80万只，增长2.74%。全年猪、牛、羊、禽肉类总产量为386.11万吨，比上年增加2.64万吨，增长0.69%。

（三）农产品生产价格持续高涨

1.基本情况：全年广西农产品生产价格上涨24.54%，其中，农、林、牧、渔业四大类产品的生产价格分别上涨14.92%、9.52%、39.09%和9.2%。

2.原因分析：一是牧业类产品生产价格大幅上涨。2011年，活牲畜、活家禽、畜禽产品类价格分别上涨43.20%、10.4%和14.76%，其中生猪的价格涨幅最大，同比上涨43.24%。二是农林渔业产品全面上涨。种植业中，谷物、薯类、油料、糖料价格分别上涨17.12%、13.47%、43.44%和39.44%；林业产品中，木材采伐产品价格上涨8.53%；渔业产品中，海水捕捞产品、淡水养殖产品价格分别上涨13.65%、13.88%。

四、企业运行

（一）企业景气整体平稳运行，企业家信心持续回落

1.基本情况：1—4季度广西企业景气指数分别为121.8、127.7、120.1和121.4，平稳运行于“较为景气”区间；1—4季度广西企业家信心指数分别为

133.3、129.9、125.1和123.3，呈现持续回落态势，但均运行于“较为景气”区间。

2.存在问题：一是资金偏紧。由于贷款难、融资难，资金问题依然是制约企业发展的瓶颈。二是企业盈利能力降低。由于成本上升，利润空间减小，企业盈利能力降低。

（二）规模以下工业快速发展，经营形势整体向好

1.基本情况：2011年广西规模以下工业总产值为2535.18亿元，现价增速为21.7%，可比价增速为5.5%。1-4季度现价增速分别为19.9%、19.6%、20.8%、21.7%，全年规模以下工业企业快速发展，经营形势整体向好。

2.存在问题：一是生产成本大幅度增加挤压企业利润。二是企业流动资金紧张，融资困难。三是电力供应紧张对小微型企业影响大。四是企业招工困难，特别是技术工人。

2012年一季度广西专题经济形势分析报告

2012年一季度，广西居民消费价格（CPI）总水平基本稳定，但物价上涨压力尤存；工业生产者价格总水平由升转降；城镇居民可支配收入增长提速，农村居民人均现金收入快速增长；农业生产呈平稳发展态势，种植业结构调整进一步深化，畜牧业生产形势喜人，主要畜禽存栏和出栏量增加，农产品价格涨幅大幅回落；规模以下工业平稳增长。

一、物价形势

（一）居民消费价格总水平基本稳定

1.基本情况：一季度广西居民消费价格总水平同比上涨3.2%，涨幅比上年同期低3.0个百分点，比全国平均低0.6个百分点，居全国31个省、自治区、直辖市的第26位。调查的八大类消费及服务价格呈现“七升一降”格局，其中：食品价格同比上涨7.5%，烟酒类价格上涨4.7%，医疗保健和个人用品价格上涨3.1%，家庭设备用品及维修服务类价格上涨1.4%，衣着类价格上涨1.2%，交通和通信类价格上涨0.8%，居住价格上涨0.2%，娱乐教育文化用品及服务类价格下降0.4%。

2.运行特点：一是涨幅明显放缓。从同比来看，1、2、3月同比分别为3.7%、2.6%和3.4%，较上年同期分别低2.1、3.4和3.4个百分点。一季度累计上涨3.2%，涨幅低于上年同期3.0个百分点。从环比看，1—3月份各月环比分别上涨3.2%、0.3%和0.4%；二是食品类价格上涨仍是拉动物价上涨的最大推动力。一季度广西食品类价格上涨7.5%，拉动居民消费价格总水平上涨2.5个百分点，占整个居民消费价格总水平涨幅的78.1%。其中：食用畜肉类价格上涨12.1%，拉动居民消费价格上涨0.7个百分点；水产品类和鲜菜价格分别上涨了9.8%和12.2%，合计拉动居民消费价格上涨约0.7个百分点；在外用膳食品价格上涨11.4%，拉动居民消费价格上涨0.6个百分点。

3.变动原因：除国际输入、货币发行、成本推动等宏观层面因素的影响外，一季度影响广西居民消费价格变动的具体原因有三个：一是新涨价因素成为主导原因。据测算，在一季度广西居民消费价格总水平3.2%的同比涨幅中，新涨价因素为3.5个百分点，因2011年价格的滞后影响幅度为负0.3个百分点（即翘尾因素），新涨价因素是广西2012年一季度CPI上涨的主导因素；二是上年调控商品价格恢复性上涨。2011年下半年各地政府出台的一些控价措施，在今年1、2月份陆续结束，影响1、2月居民消费价格环比出现较大幅度上涨。其中：医疗检查费上涨21.4%、景点门票上涨14.4%、有线电视上涨48.9%、公房房租上涨12.9%、水价上涨56.8%、电价上涨14.7%和液化气上涨10.0%；三是持续灾害气候的影响。今年以来，受持续低温阴雨寡照天气的影响，一季度鲜菜价格上涨12.2%，拉动居民消费价格上涨约0.4个百分点。

4.后期走势预测：2012年由于政府主导投资减少、经济增速有所放缓，可能引发通胀的机会相对较低；同时，因2011年价格涨幅较高，2012年价格涨势会有所缓和。但各类产品上调价格的心理预期较强，影响价格上涨的压力短期内不会消除，仍存在着一定的通胀压力。

（二）工业生产者出厂价格总水平由升转降

1.基本情况：一季度广西工业生产者出厂价格总水平同比下降0.6%，涨幅比上年同期低9.8个百分点；比全国平均水平低0.7个百分点。购进价格总水平同比上升0.8%，涨幅比上年同期低10.9个百分点；比全国平均水平低0.2个百分点，分别低于重庆、云南、四川、贵州0.8、0.9、3.0和8.7个百分点。

2.运行特点：一是月度出厂价格和购进价格涨幅由升转降。1、2、3月广西工业生产者出厂价格总水平同比涨幅分别为0.2%、-0.8%、-1.1%，购进价格总水平同比涨幅分别为2.0%、0.8%、-0.3%；二是“剪刀差”持续存在。一季度各月购进价格分别高于出厂价格1.8、1.6和0.8个百分点，“高进低出”的购销价格倒挂现象，使企业的利润空间受到挤压。

3.原因分析：从广西区情看，主要原因有二：一是结构因素。受钢铁、有色金属、食糖等主要产品价格下跌，从而带动工业生产者价格总体水平下行。如食糖同比下降1.1%，钢压延加工同比下降6.9%，铁合金冶炼同比下降4.0%，铜冶炼、铅锌冶炼、锑冶炼同比分别下降19.5%、15.4%、13.5%；水泥同比下降11.5%；二是成本因素。随着人工费、运输费的不断上涨，以及购销价格高进低出，企业生产成本不断增加。上游行业产品价格的大幅上扬，给中下游行业带来了较大的成本压力。

4.后期走势预测：预计二季度广西工业生产者出厂价格总水平同比涨幅持续逐月走低。

二、城乡居民收入和消费

（一）城镇居民收入支出增长提速

1.基本情况：一季度广西城镇居民人均可支配收入5955元，同比增加803元，名义增长15.6%；扣除价格因素实际增长12.0%，实际增幅比上年同期高11.5个百分点。人均消费性支出为3649元，同比增加369元，名义增长11.3%；扣除价格因素实际增长7.8%，实际增幅比上年同期高11.3个百分点。

2.主要特点：一是居民各项收入全面增长。其中，工资性收入为4220元，增长12.4%；经营性收入535元，增长18.6%；

转移性收入1456元，增长18.7%；财产性收入231元，增长4.3%。二是居民收支同步增长。在居民收入增速加快的同时，消费支出同步增长，保持了较快的增幅。三是低收入户收入增幅大大高于平均水平。一季度，占调查总体10%的城镇低收入家庭人均可支配收入1924元，同比增加541元，增长39.1%，增速高于全区平均水平。

3.收入提速原因：主要是政策性增资对居民工资收入增长拉动大。一季度工资性收入占家庭总收入的65.5%,对家庭总收入增长的贡献率为59.0%;拉动可支配收入增长9.0个百分点。政策性增资如提高最低工资标准，一些市（县、区）机关事业单位提高职工津补贴标准和补发2010年或发放2011年绩效奖，企业职工工资收入提高，等等。另外，转移性收入拉动可支配收入增长4.5个百分点。

4.上半年形势判断：今年一季度城镇居民收入增长情况比上年同期稍好，但进入二季度后，利好因素将有所减弱，居民收入增速也将会有所减缓，预计上半年城镇居民收入仍以平稳增长的态势为主调。

（二）农村居民人均现金收入快速增长

1.基本情况：一季度广西农村居民人均现金收入2021元，同比增加334元，名义增长19.8%，扣除价格因素实际增长15.8%。其中：工资性收入618元，增长23.7%；家庭经营收入1216元，增长15.8%；转移性收入175元，增长41.2%；财产性收入12元，下降8.6%。

2.原因分析：推动一季度农民人均现金收入快速增长的主要因素有三个：一是外出务工人数增加和工资水平持续上涨使工资性收入快速增长。一季度外出务工人数同比增长9.3%，广西农村居民工资性收入618元，名义增长23.7%。其中，本地务工和外出务工人均收入同比分别增长26.3%、24.8%；二是糖料蔗出售收入大增。受糖料蔗收购联动价上涨、进厂集中出售量增加影响，一季度农民人均出售糖料蔗现金收入452元，增加112元，增长32.8%，对一季度现金收入增幅的贡献率达33.5%；三是转移性收入高速增长。主要是新型农村养老保险全面铺开，养老金收入大增；各级政府惠农补贴持续增加；人情往来标准提高，农民获得亲友赠送收入增加。

三、农业生产呈平稳发展态势

（一）农作物计划种植总体稳定

2012年广西种植业结构进一步调整，农户春播农作物计划种植总体稳定。春播农作物计划种植面积与上年比呈持平态势，增幅为0.1%。其中早稻、甘蔗和蔬菜面积增长幅度分别为1.6%、1.8%和0.5%，玉米和油料面积减少，减幅为3.4%和6.0%。

一季度全区以低温阴雨天气为主，降雨量比正常年景偏多，有利春季农作物播种，但低温寡照的阴雨天气对冬季作物生成和春种作物出苗生长不利，局部地区出现少量烂种、烂秧死苗的现象。

（二）畜牧业生产形势喜人

一季度广西猪、牛、羊、禽存栏量分别为2376.1万头、450.1万头、201.4万头和19006.9万只，分别比上年同期增长3.30%、0.29%、4.89%和8.50%。在存栏保持稳步增长的同时，猪、羊、禽的出栏也有明显增加，出栏量分别为898.2万头、56.5万只和21648.1万只，分别比上年同期增加3.79%、1.62%和4.20%。牛出栏为36万头，比上年同期减少了1.4%。猪、牛、羊、禽肉产量分别为67.09万吨、3.94万吨、0.87万吨和36.35万吨，分别比上年同期增长4.83%、-1.5%、2.64%和6.27%。

（三）农产品价格涨幅大幅回落

一季度广西农产品生产价格同比上涨7.21%，涨幅比上年同期回落23.63个百分点。分类看，农、林、牧、渔业产品生产价格分别上涨5.55%、6.97%、10.76%和7.81%，与上年同期比分别回落29.98、18.97、12.78和8.15个点。粮食价格平稳上涨，糖料蔗价格同比增长7.75%，蔬菜类价格总体持平，牧业产品价格同比上涨，环比回落，林业和渔业继续小幅上涨。

四、规模以下工业企业运行情况

1.基本情况：一季度广西规模以下工业企业实现工业总产值165.93亿元，实际增幅为3.6%。规模以下工业呈现平稳增长态势。

2.主要特点：一是企业产销情况良好。一季度广西小微型工业企业产销率为99.98%，同比提高3.21个百分点；二是企业职工薪酬略增。一季度小微型工业企业应付职工薪酬同比增长6.74%；人均应付职工薪酬同比上涨11.88%；三是工业生产电力消费小幅回落。一季度，工业生产电力消费比上年同期回落1.19%，主要是春节期间停产企业较多所致。四是新“升规模”企业增多。调查资料显示，一季度“升规模”工业企业同比新增36家，与上季相比增加23家。

3.规下工业面临问题

一是企业对当前生产形势不够乐观。据对企业调查问卷显示：有16%的企业认为当前生产经营很好或好，59%的企业认为生产经营发展一般，仍有25%的企业认为差或者很差。

二是受市场环境、安全生产整顿影响，关停企业增多。从监测的情况来看，与上年同期对比，虽然有15家停产的企业本期复产，但却新增25家关闭，47家停产企业。多集中在涉重金属的采矿业、冶炼和压延加工业行业。

2012年上半年广西专题经济形势分析报告

2012年上半年，广西居民消费价格（CPI）涨幅持续回落；工业生产者出厂价格（PPI）总水平由升转降；城镇居民收入和消费平稳增长；农村居民现金收支较快增长；农牧业生产保持平稳发展势头；规模以下工业企业运行相对平稳。

一、物价形势

（一）居民消费价格涨幅回落

1.基本情况：上半年，广西居民消费价格总水平同比上涨3.0%，涨幅比上年同期低3.9个百分点，比全国平均水平低0.3个百分点，居全国31个省、自治区、直辖市的第23位。八大类消费价格全面上涨，其中，食品价格同比上涨6.1%，烟酒类价格上涨4.2%，医疗保健和个人用品价格上涨2.6%，衣着类价格上涨2.6%，家庭设备用品及维修服务类价格上涨1.3%，居住价格上涨1.3%，交通和通信类价格上涨0.4%，娱乐教育文化用品及服务类价格上涨0.1%。

2.运行特点：一是涨幅回落。1—6月各月同比涨幅分别为3.7%、2.6%、3.4%、2.6%、3.0%和3.0%，均低于上年同期涨幅和今年4.0%的控价目标；二是上涨面广。调查的八大类消费价格全面上涨，调查的262个基本分类中，上半年价格同比上涨的有191个，上涨面为72.9%；且有由食品类向非食品领域扩散的趋势。三是新涨价因素影响大。据测算，上半年广西居民消费价格总水平同比上涨3.0%的变动幅度中，新涨价因素为3.8个百分点，因2011年价格的滞后影响幅度为负0.8个百分点（即翘尾因素），新涨价因素是广西2012年上半年CPI上涨的主导因素。

3.影响因素：成本推动，是影响今年CPI上涨的主要因素。一是人工成本上升。上半年广西年服务项目价格上涨1.8%，拉动居民消费价格总水平上涨0.5个百分点；二是资源型产品涨价，主要包括电力、成品油、水等价格的上涨；三是农资价格上涨。上半年广西农资价格上涨7.1%，并带动农产品零售价格提高，进而助推居民消费价格总水平保持较高水平。

4.全年走势预测：由于2011年食品、工业消费品及服务价格都出现较大幅度上涨，今年大幅上涨可能性降低，加上2011年价格上涨对2012全年产生的翘尾因素为负，今年控价有很多有利因素。但随着基础性资源价格改革大幕开启，完成今年控价任务仍有很大压力，全年涨幅有望控制在4.0%左右。

（二）工业生产者出厂价格总水平由升转降

1.基本情况：上半年，广西工业生产者价格结束了2010年以来的连续上涨态势，工业生产者出厂价格总水平比上年同期下降1.1%，降幅比全国（同比下降0.6%）低0.5个百分点，在全国31个省、自治区、直辖市中，降幅位于全国第8位；购进价格与上年持平。

2.运行特点：一是PPI出现自2010年来的首次下降。由于欧美债务危机引起全球经济进一步恶化，2012年上半年广西PPI结束了此前连续两年的上涨局面，转入下降；二是各月PPI降幅逐月扩大。上半年广西各月PPI除1月同比上涨0.2%处，2—5月同比分别下降0.8%，1.1%，1.4%，1.4%和2.0%，逐月下降走势明显，降幅呈扩大化趋势；三是工业生产依旧购销“倒挂”。上半年广西工业生产者出厂价格同比累计下降1.1%，购进价格总水平与上年同期持平，购进价格仍然高于出厂价格，企业购销“倒挂”的状态仍旧没有改变；四是大类行业下降程度大。在35个大类行业中，产品出厂价格有13个同比下降，下降面为37.1%。但主要行业下降程度较大，如黑色金属冶炼及压延加工业下降7.7%、化学原料及化学制品制造业下降6.9%、有色金属冶炼及压延加工业下降6.1%、非金属矿物制品业下降3.2%和农副食品加工业下降1.8%。这5个行业的下降，共拉动总指数下降2.3个点。

3.影响因素：一是欧债危机、美国经济复苏缓慢、国际大宗商品价格出现大跌等因素，引起广西的钢材、有色金属、食糖、化工原料等重要产品价格下降；二是市场需求减少。由于国内经济增速放慢，上半年出口增速锐减，导致企业开工不足、产能过剩、库存压力加大，部分行业出厂价格进行较大调整。如，食糖价格由去年12月的上涨8.6%回落到今年6月的下降6.0%。铁合金冶炼由去年12月的下降1.9%回落至今年6月的下降7.7%，常用有色金属冶炼由去年12月的下降0.3%回落至今年6月的下降7.5%。水泥价格从去年12月起连续7个月降幅达到两位数。

4.全年走势预测：下半年PPI的走势很大程度取决于国家提高固定资产投资和刺激消费的政策力度。考虑到市场走势的延续性以及政策制定和生效，价格的传导所需要的时间，预计下半年广西PPI仍将是下降走势。

二、城乡居民收入和消费

（一）城镇居民收入和消费保持平稳增长态势

1.基本情况：上半年广西城镇居民人均可支配收入为10820元，比上年同期增加1336元，增长14.1%（比全国高0.8个百分点，排第11位），增幅比上年高5.3个百分点，扣除物价实际增长10.8%。上半年人均消费性支出6978元，同比增加755元，增长12.1%。

2.收入变动特点：一是工资性收入增加。最低工资标准提高、部分企业提高职工工资，发放大额奖金、部分机关和事

业单位补发绩效奖、新个人所得税制度的施行等四大政策因素，促进了居民工资性收入增加。上半年广西城镇居民人均工资性收入为7613元，同比增加736元，增长10.7%，拉动可支配收入增加7.8个百分点；二是移性收入稳步增长。受国家提高养老金等政策影响，上半年广西城镇居民转移性收入2702元，同比增加344元，增长14.6%；其中养老金或离退休金收入2161，同比增长13%，拉动转移性收入增长10.6个百分点；三是居民经营性收入增加。得益于国家对小微企业的扶持政策，上半年广西城镇居民人均得到的经营净收入1045元，比上年同期增加235元，增长29%，拉动可支配收入增加2.5个百分点；四是财产性收入小幅下降。受到房地产、银行降息、股市低迷的影响，城镇居民财产性收入有所下降。其中居民股息与红利收入大幅度减少，上半年人均股息与红利收入15元，同比减少81元，下降84.6%。

3.消费变动特点：一是食品支出增加，部分食品消费量下降。上半年，广西人均食品消费支出2785元，增长11.1%。由于部分食品价格涨幅较大，消费量减少。如，上半年牛肉单价上涨24.3%，人均购买牛肉支出增长4.3%，而人均牛肉消费量下降16.1%。鸡肉单价上涨5.3%，人均购买鸡肉支出增长4.5%，而人均鸡肉消费量下降0.8%。鲜菜价格上涨15.5%，人均购买鲜菜支出增长15.6%，而人均消费鲜菜量仅持平；二是居住类消费和家庭设备用品及服务类消费增加。

（二）农村居民现金收支保持快速增长

1.基本情况：上半年广西农民人均现金收入3774元，增加566元，同比增长17.6%（比全国高1.5个百分点，排第10位）；扣除物价因素实际增长14.1%。农村居民人均现金支出3453元，增加470元，增长15.8%。

2.收入变动特点：一是工资性收入快速增长。上半年，广西农村居民人均工资性收入为1123元，增加238元，增26.9%，对现金收入增加额的贡献率为42%。其中，本地务工和外出务工人均收入同比分别增加126元、106元，分别增长28.8%、28.5%；二是家庭经营收入稳步增长。受糖料蔗收入较大增长的影响，上半年广西农村居民人均家庭经营收入2335元，增加260元，增长12.5%，对现金收入增加额的贡献率为46%；三是转移性收入快速增长。新农保政策、国家惠农补贴等因素的影响，上半年广西农村居民人均转移性收入为291元，增加67元，增长29.7%。

3.现金支出变动特点：一是生产费用增加。上半年广西农村居民生产雇工支出人均为93元，增加30元，增长47.6%，农业生产资料价格上涨7.1%；二是生产性固定资产的投入增加。上半年广西农村居民人均购置生产性固定资产支出139元，增43元，增长44.9%；三是生活消费支出八大项全面增长。其中，食品支出694元，增长10.7%；衣着支出94元，增长19.4%；居住支出557元，增长22.9%；家庭设备用品及服务支出155元，增长19.1%；交通通讯支出243元，增长22.4%；文化教育娱乐支出120元，增长38.6%；医疗保健支出182元，增长16.1%；其它商品和服务支出70元，增长24%。

三、农业生产

（一）种植业生产保持平稳发展势头

1.基本情况：一是春收粮食总产增长。2012年广西春收粮食播种面积143.4万亩，增长9.9%；平均亩产202公斤，下降2.6%；总产量为29万吨，比上年增长7.1%。二是春播粮食播种面积减少1.3%。2012年广西春播粮食面积预计2181万亩，比上年减少29万亩，减幅为1.3%。三是甘蔗种植面积继续增加。2012年广西甘蔗播种面积预计增幅在4%左右。四是2012年广西春播油料作物面积预计增长6.9%，其中花生面积增长6.5%。

2.主要特点：一是主要夏粮作物单产有望提高。由于农业气象条件总体上较为有利，目前主要夏收粮食作物长势较好，加上广西推广“多播一斤种、增收百斤粮”重大示范工程和各项粮食生产鼓励政策的落实，使得夏粮作物单产有望提高；二是粮食种植面积下降。由于种粮比较效益下降、部分水利设施功能老化、农业劳动力不足等原因，2012年，预计广西早稻播种面积为1395万亩，比上年减少17万亩，减幅为1.2%，玉米播种面积689万亩，比上年减少15万亩，减幅为2.1%；三是农业产品生产价格平稳上涨。上半年广西农业产品生产价格上涨12.4%，其中谷物价格上涨8.9%，蔬菜类价格上涨30.3%。

（注：预计面积均为初步统计数，未经国家统计局核准）

（二）畜牧业生产稳步增长

1.基本情况：上半年广西猪、牛、羊、禽生产稳步提高，生猪出栏增长较快。据广西主要畜禽监测调查，上半年广西猪、牛、羊、禽存栏量分别为2382万头、457万头、204万头和26077万只，分别比上年同期增长3.7%、1.1%、4.9%和7.2%；上半年末能繁母猪存栏287万头，同比增长2.4%。在存栏保持增长的同时，猪、牛、羊、禽的出栏也有明显增加，出栏量分别为1723万头、70万头、103万只和40296万只，分别比上年同期增加8.8%、0.6%、1.8%和2.9%。猪、牛、羊、禽肉产量分别为133万吨、6.8万吨、1.6万吨和65.8万吨，分别比上年同期增长10.8%、3.5%、4.0%和3.2%。

2.存在问题：一是养猪利润微薄。据调查，上半年广西16个生猪大县猪价呈现连续下跌态势，1—5月生猪价格各月环比跌幅分别为0.5%、2.7%、5.2%、7.4%和7%。猪价大幅下跌的同时，养猪成本却不断上升，致使养猪利润微薄，散养户减少。二是养殖业用工难问题突出。由于养殖业工资水平相对不高，工作环境差等因素使大部分年轻劳动力不愿从事畜牧生产，劳动力供需缺口较大，雇工难的问题比较突出。三是贷款难，生产资金不足。由于生猪养殖周期较长，前期资金投入需求大，而很多中小规模户很难获得银行贷款，抗风险能力弱，导致发展后劲不足。

四、企业运行

1.基本情况：上半年，广西规模以下工业企业现价增速为9.1%。不变价增速预计4.3%，比一季度提高0.7个百分点。

2.主要特点：一是企业运行平稳；二是企业银行借款增速高于民间借款增速。上半年，广西规模以下工业企业的期末借款余额同比增加了26%，其中银行借款同比增加了31%，民间借款同比增加20.6%，银行借款的增速高于民间借款增速；三是企业应收账款增速较高。上半年，广西规模以下工业企业的应收账款同比增加了41%，增速较快，比一季度的增速高近28个百分点，值得关注。

3.存在的问题：一是企业经营成本压力大。由于原材料价格、运输成本、用工成本的上涨，造成企业经营成本压力大。企业调查显示：25%的企业认为劳工成本上升快是企业当前面临的最突出问题，比一季度提高0.8个百分点；22%的企业认为原材料成本上升快是企业当前面临的最突出问题，比一季度提高2.4个百分点。二是资金不足还需进一步解决。虽然当前政府对小微企业贷款难的问题高度重视，对小微企业在资金扶持上实行倾斜，企业融资难的问题依然严重。三是小微企业生存困难。由于小微企业大多是产品单一、技术含量低的劳动密集型、粗放型企业，在产业结构升级中遭到淘汰、关闭停产的小微企业明显增多。

2012年前三季度广西专题经济形势分析报告

2012年前三季度，广西居民消费价格（CPI）涨幅比上年同期明显回落；工业生产者价格（PPI）持续下降；城镇居民收入和消费保持较快增长；农村居民现金收入保持快速增长；农牧业生产保持平稳发展；规模以下工业企业增速放缓。

一、物价形势

（一）CPI涨幅比上年同期明显回落

1.基本情况：前三季度，广西CPI同比上涨3.1%，涨幅比上年同期低3.7个百分点。八大类消费价格全面上涨，其中，食品价格同比上涨5.3%，烟酒类价格上涨3.8%，衣着类价格上涨3.8%，家庭设备用品及维修服务类价格上涨1.2%，医疗保健和个人用品价格上涨2.2%，交通和通信类价格上涨0.2%，娱乐教育文化用品及服务类价格上涨1.1%，居住价格上涨2.6%。分月看，1—9各月涨幅分别是3.7%、2.6%、3.4%、2.6%、3.0%、3.0%、2.6%、3.4%、3.9%。

2.运行特点：一是价格涨幅较为温和。与上年同期的涨幅6.8%相比，今年前三季度的价格涨幅相对温和。二是上涨面广。调查的八大类消费价格全面上涨，调查的262个基本分类中，同比上涨的有195个，上涨面为74.4%。三是波动性较明显。各月涨幅波动较大，基本在2.6%—3.9%之间来回波动。

3.影响因素：一是新涨价因素。据测算，前三季度广西CPI同比上涨3.1%的涨幅中，新涨价因素为3.9个百分点，因2011年价格的滞后影响幅度为-0.8个百分点（即翘尾因素），新涨价因素成为广西前三季度CPI上涨的主导因素。二是成本推动因素。主要有三个方面成本的推动：①农资价格上涨。前三季度广西农业生产资料价格上涨4.9%，对农产品价格上涨形成拉抬作用；②人工成本上升，前三季度广西人工成本普遍提高一成以上；③资源型产品涨价形成成本压力。前三季度，汽油、柴油、水、电、液化石油气分别上涨2.4%、2.5%、9.4%、2.8%、3.7%，合计拉动CPI上涨近0.3个百分点。

4.全年预测：未来四季度，受气候影响，可能出现农产品生产供应相对减少，食品价格将面临较大上涨压力；同时由于去年的价格调控措施集中在四季度出台，对今年四季度指数的负翘尾作用将减弱，因此四季度CPI涨幅可能会有所反弹。但总体来看，如不出现大范围严重自然灾害及国际政治经济重大变故等突发事件，预

计2012年全年广西CPI涨幅控价4%的预定目标可望实现。

（二）PPI涨幅持续下降

1.基本情况：今年以来，广西PPI呈现持续下降走势。前三季度，广西PPI同比下降2.0%；分月看，1—9各月涨幅分别是0.2%、-0.8%、-1.1%、-1.4%、-1.4%、-2.0%、-2.9%、-4.2%和-4.6%。前三季度，广西工业品购进价格（IPI）同比下降0.5%；分月看，1—9各月涨幅分别是2.0%、0.8%、-0.3%、-1.2%、-0.6%、-0.5%、-1.1%、-1.7%和-2.0%。

2.运行特点：一是下降持续时间长。自2月份起，PPI连续八个月同比下降；自3月份起，IPI连续七个月同比下降。二是降幅逐月扩大。2—9月份，PPI降幅从-0.8%逐月扩大至-4.6%。三是下降面有所扩大。在调查的35个行业中，出厂价下降的有15个行业，下降面为42.9%，比上半年有所扩大。四是部分主要行业产品出厂价格跌幅较大。如食糖出厂价格同比下降7.1%、水泥出厂价格下降13.4%、黑色金属冶炼及压延加工业产品出厂价格下降10.9%、有色金属冶炼及压延加工业产品出厂价格下降7.9%。

3.影响因素：一是国际经济形势影响。欧债危机、美国经济复苏缓慢、全球贸易环境持续恶化等因素，引起国际大宗商品价格下降，受此影响，广西的钢材、有色金属、食糖、化工原料等重要产品价格也随之下降。二是受国内经济增速放慢的影响。今年以来，由于国内经济增速有所放慢，全国固定资产投资增幅继续缩小，水泥、钢材等建材产品市场需求降低，产能过剩，许多行业生产出现供大于求的情况。三是对外部降价压力抵抗承受能力弱。广西是全国重要的食糖、有色金属和钢材生产基地，产量比重份额较大，但是在定价销售方面却缺乏主导权，价格受国内外期货市场的影响严重，对外部降价压力抵抗承受能力弱。

4.全年预测：下半年，国家陆续出台一系列稳增长措施，欧美日等国9月份相继实施新一轮宽松政策，国际大宗商品价格有所拉升，受此影响，预计四季度PPI加速下降的趋势有望于得到抑制，但全年仍将维持小幅下降的格局。

二、城乡居民收入和消费

（一）城镇居民收入和消费保持较快增长

1.基本情况：前三季度广西城镇居民人均可支配收入为15812元，比上年同期增加1826元，增长13.1%，增幅比上年高3.6个百分点，扣除物价因素实际增长9.7%；前三季度人均消费性支出10678元，同比增加1175元，增长12.4%。

2.收入变动特点：一是工资性收入增加。最低工资标准提高、部分企业提高职工工资或发放大额奖金、市（县、区）机关和事业单位补发2010年或发放2011年绩效奖、新个人所得税制度的施行等四大政策，促进了居民工资性收入增加。前三季度，广西城镇居民人均工资性收入为11072元，同比增加937元，增长9.2%，拉动可支配收入增加6.7个百分点。二是转移性收入稳步增长。受国家调整企业退休人员养老金等政策影响，前三季度，广西城镇居民转移性收入4012元，同比增加499元，增长14.2%；其中养老金或离退休金收入3305元，同比增长14.1%，拉动转移性收入增长11.6个百分点。三是经营性收入增加。受益于广西积极贯彻落实国务院扶持小微型企业健康发展政策措施，个体私营经济的发展环境得到改善，个体工商户负担有所减轻。前三季度，广西城镇居民人均得到的经营净收入1559元，比上年同期增加318元，增长25.6%。四是财产性收入小幅上涨。在出租房屋收入增加的拉动下，前三季度广西城镇居民人均财产性收入为624元，较去年同期增加26元，增长4.4%。

3.消费变动特点：一是食品支出较快增长，但部分食品消费量下降。前三季度，广西人均食品消费支出4152元，增长8.9%。由于部分食品价格涨幅较大，导致消费量减少。其中，大米单价上涨6.4%，人均大米消费量下降6.9%；食用植物油单价上涨7.8%，人均消费量下降4.9%；牛肉单价上涨36.8%，人均牛肉消费量下降15.9%；鸡肉单价上涨3.8%，人均鸡肉消费量下降1.9%。二是居住类消费和家庭设备用品及服务类消费大幅增长。前三季度，广西城镇居民居住类消费支出人均（不含购买和建造住房）1058元，同比增长29.4%；家庭设备用品及服务类消费支出人均837元，同比增长22.1%，其中耐用消费品支出人均406元，增长29.4%。三是非义务教育及托幼费快速上涨。前三季度，广西城市居民家庭人均教育文化娱乐服务类支出1290元，同比增加7.9%，其中：教育类消费增长15.1%。教育类消费中，非义务教育学杂费支出人均207元，增长12.2%；托幼费人均101元，增长14.8%；培训班费用支出人均127元，增长19.0%。

4.全年走势：第三季度，由于全区性增资因素不多，城镇居民工资性收入增幅较上半年有所下降，但是受到提高养老金、离退休金标准和扶持中小企业发展政策影响，转移性收入和经营净收入将继续拉动可支配收入稳步增长，全年人均可支配收入预计将保持较快增长态势。

（二）农村居民现金收入快速提高

1.基本情况：前三季度广西农民人均现金收入5421元，同比增加784元，增长16.9%，扣除物价因素实际增长13.4%；农村居民人均现金支出4918元，增加485元，增长10.9%。

2.收入变动特点：一是工资性收入快速增长。随着农民外出务工收入的提高，前三季度，广西农村居民人均工资性收入1657元，增长25.4%。二是家庭经营收入稳步增长。前三季度，广西农村居民人均家庭经营收入3269元，增加321元，增长10.9%。三是财产性收入、转移性收入大幅增长。前三季度广西农村居民人均财产性收入、转移性收入分别为45元、451元，分别增长46.3%、33.9%。

3.消费变动情况：一是生产费用支出小幅增长。前三季度广西农村居民人均生产费用支出1620元，同比增长6.7%。二是

生活消费支出较快增长。前三季度广西农村居民人均生活费用支出2997元，同比增长13.4%。

4.全年走势：今年广西农业生产形势总体向好，农民现金收入增长的利好因素相对较多，有利于在正常年景下支撑全年农民收入的平稳较快增长。但一些不利因素影响也明显，如经济增长放缓，部分农产品出售价格下跌，牧业等收入出现减少、白糖价格持续下行带来的糖料蔗收购价格下行和气候灾害等。预计全年农民人均纯收入将保持较快增长态势。

三、农牧业生产

（一）粮食生产形势较好

1.基本情况：一是夏粮（国家口径，下同）产量同比增长7.1%。2012年广西夏收粮食作物播种面积增长9.9%，亩产下降2.65%，总产量为29万吨，比上年增长7.1%。二是早稻单产、总产双增长。2012年广西早稻播种面积为1394.7万亩，比上年减少17.2万亩，减幅1.22%；亩产为390.7公斤，比上年增加15公斤，增长4.0%；总产量为544.9万吨，比上年增加14.5万吨，增长2.73%。三是秋粮生产形势好于上年，预期较为乐观。据推算汇总，2012年广西秋粮播种面积为3065.60万亩，比上年减0.04%，与上年基本持平，如后期不遇重大自然灾害，预期秋粮总产增加，其中，晚稻单产在上年减产7.97%的基础上有望实现恢复性增长。

2.原因分析：①夏粮：播种面积扩大是夏收粮食总产量增长的主要因素。今年1月至3月中旬，广西出现长时间低温阴雨寡照天气过程，一定程度上影响了农作物的单产，其中夏收粮食亩产下降2.65%。但由于夏收粮食播种面积增长幅度较大，夏收粮食总产量仍然比上年增长。②早稻：一是国家政策加大对粮食生产的支持力度，如粮食订单直补、农资综合补贴、农机购置补贴等政策，促进了农民种粮的积极性。二是早稻田间管理及时到位，早稻禾苗长势良好，加上以杂交稻、超级稻为代表的优良品种的推广、普及，以及“多播一斤种、增收百斤粮”等增产措施，保证了早稻单产的提高，总产量的增加。③秋粮：一是秋粮播种面积与上年基本持平，但高产品种面积比重提高。从秋粮品种种植结构看，单产水平高的中稻、晚稻、玉米种植比重为83.21%，同比上升0.17个百分点，高产品种比重提高，是秋粮总产量增长的基本保障；二是晚稻插秧和田间管理及时，禾苗长势良好；三是农业气象总体上对秋粮生产有利。广西的秋粮作物主要有玉米、中稻、晚稻、薯类、大豆等，至目前，全区光温条件配合总体较好，降雨时间分布比较均匀，虽有局部地区降雨不均情况，但农业气象总体上对秋粮生产有利。

3.全年预测：据对夏收粮食、早稻产量调查结果和当前秋粮长势以及后期农业气象条件等因素的综合分析，预计2012年广西全年粮食播种面积4603.4万亩，比上年减少0.13%，但预计粮食总产量同比呈增长态势。

（二）畜牧业生产保持平稳较快发展

1.基本情况：前三季度，广西畜牧业生产保持平稳较快的发展态势，猪、牛、羊、禽存栏稳定增长。3季度末广西猪、牛、羊、禽存栏量分别为2372.0万头、452.4万头、200.3万头和28424.4万只，分别比上年同期增长0.5%、0.22%、4.64%和4.68%。在存栏保持稳步增长的同时，主要畜产品，猪、牛、羊、禽的出栏量也有明显增加，前3季度，猪、牛、羊、禽累计出栏量分别为2481.2万头、100.5万头、149.8万只和62300.2万只，分别比上年同期增加6.81%、-2.3%、1.5%和4.27%。猪、牛、羊、禽肉产量分别为188万吨、9.48万吨、2.4万吨和101.8万吨，分别比上年同期增长7.23%、-2.8%、1.61%和4.59%。

2.畜牧业生产的有利因素：一是疾病控制得当、气候条件较好。今年生猪生产形势普遍较好，特别是今年广西冬、春两季气候条件比较适宜，没有出现明显的严寒或湿冷天气，加上各地对春季生猪疾病控制得当，生猪生产有较大增长。二是中央及地方政策措施有力。如各地加强畜禽生产技术培训和畜禽标准化示范创建工作、以销促产，建立健全畜禽产品市场销售新平台、充分利用中国—东盟博览会和桂台经贸文化论坛等重要平台，鼓励和推动广西水产畜牧企业与世界各国的合作加大开放合作招商引资力度等政策，促进了畜牧业的发展。三是猪价止跌回升。截止2012年9月底，生猪大县活猪价格已经连续四个月出现环比上涨，这标志着2012年广西上半年猪价连续下跌的情况已经得到了有效遏制。其中，6-9月份广西生猪大县平均肉猪出售价格分为13.5元/公斤、13.8元/公斤、14元/公斤和14.4元/公斤，环比分别上涨了0.22%、2.2%、1.4%和3%。

四、规模以下工业企业运行

1.基本情况：前三季度，广西规模以下工业企业现价增速为6.8%，比上半年低2.3个百分点。

2.运行特点：一是企业经营成本上升。据统计，前三季度，广西规模以下工业企业主营业务成本同比增长2.4%，应付职工薪酬同比增长4.1%。二是应收账款增速较高。前三季度，广西规模以下工业企业的应收账款同比增长13.1%，企业间的资金拖欠问题较为严重。三是期末存货增幅较大。前三季度，广西规模以下工业企业的期末存货同比增加20.7%，存货积压较多。四是企业用电量下降。前三季度，广西规模以下工业企业工业生产电力消费同比下降17.09%。

3.企业发展的支撑因素：一是国家及地方的政策扶持。从2011年下半年开始，国家以及地方政府不断关注小微企业的经营发展情况，从税费、资金等方面扶持小微企业进行科技创新和产业升级；二是水源充足，电力供应稳定。广西大多数的小水电企业是“靠天吃饭”，多数没有水库蓄水，因此降雨量和降雨分布就成了制约水电企业产能的主要因素，今年以来广西雨水充沛，水量充足，小水电企业的发

电量大幅提高，产值收入均有所提高。同时，今年供电充足，未出现大规模的拉闸限电现象，保障了企业正常生产。

4.企业发展的不利因素：一是由于国内经济发展放缓，引起市场需求减少，企业开工不足；二是用工成本上升快，用工需求仍未得到有效满足。前三季度，广西小微型工业企业应付职工人均薪酬同比上涨10.78%，企业用工成本上升较快。3季度，参与调查的调查企业中仍有13.25%的企业有招工需求却没能招到所需员工，比上季度提高0.55个百分点。在调查过程中，90%企业反映，目前员工招聘变得越来越困难；三是企业生产成本压力较重，原材料价格上涨，拉高企业经营成本；四是融资困局仍未根本改善。虽然政府出台了一系列扶持小微企业的政策，很多企业认为作用有限，由于政策宣传不到位、部分优惠政策附带着诸多限制性条款使得小微企业无法享受、手续比较繁琐、不够透明等原因，弱化了国家扶持政策的效果。

2012年广西专题经济形势分析报告

2012年，广西居民消费价格（CPI）涨幅回落，蔬菜等部分食品价格上涨明显；工业生产者出厂价格（PPI）和购进价格持续下降；城乡居民收支保持较快增长，各项主要收入普遍增加；农牧业生产丰收，粮食价格上升，猪价下降明显；规模以下工业企业用电和用工减少，增速放缓。

一、物价形势

（一）居民消费价格涨幅低于控价目标

1.基本情况：2012年居民消费价格比上年上涨3.2%，涨幅比上年回落2.7个百分点，比全国平均水平高0.6个百分点，按涨幅由高至低排位于全国第四位（与海南、黑龙江并列）。其中，城市上涨3.2%，农村上涨3.3%。分类别看，食品价格比上年上涨5.2%，烟酒及用品上涨3.1%、衣着上涨3.6%、家庭设备用品及维修服务上涨1.1%、医疗保健和个人用品上涨2.0%、交通和通信上涨0.2%、娱乐教育文化用品及服务上涨1.5%，居住上涨3.7%。在食品价格中，粮食价格上涨3.8%，油脂价格上涨8.2%，肉禽及其制品价格上涨3.0%，鲜菜价格上涨19.0%，鲜瓜果价格下降1.9%。

2.运行特点：一是全年涨幅回落到较温和区间。2012年涨幅比上年低2.7个百分点，变动相对平稳。二是月同比涨幅波动较大。各月同比涨幅分别为3.7%、2.6%、3.4%、2.6%、3.0%、3.0%、2.6%、3.4%、3.9%、2.8%、3.9%和4.1%，呈“两头高中间低”波动性上涨。三是各月环比涨跌互现。除1月因2011年调控及春节影响环比涨幅为3.2%外，其他月份在-0.5%和0.4%之间波动。四是食品类价格影响力居首位。食品类价格上涨对CPI涨幅的影响程度约占56.3%。

3.影响因素：新涨价因素左右物价上涨幅度。在2012年CPI 3.2%的涨幅中，新涨价因素为4.0个百分点，上年价格滞后影响幅度为-0.8百分点（即翘尾因素）。新涨价因素具体表现为：一是2011年受调控商品和服务的价格在2012年恢复性上涨，形成比较大的新涨价因素；二是2012年部分政策性商品调价也推高了价格水平；三是流通环节成本、生产要素价格、资源性产品价格等上涨推高了商品和服务成本，形成消费领域的涨价压力。

（二）工业生产者出厂价格（PPI）与购进价格双双下降

1.基本情况：2012年工业生产者出

厂价格比上年下降2.2%。其中，轻工业产品价格下降1.4%，重工业产品价格下降2.5%；生产资料产品出厂价格下降2.6%，生活资料产品出厂价格下降1.0%。工业生产者购进价格比上年下降0.8%，降幅比出厂价格小1.4个百分点，比全国平均水平小1个百分点。

2.PPI运行特点：一是降幅大于全国及西南各省。我区PPI降幅位列全国第11位，降幅比全国平均水平大0.5个百分点，比云南、贵州、四川、重庆分别大0.1、3.2、0.8和2.1个百分点。二是月同比下降时间长，年尾降幅逐渐收窄。除1月份同比上涨0.2%外，2—12月各月同比分别下降0.8%，1.1%，1.4%，1.4%，2.0%，2.9%，4.2%，4.6%，3.3%，2.7%和2.1%。三是大类行业下降面收窄。调查的35个大类行业中下降的有13个，下降面为37.1%。降幅排名前三位的行业分别为黑色金属冶炼及压延加工业下降11.9%，化学原料及化学制品制造业下降7.6%，有色金属冶炼及压延加工业下降7.6%。四是重要工业部门降多涨少。广西5个重要工业部门中，电力工业产品出厂价格较上年上涨6.3%，机械工业与上年持平，冶金工业下降9.1%，化学工业下降4.2%，食品工业下降2.5%。

3.PPI运行影响因素。一是世界经济衰退、国际工业品市场萎靡、国内、区内经济放缓，导致我区产品特别是重要行业产品价格下降。二是产品定价权缺失，市场受制于人。我区食糖、有色金属和钢材产量占全国比重份额较大，但这些产品的集中交易市场大多没有落在区内，而是分布在郑州、上海等地的工业品交易中心，价格受到国内外期货市场影响大。如食糖价格主要由郑糖交易中心决定，部分有色金属销售价格甚至直接以上海有色金属交易网价格为准。区内企业在产品销售定价方面没有主导权，对外部降价压力的抵抗承受能力微弱。

二、城乡居民收支情况

（一）城镇居民收支较快增长，人均可支配收入突破二万大关

1.收支基本情况：全年城镇居民人均总收入23209元，比上年增长11.3%。其中，城镇居民人均可支配收入21243元，比上年名义增长12.7%，增幅比全国平均高0.1个百分点；扣除物价因素实际增长9.2%，增速比上年快4.7个百分点，比全国低0.4个百分点。在城镇居民人均总收入中，人均工资性收入14693元，比上年名义增长8.4%；经营净收入2132元，增长25.4%；转移性收入5500元，增长15.8%；财产性收入884元，增长4.6%。全年城镇居民人均可支配收入中位数19924元，比上年名义增长14.3%。全年城镇居民人均消费性支出14244元，比上年增加1396元，增长10.9%，各大类消费全面增长，其中，食品、衣着、居住、家庭设备用品及服务、医疗保健、交通和通讯、教育文化娱乐服务、其它商品和服务人均消费分别为5553元、1146元、1377元、1125元、884元、2089元、1626元和444元，分别比上年增长9.4%、12.5%、11.3%、27.2%、

13.4%、4.4%、8.2%和27.1%。

2.主要增收因素：一是增资政策推动，工资性收入稳定增长；二是养老（退休）金标准提高，转移性收入大幅增长；三是受政策扶持和居民家庭经营发展的双重推动，经营净收入快速增长；四是受宏观经济形势影响，财产性收入略有增长。

（二）农村居民收支快速增长，人均纯收入迈上六千台阶

1.收支基本情况：全年农村居民人均纯收入6008元，比上年名义增长14.8%，增幅比全国平均水平高1.3个百分点；扣除物价因素实际增长11.2%，增速比上年快3个百分点，比全国高0.5个百分点。其中，人均工资性收入2246元，比上年名义增长23.4%；家庭经营纯收入3235元,增长7.5%；财产性纯收入54元，增长30.7%；转移性纯收入人均473元，增长30.8%。农村居民人均纯收入中位数5514元，名义增长16.0%。外出农民工人均月收入水平1952元，比上年增长14.7%。全年农民人均现金支出7754元，比上年增加961元，增长14.2%。其中，家庭经营费用支出2133元、生活消费支出4878元、购置生产性固定资产支出234元，分别增长6.6%、15.8%、8.4%。生活消费八大项中，除文教娱乐项目略降2%，其它七项全面增长。

2.主要增收因素：一是工资性收入快速增长，是今年广西农民增收的第一动力；二是家庭经营收入稳步增长，农民家庭生产的稻谷、甘蔗、水果、林产品、畜牧和渔业产品等丰收，家庭经营收入稳中有进，由于受到蔬菜减产、牧业和林业产品价格下降和第四季度糖料蔗价格略降等影响，未达预期拉动效果；三是政府加大政策力度等使得农民转移性、财产性收入快速增长。

三、农牧业生产情况

（一）粮食总产量增长，单产创新高

1.基本情况：2012年我区粮食播种面积4603.7万亩，比上年减少5.6万亩，减幅0.12%；总产量1484.9万吨，比上年增加55万吨，增长3.85%；粮食亩产322.5公斤，再创新高，比上年增加12.3公斤，增长3.97%，增幅在全国各省（区、市）排第9位。其中，夏收（国家口径）粮食作物播种面积143.2万亩，比上年增长9.9%；亩产202.3公斤，比上年下降2.6%；总产量29万吨，比上年增长7.1%。早稻播种面积为1394.7万亩，比上年减少1.2%；亩产390.7公斤，比上年增长4.0%；总产量544.9万吨，比上年增长2.7%。秋粮播种面积3065.8万亩，比上年减少0.04%；亩产306.08公斤，比上年增长7.6%；总产量911.0万吨，比上年增长4.4%。

2.增产原因：播种面积稳定，高产品种比重提高。2012年广西粮食播种面积与上年基本持平，但单产水平较高的中稻、晚稻、玉米等秋粮种植比重达83.21%，比上年比重提高0.17个百分点。其中晚稻中：杂交晚稻面积占晚稻面积的83.55%；超级稻面积占晚稻面积的36.93%，比上年比重提高3.18个百分点。

（二）畜牧业生产稳步发展，产品出售价格下降

1.猪牛羊禽肉总产量增加。2012年末我区猪、牛、羊、禽存栏量分别为2466.6万头、453.6万头、203.6万头和 31202.6万只，分别比上年末增长2.3%、2.7%、2.7%和3%。全年出栏量分别为3342.1万头、147.7万头、206万只和82631.7万只，分别比上年增加4.6%、-1.8%、0.5%和4.4%。猪、牛、羊、禽肉总产量为405.6万吨，比上年增长5.1%；其中猪肉252.5万吨、牛肉13.9万吨、羊肉3.3万吨、禽肉136万吨，分别比上年增长5.3%、-2.9%、1.1%和5.6%。

2.农产品生产价格总体略降。2012年我区农产品生产者价格比上年下降0.6%，分季度看，一至三季度同比分别上涨7.2%、2.9%、0.3%，四季度同比下降5.1%，涨幅呈逐季回落的态势。种植业产品价格比上年上涨7.2%，谷物价格比上年上涨2.4%，其中稻谷、玉米价格分别上涨1.6%和4.6%。牧业产品价格下降7.5%，其中活牲畜和畜禽产品价格分别下降9.1%和2.1%，活家禽价格上涨7.0%，猪价下降9.2%。林业产品价格下降0.6%。渔业产品价格下降2.4%，其中淡水养殖产品和淡水捕捞产品价格分别下降4.1%和0.2%，海水捕捞产品价格则上涨4.3%。

四、规模以下工业企业运行

随着国家、自治区出台的一系列促进小微企业发展的政策措施落实，2012年广西规模以下工业稳步发展，实现现价工业增加值583亿元，可比价增速5.2%。规模以下工业电力消费比上年下降12.3%，期末从业人员数下降9.4%。

第三部分

农村生活篇

2011年广西农村居民人均纯收入调查情况分析

蒙洪萍

2011年，广西各级党委、政府以科学发展观为指导，采取有力措施，积极应对自然灾害、农产品价格急剧波动、农产品生产成本上升等不利形势，贯彻落实好各项支农惠农政策，全年农村居民纯收入实现较快增长，生产投资及生活消费支出呈良好态势，实现“十二五”良好开局。

一、2011年广西农村居民人均纯收入增长的主要特点

据调查，2011年广西农村居民人均纯收入5231元，增加688元，增长15.1%，增加额为“十五”以来最高，增速为“十五”以来第二。

图1 广西2001年以来各年度农村居民人均纯收入及增幅

单位：元/人，%

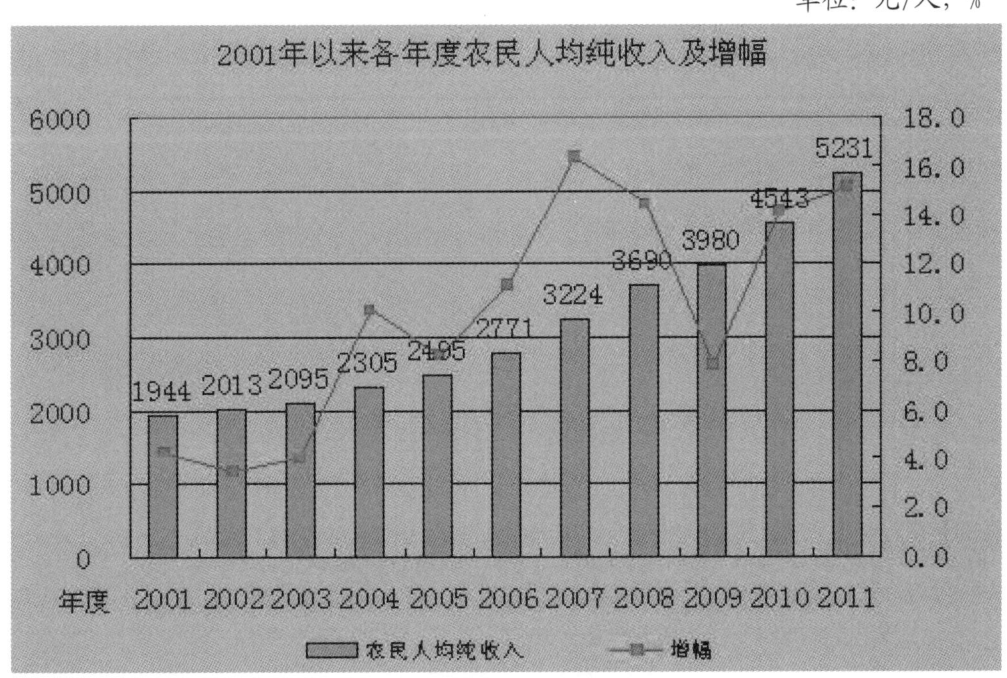

（一）本乡地域劳动收入大增，带动农村居民工资性收入增长

2011年，广西农村居民人均工资性收入1820元，比上年的1707元增加113元，增长6.6%。工资性收入的主要增长点是本地务工收入。2011年，人均在本乡地域内劳动收入为903元，比上年同期增加259元，增长40.2%。

（二）农产品“量增价涨”，促进家庭经营纯收入大增

2011年，广西农村居民人均家庭经营纯收入3008元，比上年同期增加498元，增长19.8%。

1. 第一产业全面增收。由于农产品出售价格普遍上涨，大宗产品产量增加，第一产业纯收入2688元，比上年同期增加451元，增长20.2%。农林牧渔业纯收入呈全面增长：农业人均收入1804元，比上年同期增加227元，增长14.4%；林业人均收入161元，比上年同期增加37元，增长29.5%；牧业人均收入670元，比上年同期增加186元，增长38.4%；渔业人均收入52元，比上年同期增加2元，增长3.2%。

2. 二、三产业纯收入快速增长。全年人均第二和第三产业收入320元，比上年同期增加47元，增长17.2%。其中，第三产业发展动力强劲，交通运输、批零贸易和社会服务业分别增长33.6%、28.9%、59%。

（三）财产性纯收入与转移性纯收入大幅增加，但比重仍较低

2011年，广西农村居民人均财产性纯收入41元，比上年同期增加7元，增长22.0%；转移性纯收入人均362元，比上年同期增加70元，增长23.8%。财产性纯收入与转移性纯收入增幅均高于人均纯收入增幅，但占农村居民人均纯收入的比重仍然较低，详见下图2。

图2　广西2010—2011年农村居民人均纯收入四大项占比

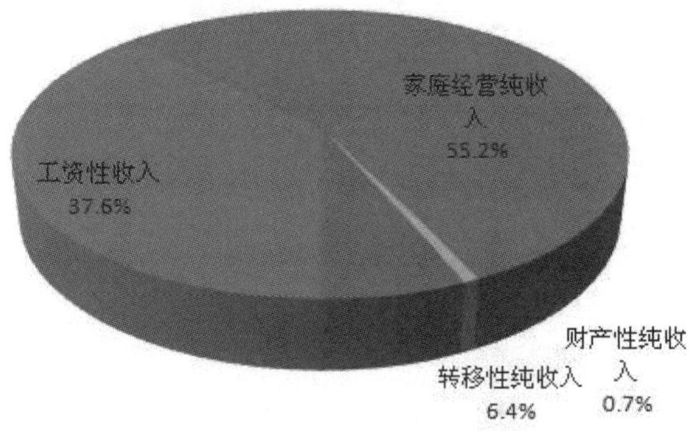

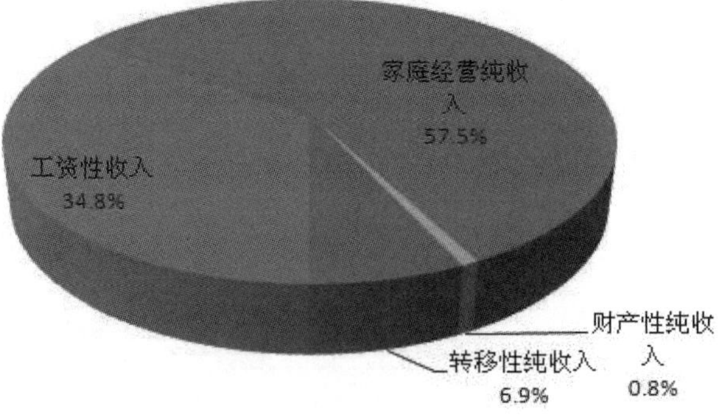

（四）农村居民增收速度快于城镇，城乡收入差距持续缩小

2011年广西农村居民收入增幅高于广西城镇居民收入增幅 4.6个百分点，城乡居民收入差距持续缩小。2009、2010年年广西城乡居民收入差距分别为3.88∶1和3.76∶1（以农村居民人均纯收入为1），2011年比值缩小为3.60∶1。

二、拉动农村居民收入增长的主要因素

（一）农产品价格整体上涨拉动收入增长

2011年，农产品出售价格整体上涨使农村居民家庭经营纯收入快速增长19.8%，其对纯收入增长的贡献率为72.4%，拉动农村居民人均纯收入增长

10.9个百分点。物价因素对2011年农民增收拉动作用明显，扣除价格因素影响，2011年广西农村居民纯收入实际增幅8.2%。

1.糖料蔗价格联动机制保障农村居民收益。2010/2011年榨季自治区政府继续根据白糖出厂价联动普通糖料蔗收购价格，保障糖农收益。调查显示，2010/2011年榨季广西农村居民出售糖料蔗的价格由上榨季每吨344元上涨到每吨495元，本榨季农村居民出售糖料蔗收入人均737元，比上年增加239元，增长48%。由于糖料蔗为广西种植业支柱产品，收购价大幅上涨使广西约占30%有种植甘蔗的农户明显受益。据测算，仅由于糖料蔗价格上涨使农村居民人均增加收入218元。

2.生猪、蚕茧价格上涨，牧业收益增加。广西肉类总产量、生猪出栏量排全国第8位，桑蚕产量全国第一，广西家禽人均饲养量排全国第3位。因此在本轮居民消费价格（CPI）上涨中，广西农村居民牧业收入获益较大。2011年，广西农村居民出售牧业产品收入人均为1494元，比上年同期增加426元，增长39.8%。

2011年广西生猪供应偏紧，生猪价格上涨幅度在全国居前，养殖户利润大增，全年人均出售生猪和猪肉24.7公斤，比上年同期下降26.3%，但因同期猪肉价格疯狂飙升47%，人均出售生猪和猪肉收入528元，比上年同期增长8.4%。人均出售蚕茧11公斤，涨32.1%，出售价也涨7.4%，人均出售蚕茧收入359元，同比增长41.7%。人均出售家禽8公斤，比上年同期增加4公斤，人均出售家禽收入136元，同比增长1.3倍。

3.粮食、蔬菜、油料、水果、蛋类、鱼类、虾类等农产品出售价格普涨：粮食涨19%、蔬菜涨10.1%、油料涨50.7%、水果涨35.8%、鱼类涨19.8%。

（二）大宗农副产品出售数量增加，支撑家庭经营纯收入

2011年，广西农业生产比重较大的大宗农产品除生猪外，均实现增产，农村居民人均出售粮食150公斤、糖料蔗1490公斤、蔬菜186公斤、蚕茧11公斤，分别比上年增加1.3%、3.6%、9.9%、32.1%，支撑了家庭经营纯收入增长。

（三）林业副产品及林业手工产品出售收入大增

广西近年林业经济发展迅猛，活立木蓄积量超6.2亿立方米，森林覆盖率达60.5%，为全国木材战略储备基地试点省区。木材、竹木产出持续增长，松脂、核桃、八角等林业副产品收益较高，确实给农民带来了最直接的经济实惠。从抽样数据看，2011年，广西农民人均林业收入161元，比上年增37元，同比增长29.5%。其中，林业副产品和手工加工品出售收入增加了42元。

（四）本地非农务工收入大涨，拉动工资性收入上涨

2011年，广西积极抢抓机遇搞建设，推动区域经济发展，给农村居民提供了大量的就近就业机会，加上劳动力外出多，农村结构性缺工，本地非农工资水平上涨，农村居民积极利用农闲时间，务工不离田地，在本地提供劳务，使得本地非农务工收入大幅增长，拉动了工资性收入的增长。2011年，人均在本乡地域内劳动为903元，比上年同期增加259元，增长40.2%。

（五）实施多项地方性补贴措施，促广西转移性收入增加

2011年以来，广西投入56亿财政资金发放危旧房改造、甘蔗良种、中小学生伙食、新建沼气池、石山地区建蓄水池、越战退伍军人、大中型水库移民、烤烟、乡村医生等地方性补贴，促农村居民收到其它来自政府的补贴人均138元，增加68元，增长95.9%。加上家电下乡补贴、农机具购置补贴、良种补贴等全国统一补贴，促进了转移性收入的增长。此外，随新农保推进，农村养老金收入增加明显，人均收入57元，增加18元，增长47.1%。

三、当前影响农村居民增收的不利因素

（一）农业生产资料价格居高不下，农业生产成本增加

据抽样调查，2011年广西农村居民人均购买稻谷种籽价格比上年同期上涨30.5%，购买农业用化肥上涨7%，购买农业用汽、柴油上涨14.2%和16.2%，购买农业用薄膜涨2.4%；购买牧业生产饲料涨5.5%，购买仔幼畜涨40.8%。生产成本上升势必摊薄生产收益。

（二）生猪生产逐步集约化，农户散养明显减少

从抽样调查看，2011年广西农村居民人均出售肉猪和猪肉数量下降了8.8公斤，同比下降26.3%。在出售均价大涨47.0%的情况下，出售收入仅增了8.4%。2011年生猪价格飙升，全社会生猪生产积极性大增，养殖户收益增加。但一方面由于生猪生产成本高疫病多风险较大，一方面农村劳动力外出和本地务工增多，农户散养生猪呈现越来越少的趋势。而作为占我区家庭经营收入比重较大的大宗农产品，生猪出售量下降影响了农村居民收入的快速增长。

（三）人均纯收入结构不理想，收入来源比较单一

从上图2可以看到，广西农村居民纯收入构成中，家庭经营纯收入和工资性收入占主体，财产性和转移性纯收入比重偏低，而且与全国平均相比仍存在较大的差距。2011年，广西农村居民财产性收入41元，比全国平均水平少188元，相当于全国平均的17.9%；转移性收入362元，比全国平均水平少201元，相当于全国平均的64.3%。

（四）CPI高企，影响农民人均纯收入实际增幅

2011年，广西物价涨幅居全国第五位，农村CPI涨幅更是高于城市，影响了农村居民纯收入的实际增幅。

（五）外出务工寄带回减少，工资性收入增长较慢

随着农村劳动力转移深化，长期外出的农民工融入城镇的愿望增强，但近年我国、我区CPI和房租的不断上涨，使得农民工在城镇的生活成本上升，边际储备

倾向增强，寄带回减少，影响了农村居民人均纯收入增速。农民工监测调查显示，2011年，广西农村居民外出务工全年总收入人均15338元，比上年人均12223元增长25.5%。但人均寄带回2963元，比2010年的3115元降低4.9%。

四、农村居民生产费用支出增加，购置生产性固定资产增多

（一）家庭经营费用支出全面增长

2011年，农村居民人均家庭经营费用支出2000元，比上年同期增加525元，增长35.6%。其中：人均农业生产费用支出940元，比上年同期增加213元，增长29.3%；人均林业生产费用支出26元，比上年同期增加16元，增长1.8倍；牧业生产费用支出807元，比上年同期增加234元，增长40.8%；渔业生产费用支出60元，比上年同期增加17元,增长40.9%；第二产业生产费用52元，比上年同期增加21元，增长65.8%；第三产业生产费用支出116元，比上年同期增加24元，增长26%。

（二）生产性固定资产投资迅猛增长

2011年农村居民购置生产性固定资产支出216元,比上年同期增加63元,增长41.6%。主要原因是今年农业生产效益较好，农户购买役畜产品畜和建设生产用房增多。此外，随着“路路通”工程进展和农机具购置补贴的发放，广西农户购买农业生产机械和运输机械增加。

五、生活消费支出保持增势

随着收入逐步增长，消费领域不断拓展以及社会保障制度的进一步完善，农村居民生活质量稳步提高。2011年，农村居民人均生活消费支出4211元,比上年同期增加756元,增长21.9%。八大类消费全面增长，呈现以下的亮点:

（一）恩格尔系数下降，食品消费结构优化

2011年，人均食品消费支出1845元，比上年同期增加170元，增长10.1%；占生活消费支出的恩格尔系数由上年的48.5%下降为43.8%，下降4.7个百分点。从具体分项消费看，用于谷物消费支出人均404元，增长9.0%；蔬菜及制品消费支出人均156元，降低7.8%；肉、禽、蛋、奶及制品消费支出人均655元，增长28.9%；水产品及制品消费支出人均46元，增长9.5%；烟、酒消费支出人均111元，增长22.7%；茶叶饮料支出人均18元，增长60.5%。

（二）衣着消费向成衣化转变

2011年广西农村居民用于衣着的消费支出人均124元，比上年增长12.2%。衣着消费向成衣化转变，全年用于购买服装的消费支出人均89元，比上年增长17.5%，购买鞋类支出29元，增长22.4%。而衣着加工费明显下降。

（三）居住更加宽敞，环境更加舒适

受全社会房产投资增值热潮和危旧房改造补贴刺激影响，农村居民改善住房意向强烈，增加居住支出。全年居住支出1019元，同比上涨47.1%。2011年末广西农村居民人均居住住房面积35平方米，比上年增2.8%。其中砖瓦平房面积6平方米，楼房面积27平方米。广西农村居民人

均住房面积在数量增加的同时，质量也在提高，钢筋混凝土结构面积占到79.1%，比上年提高8.3个百分点。农村居民住房卫生设备、饮用水来源和住宅外道路状况等得到进一步改善，2011年广西93.2%的农户住房拥有卫生设备，68.3%的农户饮用安全饮用水，32%以上的农户住宅外道路为水泥或柏油路面。

（四）家电下乡拉动效果明显，家居耐用消费品增加

2011年，政府通过发放家电下乡补贴等政策着力拉动消费，农村居民家庭耐用消费品拥有量明显增加。2011年广西农村居民全年用于购买家俱、机电设备、文教娱乐机电用品等方面的支出人均165元，比上年增长28.9%。2011年末，每百户家庭拥有洗衣机29台，增长90.6%；电冰箱56台，增长81.4%；彩色电视机109台，增长10.3%。空调机、抽油烟机、微波炉、太阳能热水器和家用计算机也迅速进入农户家庭，年末每百户拥有量分别为8台、3台、8台、3台、10台，均是快速增长。

（五）交通通讯更便捷，支出增长明显

随新农村建设进展，现代化信息技术的广泛辐射，交通条件日益便捷，农村居民对交通和通讯的依赖度加深，交通和通讯支出增长明显。2011年，农村居民交通通讯支出人均385元，增长24%。其中，购买交通工具人均113元，增长44%；交通用燃料86元，增长51.2%；交通服务支出79元，增长25.5%；通讯工具22元，增长23.3%。2011年末，平均每百户拥有摩托车88辆，增长15.4%；电动自行车16辆，增长17.9%；汽车1台。每百户拥有移动电话210部，增长49.8%。

（六）农村合作医疗不断推广，农民添保障敢看病

随着新型农村医疗合作制度推广覆盖和筹资水平逐步提高，农村居民得到保障水平不断提高，农民看得起病，敢看病。2011年，广西农村居民医疗保健服务费支出人均301元，比去年增长31.6%，人均报销医疗费23元。

六、促进农村居民持续增收的几点建议

（一）严格监管农资市场，保持农产品价格稳定

在农资生产、流通和销售各环节加强监控，减少流通环节，积极打击价格欺诈，严防农资价格过快上涨，防止农产品价格大起大落，缩小农产品与农资价格的“剪刀差”，降低农业生产成本，保障农村居民生产利益。同时继续抓好特色优势农业，推进产业化，促进其做强做大。

（二）不断增加农民财产性和转移性收入

尽快制定和完善农村土地流转等相关政策法规，推进农村土地有序流转和集约利用；加大农业机械购置和用油补贴，鼓励农民增加生产性固定资产，引导和建立生产租赁市场，从而增加农村居民的财产性收入。加大财政转移支付补贴力度，严查各项强农惠农补贴政策落实，进一步提高新型农村合作医疗和新型农村养老保险

筹资水平和覆盖面、提高农村最低生活保障水平，完善农村社会保障体系，促进农村居民转移性收入稳步增长。

（三）推进农业科技创新，加大农业基础设施建设

加大农业科研投入，为特色农业和现代农业发展提供技术支撑。加大财政投资力度，帮助农村地区加快发展交通、电力、通讯、广播电视、清洁水、中小水利及农田灌溉设施建设，改造中低产田，增强我区农业抵御灾害的能力。

（四）拓宽就业渠道，大幅提高工资性收入

加快中小城镇、县域经济发展步伐，调整产业布局，增加农村居民就近就业渠道，大幅提高农村居民本乡地域劳务收入。切实保障农民工的合法权益，抓好劳资维权和就业指导服务，拓展劳务经济规模。建立培训、就业和维权三位一体的工作机制，提高劳动力输出素质，扩大劳动力输出规模，有效增加农村居民外出务工收入。

（五）加大公路网和能源运输网建设，降低物流成本

不断改善农村道路等基础设施，降低生产生活资料物流成本的同时，引导农村居民大力发展交通运输、批零贸易等二、三产业，多渠道增加农村居民收入。

2011年钦州市农民收支特点及其制约因素分析

谭向霜

2011年是“十二五”开局之年，钦州市认真落实中央和自治区政府出台的一系列惠农政策措施，加快发展特色现代农业，扎实推进新农村建设，保证了农业、农村经济的较快发展，实现了农民持续增收。据对钦州市80户农村居民家庭的调查，2011年钦州市农民人均纯收入5547元，比上年增加807元，名义增长17%；剔除物价因素影响，实际增长11%。农民人均总支出为6241元，比上年同期增加1478元，名义增长31%，剔除物价因素影响，实际增长24.3%。

一、农民纯收入增长的主要特点

（一）工资性收入继续保持良好增势

2011年钦州市农村居民人均工资性收入2309元，比上年同期增加731元，增长46%，其中在本乡地域内劳动得到收入人均为1469元，比上年同期增加444元，增长43%；外出从业得到收入人均为748元，比上年同期增加364元，同比增长95%。分析原因：一是务工环境好转。2011年多数企业提高了工资水平，降低了招工门槛，以前找不到工做、做工时间不饱和的状况基本没有出现，这是农民工资性收入水平快速增加的基础。二是外出务工人数增加。据调查，2011年钦州外出农民工人数比上年增长8.8%。三是农民就近打零工的工资水平大幅增加。受在外务工人员工资水平上涨的影响，农民在本地务工的工资水平也呈较快增长态势。据调查，2011年普通零工日工资水平比上年增加10—30元，增长幅度超过了20%。

（二）家庭经营纯收入增长呈现齐头并进态势

由于钦州市农村经济的特殊性，家庭经营收入一直以来都是农村居民的主要收入来源，尤其是第一产业纯收入，对农村居民收入稳定更是起着十分重要的作用。由于大宗农产品甘蔗和木薯总产成倍增长，农村居民出售增多，加之价格上升，农村居民出售甘蔗和木薯的收入明显增加。2011年钦州市农村居民来自家庭经营的农、林、牧、渔业第一产业人均纯收入为2854元，比上年增加277元，增长11%，占农村居民纯收入的51.5%。

分农、林、牧、渔业来看，农民来自农业的人均纯收入为2087元，比上年增加595元，增长40%，主要是由于粮食等主要农产品价格有较大上涨所致；农民从林业

中得到的人均纯收入为301元，比上年同期增加211元，增长2.3倍，主要是由于退耕还林的经济林已全部进入收益期，致使林业收入大幅增长；农民从牧业中得到的人均纯收入为356元，比上年增加68元，增长23%，主要是由于畜禽价格上涨，促进养殖户收入增幅较大。

（三）非经营性收入呈下降趋势

一是财产性纯收入下降。因部分村暂停土地流转，农民得到的租金、股息红利、土地征用补偿等收入减少，2011年钦州市农民人均财产性纯收入为20元，比上年下降58%。二是转移性收入下降。2011年农民人均转移性纯收入为169元，下降24%。

二、农民支出的主要特点

（一）家庭经营费用支出增加

2011年农民人均家庭经营费用支出1794元，比上年增加144元，增长9%。一是由于种子、农药、化肥等生产资料价格总体上涨，导致农业生产费用支出增加，2011年人均农业生产费用支出622元，增长40%。二是农业服务性支出大幅增长，致使农业生产雇工工资支出大幅增长，2011年农业服务性支出人均100元，是上年的2.1倍。

（二）生活消费支出增加

2011年农民生活消费支出人均为4047元，比上年增加1035元，增长34%。从构成看，八大类消费支出呈“七升一降”的特点。

一是食品消费支出增长21%。随着收入的增长和经济活动的增加，农民的饮食习惯及消费观念也在不断发生变化。2011年，钦州市农民人均用于食品的消费支出为2132元，比上年增长21%，其中食用油支出涨幅最大，是上年的1.3倍。

二是衣着消费支出增长25%。2011年钦州市农民人均衣着消费支出118元，比上年增长25%，其中人均购买服装支出89元，增长30%。

三是居住消费支出83%。2011年钦州市农民人均居住消费支出811元，比上年增长83%，增幅居八大类第二，居住消费大幅增长。主要原因是农民维修生活用房材料增加，比上年增长59%。

四是家庭设备用品消费增长1.3倍。2011年钦州市农民人均家庭设备用品消费支出251元，比上年增长1.3倍，增幅居八大类之首。主要原因是“家电下乡”政策起了助推作用，2011年人均机电设备支出80元,是上年的1.8倍。

五是交通和通讯消费支出76%。2011年钦州市农民人均交通和通讯消费支出435元，比上年增长76%，增幅居八大类第三。增长原因主要是交通和通讯服务消费支出增长83%。

六是医疗保健消费支出34%。2011年农民人均医疗保健消费支出为165元，比上年增长34%，其中，人均医疗保健用品增幅最大，是上年的2.7倍。

七是其他商品和服务消费支出18%。2011年农民人均其他商品和服务消费支出43元，比上年增长18%，其中购买其他商品支出增长11%。

（三）转移性支出增长较快

2011年人均转移性支出170元，比上年增加77元，增长82%。其中人均赠送农村亲友支出增长1.3倍。

三、农民增收存在的主要问题

一是农村市场机制不健全，农业生产盲目跟风。从农民自身发展来看，散户式经营仍然是农业生产主要方式，农民种植、养殖信息多来源生产经验，其生产安排也以此为依据，由于市场信息不畅，缺少有效引导，容易造成盲目跟风生产。这种信息的滞后性常常导致农民处于被动地位，当市场价格发生变化的时候，很容易受到冲击。如2011年钦州市的拳头产品荔枝和辣椒价格跌破成本，让种植农民亏损。

二是生产资料价格上涨，对农民增收造成了负面影响。由于种籽、化肥、农膜等生产资料价格的上涨，加大了农民的农业生产成本，抵消了农副产品价格上涨带给农民的部分收入，对增收造成负面影响。

三是农业和农村经济结构性矛盾仍然存在，阻碍了农民收入的快速增长。近几年来，钦州市加大了农业和农村经济结构的调整力度，取得了一定成效，但结构性矛盾仍然比较突出。主要表现在：一是农村产业中第一产业比重偏高，占家庭经营收入的93.2%，第二产业、第三产业比重偏低，才占家庭经营收入的6.8%。二是在农业内部中种植业比重偏大，占第一产业68.1%。三是在农产品品种结构中，一般品种多、优质品种少；大路产品多，富有地方特色的产品少；初级产品多、普通品种多；加工产品少、精深加工产品更少；高科技含量的农产品极少。

四是农民自身素质制约，影响务工农民工资的进一步提高。钦州农村劳动力大多数从事非农产业活动，而随着产业结构的不断升级必然要求劳动力素质也相应随之提高。目前钦州农民务工收入在全部收入中占29.7%，农民工资性收入增长对农民增收的贡献率很大，但目前大多数务工农民仍然从事着初级工作，而高级技术人员的比重很低，由此带来农民的平均收入比较低。

五是农村金融支持相对滞后，服务“三农”内在动力不足。近年来，随着农村劳动生产率的提高，农副产品数量和质量不断提升，增加了城乡市场农副产品供给。但受资金和技术影响，多数农村居民扩大再生产、增加收入仍然存在较大困难。资金短缺问题始终困扰着农村居民，通过金融部门贷款难度较大，成本过高，发生民间借贷又存在较大风险。农村信用社推行的农户小额贷款，在缓解“贷款难”问题上发挥了重要作用，但农户额度较大的贷款，由于抵押担保条件不具备，难以得到农村信用社贷款的支持，特别是农村符合相关条件的抵押物缺失，致使农村信用社“放贷难”、农户“贷款难”现象仍然存在。

四、促进农民增收的几点建议

一是大力推进农业产业化经营。在

巩固提高基础产业、培植壮大主导产业、积极扶持创税产业的基础上，把工作的着力点放在龙头企业建设上。立足钦州资源优势，大力发展农副产品加工企业，不断拉长产业链条，实施集约化经营，培育真正起龙头作用的大企业集团。根据市场需求，不断调整产品结构，实现由粗加工向精深加工方向发展，由单一产品向高质量、高附加值的系列化产品转变，加快开发适销对路产品，不断增强龙头企业的带动能力。

二是大力发展农村二、三产业。进一步扩宽增收途径，大力发展农村二、三产业，大幅提高农民家庭经营收入二、三产业比重。

三是加大农民工就业技能培训力度。提高农民工就业技能，不断拓宽农民工就业渠道，确保工资性收入的主导地位。

四是加大“三农”投入力度。加大对农业科研和技术推广工作的投入力度，加速科研成果转化，提高农产品的附加值和科技含量；深化农村金融体制改革，逐步建立由商业金融、政策性金融和合作金融等多样化金融机构组成的、既互相竞争又各有特色、具有内在互补功能的农村金融体系，以满足农村居民不同的金融需求，使农业投资保持合理水平，并建立起确保农业投资正常增长的机制。

2011年钦州市调查农户固定资产投资平稳增长

谭向霜

2011年，在钦州市委、市政府的正确领导下，全市上下认真贯彻落实党中央国务院一系列支农惠农政策，农民收入继续保持快速增长势头，农户投资意愿进一步增强，固定资产投资持续增长。据农村住户调查（调查样本为8个调查村和80户农户，本文涉及到的农户固定资产数据，都是样本数）资料显示，2011年钦州调查农户固定资产投资完成额1638.95万元，比去年增加107.2万元，增长7%。

一、农户固定资产投资主要特点

1.从资金来源渠道上看，自筹资金占主导地位。2011年钦州市8个调查村农户固定资产投资的资金来源仍然以自筹资金为主，自筹资金为1638.95万元，占资金来源的100%，比上年增长7%。这一方面说明了农户贷款投资意识不够强；另一方面则说明农户贷款仍然很难，目前钦州市农民贷款融资条件限制多、难度大，一般农户很难从银行贷到款。

2.从投资方向上看，第一产业和第三产业增势强劲。2011年钦州市80户农村住户家庭第一产业投资额为1.71万元，比上年增长3.5倍，增幅高于上年13.2个百分点；第三产业投资额为7万元，增长2.1倍，增幅高于上年8.1个百分点，第一产业和第三产业增势强劲。

3.从投资结构上看，生产性投资成倍增长。随着国家惠农政策措施的落实，农产品价格大幅提升，农民收入快速增长，农户从事农业生产的热情大大提高，对生产性固定资产的投入也相应增加。2011年钦州市80户农村住户家庭生产性投资8.71万元，比上年增长2.3倍。主要是农户购买农业机械设备等生产性固定资产投入增加，如钦南区某华侨农场，有一户农民一次性添置了一台9000多元的农机设备，钦北区大寺镇有一户农民添置了一台2000多元的农机设备。

4.从投资重点上看，仍以住宅投资为主。随着新农村建设步伐的加快推进，以及各项支农惠农政策的实施，农民收入稳步增长，农民的住房消费观念也逐步改变，注重实用和舒适。农民住房逐渐从“有得住”向“住得好”发展。2011年钦州市8个调查村农户住宅投资1638.95万元，比上年增加107.2万元，增长7%；施工住宅面积达2.9626万平方米，增长9.3%。

二、拉动农户投资增长的主要因素

1. 农民收入持续增长，为农户投资奠定了基础。2011年在各项支农惠农政策的指引下，通过实行粮食补贴、减免农业税、粮食保价收购等一系列的惠农政策，使农民得到了实惠，收入持续增长，为生产生活条件的改善创造了条件。2011年钦州市80户农村住户家庭农民全年人均纯收入5547元，比上年增加807元，增长17%。扣除价格因素，实际增长11%，为农户加大固定资产投资提供了经济基础。

2. 农村社会保障功能进一步完善，农民消费观念发生变化。据调查反映，现在农户种田有补贴，农民看病有医保，农村小孩读书免书费，农村老人养老有保险。过去农民要防病、防老，有钱不敢花，现在后顾之忧逐步解除后，农民的消费观念随之发生重大改变，逐步由存钱转变为花钱，注重提高生活质量、改善生活环境。2011年钦州市80户农村住户农民家庭人均居住消费支出811元，比上年增加368元，增长83%，增幅居八大类第二。

3. 社会主义新农村建设的推动，农民投资积极性提高。2011年以来，钦州市把发展小城镇建设作为社会主义新农村建设的重要任务来抓，地方政府相继出台了一系列鼓励农民进行危房改造和农村改厕工程的优惠政策，促进了农户投资的增加，凡符合危房改造条件的农户，通过申请审批每户无偿拨给16000元危房改造补助；符合农村改厕工程的农户，通过验收每户无偿拨给500元改厕工程补助。通过多渠道筹集资金，加大了农村固定资产的投入，加快了新农村基础设施和市场建设的步伐，崭新的社会主义新农村正在形成。

4. 农村建房档次提高，农民生活向高质量方向发展。近年来，农民收入持续增长，农民家庭逐渐走向富裕，农民生活向高要求、高品位、高质量方向发展。农户住房建设档次要求越来越高，装修越来越豪华，配套设施更加齐全。如钦南区犀牛脚镇一户姓李的农民，他家光装修就用了十几万元，比一般同面积建房农户多投入五万多元。

三、农户固定资产投资存在的主要问题

1. 农业基础设施薄弱，农村投资环境有待改善。由于农业基础设施薄弱，虽然各级党委、政府对激励和扶持农民投资创业有规定有政策，但是对创业人员面临的创业指导难、创业场所难、贷款融资难、经营管理难等问题，缺乏可操作性的扶持办法。农村投资的软硬环境都不同程度地存在着一些问题。从硬环境来看，主要是农业基础设施薄弱，农业生态条件有恶化的趋势；从软环境看，农村投资的法律、政策环境欠佳，有些地方还存在乱检查、乱收费、乱罚款等违规现象。农村投资环境方面存在的问题，直接影响农户投资者的投资信心。

2. 住宅投资比重偏大，生产投资意识有待加强。由于受传统思想的影响，农民还是把建房当作头等大事，农户不惜举债建房的事情比比皆是，如钦北区青塘镇一

户姓李的农户，为了建房向亲朋好友借了60000多元钱；钦北区长滩镇一户姓黄的农户，为了建房也向亲朋好友借了50000元钱；钦南区那思镇一户姓钟的农户，为了建房也向亲朋好友借了30000元钱。另一方面，农民的综合素质相对较低，抵御市场风险能力较弱，对生产投资缺乏远见和勇气，对扩大生产规模增加投资顾虑重重，在很大程度上影响了生产性投资的增加。

3.投资的产业走向偏移，投资结构发展不平衡。调查的80户农村住户家庭中，固定资产投资主要集中在第一产业和第三产业。第一产业固定资产投资占总投资额的19.6%，且第一产业生产性投资主要是维持简单再生产的需要，农田水利建设投资明显偏低；第三产业固定资产投资占总投资额的80.4%，且投资主要集中在建房投资上，投资结构仍处于不平衡的发展趋势，由于目前对农户生产投资的服务和引导机制尚未建立，农户无法及时掌握政策信息、技术信息以及市场信息，投资大多属于个人行为，无目的投资等现象较为普遍，这样的投资结构严重阻碍了农村经济的发展，同时也不利于农民收入的持续增长。据调查资料显示，2011年钦州市虽然农户投资增长，但是第二产业投资为零，这说明农户投资第二产业目前仍处于停滞状态，影响了农村社会经济的全面快速发展。

4.贷款难度大，缺乏有力的金融支持。农民要扩大投资规模，最大的瓶颈是资金筹措难。虽然国家制定了一系列支农惠农政策，但以农户家庭经营为基础的农村经济，具有高度分散、生产技术水平和组织化程度低的特征，农户缺乏有效的抵押、担保手段，与金融机构防范风险的要求差距较大。目前银行信贷部门对农民规模小、自然风险高的投资项目基本不发放贷款，农户投资资金来源主要还是依靠自我积累，滚动发展。据调查资料显示，2011年钦州市8个调查村的农户固定资产投资，资金来源渠道单一，全部为自筹资金。

四、对农户固定资产投资的建议

1.加强基础设施建设，改善投资环境。进一步强化国家财政向农村倾斜的政策力度，确保国家规划中农村基本建设投入比重以及支农支出占国家财政总支出的比重逐年提高。强化政府在农村投资中的主导地位，改善农村投资环境。

2.拓宽融资渠道，破解资金约束。目前农民想从银行信贷部门得到贷款很难，其原因是农民没有财产抵押，其房屋只有地产证而没有房产证，不能申请抵押贷款，而社会筹资利率高成本高，自筹资金又有限。因此，制定和完善适应农户投资特点的贷款政策、农村投资信用担保政策及银行信贷部门在贷款方面向农民倾斜政策非常必要。一是加快制度创新、体制创新，制定适应农户投资特点的贷款政策和管理办法。二是继续完善和发展为农村投资服务的信用担保机构和担保基金。三是培育农村民间金融机构，探索农村分散资

金集中使用的有效方式。

3.加快增收步伐，提高投资能力。大力发展农产品加工业，延长农产品增值链条；积极发展农村二、三产业，着力发展劳动密集型产业、规模企业配套产业和农村服务业，以此促使农业增效、农民增收，提高投资能力。

4.引导农民发展生产，增加生产性投入。农民投资用于再生产方面的资金极其有限，缺乏持续发展能力。各级政府应当多出政策，多找信息，多出点子，多加引导，支持和鼓励农民加大生产性固定资产投资力度，正确安排生产与生活投资比例，使农户固定资产投资朝着更加合理的方向发展。

2011年广西农民工监测调查报告

覃 飞

据国家统计局广西调查总队对广西2310户农民工的监测调查，2011年广西外出农民工数量继续增加，工资水平明显提高，务工收入继续增长。同时也存着由于外出农民工文化程度普遍不高、劳动技能偏低、维权意识淡薄等原因，造成的外出农民工主要以从事体力劳动工作为主，工作强度大、劳动时间长，与企业签订劳动合同的比例低，用人单位消极对待农民工参加社会保障及福利等一系列问题。

一、外出农民工的基本特征

（一）外出人数继续增加

调查户中，2011年外出农民工总人数为2734人，比上年增加196人，占劳动力从业人数的35.8%，比上年提高3.2个百分点。

（二）外出农民工文化程度普遍不高

外出农民工受教育程度偏低，有较高文化程度和专业技能的人员比重较小。调查户中，外出农民工中小学文化程度以下373人，占13.6%；初中文化1848人，占67.6%；高中及中专397人，占14.5%；大专以上116人，占4.2%。

（三）新生代农民工逐步成为主力军

调查户中，2011年外出务工农民中，男性所占比重为64.0%，比上年提高0.3个百分点。按年龄结构分，16—18岁的占3.8%，19—22岁的占17.9%，23—25岁的占22.3%，26—30岁的占26.7%，70.7%的外出务工农民集中在30岁以下，80后、90后已一跃成为外出农民工的主力军。

（四）外出方式主要为自发外出和亲朋好友介绍

外出农民工的外出方式大部分是自发和通过老乡、熟人介绍，劳动部门和正规的职业介绍服务机构还不是他们获得就业机会的主要途径。调查户中，2011年自发外出的有1339人，占49.0%；通过亲朋好友介绍外出的1249人，占45.7%；政府部门组织外出的占有1.0%。由此可见，尽管各级政府部门加大了劳务输出工作力度，但农村劳动力外出方式变化不大，仍以自发和亲朋介绍外出为主。政府服务于农村劳务输出的组织建设仍相对薄弱。

二、外出农民工就业的主要特点

（一）收入水平持续增长

调查户中，2011年外出农民工平均月收入1278元，比上年平均月收入1019元，增长25.4%。外出农民工收入主要集中在每月1200~2400元，共2146人，占总体的78.5%，比上年的60.6%，提高了17.9个百分点。

（二）工资标准整体提高

据调查，2011年农民工工资水平整体较上年提高，平均月工资标准高档次的比重上升，平均月工资标准低档次的比重下降（见下表）。随着农村二、三产业以及区域经济的加快发展，一些农民自己创办企业，成为收入较高的群体。

表 2011—2010年广西外出农民工平均月工资水平变动情况表

平均月工资	2011年（%）	2010年（%）
600元以下	0.4	0.6
600—800元	0.6	4.1
800—1200元	10.6	31.1
1200—1600元	40.0	41.0
1600—2400元	38.9	19.6
2400元以上	9.5	3.6

（三）劳动强度大、务工时间长

调查户中，2011年外出农民工平均每月工作25天，每天平均工作8.8小时，平均每天工作的小时数在8~10小时有1805人占66.0%，10~12小时有872人占31.9%，有些人每天工作时间在12小时以上。

（四）到外省从业人数的比重下降

调查户中，外出农民工从业主要在省外务工，2011年在省外务工人员有1944人，占全部外出人数的71.1%，比上年所占比重下降3个百分点，其中：东部从业1885人，占68.9%，中部从业21人，占0.8%，西部从业35人，占1.3%。

（五）以从事体力劳动为主

调查户中，2011年外出农民工从业主要集中在制造、建筑和批发零售等劳动密集型行业，从事制造业1661人，占60.8%，从事建筑业252人，占9.2%。

（六）单位或雇主拖欠工资现象减少

近年来，各级政府和部门对拖欠农民工工资力度加大，拖欠工资现象减少。据调查，调查户中2011年大部分外出务工人员没有被单位或雇主拖欠工资，只有11名外出务工人员被单位或雇主拖欠工资，占外出务工人员的比重为0.4%，比上年1.1%，下降0.7个百分点。

（七）回流本地务工的人数增多

随着广西经济的快速发展，越来越多的外出农民工开始从沿海地区“回流”，转而在离家近的地方找工作。据监测调查数据显示，调查户中2011年在广西本地务工的农民工有790人，比上年增加133人，增长20.2%。主要原因是，在乡务工能降低生活成本，可以减少亲人分离等诸多不便问题。

三、农民工返乡的基本情况

（一）农民工返乡人数增加

调查户中，2011年外出农民工返乡人数为303人，占外出农民工人数的11.1%，比上年的3.2%，上升7.9个百分点。返乡农民工被拖欠工资的有2人，拖欠金额人均4500元。

（二）农民工返乡的主要原因

据抽样调查，2011年广西农民工返乡的主要原因依次为：家庭原因占52.8%，其他原因占30.4%，收入低占10.6%，找不到工作占4.3%。

（三）今后的就业打算

据抽样调查，有37.0%的返乡农民工对未来很迷茫，尚未有明确计划；有29.4%返乡农民工打算本地务农，12.2%返乡农民工打算本地非农务工。

（四）希望得到政府给予的帮助

返乡农民工最关注的是能否再就业和实现自主创业，并希望得到政府给予的帮助和扶持。据抽样调查，2011年返乡农民工中有26.1%的人希望政府提供就业信息，有15.2%的人希望政府帮助联系就业，18.5%的人希望政府组织生产技能培训，10.9%人希望政府扶助自主创业，1%的人希望政府提供贷款担保。

四、外出农民工存在的主要问题

（一）用人单位消极对待农民工参加社会保障及福利

为农民工提供养老、医疗等保障，不仅是对农民工合法权益的维护，而且是实现社会公平正义的需要。在被调查的农民工中，社会保险覆盖面较窄，2011年调查户中单位或雇主帮买养老保险有229人，占8.7%；单位或雇主帮买医疗保险有385人，占14.6%；单位或雇主帮买工伤保险有696人，占26.5%；单位或雇主帮买失业保险有115人，占4.4%；单位或雇主帮买生育保险有69人，占外出务工女性7.0%；单位或雇主给住房公积金有42人，占1.6%。

（二）农民工签订劳动合同的比例低

农民工维权意识淡薄，签订劳动合同的意识普遍不强。据监测调查显示，2011年调查户中以受雇形式从业的外出农民工中，没有劳动合同1516人，占55.4%，签订劳动合同低，一年以下劳动合同工78人，占2.9%，一年及以上劳动合同工561人，占20.5%。

（三）农民工接受培训的比重偏低

由于农民工劳动技能偏低，在劳动力市场中处于弱势地位。调查户中，参加过农业技术培训的有236人，占8.6%；未参加过农业技术培训的有2498人，占91.4%；参加过非农职业技能培训的有643人，占23.5%，未参加过非农职业技能培训的有2091人，占76.5%，由于欠缺“一技之长”，只能从事技术含量低、劳动强度大、收入相对较低的制造业建筑业等第一线生产工作。

（四）农民工的居住条件较差

农民工大部分居住承租简陋房或由雇主提供拥挤的集体宿舍。据调查显示，调查户中，在单位宿舍居住的有1135人，占41.5%；与人合租住房有557人，占20.4；在生产经营场所居住的有274人，占10.0%；在工地工棚住的有187人，占6.8%，独立租赁住房的有275人，占10.1%。

五、几点建议

解决好农民工的就业问题，不仅关系到农村经济的发展、农民收入的增加，而且直接关系到社会的稳定。各级政府、部门应加大力度，采取切实可行的措施，保护农民工的既得利益，为农民工提供和创造更多的就业机会。

（一）提高农民工素质，加强农民工职业技能培训

职业技能培训是提高农民工素质增强就业能力的重要手段，各级政府应根据企业用工需求和农民工的培训意愿，加大资金投入力度，增强培训指导服务，开展有针对性、实用性、分层次的培训方式，使农民工经过培训切实掌握1～2门技能，真正受惠、受益，提高就业和创业技能，成为有一定专业技能的新型农民工。

（二）完善农民工就业服务保障体系，提高就业能力

完善统一的城乡就业服务保障标准，共同享有公共社会服务项目，在劳动就业、公共卫生、住房保障、社会保障、计划生育、社区矫正、安置帮教、法律援助、优抚救济、社区教育、社会救助、文化体育等方面，进一步向农民工覆盖，使其与城镇居民享受同等待遇；加强输出地与输入地劳务信息对接，输出地要免费提供准确、及时的务工信息；输入地要广泛收集用工信息，将各类用工信息汇总，及时向社会发布，为农民工在就业信息、咨询、职业介绍等方面提供多渠道的就业服务。

（三）切实维护农民工的合法权益，增强法律意识

所有用人单位必须严格按劳动法有关条令条例，依法与农民工签订劳动合同，劳动保障部门要对不签订劳动合同的用人单位，加大依法纠正和行政处罚的力度。政府要送法下乡，宣传劳动法律、政策，规范企业用工行为，严厉打击坑害农民工的违法行为，加强农民工普法教育力度，提高农民工维护劳动权益意识；同时切实维护外出农民工的土地权益，使农民工返乡后仍有耕地可种。

（四）积极引导鼓励农民工返乡创业，以创业促进就业

随着劳动密集型产业向中西部地区转移的加快，农民工返乡创业前景广阔。各相关部门应制定和完善促进就业的有关政策，继续加大在项目立项、贷款发放、税费减免、工商登记、信息咨询、就业服务等方面提供支持和优惠政策，积极引导返乡农民工发展规模种养业，创办工商企业，以创业促进就业。

（五）继续加快地方经济的快速发展，提供多渠道就业机会

加快地方经济的发展和城镇化建设，依托本地的区域和资源优势，大力发展农产品加工企业、规模养殖、农业科技示范园区以及乡村旅游业等农村第三产业，多渠道吸纳农民工在本地就业机会，把农村中一部分剩余劳动力就地消化，既给本地的经济发展注入新的血液，又给当地的农民致富创造有利条件。

2011年广西农村党员教育培训情况调查报告

黄茂平

2011年底，中共自治区党委组织部为落实好《2011—2015年广西农村党员教育培训规划》，与广西调查总队联合设计、论证广西农村党员教育培训情况抽样调查项目，经呈报国家统计局批准（详见附件1），于2012年3月至5月，由国家统计局广西调查总队组织在全区33个县（市、区），对239个行政村的409名村支书、村长和717名普通党员共计1226人进行了现场问卷调查。经过评估，本次调查的调查对象抽样、现场问卷调查符合国家统计局批复的调查方案规范，调查问卷有效率100%，以全区为总体，本次调查结果具备统计学意义上的代表性。具体调查结果如下：

一、调查行政村和受访对象的基本情况

（一）调查行政村的基本情况。

调查行政村以分布在丘陵地带为主。调查结果表明，本次调查的239个行政村的地势以“丘陵”和“土山区”为主，其次是“石山区”，占调查村数量的18.8%，属于“平原”的行政村占调查村数量的8.4%。

表1 调查行政村的地势构成表

地势特点		行政村（个）	构成（%）
有效	平原	20	8.4
	石山区	45	18.8
	土山区	55	23.0
	丘陵	115	48.1
	其他	4	1.7
	合计	239	100.0

调查村党员队伍的构成基本稳定。据调查数据显示，2011年，在调查的239个行政村中，中共党员的人数为14723人，女性党员人数为2434人。从党员队伍的构成观察，调查行政村党员人数占调查行政村总人口的比重为1.7%，占劳动力总人数的比重为3.2%。其中，女党员占党员总人数的比例为16.5%，外出务工党员3564名，占党员人数的24.2%。

坚持对外出务工的党员进行教育培

训。调查数据表明，2011年，调查村外出务工的党员管理工作继续得到强化，外出务工党员领到《中国共产党员流动党员活动证》的比重为47.0%，领到《流动党员小读本》的比例为55.1%。同时，调查数据还表明，在调查村中有48.0%的外出务工的党员接受了不同程度的劳动技能培训。

村支书与村长“一肩挑”的较多。调查数据表明，在全部239个调查的行政村中，有69个行政村的支书和村长是由同一人担任，占调查行政村总数的28.9%。

从本次调查的239个行政村的基本情况看，2011年的调查结果与2010年调查反映的总体结果基本一致（详见下表2）。这同时也说明了，在不同的调查样本点开展的抽样调查具备较好的代表性和可比性。

表2 2010—2011年调查村农村党员基本情况对比表

单位：%

调查项目 / 年份	党员占劳动力比重	女党员占党员比重	外出务工党员占党员比重	领到活动证比重	领到小读本比重	外出务工党员接受培训比重
2010	3.0	16.4	21.0	47.4	57.3	55.2
2011	3.2	16.5	24.2	47.0	55.1	48.0

（二）调查对象的基本情况

以男性为主、年龄较大、受教育程度不高，是目前调查行政村支书和村长群体的基本特征。调查数据显示，本次调查的

图1 2011年调查行政村支书和村长的年龄构成示意图

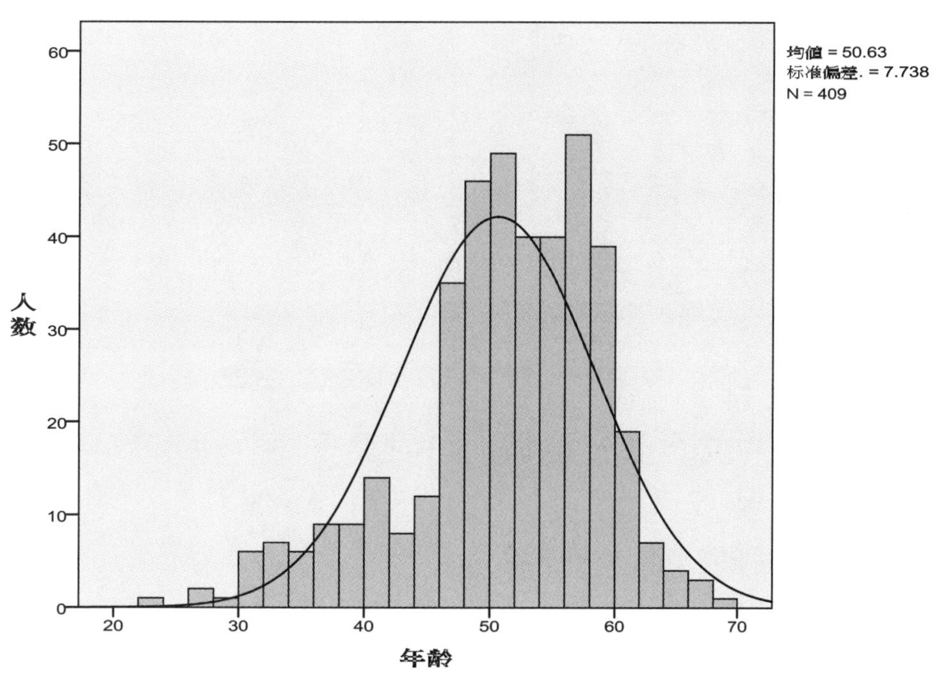

支书和村长的性别构成为94.6%为男性，5.6%为女性；大部分的支书和村长的年龄在46~60岁之间（详见下图），平均年龄为50.63岁；有66.5%的支书和村长的受教育程度为“高中”，26.4%支书和村长为“初中”，“大专及以上”的仅占5.9%。对于自治区党委制定的《2011—2015年广西农村党员教育培训规划》，有84.6%的受访者表示“了解”，11.0%的受访者表示“了解一点”，另有4.4%支书和村长表示“不了解”，值得注意。

男性为主、年龄较大、受教育程度低于村支书和村长，是目前调查行政村普通党员的基本特征。调查数据显示，本次调查的支书和村长的性别构成为80.9%为男性，19.1%为女性；大部分普通党员的年龄在46~60岁之间（详见下图），平均年龄为50.54岁；有48.3%的普通党员的受教育程度为“初中”，38.4%的受教育程度为“高中”，8.4%的受教育程度为“小学”，“大专及以上”的仅占4.0%，而且还有0.6%的普通党员“不识字或识字很少”。对于是否参加过2011年的党员教育培训活动，有94.4%的受访者表示“参加过”，5.6%的受访者表示“没有参加过”，这一点应该引起重视。

图2 2011年调查行政村普通党员年龄构成示意图

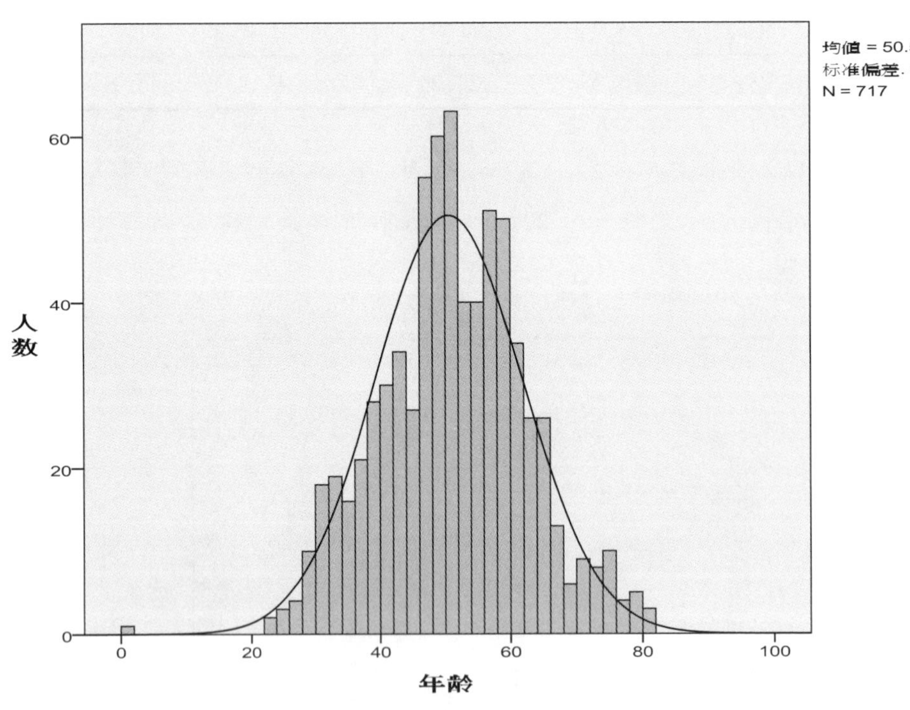

二、2011年农村党员教育培训工作开展的基本情况

（一）农村党员教育培训活动频率增加，补贴提高

农村党员教育培训活动开展的频率有较大提高。调查数据表明，2011年，全区239个调查行政村中，有94.4%的普通党员参加了各种形式的教育培训活动，年人均参加教育培训活动达到10.8次，年平均每人参与教育培训的活动的时间为7.2天，

比2010年有了较大幅度的提高。

对参加教育培训活动的农村党员给予适当的务工补贴，是促进教育培训活动开展的一项重要保障措施。据调查，2011年，全区239个调查行政村中，有61.6%的普通党员表示参加教育培训活动每一次都拿到了务工补贴，20.8%的表示只有部分培训得到补贴，有17.6%的普通党员参加教育培训没有一次得到务工补贴。2011年，参加教育培训的农村党员人均领到务工补贴86.4元，比2010年增加了30.9元。

（二）普通党员以参加村级教育培训为主

调查显示，2011年，调查村普通党员参加的农村党员教育培训活动以“村级教育培训”为主，年人均达到4.1次，占全年教育培训次数38.3%；其次是参加“乡/镇级教育培训”，年人均达到1.9次，占全年教育培训次数的17.2%；第三是参加“农家课堂”、“党员中心户”教育培训，年人均参加次数达到1.7次，占全年教育培训次数的15.6%；参加最少的是“大专院校教育培训”（详见下图3）。

图3 2011年农村党员参加各级政府或部门组织教育培训情况

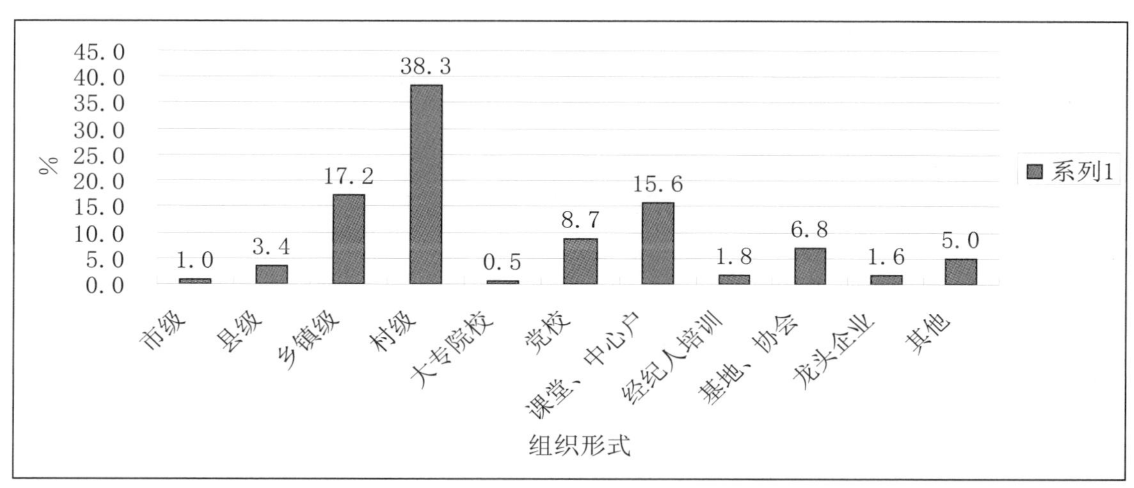

（三）大部分党员积极参加教育培训活动

调查显示，2011年，调查村党员对参加教育培训的态度和认识总体上是积极的。在接受调查的239个行政村的409位支书和村长中，认为本村党员“迫切需要、积极参加”农村党员培训活动的占88%；其次是“有感兴趣内容才参加”和“有补助才参加”培训的分别占6.1%和3.2%；认为“培训后没有资金发展，不愿参加”的最少，仅占1%（详见下表3）。

表3 2011年调查行政村党员对参加教育培训的态度统计表

参加教育培训态度	选择频次（人）	结构（%）
1．追切需要、积极参加	360	88.0
2．有补助才参加	13	3.2
3．有感兴趣内容才参加	25	6.1
4．培训后没有资金发展，不愿参加	4	1.0
5．无所谓，党支部组织就参加	7	1.7
合计	409	100.0

（四）村“两委”集中轮训工作扎实开展

调查数据显示，2011年，调查的行政村“两委”中的支书或村长人均接受教育培训的次数为8.5次（期），接受教育培训的天数人均累计达12.3天，调查行政村“两委”干部人均接受教育培训的时间为12.3天，以上指标均超过了《2011—2015年广西农村党员教育培训工作规划》的要求。村“两委”接受教育培训的主要内容为，新时期党的路线方针及政治理论的教育和培训，而对村“两委”的“社会管理”和“市场经济知识”等两方面的教育和培训力度则相对较弱（详见下表4）。

表4 2011年调查行政村“两委”干部接受教育培训的主要内容情况表

“两委”培训的内容	被访者响应统计	
	频次（次）	多选构成（%）
1.科学发展观理论	374	92.3
2.党的路线方针政策教育学习辅导	367	90.6
3.社会管理	193	47.7
4.市场经济知识	176	43.5
5.政策法规	311	76.8
6.业务技能	261	64.4
7.其他	48	11.9
合计	1730	427.2

（五）新党员培训工程稳步推进

发展党员的“源头工程”取得明显成效。调查数据表明，2011年，在全区开展调查的239个行政村中有219个村有新入党的党员，占91.6%，其中，有217个行政调查村针对新党员开展了专门的教育培训活动，有2个调查行政村没有开展。值得注意的是，在开展新党员教育培训的217个调查行政村当中，有30个行政村的新党员培训的时间不足3天，即占13.8%的行政村对新党员的培训没有达到《2011—2015年广西农村党员教育培训工作规划》的基本要求（详见下表5）。

表5 2011年调查行政村对新党员开展教育培训情况表

		新党员人均接受培训时间				合计
		没有新党员	1天及以下	2—3天	3天及以上	
对新党员教育培训	没有新党员	20	0	0	0	20
	开展过	0	30	88	99	217
	没有开展	2	0	0	0	2
合计		22	30	88	99	239

对新党员的教育培训方式多样化。调查数据显示，2011年，开展新党员培训的217个村中，培训方式以“集中学习”和“党课教育”为主，分别为93.50%和87.50%；其次是以“座谈研讨”的方式，第四是以“主题教育活动”的方式开展新党员培训（详见下图4）。

图4 2011年农村党员培训对新党员的教育方式

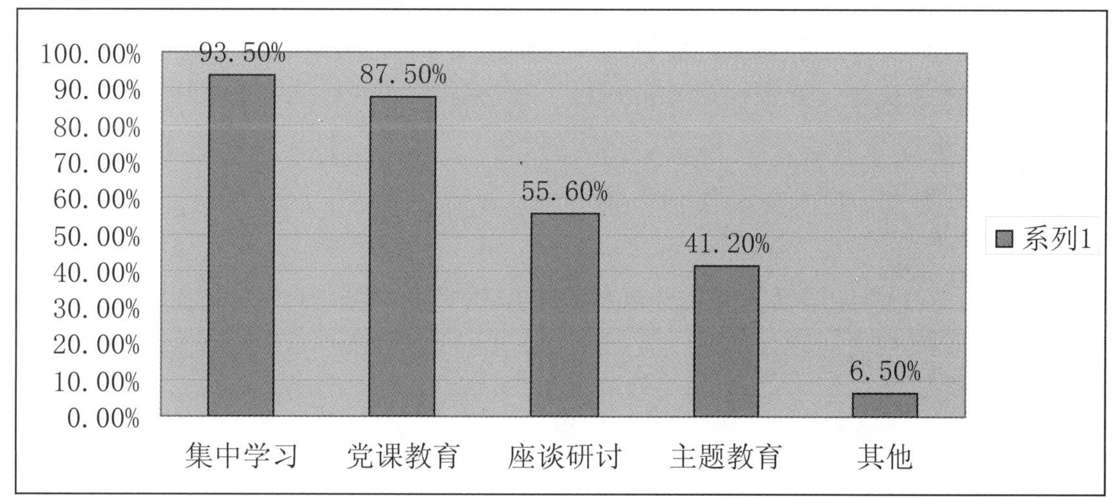

强化对新党员的党性教育和形势教育。调查显示，2011年，为了巩固和丰富新党员党建基础知识，加深新党员对党的理解，增强对当前社会经济发展形势的把握能力，针对新党员教育培训的内容主要为“党章和党的基本知识”、“党的路线方针政策”和“中国特色社会主义理论”，其次为“当前的经济社会形式教育”（详见下图5）。

图5 2011年农村党员培训对新党员的教育内容

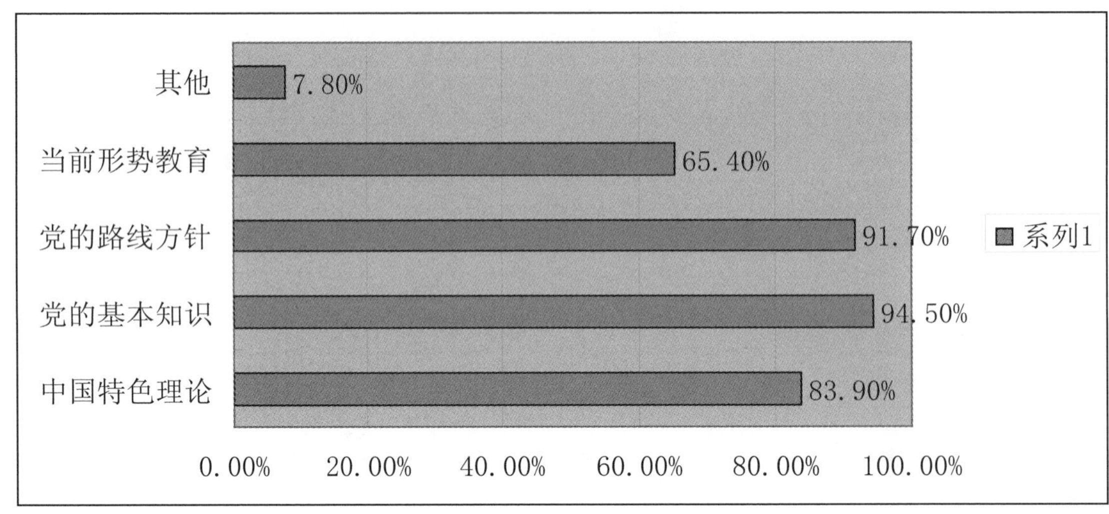

（六）大学生村官培训工程取得积极进展

大学生村官较少，培训到位但力度有待加强。2011年，全区239个调查行政村中，仅有42个村有大学生村官，占调查村总数的17.6%。在42个有大学生村官的行政村里，有37个调查村按照《2011—2015年广西农村党员教育培训工作规划》要求，开展了1次以上的教育培训活动，占开展党员培训村的88.1%。其中，有29调查村开展过3次以上大学生村官培训，占开展大学生村官培训调查村的78.4%，培训1次和2次的占21.6%，培训时间累计10天以下的有13个村，占35.1%（详见下表6）。从调查结果可看出，2011年我区开展调查的239个行政村中大学生村官比较少，虽然开展村官教育培训比较到位，但教育培训的力度仍有待加强。

表6 2011年调查行政村大学生村官参加培训时间表

	村官人均累计参加培训的时间			合计	
	10天以下	10—15天	15天及以上	行政村数量（个）	构成（%）
有培训	13	8	16	37	88.1
没有培训	0	0	0	5	11.9
合计	13	8	16	42	100

大学生村官培训方式多样，培训内容丰富。据调查，2011年大学生村官培训方式多种多样，分别有“党校集中培训”、“到先进村实践培训”和“请优秀乡干部传授经验”等，其中“党校集中培训”的方式最多，达94.6%。在培训内容方面，2011年大学生村官培训主要内容为“国家和自治区有关涉农政策”、“法律

法规”和“农村种养实用科学和技术”，均为90%以上；第四为“做好群众工作的方式方法”，达83.8%；最少为“市场营销”。

三、农村党员教育培训的工作效果

（一）农村党员在新农村建设中的作用增强

在本次调查中，为了解2011年农村党员教育培训的效果，针对村支书和村长以及普通党员设计了专门的问题进行调查，结果表明，不同的受访者群体对教育培训取得的效果一致认同、肯定。

100%的村支书和村长认为，2011年参加了农村党员教育培训活动的本村党员在新农村建设中发挥了作用。其中，认为发挥了“很大”作用的占80.2%，发挥了“一般”作用的占19.8%。

99.7%的普通党员认为，2011年农村党员教育培训取得了积极成效。主要表现为，45.2%的普通党员通过培训“了解和掌握了社会主义新农村建设的政策”，16.2%的普通党员通过培训“感觉到当党员光荣，进一步明确了党员的责任和义务”，通过培训帮助11.3%和10.9%的普通党员“掌握实用技术，选准经营发展目标”和“明确本乡、本村经济社会发展规划”，认为“没有什么帮助”的仅占0.3%（详见下图6）。

图6 2011年党员通过参加教育培训得到的帮助

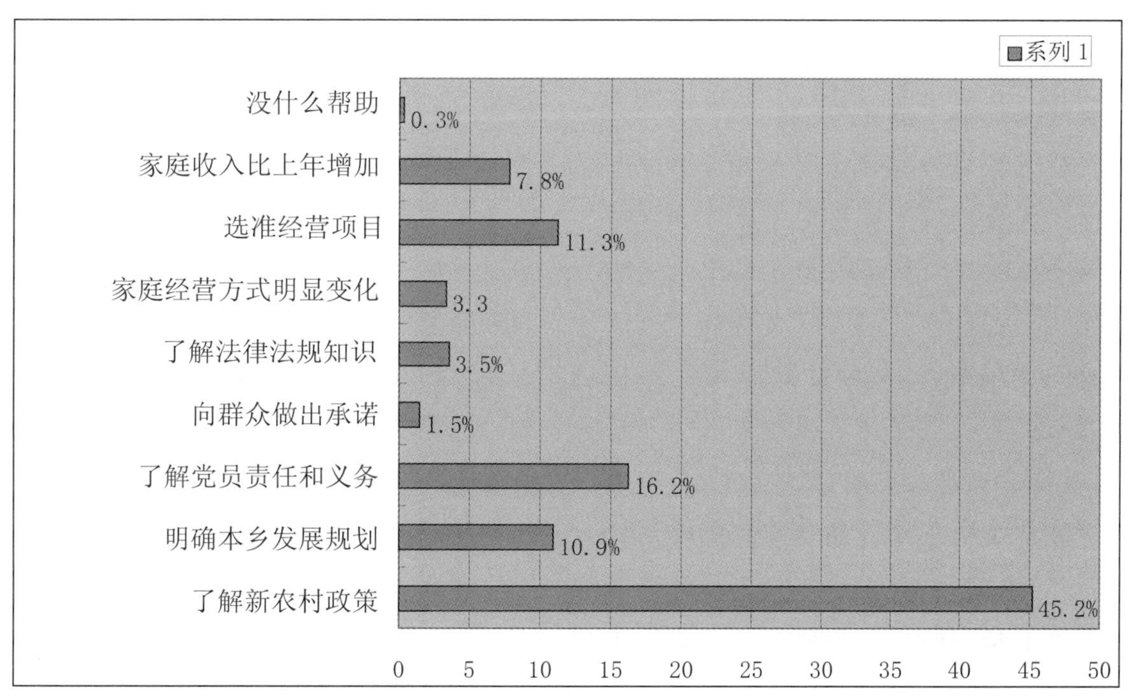

（二）农村党员“双带”效果明显

2011年，通过开展农村党员教育培训，使得调查行政村越来越多的党员掌握了致富技术，增强市场经济意识，在农村经济建设中发挥“致富带头人”的作用。

典型示范户、专业户数量增加。根

据调查的239个行政村的数据反映，截止2011年，调查村中共建立“党员示范户”2100户，其中11年新建的户数为441户，占总数的21%；共建立“党员示范户”1561户，其中11年新建的户数为338户，占总数的21.7%。通过党员培训调查以及新农村建设的政策扶持，2011年237个调查村中共育3279户种植、养殖、加工等专业户，平均每个个村拥有13.7户，其中11年新增户数为633户，占总数的19.3%（详见下表7）。

表7 2011年农村党员教育培训活动对本村党员农户的帮助效果表

调查项目＼数量	全部调查行政村拥有的总户数	每行政村平均拥有的户数
1.已建立“党员示范户”数量	2100	8.8
其中：上年新增“党员示范户”数量	441	1.8
2. 已建立“党员中心户”数量	1561	6.5
其中：上年新增“党员中心户”数量	338	1.4
3.已有种植、养殖、加工等专业户或经济能人数量	3279	13.7
其中：上年新增数量	633	2.6

带动其他农户生产增收。对409位村支书和村长的调查结果表明：有296位支书和村长认为2011年农村党员教育培训对本村经济发展的“帮助很大，农民收入明显增加”，占72.4%；103位支书和村长认为“有一定帮助”，占25.2%；仅有2.4%的支书和村长认为“目前体现不出”。对717位党员调查结果表明：有621位党员通过党员教育培训活动，带动了其他农户发展经济，占总数的86.6%。

（三）村“两委”干部的素质得到强化

调查结果显示，2011年，通过组织开展农村党员教育培训，进一步提高了村“两委”干部的素质，增强了工作能力，对支书和村长加强“了解和掌握社会主义新农村建设的政策、增强社会主义新农村领头人意识”和“明确本乡、本村经济社会发展规划”起了重大的作用，增强了支书和村长“感到当党员光荣，懂得党员的责任”的荣誉感、责任感。“掌握实用技术，选准了发展项目”，夯实了作为致富带头人的基础（详见下图7）。

（四）新党员得到及时的教育和培训

调查结果表明，239个行政村支书和村长的认为，通过开展农村党员教育培训，新党员得到了及时的教育，党员意识和先锋模范作用得到增强，效果比较明显。2011年，在有新党员的217个调查行政村中，有200个调查村支书和村长认

图7 党员培训对支书和村长的帮助

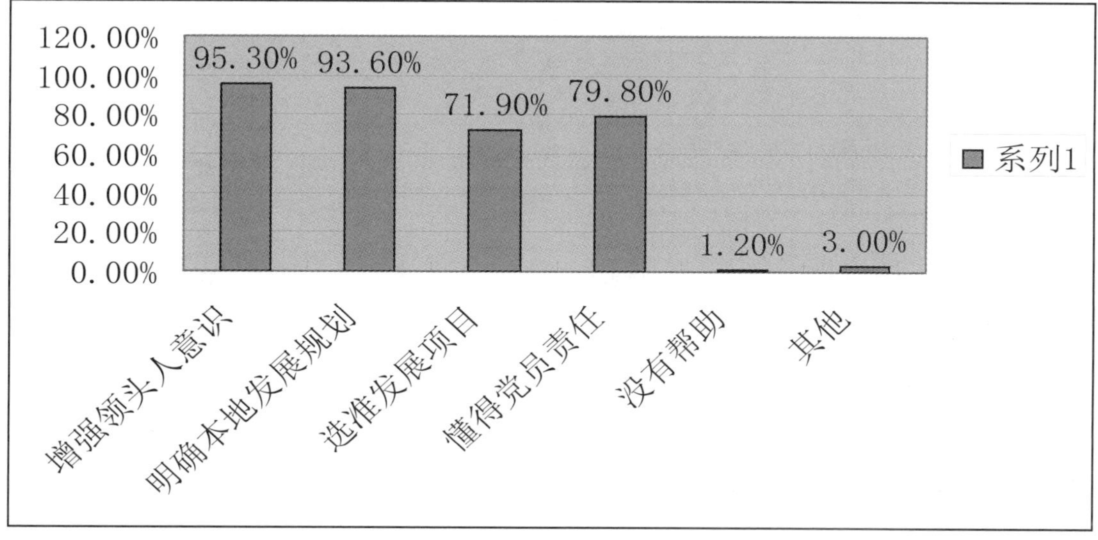

为本村开展新党员教育培训的效果“很好”，占92.2%，仅有17个调查村的（占7.8%）支书和村长认为效果“一般”。

（五）大学生村官教育培训效果明显

2011年，参加党员培训的37个有大学生村官的行政村，94.6%的支书和村长认为大学生村官教育培训效果很好，5.4%的支书和村长认为培训效果一般。

四、对农村党员教育培训的主要评价

（一）对2011年农村党员教育培训的总体满意度较高

1.村“两委”和普通党员对2011年党员培训总体评价较好。对409位村支书和村长的调查结果表明：45.2%的支书和村长认为2011年农村党员培训效果“很好”，40.3%认为培训效果“较好”，认为效果“一般”的占10.8%，仅有2.9%和0.7%的支书和村长认为效果“不好说”和“较差”。对717位党员调查结果表明：87%的党员认为2011年农村党员培训“效果很好”，12.3%的党员认为培训“效果一般”，0.7%认为培训“没有什么成效”。

具体说来，2011年党员对培训形式和培训内容的满意程度较高，但仍需进一步加强。对717位党员调查结果显示：普通党员对培训形式和培训内容满意度较高，分别为84.2%和85.5%，但仍有的党员对培训形式和内容感到基本满意，比例为15.1%和13.8%。0.7%的党员不满意党员培训的形式和内容。

（二）对农村党员干部现代远程教育成果的评价较好

调查结果显示，409名支书和村长对远程教育评价较高，89.2%的支书和村长认为远程教育“效果好”，9.8%认为“效果一般”，选择“效果不好”的仅为1%。

表8 2011年对农村党员先代远程教育成果评价表

效果		选择频率（次）	百分比（%）
有效	效果好	365	89.2
	效果一般	40	9.8
	效果不好	4	1.0
	合计	409	100.0

五、对2012—2013年农村党员教育培训的需求

（一）村支书和村长的需求

1.最希望本村党员得到党的知识和种植技术的培训。调查结果显示，409位调查村支书和村长对2012—2013年的党员培训内容，“党的知识”和“现代种植技术”的需求最高，均达87.4%；第二是“法律法规”82.7%，其他依次为“时事政治”、“现代畜禽养殖技术”、“有关新农村建设的政策、典型人物、先进经验”、“劳务技能”、“现代水产养殖技术”和“农副产品加工”，对“市场营销知识技能”的培训需求最低，为29.4%。（详见下表9）

表9 2012—2013年调查村支书和村长的培训内容需求统计表

		选择频次（次）	比重（%）
希望培训内容[a]	党的知识	354	87.4
	时事政策	283	69.9
	法律法规	335	82.7
	现代种植技术	354	87.4
	现代畜禽养殖技术	265	65.4
	现代水产养殖技术	163	40.2
	农副产品加工	148	36.5
	市场营销知识技能	119	29.4
	劳务技能	180	44.4
	新农村政策人物经验	223	55.1
	其他	18	4.4
总计		2442	603.0

2.希望本村党员能多得到专家和技术人员的指导。根据调查资料显示，2011年，409位调查行政村的支书和村长，对培训能以“集中听领导、专家、技术人员授课”和“科技人员实地指导、现场示范培训”期望最高，分别为86.0%和83.0%；其次是“现代远程教育”、“集中观看电教录像片”、“外出参观考察”和“到‘农家课堂’、‘党员中心户’跟班学习”；第三为“到职业学校学习”和“引发自老自学”。（详见下表10）

表10 2012—2013年调查村支书和村长培训形式需求变动表

		选择频次（次）	比重（%）
希望培训形式[a]	集中授课	349	86.0
	集中看电视	242	59.6
	现代远程教育	280	69.0
	科技人员实地指导	337	83.0
	到课堂中心户学习	184	45.3
	到职业学校学习	123	30.3
	外出参观学习	201	49.5
	印发资料自学	113	27.8
	墙报	73	18.0
	其他形式	17	4.2
总计		1919	472.7

3.最希望得到县级和专业对口部门的培训。据调查，“县级”和“农业、科技、劳动、扶贫等部门”的培训最受支书和村长的欢迎，达76.80%和72.40%；其次为“乡镇级”和“市级”的培训，分别为63.30%和56.40%；希望到“村级”和“职业学校”进行培训的需求较少，为33.50%和26.40%。（详见下图8）

图8 最希望得到哪一级部门的培训

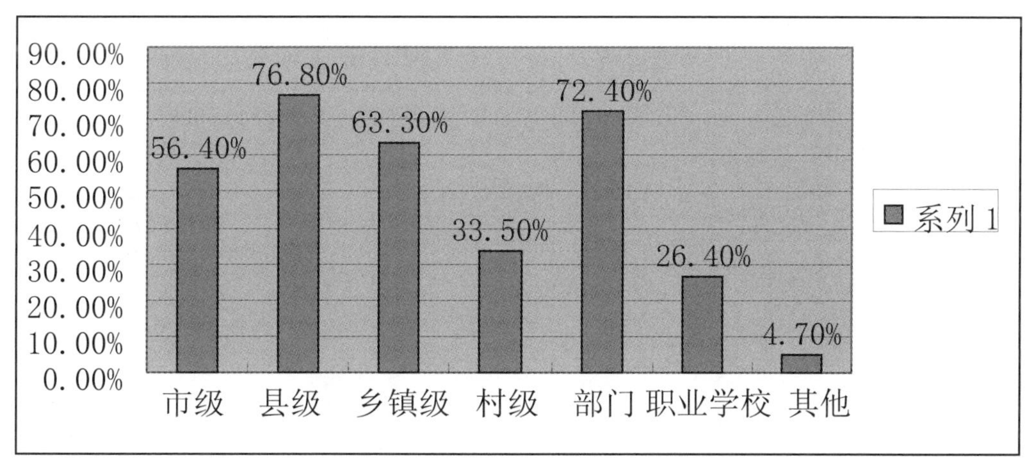

4.希望加强本村“两委”的党性和实用技能教育、增加轮训时间。据调查资料显示，调查村支书和村长对“加强党性教育，提高‘两委’干部的政治素质”、“增加集中轮训的时间，多提供村与村之间学习交流的机会”和“加强种养和市场营销等实用技能的教育与培训，提高带头致富和带领群众致富的能力”这三项期望最高，均达到80.0%以上，其次是“加强工作技能的培训”和“加强法制教育”的期望，分别为68.9%和57.7%。（详见下图9）

图9 对村“两委”的培训希望

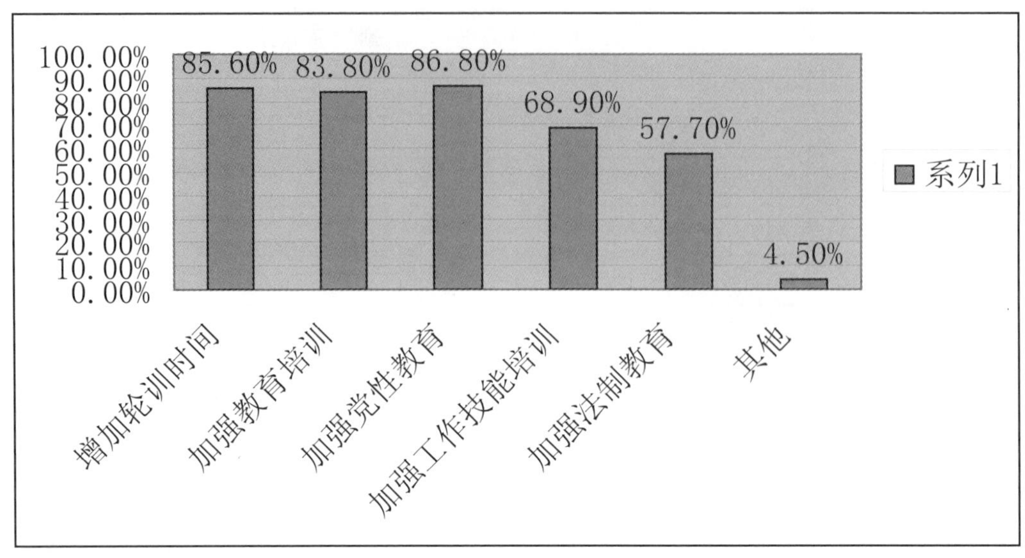

（二）普通党员的基本需求

1. 对现代技术等致富培训需求最高。调查结果显示，普通党员对与“现代种植技术”、“现代畜禽养殖技术”、“现代水产养殖技术”、“农副产品加工技术”、“市场营销知识”和“劳务技能”等致富技术和知识均有的较高需求，其中“现代种植技术”最高，达74.1%；同时对“党的知识”、“法律法规”和“时事政治”等需求也较高，其中“党的知识”排在第二位，达73.0%。（详见下表11）

表11 2012—2013年广西农村普通党员对教育培训内容的需求表

		选择频次（次）	比重（%）
希望培训内容[a]	党的知识	516	73.0
	时事政治	359	50.8
	法律法规	436	61.7
	现代种植技术	524	74.1
	现代畜禽养殖技术	353	49.9
	现代水产养殖技术	165	23.3
	农副产品加工技术	156	22.1
	市场营销知识技能	113	16.0
	劳务技能	181	25.6
	新农村政策经验	301	42.6
	其他	31	4.4
总计		3135	443.4

2.对培训形式要求多样。据调查，普通党员希望今后的培训以“集中听领导、专家、技术人员授课”和“科技人员实地指导、现场示范式培训”为主要形式，期望值达82.3%和73.1%;“外出参观考察”、“现代远程教育”和“到‘农家课堂’、‘党员中心户’跟班学习”等培训方式也得到普通党员的认同，分别为42.7%、41.9%和39.0%。（详见下表12）

表12 2012—2013年广西农村普通党员培训形式需求表

		选择频次（次）	比重（%）
希望培训形式[a]	集中授课	582	82.3
	集中看录像	268	37.9
	远程教育	296	41.9
	科技人员指导	517	73.1
	跟班学习	276	39.0
	职校学习	129	18.2
	参观考察	302	42.7
	自学	150	21.2
	墙报	65	9.2
	其他	32	4.5
总计		2617	370.2

3.最希望能到专业对口部门的教育培训。调查结果显示，普通党员最希望能到“农业、科技、劳动、扶贫等部门”进行专业培训，比重占68.5%，到“县级”和“乡镇级”进行培训仍是党员培训的主要方式，比重达61.8%和59.6%，其他需求的培训级别依次为“市级”、“村级”和“职业学校”。（详见下图10）

图10 普通党员希望培训的级别

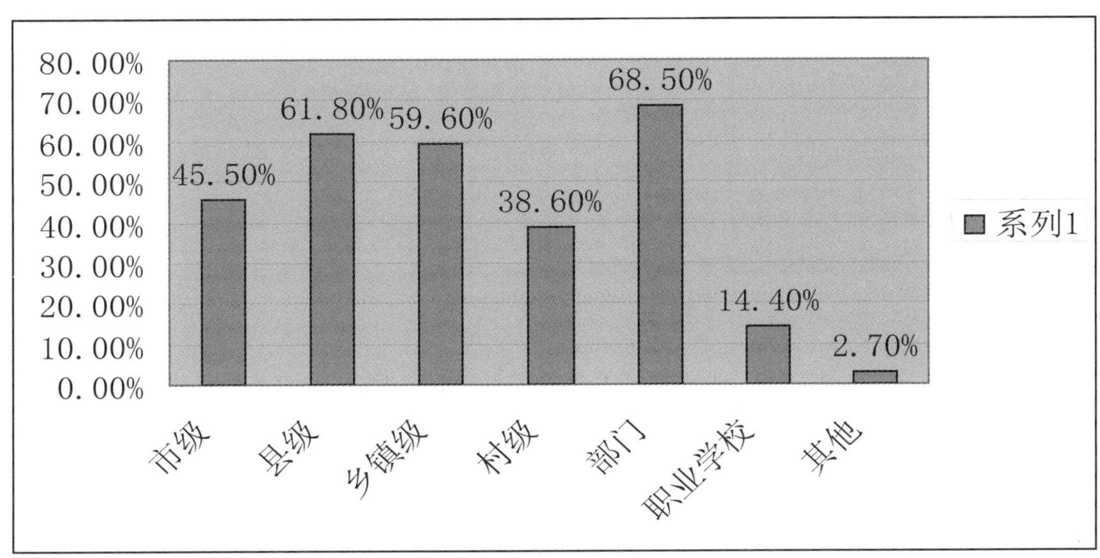

总之，上述调查结果表明，2011年广西农村党员教育培训取得了较好的成效，得到了调查村支书、村长和普通党员的高度评价，希望在新的一年里，加强对农村党员教育培训的检查和监督，进一步丰富教育培训的方式，对口部门加大工作力度，切实解决当前新农村建设中的实际困难，推动广西农村党员教育培训在上新台阶。

2012年上半年广西农村居民现金收支情况分析

蒙洪萍

据广西调查总队调查数据显示，2012年上半年，广西农村居民人均现金收支保持快速增长。人均现金收入达3774元，增加566元，同比增长17.6%，扣除物价因素实际增长14.1%。农民人均现金支出3453元，增加470元，增长15.8%。

一、农民现金收入增长特点及制约因素分析

（一）农民现金收入增长特点

1. 工资性收入快速增长。上半年农民人均工资性收入1123元，同比增加238元，增长26.9%，对现金收入增加额的贡献率为42%。其中，本地务工和外出务工人均收入分别增加了126元、106元，增长28.8%、28.5%。促进上半年工资性收入快速增长有两大因素：一是本地非农和外出务工人数增加。近两年广西区域经济发展迅速，发达省份持续“民工荒”，务工机会增多，农村剩余劳动力加速转移。二季度末，外出务工人数同比增长3%。二是工资水平持续上涨。二季度末，广西农民在乡内本地务工平均月工资水平为1434元，到乡镇以外外出务工平均月工资水平为1893元，同比分别增长16.7%、19.7%。

2. 家庭经营收入稳步增长。上半年农民人均家庭经营现金收入2335元，同比增加260元，增12.5%。其中，一、二、三产收入分别增长10.1%、28.3%、31.6%。

（1）糖料蔗收入增长为一产增收主因。作为占广西农民收入权重第一位的大宗农产品，糖料蔗收入影响仍然显著。上半年，人均出售糖料蔗现金收入768元，同比增加140元，增长22.2%，对第一产业现金收入增加额的贡献率为76.1%。糖料蔗收入增长主要有两方面原因：一是糖料蔗收购价上涨。上半年，农民出售糖料蔗平均销售价格506元/吨，较上年同期上涨6.6%。按照上半年住户调查人均出售1516公斤计，因糖料蔗价格上涨，农民人均增收47元。二是种植面增大，出售量增加。一方面由于政府对糖料蔗实行联动保护价，收购价格连年上涨，地方政府或糖厂还发放各类种蔗补贴，种植收益有保障，农民自发种蔗积极性提高；另一方面部分地区种植的木薯等农作物2011年价格波动剧烈，农民亏损后改种甘蔗，产量增加。糖料蔗商品率接近100%，产量增长带来出售量增加。上半年，农户人均出售糖料蔗1516公斤，增加193公斤，增长14.6%。

（2）渔业收入增加。上半年农民人均出售鱼、虾数量分别为2.3公斤、1.1公

斤，出售价格同比分别上涨11.5%、34%。受益于水产品出售量与价格双增长，渔业收入人均增加31元。

（3）牧业收入略增。上半年农户出售生猪、家禽、肉牛、菜羊均价为每公斤21元、20元、28元、36元，与上年同期价格水平比上涨6.8%、22.2%、38%、21.5%，拉动人均牧业收入同比增收27元，增长4.8%。

（4）二、三产业收入增长较快。上半年农民人均二产收入65元，同比增加14元，增长28.3%；人均三产收入257元，增加62元，增长31.6%。其中工业加工业、批发零售餐饮业、交通运输发展迅速，人均增收13元、38元、19元，分别增长49.8%、52.1%、19.9%。

3.转移性收入快速增长。上半年农民人均转移性收入291元，同比增加67元，增长29.7%。主要有三个增长点：一是惠农补贴大幅增加。今年全区各地加大财政投入，出台茅草树皮房改造全额补贴、农村义务教育学生营养膳食补贴、农房保险补贴等多项新补贴，提高农村低保标准，继续执行危旧房改造、甘蔗良种和深耕补贴等多项补贴，使农民人均获得来自政府的补贴48元，增加21元。加上粮食直补、生产资料综合补贴等全国性补贴，农民人均获得惠农补贴81元，增加31元。二是新型农村养老保险收入增加。新农保今年全面铺开，农民领取新型农村养老保险金收入人均15元，增加9元。三是亲友赠送收入增长。上半年城、乡亲友赠送人均收入91元，增加12元。转移性收入增加拉动上半年现金收入增长2.1个百分点，转移收入拉动作用有限。

4.财产性收入略增。上半年农民人均财产性收入25元，同比增加1元，增6.1%，主要是转让承包土地经营权收入和其它投资收入增加。

（二）农民现金收入增长的制约因素

1.农户出售粮食的收入下降。农村住户调查数据显示，上半年农民人均稻谷出售量同比下降21.5%，出售收入下降11.4%。粮食出售量和出售收入有所减少，主要原因是“蔗粮争地”现象比较普遍。近年来，由于糖料蔗有政策扶持、种植收益高，利用水田种蔗的农户增加，改粮种蔗的农户需要买稻谷或大米解决生活用口粮，调查数据显示，上半年农民人均购买生活用粮数量同比增加6公斤，买粮支出增加18元。

2.价格回落拉低牧业收入增幅。占牧业收入权重最大的生猪，因上半年出售价格同比上涨6.8%，较一季度21.7%的涨幅大幅回落，导致牧业收入增幅较一季度回落6个百分点。另一大宗牧产品蚕茧，上半年出售均价34元，同比下降16.1%，对上半年牧业收入的拉动作用大减。

3.低温气候使蔬菜、林业收入减少。今年上半年，广西经历同期最长的低温阴雨天气，不利于蔬菜的生长。如一季度蔬菜产量下降较大，蔬菜收入下跌；桑叶发芽晚于上年，桑蚕养殖产量下降；春八角等林产品因天气不利无法及时收摘，价格下跌收入减少。上半年农民人均蔬菜出售收入189元，同比下降10%；林业收入减少

5元，下降6.1%。

二、农民现金支出快速增长及原因分析

上半年农民人均现金支出3453元，同比增加470元，增长15.8%。其中，生产费用支出1114元、生活消费支出2114元、财产性支出4元、转移性支出215元、税费支出5元，分别增长10%、18.3%、47.1%、21.6%、39.1%。

（一）生产费用支出平稳增长

上半年农民人均生产费用支出1114元，同比增长10%。雇工及农资价格上涨，是促使生产费用增长的主要原因。上半年，生产雇工支出人均达93元，同比增加30元，增长47.6%；上半年农业生产资料价格同比上涨7.1%。其中：化学肥料上涨9.2%、饲料上涨13.6%、农用机油上涨7.3%，农用种子上涨9.0%。

（二）生产性固定资产支出大幅增长

上半年，农民人均购置生产性固定资产支出139元，同比增加43元，增长44.9%。生产性固定资产投资支出主要集中在购买农林牧渔机械改善生产种植条件、建设生产用房和购买生产设备发展二三产业。上半年，农民人均购买农林牧渔业机械支出47元，增加15元；建筑生产用建筑物材料支出18元，增加8元。

（三）生活消费支出八大项全面增长

上半年农民人均生活消费支出2114元，同比增长18.3%。生活消费支出八大项全面增长，其中：食品支出694元，增长10.7%；衣着支出94元，增长19.4%；居住支出557元，增长22.9%；家庭设备用品及服务支出155元，增长19.1%；交通通讯支出243元，增长22.4%；文化教育娱乐支出120元，增长38.6%；医疗保健支出182元，增长16.1%；其它商品和服务支出70元，增长24%。生活消费支出较快增长的主要因素：一是建房支出增长快。近两年广西大力改造农村危旧房、茅草树皮房，发放高额补贴，带动了部分建房，加上农民收入持续快速增收，农户改善居住条件的愿望强，建房增多，建房支出增长较快。二是生活用汽车的购买费用和燃油支出增加使交通通讯支出增加。三是文教支出和医疗支出增长明显。

三、促进农民持续增收的几点建议

（一）加强价格监管力度，严控农资价格，稳定农产品价格

在农资生产、流通和销售各环节加强监控，严防农资价格过快上涨，降低农业生产成本；防止农产品价格大起大落，保障农民生产利益。

（二）推进农业科技创新，加大农业基础设施建设

加大农业科研投入，为特色农业和现代农业发展提供技术支撑。在糖料蔗播种面积和收购价增长空间有限的情况下，改良品种，提高单产；推广其它优良农产品品种。加大财政投资力度，帮助农村地区加快发展交通、电力、水利及灌溉设施建设，改造中低产田和加大土地连片整治力度，提高土地集约化经营，增强广西农业抵御灾害的能力，为农业增效、农民增收提供必要保障。

（三）拓宽就业渠道，继续提高工资性收入

加快中小城镇、县域经济发展步伐，调整产业布局，增加农民就近就业渠道，大幅提高农民本乡地域劳务收入。建立培训、就业和维权三位一体的工作机制，提高劳动力输出素质，保障农民工权益，有效增加农民外出务工收入。

（四）大力发展二、三产业，增强非农增收能力

抓好特色产品产业链建设，大力发展二、三产业，促进了农民收入来源的多元化，以应对农产品价格波动，促进非农增收，稳定农民收入增长。

（五）加大转移支付，增加农民转移性收入

继续加大财政转移支付补贴力度，严查各项强农惠农补贴政策落实，进一步提高新型农村合作医疗、新型农村养老保险筹资水平和覆盖面，提高农村最低生活保障水平，完善农村社会保障体系，促进农民转移性收入持续增长。

2012年上半年贵港市农民现金增收明显

苏玉怀

据国家统计局贵港调查队调查，2012年上半年，贵港市农民现金收入人均3306元，同比增长18.8%。

一、现金收入增长的主要特点

（一）工资性收入明显增加

2012年上半年，贵港市农民从非企业组织中得到的收入人均85元，同比增加26.8元，增长45.8%；在本地企业务工得到的收入人均537元，同比增加211元，增长64.6%；外出从业得到的收入人均713元，同比增加26.5元，增长3.9%。工资性收入增长的原因：一是贵港市经济快速发展，农村企业数量增加、效益提高，为农民提供了广泛的就业机会，促进了农民的工资性收入增长。二是外出农民工工资提高。农村劳动力得到有效转移，加上农民工工资提高，增加了农民工资性收入增长。调查数据显示，2012年上半年外出农民工人均月工资收入1851元，同比增加318元，增长20.7%。三是农村教师绩效工资和薪级工资得到及时兑现；村干部工资待遇得到改善，加快工资性收入增长。从短期来看，外出从业收入仍然是贵港市农民现金收入的重要来源。

（二）家庭经营收入稳步增长

2012年上半年，贵港市农民人均家庭经营现金收入1501元，比上年同期增加141元，增长10.4%，占现金收入的比重45.4%。其中：农民人均第一产业现金收入1446元，比上年同期增加127元，增长9.7%；第三产业人均现金收入55元，同比增加23元，增长72.3%。2012年上半年第一产业现金收入占家庭经营现金收入的比重96.3%，是贵港市农民家庭经营收入的主要来源。

（三）转移性收入快速增长

2012年上半年，贵港市农民人均转移性收入463元，同比增加139元，增幅42.7%。主要是农村亲友支付赡养费和离退休金、养老金增加。2012年上半年农村亲友支付赡养费人均收入152元，同比增加46元，增长43.3%；离退休金、养老金人均收入69元，同比增加5.3元，增长8.3%。

二、促进农民增收的有利因素

（一）部分农产品出售价格上涨有力地支撑农民增收

2012年以来，贵港市部分农牧产品出售价格上涨，对农民增收起到很大的支撑力作用。据调查，2012年上半年贵港市农民出售玉米平均价格2.42元/公斤，比上年同期2.04元/公斤，增加0.38元/公斤，增长18.6%；出售稻谷平均价格3.75元/公斤，同比增加0.66元/公斤，增长21.4%，2012年上半年农民人均出售稻谷收入299元，增长34.6%；出售肉牛平均价格25.8元/公斤，同比增加4.3元/公斤，增长20%。农牧产品出售价格上涨拉动农民增收。

（二）农民工资性收入高速增长

贵港市各级党委、政府高度重视农民工就业，广开就业门路，促进了农民的工资性收入增长。贵港市在全市范围内推行招用农民工备案制度用人单位招用农民工必须依法与农民工签订劳动合同，并填写《录用人员备案登记表》报当地劳动保障劳动监察部门进行备案。农民在本地务工人数增加，收入增长，拉动工资性收入增长。

（三）政策性收入显著

贵港市委、市政府认真贯彻落实中央、自治区的惠农政策，农村居民政策性收入得到显著提高。2012年上半年，贵港市农民人均领取最低生活保障费、新型农村养老保险、政府的补贴分别比上年同期增长14.1%、1.1倍、1.2倍。

三、农民收入增长不利因素

贵港市各级党委政府深入贯彻落实科学发展观，审时度势、积极抵御各种因素对贵港经济发展的冲击，2012年上半年农民现金收入保持快速增长，但是有些不利因素仍然影响着农民收入的增长。

（一）农业生产制约因素较多，靠种粮增收困难增大

贵港市是农业大市，粮食生产在经济发展中处于重要的地位，今后种粮收入在贵港市农民收入中仍将占相当的比重，但目前制约贵港市农业生产因素较多，靠种粮增收困难增大。当前，贵港市农田水利设施在建设和管理当中还存在不少薄弱环节，加上不可预测的自然气候影响，如：洪水、旱灾、病虫灾害等影响，都有不同程度地影响农作物生长，靠种粮增收困难较大。

（二）农村留守劳动力文化素质低，农民增收难度加大

据抽样调查，农村中62%的40岁以下的青壮年外出务工，导致贵港市农村留守人员多为老人与小孩，这些人文化程度不高，在农业生产上缺乏必要的管理技术和经验，无法实现科技兴农，农村劳动力结构的不合理将会影响未来农民增收，农民增收难度加大。

（三）农资价格上涨，农业成本加大，制约农民增收

调查了解，2012年上半年贵港市碳酸氢氨、国产复合肥、尿素、磷肥每一百斤价格分别是40元、105元、135元、37元，比去年同期分别上涨33%、11%、35%、23%。由于农资价格大幅上涨，特别是化肥价格上涨，加大农业生产成本，给农民增收带来困难。2012年上半年调查显示，贵港市农民人均农业生产费用支出人368元，同比增加75元，增幅25.6%。

（四）农民参与土地流转意识不强，影响规模经营

目前贵港市农村土地承包经营权的流转由于种种原因受到很大约束，制约了农村土地规模性经营，甚至把一部分本可以进城的农民限制在了土地上，延迟了农业机械化的推行、产业化的实施。虽然贵港市优质农产品知名品牌较多，但也限制了农民的增收。2012年3月份，为了了解贵港市农村土地流转情况，贵港调查队对贵港辖区7个村共54户农户进行走访调查，54户共有土地250.3亩，其中，水田160.1亩，旱地90.2亩，土地流转共有16.9亩，只占土地面积6.8%。

（五）农户饲养成本增加，牧业收入减少

2012年上半年贵港市农民人均支出大增，但是出售牧业产品现金收入510元，同比减少3%。其中人均出售肉猪22.6公斤、收入325.8元、同比减少49元、减少11.4%；肉猪平均出售价格14.4元/公斤，同比下滑 4.9%，价格下滑致减收17元。

（六）二、三产业发展薄弱，农民增收单一

从2012年上半年抽样调查数据显示看，贵港市农民从第二、第三产业得到的收入较少，人均只有55元，占家庭经营性收入的份额只有3.7%。

四、促进农民增收的对策和建议

（一）加大农业支持力度，确保粮食增产增收

一要加强农田水利基本建设，切实提高农业生产抗御自然灾害的能力，夯实粮食生产持续增产的能力。二要加强农资价格监管。建议相关部门加大农资价格的监测，防止农资价格的过快增长和劣质农资坑农事件的发生，保障粮农收益和权益。三要继续稳步提高粮食价格。近几年我国粮食价格在逐步提高，但力度还不够，应适当加大提高粮食价格的幅度。四要继续加大种粮补贴力度，充分调动农民粮食生产的积极性，促进种粮农民增收致富。

（二）积极组织劳务输出，挖掘农民增收潜力

一是政府部门要加强组织管理，保证农村劳动力合理有序流动，减少农村剩余劳动力盲目性转移。二是加强农村教育，提高整个农村劳动力的文化素质和竞争能力，鼓励各类培训机构，主动与劳务市场和用工单位沟通联系，签订合同，定向培训专业技术。使农村劳动力掌握1—2门或更多一点的专业技能知识，为分工分业创造条件，提高就业的多面手技能。三是继续提高农民工的工资水平和福利待遇，进一步优化农民进城务工环境，消除制约农民工转移就业的体制、机制性障碍。

（三）加快农村社保体系建设，为农民解忧减负

一是政府要加快完善医疗保险体系建设，不断完善新型农村合作医疗制度。二是完善农村最低生活保障制度，将符合条件的农村贫困家庭全部纳入低保范围。三是积极推进新型农村养老保险工作，尽快彻底解决“农村养老”难的问题，为农民解忧减负。

（四）积极推进农村土地流转，放活农村经济

积极探索土地流转的有效途径，进一步推进农村土地承包经营权的流转，实现土地资源效益和农民劳动效益的最大化。可将长期从事二、三产业农民的土地承包经营权流转给种地大户，也可以经营权入股而获得收入，一举两得，既实现了土地的规模化经营，又提高了土地资源效益。

（五）加大农村产业结构调整和农产品加工投资

加大对投资少、见效快、周期短的农村二、三产业中的农产品加工业的投资力度，减少农民初级产品的出售比例，对农产品进行初级加工和深加工，提升农产品的附加值。大力实施农业品牌战略，加快推进农业标准化进程，培植建设一批不同规模、不同档次的农产品加工、贮存、销售龙头企业，把农业生产、加工、流通等环节有机联结起来，形成产加销一条龙、贸工农一体化的经营格局，全面提升农业产业化水平，增加农民收入。

2012年上半年玉林市农民现金收支情况分析

岑佳霖

据国家统计局玉林调查队对玉林市80户农村住户调查资料显示，2012年上半年，玉林市农民人均现金收入3566.8元，较上年同期增加462.2元，增长14.9%；农民人均现金支出3136.9元，较上年同期增加44.9元，增长1.5%。

一、现金收入结构及特点

2012年上半年，玉林市农民现金收入增长速度呈现出持续增长的趋势，一季度现金收入同比增长17.0%，二季度同比增长12.6%，保持较快增长势头。从农民现金收入的四项构成来看，人均工资性收入1275.2元、同比增长11.8%；人均经营净收入2064.73元，增长15.1%；人均财产性收入30.8，增长128.4%；人均转移性收入196.1元，增长25.5%。

（一）工资性收入持续增长

2012年上半年玉林市农民人均工资性收入1275.2元，较上年同期增加134.2元，增长11.8%。其中：在非企业组织中劳动得到的收入为人均59.0元，同比增加11.1元，增长23.2%；在本乡地域内劳动得到的收入为人均888.7元，同比增加103.3元，增长13.2%；外出从业得到的收入为人均326.5，同比增加19.7元，增长6.4%。

工资性收入增长的主要原因在于：一是从事本地非农务工时间增加。本地企业的发展为农村富余劳动力提供了更多的就业机会，2012年上半年，从事本地非农务工人员工作时间人均为3.7个月，比上年同期增长19.4%；二是企业用工工资上涨以及提供其他劳务的劳动报酬增加。上半年，从事本地非农务工的人均月收入为1287元，同比增长16.6%；外出农民工从业实际人均月收入达1714.8元，同比增长31.5%。

（二）第一产业是农民家庭经营收入的主要支撑

2012年上半年农民家庭经营收入人均为2064.7元，同比增加270.9元，增长15.1%。其中，第一产业现金收入人均1846.6元，同比增加212.0元，增长13.0%，占农户家庭经营收入比重达到89.4%。

第一产业现金收入主要来源是农业和牧业现金收入。农业现金收入人均721.1元，同比增加93.8元，增长15.0%，主要是今年以来，蔬菜价格普遍上涨，部分蔬菜价格上涨十分明显，农民大量出售蔬菜使得收入有所增加。牧业现金收入人均1086.6元，同比增加125.0元，增长13.0%，主要是生猪、家禽养殖生产发展迅速，规模不断壮大，出售生猪、家禽得到收入显著增加。

（三）财产性收入与转移性收入快速增长

2012年上半年农民财产性收入人均30.8元，同比增加17.3元，增长128.4%，主要是出租水田的租金收入增加。近年来，受香蕉、果蔗价格连续涨价的影响，推动了香蕉和果蔗的连片种植，土地流转加快，土地租金提价。上半年农民转移性收入人均196.1元，同比增加39.8元，增长25.5%。主要原因：一方面得益于政府对提高社会保障的重视，上半年领取最低生活保障人均11.7元，同比增长20.9%；另一方面，惠农政策的普遍落实，也使得农民得到来自政府的补贴明显增加，尤其是购买生产资料的综合补贴，上半年人均获得补贴29.7元，同比增长30.3%；此外，还有其他来自政府的各类补贴84.4元，占转移性收入的43.0%。

二、现金支出结构及特点

2012年上半年，农民人均现金支出呈现先降后升的态势，但整体看来波动不大。一季度现金支出为人均1750.9元，同比略降0.9%；二季度现金支出为人均1385.5元，同比增加4.6%。

（一）支出结构略有调整

上半年，农民现金支出主要集中在生产费用支出和生活消费支出两大部分，这两项费用支出占总支出的比重高达95.6%，与上年同期基本持平。但内部结构略有变化，人均生产费用支出943.2元，占总支出的比重为30.1%，比上年同期减少8.4个百分点；人均生活消费支出则为2055.6元，占总支出的65.5%，比上年同期增加8.6个百分点。随着生活水平不断提高，以及物价仍在高位上的不断趋涨，使得农民用于生活消费的开支日渐增加。

（二）生活消费支出增长较快

上半年农民人均生活消费支出为2055.6元，同比增加295.5元，增长16.8%；八大类消费中有六项支出均呈现不同程度增长，消费支出突出新的特点（详见表2）。

表2 上半年农民生活消费支出情况（单位：元、%）

指标	2012年上半年			2011年上半年	
	绝对值(元)	比重(%)	同比增减(%)	元	比重(%)
食品消费支出	521.4	25.4	-8.0	566.9	32.2
衣着支出	76.1	3.7	0.3	75.8	4.3
居住支出	782.6	38.1	63.0	480.0	27.3
家庭设备,用品及服务	184.6	9.0	12.1	164.6	9.4
交通和通讯	162.5	7.9	-17.7	197.5	11.2
文化教育，娱乐用品及服务	96.2	4.7	26.8	75.9	4.3
医疗保健	183.6	8.9	7.2	171.3	9.7
其他商品和服务	48.8	2.4	73.4	28.1	1.6

1.居住支出大幅增加，比重增大。随着农民收入水平的提高，农户的居住条件也持续得到改善，越来越多的农民将收入投入到建新房屋或房屋装修。上半年，农民人均居住支出782.6元，同比增长63.0%；占消费支出的比重为38.1%，比上年同期增加10.8个百分点，所占比重超过食品类消费，为八大类支出中的最高。

2.文化教育、娱乐用品及服务费支出较快增长。上半年，文化教育、娱乐用品及服务费支出人均为96.2元，同比增长26.8%。随着文化生活需求的提高，农民除了用于子女上学的教育服务消费外，还将更多的钱投入到文化教育、娱乐用品及服务等支出。

3.家庭设备用品及服务消费增加明显。上半年，农户家庭设备用品及服务人均支出为184.6元，同比增长12.1%。随着农民生活条件的改善和国家实行家电补贴的惠民政策，彩电、电冰箱、洗衣机等家用电器在农户家庭中越来越普及。同时，原有的家用电器不断更新换代，如冰箱、微波炉、空调器、热水器、摩托车、家用电脑等正不断走进农家庭院。

三、存在的问题

从农村住户收支变化情况来看，上半年农户人均现金收入和农民消费稳步增长，但仍然存在着一些问题：

（一）工资性收入增长后劲不足。虽然农民工资性收入有明显增加，但是现在的农民工工资总体收入水平不高，从事高技术含量岗位的农民工较少，整体文化素质低，仍以初中文化水平者居多。上半年，在调查村276名从业劳动力中，初中及以下文化的就有218人，占总人数的近80%；93名外出农民工中，高中以上文化程度的仅占外出农民工人数37.6%。由于文化水平较低，大多从事的是劳动密集型的工作，就业竞争力不强，而且有相当一部分的本地农民工都是打零工、短工，不签订任何劳动合同，处于不稳定状态，按日计酬，没有稳定的月收入。

（二）农民收入来源较单一，增收渠道狭窄。上半年农民人均现金收入中，家庭经营现金收入为2064.7元，占总收入的57.9%；家庭经营收入主要来源是农业和牧业现金收入，农民出售农产品和出售畜牧产品增收，主要来源于农、畜产品价格的上升，其中畜牧产品又主要以出售活猪为主。而二、三产业人均现金收入分别为39.2元和179.0元，所占经营收入比重分别仅为1.9%和8.7%，而且主要集中在建筑业、交通运输业和批零业，收入来源较为单一。农户收入对农业特别是种养业依赖性大，非农产业发展不足，特别是农产品高附加值的深加工业较少，农产品的销售大部分也是停留在初级销售上，高利润的终端销售不多，制约了农民收入的持续较快增长。

（三）农业技术的推广和应用难度加大。当前转移出去的农村劳动力，大多是农业生产主力军，无论年龄结构还是文化程度以及实际操作技能都是农村劳动中的相对较为优秀的群体。由于大部分青壮年劳力外出务工，留在家中的大多是一些老弱妇幼，守旧的传统观念对技术更新，现代化农业生产的发展难以接受，阻碍了农村现代化的发展进程，制约了农村经济的发展。

（四）农产品加工行业仍欠发达。目前，玉林以农副产品为原材料加工企业的不多，行业不够发达，大部分农户生产出来的农产品都是直接买卖交易，产品附加值不高，在一定程度上也制约着农民增收。

（五）农业基础设施有待加强和完善。目前，我市部分地区农业基础设施特别是水利灌溉等设施的老化及破损程度严重，“望天田”面积在不断增加，农业生产的保障能力脆弱，甚至已经影响到了农民的日常生活，在一定程度上影响了农民增收，有待加强和完善。

四、几点建议

（一）加大农村劳动力培训力度，多渠道促进农民就业。加强对农民工的培训、教育、引导，努力提高他们的自身素质和劳动技能，使外出务工人员由体力型向智力型、技术型转变，向非农产业转移，促进农村富裕劳动力输出转移，不断拓宽农村居民就业渠道，引导农民大胆从事二、三产业生产经营，并在信息、资金、技术等方面提供更多的服务与支持，促使农民增收。

（二）加大农村和农业基础设施投入。加强以农田水利为重点的农业基础设施建设，加大资金投入，加快建设步伐，努力提高农业综合生产能力。

（三）大力发展农产品加工企业，增加农民收入。地处偏僻的地方，交通不便，农民产出的东西难以变现，制约着农民增收。为此，建议加大对以农副产品为原料的加工企业的投入，让农民产出的农副产品经过加工企业的加工进行销售而增收。

2012年上半年广西农户固定资产投资情况分析

陈天录

据广西调查总队调查数据显示，2012年上半年广西农村住户固定资产投资达224.2亿元，比上年同期增加34.5亿元，增长18.2%。其中，农户建房投资126.7亿元，比上年同期增加14.1亿元，增长12.5%。农户建房投资是农户固定资产投资的主体，占总投资额的56.5%。

从投资来源分，广西农户投资以自筹资金为主，自筹资金为221.4亿元，占总投资的98.8%，国内贷款只占1.2%。

从投资分类看，第三产业投资为191.7亿元，占总投资额的85.5%（住房投资划入第三产业投资）；第一产业投资为30.8亿元，占总投资额的13.7%；而第二产业只有1.7亿元，仅占总投资额的0.8%。

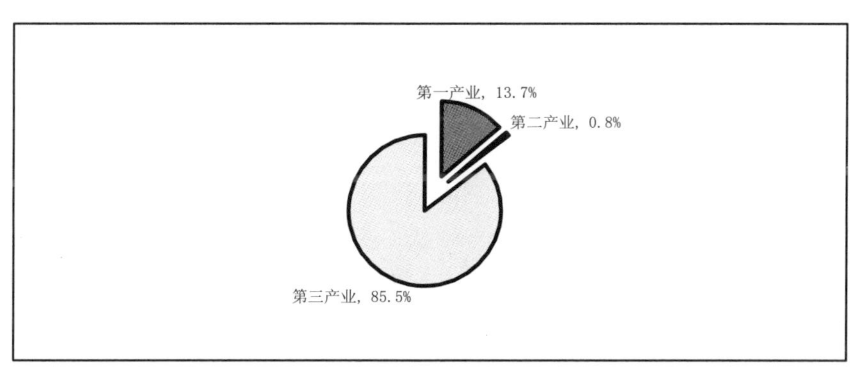

一、农户固定资产投资的增长因素

1.建房投资是农户固定资产投资的主体。目前农民传统的观念依然没有改变，有钱以后第一件大事就是修建房子，建房投资仍是当前农户固定资产投资的主体。上半年广西农户固定资产投资中，建房投资126.7亿元，占总投资额的56.5%。

2.农民购买农机具投资增长强劲。为了进一步加强我国农业生产基础设施建设，国家继续加大对购买农机具的财政补贴力度，政策落实到位，调动了农民投资的积极性。据有关部门统计，上半年我区农民利用补贴资金购置农机具10.22万台套，比去年同期增长28.4%；受益农户9.37万户，同比增加39.4%。目前，全区已有效申请使用中央和自治区补贴资金分别为2.217亿元和1574万元，比去年同期增长11%和35%。调查资料显示，上半年广西农民农林牧业投资30.8亿元，比上年同期增长43%，主要购买抽水机、柴油机、拖拉机、踏田机等农机具。

3.政府加大对农村贫困家庭危房改造的投入。近年来广西各级政府加大对贫困地区扶贫攻坚力度，投入财政资金改造农村危旧房，对农村的泥房、草房拆除重建，农户住房投资增加。据了解，为全面消除农村茅草树皮房，广西计划今年实施2.44万户农村茅草树皮房改造工作任务，总投入6.22亿元。南丹县里湖、八圩等三个少数民族乡，原来农村大部份都是泥房和草房，2012年积极推进危房改造，上半年南丹县新增房屋面积19448平方米，比2011年同期增长75.7%。

4.库区移民扶持政策的推动，农民住房投资增加。从2009年起，广西决定用3—5年的时间在全区范围开展大中型水库移民基础设施工程建设大会战，2012年广西又出台了《2012年全区水库移民新村建设工程实施方案》，计划筹措资金3.5亿元，解决库区和移民安置区通水、通路和建房等问题，对符合搬迁建房条件的库区移民，拨给一定的建房财政补助。扶绥县东门镇那江村今年初就有19户库区移民在当地政府的统一规划下建起了新住房。

5.社会保障机制的建立和完善，解除了农民的后顾之忧。随着农村社会保障功能的进一步完善，种田有补贴，看病有医保，小孩读书免费和农村养老制度的启动，解除了农民的后顾之忧，农民的消费观念随之发生重大改变，逐步由存钱转变为花钱，注重提高生活质量，改善居住条件，观念的转变激发了农户的建房积极性，农民住房投资增加。

二、存在的主要问题

1.资金渠道单一已成为农户投资的主要障碍。近年来，虽然国家制定了一系列支农惠农政策，但以农户家庭经营为基础的农村经济，具有高度分散、生产技术水平和组织化程度低的特征，农户缺乏有效的抵押、担保手段，与金融机构防范风险的要求差距较大。农户投资主要依靠自我积累和滚动发展，资金渠道比较单一。调查资料显示，2012年上半年广西农户投资中自筹资金部分占总投资的98.8%。

2.生产性投资比重依然较低。从农户固定资产投资构成看，住宅投资占农户固定资产投资完成额的85.5%，生产性投资只占14.5%。农户建房投资的快速增长，为改善农村住房条件，刺激消费起到了积极的作用，但从有利于经济发展的理性分析，住宅投资属非生产性投资，它的过快增长必然挤占有限资金，不利于生产经营的发展。

3.农村人多地少制约了农业机械化和规模化发展，也影响了农户的生产投资。我区农村人多地少，生产规模小，生产经营分散，农业集约化、产业化程度低，农户缺乏投资的热情和动力。

4.城镇化建设步伐加快和农村劳动力转移在一定程度上也影响投资增长。随着社会经济的发展，农村劳动力尤其是青壮年劳动力由农村走向城镇，由第一产业向二、三产业转移，农业和农村发展受到一定影响。加上城镇化快速发展，部分较富

裕农村家庭向城镇迁移，影响了农户投资的增长。

5.农村二、三产业发展滞后，农村投资环境有待改善。由于农业基础设施薄弱，虽然各级党委、政府对激励和扶持农民投资创业有规定有政策，但是对创业人员面临的创业指导难、创业场所难、贷款融资难、经营管理难等问题，缺乏可操作性的扶持办法。农村投资环境有待进一步改善。从上半年数据统计看，农户对第二产业投资处于停滞状态。

6.农村建设缺乏规划，脏、乱、差现象仍较严重。近几年来，各地农民逐步富裕起来后，盖了不少新房子，改善了农民的住房条件，提高了农民的生活质量。但农村“只见新房，不见新村”，或“只见新村，不见新貌”的现象比较突出，脏、乱、差现象严重。一是管理弱化，违规建设。由于部分农民法律意识淡薄，认为报批建房用地需要时间与资金，部分农民在自身用地上未批先建现象仍然存在；二是盲目攀比，闲置不用。部分农民盲目攀比，建房片面求大，利用率低；三是缺乏规划，布局散乱。由于缺乏科学合理的建设规划，阻碍了社会主义新农村建设。

7.建房投资成本不断加大。受部分建房原材料价格上涨的影响，农户建房投资成本进一步加大。近年来，受到采砂行业采取准入制度和河道采砂整治行动的影响，砂子价格持续大幅上涨，砖、瓦、石子等品种建筑材料价格也持续上涨，加上人工成本的提高，使农户的建房造价进一步增加。调查资料显示，今年上半年广西农村住房每平方米造价576元，比上年同期提高11.7%。

三、对策与建议

1.加大对农村基础设施的投入。大力改善农田水利设施，发挥政府投资基础设施所引起的促进农业发展和吸引农村固定资产投资增加的双重作用。政府加大对包括农田水利、农村通水、通路、通电等基础设施的投入，改善农业和农村基础设施，增强农业发展后劲。农村基础设施改善以后，也将吸引外来资金对农业和农村的投入，从而加快农业和农村经济发展。

2.完善农民增加农业投入的长效机制。继续加大“两减免，四补贴”的扶持力度，激励农民的投资热情和发展生产的积极性；正确引导农民增加对农业的投入，改善农业生产条件，改变农业耕作方式，提高农业机械化水平；加大对化肥、农药等农资市场的监管力度，抑制农资价格上涨，降低农业生产成本，提高农业生产效益，从而激励农民的投资热情和发展生产的积极性，增加农户的投入。

3.合理引导，制定科学合理的农村建房规划。发挥政府积极引导的作用，有关部门可以向农民免费提供安全适用、节地节能节材的住宅设计图样供村民选择，避免乱建乱拆；同时，各地要发挥集体经济和公共财政的作用，大力推进农村道路、饮水、排水、灌溉、垃圾处理等生产和生活公共设施建设，改善农村村容村貌。

4.加大金融支持力度，制定适应农户投资的贷款政策。目前农民想从银行信贷部门得到贷款比较困难，主要是农民没有财产抵押，而社会筹资利率高、成本高，自筹资金又有限，农户投资受到很大制约。需要制定和完善适应农户投资需要的贷款政策和农村投资信用担保，适应农村现实需要，降低门槛，简化手续，方便农户办理贷款。政府也可以通过补贴方式支持金融部门对农村发放贷款，引导金融贷款向农业和农村倾斜，满足农户投资需要。

5.积极引导土地流转，促进农业产业化发展和农业规模化经营。目前土地流转处于自发状态，缺乏正确的引导与配套的服务。政府要做好宣传和引导，一是进一步抓好现有的土地承包关系稳定并长久不变，维护好农民的土地承包权益；二是逐步建立规范的土地流转市场；三是健全农村土地承包经营纠纷仲裁体系，为土地流转及规模化经营服务。

2012年前三季度广西农村居民人均现金收支变动情况简析

蒙洪萍

据广西调查总队抽样调查数据显示：2012年前三季度，广西农村居民人均现金收入和支出均呈现较快增长态势，其中农村居民人均现金收入为5421元，增加784元，同比增长（下同）16.9%，扣除物价实际增长13.4%。农村居民人均现金支出4918元，增加485元，增长10.9%。

一、农村居民现金收入增长及制约因素分析

（一）促农民增收的主要积极因素

1.工资性收入快速增长。前三季度，农民人均工资性收入1657元，增加335元，增长25.4%，对现金收入增加额的贡献率为42.7%。工资性收入快速增长原因主要有二个：一是务工人数增加。据农民工监测调查，三季度末，本地非农务工人数增长12.6%，外出务工人数增长2.9%。二是务工工资水平持续上涨。三季度末，广西农村居民在乡内本地务工平均月工资水平为1450元，到乡镇以外外出务工平均月工资水平为1927元，分别增长12.3%、17.5%。如甘蔗主产县之一扶绥县，由于甘蔗价格上涨，农民帮人砍蔗的收入由原来的50元/天提高到80元/天，帮人装蔗的收入也由原来的12元/吨提高到18元/吨。

2.家庭经营收入平稳增长，但增幅持续回落。前三季度，农民人均家庭经营收入3269元，增长10.9%，对现金收入增加额的贡献率为40.9%。受到牧业、林业收入下降的影响，农村居民家庭经营收入增幅较一季度、上半年持续收窄（见下图）；但由于农业、渔业和二三产业的发展稳定，家庭经营收入继续保持增长势头。

（1）糖料、水果、蔬菜和粮食等增产增收。前三季度，农民人均农业收入1626元，增加182元，增长12.6%。促进农业增收的主要因素有三个：一是糖料蔗收入增长20.2%。受联动保护价上涨和播面产量增加因素影响，前三季度糖料蔗收入人均增加129元；二是水果收入大增31.2%。2012年，广西商贸部门加大了芒果等优质水果的推介力度，宣传推广芒果节等特色旅游项目，促芒果和香蕉等水果出售收入人均增加22元；三是蔬菜收入止跌回升。二季度以来，广西风调雨顺，蔬菜产量大幅上升，蔬菜价格持续上涨，使得前三季度蔬菜收入由跌转升，人均出售蔬菜收入增长3.1%。此外，今年广西早稻

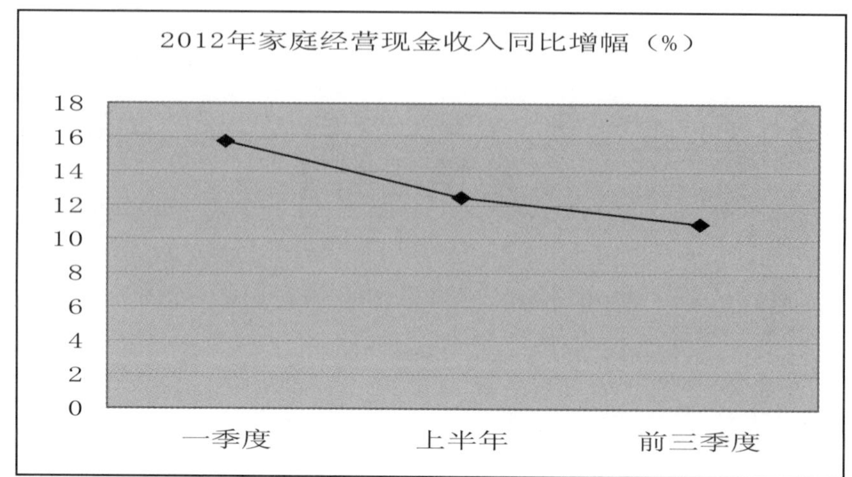

增产14.5万吨，约占全国早稻增产总量的1/4强，居全国第二位。第三季度农户出售粮食收入逆转前两个季度大幅下降的趋势，增长了2.7%，缩小了前三季度粮食收入下降幅度。

（2）渔业收入增加。近年来，在中央财政支持下，广西渔业部门持续加大人工放流鱼虾等渔业种苗力度，有效的丰富了广西北部湾渔业资源，庭院龟鳖养殖发展迅速，促进渔业增效、渔民增收。前三季度，我区农民人均出售鱼、虾的数量增加，价格同比分别上涨4.4%、14.9%。受益于水产品价格与产量双增长，渔业收入人均增加43元。

（3）二、三产业收入快速增长。随着人民生活水平的不断提高，在国家和自治区一系列惠农创业扶持政策的扶持下，农户发展二、三产业的积极性大增，从事批发零售餐饮业、交通运输、农林产品加工业等行业人数增加，非农收入相应增加。前三季度，农民人均二产收入103元，增加27元，增长35.2%；三产收入377元，增加83元，增长28.3%。

3.财产性、转移性收入快速增长。今年以来，广西各级政府采取有力措施，加大财政扶持力度，较好地落实多项惠农补贴，提高农村低保标准，大力推进和全面铺开新型农村养老保险，比全国提前半年完成新农保全面覆盖。继续执行甘蔗良种补贴等地区性补贴政策。同时，为全区1051万户农村居民住房购买统一的政策性保险，在夏季台风、暴雨袭击后及时兑现保险金减少因灾返贫，保障农民财产安全。这些政策措施有效地推动了农民财产性、转移性收入快速增长。前三季度，广西农村居民的人均财产性收入、转移性收入分别增长46.3%、33.9%。

（二）制约农民收入增长的不利因素

1.牧业收入出现下跌。由于2011年生猪价格从6月份开始大幅上涨，受滞后因素影响，今年三季度，生猪出售价同比降幅从二季度的7.8%扩大到23.0%，农户出于避险心理虽然加快了出栏，出售量增长17%，但生猪出售收入仍下跌9.4%。广西另一大宗牧产品蚕茧前三季度出售均价32元，同比下降了12.1%，虽然养殖规模增

长，出售量增加12%，但出售收入同比减少1.5%。

2.林业收入减少。一方面受早春长时低温阴雨天气影响，春八角等林产品无法及时收摘，价格下跌，林业副产品收入同比大幅下降40.6%。另一方面是松脂等林产品价格持续下跌，林农懒得收采，导致收入下降。

3.农资价格继续在高位运行。据调查，今年1—9月份，我区的农业生产资料价格继续在高位运行，与上年同期相比上涨4.9%，高于物价平均涨幅。其中，饲料价格同比上涨13.0%，化学肥料价格同比上涨6.9%，主要包括灌溉、用电、用工、机械作业等项目的农业生产服务价格同比上涨6.6%，农机用油价格同比上涨6.1%，主要包括农用种子、农膜等的其他生产资料价格同比上涨5.7%。

4.白糖价格持续下行，2012/2013榨季收购价格上涨幅度有限。四季度即将进入2012/2013榨季糖料蔗收榨期，受白糖期货价格下行影响，2012/2013榨季糖料蔗政府保护收购价上涨幅度受限，糖料蔗这一权重产品促增收力度将减弱。

二、前三季度农村居民支出变动情况分析

前三季度，农民人均现金支出4918元，同比增加485元，增长10.9%。其中，生产费用支出1620元、生活消费支出2997元、财产性支出5元、转移性支出290元、税费支出6元，分别增长6.7%、13.4%、-15.8%、10.8%、46.4%。

（一）生产费用支出增幅回落

前三季度，在生产资料价格持续上涨的情况下，生产费用增幅较上半年收窄3.3个百分点，主要受两方面因素影响：一是由于2012年闰年，农历节气往后推了一个月，习惯按农历节气进行生产安排的农户购备生产资料也相应推后；二是受生猪价格同比大幅下降形势影响，农民缩减牧业生产投资，占生产资料支出比重较大的牧业生产费用在第三季度同比减少3.9%。因此，前三季度全区的牧业用生产饲料价格虽然在高位运行，但购买量的下降使得牧业生产费用支出仅增0.5%。

（二）生产性固定资产支出较快增长

前三季度，农民人均购置生产性固定资产支出190元，同比增加36元，增长23.5%。生产性固定资产投资支出主要集中在购买生产设备发展二三产业、购买农林牧渔机械改善生产种植条件。农民人均购买其它生产性固定资产支出41元，增加33元；农林牧渔业机械支出74元，增加14元。

（三）生活消费支出全面增长

前三季度，农民人均生活消费支出2997元，增长13.4%，扣除物价因素影响，实际增长9.9%。衣食住行八大项全面增长：食品增7.2%、衣着增19.5%、居住增14.1%、家庭设备及服务增8.4%、交通通讯增13.8%、文教娱乐增33.6%、医疗保健增22.2%、其它商品服务增21.5%。

生活消费支出较快增长的主要因素：一是建房支出增长快。近两年广西大力改造农村危旧房、茅草树皮房，发放高额补贴，带动了部分建房，加上农民收入持续

快速增收，农户改善居住条件的愿望强，建房增多，建房支出增长较快。二是生活用汽车的购买费用和燃油支出增加使交通通讯支出增加。三是文教支出和医疗支出增长明显。

三、促进农民持续增收的建议

前三季度，利好因素较多，广西经济发展、农业生产形势均向好，农民人均现金收入快速增长。但不可忽视牧业收入下降、糖料蔗增收空间有限、生产资料价格高位运行等不利因素。建议加强以下几方面工作，保障全年农民人均纯收入实现较快增长。

（一）加强价格监管力度，严控农资价格，稳定农产品价格

在农资生产、流通和销售各环节加强监控，严防农资价格过快上涨，降低农业生产成本。加强价格监测尤其是畜牧业产品价格监测，采取措施确保农产品价格相对稳定，特别是对甘蔗、猪肉、粮食、水果等大宗农牧产品，要建立健全必要的储备制度，保持大宗农产品价格的稳定。防止价贱伤农，保障农民生产利益。

（二）推进农业科技创新，加大农业基础设施建设

加大农业科研投入，为特色农业和现代农业发展提供技术支撑。在糖料蔗播种面积和收购价增长空间有限的情况下，改良品种，提高单产；推广其它优良农产品品种。加大财政投资力度，帮助农村地区加快发展交通、电力、水利及灌溉设施建设，改造中低产田和加大土地连片整治力度，提高土地集约化经营，增强广西农业抵御灾害的能力，为农业增效、农民增收提供必要保障。

（三）拓宽就业渠道，继续提高工资性收入

加快中小城镇、县域经济发展步伐，调整产业布局，增加农民就近就业渠道，大幅提高农民本乡地域劳务收入。建立培训、就业和维权三位一体的工作机制，提高劳动力输出素质，保障农民工权益，有效增加农民外出务工收入。做好农民工返乡监控，给予创业扶持补贴，力保就业稳定。

（四）大力发展二、三产业，增强非农增收能力

抓好特色产品产业链建设，适当增加对农业机械购置和汽柴油补贴，在应对农业用工价格和农业机械作业费用的快速上涨的同时，促进二、三产业发展，促进了农民收入来源的多元化，促进非农增收。同时，要尽快建立健全为农民服务的融资体系，降低门槛，增加农民投资来源渠道，满足农民投资需求。

（五）加大转移支付，增加农民转移性收入

继续加大财政转移支付补贴力度，严查各项强农惠农补贴政策落实，进一步提高新型农村合作医疗、新型农村养老保险筹资水平和覆盖面，提高农村最低生活保障水平，完善农村社会保障体系，促进农民转移性收入持续增长。

第四部分

城镇生活篇

2011年广西城镇居民收入平稳增长

谢 胜

2011年，广西经济继续保持良好发展态势，实现了大发展、大跨跃。宏观经济的良好发展，为居民收入的平稳增长提供了强力支撑。经国家统计局核定，2011年广西城镇居民人均可支配收入为18854元，比上年增加1790元，增长10.5%，增速与上年的10.4%基本持平；人均消费性支出12848元，增加1358元，增长11.8%。

一、城镇居民各项收入情况

（一）工资性收入稳步增长

2011年广西城镇居民人均工资性收入13550元，比上年增加1488元，增长12.3%。拉动2011年工资性收入增长的主要因素有：

1.一些地方机关和事业单位提高津补贴标准。据了解，2011年广西一些地方提高公务员津补贴标准，人均月增加补贴200元以上。一些部门根据有关精神，也在2011年提高了公务员津补贴标准，并从2009年7月1日起补发。一些事业单位参照公务员提高津补贴办法给职工发放津补贴。如某市从3月份起，全市事业单位也开始提高在职职工绩效工资，平均每人每月增加170元；7月份起，一些非义务教育学校陆续提高职工工资，每人每月增加220元左右。

2.部分企业提高职工工资。随着经济发展，各地企业不断提高职工工资。如百色某运输企业从2011年1月起在职职工人均岗位工资每月增加360元，从4月起在职职工发放安全生产奖人均每月400元。驻兴安县某集团2011年起职工工资每月提高数百元，2011年初每人还得到年终奖金3000元。据了解，2011年广西各地企业普遍给职工加薪以吸引员工，缓解企业用工难、招工难的问题。

3.一些单位继续发放风险金和绩效奖以及年休假奖金。据了解，不少地方机关和事业单位2010年继续实行风险金和绩效奖考评奖励，奖金还有所提高。个别地方给职工发放工资三倍的年休假奖励。某县区2011年初给公务员发放绩效奖，处级人员每人5000元，科级人员每人4800元，其他干部每人4600元，均比上年提高了2000元左右。

（二）提高企业离退休人员养老金

广西自治区人民政府决定，从2011年1月1日起，为2010年底前退休人员调整基本养老金，人均每月增加基本养老金152元，并于2011年春节前发放到位，提高了企业离退休人员的收入。

（三）经营性收入增加

随着经济发展，居民从事经营活动得到的收入稳步增加。2011年广西城镇居民人均得到的经营净收入1699元，比上年增加225元，增长15.2%。

（四）财产性收入增长较快

近年来资本市场活跃，居民投资渠道增加，居民得到的财产性收入增长较快。2011年广西城镇居民人均得到的财产性收入845元，比上年增加268元，增长46.5%。其中，股息与红利收入137元，增长31.8%；出租房屋收入504元，增长41.6%。如桂林一些效益较好的制药、酿酒企业（或上市公司），职工得到较为丰厚的股息收入和分红收入。

二、消费性支出增长较快

2011年广西城镇居民人均消费性支出12848元，比上年增长11.8%，消费增长比收入增长快1.3个百分点，比上年增速快0.8个百分点。

2011年由于物价上涨，特别是食品价格的快速上涨，拉动了居民消费支出的较快增长。在八大类消费中，呈全面增长的态势：

（一）食品支出增长16%

人均食品消费支出5074元，比上年增加702元，增长16%。由于食品支出增加，拉动了消费性支出增长6.1个百分点。2011年广西城镇居民食品消费占消费性支出的比重（恩格尔系数）为39.5%，比上年提高1.4个百分点。

（二）衣着类支出增长10%

人均衣着类消费支出1019元，比上年增加93元，增长10%。

（三）居住类支出增长6.1%

人均居住类消费支出（不含购建住房支出）1238元，比上年增加71元，增长6.1%。其中，住房消费支出441元，比上年增加80元，增长22.1%；水电燃料消费745元，下降0.6%。

（四）家庭设备用品支出增长3.7%

人均家庭设备用品支出885元，比上年增加31元，增长3.7%。

（五）医疗保健支出增长24.6%

人均医疗保健支出779元，比上年增加154元，增长24.6%。其中，人均药品费支出386元，增长33.3%；医疗费支出293元，增长21.1%。

（六）交通通讯支出增长1.4%

人均交通通讯支出2001元，比上年增加28元，增长1.4%。其中，交通消费支出1405元，增长5.6%；通讯消费支出596元，下降7.3%。

（七）教育文化娱乐服务支出增长20.8%

人均教育文化娱乐服务支出1503元，比上年增加259元，增长20.8%。其中，购买文化娱乐用品支出460元，增长18.2%；文化娱乐服务消费支出（包括参观游览、团体旅游、健身等）481元，增长20.2%。

（八）其他商品支出增长6.5%

人均购买其他商品类支出349元，比上年增长6.5%。其中，购买金银珠宝饰品增长5.8%，化妆品增长12.4%。

三、物价上涨对城镇低收入居民生活冲击较大

2011年，由于物价的上涨，特别是食品价格的大幅上涨，对城镇低收入居民生活冲击较大，主要表现在一些主要食品消费数量减少，生活质量有所降低。占调查总体10%的广西城镇低收入居民人均消费猪肉22.8公斤，比上年减少3.3公斤，下降12.5%；鸡8.2公斤，减少1.4公斤，下降14.7%；鱼8.2公斤，减少1.6公斤，下降16.4%。广西城镇低收入居民人均食品消费支出3175元，占消费性支出比重（恩格尔系数）为54.9%，比上年高0.2个百分点，比全区平均高出15.4个百分点。

四、几点建议

（一）建立正常的工资增长机制。根据经济社会发展情况，建立职工工资增长机制，努力实现居民收入增长与经济发展同步，真正做到“两个同步”。2011年广西城镇居民收入名义增长速度为10.5%，但扣除价格上涨因素，实际增长率只有4.3%。建议根据财力增长情况，出台一些增资政策，适当提高机关和事业单位公务员津补贴标准，增加机关和事业单位工作人员收入，并引导企业不断提高职工工资，促进居民收入和消费水平不断提高。

（二）继续加大对城镇低收入家庭扶持力度。由于物价上涨较快，加剧了城镇低收入居民的生活困难。各地虽然采取了一些补贴政策，但也未能从根本上解决他们的困难。建议继续加大对城镇低收入居民的扶持力度，提高补助标准，保障居民基本生活不受影响。

（三）努力增加就业。加大对低收入家庭失业人员的创业、就业的扶持力度，消除“零就业”家庭，逐步提高城镇低收入居民家庭的就业率，拓宽低收入家庭的收入来源，不断提高他们的生活保障能力。

2011年南宁市城市居民家庭收支稳步增长

苏 霓

2011年是“十二五”的开局之年，南宁市济发展全面提速，企业效益进一步好转，职工收入稳步提高，有效地拉动了居民收入的较快发展，消费水平不断提高。据调查资料显示，2011年南宁市城市居民人均可支配收入19972元，比上年增长12.6%，扣除物价因素，实际增长6.5%；人均消费性支出14834元，比上年增长15.3%，扣除物价因素，实际增长9.1%。

一、居民收入稳定增长

1.工资性收入较快增长。2011年南宁市城市居民家庭人均工资性收入为16937元，比上年增长15.9%，占可支配收入七成多。主要原因：一是最低工资标准提高；二是经济增长较快，企业效益普遍以年终奖等形式兑现给职工；三是事业单位陆续实施绩效工资。

2.经营净收入持续下降，但降幅收窄。2011年南宁市城市居民家庭人均经营净收入为702元，比上年下降14.7%，占家庭总收入的比重由上年的4%回落到3%。主要原因是原材料及人工工资提高，导致经营成本上升，利润减少。随着政府的调控措施到位，物价上涨势头得到遏制，个体经营环境进一步好转，经营净收入下降得到有效控制，降幅收窄。调查显示：1—3月居民家庭人均经营净收入同比下降38.2%，1—6月同比下降19.7%，1—9月同比下降15.9%。

3.财产性收入成为强势增长极。2011年南宁市城市居民家庭人均财产性收入为503元，比上年增长43.6%。在财产性收入的七项构成中，人均出租房屋收入为288元，同比增长19.3%，占财产性收入的57.3%；银行利息提高导致利息收入同比增长17.5%；股息与红利收入同比增长142.5%；保险收益同比增长407%。

4.转移性收入平稳增长。2011年南宁市城市居民家庭人均转移性收入为4757元，比上年增长5.1%。转移性收入保持平稳增长的主要原因：一是国家提高了离退休金标准，离退休金月人均收入提高至1835元，比上年增长4.6%；二是提高了最低生活保障标准及发放物价补贴。

二、消费支出较快增长

2011年南宁市城市居民家庭消费保持较快的增长态势，全年人均消费性支出14834元，比上年增长15.3%。

1.食品消费支出快速增长。2011年南宁市城市居民家庭人均食品支出5344元，

比上年增加831元，增长18.4%；食品支出占消费性支出的比重由上年的35.1%上升到今年的36%。构成食品及服务的8个中类的支出全面增长，其中：人均粮油类支出658元，增长16.4%；人均肉禽蛋水产品类支出2078元，增长17.4%；人均蔬菜支出489元，增长2.8%；人均调味品类支出53元，增长13.4%；人均干鲜瓜果支出385元，增长15.6%；人均糖烟酒饮料类支出249元，增长15.3%；人均糕点、奶及奶制品支出347元，增长38.0%。其他食品人均支出50元，增长0.7%；人均饮食服务支出1036元，增长28.7%。

2.居住类消费稳步提高。2011年南宁市城市居民居住类消费1274元，增长8.3%。其中，住房人均支出444元，增长33.2%；以物业管理费为主的居住服务费增长42.1%。但由于政府下调了水价，使水电燃料及其他人均支出733元，下降5.5%。

3.家庭设备用品及服务消费支出略有下降。2011年南宁市城市居民家庭设备用品及服务支出人均为1039元，下降3.6%。其中：购买耐用消费品的人均支出为460元，下降18.6%；室内装饰品人均支出为12元，下降39.9%；床上用品人均支出92元，增长11.6%；家庭日用杂品人均支出400元，增长18.2%；家庭服务69元，下降2.5%。主要原因有三：一是前两年居民家庭设备更新换代较快，大件耐用消费品的拥有量几近饱和，从而导致该类消费不旺；二是今年以来房地产政策的持续调控，居民购房需求降低，从而导致与购房有密切关系的新增耐用消费品需求下降；三是今年以来价格总水平较快上涨，市区居民为保证正常生活，不得不相对减少购买或更新耐用消费品的开支。

4.医疗保健支出大幅增加。2011年南宁市城市居民家庭人均医疗保健支出为965元，增长29.5%，占消费支出比重为6.5%，对消费增长的贡献率达11.2%，增幅位居各项消费首位。其中：人均医疗费支出为373元，增长46.9%；人均药品费支出为493元，增长39.5%。主要原因是年初南宁天气持续低温，患病人数增多；另外，随着人们生活水平的提高，就医消费产生趋好心理，部分病人就医时往往选择质量更好的自费药或医疗器材，从而造成医药及医疗费增加。

5.衣着支出小幅增长。随着社会进步和居民生活水平提高，居民消费观念有了诸多变化，对衣着的质量和档次要求越来越高。2011年南宁市城市居民人均衣着消费支出972元，增长4.7%，其中：服装消费支出734元，增长4.0%；鞋类消费支出195元，增长5.6%；其他衣着用品32元，增长8.6%；衣着材料6元，增长20.2%。

6.交通和通信支出持续快速增长。2011年南宁市城市居民家庭人均交通通信支出2959元，增长14.9%，占消费支出比重为20%，对消费增长的贡献率达19.5%，增幅位居各项消费第四位，比重仅次于食品，居第二位。2011年南宁市城市居民家庭人均交通类支出2268元，增长26.6%，其中：人均家庭交通工具支出1500元，增长25.1%；人均车辆用燃料及零配件支出

348元，增长41.4%；人均交通工具服务支出248元，增长82.1%；人均交通费支出为173元，下降17.6%。燃油价格的上涨和车辆的增加，是交通费快速增长的主导因素。2011年南宁市城市居民家庭人均通信类支出690元，下降12.0%。主要是运营商促销优惠等，致通信服务支出下降14.9%。

7.教育文化娱乐大幅增长，居民义务教育负担大幅下降。2011年南宁市城市居民家庭人均教育文化娱乐服务支出为1943元，增长29.1%，比上年高出18.7个百分点，占消费支出比重为13.1%，对消费增长的贡献率为22.3%。其中：人均购买文化娱乐用品548元，增长35.8%；文化娱乐服务人均支出713元，增长12.6%；人均教育支出682元，增长45.7%。值得注意的是，2011年义务教育费支出下降78.5%，非义务教育费支出下降31.6%，但托儿费支出增长了62.5%，家教费增长了358.5%，参加培训班增长了100%。

8.其他商品和服务支出略有下降。2011年南宁市城市居民家庭其他商品和服务支出人均为337元，下降2.1%，占消费支出比重为2.3%。随着国际金价的不断攀升，国内物价的不断上涨，居民出于保值心理，购买金银珠宝支出增加。调查资料显示，2011年人均购买金银珠宝饰品支出60元，增长13.3%；服务人均支出125元，下降19.8%。

三、社会保障更加完善，房市调控初见成效

1.社会保障支出稳定增长。2011年南宁市城市居民家庭人均社会保障支出2635元，增长20.3%。其中：人均个人交纳的养老基金为742元，增长32.7%；个人交纳的住房公积金为1522元，增长18.3%；个人交纳的医疗基金为276元，增长4.2%；个人交纳的失业基金为88元，增长15.3%，其他社会保障支出6元，增长109.3%。

2.购建房支出大幅下降。2011年南宁市城市居民家庭人均购建房支出为154元，下降83.1%。2011年国家对楼市继续实施宏观调控政策，市民观望情绪严重，居民购房支出大幅下降。

四、需要关注的问题

2011年南宁市物价上涨幅度较大，对城市居民家庭，尤其是低收入家庭生活影响较大：

1.实际收入增速减缓。2011年南宁市城市居民人均可支配收入19972元，比上年增加2230元，名义增长12.6%；扣除价格因素影响，实际增长6.5%，比全国平均实际增速8.4%低1.9个百分点。在可支配收入新增加的2230元中，有48.3%被物价上涨所冲抵。

2.恩格尔系数提高。由于食品价格的大幅上涨，2011年南宁市民人均消费性支出14834元，食品支出为5344元，占消费性支出的比重（即恩格尔系数）为36%，比上年的35.1%提高了0.9个百分点，生活水平有所下降。

3.对低收入群体影响尤其明显。2011年南宁市城市居民10%最低收入家庭的人

均可支配收入为7137元，为全市平均水平的35.7%，比上年增长11.5%，低于平均水平1.1个百分点；人均消费支出6806元，增长14.6%，低于平均水平0.7个百分点。在收入水平较低、物价水平上涨的情况下，低收入家庭的消费只能以食品、居住、子女必要的教育等家庭基本生活开支为主。因此，努力调控与居民生活息息相关的生活必需品的价格，谨防食品价格的大幅波动，稳定生活水平，对低收入居民家庭尤为重要。

2011年梧州市城市居民收支平稳增长

潘 榕

据国家统计局梧州调查队对梧州市100户城市住户抽样调查数据显示，2011年梧州市城市居民人均可支配收入为18531.24元，比上年增加1953.07元，增长11.8%；剔除价格因素后，实际增长6.1%。人均消费支出为12994.9元，比上年增加1869.02元，增长16.8%；剔除价格因素后，实际增长10.8%。2011年梧州市城市居民呈现收支平稳增长。

一、收入结构“二升二降”

2011年，梧州市100户城市居民的人均家庭总收入为20572.2元，增长11.8%，增幅与可支配收入相等。构成居民收入的四大类中，人均工资性收入和财产性收入分别为12255.25元和558.42元，分别增长27.33%和115.28%；人均经营性收入和转移性收入分别为920.89元和6837.63元，分别下降44.1%和0.4%。

（一）工资性收入大幅度增加

四大类收入中，人均工资性收入对可支配收入的贡献率为15.9个百分点，对可支配收入增幅拉动力最大。其中，工资及补贴收入为12102.18元，增长28.7%；人均其他劳动收入为153.08元，下降29.9%。

（二）财产性收入翻番

随着投资渠道日益广阔，市民理财意识的不断增强，越来越多的市民将手中闲钱和资产进行投资增值，而出租房屋价格上升也使得市民家庭的二套房收益丰厚。以股息与红利收入以及出租房屋收入为主的财产性收入，逐渐成为市民家庭收入增长的重要途径。2011年城市居民的财产性收入占家庭总收入的比例由上年的1.4%上升至2.7%。

二、八大类消费支出全面增长

收入的平稳增长，使城市居民的消费信心大增。2011年梧州市100户城市居民的八大类消费支出呈全面增长，其中教育文化娱乐服务、衣着、医疗保健等三类消费支出增速最高。八大类消费支出中，食品、交通和通信、教育娱乐服务类支出所占比例分列头三位，在市民家庭生活中的地位最重。2011年居民家庭恩格尔系数（食品支出占家庭消费总支出比例）为47%，比上年下降1.2个百分点。

2011年梧州市城市居民八大类消费支出统计表

消费支出类别	消费支出额（人/元）	比上年名义增减（%）	比上年实际增减（%）
人均消费总支出	12994.9	16.80	10.80
一、食品	6130.93	13.80	0.10
二、衣着	864.87	29.40	29.70
三、居住	1173.94	2.40	0.40
四、家庭设备用品及服务	1019.26	33.00	29.10
五、医疗保健	845.91	13.10	9.90
六、交通和通信	1414.64	12.50	10.10
七、教育文化娱乐服务	1274.02	42.70	43.60
八、其他商品和服务	271.33	5.70	—

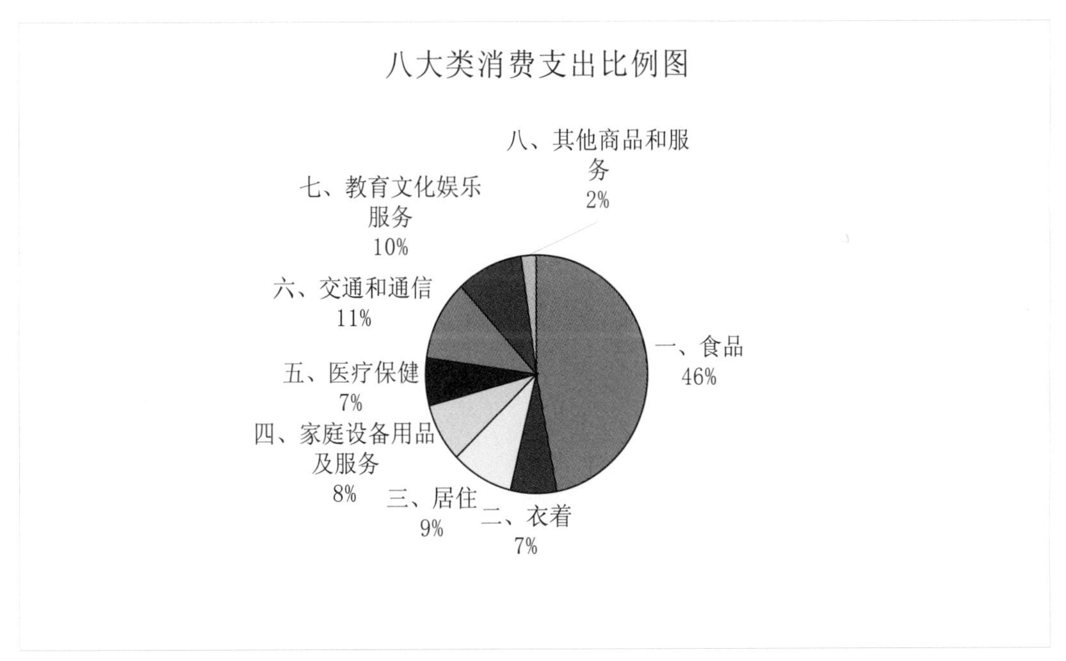

据分析，推动居民消费支出增长的主要因素有二：一是物价高位运行的推动。从上表得知，占支出比重较大的食品类和居住类支出，扣除了物价增长因素后与上年基本持平，说明这两类消费的增长基本由物价因素主导。二是居民消费需求需求的提高。随着收入和消费水平不断提高，2011年梧州市城市居民消费需求旺盛，消费质量和消费水平提高，消费结构明显改善。除食品和居住类外，衣着、家庭用品设备及教育文化娱乐类的消费支出的实际增幅较高。

（一）食品支出有所下降，消费结构更趋合理

受食品价格大幅上升的影响，2011年梧州市100户城市居民的人均食品支出为6130.93元，增长13.8%；恩格尔系数为47.2%，下降1.2个百分点。调查数据说明，“民以食为天”的传统格局在梧州市民家庭生活中有所改变，食品的重要地位略有下降。由于价格涨幅较高，部分食品消费出现“支增量减”情况，居民消费支出金额增长，但购买该类食品的数量却减少。如粮食、食用植物油、猪肉、其他肉及制品等主要食品。

（二）衣着消费趋向高档次 居民消费热情高涨

人均衣着支出为864.87元，同比增长29.4%。其中购买服装和鞋类的单价同比分别增长13.4%和21%，消费金额同比分别增长34.3%和20.8%，量价齐增。说明随着市民生活水平提升，对衣着的要求也随之提高，趋向于高档、名牌的服饰和鞋类。

（三）居住费用上涨 居民能耗增加

市民家庭水电燃料和居住服务支出增长是拉动居住类支出的主要因素。据统计，2011年100户城市居民人均居住类支出为1173.94元，同比增长2.4%，其中人均水电燃料、居住服务费同比分别增长了6%和35.8%，这跟市民对能源需求的增多以及全市居民小区的物业管理费用普遍提高有关。

（四）大宗家电消费增加 家政服务需求凸显

1—12月，人均家庭设备用品及服务类支出为1019.26元，同比增长33%。该类支出的增长主要来自居民购买耐用消费品数量的增加以及对家政服务需求的凸显。1—12月，这两类消费的人均支出同比分别增长28.6%和509.7%。其中家具、洗衣机、微波炉、空调等耐用消费品的消费增长较为明显，市民家居生活水平得到显著提高。

（五）保健意识增强 医药支出增长

抽样调查显示，2011年梧州市民的人均医疗保健支出为845.91元，比上年同期的748.26元增加了97.65元。该类支出的主要增长来自药品费、滋补保健品以及居民的医疗费用。这三项支出同比分别增长了25.31%、8.79%和8%，体现了居民自我保健意识的增强。

（六）交通日趋发达 工具必不可少

人均交通和通信支出为1414.64元，同比增长12.5%，其中交通类人均支出为740.7元，同比增长42.9%；通信类支出为673.95元，同比下降8.8%。随着城市交通的完善及居住区域的扩大，方便快捷的交通工具如摩托车、助力车受到了出行市民的青睐。人均购买交通工具的支出同比增长了80.4%。同时车用燃料价格及其需求的增长也推动人均燃料消费同比增加了53%。

（七）文娱生活更丰富 学前教育费用高

人均教育文化娱乐服务的支出为127.02元，同比增长42.7%，该项支出中的文化娱乐用品、文化娱乐服务及教育类消费全面增长，随着城镇居民收入水平的稳步提高，城镇居民利用节假日出游在传统团体旅游的基础上，自驾游、自助游逐渐升温，出游的方式更加多元化。同时，教育支出的比例不断提高，学前儿童“黄

金班”学费一年上涨了21.4%。据统计，文化娱乐用品、文化娱乐服务及教育类的人均消费支出分别为349.43元、508.83元和415.76元，同比分别增长35.3%、28.1%和75.4%。

（八）追求享受生活 美容装扮成时尚

随着市民收入的增加，消费水平的提高，打扮光鲜成了市民的一大消费喜好。1—12月，人均其他商品和服务类支出为271.33元，同比增长5.7%，其中金银珠宝饰品类人均支出53.55元，同比增长87.7%，光此一项拉动其他商品和服务类消费增长9.7个百分点。另外，人均美容费和其他服务费用同比分别增长了29.7%和58.9%，体现了市民对生活享受追求的提高。

三、存在问题

2011年梧州市经济快速发展，居民收支双双高增，生活质量总体得到了进一步改善。但仍存在一些问题，应引起重视。

（一）高低收入群体差距进一步拉大

按收入分五组统计，2011年占总数20%的高收入组和20%的低收入组的人均可支配收入分别为35325.69元和7508.62元，二者相差27817.07元，收入比由2010年的3.2∶1进一步扩大到4.7∶1，贫富差距明显。

（二）低收入家庭“入不敷支”

2011年度城市居民低收入家庭（最低20%组，下同）人均可支配收入为7508.62元，比全市平均水平18531.24元低59.5%；人均消费支出7826.82元，高于可支配收入318.2元，家庭入不敷支。这对实现社会和谐，扩大内需产生不利影响。

（三）居民收入落后于地方经济发展速度

尽管2011年城市居民收入增幅达到了两位数，但扣除物价上涨因素后增速只有6.1%。按最新统计数据，梧州市前三季度的GDP和财政收入同比分别增长14.4%和33%，均高于城市居民收入增幅。

四、三点建议

（一）注重民生，缩小收入差距

在普遍提高全体人民收入的同时，可通过调节收入的分配、增加就业岗位、提升社会保障水平、提高最低工资及低收入行业职工的福利等方法，达到缩小收入差距，保持社会的稳定，实现共同富裕的目标。

（二）发放消费券 提高低收入群体生活水平

针对物价上涨，低收入群体生活压力增大，生活质量下降等问题，可在原有的发放物价补贴基础上，对中低收入人群发放定额消费券，拉动消费，保证低收入居民各种生活所需得到满足。

（三）加快经济发展 提高居民收入

大力发展经济，切实改善和提高企业效益，监督企业建立员工工资正常增长机制和各种保障机制；同时激励市民通过自主创业、财产投资增值等渠道增加收入，使居民收入与购买力同步于地方经济发展，为构建社会主义和谐社会奠定坚实的物质基础。

2011年贵港市城镇居民收支稳步增长

覃乾富

据国家统计局贵港调查队调查，2011年贵港市城镇居民人均可支配收入16276元，增长12.7%，扣除价格因素后，实际增长6.4%；居民人均消费性支出11505元，增长18.8%，扣除价格因素后，实际增长12.2%。调查数据表明，2011年贵港市城镇居民收入实现稳步提高，消费信心持续增加。

一、居民收入稳步提高，收入“四大项”全面增长

2011年，贵港市经济较快发展、企业生产经营状况良好，居民收入实现稳步提高，收入“四大项”全面增长：

1.居民工资性收入平稳增长。2011年贵港城镇居民人均工资性收入14004元，比上年增长8.8%；占居民人均可支配收入的86%，比上年下降3.1个百分点，但工资性收入仍是居民可支配收入的主体。主要原因：一是部分企业经营状况好转，企业职工待遇得到提高；二是部分单位津补贴得到进一步规范，导致部分公职人员工资有所减少；三是没有大范围的增资，公务员收入增长缓慢。

2.经营净收入快速增长。2011年贵港城镇居民人均经营净收入1498元，增长43.4%，是居民可支配收入增长的一个重要因素。主要原因：一是贵港市逐步完善了就业和创业体系，切实减轻了个体工商户的创业负担和经营成本；二是今年物价持续高位运行，为部分经营户提供了较好的创收空间。

3.财产性收入稳步增长。2011年贵港城镇居民人均财产性收入504元，增长9.7%。其中，居民人均利息收入40元，增长2.5倍；居民人均股息与红利收入195元，增长26%；居民人均出租房屋收入258元，增长20.4%。主要原因：一是2011年国家多次提高了存贷款利率，居民存款利息收入得到了提高；二是随着国家对房地产行业的调控，更多人员转买为租，房租水涨船高，居民出租房屋收入快速增长；三是经济发展向好，居民投资获利增多。

4.居民转移性收入大幅增长。2011年贵港市城镇居民人均转移性收入2777元，增长46.8%。主要原因：一是国家在年初提高了企业离退休人员的养老金，2011年贵港市人均离退休2104元，增长49.8%；二是离退休人数增多，2011年贵港市百户调查样本中共有离退休人员42人，增加了16人。

二、居民消费信心持续增加，消费“八大类”全面增长

受经济好转、收入稳步增加等因素的影响，2011年贵港市城镇居民消费信心持续增加，消费热点频现；同时由于物价持续高位运行，居民“被迫”增加消费现象增多。

1.消费“八大类”全面增长。在调查的八大类消费中，呈现全面增长的态势，其中，食品、居住、医疗保健支出的大幅增长，是拉动消费支出增长的主要原因。“八大类”消费支出如下表所示：

2011年贵港城镇居民消费支出表

（单位：元）

	2011年	2010年	增速（%）
居民消费支出	11505	9686	18.8
其中：服务性消费支出	3334	2360	41.3
一、食品	4459	3861	15.5
二、衣着	717	711	0.8
三、居住	1205	764	57.8
四、家庭设备用品及服务	607	555	9.4
五、医疗保健	1056	521	102.6
六、交通和通信	2008	2005	0.2
七、教育文化娱乐服务	1109	1008	10
八、其他商品和服务	344	261	32

2.居民食品支出较快增长。2011年贵港市食品价格领跑居民消费价格（CPI），主要食品价格均呈上涨态势，在这一因素的带动下，2011年贵港居民人均食品消费支出4459元，增长15.5%，其中粮油类、肉禽蛋水产品类、干鲜瓜果类支出增长明显，分别上涨21.9%、15.4%和19.9%。同时，随着居民饮食习惯的改变及餐饮业的快速发展，居民在外饮食支出快速增长，2011年贵港城镇居民人均在外饮食支出945元，增长32.2%。

3.居民居住支出高速增长。随着国家加大房地产市场的调控力度，居民转买为租现象增加，同时居民投资性购房减少，居民将更多资金用于改善自有住房条件。2011年贵港城镇居民人均居住消费支出1205元，增长57.8%，其中人均租赁房房租支出24元，增长63.8%。

2011年贵港城镇居民人均医疗保健支出1056元，增长1倍，其中，人均医疗费支出719元，增长1.3倍；人均滋补保健品支出44元，增长52%。

2011年贵港城镇居民人均医疗保健支出1056元，增长1倍，其中，人均医疗费支出719元，增长1.3倍；人均滋补保健品支出44元，增长52%。

5.家庭设备用品及服务稳步增长。随着城镇居民家庭耐用消费品的逐渐饱和，居民耐用品消费主要以更新为主，耐用品消费增长缓慢；而另一方面，随着城镇居民对生活质量的要求越来越高，最能体现家庭社会性的家政服务逐渐进入寻常百姓家庭，居民家庭服务支出快速增长。2011年贵港城镇居民人均家庭设备用品及服务支出607元，增长9.4%，其中人均家庭服务51元，增长1.3倍。

6.教育文化娱乐服务支出稳步增长。随着就业压力的增大，居民更加注重自身素质的提高以及子女教育培养，参加各种培训班进行充电成为提高自身素质的重要途径。2011年贵港城镇居民人均教育文化娱乐服务支出1109元，增长10%，其中教育费用支出469元，增长45.5%。

三、存在的问题

1.居民收入增长缓慢。2011年贵港市城镇居民人均可支配收入扣除物价因素后实际增长6.4%，比2010年居民人均可支配收入增长速度下降5.4个百分点，低于2011年贵港市生产总值（GDP）增长速度0.6个百分点，居民收入增长缓慢。

2.居民收入差距拉大。2011年贵港城镇居民高收入（按不等距九组分组最高10%组，下同）居民人均可支配收入为37412元，低收入（按不等距九组分组最低10%组，下同）居民人均可支配收入为5555元，高低收入居民差距达到6.7倍，比2009年的5.8倍和2010年的5.5倍有拉大趋势。因此，缩小高低收入居民的差距，仍需要社会的共同关注。

3.物价上涨过快。2011年贵港城镇居民消费性支出11505元，增长18.8%，但扣除价格因素后，实际仅增长12.2%。由于食品价格的快速上涨，居民恩格尔系数仅下降了0.8个百分点，居民生活质量没有明显提高。

4.低收入家庭负担有所加重。2011年贵港物价持续高位运行，特别是肉、米、油等主要生活必需品的大幅上涨，严重影响了低收入居民的生活质量，低收入居民的生活负担仍然较重。主要体现：一是低收入居民恩格尔系数达到57.6%，比调查总体人均恩格尔系数大18.8个百分点；二是低收入居民人均肉禽蛋水产品类消费仅1094元，比居民平均肉禽蛋水产品类消费少616元；三是低收入居民户均就业人数仅为1.2人，就业人口负担系数达到3.2，比全市平均就业人口负担系数大1.4。

5.居民“看病难，看病贵”现象依然严重。由于社区医疗建设投入的不足，居民不管大病小病都往大医院跑，导致“看病难”现象依然突出；虽然“医保”、“新农合”制度的建立在一定程度上缓解了居民“看病贵“的现象，但仍然无法根除少数居民会出现“因病返贫”。

四、几点建议

1.努力提高居民收入。首先应继续完善居民就业、创业扶持力度，拓宽居民的投资渠道，努力增加居民的工资和经营收入；其次应继续对部分重点企业经营给予政策优惠，同时对国企的分配制度进行改革；再者还要提高公务人员的合法收入。

2.加大物价调控力度。消费品价格的上涨，对城镇居民特别是低收入居民的生活影响巨大，影响了居民的生活水平和预期消费，因此政府应该控制居民生活必须品的过快上涨，拓宽居民就业渠道，增加低收入居民的收入，努力提高他们对物价上涨等抗风险的承受能力；另外，物价仍然处于高位运行，政府应继续研究如何平稳物价，“平价肉”等临时价格干预措施应继续实行。

3.继续完善社会保障体系。首先是改革医疗保险报销体系，减轻确实需要到大医院治疗患者的经济负担；其次是完善低收入居民补贴机制，2011年政府对低收入居民每月几十元的物价补贴姗姗来迟，而且补贴金额偏低。

4.努力缩小贫富差距。政府应对贵港市高低收入居民的收入差距有所扩大引起足够的重视，应通过对低收入居民就业的扶持、增加低收入居民的生活补贴等措施增加低收入居民的收入，同时应更加规范一些垄断企业的补贴发放，尽量达到贫富差距缩小的效果。

2011年百色市城市居民生活稳步提高

覃艾筠

据国家统计局百色调查队抽样调查资料显示，2011年百色市城市居民人均可支配收入16929元，比上年增加1369元，增长8.8%；剔除物价影响，实际增长2.2%。城市居民人均消费性支出12344元，比上年增加818元，增长7.1%；剔除物价影响，实际增长0.1%。2011年百色市城市居民家庭生活呈现持续稳步提高的态势。

一、居民收入“两增两降”

2011年百色市城市居民四项收入“两增两降”，具体情况是：

（一）工资性收入持续较快增长

2011年城市居民人均工资性收入14545元，比上年增长15.0%；其占家庭总收入的比重为74.8%，比上年扩大2.9个百分点。工资性收入依然是城市居民家庭收入的主要来源。

（二）财产性收入大幅增长

2011年城市居民人均财产性收入521元，比上年增长21.0%，增幅居四项收入之首。究其原因：一是市民人均住房拥有量明显提高，拥有两套及以上住房的户数明显增加，并推动出租房屋收入快速增长；二是宏观经济环境整体向好，再加上市民理财和投资意识进一步增强，投资渠道更加趋向多元化，助推财产性收入快速增长。但即使如此，财产性收入占家庭总收入的比重依然偏低，仅为2.7%，对市民收入增长的贡献率依然不高。

（三）经营净收入稳中有降

受物价高涨、银根收紧等的影响，2011年中小企业、个体工商户等经营状况不佳，部分企业、个体等经营者纷纷采取减少投入、缩小规模等措施，再加上消费品流转速度较慢，市民人均经营净收入稳中有降。2011年城市居民人均经营净收入680元，比上年下降2.3%，其占家庭总收入的比重为3.5%，较上年下滑了0.4个百分点。

（四）转移性收入有所减少

2011年城市居民人均转移性收入3701元，比上年下降2.6%，是四项收入来源当中降幅最大的一项；与此同时，人均转移收入占家庭总收入的比重为19.0%，比上年下滑了2.2个百分点。

表1 2011年百色市民人均可支配收入情况表

指标	金额（元）	增长幅度（%）	比重（%）
人均家庭总收入	19447	10.6	100
人均可支配收入	16929	8.8	—
1.工资性收入	14544	15.0	74.8
2.经营性收入	680	-2.3	3.5
3.财产性收入	521	21.0	2.7
4.转移性收入	3701	-2.6	19.0

二、消费支出趋向谨慎

虽然城市居民收入稳步增长，消费能力有所提高，但受制于物价高涨所带来的影响，市民消费支出趋向谨慎。据调查，2011年城市居民人均消费性支出12344元，比上年增长7.1%，增幅缩小了4.4个百分点；从消费构成上看，居民八大类消费支出由上年的“七增一降”转变为“五增三降”；从服务性消费支出来看，居民人均服务性消费支出3080元，比上年增长9.1%，其占消费性支出的比重达25.0%，比上年扩大0.5个百分点。由此可见，市民在家庭设备、交通和通讯、其他商品和服务方面的消费意愿不强，但消费结构进一步趋好。详见表2

表2 2011年百色市民人均消费性支出情况表

指标	金额（元）	同比（%）	比重（%）
人均消费支出	12344	7.1	100
1.食品类	5015	24.2	40.6
2.衣着类	1273	31.6	10.3
3.居住类	1013	0.2	8.2
4.家庭设备用品及服务	892	-3.0	7.2
5.医疗保健	894	1.5	7.2
6.交通和通讯	1584	-21.4	12.8
7.教育文化娱乐服务	1385	1.2	11.2
8.其它商品和服务	288	-11.6	2.3

（一）食品消费支出大幅增长

2011年，市场物价“涨声一片”，粮、油、肉等商品价格更是持续上扬，促使食品支出大幅增长。据调查，百色市城市居民人均食品消费支出5015元，比上年增多977元，增长24.2%。其中，粮油类支出525元，增长31.5%；肉禽蛋水产品类支出1743元，增长26.3%；糖烟酒饮料类支出417元，增长48.3%；干鲜瓜果类支出361元，增长25.3%；蔬菜类支出381元，增长8.8%。此外快节奏的生活使得居民在外饮食支出不断增加，人均支出1007元，比上年增长24.7%

（二）服装消费支出增长三成多

随着市民收入持续增长，越来越多的市民穿着讲究品牌和款式，服装趋向时尚化、品牌化和个性化，再加上服装价格高位上扬，推动服装消费支出增长三成多，成为城市居民消费的一个新亮点。2011年城市居民人均衣着支出1273元，比上年增加306元，增长31.6%。从构成上看，各类衣着支出全面增长，其中，市民人均服装支出983元，增长30.9%，占衣着支出比重高达77.2%；此外，人均衣着材料支出增长1.1倍、鞋类支出增长29.3%、其他衣着用品支出增长61.9%、衣着加工服务费增长56.7%。

（三）家庭设备消费支出有所下降

由于家庭耐用品消费连续几年保持大幅增长态势，家庭设备耐用品拥有量已接近饱和，尽管2011年国家推行以旧换新政策，但市民家庭设备消费支出仍然有所减少。2011年市民人均家庭设备用品及服务支出892元，比上年减少3.0%，其中，家庭设备支出224元，比上年减少25.1%。

（四）交通与通讯消费支出大幅减少

受成品油价格“破八”影响，2011年市民购买家用汽车的意愿有所下降，再加上市民通讯工具拥有量接近饱和，市民交通和通讯工具购买量大幅减少；此外，还有通讯资费的下降，诸多因素促使交通与通讯消费支出大幅减少。2011年市民人均交通和通讯类支出1584元，比上年减少21.4%，占消费性支出的比重为12.8%，比上年减少4.7个百分点。从交通支出来看，市民交通支出1023元，比上年减少21.4%，其中，家庭交通工具支出减少50.0%、交通费减少5.0%；从通讯支出来看，居民通讯支出561元，比上年减少17.2%，其中，通信工具支出减少31.1%、通信服务支出减少14.9%。

三、社会保障支出大幅增长

2011年百色市各级政府积极扩大社会保障面，把城乡居民全部纳入养老保险和医疗保险范围，全民参保的惠民政策逐步显现；与此同时，随着市民社会保障意识明显增强，参保面逐步扩大，家庭支出也开始向住房公积金、养老金、医疗保险和失业保险等保障型消费转移。2011年市民人均社会保障支出2223元，比上年增长26.5%，占家庭总支出的比重为12.2%，其中，个人缴纳的养老基金791元，增长20.7%；个人缴纳的住房公积金1098元，增长23.2%；个人缴纳的医疗基金276元，增长69.6%；个人缴纳的失业基金57元，增长22.1%。社会保障持续大幅度增长，为社会稳定发展和构建和谐社会奠定了坚实基础。

四、存在的问题

（一）高低户收支差距悬殊

从收入上看，20%低收入户人均可支配收入6679元，而20%高收入户人均可支

配收入达34891元，收入差距达28212元，差距比为1∶5.2，比上年扩大0.6个百分点；从消费上看，20%低收入户人均消费性支出6451元，而20%高收入户人均消费性支出22539元，支出差距达16088元，差距比为1∶3.4，比上年扩大0.1个百分点。由此可见，高低收入户收支差距巨大，生活差距悬殊。

（二）低收入户居民生活拮据

2011年20%低收入户居民人均可支配收入为6679元，仅达平均数的39.5%；低收入居民人均消费支出为6451元，收支相抵仅结余228元，生活较为拮据。低收入户居民消费支出主要集中在食品、医疗、教育和居住方面，在食品、住房价格不断上涨，医疗、教育负担加重的情况下，低收入户居民生活更是雪上加霜。

（三）收入增长支撑面不多

2011年市民工资性收入占家庭总收入的74.8%，而收入增长主要靠工资性收入推动，工资增长又受增资政策因素的影响；另外推动居民收入增长的财产性收入增速虽快，但比重较小，只占可支配收入的2.7%，对收入增长的推动作用有限。

五、意见与建议

一是加大对低收入群体的扶持力度，缩小收入差距。政府应深化收入分配制度改革，着力提高低收入者收入，逐步提高最低生活保障标准和最低工资标准；保护合法收入，调节过高收入，取缔非法收入；逐步扭转收入分配差距扩大趋势，从根本上全面提升低收入群体的生活质量。

二是实施扩大就业战略，努力提高低收入群体收入水平。政府应该为低收入人群搞好培训和提供就业创造条件，增强他们的造血功能，提高低收入群体的就业率，鼓励他们自主谋业和创业，拓宽增收渠道，由被动“输血”转变为主动“造血”。

三是减轻居民的教育和医疗负担，解除居民的后顾之忧。必须加大财政对教育、卫生的投入，进一步规范教育、医疗收费，明确规定教育、医疗等服务提供者须履行的义务，减少居民教育和医疗的不合理支出；建立基本医疗卫生制度，提高全民健康水平。

四是稳定生活必需品价格，减轻市民的通胀压力。特别是肉、菜、蛋、油等，加大对这些商品价格的监管力度，采取相应的调控措施控制物价过快上涨，着力改善民生，让广大老百姓受益。

2011年柳州市高低收入家庭生活差距有所扩大

武 艺

2011年柳州市经济形势运行良好，居民收入不断提高，生活质量继续改善，但居民家庭收入差距也在扩大，生活状况存在较大差异。以下根据柳州城镇住户100户调查资料，对最高收入组（占调查户总数的10%）和最低收入组（占调查户总数的10%）家庭的收入、消费状况进行比较分析。

一、收入差距现状及原因

（一）收入差距现状比较

1.收入水平差距有所扩大。2011年最低收家庭人均可支配收入6145.85元，最高收家庭为42536.77，高收入户与低收入户的人均可支配收入相差18909.08元，高低收入组家庭人均可支配收入比为6.92∶1，与上年同期的5.80∶1相比，差距扩大1.12。

2.收入增幅差距也在扩大。2011年柳州市最最高收入家庭人均可支配收入比上年增长12.6%，高出全市平均水平6.23个百分点；最低收入家庭人均可支配收入比上年同期下降5.13%，低于全市平均水平11.36个百分点。

表1 2011年柳州市高低收入家庭收入差距情况比较

项目	全市	最低收入组	最高收入组	高低收入组差距
可支配收入（元）	18630.55	6145.85	42536.77	18909.08
比上年增加（元）	1098.85	-331.71	4999.71	5331.42
比上年增长（%）	6.27	-5.12	13.32	11.36

（二）收入差距产生原因

造成收入差距的原因是多方面的，但从劳动力因素方面来看，主要由以下两个方面：

1.低收入户家庭人口多，就业负担重。低收入家庭的一个显著特点就是户均人口多，就业人数相对少，负担系数偏高，家庭就业人员的负担明显大于高收入户。2011年柳州市最高收入家庭户均家庭人口2.88人，户均就业人口数2.19人；最低收入家庭户均2.86人，户均就业人口数仅为1.05人；高收入户的就业负担系数为1.21，低收入户则为2.39。

2.低收入家庭就业者文化程度一般较低，就业能力差。受教育程度的高低，直接影响就业技能和能力以及收入水平的高

低。目前，低收入户的文化教育程度普遍较低，直接导致他们的就业机会较少，即使就业，其中的大部分也只能在一般性岗位就业。

二、消费差异现状及原因

2011年柳州市高、低收入家庭人均消费性支出分别为32729.22元、5820.22元，最高收入家庭人均消费支出是低收入家庭的5.62倍，比2010年的3.25倍进一步扩大。

（一）消费倾向差距大

受收入水平的影响，高低收入户的消费倾向（人均消费支出占人均可支配收入的比重）差距较大，并且消费水平与消费倾向存在着极为规则的负相关关系，高收入阶层对应着低消费倾向。调查资料显示，2011年，柳州市低收入家庭人均可支配收入和人均消费支出分别为6145.85元和5820.22元，收入大于支出325.63元，消费倾向为94.70%，其中仅食品消费就占到消费性支出的53.90%，生活压力较大。而最高收入家庭人均可支配收入和人均消费支出分别为42536.77元和32729.22元，收入大于支出9807.55元，消费倾向为76.94%，高低差距近20个百分点。最高收入家庭由于收入水平较高，对于目前的消费，有着宽裕的支付能力，在必须的日常消费之后，他们可以把剩余的收入积累起来择机投向更高的消费领域。而低收入家庭虽然有较高的即期消费倾向，但因收入水平低，增长又缓慢，日常消费往往捉襟见肘，甚至入不敷出，很难向更高的消费领域拓展。

（二）消费结构差异明显

收入水平的差异决定着消费层次的高低。低收入家庭消费支出以基本消费为主，食品支出连续两年占比超过50.00%，其他七类支出基本都在10.00%以下；而最高收入家庭食品支出一般维持在总消费支出的四分之一，消费结构也日趋多样化。（详见表2）

表2 柳州市高低收入家庭消费支出比较

项　　目	最低收入组(10%)				最高收入组（10%）			
	2010年		2011年		2010年		2011年	
	支出(元/人)	构成(%)	支出(元/人)	构成(%)	支出(元/人)	构成(%)	支出(元/人)	构成(%)
消费支出	6102.19	100.00	5820.22	100.00	19821.05	100.00	32729.22	100.00
一、食品	3365.42	55.15	3137.20	53.90	5349.41	26.99	8184.31	25.01
二、衣着	304.06	4.98	263.31	4.53	1493.85	7.54	3473.45	10.60
三、居住	561.11	9.20	575.61	9.89	1131.72	5.71	1267.12	3.87
四、家庭设备用品及服务	442.06	7.24	277.30	4.76	1661.71	8.38	1635.15	5.00

续表

项　目	最低收入组(10%)				最高收入组（10%）			
	2010年		2011年		2010年		2011年	
	支出(元/人)	构成(%)	支出(元/人)	构成(%)	支出(元/人)	构成(%)	支出(元/人)	构成(%)
五、医疗保健	187.14	3.07	390.96	6.72	2237.32	11.29	762.68	2.33
六、交通和通信	603.85	9.90	438.87	7.54	2679.07	13.52	12419.8	37.95
七、教育文化娱乐服务	600.81	9.85	671.88	11.54	2985.04	15.06	3652.36	11.16
八、其它商品和服务	37.74	0.62	65.11	1.12	2282.93	11.52	1334.34	4.08

1.衣着类支出差距13.19倍。2011年最高收入家庭人均衣着类支出3473.45元，低收入家庭为263.31元，高低收入家庭衣着类支出差距13.19倍；最高收入家庭服装单价178.52元/件，低收入家庭为43.50元/件，高低收入家庭服装单价差距4.1倍。最高收入家庭在衣着方面更注重款式新颖、材料高档，讲求时尚化、高档化、个性化，而低收入家庭更倾向于服装的实用性。

2.恩格尔系数差距28.89点。2011年柳州市低收入家庭人均食品类支出3137.20元，占消费支出的53.90%，恩格尔系数比最高收入家庭高出28.89个百分点。虽然低收入家庭食品消费占消费性支出的比重大，但其支出的总金额、副食品消费量均处于较低水平。高收入户更注重食品的营养结构，一些低脂肪、高蛋白食品备受高收入户的青睐，消费远远高于低收入户，如最高收入家庭在干鲜瓜果类、其它肉制品、蛋类、奶及奶制品方面的支出，分别是低收入家庭的3.25倍、4.33倍、3.34倍和4.37倍，在外饮食更是达到低收入家庭的6.04倍。

3.居住状况差异明显。从住房面积看，2011年柳州市高、低收入家庭人均建筑面积分别为41.74平方米、20.03平方米，最高收入家庭是低收入家庭的2.08倍；从房屋产权看，最高收入家庭除一户外均为房改私房或商品房，而低收入家庭超过20%为租赁住房；从居住消费看，最高收入家庭人均居住类支出1267.12元，是低收入家庭的2.2倍。

4.交通消费差距悬殊。在购买交通工具、以及相关的汽油、维修费、车辆使用费等费用支出，高低收入家庭差距悬殊。2011年高收入户人均燃料支出905.19元，人均交通工具服务支出1159.42元，分别为低收入家庭人均支出的12.18倍和25.90倍；在选择交通工具上，最高收入家庭多选择方便、快捷、舒适的交通工具，如最高收入家庭人均出租汽车费126.10元，是低收入家庭的18.82倍；人均飞机消费162.89元，而低收入家庭没有此项支出。

5.高档耐用消费品保有量差距进一步加大。随着整体生活水平的提高，居民家庭的耐用消费品保有量均有所增加，但最高收入家庭增加更快，高低收入家庭差距进一步拉大。2011年最高收入家庭家庭设备人均支出309.99元，是低收入家庭人均支出27.64元的11.22倍。在家用电脑及空调器等耐用消费品的拥有量上，最高收入家庭分别为低收入家庭的4.60倍和11.65倍，家用汽车更是最高收入家庭才拥有。

三、几点建议

合理的收入差距是一种激励机制，可以有效地发挥劳动者的主观能动性，充分调动其劳动积极性，产生良好的经济效益和社会效益。但差距过大也会产生不良的社会后果。当前柳州市高低收入家庭生活差距有所扩大的趋势，必须引起高度关注，并建议：

一是不断完善社会保障体制。健全和完善社会保障制度是解决低收入居民困难的重点和关键。只有完善包括医疗体制改革、社会保险制度改革、养老金制度改革和教育制度改革在内的社会保障制度，才能缓解城镇居民特别是中低收入群体消费的后顾之忧。

二是促进低收入家庭就业。低收入群体收入偏低的一个重要原因就是文化程度低、就业不充分、就业负担重，解决这个问题的根本出路在于发展经济，扩大就业，加大对低收入群体，特别是下岗失业人员的培训力度，提高文化知识与劳动技能，使他们在再就业中有更多的竞争能力，扩大就业的机会和空间。

三是促进个体私营经济发展。要不断借助积极的扶持政策，促进个体私营经济活跃和发展，促进中高阶层群体继续扩大，并带动低收入群体就业。在政府投资和重大项目建设中，大力发展劳动密集型产业、服务业、非公有制经济和中小企业。

四是建立贫困统计监测体系。应重视对城市居民贫困群体的统计监测工作，建立系统化、规范化的贫困监测体系，利用现有调查网，调整并制定统一、科学、动态的贫困标准，及时提供准确、科学的贫困人口数量、结构、动态特征等权威性统计数据，做到“心中有数”，决策有据。

2011年桂林市低收入居民家庭生活困难加剧

庞育光

据国家统计局桂林调查队调查，2011年桂林市低收入家庭（占调查总体10%、人均可支配收入最低的居民家庭）人均可支配收入为5255.57元，比上年下降18.04%；剔除物价因素影响，实际下降22.54%。人均消费性支出为5420.70元，比上年下降1.78%，剔除物价因素影响，实际下降7.17%。调查数据表明，因为收入减少和物价上涨等因素，10%低收入家庭生活困难加剧。

一、低收入家庭的生活现状

（一）收入下降，贫富差距扩大

2011年桂林市低收入家庭人均可支配收入为5255.57元，比上年下降18.04%，比全市人均水平低12659.26元，相当于全市人均水平的三分之一；比高收入家庭少44866.43元，高低收入悬殊达9.5倍，比上年扩大3倍多（详见表1）。

表1　2011年低收入家庭收入与全市人均水平比较表

收入分类	低收入家庭人均收入（元）	低收入家庭收入构成（%）	全市人均收入（元）	全市人均收入构成（%）	低收入家庭收入/全市人均收入（%）
家庭总收入	5889.7	100	19050.78	100	30.92
其中：可支配收入	5255.57		17914.83		29.34
1.工资性收入	2862.9	48.61	9004.69	47.27	31.79
2.经营净收入	778.67	13.22	1642.74	8.63	47.40
3.财产性收入			658.06	3.45	—
4.转移性收入	2248.13	38.17	7745.29	40.65	29.03

（二）入不敷出，生活质量下降

2011年桂林市低收入家庭人均可支配收入为5255.57元，人均消费支性出为5420.7元，支出超出收入165.13元。由于入不敷出，生活质量下降。主要体现在：一是2011年低收入家庭的食品、衣着、医疗、居住等基本生存性资料支出达4192.28元，增长2.43%。占低收入家庭消费支出的77.34%，比上年提高17个百分点，比全市人均水平高11.96个百分点。二是恩格尔系数较高。2011年低收入家庭恩格尔系数为51.82%，比全市人均水平的43.25%高8.57个百分点（详见表2）。

表2 2011年低收入家庭消费支出与全市人均水平比较表

消费支出类别	低收入家庭（元）	低收入家庭支出构成（%）	全市人均（元）	全市支出构成（%）	低收入家庭支出/全市人均支出（%）
消费支出	5420.7	100	11890.24	100	45.59
其中：服务性消费支出	1340.66		3026.15		44.3
1.食品	2809.14	51.82	5142.34	43.25	54.63
2.衣着	195.78	3.61	728.24	6.13	26.88
3.居住	568.39	10.48	975.02	8.21	58.30
4.家庭设备用品及服务	198.43	3.66	641.49	5.40	30.93
5.医疗保健	618.97	11.41	927.75	7.79	66.71
6.交通和通信	382.26	7.05	1681.37	14.14	22.74
7.教育文化娱乐服务	569.27	10.51	1548.75	13.03	36.76
8.杂项商品和服务	78.46	1.45	245.29	2.05	31.99

（三）社会保障支出下降，参保能力明显不足

社会保障是社会的稳定器，也是低收入家庭未来的生活希望。但由于收入水平所限，低收入家庭参加社会保障的能力明显不足。一些特困家庭无力支付个人交纳的基本医疗、养老保险费，干脆不参加保险，或者中途退保。2011年低收入家庭人均社会保障支出532.53元，比上年下降21.58%，比全市平均水平低38.09%（详见表3）。

表3 2011年低收入家庭社会保障支出与全市人均水平比较表

支出分类	低收入家庭（元）	全市人均（元）	低收入家庭/全市人均（%）
社会保障支出	532.53	872.92	61.01
1. 个人交纳的养老基金	274.78	327.27	83.96
2. 个人交纳的住房公积金	76.79	380.04	20.21
3. 个人交纳的医疗基金	174	140.02	124.27
4. 个人交纳的失业基金	6.97	22.13	31.51

（四）住房面积小，配套设施不完善

近年来，桂林市加大了住房建设力度，低收入家庭住房条件有了明显改善，与全市人均水平的差距逐年缩小，但仍然存在较大差距。2011年桂林市居民人均住房建筑面积达到27.17平方米，低收入家庭与人均水平相差11.38平方米。从房屋产权看，仅有8%的低收入家庭居住的是商品房，低于人均水平30个百分点；从住宅户型看，低收入家庭居住在二居室及以下的占100%，高于人均水平41个百分点。从住房配套设施看，低收入家庭的卫生设备有厕所浴室的占91%，低于人均水平2个百分点；从居民现住房按市场价估值看，人均水平每户房产价值已超过26万元，而低收入家庭每户房产价值只有17万元，且住房装修过的只有41%，低于人均水平30个百分点。

（五）耐用消费品拥有量少、档次低、更新慢

1. 高端耐用消费品的拥有量低。2011年末低收入家庭每百户拥有家用汽车0辆、家用电脑50台、钢琴0架、摄像机0架、照相机8架、微波炉58台、组合音响8台；而全市的人均水平分别为：家用汽车13辆、家用电脑88台、钢琴1架、摄像机11架、照相机56架、微波炉75台、组合音响41台。

2. 耐用消费品更新换代慢。2011年百户家庭耐用消费品更新换代情况是：全市的人均水平分别为家用汽车1辆、电冰箱4台，箱彩色电视机10台、家用电脑9台、组合音响3台、照相机1架、中高档乐器2件台、微波炉1台，空调器2台，淋浴热水器15台、消毒碗柜1台、健身器材2件、移动电话32部。而低收入家庭则无一购买行为（详见表4）。

表4 2011年低收入家庭百户主要耐用品拥有量与人均水平比较表

家庭设备用品	单位	低收入家庭	全市人均	低收入家庭/全市人均（%）	家庭设备用品	单位	低收入家庭	全市人均	低收入家庭/全市人均（%）
1. 摩托车	辆	16	18	88.89	11. 钢琴	架		1	
2. 助力车	辆	58	60	96.67	12. 其他中高档乐器	件		7	
3. 家用汽车	辆		13		13. 微波炉	台	58	75	77.33
4. 洗衣机	台	100	96	104.17	14. 空调器	台	91	151	60.26
5. 电冰箱	台	91	92	98.91	15. 淋浴热水器	台	91	101	90.01
6. 彩色电视机	台	108	134	80.60	16. 消毒碗柜	台	16	48	33.33
7. 家用电脑	台	50	88	56.82	17. 洗碗机	台			
8. 组合音响	套	8	41	19.51	18. 健身器材	套		6	
9. 摄像机	架		11		19. 固定电话	部	17	58	29.31
10. 照相机	架	8	56	14.29	20. 移动电话	部	225	229	98.25

（六）信息化程度低

2011年桂林市百户家庭接入互联网的移动电话、接入有线电视网络的电视机、接入互联网的计算机分别为：17部、87台、73台，低收入家庭则为0部、66台、41台。

二、低收入家庭困难的主要原因

（一）家庭人口多、负担重

2011年桂林市低收入家庭户均人口数为3.54人，超过全市人均水平0.51人；负

担系数为2.81人，超过全市人均水平0.37人。

（二）就业难，收入来源少

一方面，低收入家庭成员中，下岗失业人员偏多，年龄偏大，文化程度偏低，劳动技能单一，身体状况不好，重新学习工作技能有很多制约条件，很难找到如意的工作，即使就业也属个体被雇，收入只有1000元左右，只能维持一家人的最低生活。另一方面，低收入家庭家底薄，自谋职业难。家庭积蓄十分有限，大都是入不敷出，举债过日子，想通过自主创业的途径解决收入问题，却因为资金匮乏而无法实现。

（三）医疗支出负担重

低收入家庭多数成员虽然享受了城镇居民医疗保障，但城镇居民医疗保障条件受诸多限制，生病住院个人支付部分比重较高，加之门诊治疗费和药品费过高，致使低收入家庭“生不起病，住不起院”。2011年桂林市低收入家庭人均医疗保健支出618.97元，比上年增长5.4倍；占消费支出的比重11.42%，提高9.67个百分点；比当年人均水平高3.6个百分点。在低收群体中，有时小病拖成大病，有的大病在小门诊部自己买点药吃，上不起医院。

（四）子女教育支出压力大

为了彻底摆脱贫困，为子女长远打算，贫困家庭往往比较重视子女教育，家长再贫再苦再累也要让子女受到良好教育，尽管国家采取了一些措施对贫困家庭进行了救助，但是由于他们收入微薄，高额的教育费用还是常常让他们为难。2011年桂林市低收入家庭人均用于教育方面的支出为483.92元，比上年下降2.91%，但占消费性支出的比重为8.93%，比上年提高0.16个百分点，比全市人均水平高4.97个百分点。

（五）食品价格大幅上涨加大低收入家庭生活负担

2011年桂林市居民消费价格比上年上涨5.8%，其中食品类价格上涨15.0%。经测算，2011年低收入家庭因食品价格上涨人均多支出421.37元，占人均消费性支出5420.7元的7.77%。换言之，在51.82%的恩格尔系数中有7.77个百分点是食品价格上涨导致的。

三、意见与建议

1.继续完善最低生活保障制度。近年来，桂林市最低生活保障制度不断完善，低保面不断扩大，低保标准也在不断提高，但不少低收入家庭在领取低保金后依然处于节衣缩食的状态。因此，政府应尽地方财政能力，适当提高低保标准；另一方面根据物价指数进行适时调整价格补贴标准，以保证低收入家庭的生活不因物价上涨而更加贫困。

2.加强价格监督，建立预警和应急处理机制。切实加强对粮食、食用油、肉、禽、蛋、奶、菜等与城镇居民生活密切相关的生活必需品的价格监测，密切关注这些商品市场供求和价格的变化情况，制止各种乱涨价、乱收费行为的发生，维护良好的市场价格秩序；慎重出台新的涨价措施，以便缓解通胀压力，确保物价稳定，保障居民特别是低收入家庭的正常生活。

3．“授之与渔”创造条件增加就业机会。低收入家庭之所以收入低、就业负担系数高，主要是其文化水平偏低而导致就业困难。因此，应进一步加大支持中小和微型企业和非公经济发展，加强就业指导，加强免费职业培训，促进充分就业，切实解决好低收入家庭就业低的现象。

2012年一季度广西城镇居民收入快速增长 消费水平不断提高

陈天录

2012年广西各级政府紧紧围绕加快实现富民兴桂新跨越的目标，加大产业结构调整升级力度，大力推进“北部湾开发建设”和“中马钦州产业园”等经济合作，带动广西经济又好又快发展，加上一系列惠民政策的实施，促进了一季度广西城镇居民收入的快速增长，居民消费水平不断提高，低收入居民生活保障能力有所增强。

一、居民各项收入全面增长

据国家统计局广西调查总队对全区1340户城镇居民调查资料显示，一季度广西城镇居民人均家庭总收入6442元，比上年同期增加787元，增长13.9%；人均可支配收入为5955元，同比增加803元，增长15.6%。在总收入中，来自工资性收入人均为4220元，同比增加464元，增长12.4%；经营性收入为535元，同比增加84元，增长18.6%；转移性收入为1456元，增加230元，增长18.1%；财产性收入为231元，增加9元，增长4.3%。工资性收入和转移性收入占家庭总收入的比重为88.1%，拉动今年一季度可支配收入达13.5个百分点。

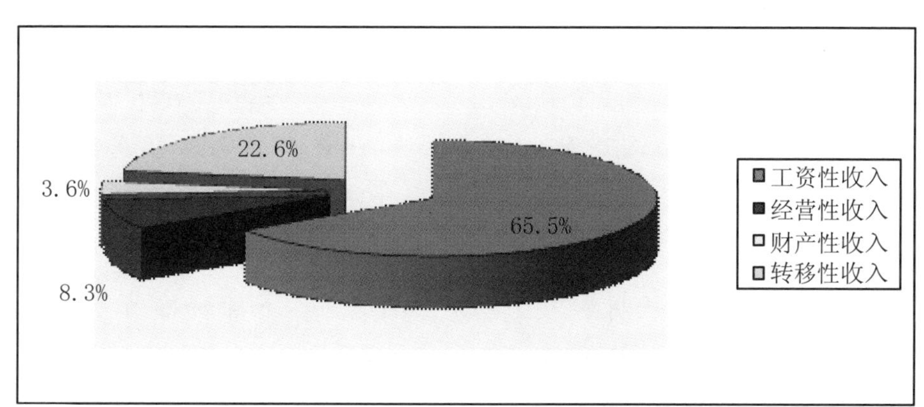

据分析，今年一季度广西城镇居民收入有以下几个特点：

（一）工资性收入拉动可支配收入增长9个百分点，是居民增收的主要来源

1.政策性增资是拉动一季度居民收入较快增长的主要因素。今年第一季度广西城镇居民人均工资性收入4220元，同比增加464元，增长12.4%，拉动可支配收入增长9个百分点。政策性增资主要有以下几个方面：(1)提高最低工资标准。从今年1

月起，广西对全区职工最低工资标准进行了调整，根据类别和适用地区的不同，增加了125元～180元不等；(2)一些单位提高职工津补贴标准。如某市从今年1月份起，每人每月增加津补贴280元；(3)市、县、区有的单位补发2010年或发放2011年绩效奖，发放标准比往年均有所提高。

2.企业效益好转和用工成本增加，职工工资收入提高。据了解，一些国有企业提高一线职工工资标准。如某交通系统从今年1月份起在职职工每月人均提高工资660元；一些效益好的企业给职工发放数额较大的年终奖金，如某集团公司春节前给职工发放年终奖，每人3000~6000元不等。

（二）转移性收入拉动可支配收入增长4.5个百分点

据了解，2012年广西再次上调包括基础养老金、福利养老金、失业保险金等多项社会保障标准，涨幅在20%左右，由此而拉动了一季度城镇居民转移性收入增长18.7%,拉动可支配收入增长4.5个百分点。其中养老金或离退休金收入增加102元，增长10.8%，拉动可支配收入增长2个百分点；社会救济金同比增长32.8%。

（三）低收入群体收入增长明显

在各级党委政府和社会各界的关心帮助下，春节前广西各地纷纷向低收入人群和困难群众以及老党员家庭开展送温暖、献爱心活动，发放一次性生活补贴，每人300—500元不等现金和一些大米、食用油、棉被等实物，加上今年广西再次上调最低生活保障金、最低工资标准等，对城镇低收入居民收入增长具有明显的拉动作用。调查资料显示，占调查总体10%的城镇低收入家庭今年一季度广西城镇居民人均可支配收入1924元，比上年同期增长39.1%。

（四）新个人所得税法缴纳标准调整，拉动居民可支配收入增长

新《个人所得税法》规定新个税起征点从2011年9月1日实施，起征点从2000元提高到3500元，中低收入家庭得到了实惠。今年一季度广西城镇居民人均交纳工资个人所得税比上年同期减少21元，由此而拉动城镇居民人均可支配收入增长0.4个百分点。

二、居民生活质量不断提高

一季度广西城镇居民人均消费性支出为3649元，比上年同期增加369元，增长11.3%，消费增速比收入增长速度低4.3个百分点；扣除价格因素影响，实际增长7.8%。

一季度广西城镇居民消费性支出八大类变动情况表

指标	2012年一季度		2011年一季度	
	绝对值（元）	比重（%）	绝对值（元）	比重（%）
食品	1492	40.9	1300	39.6
衣着	327	9.0	310	9.5

续表

指标	2012年一季度		2011年一季度	
	绝对值（元）	比重（%）	绝对值（元）	比重（%）
居住	376	10.3	268	8.2
家庭设备用品及服务	288	7.8	216	6.6
医疗保健	196	5.4	165	5.0
交通和通讯	455	12.5	549	16.7
教育文化娱乐服务	411	11.3	402	12.3
杂项商品和服务	103	2.8	69	2.1
合计	3649	100	3279	100

据分析，今年一季度广西城镇居民消费主要呈现以下几个特点：

（一）消费呈现“七升一降”

从八大项消费支出看，一季度广西城镇居民人均食品支出为1492元，比上年同期增加193元，增长14.8%；衣着支出327元，增加18元，增长5.7%；居住支出376元，增加107.2元，增长40.0%；家庭设备用品及服务支出288元，增加72元，增长33.4%；医疗保健支出196元，增加31元，增长18.9%；教育文化娱乐支出411元，增加8元，增长2.1%；其他商品和服务支出103元，增加34元，增长49.3%；交通和通讯支出455元，减少94元，下降17.1%。

（二）食品消费支出全面增长

一季度广西城镇居民人均购买粮油类支出170元，同比增长12.6%；肉禽蛋水产品类支出587元，增长13.5%；蔬菜类支出118元，增长11.5%；糖烟酒饮料类支出144元，增长25.1%；干鲜瓜果类支出101元，增长11.9%。受食品类价格上涨因素影响，一季度广西城镇居民人均食品类消费支出1492元，同比增加193元，增长14.8%，拉动城镇居民消费性支出增长5.9个百分点。恩格尔系数（食品消费支出占生活消费支出的比例）为40.9%，比上年同期提高1.3个百分点。

（三）服务性消费快速增长

随着居民生活的不断改善和服务项目价格的提高，居民服务性消费快速增长。一季度广西城镇居民人均服务性消费支出为828元，同比增加102元，增长14.1%。其中，参观游览支出增长29.5%，培训费支出增长30.3%，旅馆住宿费增长26.6%，家庭服务费增长67.8%。服务性消费的快速增长，一定程度上反映了广西城镇居民消费水平提高和生活质量的进一步改善。

（四）信息化产品及其服务消费步伐加快，上网购物成消费新热点

随着人们生活水平的提高以及信息技术的发展，信息化产品及其服务消费给越来越多的人带来了方便与快捷。住户调查资料显示，一季度广西城镇居民家庭平均每百户拥有家用计算机96台，同比增长

7.9%；其中接入互联网的计算机79台，增长9.1%；接入互联网的移动电话26部，同比增长52.1%。一季度广西城镇居民通过互联网购买商品支出人均为17元，同比增长了10.5%。

（五）车辆使用成本大大增加

由于家用汽车不断普及，加上油价上涨，居民车辆使用费用大大增加。调查资料显示,一季度末广西城镇居民每百户拥有家用汽车20.1辆,比上年同期增长29.7%;一季度人均购买汽车用燃料及零配件支出86元，同比增长57.3%。

（六）受楼市调控政策影响，居民购房支出明显减少

2011年以来，受楼市调控、限购限贷等影响，房地产市场成交低迷，居民购买住房投资大幅减少。住户调查资料显示，今年一季度广西城镇居民家庭人均购建住房支出仅为37元，同比下降84.3%。

（七）低收入家庭生活得到一定程度的改善

占调查总体10%的城镇低收入家庭今年一季度人均消费支出为1746元，同比增加217元，增长14.2%，比全区平均增速高2.9个百分点。其中，食品消费支出932元，增长15.3%；衣着类消费支出95元，增长57.7%；教育文化娱乐服务支出222元，增长14.1%；医疗保健支出91元，增长5.0%。一季度人均消费猪肉7.3公斤，同比增长6.5%；消费禽类4.2公斤，增长10.7%；消费蛋类1.2公斤，增长2.7%；消费鱼类2.4公斤，增长10.7%；消费蔬菜97.8公斤，增长8.9%。城镇低收入居民的生活得到逐步改善，生活保障能力有所增强。

2012年一季度百色市城市居民家庭收入大幅提升消费平稳增长

李炎子

据抽样调查资料显示，2012年一季度百色市城市居民家庭人均可支配收入5930.8元，同比增加1139.7元、增长23.8%，增速大幅提升；人均消费性支出3524.7元，同比增加380.4元、增长12.1%，增速与上年持平。

一、收入增长主要特点

（一）收入全面大幅增长

从收入来源上看，工资性收入、经营净收入、财产性收入、转移性收入等四大类收入，均以两位数的速度增长。详见表：

表1　2012年一季度百色市城市居民家庭收入结构表

	2012年一季度（元）	2011年一季度（元）	同比增减（%）	拉动总收入增长（%）
家庭总收入	6594.3	5431.1	21.4	—
其中:可支配收入	5930.8	4791.1	23.8	—
（一）工资性收入	5066.7	4138.6	22.4	17.1
（二）经营净收入	192.7	164.3	17.3	0.5
（三）财产性收入	184.2	162.8	13.1	0.4
（四）转移性收入	1150.7	965.3	19.2	3.4

1.工资性收入增幅最大。一季度，由于百色市机关、事业单位全部兑现上年第13个月工资和绩效工资，同时，不少效益较好的企业发放年终奖金、节日补贴等，有力地推动了居民工资性收入迅猛增长。一季度百色市城市居民家庭人均工资性收入5066.7元，同比增长22.4%，并拉动总收入增长17.1个百分点；工资性收入占家庭总收入的比重为76.8%，较上年同期扩大0.6个百分点，工资性收入继续成为居民可支配收入增长的主要支撑点。

2.财产性收入较快增长。随着市民家庭理财和投资意识明显增强，投资渠道趋向多元化，购买房产、股票、黄金、白银、国债、基金作为投资的居民家庭在不断增多，致使利息、其他投资、出租房屋等收入助推财产性收入较快增长。一季度百色市城市居民家庭人均财产性收入

184.2元，同比增加21.4元，增长13.1%，其中其他投资收入增长 89.2%。

3.转移性收入快速增长。由于国家提高企业离退休人员收入的政策已全部落实到位，百色市城市居民家庭养老金或离退休金收入明显增多；同时，政府继续实施对低保户、困难户发放春节临时生活补贴、物价补贴等政策，使得一季度百色市城市居民家庭转移性收入快速增长。一季度百色市城市居民家庭人均转移性收入1150.7元，同比增长19.2%，拉动总收入增长3.4个百分点。其中，养老金或离退休金808.8元，增长14.1%；社会救济收入28.3元，增长1.5倍。

4.经营净收入较快提高。随着百色经济环境持续变好，经营环境大为改观，个体经营长足发展，经营净收入不断增长，增幅实现由负转正（上年同期-12.8%）。一季度百色市城市居民家庭人均经营性收入192.7元，与上年同期相比增多28.4元，增长17.3%。

（二）高低收入差距缩小

按可支配收入五组等距分组，一季度不同收入组可支配收入增长均呈两位数以上的增长态势。收入水平最低20%居民家庭组人均可支配收入2298.1元，同比增长58.9%，在五组中增幅最大；而收入水平最高20%居民家庭组可支配收入12775.4元，同比增长18.0%，增速低于平均水平5.8个百分点；高低收入组人均可支配收入之比已由上年同期的7.5：1缩小为5.6：1。详见表2

表2 2012年按收入五组等距分组增长表

	平均	低20%	较低20%	中20%	较高20%	高20%
2011年（元）	4791.1	1446.5	3130.9	4103.9	5864.9	10828.6
2012年（元）	5930.8	2298.1	3876.2	5161.6	6897.7	12775.4
同比（%）	23.8	58.9	23.8	25.8	17.6	18.0

二、支出增长主要情况

（一）八大消费支出“五增三降”

调查的八大类消费支出中，呈现“五增三降”的格局，其中，食品、衣着、家庭设备用品及服务、医疗保健、教育文化娱乐服务五大类消费同比分别增长18.9%、13.7%、24.6%、17.4%和10.1%；而居住、交通和通信、其他商品和服务三大类消费同比分别下降7.8%、1.4%和6.3%。

1.恩格尔系数明显上升。近年来，百色消费市场的各类食品价格维持高位运行，居高不下的物价，推高食品类消费支出。一季度百色市城市居民家庭人均食品类支出1440.5元，同比增加229元，增长18.9%，增速提高4.7个百分点；与此同时，食品占消费性支出的比重达40.9%，与上年同期相比扩大2.4个百分点。

2.衣着消费较快增长。生活水平提高、衣着档次逐步升级、服装更新周期不断缩短等因素，共同促使衣着类消费较快增长。一季度百色市城市居民家庭人均衣

着支出426.5元，同比增加51.5元，增长13.7%，增速提高6.8个百分点。其中：服装支出326.2元，增长9.1%；鞋类支出86.7元，增长45.5%。

3.家庭设备用品及服务消费增幅最大。收入水平提高、居住条件改善，家电产品更新换代步伐加快等诸多因素，共同推高百色市居民家庭购买大宗商品的消费热情，花在耐用消费品方面的支出大幅增长。一季度百色市城市居民家庭人均家庭设备用品及服务支出277.7元，同比增长24.6%，增幅居八大类消费之首。其中，耐用消费品支出117.3元，增长56.1%，拉动家庭设备用品及服务支出增长18.9个百分点。

4.医疗保健消费增长明显。随着保健意识的提升，居民家庭在健康方面更加舍得投入，花在医疗保健方面的支出明显增长。一季度百色市城市居民家庭人均医疗保健支出227.1元，同比增长17.4%，其中保健器具和药品费支出分别增长28.4%和60.4%。

5.教育文化娱乐消费稳定增长。重视教育、注重文化娱乐生活，促使百色市居民家庭在教育文化娱乐方面的消费支出稳定增长。一季度百色市城市居民家庭人均教育文化娱乐服务类支出456.4元，同比增长10.1%。其中，文化娱乐服务支出82.9元，增长25.0%；教育支出268.3元，增长49.3%。

6.居住消费明显下降。受国家楼市调控政策影响，百色市居民家庭对高房价保持谨慎和观望态度。一季度百色市调查的100户城市居民家庭中，没有新的购房户，由此造成住房类支出大幅减少，从而导致居住类消费明显下降。一季度百色市城市居民家庭人均居住类支出234.1元，同比下降7.8%，其中，人均住房支出45.4元，下降45.7%。

7.交通和通信消费微降。今年来，汽油、柴油等价格快速上涨，93#汽油已从去年底的7.33元/升涨到了8.05元/升，涨幅达9.8%，油价持续高位运行，抑制了部分百色市居民家庭的购车欲望，消费减少。一季度百色市城市居民家庭人均交通和通信类消费386.5元，同比下降1.4%，其中，交通类支出200.5元，下降17.7%，尤其是家庭交通工具支出下降88.6%。

8.其他商品和服务支出小幅下降。受黄金、白银等奢侈品价格不断走高的影响，居民家庭购买饰品支出明显减少，从而导致其他商品和服务支出下降。一季度百色市城市居民家庭人均其他商品和服务支出75.9元，同比下降6.3%，其中金银珠宝饰品支出下降51.4%、服务支出下降12.4%。

（二）家庭耐用消费品向享受型发展

人们从温饱型生活迈入小康，不仅追求实用，而且向着更高层次的享受型发展。如今居民家庭电视分开看，空调按房装的情况越来越普遍，居民家庭耐用消费品拥有量大幅上升。截止3月末，百色市每百户城市居民家庭耐用消费品的拥有量为：彩色电视机118台，同比增长4.4%；空调器141台，增长13.7%；计算机105台，增长9.4%；洗衣机93台，增长6.9%。

此外，拥有两台及以上彩电、空调、计算机的家庭分别占总数的21%、44%、78%。另外，组合音响、照相机、其他中高档乐器每百户拥有量分别为26套、39台、3台，同比分别增长13.0%、2.6%、50%。

（三）财产性支出成倍增长

随着生活水平的提高，市民对家庭的居住条件要求更高，如旧房换新房，小房换大房、无房变有房等，为了改善自身的居住环境，近年来不少居民家庭纷纷加入到购房行列中，由于按揭购房人员增多，归还住房贷款利息成倍增长。一季度百色市城市居民家庭人均财产性支出80.5元，同比增加64.8元，增长4.1倍，其中归还住房贷款利息的非生产性贷款利息支出80.5元，增长38.1倍。

（四）转移性支出大幅增长

转移性支出是指调查户对国家、单位、住户和个人的转移支付，包括交纳的税款、捐赠和赡养支出等。近年来，百色市城市居民家庭的转移性支出呈逐年增长的态势。一季度百色市城市居民家庭人均转移性支出967.8元，同比增多268.2元，增长38.3%。其中交纳所得税增长33.6%、捐赠支出增长53.4%、购买彩票支出增长4.3倍、赡养支出增长23.7%。

三、存在问题

（一）食品支出比重扩大。一季度食品占消费性支出的比重达40.9%，同比扩大2.4个百分点，食品支出比重不断扩大，一定程度抵消收入增长带来的有利影响，居民生活负担仍然较重，影响居民生活质量的进一步提升。

（二）教育费用的上涨过快。一季度个人教育费用为252.65人，同比增长51.37%，其中，非义务教育学杂费、成人教育费、学校住宿费以及其他教育费用等分别增长72.87%、136.45%、226.6%、200%，涨幅较大。随着社会不断发展，个人要求接受更高层次教育提高自身素质的观念不断加强，许多家长和个人在教育方面的投入都表现出不遗余力的劲头，因此，教育费用的过快增长，将有可能成为家庭或个人生活的新的负担，应该引起重视。

（三）社会保障支出与收入增长不同步。一季度百色市城市民家庭人均社会保障支出569.21元，同比下降0.04%，其中，个人交纳的养老基金219.34元，下降5.97%，个人其他社会保障支出仅为0.01元，下降96.15%，说明群众对社会保障方面的重视程度依然不足，个人社会保障投入跟不上收入增长的步伐，将阻碍社会保障事业的长期发展，对社会家庭和个人不利。

2012年上半年北海市城市居民收入稳步增长消费快速提升

李琳璐

2012年上半年，随着北海市经济和社会各项事业的不断发展，城市居民收支呈现稳步增长的态势，居民生活水平不断提高，生活质量不断改善。据北海市百户城市居民调查数据显示，2012年上半年，北海市城市居民人均可支配收入10149.47元，同比增长12.2%；人均消费支出7631.23元，增长22.1%。居民消费支出增幅高于可支配收入增幅9.9个百分点，住房装潢支出、医疗保健支出、交通工具支出，成为拉动居民消费支出增长的主要因素。

一、人均可支配收入稳步增长

2012年上半年北海市城市居民人均可支配收入10149.47元，同比增长12.2%。从家庭收入构成看，四项收入全面增长，工资性收入仍然是可支配收入的主要支撑，财产性收入和转移性收入是拉动可支配收入增长的主要动力。

表1 上半年北海市城市居民收入主要来源及其增长情况

收入项目	金额（元）	同比增长（%）	拉动总收入增（减）（百分点）	构成（%）
家庭总收入	10811.35	11.8	—	100.0
其中：可支配收入	10149.47	12.2	—	—
一、工资性收入	6281.34	1.7	1.1	58.1
二、经营净收入	611.08	7.8	0.5	5.7
三、财产性收入	735.11	81.1	3.4	6.8
四、转移性收入	3183.82	26.2	6.8	29.4

（一）工资性收入增长1.7%

2012年上半年，北海市城市居民人均工资性收入6281.34元，同比增长1.7%。其中，人均其他劳动收入261.80元，增长40.5%。工资性收入增长的主要有利因素：

1.从1月起，北海市调整职工最低工资标准。市辖各城区月最低工资由820元调整为1000元，增长22.0%；小时工最低工资从6元调整为8.5元。

2.春节期间职工领取的年终奖金和过节费增加。随着物价的上涨和生活消费水平的提高，各企事业单位发放的奖金和过节费也相应增加。

3. 个税起征点和税率调整政策的影响。2012年上半年，北海市城市居民人均交纳个人所得税9.40元，比上年同期减少3.87元，下降29.2%。

（二）经营净收入增长7.8%

2012年上半年，北海市城市居民人均经营净收入611.08元，同比增长7.8%。城市居民人均经营净收入增长的主要原因是居民自主创业渠道增加。2012年以来，政府通过“1 + X”模式加大对小微企业和自主创业的支持力度，形成联动帮扶的微型企业服务新模式，通过明确政府及各职能部门对微型企业开展帮扶指导的工作要求，帮助解决创业上的各项难题，大大提高了居民创业积极性。

（三）财产性收入增长81.1%

2012年上半年，北海市城市居民人均财产性收入735.11元，同比增长81.1%。其中，人均其他投资收入308.20元，增长310.5%。2011年以来，央行多次加息以及信贷收紧民间借贷利率提高，居民获取的利息收入增多；其他投资收入增加并保持增长态势。这些都是人均财产性收入增长的有利因素。

（四）转移性收入增长26.2%

2012年上半年，北海市城市居民人均转移性收入3183.82元，同比增长26.2%。其中人均养老金或退休金2784.16元，增长25.1%。转移性收入增长的主要来源，是北海市企业退休人员基本养老金调整从2012年1月起执行，符合条件的退休人员月均增资在115.00元以上，从5月起陆续发放到位。

二、消费支出“七升一降”，消费结构趋向合理

2012年上半年，北海市城市居民人均消费支出7631.23元，同比增长22.1%。八大类消费项目中，除了教育文化娱乐服务类略有下降以外，其余七大类消费都呈现出不同程度的增长，涨幅居前的食、住、行依然是居民消费的主要热点。

表2 上半年北海市城镇居民消费支出情况

消费项目	金额（元）	同比增长（%）	拉动消费性支出增（减）（百分点）	构成（%）
消费性支出	7631.23	22.1	—	100.0
食品	3126.02	9.8	4.5	41.0
衣着	491.1	21.7	1.4	6.4
居住	1321.53	49.0	7.0	17.3
家庭设备用品及服务	470.59	19.0	1.2	6.2
医疗保健	422.7	103.8	3.4	5.5
交通和通讯	1154.48	36.4	4.9	15.1
教育文化娱乐服务	466.81	-5.2	-0.4	6.1
其他商品和服务	178.00	2.8	0.1	2.3

（一）食品支出增长9.8%，在外饮食比重上升

2012年上半年，北海市城市居民人均食品支出3126.02元，同比增长9.8%，拉动消费支出增长4.5个百分点。肉禽蛋水产品类，蔬菜类和干鲜瓜果类支出分别比上年同期增长7.6%、17.5%和11.0%，是拉动食品支出增长的主要指标。

受居民在外饮食次数增加和饮食服务价格上涨的影响，在外饮食支出增幅较大。2012年上半年，北海市城市居民人均在外饮食支出436.13元，同比增长23.2%，占食品支出的比重为14.0%，比上年同期上升1.6个百分点。

随着城市居民生活质量的提高和消费结构的明显改善，2012年上半年北海市城市居民恩格尔系数为41.0，较去年同期下降4.5个百分点。

（二）居民审美标准不断提高，衣着支出持续增长

受生活水平提高的影响，居民的审美标准和品味也在逐步提高，不但看重服装的实用性，也开始追求服饰的品质和美观，服饰的高档化、时尚化、品牌化、多元化已成为服装消费的一种潮流，衣着档次逐步升级，购买高档名牌服装增多，使得衣着支出保持较快增长。2012年上半年，北海市城市居民人均衣着支出491.10元，同比增长21.7%。

（三）改善居住环境热情持续升温，住房装潢支出增长较快

2012年上半年，北海市城市居民人均居住支出1321.53元，同比增长49.0%。由于居民家庭的装修理念和装修档次不断提升，装修材料价格和用工工资不断上涨，2012年上半年城市居民人均住房装潢支出818.03元，同比增长121.6%，拉动消费支出增长7.2个百分点。

（四）高新家电用品日益受到青睐，家庭设备用品更新换代需求旺盛

收入水平的提高和消费观的改变，促使居民对家庭设备有了新的需求，智能化、数字化、环保化风潮促进了家电的更新换代，液晶电视、节能空调、环保冰箱、智能洗衣机和生活小家电受到广大居民青睐。同时，春节和五一期间各大商场推出各种优惠促销活动，极大激发了居民的消费热情，纷纷购买数字化、智能化家电用品取代旧款。2012年上半年，北海市城市居民人均家庭设备用品及服务支出470.59元，同比增长19.0%。其中室内装饰品支出57.14元，同比增长1767.3%。

（五）医疗制度改革持续推进，居民对自身健康愈加重视

2012年上半年，北海市城市居民人均医疗保健支出422.70元，同比增长103.8%。随着医疗制度改革力度的不断加大以及居民自我保健意识的增强，上半年，人均药品费和医疗费支出分别为195.74元和183.99元，分别比上年同期增长79.7%、217.4%。

（六）家庭交通工具消费及相关支出带动交通支出强势增长

随着收入和生活水平的提高，越来越多的家庭购买汽车代步，家用汽车拥有量的上升推动了车用燃料及零配件、交通工具服务支出大幅增长。到2012年6月底止，北海市百户城市居民家庭中家用汽车拥有量为25台，比上年同期增长19.0%。上半年，北海市城市居民人均交通和通讯支出1154.48元，同比增长36.4%，拉动消费支出增长4.9个百分点。其中，车辆用燃料支出和车辆使用税费支出分别同比增长33.3%和165.1%。

（七）文化娱乐服务和教育消费支出明显下降

2012年上半年，北海市城市居民人均教育文化娱乐服务支出466.81元，同比下降5.2%。受天气寒冷和物价上涨等因素影响，北海市城市居民家庭用于文化娱乐服务支出减少。上半年，文化娱乐服务支出82.02元，同比下降31.3%；由于国家各项教育优惠政策的落实，上半年，北海市城市居民人均教育支出131.22元，同比下降23.7%。

三、存在问题

（一）可支配收入持续增长缺乏有力支撑。工资性收入和转移性收入占可支配收入比重达87.5%，两者都受政策性因素影响较大，倘若没有相应的政策支持，持续增长较为勉强。

（二）物价温和上涨，食品价格仍在高位运行。2012年上半年，北海市城市居民人均肉类、鱼类、鲜菜支出分别为591.95元、356.13元、252.78元，分别比上年同期增长3.7%、11.7%、15.9%，但从消费量上看，人均肉类、鱼类、鲜菜的购买数量分别比上年同期下降7.5%、2.0%、7.4%。食品支出的增加必然导致低收入家庭改变生活消费习惯，减少对非必需消费支出的投入，影响生活水平的提高。

四、建议

（一）进一步拓宽就业渠道，开放就业岗位。政府有关部门通过降低就业门槛等方式提高居民就业率，特别关注中低收入户及特困户的就业情况，为其营造良好的创业就业环境，积极引导居民逐步树立新的就业观念，鼓励其多渠道获取工资之外的其它劳动收入，激励有志之士创业，不断优化居民收入结构，通过多种途径提高居民收入水平。

（二）完善社保体系，减轻居民的医疗负担。政府必须加大社会保障方面的投入，规范医疗行为，禁止乱收费、多收费，减轻居民负担，切实解决居民的后顾之忧。

（三）稳定物价，防止生活必需品价格上涨过快。政府一方面要加强价格监管，打击哄抬物价的违法行为，将物价上涨控制在一定范围内；另一方面要进一步发展生产，增加产品供给，保障居民生活质量。

（四）针对不同消费群体，有意识地引导促进消费。对于高收入群体，进一步合理引导住房、汽车消费，扩大休闲旅游、体育健身等享受型消费，促进高端消费；对于中低收入群体，加大对廉租房和经济适用房的建设，充分满足低收入户和住房困难家庭的需要，减轻住房问题带来的压力，促使其改善消费结构。

2012年上半年贵港市城市居民收入增速快消费增长放缓

覃乾富

据国家统计局贵港调查队调查，2012年上半年贵港市城市居民人均可支配收入9573元，同比增长16.7%，扣除物价因素实际增长13%；居民人均消费性支出6384元，同比增长5.4%，扣除物价因素后实际增长2%。居民人均可支配收入增速比居民人均消费性支出增速快11个百分点。

一、居民可支配收入快速增长

2012年上半年，贵港经济发展较快，企业生产状况良好，居民收入同比大幅提高。从收入构成来看，“四大项”收入三增一减：

1. 工资性收入快速增长。上半年贵港城市居民人均工资性收入8395元，同比增长19%，工资性收入占居民可支配收入的87.7%，比去年同期增加1.7个百分点，工资性收入增长是拉动居民可支配收入大幅增长的主要原因，工资性收入的主体地位得到进一步巩固。上半年贵港市城市居民可支配收入大幅增长的主要原因：一是部分企业经营状况改善，职工福利得到提高；二是用工价格的不断提高，增加了居民的工资性收入；三是部分单位通过发放购物卡等形式提高了职工的工资性收入。

2. 经营净收入小幅下滑。上半年贵港市城市居民人均经营净收入775元，同比下降5%。主要原因是受上半年经济形势的影响，部分经营户收入有所减少。

3. 财产性收入高速增长。上半年贵港市城市居民人均财产性收入188元，同比增长34.7%，居民财产性收入增长主要依靠利息收入增长与出租房屋收入增加拉动。主要原因：一是股市的持续走低，居民逐渐将资金转为银行存款；二是国家对房地产行业的调控政策仍在继续，许多居民是持币待购，再加上进城务工人员不断增多，推动了出租房租金的快速上涨，拉动了居民出租房屋收入快速增长。

4. 转移性收入小幅增长。上半年贵港市城市居民人均转移性收入1586元，同比增长8.8%，其中居民人均养老金收入1159元，同比增长11.3%，是拉动居民转移性收入增长的主要因素。居民转移性收入小幅增长的主要原因是国家在年初提高了企业离退休人员退休金，并且在上半年已经落实到位。

二、消费性支出增长缓慢

2012年上半年，贵港市居民消费性支

出6384元，同比增长5.4%，远低于居民可支配收入增速，扣除物价因素后比可支配收入增速低11个百分点，“八大项”消费性支出呈现“七增一减”局面，具体如下表：

2012年上半年贵港城镇居民消费支出表

单位：元

	2012年上半年	2011年上半年	增速（%）
居民消费支出	6384	6059	5.4
其中：服务性消费支出	1624	1596	1.7
一、食品	2405	2204	9.1
二、衣着	433	390	11.0
三、居住	796	784	1.5
四、家庭设备用品及服务	484	284	70.3
五、医疗保健	520	491	5.9
六、交通和通信	981	1347	-27.1
七、教育文化娱乐服务	561	435	29.1
八、其他商品和服务	203	123	65.2

如上表所示，贵港居民消费支出呈现不均衡发展态势：

1.服务性消费支出略有增长。上半年贵港市城市居民人均服务性消费支出1624元，同比增长1.7%，占居民消费性支出的25.4%，反映出贵港城市居民生活质量有提高，但消费结构仍需改善。

2.食品消费支出较快增长。上半年贵港市食品价格同比上涨5.4%，主要食品价格除猪肉、鸭肉和鸡蛋同比略有下降外，其他主要食品价格均有不同程度的上涨，特别是牛肉、羊肉以及青菜价格，同比分别上涨30.7%、24.3%和15.9%。在价格上涨因素的影响下，上半年贵港市城市居民人均食品消费支出达2405元，同比上涨9.1%，其中人均肉类消费542元，上涨9.4%； 人均禽类消费258元，上涨8.4%；人均蔬菜类消费249元，上涨19.6%。

3.衣着支出较快增长。调查显示，上半年贵港服装销售价格同比基本持平，但款式新颖、端庄得体的服装更受追捧，居民对于合适自己的服装更舍得投入。上半年贵港市城市居民人均衣着支出433元，同比上涨11%，其中居民人均服装单价达到100元/件，上涨8.2%。

4.家庭设备用品及服务支出高速增长。随着收入的增长，居民对于居住环境的要求也越来越高，对家庭设备的更新换代速度加快，同时政策效应也在极大的推动了居民家庭设备用品及服务支出的增长。上半年贵港市城市居民人均家庭设备用品及服务支出484元，同比增长70.3%。

5.医疗保健支出小幅增长。上半年贵港市城市居民人均医疗保健支出520元，

同比增长5.9%，其中人均药品费支出151元，同比增长58.8%；人均医疗费支出338元，同比下降8.9%。

6.教育文化娱乐服务支出高增长。随着收入的提高，居民更注重自身的身心健康，在文化娱乐用品方面更加舍得投入；另一方面，随着就业压力的增大，居民更加注重自身素质的提高，同时也努力让自己的孩子不输在起跑线，许多家长都让孩子参加各种各样的培训班、技能班，孩子教育支出快速增长，推动了居民教育支出高速增长。上半年贵港市人均教育文化娱乐服务支出561元，同比增长29.1%，其中居民人均文化娱乐用品支出159元，同比增长90.6%；居民人均教育支出274元，同比增长32.7%。

7.交通和通信支出下降幅度较大。上半年贵港市城市居民人均交通和通信支出981元，同比下降27.1%，其中居民人均交通支出685元，同比下降35.7%；人均通信支出296元，增长5.2%，交通支出下降主要是由于购买汽车量减少。

三、存在的问题

1.收入增长靠政策带动明显，收入增长结构不合理。上半年贵港市城市居民人均可支配收入扣除物价因素后实现了13%的增长，增速喜人，但仔细分析收入增长的原因却发现居民的收入增长主要是依靠国家政策拉动工资性收入和转移性收入的增长，缺少居民经营收入、投资理财收入，居民收入增长结构有明显的不合理性。

2.居民就业不充分，就业者负担系数仍较大。近年来，贵港市通过实施再就业工程，大幅度减少了下岗、失业人员，但居民就业仍不充分，上半年贵港市城市居民就业者负担系数为1.8，通过扩大居民就业增加居民收入仍是一条可行之道。

3.消费性支出增速过低，国家扩大内需政策难见效。上半年贵港市城市居民人均消费性支出扣除物价因素后仅增长2%，大部分居民消费都是以满足日常生活需要为主，居民消费潜力没有得到很好的挖掘，国家扩大内需政策难见效。

4.食品价格上涨控制效果差，居民生活质量没有根本提高。上半年贵港市居民消费价格上涨3.3%，其中食品价格上涨5.4%，在食品价格上涨的推动下，居民人均食品消费支出同比上涨9.1%，居民恩格尔系数不降反升，同比增加1.3个百分点，达到了37.7%，居民生活质量没有得到根本提高。

5.“看病难、看病贵”现象依然严重。由于社区医疗建设投入的不足，医疗条件、医疗水平都有待提高，居民亚健康的多，不管大病小病都往大医院跑，导致“看病难”现象依然突出；另外，“医保”、“新农合”制度的建立在一定程度上缓解了居民“看病贵”的现象，但如果居民出现大病需要去市外大医院医治的话，仍会出现“因病返贫”现象。

四、几点建议

1.继续提高居民收入，让居民预期增加。首先要继续完善居民创业扶持制度，努力增加居民的经营收入；其次加强对居民理财能力的培养，拓宽居民投资渠道，增加居民的财产性收入；再者还要通过收入再分配制度，增加低收入居民的收入。最后还需要建立工资的正常增长机制，实现居民收入增长与社会经济发展同步，让广大居民能够分享社会经济发展成果。

2.采取有效措施，提振居民消费信心。居民消费支出过低，不利于促进消费市场的繁荣，需要采取措施让居民敢花钱：首先是努力增加居民收入；其次是抑制消费品价格特别是食品价格的上涨，"民以食为天"，只有解决了"吃"的问题居民才能大胆的去消费各种享受型物品及服务；再者要努力发展社会服务业，提高服务业服务水平，让居民享受服务业发展带来的快捷与方便。

3.健全社会保障体系，消除居民后顾之忧。首先要完善医疗保险制度，建议推行由定点医院推荐到更高级别医院治疗费用报销比例等同于定点医院的制度，减轻确实需要在大医院治疗的居民的医疗费用，避免"因病返贫"现象出现；其次是加强对相关用人单位缴纳社会保障基金的检查力度，切实保障打工人员的权益，消除居民的后顾之忧。再者还要完善和落实城镇居民最低生活保障制度、落实最低工资制度和加大转移支付力度，切实提高最低收入居民的生活。

2012年前三季度广西城镇居民收支变动情况简析

陆 海

据广西调查总队抽样调查，2012年前三季度，广西城镇居民收入和消费继续保持平稳增长态势，其中人均可支配收入为15812元，名义增长（同比，下同）13.1%，增幅在全国排第22位，扣除物价因素，实际增长9.7%；人均消费性支出10678元，增长12.4%（详见表1）。

表1 2012年前三季度广西城镇居民家庭收入情况表

（单位：元）

指标名称	2011年	2012年	同比涨跌（±%）
人均家庭总收入	15486.3	17266.7	11.5
其中:可支配收入	13986.2	15812.0	13.1
（一）工资性收入	10134.3	11071.5	9.2
（二）经营净收入	1240.9	1558.8	25.6
（三）财产性收入	597.9	624.1	4.4
（四）转移性收入	3513.3	4012.2	14.2

一、促进城镇居民收入增长的主要因素

调查显示，2012年前三季度广西城镇居民收入四大项全面增长。其中人均工资性收入为11072元，增长9.2%；人均转移性收入4012元，增长14.2%；人均财产性收入624元，增长4.4%；人均经营净收入1559元，增长25.6%。

（一）政策因素是推动工资性收入增加的关键，四大因素推动工资性收入

1.最低工资标准提高。根据《广西壮族自治区人民政府关于调整全区职工最低工资标准的通知》规定，从2012年1月起，广西最低工资标准再次提高，不同类别适用地区最低工资增加了125元—180元。

2.部分企业提高职工工资，发放大额奖金。据调查，广西部分大型企业从2012年1月份起，较大幅度地提高了在职职工的工资水平。一些效益好的企业在春节前给职工发放数额比2011年大的年终奖金，人均3000~6000元不等。

3.市（县、区）机关和事业单位补发2010年或发放2011年绩效奖。据调查，

2012年初广西各地机关和事业单位普遍在春节前给职工补发2010年或发放2011年绩效奖，发放的标准比以往有所提高。

4.新个人所得税的实行。据调查显示，由于执行了新的个税标准，2012年前三季度广西城镇居民缴纳的来自工资性收入的个税支出人均为46.7元，较去年同期减少54.5%。

（二）提高企业养老金发放标准，政策性因素拉动转移性收入增长

2012年前三季度广西城镇居民人均转移性收入4012元，同比增加499元，增长14.2%。其中，养老金或离退休金收入3305元，同比增长14.1%，拉动转移性收入增长11.6个百分点。广西执行国家人力资源和社会保障部、财政部调整企业退休人员基本养老金政策，从2012年1月1日起，广西企业退休人员提高养老金标准，每人每月增加基本养老金115元，从5月起陆续发放到位并覆盖全区。同时，从2012年5月起，自治区人力资源和社会保障厅也决定将城镇居民养老保险与新农保同步实施、覆盖全区。

（三）继续加大政策扶持力度，经营净收入得以增加

1.上调个体私营经济的增值税和营业税起征点，切实减轻个体私营经济的负担。自2011年7月广西上调营业税起征点以来，2012年5月继续加大扶持力度，再次上调个体私营经济的增值税和营业税的起征点，减少了个体私营经济的经营负担，有效降低经营成本。

2.广西自治区政府开展“广西2012中小企业服务年”活动显成效。前三季度，广西通过给中小企业发放资本金补助金等活动后，着力改善个体私营经济的发展环境，帮助解决中小企业融资难等问题，有力扶持了中小企业发展，有利于促进城镇居民经营性净收入增加。

（四）出租房屋收入增长较快，财产性收入小幅上涨

2012年前三季度人均财产性收入624元，同比增长4.4%，其中出租房屋收入473元，上涨27.3%。增长的主要原因是受到中国东盟博览会和广西国际民歌节等活动的带动，广西的旅游业不断发展，促进城镇居民出租房屋收入的快速增长。

二、城镇居民八大类消费支出全面增长

调查显示，2012年前三季度广西城镇居民人均食品类、衣着类、居住类、家庭设备用品及服务类、医疗保健类、交通和通讯消费类、教育文化娱乐服务类和其他商品和服务消费类等八大类的支出全面增长，同比分别增长8.9%、8.3%、29.4%、22.1%、8.7%、12.0%、7.9%和25.6%（详见表2）。主要呈现以下消费特呈现以下消费特点：

（一）食品支出增加，部分食品消费量下降

由于食品价格上涨，2012年前三季度城镇居民人均食品消费多支出340元，部分食品出现价增量减现象。据调查，与2011年同期相比，2012年前三季度大米单价上涨6.4%，人均大米消费量下降

6.9%；食用植物油单价上涨7.8%，人均食用植物油消费量下降4.9%；牛肉单价上涨36.8%，人均牛肉消费量下降15.9%；鸡肉单价上涨3.8%，人均鸡肉消费量下降1.9%。

（二）改善居住环境热情高涨，居住类消费和家庭设备用品及服务类消费增加

随着收入继续增加，居民纷纷通过对房屋进行装潢及购买新家电来改善自身的居住环境，促进了居住类消费和家庭设备用品及服务类消费的增加。2012年前三季度广西城镇居民居住类消费支出人均（不含购买和建造住房）1057元，同比增长29.4%；家庭设备用品及服务类消费支出人均837元，同比增长22.1%，其中耐用消费品支出人均406元，较2011年同期增长29.4%。

（三）非义务教育及托幼费上涨，教育文化娱乐服务类消费增加

据调查，2012年前三季度，广西城市居民家庭人均教育文化娱乐服务类支出1290元，比2011年同期增加7.9%，其中教育类消费同比增加15.1%，主要原因是：一是非义务教育学杂费支出人均207元，同比增加12.2%；二是托幼费人均101元，同比增加14.8%；三是培训班费用支出人均127元，同比增加19.0%。

（四）医药费和滋补保健品消费上涨，医疗保健类消费增加

据调查显示，2012年前三季度，广西城市居民人均医疗保健类支出633元，比2011年同期增加8.3%，其中医药费消费同比增加12.5%，滋补保健品消费同比增加28.4%。主要原因：一是随着生活水平的提高，人们保健意识加强。从单纯的有病才医发展到注重强身健体、预防为主；二是可支配收入的增加及医药类价格的上涨导致医药消费的增加。

表2 前三季度广西城镇居民家庭消费情况表

（单位：元）

指标名称	2011年	2012年	同比涨跌（±%）
人均家庭总支出	12758.2	14205.8	11.3
人均消费支出	9503.0	10678.4	12.4
其中:服务性消费支出	2310.7	2638.6	14.2
1.食品	3811.9	4151.9	8.9
2.衣着	716.6	775.9	8.3
3.居住	817.4	1058.0	29.4
4.家庭设备用品及服务	685.3	836.5	22.1
5.医疗保健	581.9	632.6	8.7
6.交通和通讯	1430.3	1602.6	12.0
7.教育文化娱乐服务	1196.2	1290.2	7.9
8.其它商品和服务	263.3	330.8	25.6

三、促进城镇居民增收的几点建议

（一）改善收入分配结构，确保广西城镇居民工资性总水平有所提高

工资性收入是广西城镇居民收入的最大组成部分，对可支配收入的贡献率越来越大。适时改善收入分配结构，继续提高最低工资指导标准，引导企业提高单位职工工资，优化收入分配方案，增加城镇居民的工资性收入是确保可支配收入稳步增长的关键。

（二）继续严格执行广西扶持小型微型企业健康发展政策措施

随着劳动力成本提高和原材料价格上涨等压力，中小企业的利润空间不断被压缩，各级政府要严格执行关于中小企业在税收、贷款和人才培养等方面的优惠政策，改善中小企业的经营环境，推动城镇居民收入较快增长。

（三）出台针对低收入群体的食品补贴措施，减轻低收入群体的生活负担

据调查，2012年前三季度广西占调查总体20%的城镇低收入居民的恩格尔系数（食品消费支出占居民消费性支出的比重）为39.9%，食品消费仍是城镇低收入居民的消费大项。应适时推出针对城镇低收入居民的食品补贴政策，在食品价格上涨到一定价位时，通过发放食物或者现金等方式，对城镇低收入居民进行扶持，进一步减轻低收入群体的生活负担。

（四）关注城镇居民在教育方面的负担

据调查，2010—2012年前三季度广西城镇居民在教育方面的消费支出，特别是在非义务教育费和托幼费上的支出，每年的涨幅都在10%以上，城镇居民在教育方面的负担日益加重。为保障城镇居民的生活水平，应加大在教育方面的扶持，增加在九年义务教育以外，特别是学前儿童教育方面的政府投入，以降低城镇居民的教育支出。

（五）正确引导城镇居民理性投资，提高财产性收入

据调查，2012年前三季度城镇居民的股息和红利收入较去年同期大幅下降，利息收入与去年同期相比大幅增加。这说明广西城镇居民缺乏有效的投资理财渠道，不得不把钱存入银行以规避风险。政府应当改善投资环境，正确引导城镇居民理性投资，提高居民的财产收入。

2012年前三季度南宁市城市居民收入较快增长消费小幅下降

韦龙新

今年以来，南宁市委、市政府加大了改善民生力度，出台了一系列政策措施，全市城市居民收入呈较快增长态势。2012年前三季度南宁市城市居民人均可支配收入16656元，同比增长10.7%。但受宏观经济调整、物价高位运行、多种刺激消费政策取消的影响，城市居民消费略有下降，人均消费性支出10923元，同比下降2.6%。

一、家庭收入继续增长

据对南宁市区200户抽样调查资料显示：2012年年前三季度南宁市城市居民家庭人均总收入18516元，同比增长7.3%；其中人均可支配收入16656元，同比增长10.7%。从居民收入构成来看，四项收入全面增长，其中财产性收入、经营净收入和工资性收入是推动居民收入增长的主要因素，转移性收入保持稳步增长。

1.工资性收入增长5.3%。前三季度，城市居民人均工资性收入13381元，同比增长5.3%，占家庭总收入的72.3%，仍是城市居民家庭总收入的主要来源。工资性收入快速上升主要有以下几个因素：一是市委市政府实施积极的就业政策，多渠道开发就业岗位；二是2011年9月1日起个人所得税起征点的提升，助推工资性收入的上升；三是政府加大财政转移支付力度，提高最低工资保障标准，从每月820元提高到1000元，增幅达到21.95%，大力提升了中低收入居民家庭收入增长；四是受劳动力价格不断上涨的影响，对工资性收入拉升作用明显；五是企事业单位发放半年绩效奖；六是由于服务业普遍存在招工难问题，一些企业提高工资福利留住员工。

2.经营净收入快速增长。前三季度，南宁市居民人均经营净收入951元，同比增长85.0%，占居民家庭总收入的5.1%。主要原因：一是随着居民收入的稳步提高和消费观念的变化，人们外出购物、娱乐、餐饮活动日益增加，也拉动了经营净收入的快速增长；二是政策大力扶持，南宁市积极响应工业和信息产业部的“2012年中小企业服务年”，制定一系列支持小型微型企业健康发展的政策措施，如：提高个体工商户增值税和营业税起征点，降低税赋，使得个体私营经济有了良好的发展环境和空间，个体经营户增加，个体户收入得到快速增长，也有力地推动了居民可支配收入较快增长。居民的经营净收入快速增加，成为推动居民可支配收入增长提速的新动力。

3. 转移性收入平稳增长。前三季度，南宁市城市居民人均转移性收入3719元，同比增长3.2%；其中养老金或离退休金收入3129元，同比增长5.3%。主要得益于南宁市建立了稳步提高社会保障标准和离退休人员养老金或离退休金的长效增长机制，逐步提高离退休人员的养老金。从今年4月份起，部分企业补发了提高的离退休金。

4. 财产性收入强劲增长，成为城市居民收入增长亮点。前三季度，南宁市城市居民人均财产性收入465元，同比增长8.8%。其中，利息收入33元，同比增长83.3%；出租房屋收入297元，与去年同期相比增加69元，同比增长30.2%。增长的主要原因：一是南宁市楼市调控新政策出台，新建住宅销售量明显减少，楼市转冷的同时，房屋租赁市场升温，租房需求增加租金提高，居民出租房屋获利增加，出租房屋收入同比增长达30.2%；二是市民投资领域的拓宽和理财意识的增强，城市居民加大了对房屋、货币等财产的经营力度，投资理财渠道增多。除在传统理财方式以外，投资办实体等方式被越来越多的居民所采用；三是随着居民财富的增加，银行存款和购买债券所得利息收入也在增加，利息收入同比增长83.3%。

二、消费支出出现下降

2012年前三季度，南宁市城市家庭人均总支出14325元，同比下降2.3%，其中居民人均消费性支出10924元，同比下降2.6%。从消费结构来看，八大类消费呈现“六增二降”态势，其中：食品、衣着、居住、医疗保健、教育文化娱乐服务、其他商品和服务类六项增长迅速，家庭设备用品和服务支出、交通通信类回落明显。

1. 食品消费支出增长4.8%。前三季度，城市居民家庭人均食品消费支出4202元，比上年同期增长4.8%。在食品消费中人均粮油类支出497元，同比增长3.4%；肉禽蛋水产品类支出1582元，增长2.0%；蔬菜类支出398元，增长11.9%；干鲜瓜果类支出298元，增长3.0%，其他食品类支出52元，增长33.8%，饮食服务类支出881元，增长13.2%。

2. 衣着消费水平不断提升。随着居民生活水平的提高，人们更加注重自己的仪表仪容，对服装的要求越来越高，越来越讲究时尚和品牌，对自己的形象越来越注重，节日期间各大商家纷纷出台多项优惠促销活动，极大的刺激了居民消费欲望。1—9月南宁市城市居民衣着类消费支出725元，同比增长5.8%。其中衣着材料类支出6元，增长37.8%；鞋类支出87元，增长4.3%；衣着加工服务费支出4元，增长9.9%。

3. 居住类消费止降回升。前三季度，南宁市居民家庭人均居住类消费支出802元，同比增长1.2%，为今年以来南宁市家庭人均居住类消费支出同比首次增长。主要原因是居住类消费受房屋装修影响，

进入秋季后，新房装修消费开始升温，其中，住房装潢和维修建筑材料支出

同比分别增长39.2%和29.1%；租赁房房租支出也大幅增加，同比增长32.0%。

4.医疗保健意识不断增强。前三季度，南宁市城市居民家庭医疗保健类人均消费支出794元，同比增长4.4%。其中药品类支出382元，增长2.0%；医疗费支出325元，增长6.1%。随着城市居民生活水平的不断提高，人们对健康倍加重视，思想观念从过去的有病才治向预防和保健转移，医疗器具进入百姓家中，使医疗保健消费大幅增长。其中人均其他医疗保健支出同比增长25.2%，人均医疗器具支出增长91.3%。

5.其他商品和服务类支出快速增长。前三季度，城市居民其他商品和服务类人均消费支出269元，同比增长7.1%，其中服务类人均消费支出112元，增长29.1%。主要原因：一是由于城市居民家庭的个人消费水平逐年得到提高，消费质量明显升级，城市居民尤其是女性在美容化妆等服务消费的支出越来越大。其中人均化妆品支出64元，同比增长18.7%；人均其他服务支出62元，增长70.9%。二是清明节和“五一”法定假日促进相关商业消费，大节消费逐步形成一个快速的增长点。

6. 教育文化娱乐服务支出增幅较大。前三季度，城市居民人均教育文化娱乐服务支出1627元，同比上涨6.7%。其中，文化娱乐用品类支出296元，下降27.1%。原因是，随着物价的不断上涨，百姓生活压力越来越大，人们用于旅游、娱乐方面的消费逐渐减少，文化娱乐器材购买量减少。

7.家庭设备用品更新缓慢。前三季度，城市居民家庭人均家庭设备用品及服务支出807元，同比下降2.4%。其中耐用消费品支出315元，同比下降19.3%，其中家庭设备类支出173元，下降33.2%；室内装饰品支出下降10.4%，床上用品支出下降39.2%，家具材料支出下降4.4%。主要是因为：一是随着科学技术的进步，电子信息产品质量不断提高，使用寿命长；二是进入夏季后，大型家用电器销售已进入淡季。

8.交通和通信类消费迅速降温。前三季度，城市居民家庭人均交通和通信类支出1698元，同比下降28.0%。交通类支出1166元，同比下降36.1%，其中家庭交通工具人家支出439元，下降64.7%。主要原因是：国家取消了刺激汽车消费的相关政策，如：汽车下乡补贴、汽车节能惠民补贴、车辆购置税补贴等。同时，油价波动使不少欲购买汽车的用户继续持观望态度，尤其是9月11日起油价再次提升后对交通消费的降温也起到了助推作用。

三、当前市民消费和支出存在的主要问题

1.居民消费结构发展不均衡。从前三季度南宁市城镇居民八大类消费项目“五增三降”态势可以看出，食品消费仍然是居民的基本消费需求，其消费比重的上升意味着城市居民娱乐、服务性等其他消费项目空间受到“挤压”，居民消费结构出现不均衡状况。

2.城市居民消费倾向大幅下降。受

宏观调控和物价高位运行，各项消费刺激政策到期而没有后续政策出台的影响，当前城市居民更倾向于削减消费开支，加大储蓄，持币观望，预期消费信心也明显不足。

3. 工资性收入增长幅度缓慢。工资性收入是城镇居民可支配收入的主要来源，直接影响到可支配收入的增长速度。由于我市机关事业单位人员工资津补贴长期缓慢增长，此类人群消费情绪长期低靡，影响消费增长。

四、对进一步提高居民收入的几点建议

1. 应适时出台增资政策，确保城镇居民工资性收入能够持续稳定增长。近年来，城镇居民收入中工资性收入所占比重越来越大，对收入增长的贡献率越来越大，工资性收入增长是居民增收的关键因素。

2. 加大对个体和私营企业的扶持力度。目前个体和私营企业在经营方面存在一些困难，应在融资、税收等政策方面给予大力扶持，努力改善经营环境，拓宽收入渠道，增加经营收入。

3. 不断完善收入分配制度。提高工资在收入分配中的比重，建立职工工资随经济增长而增长的长效机制，实现收入与劳动生产率同步增长。

2012年前三季度百色市城市居民收入较快增长 消费水平明显提高

粟丽林

据国家统计局百色调查队调查统计，2012年前三季度百色市城市居民人均可支配收入14635元，同比增加1919元，增长15.1%；人均消费支出10109元，同比增加1125元，增长12.5%。居民可支配收入增幅高于消费支出增幅2.6个百分点。百色市城市居民收入保持了较快增长，消费能力明显提高，生活质量不断提升。

一、城市居民收入较快增长

前三季度，百色市城市居民人均可支配收入14635元，同比增长15.1%。从家庭收入构成看，四项收入全面增长。（详见表1）

表1　前三季度百色市城市居民收入主要来源及其增长情况

收入项目	金额（元）	比上年同期增长（%）	拉动总收入增（减）（百分点）	构成（%）
家庭总收入	16502	12.9	—	100.0
其中：可支配收入	14635	15.1	—	—
工资性收入	12260	11.8	8.9	74.3
经营净收入	645	28.7	1.0	3.9
财产性收入	434	8.9	0.2	2.6
转移性收入	3163	14.9	2.8	19.2

（一）工资性收入仍然是居民收入增长的主要支撑

前三季度百色市城市居民人均工资性收入12260元，同比增加1294元，增长11.8%，拉动总收入增长8.9个百分点，占家庭总收入的比重为74.3%，工资性收入仍是城市居民家庭总收入的主要来源。推动工资性收入增长的主要原因：一是机关事业单位年终绩效工资和13个月工资全部兑现；二是随着物价的上涨和生活消费水平的提高，各企事业单位发放的奖金和过节费也相应增加；三是临时工工资标准提高，带动其他劳动收入增长。

（二）经营净收入大幅增长

前三季度百色市城市居民人均经营净收入645元，同比增加144元，增长

28.7%，增幅比上年同期扩大36.6个百分点，拉动总收入增长1个百分点。经营净收入增长的主要因素有：一是百色市优化经济发展环境，出台惠民增收政策，提高服务发展能力，促进经营环境不断好转；二是执行新的增值税和营业税起征点政策，个体经营户的税收、经营负担有所减轻，成为市民经营净收入增长重要因素。

（三）财产性收入的增收有起色

前三季度百色市城市居民人均财产性收入434元，同比增加35元，增长8.9%。人均财产性收入增长的主要因素：一是央行多次加息以及信贷收紧民间借贷利率提高，居民利息收入得到了提高；二是一些效益较好的企业或公司职工获得较为丰厚的股息收入和分红收入。

（四）转移性收入强力拉动居民收入快速增长

前三季度百色市城市居民人均转移性收入3163元，同比增加410元，增长14.9%，增幅比上年同期扩大16.2个百分点，拉动总收入增长2.8个百分点。其中，养老金和离退休金收入增长21.2%，社会救济收入增长17%，捐赠收入增长4.6%。推动转移性收入大幅增长的主要因素：一是百色市在年初提高企业退休人员基本养老金标准，人均增加180元/月，拉动转移性收入大幅增长；二是人情往来密切，捐赠收入显著增长。

二、城市居民消费明显提高

（一）消费习惯影响居民消费性支出进一步增长

前三季度百色市城市居民人均消费支出10109元，同比增长12.5%。八大类消费项目中，除了居住类、教育文化娱乐服务类出现下降外，其余六大类消费都呈现出不同程度的增长，涨幅居前的衣、食、行依然是居民消费的主要热点。（详见表2）

表2 前三季度百色市城市居民消费支出情况

消费项目	金额（元）	比上年同期增长（%）	拉动消费性支出增（减）（百分点）	构成（%）
消费性支出	10109	12.5	—	100
食品	4120	10.1	4.2	40.8
衣着	972	11.6	1.1	9.6
居住	602	-20.6	-1.7	6.0
家庭设备用品及服务	708	1.3	0.1	7.0
医疗保健	618	2.8	0.2	6.1
交通和通讯	1714	84.6	8.7	17.0
教育文化娱乐服务	1100	-4.4	-0.6	10.8
其他商品和服务	274	18.0	0.5	2.7

1.居民食品支出明显增长。调查显示，前三季度百色市城市居民人均食品类支出4120元，同比增长10.1%，增幅较上年缩小15个百分点。随着餐饮业的快速发展，快节奏的生活使越来越多的居民选择在外就餐，居民在外饮食支出增加。

2.衣着消费持续增长。随着市民生活水平的不断提高，居民不断追求衣着时尚和个性，衣着更新周期不断缩短，再加上衣着成本不断增加，多种因素促使衣着类消费保持平稳增长。前三季度百色市城市居民人均衣着支出972元，同比增长11.6%，其中：服装支出112元，增长8.2%；鞋类支出118元，增长7.9%。

3.家庭设备用品及服务消费基本持平。居民收入水平的提高和消费观念的改变，家电技术日新月异，产品更新换代步伐加快，家电消费需求不减，拉动家庭设备用品及服务支出继续增长。前三季度百色市城市居民人均家庭设备用品及服务支出708元，同比增长1.3%。其中，家庭设备支出214元，增长12.7%；家庭日杂用品支出310元，增长28.2%。

4.医疗保健消费稳定增长。随着医疗体制改革推进，市民自我保健和科学养生意识不断增强，在健康方面投入不断加大。调查显示，前三季度百色市城市居民人均医疗保健支出618元，同比增长2.8%，其中医疗器具和保健器具支出分别增长272%和148%。

5.交通和通信消费大幅增长。今年来，汽油、柴油等价格5次调价，油价持续高位运行，但市民对汽车的刚性需求仍旺盛。同时由于智能手机更新迅速，促进通讯工具消费迅猛增长，共同拉动居民交通消费支出的快速增长。调查显示，前三季度百色市城市居民人均交通和通信支出1714元，同比增长84.6%，其中，交通类支出1252元，增长138.6%；通信支出462元，增长14.3%。

6.教育文化娱乐消费差异明显。今年以来，教育消费大幅增长，文化娱乐消费有所减少。主要是居民更加注重自身和子女综合素质的提高，各种成人教育费用和子女教育费用支出不断增多，同时受物价上涨因素影响，生活压力加大，居民减少了文化娱乐用品和文化娱乐服务消费支出。前三季度百色市城市居民人均教育文化娱乐服务类支出1100元，同比下降4.4%，占消费性支出的10.8%，比上年同期扩大2个百分点。其中，文化娱乐服务支出243元，下降35.3%；教育支出554元，增长29%。

7.居住消费支出有所减少。近年来，随着居民文化水平的不断提升，轻装修重装饰的现代家居观念越来越普遍，居民住房装修相应减少，装潢、维修用建筑材料、其他住房等支出大幅下降。前三季度百色市城市居民人均居住类消费支出602元，同比下降20.6%。

8.其他商品和服务支出显著增长。随着收入增加、生活水平提高、市民追求更有品质、舒适的生活，激发爱美心理，美容美发及购买金银珠宝饰品、化妆品、手表等新兴消费支出明显增长。前三季度百色市城市居民人均其他商品和服务支出

274元，同比增长18%。其中，其他商品支出增长20%，主要是金银珠宝饰品增长72%；服务支出增长14.2%，主要是美容费支出增长36.%，旅馆住宿费增长28.72%。

（二）社会经济稳定发展带动转移性支出快速增长

近年来，随着社会经济的稳定发展，居民消费方式也向着多样化延伸，在人际交流、履行赡养义务、购买彩票及非储蓄性保险等方面的支出增长的态势明显。调查显示，前三季度百色市城市居民人均转移性支出2171元，同比增长15.5%，其中购买彩票、捐赠支出、各种非储蓄性保险支出、赡养支出分别增长176.5%、32.4%、12.3%和8.3%。

（三）住房需求导致财产性支出、购房与建房支出迅猛攀升

受住房刚性需求和市民改善自身居住环境的拉动，使得城市居民购房支出增加。同时由于银行利率提高，导致居民归还住房贷款利息增加。调查显示，前三季度百色市城市居民财产性支出238元，同比增长91.3%，其中归还住房贷款利息的非生产性贷款利息支出238元，增长119.6%；购房支出1270元，为上年同期的8.5倍。

（四）科技日益进步推动信息化消费增长强劲

随着互联网基本普及移动电话3G时代到来，网上交易平台日趋完善，网上购物方便、快捷、便宜，上网购物已成为新的消费热点。据调查，前三季度百色市城市居民中每百户市民家庭计算机拥有量为108台，同比增长14.6%；接入互联网的计算机100台，增长15%；接入互联网的移动电话32部，增长32%；网上购买商品或服务支出176元，增长73.7%。

三、当前值得关注问题

（一）食品支出比重依然较大。前三季度百色市城市居民家庭恩格尔系数（食品消费支出占居民消费性支出的比重）为40.8%，可见居民食品支出仍是消费支出的主要方面。而食品支出增加与物价水平有较大关系。据调查，前三季度百色市CPI同比上涨2.7%，涨幅与上年相比虽有较大幅回落，但是今年的涨幅是在上年大幅上涨的基础上的上涨，所以大部分食品价格维持高位运行，从而推动市民食品类支出的增加，一定程度上影响了部分低收入家庭的生活质量。调查显示，前三季度，百色市城市居民人均蔬菜类、糕点奶及奶制品、调味品、糖烟酒饮料类、肉禽蛋水产品类、粮油类、干鲜瓜果类类支出同比分别增长21.8%、17.5%、14%、12.3%、10.9%、7.9%、6.3%。

（二）社会保障支出与收入增长不同步。前三季度百色市城市居民人均可支配收入同比增长15.1%；而人均社会保障支出同比下降2%，其中：个人缴纳的医疗基金174元，下降28.6%，个人交纳的住房公积金802元，下降1.4%。个人社会保障投入跟不上收入增长的步伐，说明医疗保障不足，政府对社会保障方面的投入有待进一步加大。

四、几点建议

一是努力提高收入水平，确保消费能力提升。通过多种途径切实增加居民收入水平，不断优化居民收入结构，特别是对低收入家庭给予更多的关注，保证低收入家庭能够享受到经济增长带来的实惠，不断提升低收入阶层的消费能力，进一步缩小居民之间、城乡之间、地区之间的收入差距，保证居民收入提高和经济增长同步，促进经济社会的协调发展。

二是继续保持物价稳定，保证消费结构合理。增强政府的调控和引导能力，充分发挥市场经济优势，大力发展生产，保证产品供给充足，同时加强价格监管，严格控制物价过快上涨，进一步减少居民食品支出占消费性支出的比重，降低恩格尔系数，不断优化居民消费结构，保障居民生活质量。

三是进一步完善社保体系，不断增强消费信心。完善的社会保障体系，是刺激居民消费的一个坚强后盾。通过不断完善“多元”保障体制，引导政府、企业、个人按照一定比例合理分担的社会保障责任，减少居民消费后顾之忧，进一步拉动消费，推动经济增长。

十年来南宁市城市居民生活质量明显改善

麻飞宁

国家统计局南宁调查队调查结果显示，2002年至2011年十年间，南宁市城市居民收入和消费均保持着持续快速增长态势，居民生活明显得到改善，人民群众切实享受到改革发展的辉煌成果。

一、十年间南宁市城市居民收入持续快速增长

2002年至2011年，在经济持续快速发展和民生政策落实的推动下，南宁市城市居民人均可支配收入也保持快速发展的良好势头。2011年，南宁市城市居民人均可支配收入达到19972元，是2002年8796元的2.26倍，十年间年均增长9.5%，其中，2007年至2011年年均增长达12.9%。2003年至2011年南宁市城市居民可支配收入及增长速度详见下图。

2003-2011年城市居民可支配收入及其增长速度

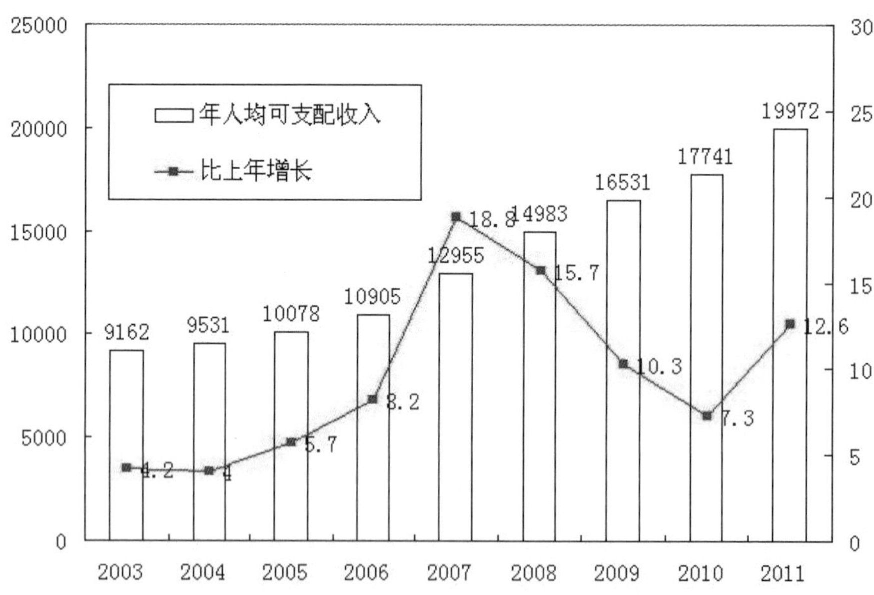

从收入结构看，南宁市城市居民人均工资性收入从2002年的6905元增加到2011年的16937元，增长1.5倍；人均经营净收入从2002年的279元增加到2011年的702元，增长1.5倍；人均财产性收入从2002年的83元增加到2011年的503元，增长5.1倍；人均转移性收入从2002年的2228元增加到2011年的4757元，增长1.1倍。

1. 工资性收入和转移性收入仍是城市居民收入的主体。2011年，南宁市城市居民人均总收入为22898元，其中工资性收入为16937元，比上年增长15.9%，拉动总收入增长11个百分点；工资性收入占总收入的比重为74%，比上年提高了2个百分点。转移性收入为4757元，比上年增长5.1%，拉动总收入增长1个百分点；转移性收入占总收入的比重为21%，比上年减少1个百分点。工资性收入和转移性收入合计比重达到95%，构成了总收入的主体。2011年南宁市城市居民人均总收入及其构成详见下表。

2011年南宁市城市居民收入情况表

单位：元

指标名称	2011年	比上年增长（%）	构成（%）
家庭总收入	22899	12.7	100
其中：可支配收入	19972	12.6	
（一）工资性收入	16937	15.9	74
（二）经营净收入	702	-14.7	3.1
（三）财产性收入	503	43.6	2.2
（四）转移性收入	4757	5.1	20.8

2. 低收入家庭居民收入增速较快，发展成果惠及全体。2002年至2011年，南宁市城市低收入家庭居民人均可支配收入增速快于全市平均水平，反映了城市居民贫富差距正在逐年缩小，改革开放的成果正逐步惠及全体城市居民。2011年10%低收入户居民人均可支配收入达到7137元，是2002年的3.58倍，年均增长15.2%，比10%高收入户的年均增长率高出7.2个百分点，比全市城市居民人均可支配收入年均增长率高出5.7个百分点。

二、城市居民消费向发展型转变，生活质量明显改善

近十年来，随着经济发展和城市居民收入快速增长，南宁市城市居民消费水平也不断提高。2011年南宁市城市居民人均消费性支出14834元，是2002年6970元的2.13倍。从八大类消费支出情况看，2002年至2012年，人均食品消费从2611元增加到5344元，增长1.0倍；人均衣着类消费从513元增加到972元，增长89.5%；人均家庭设备用品及服务消费从429元增加到1274元，增长2.0倍；人均医疗保健消费从383元增加到965元，增长1.5倍；人均交通和通信消费从1043元增加到2959元，增长1.8倍；人均教育文化娱乐服务消费从1239元增加到1943元，增长56.8%；人均居住类消费从539元增加到1274元，增长了1.4倍；人均杂项商品和服务消费从213元增加到337元，增长58.2%。2011年，南宁市城市居民消费的恩格尔系数为

36.0%，比2002年降低了1.3个百分点，反映了城市居民生活水平正在不断提高。2002年至2011年城市居民人均消费性支出情况详见下表：

2002—2011年城市居民人均消费性支出情况及增长速度

项目	2002年	2003年	2004年	2005年	2006年	2007年	2008年	2009年	2010年	2011年
城市居民人均消费性支出（元）	6970	7217	7329	7882	8160	9459	10270	11120	12867	14834
同比增长（%）	-1.9	3.5	1.6	7.5	3.5	15.9	8.6	8.3	15.7	15.3

十年间，南宁市城市居民消费生活质量明显改善，主要表现在：

1.主要耐用消费品拥有量成倍增长。2011年底，城市居民家庭平均每百户拥有家用汽车21辆，比2002年底增加19.5辆；拥有移动电话236部，增长2.3倍；拥有家用电脑102.5台，增长1.9倍。

2.城市居民家庭居住条件不断改善。2011年，城市居民家庭人均居住面积为29.6平方米，比2002年23.6平方米增加了5.8平方米，提高24.6%；人均居住类支出由2002年的539元增加到2011年的1274元，增长了1.4倍。

3.教育文化娱乐水平不断提高。2011年，城市居民人均教育文化娱乐服务支出为1943元，比2002年的1239元增加了704元，增长了56.8%。其中：人均旅游支出从2002年的184元增加到2011年的502元，增长了1.7倍；人均教育支出681元，比2002年的561元增长21.3%。

4.服务性消费支出大幅增长。2011年，城市居民人均服务性消费支出达到3728元，比2002年的1944元增加了1784元，增长了91.8%。

三、生活质量改善主要得益于经济发展和政策推动

十六大至十八大期间，南宁市经济社会保持了持续较快发展势头，特别是“十七大”以后，南宁市抓住西部大开发战略深入实施的契机，加快中国—东盟自由贸易区建设，紧紧抓住实施区域性合作发展的历史机遇，有力推动了全市经济快速发展。据统计，2011年南宁市地区生产总值首次突破2000亿元，达到2211.51亿元，总量比2007年翻了1.02番，年均增长达14.4%。在全国27个省会城市中，总体经济实力比2007年提升2位，是第18个迈入“经济总量2000亿元俱乐部”的省会城市；在自治区排名中，全市经济总量继续保持首位；在五个少数民族自治区首府城市中由2007年排名第2位赶超呼和浩特市勇夺第一；在7个西部地区省会城市中的排位相对于2007年提升了1位，位居中上水平。经济的持续快速发展，夯实了城市居民增收的基础，为城市居民生活的改善提供了坚实保障。

在经济持续快速发展的大环境下，南宁市城市居民收入的增长，主要通过政

府努力改善民生，积极、主动的政策性调整和引导而实现。其中：南宁市城市居民收入的主体，即工资性收入和转移性收入的增长，更是得益于近十年来努力改善民生各项政策措施的不断出台和逐步贯彻落实：一是逐年提高了最低工资标准，推动了全社会工资水平的逐步提高。南宁市最低工资标准，从2002年335元/月逐年提高到2011年820元/月，是2002年的2.4倍；2012年达到1000元/月，是2002年的3.0倍。二是南宁市制定了企业职工工资指导线，积极引导收入分配向企业职工倾斜，劳动力资源价值不断提高，企业职工工资持续增加。三是惠及全市和各县区的机关阳光工资、义务教育阶段绩效工资政策，有力促进了机关事业单位职工工资的增长。四是连年提高企业离退休人员的养老金，养老金收入大幅增长。

第五部分

农牧生产篇

2011年广西粮食总产增加　但稻谷产量减少

杨明东

国家统计局广西调查总队粮食产量抽样调查结果显示：2011年广西粮食生产呈现粮食总产增加，稻谷产量减少的情况。2011年全区粮食总产量为1429.9万吨，比上年增加17.6万吨，增长1.25%；稻谷产量为1084.1万吨，比上年减少37.2万吨，减产3.31%。

一、粮食产量增减情况

（一）主粮稻谷大幅减产

按种植季节划分，广西稻谷有早稻、晚稻和中稻。气候条件正常年景情况下，广西稻谷产量约占2011年粮食总产量的80%，稻谷是广西大部分地区的主要生活用粮。

2011年全区稻谷产量为1084.1万吨，比上年减少37.2万吨，减产3.31%；比2009年减少61.8万吨，减产5.39%；2011年稻谷产量占全年粮食总产量的比重为75.8%，比上年下降3.59个百分点。

分季节看，2011年早稻产量530.4万吨，比上年减少1.1万吨，减产0.21%；中稻产量81.8万吨，比上年增加1.4万吨，增长1.75%；晚稻产量471.9万吨，比上年减少37.5万吨，减产7.36%。2011年广西晚稻生产受到寒露风等自然灾害的影响，单位面积产量比上年下降7.97%，是造成全年稻谷产量大幅减少的根本原因。

（二）非主粮品种大幅增产

广西非主粮品种包括玉米、豆类、薯类。广西非主粮品种产量约占全年粮食总产量的20%。

2011年广西非主粮品种获得恢复性增产，全年产量341.4万吨，比2010年增52.9万吨，增18.3%；比2009年增产26.8万吨，增8.53%。其中：豆类产量28.9万吨，比上年增加5.2万吨，增长22.06%；薯类（含马铃薯）产量67.8万吨，比上年增加11.7万吨，增长20.78%；玉米产量244.7万吨，比上年增加36.0万吨，增长17.26%。

二、影响粮食产量的因素分析

（一）影响早稻产量的因素

2011年广西早稻总产量为530.41万吨，比上年减1.1万吨，减产0.21%。

1.早稻播种面积下降2.44%。据国家统计局广西调查总队春播农作物实际播种面积调查，由于种植结构调整、部分地区干旱等因素的影响，2011年早稻播种面积为1411.9万亩，比上年减少35.3万亩，减少2.44%。由于播种面积减少，2011年早稻减产约13万吨。

2. 早稻单产增长2.28%。因今年早稻生产期间，农业气象条件较为有利，加之政府财政支农、以及推广超级稻等优良种子的力度加大，早稻单产创近10年来新高。2011年早稻实测亩产为375.66公斤，比上年增加8.36公斤，增长2.28%。由于单产提高，2011年早稻增产约12.2万吨。

（二）影响晚稻产量的因素

2011年广西晚稻产量471.9万吨，比上年减少37.5万吨，减产7.36%。

1. 晚稻播种面积增加0.67%。2011年全区晚稻种植面积1479.4万亩，比上年增加9.8万亩，增加0.67%。农作物调查村样本数据显示，晚稻面积比早稻面积增长2.75%，邕宁、钦州、合浦、平南、岑溪、浦北、宜州、兴宾等县（市、区）晚稻面积比早稻面积有不同程度的增加。

2. 晚稻单产减少7.36%。据国家统计局广西调查总队对晚稻产量的抽样调查结果，2011年全区晚稻平均亩产为319公斤，同比下降27.64公斤，降幅为7.97%。由于单产下降，2011年晚稻总产量减少40.6万吨，降幅为7.36%。

极端天气影响是晚稻减产的根本原因。一是寒露风天气的影响。9月中下旬，桂北39个县市持续出现了3~8天日平均气温≤22℃的寒露风天气；9月末10月上旬，广西再次出现连续4~9天日平均气温≤22℃的寒露风天气过程，其中桂北、桂中的62个县市达到7天以上的重度寒露风天气标准。这两次全区性湿冷型严重寒露风天气过程，气温低、持续时间长、日照严重缺乏，对处于抽穗扬花期和灌浆初期的晚稻生长发育有较大影响。二是强风暴雨天气的影响。9月下旬末—10月上旬中期，受强台风“纳沙”和热带风暴“尼格”的影响，广西出现的大范围强风暴雨天气，桂南、桂西地区出现大范围的暴雨到大暴雨，局部特大暴雨；桂南、桂中地区部分县市出现7~9级，阵风11级以上大风，尤其台风“纳沙”具有风大雨猛、影响范围大、强降水持续时间长等特点，致使南宁、玉林、钦州、北海、防城港、崇左、来宾等地市的40多个县（市）出现风、涝灾害，给桂南、桂中部分晚稻带来较大影响，合浦、灵山、上林等县部分晚稻严重减产甚至失收。

（三）影响玉米产量的因素

1. 玉米播种面积增长5.06%。近年来，广西各地积极推广玉米优良品种，玉米单位面积产量逐年增长，提高了玉米生产效益，玉米复种指数提高，加上2011年春播期间，部分地区出现旱情，一些无法插下早稻的田块相当部分改种了玉米，使得2011年玉米播种面积达848.8万亩，比上年增长5.06%。由于播种面积增加，2011年玉米产量增加约10.6万吨，占玉米增产量的29.43%。

2. 玉米单产增长11.61%。广西大力推广以正大系列、迪卡系列为代表的玉米高产良种，高产良种玉米种植规模扩大，比重上升，单产提高成效显著，玉米单产在上年减产8.00%的基础上恢复性增长。据抽样调查结果，2011年全区玉米单产为288.3公斤，比上年增加39.98公斤，增

长11.61%。由于单产提高，2011年玉米总产量增加25.4万吨，占玉米增产量的70.57%；全年广西玉米总产量为244.7万吨，比上年增产36万吨，增17.26%。

（四）影响豆类产量的因素

1.豆类播种面积增长0.11%。近年来，广西各地积极推广大豆与玉米、大豆与甘蔗间种、套种技术，提高耕地利用效果，豆类播种面积稳中有升。2011年豆类播种面积为253.2万亩，比上年增长0.11%。

2.豆类单产增长21.93%。近年来，广西大力推广以桂春桂夏系列、华春华夏系列为代表的大豆高产新良种，促进大豆单产逐步提高。2011年豆类亩产为114.1公斤，比上年增加20.5公斤，增长21.93%，豆类亩产在上年减产13.06%的基础上恢复性增长。由于亩产增加，2011年豆类产量增加约5.2万吨，占豆类增产量的99.8%；全年广西豆类总产量为28.9万吨，比上年增产5.2万吨，增22.06%。

（五）影响薯类产量的因素

1.高产薯类面积比重上升。2011年广西薯类播种面积357.4万亩，比上年减少2.53%，但是，薯类种植结构发生较大变化，冬种马铃薯产量高，面积大幅度增长。在一些地方，马铃薯生产模式逐步由千家万户分散种植，转向以承包耕地连片种植的规模化发展，已出现种植面积500亩以上的生产大户，生产规模有逐年增长态势。2011年广西马铃薯播种面积达到79.7万亩，比上年增加33.2万亩，增长71.59%，占薯类面积的比重比上年提高9个百分点。

2.单产大幅提高。薯类结构调整，有效提高了单位面积产量，确保薯类总产量增长。据抽样调查推算，2011年薯类亩产为189.8公斤，比上年增加36.6公斤，增长23.92%，其中：马铃薯亩产达到236.3公斤，比其他薯类亩产高59.78公斤，高33.87%。2011年薯类总产量67.8万吨，比上年增长20.78%。

2011年广西主要畜禽生产形势总体平稳

罗天明

2011年广西主要畜禽生产保持平稳发展的态势，全年猪、牛、羊、禽肉类产量为386.11万吨，比上年增加2.64万吨，增长0.69%。其中生猪存栏稳步增加，四季度末生猪存栏2411.98万头，同比增长2.90%，能繁母猪存栏284.44万头，增长0.51%；生猪出栏受年初阴冷气候、疾病等因素影响，全年出栏3195.12万头，较上年减少1.08%。牛全年出栏为150.4万头，同比增长2.8%；羊出栏204.96万只，同比减少3.46%；家禽出栏79169.80万只，同比增长2.74%。

一、广西主要畜禽生产情况

（一）生猪生产逐步好转，猪价总体高位运行

1.生猪存栏有所回升，出栏数量有所减少，但减幅不大。2011年年初由于受大范围的持续低温阴冷天气影响，广西部分地区出现仔猪大量腹泻死亡的情况，加上春节期间市场对猪肉需求较大，生猪存栏有较大幅度下降，生猪价格快速上涨，养猪户出栏积极性增加，而补栏意愿较弱，致使上半年生猪存栏同比下降较大。下半年随着天气的回暖和市场猪价的上涨，生猪生产开始逐渐恢复，部分养殖户扩大饲养规模，但由于上半年生猪存栏下降，不少散养户为了获取既得利润，扩大出栏规模，甚至提前出栏，猪价在第3季度逐渐攀升到历史最高价位，第4季度猪价开始回落。调查资料显示，1—4季度广西生猪存栏量分别为2300.20万头、2296.30万头、2360.2万头、2411.98万头，同比分别上涨-3.61%和、-0.42%、0.65%、2.90%；1—4季度出栏量分别为865.40万头、718.65万头、738.9万头和872.12万头，同比分别增长2.57%、-6.06%、1.46%和-2.34%，全年累计出栏减少1.08%。

2.1—9月份猪价持续上涨，10月过后猪价呈回落态势。1—9月份广西生猪、仔猪价格均有较大上涨。据对广西7个生猪调出大县的月度监测调查显示，2011年1—7月份，生猪大县平均生猪价格连续7个月环比上涨，9月份生猪价格达到历史最高位，高达19.06元/公斤，比上年同期上涨了57.4%。进入10月份后，随着生猪存栏量的增加，生猪出栏增多，市场猪肉供应紧张的状况得到缓解，生猪价格开始回落。12月份，生猪调出大县生猪平均价格为17.05元/公斤，同比上涨23.3%，但比9月份下降了10.5%；仔猪平均出售价格为28.9元/公斤，比价格最高的9月份下降

了15.2%。

（二）家禽生产形势喜人，存出栏同步增长

2011年广西家禽业生产的条件和机会较好。据饲养户反映，全年没有疫情发生，再加上上半年生猪价格大幅度上涨带动了家禽价格的上涨，养殖户利润增加，积极性较高。在生猪生产低迷的时期，家禽养殖业发挥了生产周期短、肉类消费替代性强的作用，弥补了市场猪肉供给偏紧的不足，满足了广大消费者肉类消费需求。据广西主要畜禽监测调查，截止2011年底，家禽存栏为30282.63万只，比上年增长6.25%，全年家禽累计出栏79169.80万只，比上年增长2.74%。

（三）牛、羊生产保持平稳发展

据广西主要畜禽监测调查，截止2011年底，全区牛存栏为441.70万头，同比减少1.84%；羊存栏198.24万只，同比增长2.5%。全年牛累计出栏150.4万头，比上年增长2.8%；羊出栏204.96万只，比上年减少3.46%。全年牛、羊肉类产量为17.48万吨，比上年增长2.82%。

二、影响2011年畜禽生产的主要因素

（一）有利因素

1.主要畜禽产品价格持续走高，有力地拉动畜牧业生产。2011年1—3季度，广西主要畜禽产品价格持续走高，有力地拉动了广西畜牧业的发展，成为产业发展的强劲动力。据主要畜禽监测调查，2011年三季度，广西肉猪、牛、羊、家禽（均为活体）每公斤平均价格分别为18.98元、17.86元、22.48元和16.28元，同比上涨64.1%、8.5%、23.52%和24.75%；1—3季度生猪每公斤平均价格分别为14.89元、16.73元和18.98元，呈现出持续走高的趋势，三季度生猪价格创历史新高。

2.国家出台一系列扶持政策，推动了畜牧业的发展。2011年中央继续大幅度增加“三农”投入。国务院《关于加快推进现代种业发展的意见》（国发【2011】8号）明确了生猪大县奖励政策、鲜活农产品“绿色通道”政策、扶持“菜篮子”产品标准化生产；同时中央对大型标准化养殖场和小区建设投资恢复至25亿元，对养殖户按每头能繁母猪100元的标准给予补贴，将生猪调出大县奖励范围由421个扩大到500个县，将屠宰环节病害猪损失补贴由每头500元提高到800元等等，国家出台的一系列扶持政策，有力地推动了畜牧业的发展。

3.规模养殖大幅度增加，养殖业结够转型速度加快。与散养户相比，规模户和生产单位有着饲养成本和饲养风险降低，利润相对较高较大等生产优势。近年来，从事主要畜禽生产的规模户和生产单位规模扩张已成为养殖业生产的趋势，高投入、高技术、高产出成为畜牧业生产发展的新趋势。规模户和生产单位养殖量增加，是带动广西畜牧业发展的主要因素。

（二）不利因素

1.影响畜牧业生产的不确定因素增加。2011年世界经济运行不稳定，前景存在变数；国内经济面临新的情况，宏观调

控问题增多、物价上涨过快、干旱台风等自然灾害多发、局部地区散发动物疾病的风险增加等不确定因素增加，给畜牧业生产带来一定的影响。

2. 春季腹泻，仔猪死亡较多，存栏下降。2011年春季广西持续阴冷天气，仔猪易患腹泻，存活率降低，存栏下降。另外，受仔猪价格较高等因素的影响，部分散养户担心市场风险，积极性受到影响，生产有出现萎缩的现象。

3. 猪价波动过大，对生猪健康生产和调控不利。一方面，价格大幅度波动，不利于畜牧业的平稳较快发展，也影响了城乡居民的正常生产生活。价格的频繁波动，致使部分养殖户难以判断市场变化，影响生产安排，使生产与消费进入“恶性循环”，影响了生猪生产的健康发展。另一方面，进入4季度后广西猪价有了明显下降，据基层养猪户反映在12月初，不少地方的活猪销售价格降到8元/斤，养猪利润较薄，相当部分养殖户担心未来猪价会继续下跌，生产积极性受到一定影响。

4. 养殖成本增加推动价格上涨。一是饲料价格上涨。当前，玉米、豆粕、小麦麸等饲料价格仍然高位运行。2011年玉米、豆粕、小麦麸平均价格分别为2.48元/公斤、3.81元/公斤、1.99元/公斤，同比分别上涨12%、2.7%和2.3%，畜牧业常用育肥猪配合饲料和肉鸡配合饲料同比分别上涨了7.2%和6.7%。饲料价格居高不下，推高了畜禽的养殖成本。二是人工成本增加。据了解，目前广西不少地方聘请饲养员月工资由上年的1300~1500元/人提高到目前的1500~1800元/人，提高了15%~20%。三是防疫、消毒及保健支出增加，平均每头出栏肉猪支出70元以上，增加30元左右。据部分规模户反映，2010年出栏肉猪的养殖成本大约为10~11元/公斤，而今年则增长到12~13元/公斤，上涨20%左右。

三、对发展畜禽生产的几点建议

一是加强监控，合理引导。在全区范围内建立畜牧生产监控点，重点对生猪、家禽的生产、价格、疾病和市场供求等情况进行长期的动态监控，确保政府和有关部门能及时、准确掌握当前畜禽生产形势的变化的重要信息，迅速有效调整和制定畜牧业发展政策，发布市场预警信息，引导全区畜牧生产持续稳定健康发展。

二是建立和完善收储机制，避免猪价等畜禽产品价格过大波动。大力完善肉产品产销衔接和调运机制，设立猪肉储备基地，防止因畜禽产品供给失衡而引起市场价格大幅波动；要在有条件的、有市场需求的县（区、市）建立生猪供应基地，签订产销合同，在生猪供应不足的地方，要主动与产区联系，建立产销合作关系和稳定的生猪供货渠道，确保生猪屠宰企业的库存、销售、生产加工，满足市场需求，确保肉猪价格基本稳定。

三是加强投入，切实加强生猪疫病防控。加大财政投入，稳定畜牧兽医技术推广队伍，加强村级动物防疫员队伍建设；加强对生猪疾病的防控工作力度，增加生猪疫病预测预警能力，进一步完善应急预案和防控措施，提高生猪等重要畜产品疫病防控技术水平；加强对重大动物疫病研究力度，做好重大疫病的防控工作，确保畜牧业生产稳定健康发展。

四是大力扶持生鲜肉食品加工业发展。根据广西实际，在扶持本地生鲜肉类加工企业的同时，应引进国内管理能力强、市场销售网络较为完善的大型加工龙头企业，利用区内畜禽肉类产品的资源优势，开发分割肉、冷鲜肉、小包装及快餐食品，发展生鲜肉产品精深加工，延伸和丰富产业链，打通产业发展的瓶颈，实现产业升级换代。

2011年北海市畜禽监测调查点生产形势向好

罗秀莲

据国家统计局北海调查队对一县三区30个普查小区的1408户散养户、114户规模户、28个生产经营单位的主要畜禽监测调查资料显示，2011年北海市生猪、家禽存栏增长迅速，价格呈持续高位上涨态势，但能繁母猪的参保率降低、养殖成本提高、畜禽价格存在波动风险等问题值得关注。

一、主要畜禽监测调查点生产变化情况

1.生猪存栏量平稳增长。2011年一季度至四季度北海市畜禽调查样本生猪期末存栏量和同比增速都较快，是由于猪肉价格高涨、养殖效益增加的刺激所致。

2.肥猪、仔猪出栏下降。2011年北海市畜禽调查样本肥猪、仔猪出栏量下降幅度较大。除二季度下降幅度比较小一点外。其它三个季度下降的幅度都比较大。肥猪、仔猪出栏数下降的原因，主要是受仔猪出售量大幅下降的影响。2011年生猪价格和仔猪价格同时出现高位运行的态势，由于养殖效益增加，养殖户补栏积极，造成仔猪供应紧缺，为此养殖户对养殖方式进行了调整，生产单位和规模户自繁的仔猪都留着自养，减少仔猪出售量。另外，上年生猪价格偏低，母猪大量减少，仔猪养成出栏也需要周期性，导致期初可售肥猪（待育肥猪）存栏量减少。

3.种猪和能繁母猪存栏量增长稳定，自繁生猪量增长较快。2011年12月末，北海市畜禽调查样本种猪存栏数同比略为增长，其中，能繁母猪存栏量和自繁生猪量都分别有较快同比增长，其原因是受生猪价格不断攀升的刺激，养殖户积极增加种猪和能繁母猪数量，有力的促进了仔猪生产。

4.家禽存栏量略有下降，出栏量平稳增长。2011年12月末，北海市畜禽调查样本家禽存栏量同比下降幅度较大，而2011年家禽出栏量有小幅增长。

二、主要畜禽出栏价格持续走高

1.猪价持续攀升，仔猪价格上涨较快。2011年北海市畜禽调查样本出售肥猪平均价格为17.29元/公斤，上涨63%；15公斤以下仔猪平均价格为28.45元/公斤，上涨58.8%。生猪价格快速上涨的主要原因：一是饲料和人工等养殖成本的提高。2011年北海市玉米、麦麸价格、养殖工人价格等都有较大幅度的上涨，生猪价格也

水涨船高。二是供求关系发生变化。受2010年异常气候和生猪疫病的影响，2011年北海市生猪出栏量下降12.1%，影响了猪肉的正常供给。此外，由于农民外出务工机会增多、收入可观，加上养猪成本上涨、风险加大，农村很多散养户不愿继续养猪，由生产者变成了纯粹的消费者，进一步加剧了供求矛盾。

2.家禽出栏价格上涨。2011年北海市规模户、生产单位、小区散户出栏家禽综合平均价格14.66元/公斤,上涨16.2%。其中鸡平均价格17.02元/公斤,上涨17.4%。鸡、鸭市场零售价格也分别上涨13.4%和12.7%。2011年以来,随着猪肉价格的高涨,家禽价格也不断攀升,特别是土鸡土鸭的价格一直在稳步上扬,饲养肉鸡、肉鸭养殖户经济效益也明显增加。

三、存在问题

1.养殖成本偏高，养殖风险增大。由于仔猪、玉米、混合饲料、运输成本、劳动力、防疫、水电等费用普遍提高，2011年生猪饲养成本偏高。据对某养殖场调查，2011年12月，玉米购进价格是2660元/吨，同比上涨9%；麦麸购进价格是2150元/吨，同比上涨23.6%，人工成本同比上涨26.5%。按照2011年12月份的价格，销售一头110公斤左右的肥猪，除去仔猪费用、人工、饲料、水电等成本1500元，净利润在300元左右，与9月末价格最高水平时每头猪能赚600~700元相比，利润空间已经收窄了许多，养殖风险增大。

2.生猪疫病防不胜防，饲养难度加大。尽管生猪疫病防治工作采取一年四季常年防，春秋两季集中防，局部地区重点防的措施，但随着生猪及其产品流通的日趋活跃和环境污染的不断加剧，生猪养殖传染性疫病较多，新病不断出现，病情也越来越复杂，危害性大，而疫苗研发还不适应当前防疫工作的需要，一些疫苗治疗效果不佳，即使防疫也不能避免疫病的发生，让养殖户防不胜防。

3.能繁母猪参保率严重下降。2011年一季度北海市畜禽调查样本能繁母猪投保率为28.0%，二季度为29.1%，三季度为30.5%，四季度为18.1%。可以看出，北海市能繁母猪投保率低，并呈逐渐下降的趋势，这种趋势给养殖户带来了潜在养殖风险。据了解，造成这种局面的主要原因，一是能繁母猪保险的投保、理赔过于繁杂，养殖户嫌麻烦，投保兴趣降低；二是养殖户的保险意识不够强，没有充分认识到养殖过程中存在的风险，对保险的作用和意义认同度不高，因此参与度低。另外也与相关单位的宣传力度不够有关。

4.散养户防疫意识淡薄，影响生猪生产效益。散养户重养殖，轻防疫，导致生猪发病率高，降低生猪生产效益，给畜牧业生产带来不确定因素。2011年12月末，调查样本生猪期末存栏是232917头，接受防疫的占95.4%，其中，养殖单位存栏数是100388头，接受防疫的占96.3%，规模户存栏数是126068头，接受防疫的占96.5%，散养户存栏数是6511头，接受防疫的仅占58.0%，比样本总量低37.4个百分点。

四、近期生猪价格走势预测

受国家收储政策支持和生产成本高企的影响，2012年粮食价格下行空间有限；受劳动力、土地等成本刚性支撑的影响，2012年生猪生产成本仍将处于高位；根据部分大型养猪场的生产情况以及以往的经验分析，春节后是猪肉消费淡季，预计2012年2、3月份生猪价格将继续小幅下行，但价格仍保持较高价位。

五、几点建议

1.加强疫病防治。加大对生猪的防疫力度，严格执行免疫制度和检疫制度，推进科学饲养与消毒制度；加强疫病防疫知识宣传，改变重治疗轻防疫的观念，让养殖户及时掌握疫病的特点及防治方法，降低畜禽死亡率。

2.加强市场监管力度。随着饲料价格、人工费用和市场物价的快速上涨，导致畜禽产品价格也不断上涨，价格的变动对居民日常生活造成了一定的影响，特别是对低收入群体的影响越来越大，因此相关部门应切实履行职责，严厉打击饲料市场中哄抬物价、掺杂使假等不法行为。同时要大力发展粮食等农副产品生产，防止生猪饲料价格过快上涨，增加养殖成本。

3.建立和完善市场价格监测机制。建立稳定的市场价格调控体系，及时掌握和反馈市场信息和调整养殖规模，有效引导生猪生产、消费各个环节，保持主要畜禽产品的合理价格水平，稳定市场供应，满足消费需求，避免产量和价格大起大落，确保生产与销售的长期稳定发展。如：2011年12月，北海市仔猪价格大幅下降，15公斤以下三元杂仔猪目前是500元/头，比2011年9月份的720元/头下降30.6%。据调查，目前已有养殖户出售母猪现象，应引起有关部门的高度重视，及时采取应对措施，以防止生猪养殖市场的大起大落。

4.加大资金政策扶持力度。加大对规模养殖户的资金扶持力度，切实将各项支持生猪发展的扶持资金落实到位，为养殖业主提供融资平台，切实落实好能繁母猪补贴、生猪调出大县奖励等扶持政策。

2011年贵港市生猪养殖效益分析

刘耀贤

据对贵港市三区两县市进行的主要畜禽监测抽样调查，2011年贵港市生猪生产形势持续向好，价格涨幅大，养殖户养殖效益普遍较高，养殖收益处于近三年以来的顶峰期。

一、生猪收购价格变动情况

2011年贵港市生猪收购价格变动呈现三个特点：

（一）上半年生猪收购价格一路攀升

1.变动情况。2011年初期生猪市场供应偏紧，价格较高。生猪收购价格从1月初的14.2元/公斤，上涨到6月底的19.6元/公斤，同比上涨1.17倍。

2.原因分析。价格涨幅大的主要原因是2010年上半年生猪生产因价格偏低出现亏损，养殖户大量抛售肥猪，造成养殖数量减少，引起下半年生猪供不应求的局面。通过市场洗牌，生猪进入补栏期，充足的市场供应需要较长的时间，造成价格上涨。

（二）下半年生猪收购价格回落

1.变动情况。7月份猪价升至历史最高点19.8元/公斤，同比涨幅为1.58倍。8月份猪价开始下跌，11月份回落至16.4元/公斤，12月份出现反弹，价格小幅回升。造成下半年猪肉价格下跌的主要原因是生猪供应量大，需求量没增加，下半年气温比往年高，鸡肉、鸭肉的替代作用增强，鸡鸭肉需求增加，猪肉消费量有所下滑。

2.原因分析。二季度肉价飞涨的时候，很多养殖户都增加养猪数量。经过五至六个月的培育期，这批生猪都进入出栏期，供应量增大。伴随季节转换，生猪呼吸道疾病多发，养殖户争先提前出栏生猪，猪肉处于季节性或阶段性降价时期，引发下半年生猪价格下跌。随着气温下降，12月份生猪出栏率降低，加之年末消费旺季到来，猪肉价格年末有小幅上涨。

二、生猪养殖成本变动情况

经成本调查核算，2011年饲养一头生猪，按照150天出栏计算，其养殖总成本为1531元，比上年增长14.3%，其中仔猪培育成本350元、饲料成本1117元、人工成本64元。具体情况为：

（一）仔猪成本

2011年瘦肉型仔猪“培育”成本接近350元/头，仔猪养殖成本同比上涨近三成。以某种猪场为例，仔猪自出生长至15公斤重，产房期与保育期每头仔猪消耗饲料成本分别为20元、80元，合计100元；

仔猪疫苗、药物保健、人工精配等费用每头仔猪125元；人工成本每头仔猪35元；水电费与栏舍修补折旧每头仔猪25元；淘汰公母猪成本每头仔猪65元。

（二）饲料成本

2011年平均饲料成本（含仔猪饲料成本100元）1117元/头，同比增长16.6%。2011年购买饲料的均价为3680元/吨，比上年上涨21.5%，饲料价格上涨导致生猪养殖成本较大幅度增加。

（三）人工成本

据调查，2011年规模养殖户出栏1头110公斤的肥猪的人工成本64元/，比上年增长6.5%。主要原因是雇工费用增加，2011年规模养殖户工人平均月工资1350元/人，同比增长12.5%。

三、生猪养殖效益分析

（一）猪粮比价处于养殖盈亏点之上

虽然2011年生猪生产成本单价（出售1公斤活猪产生的成本费用）增加，但销售单价的增长幅度远大于养殖成本单价的增长幅度，全年平均猪粮比价为7.16：1，较去年的4.23：1提升2.93点，连续12个月高于5.5：1的盈亏平衡点。

图1 2011年1—12月活猪收购价格与成本单价走势

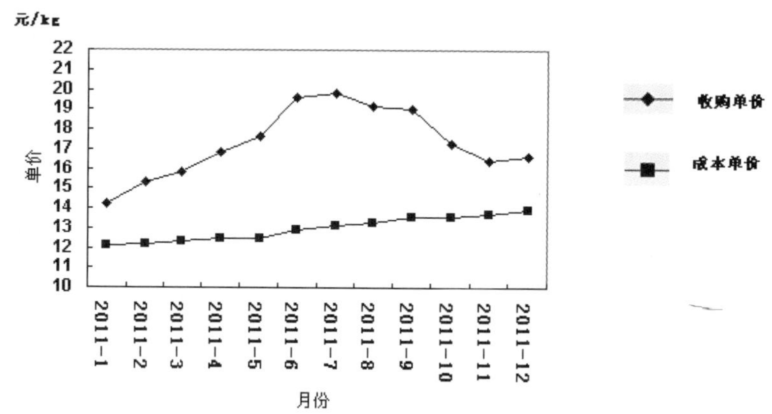

（二）养殖收益大幅增加

据测算，2011年生猪平均收购价格为16.3元/公斤，出售一头110公斤肥猪的平均收入为1793元；剔除饲料、人工水电、保健等饲养成本1531元，平均每头生猪净利润为262元，同比增长1.96倍，市场已经进入高收益期。

（三）高端养殖收益明显

2011年，部分养殖户转型养殖高端品质猪，养殖效益更加明显。据覃塘区一养殖大户反映，新引进的仔猪抵抗力强、销路好，虽然一头仔猪成本比普通仔猪高60多元，但利润高160多元，盈利多近100元。某公司饲养的高端肉猪年平均销售价格达每公斤22元、比普通品种的价格每公斤高2—4元，主要销往粤港澳。

四、影响生猪产业稳步发展的关键因素

2008年以来，生猪市场大涨大跌的

"过山车"行情，导致生猪产业时而一哄而上，时而一哄而下，已成为影响生猪产业持续健康发展的一个"周期性怪圈"。据调查，影响当前生猪产业稳定发展主要有六大因素。

（一）农民"弃猪从工"

随着全国的经济不断好转，城镇化的不断推进，劳动力不断的转移外出，农村中劳动力也相当缺乏，劳动价格不断上涨。前几年农村请工，50~80元/日，2011年上涨到80~150元/日，但养猪收益则远远跟不上，农村中大量出现弃猪从工。典型的是覃塘区平龙小区农户有120户，去年有32养猪户，2011年仅剩16户，户数锐减一倍。主要原因是村周边有很多胶合板厂，用工需求量大，提供工资达90元/日，吸引大量的农民工入厂打工，养猪业出现荒废。

（二）农产品价格轮番上涨

2011年贵港市居民消费价格水平继续攀升，粮食价格大幅上涨，带动饲料价格跟涨，出现了猪价"领跑"CPI的恶性循环。

（三）疫情风险压力大

2011年累计畜禽防疫头数比上年增长22.5%，但累计因病死亡头数增长15.5%，目前，养殖户对防疫风险问题仍然十分担忧。

（四）生猪生产规模膨胀过快

据2011年12月底主要畜禽摸底数据显示，规模养殖户数量剧增，增长较快，养殖户的增加必然引起2012年生猪市场激烈竞争，将面临价格下跌的市场风险。

（五）市场和政策的走势

2011年生猪产业高收益期已过，2012年上半年生猪生产将进入中等收益周期。据调查，大量投资的冲入，市场供应必然出现供大于求，市场会调整进入新的平衡周期。另外，国家扶持生猪产业政策的倾向性也至关重要。养殖户应根据市场的走势，对当前的存栏进行合理调配，加强精心护理，提高生产质量，做好防疫，做到供应平衡，确保生猪销售价格稳定在盈亏点之上。

（六）融资困难

生猪养殖业投入大、风险高、效益低，规避风险的机制还未真正建立。据了解，2011年部分养殖户为扩大生产，大量资金投入猪场场地设施建设，但缺乏生产流动资金，圈舍建设好，但没有资金购猪和饲料，且资金需求量较大，金融机构对养殖企业放贷门槛高，其租赁的土地和猪舍不能作为贷款抵押，造成养殖企业贷款融资难，严重制约着生猪产业发展。

五、意见和建议

（一）加强市场预警和信息发布

有关部门进一步加强完善的生猪产业市场预警机制，供养猪户第一时间掌握生猪价格、饲养价格的市场动态走向，提前作出正确的分析判断，引导养殖户合理安排生产，适度扩大养殖规模，提高养殖户抗风险能力，平衡生猪产业发展。

（二）发挥龙头企业作用　提高产业化经营水平

积极培植和扶持生猪龙头企业发展，

用企业化理念发展壮大生猪龙头企业，充分发挥龙头企业在产品深加工、新技术引进和应用的优势，以水产畜牧专业协会和养殖专业合作社为纽带，引导养殖户走“龙头企业+合作社+社员”或“龙头企业+协会+养殖户”的道路，带动产业化发展。

（三）提高饲养水平

养殖户合理选购饲料和预混合饲料，加强饲养管理，降低饲料成本。适度调整养殖规模，适时补栏，及时改良种猪群的质量，才能提高自身素质，增强驾驭市场的能力，从根本提高抗风险能力，创造最大收益。

（四）加强防疫力度

贵港市处于桂东南的交通要道，过境畜禽运输量大，很容易造成动物疫病的滋生和传播。2011年养殖户普遍反映近三年来极端天气频发，对生猪养殖产生极为不利的影响，对生猪养殖户防控带来了较大困难和压力。养殖户要提高防疫意识淡薄，提前预防，科学用药防疫。有关部门尽快解决当前基层兽医防治人员配备少，工作量大，待遇过低的状况，提高基层工作人员积极性，更利于防疫工作的展开。

（五）提高市场准入，打击违法经营

有关部门适当提高生猪市场准入条件，严把猪肉市场准入关，采取多种措施加强对屠宰场的监管和农村市场私屠乱宰行为的打击力度，力保上市猪肉质量安全。针对部分养殖户特别是散养户动物防疫意识淡薄，养殖条件不达标、逃避防疫员的防疫的情况，进一步加强对养殖场质量安全监管，加大对瘦肉精等违禁药品的打击力度，确保产品质量有效供给。对病死畜禽随意乱扔的现象进行严厉处罚。

（六）提高政策扶持的力度

有关部门进一步拓宽养殖户融资渠道，继续充分利用好国家各项支农惠农政策，及时发放能繁母猪补贴发放各项扶持资金，切实养殖户的养殖积极性，努力实现增收。

2012年春播广西农户种植意向总体稳定 春耕生产开局较好

王 飞

2012年广西种植业结构进一步调整，农户农作物计划种植面积总体稳定，春耕生产开局较好。预计粮食种植面积基本稳定，其中：早稻、甘蔗、蔬菜面积增长，花生、木薯面积将大幅度减少。但广西较长时间的低温阴雨寡照天气，对春季农业生产有不利的影响。

一、一季度农业生产基本情况

（一）前期农业气候状况有利有弊

2012年元旦至3月15日，广西大部以低温阴雨寡照天气为主，降雨天气较多有利于春播农业生产，但气温明显偏低，日照时数明显偏少，对冬玉米、马铃薯和西红柿等作物的生长以及对早稻浸、播种工作的开展和春玉米、春植蔗等旱地作物播种后的生长不利，局部地区出现少量烂种、烂秧死苗的现象，与2011年同期的多次低温阴雨寡照天气一样，对农业生产造成了不利的影响。

3月中旬中期至目前（4月上旬），各地气温呈波动性回升，日照时数有所增多，气象条件好于上年同期，对春播春种及农作物的生长发育较为有利，农业生产进度加快。但这一时期，桂南、桂中、桂北先后出现“倒春寒”天气，对各地早稻和春玉米等旱地作物的正常播种、出苗、生长等不利，也影响春收作物的生长发育。

（二）春播进度总体进展顺利

1.早稻浸播种逾九成，同比稍快。据农业部门统计，截至3月29日，全区已浸播早稻种子2296.45万公斤，占应播量的91.68%，同比分别快75.45万公斤和4.22个百分点。其中北海市、钦州市、贵港市、玉林市早稻种子浸播已完成，南宁市、梧州市、防城港市、河池市、崇左市早稻已浸播已达九成以上。全区已犁耙田797.38万亩，整秧田86.51万亩，已插早稻61.17万亩。

2.春种旱地作物季度同比稍慢。受低温阴雨天气的影响，截止3月29日，广西春种旱地作物2718.75万亩，同比慢86.49万亩。其中旱粮595.45万亩，同比慢35.96万亩，经济作物2123.30万亩，同比慢50.53万亩。春种农作物中，春玉米480.74万亩，同比慢28.46万亩；糖料蔗1358.11万亩，同比慢14.81万亩。

3.天气影响，局部地区作物受灾。受阴雨天气的影响，部分地区农作物受灾。据农业部门统计，钦州市、玉林市出现灾情，共计5个县56个乡镇，受灾面积12.64万亩，成灾7.16万亩，绝收0.23万亩。受灾作物主要是蔬菜（6.91万亩）、马铃薯（3.32万亩）。

（三）农户春播农作物计划种植总体稳定

国家统计局广西调查总队农户春播农作物种植意向抽样调查结果显示：2012年广西春播农作物计划种植面积将呈持平略增态势，增幅为0.1%，粮食作物基本持平，经济作物有增有减。从具体品种看，早稻、甘蔗和蔬菜面积增长，增幅分别为1.6%、1.8%和0.5%，玉米和油料面积减少，减幅为3.4%和6.0%。

1.早稻计划种植面积比上年增长1.6%。桂林、梧州、玉林、崇左、柳州等地调查户的早稻面积增长幅度较大。早稻面积增长主要受以下因素影响：

一是农户粮食结存量减少，自保意识增强。稻谷是广西城乡居民生活主要用粮，2011年，受台风和寒露风天气影响，广西晚稻生产受灾严重，产量大幅度减产，农户粮食结存减少。据国家统计局广西调查总队农村住户调查数据显示，2011年末，农户人均粮食结存比上年减少21.2%，稻谷结存减幅为22.7%。为确保自身粮食安全，农民通过扩大早稻种植规模增加粮食产量。

二是粮食价格稳中有升，生产效益提高。近两年，粮食市场价格稳中有升，生产效益有所提高。据国家统计局广西调查总队农产品生产价格调查，2011年稻谷生产价格指数为120.6%，比农业产品价格指数高5.7个百分点。2011年12月份，国家统计局广西调查总队农村集贸市场价格调查显示，籼稻、籼米的平均价格分别为2.82元、4.71元，分别比上年同期上涨13.7%和16.4%。

三是春季雨水充足，有利于早稻播种。春旱对广西早稻面积影响很大，2011年广西春季出现旱情，旱情较重的一些地区，部分水田无水插播早稻而改种花生、玉米、甘蔗等旱地作物。2012年一季度，广西各地降雨天气较多，春旱出现的可能性不大，农户对早稻种植抱有较高期望，大部分望天田、水尾田和高边田都计划插播早稻。

2.农户玉米计划种植面积比2011年减少3.4%。受种植结构调整影响，2012年广西春播玉米面积将比上年有较大幅度下降，据调查，春播玉米种植户数比2011年减少7.4%。比较效益下降是2012年广西春播玉米面积减少的主要成因。近两年，广西蔗糖产业效益好，甘蔗生产收益大幅度提高，据国家统计局广西调查总队2011年主要农产品中间消耗调查数据计算，平均每亩甘蔗产值2511元，扣减物质消耗和非物质投入后，亩净收益为855元，甘蔗亩产值和净收益分别比玉米（按播种面积计算）高1544元和489元，即使地块按每年种植两次玉米计算，也达不到甘蔗的收益水平。2012年年初，一些地方政府加大甘蔗生产扶持力度，出台相关甘蔗生产的补贴措施，补贴内容包括地膜覆盖、机耕、其他作物改种甘蔗等，在一些地方，改种甘蔗的地块，蔗种由制糖企业和政府给

予补贴，每亩补贴标准在400元以上。甘蔗生产扶持措施弱化了粮食直补的政策效果，将对玉米生产带来直接影响。

3.甘蔗种植面积增长1.8%。2012年甘蔗生产发展主要特点：一是蔗区范围扩大。在调查村中，种植甘蔗村数比上年增长2.0%，计划种植甘蔗的农户数比上年增长3.1%；二是新蔗区面积增幅较高。农户甘蔗计划种植面积增长的主要原因有：

一是甘蔗生产效益提高。近两年市场糖价飚升，进厂原料蔗价格连续两年大幅度提高，国家统计局广西调查总队农产品生产价格抽样调查数据显示，2011年甘蔗生产价格上涨39.44%，目前每吨进厂原料蔗价格在500元左右，蔗农种蔗收益提高。

二是政策扶持力度加大。蔗糖产业发展给企业、蔗农和当地政府带来较好收益，为了促进甘蔗生产发展，一些地方政府加大甘蔗生产扶持力度，出台了相关措施扶持甘蔗生产。

三是蔗农没有后顾之忧。广西糖料蔗价格执行政府最低收购价，并实行糖蔗价格联动机制。近两年市场糖价大幅度上涨，进厂原料蔗价格得到大幅度提高，蔗款能够及时兑现，蔗农对甘蔗生产比较放心。

4.蔬菜面积平稳发展，涨幅0.5%。调查结果显示：蔬菜面积与上年基本持平，一方面传统特色蔬菜，如合浦县、田阳等传统蔬菜生产基地，蔬菜价格比较稳定，蔬菜面积增长幅度大，合浦、鹿寨、田阳、灵山等地调查户的蔬菜面积增幅超过了10.0%；另一方面农户为了减少自身日常生活开支，房前屋后零星蔬菜面积也有所增加。

5.油料面积减少6.0%。广西春播油料作物主要以花生为主，尽管当前食用油价格比较高，但是，由于去年部分地区春旱严重，一些水田插不上早稻而改种花生。而今年春季降雨量较多，这部分水田大部分计划种植早稻，因此，呈现水稻面积增长，油料面积出现大幅度减少的趋势。

6.广西木薯出现大幅度减少趋势。去冬今春，广西木薯价格出现大幅下滑，农民积极性受到影响。据广西农产品价格调查，2011年四季度，木薯生产价格指数由上年同期的133.1下降到87.6，下降了45.5个百分点，价格大起大落对木薯生产收益产生较大影响，不少农户减少种植面积。

二、影响农业生产的不利因素

（一）粮食面积稳定仍有不确定因素

广西春播粮食面积主要以早稻和玉米面积为主，由于各地加大种植结构调整力度，大幅度提高甘蔗生产补贴标准，弱化了粮食生产的政策效果，农户利用水田改种甘蔗将会影响早稻面积增长。

（二）农资价格仍高位运行，农业生产成本增加

据调查，2012年春耕备耕农民实际购买农业生产资料价格普遍上升。农户在实际农业生产中使用量多的农资价格普遍上升，造成农业生产成本增加，不利于农业生产效益提高。

（三）农业基础设施薄弱，影响农民抵御自然灾害的能力

据调查了解，目前现有的农业基础

设施，部分年久失修，功能老化，配套不全，排涝抗旱能力降低，部分河道淤积，防洪排涝能力减弱，保障能力下降，农业基础设施建设薄弱。

（四）农业信息不畅通，影响农民种植效益的提高

一是农民农业科技知识薄弱，没有掌握农业良种良法生产技术，施肥用种多凭经验，造成生产成本高；二是农民对农产品供求信息难以把握，难以市场的变化，产生了盲目性和趋同性，应对市场风险的能力较弱。

三、加强农业生产的几点建议

（一）抓住时机，着力做好春耕生产工作

从3月中旬起，各地气温呈波动性回升，要采取多种措施，利用有利的天气条件，及时加快农作物的种植进度，抓住“冷尾暖头”的有利时机加快浸播种，并做好对已种作物的管理。

（二）做好春耕生产服务工作，使农民种植意向如愿完成

各涉农部门要及时为农民解决生产过程中所遇到的困难和问题，特别是要解决早稻灌溉用水和农业生产资料供应等问题，确保广西早稻种植面积稳定。

（三）加强农业基础设施建设，稳定粮食生产能力

不断加大对农业的投入力度，切实完善以农田水利设施为主的农业基础设施，千方百计提高粮食综合生产能力，建立粮食生产持续增收的长效机制。同时要采取多种形式对农民实施科技培训，提高农民的科学种植水平。

（四）切实做好对农资市场产品价格、质量、市场秩序的管理

整顿和规范农资市场秩序，做好农资供应，稳定农资价格，保证农民用上放心的优质化肥和种子，严肃查处假冒伪劣的农资产品。进一步加强农业生产资料市场的管理力度，降低农业生产资料价格，切实减低生产成本，有效提高农民生产的积极性，促进广西农业生产的稳步发展。

2012年上半年广西农业生产形势调查报告

林卯来

2012年上半年，广西农业生产保持平稳发展势头，总体运行良好。春收粮食总产增长；预计早稻面积减少，单产有望增加；油料、甘蔗种植面积增加；农产品价格平稳上涨。

一、春收粮食总产增长

据国家统计局广西调查总队对春收粮食作物播种面积及单产调查，并经国家统计局核定，2012年广西春收粮食播种面积143.4万亩，增长9.9%；平均亩产202公斤，由于受去冬今春较长时间的低温寡照天气等因素的影响，下降2.6%；总产量为29万吨，比上年增长7.1%。

二、主要农作物播种面积情况

（一）春播粮食播种面积减少1.32%

2012年广西春播粮食面积预计2180.9万亩，比上年减少29.2万亩，减幅为1.3%。从主要粮食品种看，早稻播种面积1394.6万亩，比上年减少17.3万亩，减幅为1.2%，全区早稻播种面积连续三年减少；玉米播种面积688.9万亩，比上年减少15.1万亩，减幅为2.1%。粮食面积减少，主要受以下因素影响：

一是种粮比较效益下降，经济作物与粮食作物争地矛盾突出。近年来，虽然粮食价格呈平稳上升态势，但是涨幅远低于甘蔗等经济作物，粮食生产比较效益下降，市场价格对种植结构调整起主导作用。广西调查总队春播农作物调查样本数据显示，在2011年春季粮食生产用地中，一些早稻田、玉米地改种了甘蔗、花生及非农作物（桑树、果树等）是2012年春播粮食面积减少的主要成因。

二是一些水利设施灌溉能力下降。近年来，国家对水利建设投资不断增加，投资方向主要是大中型水利设施，而小水利（小型山塘水库和提灌设备）的建设投资比重少，设施维护经费主要依靠受益者自筹，很多地方把小水利称为“民办水利”。广西小水利大部分是上世纪中期修建，包产到户以后，这些水利设施基本是村级行政单位管理，多年没有得到维护，损坏严重，如设备丢失，引、排水渠道不畅通，部分设施基本失去了灌溉能力等。更严重的是有些山塘水库承包给养殖户，对库面分割成小渔塘进行水产品养殖，完全失去了灌溉功能，灌区农田变成了“望天田”。今年广西降雨量较上年普遍偏多，但是早稻插播季节个别地方没有出现有效降雨，水利灌溉用水又无法解决，导致一些农田插不上早稻而改种其它作物。调查样本中，0.82%的耕地面积因旱种不上作物，比上年同期高0.25个百分点。

三是农业劳动力不足耕地丢荒。农村劳力不足对粮食生产的影响日益突显，由于青壮年劳动力外出打工，为了减轻从事农业生产劳力不足的矛盾，一些农户有弃荒不种现象。调查样本数据显示，在农作物调查样本村中，21.9%的样本村有因劳动力不足存在着丢荒现象。

（二）甘蔗种植面积继续增加

2012年广西甘蔗面积将继续增长，预计播种面积增幅在4%左右。甘蔗生产收益提高与地方扶持政策的共同作用，使广西甘蔗面积不断扩大。

一是市场糖价高位运行，种蔗比较效益高。广西糖料蔗价格执行政府最低收购价，并实行糖蔗价格联动机制，糖价高位运行，进厂原料蔗价格连续两年大幅度提高。据国家统计局广西调查总队农产品生产价格抽样调查数据显示，2011年甘蔗全年累计生产价格指数达到139.4，目前每吨价格在500元左右，蔗农每亩甘蔗净收益少则几百元，多则过千元。

二是政策扶持力度加大。蔗糖产业发展给企业、蔗农和地方财政带来较好收益，为了促进甘蔗生产发展，各地加大甘蔗生产扶持力度，出台了相关措施扶持甘蔗生产。在一些地方，对改种甘蔗的的农户给予奖励，用水田改种甘蔗的，每亩奖励标准超过700元。同时，为了充分调动各级人员甘蔗生产积极性，一些县级政府制订甘蔗生产激励政策，建立进厂原料蔗超基数奖励机制，对2012/2013榨季进厂原料蔗超出2011/2012榨季基数的部分，每吨奖励10元，用来奖励有关乡镇、村、屯和相关单位（个人），奖励资金由制糖企业和县级财政按一定比例承担。糖料蔗价格执行政府最低收购价，并实行糖蔗价格联动，近两年白砂糖市场价格基本维持在6500元以上，进厂原料蔗价格得到大幅度提高，蔗农得到实惠，蔗款能够及时兑现，蔗农对甘蔗生产比较放心，持续增加甘蔗种植面积。

（三）油料种植面积大幅增长

2012年，广西春播油料作物面积预计增长6.9%，其中花生面积增长6.5%。油料种植面积增长的主要原因：

一是食用油价格飚升，生产效益提高。农户扩大油料面积，一方面可以满足自身生活需要，减少生活支出费用，另一方面出售价格较高，增加家庭收入。

二是种植花生可以减轻农忙季节工作量。花生种植时间一般是3月上中旬，7月上、中旬可以收获，种植和收获时间避开春播和夏收夏种的大忙季节，可以减轻农忙季节工作量，并缓解劳动力不足的影响。

三、主要夏粮作物单产有望提高

广西夏收粮食作物主要有早稻、早中玉米等品种，2012年主要夏收粮食作物长势较好，后期若无较大范围的自然灾害，单产有望提高。

（一）农业气象条件总体上较为有利

从早稻播种至今，广西总体农业气

象条件利大于弊。播种育秧前期出现低温阴雨寡照天气，部分地区早稻育秧受到一定影响，3月中旬以后，气候变化对早稻生产较为有利。3月中旬后期温光条件好转，播种进度加快；4月份全区温光充足，早稻主产区雨量充沛，插秧用水充足，移栽进度明显快于去年同期。5月上、中旬全区大部温光水条件匹配良好，利于早稻生长发育。5月下旬至6月上旬及下旬，虽然出现了多雨寡照天气，对于早稻幼穗发育和开花授粉有不利影响，但至今没有出现大范围的持续性的旱涝灾害，气象条件对大部地区的早稻生长仍属有利。

（二）当前早稻、早中玉米长势较好，单产提高具备较多积极因素

一是早稻田间管理及时到位，早稻、早中玉米苗情长势良好。据自治区农业厅6月14日农情统计，早稻一、二类禾苗面积占早稻总面积的91.5%，比上年提高1.27个百分点，春种玉米一、二类苗面积占玉米总面积的86.45%，比上年提高1.08个百分点。二是以杂交稻、超级稻为代表的优良品种的推广和普及，高产品种种植比重上升。早稻超级稻种植面积占早稻总面积的43.9%，比上年提高6个百分点，杂交稻种植面积占早稻总面积的82.3%，比上年提高1.6个百分点。三是大力示范推广粮食作物良种良法。因地制宜推广高产优质良种，重点推广广西自主培育的高产优质超级稻和优质杂交玉米新品种，全区良种覆盖率保持在95%以上，抛秧面积占早稻面积的85.6%，其中免耕抛秧面积占总面积的34.8%。

（三）推广“多播一斤种、增收百斤粮”重大示范工程

针对广西大部分地区水稻、玉米种植密度普遍偏低的现象，2012年广西大力开展“多播一斤种、增收百斤粮”工程，层层建立示范样板，大力推广优良新品种及配套集成技术，促进水稻和玉米合理密植，提高播插质量，保证基本苗，确保有效穗（株）数，促进粮食单产提高。

（四）落实了各项粮食生产政策措施

一是及早公布并提高了稻谷最低收购价。2012年早籼稻、中晚籼稻、粳稻收购价同比分别提高17.65%、16.82%、9.38%。二是加大农机具购置补贴力度。在中央给广西农机具购置补贴资金达3.5亿元基础上，自治区追加配套补贴资金2500万元。三是鼓励种植超级稻。为调动农户种植良种特别是超级稻的积极性，自治区专门划拨了4000万元财政资金对种植超级稻的农户进行种子补贴和开展粮食高产攻关项目。四是鼓励集中育秧。及时落实中央下拨的1500万元早稻集中育秧补助，大力推广早稻集中育秧作业。五是调整粮食收购政策，实行粮食直补与储备粮订单粮食收购挂钩，增加了种粮农民收入。

2012年上半年，主要夏收粮食作物单产提高虽然具备了一定的基础，但是仍有一些制约单产提高的不利因素。

一是气象条件仍然存在一些不利因素。1月—3月中旬长时间持续低温阴雨寡照天气，对玉米、早稻适时播种和秧苗生长十分不利。4月—5月上旬桂西大部降雨偏少，加之4月下旬末—5月上旬当地出现持续3天以上日最高气温≥35℃高温天气，加剧了土壤蒸发，导致部分地区出现了旱情，气温偏高也加速了早稻的生育进程，导致营养生长期缩短，积累的有机物质减少，对早稻早熟品种产量提高不利。3—4月份，强对流天气频繁，5月中下旬部分地区出现强降雨过程，致使柳州、梧州、贵港、玉林、河池等市局部出现洪涝灾害，对当地水稻生长发育有不利影响。

二是病虫害发生面积较上年多。据自治区农业部门农情统计，至6月15日，早稻病虫害发生面积比上年同期多95万亩，占早稻面积比重上升5.63个百分点，早中玉米病虫害发生面积比上年同期多28万亩，占玉米面积比重上升4.78个百分点。

四、农产品价格平稳上涨

2012年上半年广西农产品生产价格同比上涨7.17%，从农、林、牧、渔四大类来看，农业产品价格上涨12.44%，主要畜禽产品价格上涨0.80%，林业产品价格下降2.13%，渔业价格上涨1.10%。

（一）粮食价格平稳上涨

据农产品生产价格调查显示，上半年谷物价格同比上涨8.88%，其中一、二季度谷物生产价格分别上涨10.05%、7.44%。

（二）牧业产品价格指数同比基本持平

一、二季度牧业产品价格指数呈先升后降的趋势。其中，一季度牧业产品价格同比上涨10.76%，分类看，活牲畜、活家禽类价格分别上涨12.97%、9.53%；二季度牧业产品价格同比下降11.92%，分类看，活牲畜、活家禽、畜禽产品类价格下降12.64%、1.53%和14.87%。

（三）蔬菜类价格指数大幅上升

上半年蔬菜价格同比上涨30.33%，其中，一、二季度蔬菜价格涨幅分别为—0.13%和47.96%，上半年蔬菜价格同比呈大幅上升趋势。

（四）渔业产品价格小幅上涨

上半年渔业产品价格同比上涨1.10。分类看，海水捕捞产品、淡水养殖产品价格分别上涨3.85%和4.72%。

五、对2012年下半年粮食生产的几点建议

2012年夏收夏种工作将至，各地区和各有关部门务必把粮食生产作为工作重点，采取切实可行措施，为粮食生产提供全方位服务，确保全年粮食生产稳定。

（一）保障夏播农业生产用水，增加晚稻种植面积

充分发挥水利灌溉设施作用，特别是电灌设施和山塘水库，尽最大能力满足晚稻种植用水需要，扩大晚稻种植面积。

（二）组织农机下田，缓解农业生产劳动力不足矛盾

夏收夏种季节性强，农村劳动力不足矛盾尤为突出，各地要组织和调度好农业生产机械，为夏收夏种提供优质农机服务。

（三）加强农业生产资料供应和管理工作

及时做好种子、化肥、燃油等农业生产资料调运和供应，加强市场的管理和监督，为农业生产提供数量充足、价位合理、质量可靠的农业生产资料。

2012年上半年广西畜牧业生产稳步增长

罗天明

2012年上半年，广西各级政府继续重视畜牧业的发展，在政策上给予极大优惠，在资金、科技、人力等方面加大投入，畜牧业生产呈稳步发展之势。

一、2012年上半年畜牧业生产情况

（一）畜牧业生产稳步增长

2012年上半年广西的主要畜禽生产形势保持平稳较快的发展态势。猪、牛、羊、禽生产稳步提高，生猪出栏增长较快。据广西主要畜禽监测调查，2012年上半年广西猪、牛、羊、禽存栏量分别为2381.81万头、456.78万头、204.15万头和26077.42万只，分别比上年同期增长3.72%、1.1%、4.96%和7.24%；2012年上半年末能繁母猪存栏287.16万头，同比增长2.41%。在存栏保持增长的同时，猪、牛、羊、禽的出栏也有明显增加，出栏量分别为1722.65万头、69.70万头、102.50万只和40295.86万只，分别比上年同期增加8.75%、0.58%、1.80%和2.94%。猪、牛、羊、禽肉产量分别为132.96万吨、6.77万吨、1.63万吨和65.81万吨，分别比上年同期增长10.80%、3.47%、4.00%和3.24%。

2012年上半年畜牧业生产稳步增长的主要原因：

1.疾病控制得当、气候条件较好。今年上半年生猪生产形势与去年同期相比普遍较好，特别是今年广西冬、春两季气候条件比较适宜，没有出现明显的严寒或湿冷天气，加上各地对春季生猪疾病控制得当，生猪生产有较大增长。

2.政策措施给力。近几年，中央级地方各级政府均出台了一系列畜牧业发展扶持政策，通过创建畜禽生产技术培训和畜禽标准化示范基地，加大开放合作招商引资力度，建立健全畜禽产品市场销售平台等各种有力措施、想方设法，着力推进畜牧产业健康发展。如：平南县有关部门根据国家发改委、财政部、农业部、商务部等六部委发布的《缓解生猪市场价格周期性波动调控预案》精神，积极深入到场、户，指导养殖户正确应对当前形势，从思想上解决养殖户的焦躁和不安，以“适销对路，降低成本”为指导思想，鼓励和引导养殖户根据市场需求调整养殖方向，从“好、特、销、易、赚”为五大突破口，切实保障养殖户“养得好，卖得出”，促进生产效益双丰收。

（二）生猪价格快速下滑

据对武鸣等十六个生猪调出大县

（区）的监测调查显示，截至2012年5月底广西市场的生猪价格已经连续5个月环比下跌，1—5月环比分别下跌0.5%、2.7%、5.2%、7.4%和7%。5月份16个生猪调出大县肉猪（毛重，下同）平均出售价格为13.5元/公斤，同比下跌了14.1%；比去年生猪价格最高的19.1元/公斤下降了约29.3%。5月份仔猪平均出售价格为22元/公斤，同比上涨0.7%，但是比去年仔猪价格最高的34.1元/公斤下降了约35.5%。为了稳定市场，保证养殖户的正常利润，保障畜牧业的稳定发展，国家在4月份已经启动生猪调控预案、适时开展收储，同时减少进口猪肉及加大打击猪肉走私力度。目前调控措施已见成效，猪价有小幅回升。6月份16个生猪大县平均肉猪出售价格为13.52元/公斤，环比上涨了0.22%。

虽然2012年全区生猪价格大幅走低，但是大部分养殖户仍信心不减。特别是一些规模养殖户和非农户生产单位，经历了多年市场价格波动，积累了丰富的市场经验，对市场波动多选择积极主动应对，抗压能力、抗风险能力和市场意识都大为增强，普遍对未来畜牧业发展形势信心较高。

影响生猪价格下跌主要有三个方面的原因：一是2011年以来生猪价格持续高位运行，生猪养殖盈利颇丰，高利润催生了新一轮生猪养殖投资热潮，新的猪场纷纷上马，旧的猪场扩大规模，散养户大队跟进，甚至春节返乡的部分在外务工人员也放弃返城务工，转而投资养猪，致使广西生猪存栏总量在短期内大幅增加。由于这批生猪主要集中在今年上半年出栏，导致今年上半年市场供大于求，价格下跌；二是春节过后，市场上生猪需求量减少，并且随着气温的上升，人们对猪肉产品的需求进一步缩小，猪肉消费进入阶段性淡季，生猪市场需求持续疲软，需求下降引起价格下跌；三是从宏观来看，出口不畅、经济增长乏力、通胀压力持续存在、企业经营利润下滑、居民收入增长困难等因素的存在，也影响到人们对猪肉的消费欲望和消费能力。

二、畜牧生产出现的一些问题

（一）养猪利润微薄

广西在猪价大幅下跌的同时，养猪成本却不断上升：一是仔猪价格同比有明显上涨。6月份广西的仔猪虽然比5月份有了小幅回升，但是与去年同期相比仍减少了24.1%。二是饲料价格上涨。6月份与畜牧产品紧密相关的玉米、小麦麸等饲料价格仍然高位运行，价格分别为2.72元/公斤、2.20元/公斤（相关价格由自治区畜牧局提供），同比分别上涨了11.5%、和15.13%。三是人工成本上涨。目前聘请一个普通的饲养工人，每月工资要1500左右，少数地方工资甚至高达2000元/月，比去年同期上涨了30%左右。四是物流运输和物价上涨引起的防疫、消毒及保健等相关费用的上涨。五是前期高价仔猪严重挤占了利润空间。当期出栏的活猪多是在2011年11、12月补的栏，据调查，2011年11月份的仔猪价格比目前高20%左右，前期高价仔猪严重挤占了利润空间，养猪利润微薄。

（二）劳动力短缺，用工难问题突出

尽管目前各养殖场的人工工资不断上涨，但由于养殖业工资水平相对不高，而且工作环境差、发展前途有限等因素使大部分年轻劳动力不愿从事畜牧生产，加上部分养殖场地理位置较偏僻，工作形式单一且繁重等影响，使得年轻且有较高知识文化水平和生产技能的劳动人员稀少，劳动力供需缺口较大，雇工难的问题比较突出，在一定程度上抑制了养殖户生产水平的提升和生产规模的扩大。

（三）产业利益分配不合理，生猪产销价格失衡

目前生猪产业涉及的环节有饲料生产、饲养、运输、屠宰、加工、批发和销售等环节，这些环节各应获得怎样的合理收益才能比较有利地推动生猪产业的稳定发展，目前还没有很好的利益分配机制。部分地区生猪养殖业虽然快速发展，但组织化程度较低，产供销的产业链建设相对滞后，相互脱节，养殖场户单独面对市场，生猪调运、收购和市场价格由猪贩子控制或定夺，形成不规范的行业和市场垄断现象。生猪收购和零售价格不能完全反映市场供求关系，在收购、运输、屠宰等环节上受到零售商版（猪贩、肉贩）垄断控制的影响，甚至在少数地方生猪收购、调运、零售过程中存在欺行霸市的现象，生猪批发商（猪贩、肉贩）为了获取更大的利润，采取价格同盟或缓收少运等各种手段压低收购价，抬高零售价格，从中牟取暴利，导致“养猪的不如卖肉的”等不合理现象频发，影响了畜牧业生产的正常运行。

（四）贷款难，生产资金不足

由于生猪养殖周期较长，前期资金投入需求大，而很多中小规模户很难获得银行贷款，导致发展后劲不足。如江州区太平镇沿山社区某生猪规模养殖户，2010年3月共投入150余万元建设了5000余平方米规模化标准养殖场，采取公司加农户方式进行养殖。今年4月，该户计划扩建猪舍再购进100头能繁母猪来饲养，因得不到银行贷款，后续资金不足，生产扩建计划被迫暂停。

三、促进畜牧业生产的几点建议

（一）采取多项措施继续加强防疫工作

要继续加强生猪疫病防控和技术指导工作，完善防疫设施，健全防疫制度，科学实施畜禽疫病综合防控措施。同时加强对养殖户培训指导，最大限度降低疫病暴发的风险。

（二）加强市场监管力度

针对目前在饲养、运输、屠宰、加工、批发和销售等环节存在的各种垄断经营现象，政府和有关职能部门要进一步规范市场行为，强化宏观调控措施，坚决维护健康公平的市场次序，促进良性竞争机制的形成。

（三）建立、完善畜牧业生产信息平台和市场价格动态监测体系，及时发布市场预警信息

建立、完善面向广大农户的信息发

布机制，及时、准确的发布价格、供求等有关信息，为广大养殖户提供足够的产业信息资源；同时灵活运用各种宏观调控措施，避免生猪价格大起大落，积极引导养殖户优化猪群结构，提高科学生产技术，加强自身防疫能力。进一步完善疫病应急预案和防控措施，落实防控责任和措施，防止重大动物疫情的发生，确保畜牧业生产健康发展。

（四）建立养殖户风险补偿机制

畜禽养殖风险较大，可以通过建立针对养殖户的风险补偿机制。根据价格形成的各环节情况，综合考虑市场变动因素，科学确定最低保护价格。当市场价格低于保护价格或发生严重疫情时，对养殖户进行必要的风险补偿；对于规模养殖大户，还可以建立优惠扶持长效机制，保证养猪户的利益，激发养猪户长期的养殖积极性，使得畜牧业平稳发展。

（五）加大对规模养殖户的扶持力度

努力争取国家、省级畜牧业养殖业方面的资金项目，从资金和技术方面加大对规模养殖户的扶持和帮助，为养殖户积极补栏创造有利条件和保持生产树立信心，形成标准化、规模化优质畜产品生产基地，提高农民的畜牧业经济效益，促进农民增收。

2012年上半年梧州市生猪养殖收益下降状况分析及对策

蓝振锷

据对梧州市三区四县市进行的主要畜禽监测抽样调查，2012年上半年梧州市生猪养殖出现效益持续下滑的状况，价格跌幅大，养殖成本上涨，部分资金、技术和养殖规模跟不上的养殖户出现亏本现象，养殖收益下降。

一、当前生猪养殖效益下滑

（一）生猪收购价格持续走低

2012年上半年生猪收购价格呈现持续下跌的态势。调查数据显示，上半年生猪收购均价为15.71元/公斤，同比下降10.64%；分月看，1—6月收购价分别为18.58元/公斤、18.42元/公斤、17.17元/公斤、16.7元/公斤、14.48元/公斤、13.47元/公斤，1—6月环比分别下降0.05%、0.86%、6.79%、2.74%、13.29%、6.98%。

供过于求是导致生猪价格下跌的重要原因。由于目前出栏的生猪其入栏时间是在去年的12月前后，当时生猪出栏价正处于高位，养殖户补栏积极，因此目前是生猪出栏的小高峰，短期内市场供应充裕，这是目前造成生猪价格下跌的主要原因。

（二）养殖成本高位上涨

1.人工成本增加。据很多规模养殖户反映，2011年养殖场的普通工人每人每月工资1400到1500元，技术人员每人每月工资3000元，但2012年普通工人工资都涨到每人每月2000元，技术人员每人每月4500元，老板们反映如果不涨工资都没人来做，很多养殖场较偏远，请人做工更加困难。

2.饲料成本加大。从3月份起，梧州市各种饲料价格呈现不断上涨态势。如玉米3、4、5、6月份的价格分别是2.4元/公斤、2.92元/公斤、2.96元/公斤、2.96元/公斤，6月份比3月份上涨23.3%。饲料价格上涨主要原因是供求关系所致，2011年生猪出栏价高企，养殖户积极补栏和扩大规模，2012年猪养得多了，对饲料的需求大幅增加，造成饲料价格的上涨；而2012年上半年汽柴油价格的上涨也是饲料价格上涨的推动因素之一。据养殖户反映，每头猪从15公斤起养到出栏，仅饲料成本就要增加160元左右，再算上兽药、人工的增加额，每头猪养殖成本1530~1650元，比上年同期将增加200元左右。

（三）盈利状况堪忧

1.养猪盈利空间下降。受生猪价格连续下跌、饲养成本增加的影响，养猪的利润空间收到了极大的压缩。据养殖户

反映，2012年一季度养殖出售一头110公斤肥猪的利润约为250元，比上年一季度的400元、上年二、三季度效益最好时的1000元，有了较大幅度的下降。而到了二季度，随着生猪收购价的进一步下跌，一些养殖户出现了养猪亏损情况。据规模养殖户反映，按照4、5月份的生猪价格，每养殖一头生猪至少亏损200元左右。据对梧州市辖下岑溪市的10个规模养殖场的调查，二季度10个规模养殖场全部亏本。除1家因自繁自养的规模养殖场的亏损额度在100元／头以内外，其余9家养殖场的亏损额度均在200元／头以上，最多的亏损达400元／头以上。

2.猪粮比价持续下降。猪粮比价，即生猪收购价格和作为生猪主要饲料的玉米价格比值在6比1，生猪养殖基本处于盈亏平衡点。猪粮比价越高，说明养殖利润越好，反之则越差。1—6月猪粮比价分别是8.18、7.93、7.15、5.72、4.89、4.55，数据表明，1—5月猪粮比价持续下降，4、5、6月跌破盈亏点。总体而言，上半年生猪养殖的盈利状况处于下滑态势。

二、下半年生猪养殖形势预测

据对梧州市部分龙头畜牧养殖企业的调查，他们对下半年生猪养殖依然充满信心，认为目前出栏的低价位运行只是暂时性的，预计进入下半年，由于供求关系的影响，出栏量将会有所减少，供大于求局面将会有所缓解，生猪价格可能会出现小幅回升，到三季度末生猪收购价可能回升到16元/公斤左右，并逐渐趋稳。

同时，大多数规模养殖户表示不会因为猪价暂时低迷而有意增减出栏或缩小养殖规模。但是，如果下半年猪价依然低迷，明年将缩小养殖规模。少部分养殖户计划下半年增加存栏，加大养殖量，争取下半年打赢“翻身仗”。

三、当前生猪养殖的有利因素和存在问题

（一）有利因素

1.地方政府政策扶持和招商引资力度较大。根据2009年梧州市委、市政府出台的《关于鼓励规模养殖加快水产畜牧业产业化发展的决定》（梧政发〔2009〕21号文）的扶持政策和梧州市畜牧局的统计数据，2011年梧州市落实的规模化养殖扶持资金达1788.94万元，比2010年增加了32.39%，有力地促进了梧州市畜禽规模化养殖的发展，2012年的规模养殖场数量较2011年有较大幅度增加，预计今年将落实的扶持资金会多于2011年。藤县海和种猪有限责任公司，岑溪龙母种猪有限责任公司年出栏量过万头，岑溪智顺畜牧有限公司年出栏量接近万头，这三个生产单位都是梧州市2009年招商引资进来，并于2011年投产的企业。

2.政府部门和养殖场防范工作到位，成效显著。今年以来市水产畜牧兽医局进一步强化畜牧业防控工作，继续加大防检力度和消毒工作，加大宣传；加大对兽药、饲料添加剂违禁药品的检查力度和对违法行为的查处惩治力度，确保了梧州市无畜禽疫情发生，病情也较少，畜产品质量安全。

3.养殖场非常重视猪病防疫工作。梧州市所有规模养殖场都引进了消毒设备，认真做好猪场内的卫生保健工作。为了防止病毒由外人带如猪场，一般猪场不允许严禁外人进入。大型养殖场，必须更换工作服，消毒之后才能进入。今年以来，很少有猪和家禽因病死亡。

（二）存在问题

当前，梧州市生猪养殖业正处于传统生猪养殖向现代生猪养殖的转型阶段，在发展中还存在诸多矛盾和问题。

1.架子猪和仔猪型猪场较少。样本中，绝大多数养殖场都是肉猪肉禽型单一养殖。专门从事仔猪养殖为主的企业较少，从事架子猪养殖的企业处于空白。养殖结构多元化不明显，提高了养殖风险。今年，许多肉猪养殖场，在一季度猪价低于心理价而不出栏，二季度猪价继续下降，养殖成本不断上升，不得不低价出售，造成较大损失。

2.资金不足制约发展规模。梧州市今年规模养殖场（含非农户生产单位）共188个，但是，市每年的项目企业指标有限。绝大多数养殖场得不到项目款，此外，养殖场不能作为固定资产进行抵押，银行不放贷款，养殖户错过扩大养殖规模的最佳时机，很大程度上制约了梧州市生猪养殖业的进一步发展。

四、应对生猪养殖效益下滑的几点建议

（一）加大市场调控力度

政府部门除了启动生猪和冻肉储备等手段调控生猪的市场价格外，还应该加大对农副产品价格的市场调控力度，以稳定农副产品价格，降低生猪养殖业的成本波动幅度。

（二）提高政策扶持力度

有关部门进一步拓宽养殖户融资渠道，继续充分利用好国家各项支农会农政策，及时发放能繁母猪补贴和各项扶持资金，增加养殖户的养殖积极性，努力实现增收。

（三）建立健全生猪养殖行业预警体系

相关部门要深入研究分析生猪供求关系和周期性波动规律，确定生猪生产的总体增长速度和猪群比例结构。在生猪主产区和主销区建立市场信息监测点，逐步形成覆盖全国的生猪市场监控体系。加强对生产、流通、销售各环节的监测，开展国内国际生猪及产品市场风险分析，及时发布市场预警分析报告，科学预测市场和消费需求走势，正确引导养殖户生产经营决策，规避市场风险。

（四）大力发展规模养殖，调整养殖结构

重点发展标准化养殖和促进养殖结构多元化，引导形成产业集聚，建设各具特色的板块基地，不断壮大产业规模，提高生猪养殖抗击市场风险的能力。

（五）全力推行标准化生产

重点抓好小型养殖场的改造升级，注重实施排污治理，实现畜牧养殖业的清洁生产；着力抓好科技推广，重点抓好人员培训、生猪品种改良、提升生猪养殖的产

业水平，提高生猪养殖的市场竞争力。

（六）加强行业监管，确保畜产品安全

重点抓好动物防疫和检疫监管，严禁“瘦肉精”等违禁品进入生产环节，加强病死病害肉专项整治工作，保证生猪养殖业的健康发展；

（七）全面加强行业服务体系建设

切实加强服务体系建设，重点抓好行业协会、专业合作组织建设，不断优化服务环境、提升服务水平，促进生猪养殖业快速发展。

2012年前三季度广西畜禽生产总体平稳发展

莫　林

2012年以来，广西畜禽生产在价格大幅波动、养殖成本不断上升的背景下，主要畜禽产品仍保持平稳的发展态势。据广西主要畜禽监测调查显示，2012年前三季度，全区猪、牛、羊、禽存栏量分别为2372万头、452.4万头、200.3万头和28424.4万只，分别比上年同期增长0.5%、0.2%、4.6%和4.7%，累计出栏量分别为2481.1万头、100.5万头、149.8万只和62300.2万只，分别比上年同期增加6.8%、-2.3%、1.5%和4.3%。猪、牛、羊、禽肉产量分别为188万吨、9.5万吨、2.4万吨和101.8万吨，分别比上年同期增长7.2%、-2.8%、1.6%和4.6%。总体看，前三季度广西主要畜禽生产平稳发展。

一、畜禽生产主要特点

（一）生猪存出栏量增幅放缓

1.生猪存栏量保持与上年相同规模，但增幅放缓。2011年上半年，由于受灾情影响，广西生猪出栏出现大幅波动，生猪出栏骤减，猪价迅速攀升。从去年三季度开始，广西生猪生产规模逐渐恢复，至2012年一季度，生猪生产发展整体处于平稳发展小幅增长的态势。2012年上半年存栏规模2381.8万头，与上年同期相比仍增长2.41%，三季度末2372.2万头，与上年同期相比仍增长0.5%，尽管增长幅度放缓，但存栏量保持与上年同期相应水平。

2.生猪出栏量保持一定幅度增长，但增幅回落。监测结果显示，2012年一季度生猪出栏达到高峰，后缓慢回落，上半年生猪出栏量1722.7万头，比上年同期增加8.8%，三季度出栏量为758.5万头，同比增长2.7%，增幅回落明显。前三季度生猪出栏量比上年同期增长6.8%。

（二）牛、羊出栏及肉产量稍有增长

调查结果显示，2012年前三季度牛的存栏量为452.39万头，与上年同期相比基本持平，只增长0.2%；出栏量有所下降，前三季度出栏100.5万头，与上年同期相比减少了2.3%。牛肉产量减少，前三季度产量为9.5万吨，与上年同期相比减少了2.8%。羊的存栏量增长4.6%，出栏量增1.5%，发展稳定。

（三）家禽生产发展迅速

2012年前三季度家禽存栏达到28424.4万只，增长4.7%；出栏量62300.2万只，增长4.3%；禽肉产量101.8万吨，增长4.6%；禽蛋产量16.2万吨，增长5.0%。

（四）猪价止跌回升，市场探底回暖

2012年前5月，受到生猪生产周期性

影响，生猪价格“跌跌不休”。据对广西武鸣等十六个生猪调出大县（区）的监测调查显示，前五个月广西市场的生猪价格环比逐月下跌，月环比跌幅分别为：-0.5%、-2.7%、-5.2%、-7.4%和-7%。6月后，生猪价格缓慢回升，6、7、8、9月份生猪大县平均肉猪出售价分别为13.52元/公斤、13.78元/公斤14元/公斤和14.4元/公斤，环比分别上涨0.22%、1.92%和1.4%、3%。总体上看，前九个月生猪价格呈“V”型走势。尽管九月份猪价与2011年猪价最高时相比，仍相差25%，但猪价止跌回升、市场探底回暖的迹象比较明显。

（五）规模养殖户养殖心态淡定，市场供求稳定

由于受上年猪价一路走高影响（2011年9月份，广西市场活猪价格达到历史最高位，生猪大县活猪价格高达19.06元/公斤，比2010年同期增长了57.4%），2011年三、四季度广西生猪生产发展出现恢复性较大增长，市场出现供大于求局面。今年上半年，猪价大幅回落并保持在低价位徘徊。但面对本轮猪价波动，大部分规模养殖户心态稳定，能够比较理性看待市场变化，没有因猪价下跌出现恐慌性缩减养殖或宰杀母猪的情况，生猪补栏正常，出栏量保持增长，肉产量增长，由此当前市场供给充足，供求稳定。

（六）气候条件适宜，疫情稳定，没有受到大的疾病侵害

去年上半年同期，广西大部分地区受到较长时间的湿冷天气的影响，母猪发情率、受精率降低，刚出生的仔猪易患腹泻，成活率低，给当年上半年存、出栏造成较大影响。今年以来，广西生猪生产形势与去年同期相比普遍较好，特别是今年广西冬、春两季气候条件比较适宜，没有出现明显的严寒或湿冷天气，加上各地对春季生猪疾病控制得当，疫情稳定，没有受到大的疾病侵害，对生猪生产有较大促进作用。

二、畜禽生产存在的主要问题

（一）饲料价格上涨过快，养殖成本高，养殖户利润微薄甚至亏损

据调查，今年以来饲料价格上涨迅速，3月份豆粕价格约为3500元/每吨，9月份以上涨至4800元/吨，半年时间价格上升了1300元/每吨，上涨幅度达到37%。饲料价格的明显上涨，直接推高了养殖成本，使养殖户养殖收益下降。据初步测算，按照当前的饲料价格和生猪平均售价，广西许多地区猪粮比价已跌破6∶1的盈亏平衡线，生猪养殖户养殖已经步入亏损区间。初步测算，按照9月份市场生猪出栏平均价格14.4元/公斤计算，出栏一头100公斤生猪，收入约为1440元，扣除养殖成本（约1500元/头），每出栏一头仍亏损60元左右。

（二）全区规模化养殖水平还不高，养殖户抗击市场风险能力仍较弱

近年来，随着中央政府的政策扶持、市场化的推进及各级地方政府的努力，广西畜禽生产规模化程度有了较大提高，但总体而言，广西畜禽生产规模化的水平仍不高。以国家统计局对畜禽养殖规模户的统计标准（据国家统计局统计标准，生猪存栏300头以上、家禽15000只以上为规模户），2011年广西生猪规模养殖户生产比例中，规模户存栏量占全区比重为25%，出栏量占全区比重为39.4%。这说明全区生猪生产的大头仍以规模以下养殖户为主。由于不少规模以下养殖户缺乏对市场的了解和深度分析，有利可图时，往往就一哄而上，造成供大于求，市场价格急剧下跌后，则大幅减少存栏或清栏，以抵御市场风险，由此也造成市场畜禽产品供给出现剧烈波动。

（三）畜禽生产、销售及预警信息尚不健全，养殖户的产、销过程中带有很大的盲目性、趋众性

调查发现，自去年下半年以来，由于受生猪养殖一片利好的信息的鼓舞，广西各地出现了新一轮生猪养殖投资热潮，新的猪场纷纷上马，旧的猪场扩大规模，散养户大队跟进，甚至春节返乡的部分在外务工人员放弃返城务工，转而投资养猪。如南宁市某县生猪存栏2012年第一季度末和第二季度末分别增长了69.1%和74.4%，普遍存在的追高心理、以及匮乏或尚不健全、不完善的价格信息发布机制、预警机制等，许多养殖户难以对市场走向及风险把握准确，以致在扩大生产、产品销售等过程中带有很大的盲目性、趋众性。最终在市场价格急剧下跌时遭受重大损失。

（四）养殖产业链利益分配不合理，分配机制待完善

目前生猪产业涉及的环节有饲料生产、饲养、运输、屠宰、加工、批发和销售等环节，这些环节各应获得怎样的合理收益才能比较有利地推动生猪产业的稳定发展，目前还没有很好的利益分配机制。养殖环节承担的风险过大，而猪肉零售商承担风险较小，这对生猪正常发展极为不利，需有一个合理的利益分配机制。

（五）畜禽产品加工能力相对较弱，需加强和完善

以生猪为例，目前以猪肉为原料的食品加工仍是短腿，生猪加工业相对来说仍比较薄弱，直接影响生猪产业的发展，影响生猪饲养户的利润收入。另外，生猪加工业欠发达，市场无法消化过多的生鲜猪肉，也影响到市场的平稳供给，造成价格波动，影响生产生活。

三、确保畜禽生产健康、稳定发展的几点建议

（一）采取多项措施继续加强防疫工作

调查发现，畜禽生产是否稳定、健康，首要的因素是疫情防控。为此，要确保广西畜禽生产健康、稳定发展，必须继续加强对生猪疫病防控监测和技术指导工作。要完善防疫设施，健全防疫制度，科学实施畜禽疫病综合防控措施。同时加强对养殖户培训指导，最大限度降低疫病暴发的风险。

（二）强化政府对畜禽生产的调控力度，提升调控效果

今年上半年，全国大部分地区生猪价格出现大幅下跌，我区猪价更是连续5个

月出现了环比负增长的情况。为防止猪价剧烈波动影响，保证养殖户的合理利润，国家在四月份启动了生猪调控预案、适时开展生猪收储，同时减少进口猪肉及加大打击猪肉走私力度。调控措施已取得了一定效果，今后广西还要根据国家的相关措施，出台自治区的相关调控细则，继续强化政府对畜禽生产的调控力度，提升调控效果。

（三）加强市场监管力度

针对目前在饲养、运输、屠宰、加工、批发和销售等环节存在的各种垄断经营现象，政府和有关职能部门要进一步规范市场行为，强化宏观调控措施，坚决维护健康公平的市场秩序，促进良性竞争机制的形成。

（四）总结推广“公司+基地（农户）”模式的经验，建立完善畜禽养殖户风险补偿机制

畜禽养殖风险较大，建立一套科学可行的养殖户的风险补偿机制，可以一定程度程度降低养殖户的市场风险。调查发现，一些地区采取“公司+基地（农户）”养殖模式，科学合理确定最低保护价格，当市场价格低于保护价格或发生严重疫情时，对养殖户进行必要的风险补偿，或由公司承担市场风险，由养殖户承担养殖风险，这对完善畜禽养殖户风险补偿机制有很好的作用。

（五）加大对规模养殖户的扶持力度

当前，广西的规模养殖户生产量尚未占到半壁江山，长远来看，必须继续加大对规模养殖户的扶持力度。努力争取国家、省级畜禽养殖业方面的资金项目支持，从资金和技术方面加大对规模养殖户的扶持力度，为养殖户积极补栏、稳定养殖规模创造条件，提供保障，形成一大批能抵御市场风险、效益良好、状态稳定的优质畜禽产品生产基地。

2011/2012榨季贵港市蔗糖产销情况及发展对策

刘 鹏

制糖业是贵港的支柱产业之一，曾有“糖都”和“广西制糖工业摇篮”的美誉。2011/2012榨季，贵港进厂原料蔗和制糖企业蔗糖产量都有所增加，但也存在种蔗面积下降、原料蔗不足和产能利用率不高等情况。同时受白糖价格大幅下降的影响下，贵港糖企效益普遍下滑。因此，调查研究贵港蔗糖产销情况及存在的问题，对增加农民收入、提高企业效益和促进贵港经济发展都有十分重要的意义。

一、2011/2012榨季贵港蔗糖生产销售基本情况

（一）制糖企业基本生产情况

1.糖企及蔗区分布。目前贵港市有4家制糖企业，均为贵港调查队工业生产者价格调查企业。4家糖企分别是贵糖（集团）股份有限公司、贵港甘化股份有限公司、贵港金田糖业有限公司、西江制糖有限公司。四个制糖企业均有专属的蔗区，实行分片管理，定向收购。其中金田糖业的蔗区为桂平市和平南县；西江糖厂拥有自己的农场，实行自栽自用；甘化股份有限公司蔗区为覃塘区的覃塘镇、黄练镇、蒙公镇、东龙镇、山北镇、樟木镇、三里镇双凤村以及港北区的根竹镇；除甘化股份有限公司所属蔗区之外覃塘区、港北区、港南区其他乡镇均属于贵糖集团的蔗区。

2.糖企开榨情况。2011/2012榨季自2011年11月28日贵糖集团开榨，至2012年4月20日西江糖厂停榨止，历时145天。据统计，2011/2012榨季，贵港进厂原料蔗累计达163.21万吨，比2010/2011榨季的156.12万吨增加了7.09万吨，同比提高4.54%。在甘蔗种植面积连年下降的情况下，进厂原料蔗却呈现逐年增加的趋势，主要原因有两个。一是良种良法推广使甘蔗单产有所提高从各甘蔗种植产区了解到，贵港市今年甘蔗亩产集中在5~6吨左右，较上榨季的4.5吨的平均水平有较大幅度提高。二是收购价格逐年提高使甘蔗外流情况有所缓解。由于蔗区蔗农普遍与糖企签有合作协议，在甘蔗收购价差别不大的情况下，蔗农不再将甘蔗运往外地销售。

3.糖企产糖情况。2011/2012榨季，贵港制糖企业蔗糖产量累计为18.9万吨，与上榨季的17.67万吨相比，增加了1.23万吨，同比提高了6.96%。4家企业呈现“三升一降”局面，其中，贵糖9.06万吨，同比增加1.08万吨，同

比提高13.53%；贵港甘化股份有限公司3.54万吨，同比增加0.27万吨，同比提高8.26%；贵港金田糖业有限公司3.23万吨，同比减少0.33万吨，同比下降9.27%；西江制糖有限公司3.06万吨，同比增加0.2万吨提高6.99%。

（二）白糖价格波动情况

1.白糖出厂价大幅下降。2012年以来，贵港白糖出厂价格呈现持续下降趋势，具体走势如下表所示：

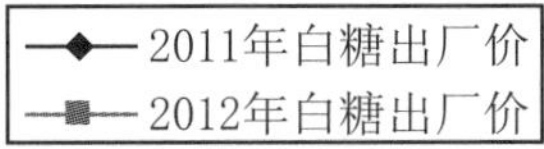

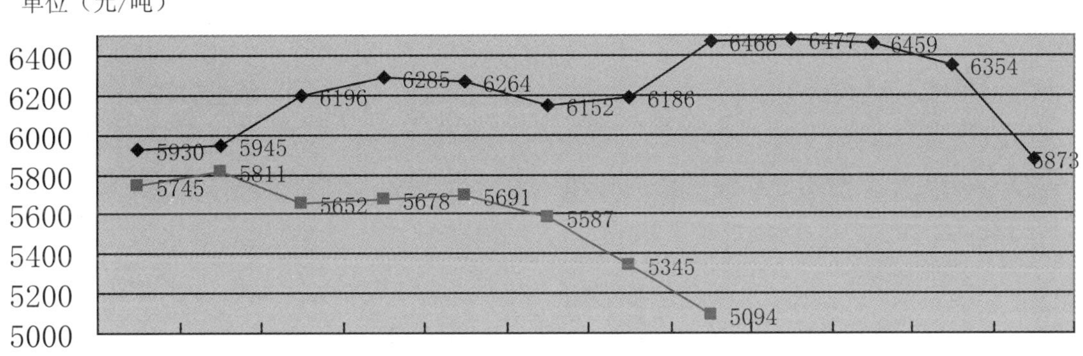

2012年8月份，贵港白糖出厂价格为5094元/吨，相比2012年1月份下降651元/吨，降幅12.8%；相比2011年8月份下降1372元/吨，降幅21.2%。2012年5月至8月贵港白糖出厂价格均呈现快速下降趋势，其中8月份相比5月份价格下降597元/吨，降幅达到10.5%。

2.白糖出厂价下降主因。造成贵港白糖出厂价格持续回落的主要原因有四个：一是市场供应增加。2011／2012年甘蔗生产榨季，贵港市进厂原料蔗共163.21万吨，比上榨季增加7.08万吨；产糖18.9万吨，与上榨季的17.67万吨相比，增加1.23万吨，增长6.96%。二是走私白砂糖冲击市场。据制糖企业反映，目前走私白砂糖的现象对广西白砂糖市场秩序冲击较大。三是白砂糖销售市场低迷。受国际原糖反弹后大幅下挫的影响，国内白砂糖进入夏季消费旺季仍然需求不旺，价格下跌。四是下游制造业需求减少。下游食品制造商正在压缩使用白砂糖量，部分制造商将配方改变，或者采用其他果糖等替代白砂糖，下游制造业需求减少。

二、2011/2012榨季蔗糖产销成本上升、获益下降

（一）生产成本上升，白糖价格下降，企业效益下降

2011/2012榨季，由于原料蔗成本、人工成本等方面的成本的提高，制糖企业普遍存在成本上涨、销售价格下滑的压力。从贵港市的4家制糖企业的调查情况来看，本榨季贵糖、贵港甘化、金田糖业和西江制糖4家企业的吨糖生产成本（税前）分别达到了4800元、5198元、5080元和5046元，分别比上榨季增加了500

元、290元、580元、252元，分别上涨了11.6%、5.9%、12.9%和5.3%，另外其他如原料成本、人工成本等也均有不同程度的上涨。在成本上涨和产品销售价格大幅下跌的情况下，贵港糖企2011/2012榨季出现利润下降、企业存货走高等问题。据调查，4家企业均预计本榨季企业利润比上榨季下降30%以上，且白糖库存均比上榨季上升了10%左右。

（二）种蔗成本高企，蔗农收益下降

2011/2012榨季的贵港砍蔗人工费用已经涨到每人100元/天，比上榨季提高了20%以上，高的甚至达到每人150元/天，平均一亩田需要500元左右的人工成本，再加上化肥、农药价格的上涨，甘蔗种植的成本明显高于上榨季。在成本上涨的同时，甘蔗收购价格只由上榨季的480元/吨左右的水平提高到500元/吨的水平，仅提高4.16%。调查显示，贵港蔗农种植甘蔗平均每亩收入为2560元，但平均成本达到1455元，每亩利润仅仅为1105元。由于甘蔗种植是一年一次，而其他经济作物，比如玉米、稻谷等一年都是两次，明显低于其他的经济作物。

由于收益不高，导致农民甘蔗种植的积极性下降，转而种植其它收益更高的农作物，比如木薯、玉米、花生和豆类等，例如覃塘区、平南县等县区政府近几年开始主推木薯种植，并招商引资在当地设淀粉厂定点收购木薯，导致当地甘蔗种植面积大大减少。根据贵港市糖业发展局统计，2007年至2011年贵港市糖料蔗种植面积为分别50.73万亩、43.7万亩、41.7万亩、40.54万亩、40.06万亩，连续五年呈现下降趋势，2011年相比2007年降幅达到了21.0%。

（三）产能不足推高企业生产成本

目前贵港4家制糖企业日榨甘蔗生产能力2.2万吨，本榨季历时145天，所需原料蔗为319万吨，而实际进厂原料蔗仅为163.21万吨，原料蔗缺口达155.79万吨。由于原料蔗严重缺口，导致企业生产过程中出现“断槽”。调查中发现，目前四家糖企产能均有不同程度的闲置，贵糖、甘化、金田、西糖设计日产糖产能分别为1200吨、540吨、600吨、312.5吨，实际利用产糖日产糖产能分别为870吨、414吨、337吨、310吨，产能利用率分别为72.5%、76.67%、56.17%、99.2%，可以看出除了西糖由于拥有自己的农场，所需甘蔗自给自足外，其他三家制糖企业的产能闲置率均在25%以上。部分糖企高管表示，目前进厂原料蔗不足已经成为制约制糖企业发展壮大的关键一环，而产能利用率不足导致分摊到吨糖的制造费用相对较高，推高了蔗糖的生产成本。

三、促进贵港制糖业发展相关建议

（一）发挥政策导向作用，提高蔗糖种植科学化水平

食糖作为国计民生的重要产品，既是人们生活的必需品，也是重要的工业原料。广西由于气候、地理等因素在甘蔗种植方面具有其他地区无可比拟的优势，因此各级政府部门要充分发挥政策导向作

用，毫不动摇地抓好蔗糖业的发展。一是要积极降低蔗农生产成本。要合理规划原料蔗生产基地，稳定甘蔗种植面积，大力推广高产高糖“双高”科研品种，提高甘蔗产量和含糖量，降低蔗农生产成本。二是要加大服务蔗农投入。加大在水里设施方面的投入，在巩固和发展甘蔗生产基地乡镇和农民自愿的基础上，鼓励和支持实施甘蔗种植规模化、集约化经营，实行统一的选种、机耕、技术、管理、砍运交售等“五个统一”的专业化生产服务，扩大规模效益。三是要推进机械化作业。要加快实施蔗区农业机械化，改变手工收割，成本费用过高的局面。

（二）适应市场化发展需要，全面放开原料蔗收购市场

打破原料蔗地区封锁、取消政府指导价，全面按照市场经济规律指导农民种植和销售原料蔗是今后蔗糖业购销体制改革的必然趋势。积极推进以大型制糖企业为龙头的“公司+基地+农户”经济合作组织，组织内部种植、收购、扶持、补贴等经济往来和合作均以经济合同为法律约束，确保加入合作组织的企业和蔗农双方的权利和义务，避免“蔗贱伤农”和“蔗贵伤企”的状况。当前，实现甘蔗购销体制市场化改革获得成功的前提是尽量减少政府对甘蔗业种植和销售的过多行政干预，运用司法手段严厉打击不正当竞争行为和违反经济合同行为，加大信用环境建设，提高农民和企业诚实守信意识。

（三）提高综合利用效率，降低糖价波动对企业发展的影响

鼓励以大型制糖企业为骨干，以资产为纽带组建大型企业集团。允许多种所有制形式的企业共同发展，平等竞争，鼓励和吸引外资以租赁、承包、参股乃至兼并等形式参与糖业生产，促进企业投资主体多元化，增强企业活力和竞争力。引入现代企业制度，鼓励技术进步和技术创新，提高生产效率。糖企要在制糖、造纸、制酒精等传统产品基础上，积极开发新产品，大力发展糖基化工业，如开发可降解的塑料建材和薄膜以及糖基表面活化剂等，以提高综合利用率。

（四）政企联合共同促进蔗农种蔗积极性

由于甘蔗种植相对其他经济作物具有人力耗费多、成本投入大、生长周期长的特点，种植甘蔗的收益相对其他经济作物较差，这对甘蔗种植形成了挤出效应。因此政府要实时出台农民种蔗的优惠、补贴政策以提高农民种蔗积极性。糖企要通过加大对种蔗农民的技术指导、为种蔗农民预先垫付部分种蔗成本、为种蔗农民负担部分生产成本等方法吸引农民种植甘蔗。

近年来广西农产品加工业面临的主要问题及对策

邓有朝

农产品加工业是国民经济基础性和保障民生的重要支柱产业，是与“三农”关联度极高、对“三农”带动最大的行业。进入新世纪以来，广西农产品加工业依托良好的政策环境和优势资源，发展势头强劲，初步形成了制糖、粮油加工、果蔬加工、水产畜牧加工、饮料加工、林产品加工和造纸等一批农产品加工行业。农产品加工业的发展，为农民增收、农村剩余劳动力就业、农业增效、农产品竞争力提高，以及满足城乡居民消费需求做出了重要贡献。随着改革开放的深入发展，社会主义市场经济的不断完善，国际经济一体化的逐步形成，广西农产品加工业发展迎来了新的机遇，同时更是新的挑战。本文旨在通过客观、全面认识广西农产品加工业发展的现状以及面临的问题，提出采取应对措施，推动广西农产品加工业持续、健康发展。

一、广西农产品加工业发展现状

（一）行业发展迅速快

“十一五”期间，广西农产品加工业得到较快发展。据广西壮族自治区工信委数据显示，2010年全区规模以上（注：按照国家报表制度规定，从2011年1月起，纳入规模以上工业统计范围的工业企业，起点标准从年主营业务收入500万元提高到2000万元。2010年仍按500万标准，下同。）农产品加工企业2217家，就业人数42.3万人；实现工业总产值2248.5亿元、利润总额128.6亿元、利税总额272.4亿元、工业增加值882.2亿元，分别是2005年的3.16倍、2.58倍、2.44倍和3.36倍。

（二）产业布局雏形初具

目前，广西农产品加工形成了以制糖、肉类、果蔬、水产品、乳制品、烟草、食用菌、蚕茧等为重点的农产品加工业体系，在区域分布上基本形成了以桂北地区的果蔬加工业带，以桂中南地区的现代中药加工带，以桂东南地区的畜禽产品加工带，以桂南地区的水产品加工带、以桂西北地区的林产品加工带，以桂中地区的烟草加工带，以桂西南地区的香料加工带以及以南宁、崇左、柳州、来宾、河池、百色等6市为主的甘蔗加工业带。此外还有以南宁、柳州、桂林、河池、玉林等市为重点的特色农产品加工企业带。

（三）项目投资规模大

“十一五”期间，全区包括在建、新建、建成、拟建的农产品加工项目有1000

多个，成为拉动农产品加工业快速发展的引擎。自治区人民政府及相关部门连续出台了扶持农产品加工龙头企业发展的办法以及农产品加工企业购买核心设备的补贴办法，在这些政策的扶持下，农产品加工企业，尤其是食品加工企业发展迅速。随着中国—东盟自由贸易区零关税政策的正式实施和连续8年“中国东盟博览会”等活动的成功举办，外商对北部湾经济区建设信心的提高，外资进入广西数量增加，促使了广西面向东盟的农产品加工贸易基地建设速度加快，现已建成或在建中的有南宁保税物流中心农产品出口加工基地，防城港企沙工业区粮油出口加工基地，桂林国家科技兴贸创新基地和生物医药出口加工基地，以凭祥市为主的面向东盟市场农产品加工，木材进口加工基地。

（四）社会效益显著

1．企业取得较好经济效益。“十一五”时期，广西规模以上农产品加工企业工业总产值和工业增加值平均每年以25.86%和27.46%的速度递增，其中果蔬、水产、现代中药、畜禽、林产、烟草、粮油和特色产品加工业发展更快，效益更好。

2.城乡居民得到实惠。2011年广西农民人均纯收入达到了5231.3元，比2005年番了一番。2005年至2011年，农民家庭纯收入平均每年递增12.63%，出售农业产品和林业产品的现金收入增长速度分别达到16.30%和15.16%。2011年农民出售糖料、蚕茧的现金收入占家庭现金收入的比重达到30.85%，比2005年提高了12.29个百分点。农产品加工业的快速发展，扩大了劳动就业机会。

3.成为地方经济支柱产业。在一些农产品加工发达地区，农产品加工业成为县域经济的支柱产业，地方财政收入中，农产品加工业所占的比重逐年提高。

二、广西农产品加工业面临的主要问题

（一）受耕地资源“短板效应”的制约，传统农产品加工能力发展增速有所放缓

“十一五”时期前3年，受甘蔗、木薯、木材、蚕茧等传统农产品加工能力不断扩大、农产品需求量大幅度增长的影响，广西农村连续两年种植结构调整，2008年甘蔗、木薯、桑树等经济作物占用的耕地面积超过了2000万亩，占用广西耕地资源近40%，在一些主要甘蔗产区，如扶绥、兴宾、江州等县（区），甘蔗占用的耕地面积在70%左右。但2009年以来，随着耕地资源“短板效应”的逐步显现，各地通过扩大甘蔗种植面积来加快蔗糖产业发展的做法收效甚微。据统计数据显示，2009年至2011年3年时间，广西甘蔗播种面积增加47万亩，平均每年递增0.98%，增速比“十一五”时期下降了8.94个百分点；受此影响，甘蔗等传统农产品加工能力发展增速也有所放缓。

（二）受自然资源制约，传统加工业发展的局限性已经开始显现

充分发挥地方资源优势，是实现广西农产品加工业跨越式发展的关键。经过多

年发展，广西的农业、林业等传统加工业已经形成了相当的产业规模，一些加工业在全国排位处于领先地位，如蔗糖产业多年来在全国排名第一位。但受自然资源制约，传统加工业发展的局限性已经开始显现，实现广西农产品加工业跨越式发展，扶持新兴农产品加工业发展显得成为重要。如水果、蔬菜、冬季马铃薯、肉类和水产品等占农业产值的比重高，但是，相应的加工业发展滞后，农产品加工率低，市场发展空间有限，绝大部分鲜活农产品直接进入消费市场，引起市场价格大起大落，农业增产不增收。加大特色农产品加工业发展，将成为广西经济新的增长点。

（三）受融资难、用地难的制约，农产品加工业的规模发展遇到瓶颈

农产品加工企业的生产具有明显的季节性，因此在短期内需要足够的流动资金以应付农产品收购，但受融资难的制约，农产品加工业的规模发展遇到瓶颈。据对博白、桂平、合浦、浦北和灵山5个县（市）11家农产品加工企业的调研，除极个别企业不担心资金短缺外，绝大多数企业都为缺少资金发愁。目前企业资金来源主要从金融部门贷款，但由于企业规模小，固定资产有限，有效资产不足，可抵押物少，致使大多数银行不敢授信。特别是近年受国际金融危机影响，企业生产成本增加，产品积压严重，企业还贷能力下降，更难从银行取得贷款。尽管从中央到地方不断出台扶持中小企业政策，一些金融部门也承诺加大扶持力度，但由于缺乏具体的操作办法，大多数企业仍然是面对贷款兴叹。

此外，一些加工企业想扩大规模，因用地问题难解决而取消计划拟改他行。如博白县某土特产有限公司，是以加工桂皮、八角、淮山、芋头、姜粉以及加工金钱草、鱼精草、紫苏等中草药为主的特色农产品加工企业，与当地农民群众的利益联系紧密，当地农产品生产也形成了一定的产业规模，原料基地能满足企业生产发展的要求，企业也有扩大生产规模的规划，但是，企业原有场地无法扩大生产规模，企业规划无法实现，企业只能将另谋他路。如此结果，不但限制了企业的发展，更重要的是当地刚刚形成的原料产业将受到很大的冲击。

（四）服务配套体系不健全，适应不了龙头企业加工需要和农户生产需要

目前，全区能够为龙头企业和农户提供急需服务的专业合作社、经纪人数量少，而且技术服务、信息服务以及流通服务实力不强，少数市县仍处于起步发展的初步阶段，大多数地区是空白，适应不了龙头企业加工需要和农户生产需要。

三、建议与对策

（一）发挥资源优势，突出发展重点

当前广西农产品加工比较成功、规模比较大、效益比较好的主要是粮食、甘蔗、桑蚕、木薯等农产品加工业。这些加工业的发展，都是以占用大量耕地为支撑。以甘蔗加工来例，2011年全区甘蔗种植面积已超过1600万亩，占用广西耕地面积近三分之一，桂中南甘蔗产业带内的江

州、兴宾、扶绥、邕宁、柳城、武鸣、宜州、柳江、宁明、龙州、上思、隆安、横县、武宣、象州、覃塘区、钦南区以及田东、田阳、宾阳、鹿寨、大新等22个县（市、区），甘蔗播种面积就达1000万亩以上，耕地占用比重超过50%，蔗粮争地矛盾凸显。实现广西农产品加工跨越式发展，要在巩固传统加工业发展的基础上，因地制宜选择一批优势农产品资源，重点发展资源节约型，具有地方特色的农产品加工业，如肉类、果菜、水产品以及冬季马铃薯等加工项目，避免自然资源的过多占用。

（二）加大特色农产品加工龙头企业扶持力度

实施特色农产品龙头企业培育工程，把龙头企业建设作为深化农业产业化升级，构建现代化农产品加工体系的重中之重来抓。对优势产业确定2—3个重点龙头企业，从资金、技术给予重点扶持。突出发展深加工，加强企业科研攻关与技术创新，提高企业技术装备水平，尽快形成一批具有自主知识产权的关键技术和品牌。支持具有比较优势的龙头企业，以资本运营和优势品牌为纽带，盘活资本存量，整合资源要素，组建大型企业集团，打造广西龙头企业“联合舰队”；加快龙头企业股份制改造，实现投资主体多元化，支持符合条件的龙头加工企业上市融资和发行债券。健全自治区级重点龙头企业动态管理机制，增强龙头企业社会责任感，不断完善订单农业制度，使企业与农民结成紧密的利益共同体。

（三）加快现代农业建设步伐，提高农产品支撑能力

充分发挥我区农业资源优势，以农业产业化为向导，根据现代农业发展要求，围绕优质甘蔗、粮食、果蔬、蚕茧、木薯、木材、香料、中药材、水产畜牧等优势主导产品，按照高产、优质、高效、生态、安全的标准，形成特色鲜明，布局合理，效益显著的农产品生产基地，提高农产品生产能力。通过创新农业经营模式，推动传统农业向现代农业转变，鼓励农村集体土地有序流动，引导农户以转包、出租、互换、转让、股份合作等多种形式流转土地承包经营权。发展多种形式的土地适度经营，培育一批专业大户、家庭农场、农民专业合作社和龙头企业等规模经营主体。推进“村企”对接，大力发展“一村一品，一县一业”，形成一批特色鲜明，类型多样，竞争力强的专业村，专业乡镇和专业大县。

（四）营造良好发展环境

营造良好的政策环境、金融环境和舆论环境。加大财政、金融、税收扶持农产品加工业发展力度，提高农产品加工业基本建设投资占全社会基本建设投资的比重。增加对农产品加工骨干企业的科技改革、更新装备投入和补贴，从制度上明确各级财政支农资金和农业综合开发有偿资金等投资，重点放在支持农产品加工企业的基地建设以及科研开发、技术服务、质量标准和信息网络体系建设上。科技、农业和农产品加工业行政管理部门的科技开发资金、教育培训资金，要有一定比例用于农产品加工业发展上。外经贸部门要加大对农产品加工制造出口的支持和协调服务。

（五）发挥合作经济组织的桥梁纽带作用

一是提高其组织化程度，形成“公司+合作组织+农户”的农产品加工产业链；二是大胆创新，积极探索，在农户家庭经营的基础上，鼓励农户通过合作经济组织或协会与农产品加工企业进行交易，形成稳定的、比较公平合理的利益关系，确保农产品供应符合农产品加工的质量标准；三是发展农产品加工业的中介组织、行业协会及各类专业合作社，发挥他们在技术推广、培训、管理、信息等方面的服务功能；四是加强规范化管理，使这些组织或协会能带动农户遵从市场规则，维护农产品生产、加工贸易中各个方面的利益。

当前柳州市奶牛养殖效益下滑情况、成因及对策

韦国能

2011年，柳州市本土制奶企业陆续提高鲜奶收购价格，鲜奶年平均收购价格3.2元/公斤，比上年上涨15.0%。为了解柳州市本土鲜奶收购价格上调后，奶牛养殖及其成本效益状况，国家统计局柳州调查队对部分奶牛养殖场（户）进行了专题调研。结果显示，柳州市奶牛养殖业存在成本高、投入大、回报慢、利润下滑等问题。

一、奶牛养殖业发展现状及原因分析

近年来，柳州市奶牛养殖业发展较为滞后，养殖规模呈下滑趋势，同时存在“小、散、低”的状况。据调查统计，2009年末全市奶牛养殖户约130家，2011年末仅剩约40家，减少约70.0%；2011年末全市奶牛存栏数2300头，比上年下降12.0%。究其原因，一方面养殖成本过高投入较大，另一方面是盈利空间缩小，投资回报慢。此外，在调查中了解到，奶牛养殖还面临两方面问题:

1.缺乏后续发展专项资金扶持。养殖户反映，一方面养殖成本较高，另一方面鲜奶价格较低，有时存在奶款回收不及时现象，加上缺少后续资金扶持，奶牛养殖发展后劲严重不足。

2.投保理赔较困难。奶牛对于养殖户来说是大型固定资产，保险公司推出奶牛保险，应该说有助于奶牛养殖业发展，然而情况并非如此。据鱼峰区某奶牛养殖户反映，曾经给每头奶牛投保，但奶牛病死时，保险公司却以种种理由推托理赔，奶牛投保积极性大大受挫。

二、当前奶牛养殖收益状况分析

近两年来，饲料主要成分玉米价格持续攀升，加上人工费、水电费等均不同程度上涨，成本不断“刚性”增加，养殖户面临鲜奶收购价格涨幅赶不上养殖成本飞涨的困境，奶农养殖收益不断下滑。

（一）养殖成本与效益情况

1.从养殖成本看，费用投入高。奶牛养殖投入主要体现在两个方面，首先是购买奶牛费用；其次是饲养费用，主要包括购买饲料开支、人工工资、水电费等。据某牛奶场场长介绍，成年母奶牛价格约1.8万元/头，母奶牛崽（4个月）价格约3000元/头；奶牛饲养成本产奶期约45元/天·头，非产奶期22元/天·头。按此计算，每头成年母牛年养殖成本约

14930元，加上每年约1000元水电、防疫费用，总成本15930元。这对比养猪、养畜禽而言，奶牛养殖投入过高，投资风险较大。

2. 从盈利水平看，收益率较低。据某养殖场唐场长介绍，在奶牛产奶期每年产奶天数约为300天，非产奶天数约65天。一般情况下成年母奶牛日均产奶量20公斤，年产平均产奶6000公斤，按当前鲜奶平均收购价格3.2元/公斤计算，出售一头奶牛鲜生奶年收入19200元。收入减去费用支出，年均纯收益为3270元，当年收益率为17.0%。若将头两年养殖成本平摊到产奶期，养殖收益率会更低。

3. 从投资周期看，资金回笼慢。据调查，奶牛养殖投入产出周期长，成本投入回笼慢。据某牛奶场负责人介绍，母奶牛崽（一般为4个月）喂养2年后才可以产奶（即有收益），而两年养殖成本（包括购买牛崽）需要约1.9万元。按每头母奶牛年纯收益3270元计算，需要近6年时间才能赚回头两年投入的成本，资金投入回笼缓慢。

（二）影响养殖收益的因素

1. 鲜奶价格因素。目前柳州市奶牛饲养主要是规模养殖场和散户饲养模式。调查表明，柳州市规模化养殖水平偏低，分散养殖的结果必然带来饲养管理、卫生防疫等诸多问题。与不同养殖模式相对应的是鲜奶收购价格的差异。调查结果显示，鲜奶按质论价为核算基础，养殖场的鲜奶品质优于散户，平均每公斤价格相差0.2元。以鱼峰区某散养户为例，每头成年母牛年产奶平均10个月，每天产奶17.5公斤，一年产奶5250公斤，仅因价格差散养户每头奶牛要比专业养殖场少收入1050元。

2. 奶牛品种因素。据调查，柳州市现有的2300头奶牛，其中高产奶牛数量较少，所占比例不到五成。品质好的奶牛年产量可达6000公斤以上（如新西兰、澳大利亚的奶牛其产奶量可达到7000~8000公斤），品质差的奶牛年产量仅4000公斤左右，产量的悬殊直接影响总收入相差4000元以上。

3. 饲料价格因素。近年来饲料价格持续上扬。据2012年3月份调查，玉米杆（带苞）由上年的280元/吨涨至当前的380~400元/吨，涨幅超过35.7%，精料由4.8元/公斤涨至5.3元/公斤，涨幅10.4%。饲料价格的上涨，直接加大了成本投入，相对收益减少。

4. 疾病防疫因素。奶牛疾病防治在奶牛养殖中占有非常重要的地位，尤其是在散养户中表现尤为突出，养殖场非常注重疾病防疫。据某养殖场负责人介绍，每年投入的防疫经费占总投入的比例超过3%，一旦有奶牛发生疾病，治疗费用就更高了。

5. 养殖管理因素。一些养殖户受传统养殖观念束缚，接受新技术能力差，奶牛饲养管理粗放，喂养饲料缺乏科学搭配及定量标准，导致奶牛产奶量下降，收益也就随之减少。

三、促进奶牛养殖业健康发展的对策建议

针对柳州市当前奶牛养殖业状况，应以保护养殖户的利益为根本目的，以提高良种化水平和转变饲养方式为基础，以建立养殖户与制奶企业合理的利益关系为纽带，以完善法律法规、质量标准和规范市场秩序为保证，以加大政策扶持力度为支撑，努力推进全市奶业的集约化、规范化、标准化和产业化，促进奶业整体质量和效益提高到一个新水平。

（一）建立鲜牛奶收购价格协商机制

在奶牛养殖过程中，鲜牛奶收购价格是奶牛养殖业发展的决定因素，最能体现奶牛养殖的真正价值。鲜牛奶作为一种商品，其收购价格应该是生产出来的鲜牛奶价值（即成本）的体现，是由价值规律所决定的，只能遵循而不能人为创造（企业单方面定价）。如果鲜牛奶实际市场价值背离了生产成本，近期受伤害的是养殖户，远期受损害的则是整个奶产业。调查中发现，目前柳州市尚未建立鲜牛奶收购价格协商机制，而鲜牛奶又是持续产出且不易保存的特殊产品，这种特性使养殖户在整个产业链条中处于被动的境地。养殖户只有选择交给哪家乳品加工企业（全市仅有3家，选择面较窄）的权利，收购价格、收奶标准、收购数量等都要服从乳品加工企业，养殖户没有形成真正的市场主体地位，也就不能通过参与牛奶定价而维护自身的权益。因此，建议成立由价格主管部门、乳品加工企业、奶业经济合作组织、养殖户代表四方组成鲜牛奶价格协调委员会，根据实地抽样调查和科学测算的数据，确定产奶旺季、淡季的鲜牛奶交易参考价格，并协调养殖户和乳品加工企业的关系，及时分析奶业发展过程中出现的问题，实施社会监督，规范鲜牛奶生产，确保奶价及利益分配公平合理。

（二）加强奶业经济合作组织建设，提高养殖户组织化程度

奶业是最具现代特征的产业之一，最具备合作的基础。建议积极引导奶牛养殖户组建各种形式的经济合作组织，积极、主动搞好跟踪服务，帮助养殖户解决在创立经济合作组织过程中存在的利益分配、规范管理以及人才、资金等方面的问题，除可以实现统一采购、统一服务、统一防疫、统一管理等规模效益外，更重要的是可以实现养殖户在市场中的“话语权”，取得对话和谈判的权力，最终解决奶业产业链条中利益不均衡等矛盾，促进奶业经济合作组织蓬勃发展。

（三）建立奶牛养殖发展专项资金补贴机制

建议地方政府在每年预算安排中专门拿出一定资金用于扶持奶牛养殖发展，重点对奶牛良种繁育、专业合作组织建设，以及先进、实用技术推广予以专项资金支持。通过发挥财政资金的杠杆作用，引导社会资金流向促进奶业发展的关键环节，逐步形成促进奶业健康发展的资金投入机制，为全市奶牛养殖业健康、科学发展提供充足的资金支撑。

（四）完善奶牛养殖保险理赔运行机制

要按照“政府引导、政策支持、商业化运作”的模式，进一步完善奶牛保险理赔运行机制，以促进奶牛养殖业发展为目的，大力推广奶牛养殖场（户）综合保险业务。同时通过实行财政保险费用补贴政策，提高养殖户缴费能力，稳步扩大奶牛保险业务承保面，逐步建立健全奶牛养殖业风险保障机制。

当前柳州市生猪生产效益情况分析

覃梅芳

据柳州市主要畜禽监测调查资料显示，2011年第三季度以来，柳州市生猪养殖成本不断上涨，养殖效益持续下滑，出栏价格连续四个季度下跌，多数养殖户已处盈亏平衡点，少部分养殖户甚至亏本，养殖收益下降明显。为了解当前全市生猪生产情况，近日国家统计局柳州调查队通过走访座谈等形式，对全市大型生猪规模户和企业生产情况进行调研，现报告如下:

一、当前生猪生产现状

（一）生猪出栏价格持续下跌

自2011年9月以来，柳州市生猪价格持续回落。2011年9月末、12月末，及2012年3月末、6月末、9月末，生猪出栏价格分别为19.87元/公斤、16.51元/公斤、16.42元/公斤、14.18元/公斤、14.69元/公斤。2012年9月末生猪价格同比下降26.1%。从环比上看，进入2012年下半年生猪价格跌势趋缓，9月末出现止跌回升迹象。与此同时，仔猪价格亦呈现回落态势，由2011年最高价每头（15公斤）700~800元回落至10月份的每头300~400元。生猪价格持续回落的重要原因是由于2011年生猪价格暴涨，养殖户纷纷投入养殖业或扩大生产规模，导致今年生猪存出栏量大幅增加，供大于求所致。

（二）生猪养殖效益不断下滑

2011年生猪养殖效益较好，高峰时生猪养殖利润600~700元/头，自繁自养利润甚至达到每头800元以上。但自2011年第四季度以来，生猪养殖利润持续下降。据调查，2012年5月份猪粮比价达到6.09：1，已经接近6：1的盈亏平衡点，部分养殖户开始出现亏损；6—10月份，猪粮比价已经跌破6：1的盈亏点，超半数养殖户出现亏损。

二、生猪养殖存在的问题

（一）生猪生产成本上涨使养殖户盈利空间缩小

据养猪户成本核算表示，每育肥一头猪平均饲养周期为5—6个月，总成本费用平均达到1300~1400元，生产成本与上年同期相比涨幅超过10%以上，这与生猪销售价格下降形成较大反差。据调查，由于生产成本不断上升，目前大部分养殖户经营已经处于亏损或半亏损状态。

养殖成本不断上升主要表现在以下三个方面:

1.饲料价格不断上涨。据工业品价格

报表资料显示，2012年1—10月份柳州市猪配合饲料出厂价平均每吨3135.87元，与上年同期比上涨了9.46%；玉米每吨购进平均价2637.52元，与上年同期比上涨了9.51%；豆柏每吨购进平均价3623.15元，与上年同期比上涨了6.8%。

2.兽药价格上涨。近年来，疾病、疫情多，传播速度快，控制难度大，促使疫苗、抗菌素等兽药价格普遍上涨，平均涨幅在10%以上。使养殖户经济负担加重。

3.人工费用增大。由于养殖行业工作脏、累，加上外出务工人员增多，很难招到工人，养殖工人工资是一路攀升。三季度柳州市多数养殖场工人工资提高至1400~1600元/月，少部分养殖场工人月工资超过1600元，比上半年的1000~1200元/月有较大的增长。

（二）生猪产业各环节利益分配不合理

在生猪产业链条上，生产、收购、屠宰加工、猪肉销售各环节的利益关系复杂多变，但生猪生产环节始终处于弱势地位。收购企业不愿与生产者签订收购合同，猪少了抬价抢购，猪多了压价收购。不管生猪价格高低，屠宰加工企业和猪肉销售商都能获利丰厚，而养殖户处于产业链条的最初环节，地位明显弱势，而销售、加工企业在产业化经营链条中也没有发挥组织者、带动者和市场开拓者的纽带作用，没有与养殖户建立起风险共担、利益均沾、产销互补的利益联结机制，导致整个生猪产业各环节的利益分配不合理。

（三）资金缺口大，贷款难利息高

生猪养殖业贷款的渠道少，门槛高，难度大，利息高，同时由于土地属集体所有，不能作贷款的抵押物，农户不能获得贷款支持，直接影响养猪户扩大再生产，制约柳州养猪业快速发展。无论是建养殖大棚，还是想扩大规模的养殖，最难的问题就是资金投入问题。虽然近几年市政府出台了一些优惠政策加大投入和财政扶持，但毕竟力度有限，融资渠道仍显不畅。首先是养殖户缺乏正确的融资理念，严重依赖贷款，没有充分利用自有资金和社会闲散资金实行滚动发展；其次是贷款难，抵押贷款要求高，贷款支持难以满足申贷要求。其次是政策支持覆盖面还不广，力度还不够。

（四）风险防范机制不健全

对于当前养殖业来说，养殖规模越大，投资越大，市场经营风险越高，一旦发生重大疫情等风险，往往导致规模养殖业主损失惨重。调查中养殖户反映："养殖如炒股，时常胆颤心跳"，迫切需要风险防范制度的保障。不但对饲养、运输、经营、管理等不可预见因素造成的常规风险损失需要保障制度，而且对价格变动、疫病、养殖场遭受重大灾害等造成的市场风险更迫切的需要保障机制。

（五）环保压力制约生产规模

近年来农村畜牧业快速发展，已成为农村经济的重要支柱产业和农民增收的重要来源。但养殖污染等问题也日益突出，制约了畜牧业的可持续发展和生态环境保护，当地政府一方面支持发展养殖业，但

另一方面不得不考虑生态环境保护。我们走访的大型养殖场相关人员透露，多家养殖场发展规模都受到环保方面的制约，都担心每年年审过不了关，就需要投入资金进行整改，这样在一定程度上分散了投资规模资金。

三、建议和对策

（一）以市场调节为主，加强技术指导服务

政府要尊重市场的运行规律，以市场调节为主宏观调控为辅，适时、适度、因地制宜地启动猪肉收储制度，正确引导养殖户根据市场情况来调节养殖结构，要根据城乡居民消费能力适度发展生猪养殖，在价格上涨时，控制盲目扩大生产。养猪户应当借机调整生猪养殖的内部产业结构，及时淘汰高胎龄、生产性能低下的劣质母猪，提高生产效率，补充优良后备母猪，增强抗风险能力。要切实采取措施，加大先进生产技术推广力度，提高实用技术普及率。实行科技人员驻乡入户服务，加强对养殖户的技术培训，大力宣传防疫的重要性，提高养殖户科学饲养、科学防疫，科学补栏的意识，努力降低饲养成本，提高养殖效益。

（二）建立一定规模的集产供销一体的龙头企业

由于我国生猪养殖及生产销售的产业不配套，形成销售环节行业性垄断，从而造成生猪产业各环节利益分配的不合理。如果各地都有一定数量的集养殖，加工，销售一条龙的企业，那么市场竞争就会充分，因此鼓励发展适度规模的集产供销于一体的龙头企业，有利于增强调控市场的能力，有利于保护养殖户利益，促进畜牧业生产健康发展。

（三）加大资金扶持

经过一段亏损，一些较大生猪养殖场（户）已经出现流动资金不足现象。有关部门应紧密结合生猪养殖的现实情况，制定切实可行的政策和措施，提供优惠贷款等支持，扶持生产者渡过难关，保证生猪生产平稳发展，以防止市场出现严重供不应求，价格再次暴涨。

（四）建立防控机制，促进安全生产

从近几年情况看，每次疫情的发生对生猪生产都是一个严重的打击。鉴于疫情已成为影响生猪生产的重要因素，加强生猪生产各环节的疾病防控尤为关键。要树立“防”字当先意识，长期防疫和定期防疫相结合，严格实施计划免疫，坚决实行强制防疫。坚持重大疫病免费防疫；加强公共防疫体系建设，充实兽医防疫技术力量，配备区域性的乡村防疫员，建立和完善生猪生产的可追溯制度和生猪产品安全标准体系，实现生猪产品达到无规定疫病、无违禁添加剂和无规定药物残留的标准；坚持自繁自养减少外地引种控制疫源传入。加强饲料和兽药销售和使用的安全监督，坚决打击生产、销售和使用假劣兽药、违禁药品及饲料添加剂的违法犯罪活动。建立健全生猪产品的质量安全检测监控体系。

（五）坚持可持续发展，实施无公害养殖

生猪无公害养殖是当今世界食品安全

管理的主要潮流，是保护生态环境的一项重要任务，因而，在发展生猪生产特别是规模养殖时，应该坚持粮—猪—沼—肥—（经、粮、果）的循环利用原则，切实防止规模养殖可能导致环境治理方面出现的问题，大力推广无公害养殖，做到雨污分离、粪尿干稀分离、发酵回田、沼气产能和生猪限位饲养、自动饮水、固定排泄等节能减排技术措施，大型猪场在基础设施建设应请专家科学规划，建设粪污处理及污水净化等环保设施。大胆采用楼层建筑养猪技术，节约土地资源，实现生猪生产的可持续发展。

当前钦州市生猪价格现状及工作建议

杨方方

根据国家统计局钦州调查队调查显示，2012年1—10月钦州市生猪养殖效益持续下滑，部分养殖户甚至亏本养殖。主要原因是生猪市场价格持续低迷、养殖成本大幅上涨的双重压力，挤压了养殖效益空间，致使部分资金、技术和养殖规模跟不上的养殖户出现亏本现象，对生猪产业可持续发展产生了较大影响。

一、生猪价格先大降后小涨

进入2012年之后，钦州市生猪出栏价格延续了上年末的降势，从1月份平均价格17.08元/公斤一路下跌，一直跌到5月份的14.13元/公斤才止住跌势，降幅高达17.27%。之后生猪价格触底反弹，但是上涨幅度较小，一直到9月才艰难的攀升到15.13元/公斤，涨幅仅有7.08%。进入10月，生猪价格小幅回落至14.43元/公斤，降幅为4.63%，比年初实际下降了15.52%。

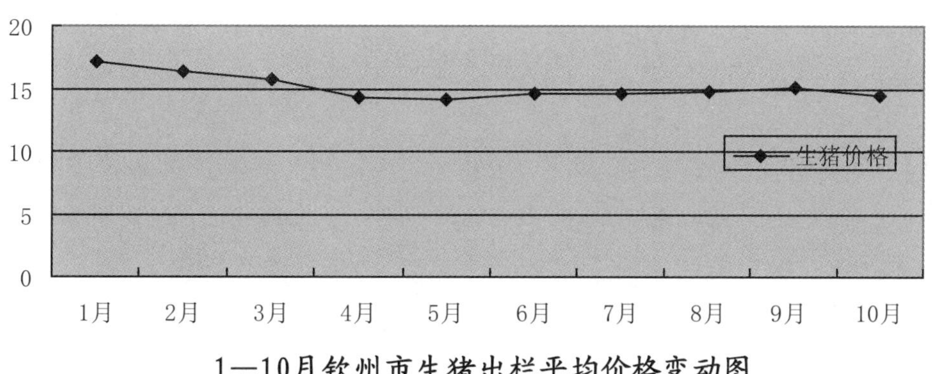

1—10月钦州市生猪出栏平均价格变动图

生猪出栏价格下降的主要原因：

一是生猪出栏量有所增加。2011年生猪行情利好，高企的养殖利润在一定程度上刺激了养殖户的补栏积极性，相应地2012年上半年生猪出栏量有所增加。

二是猪肉消费量平平。从国内外宏观经济来看，出口不畅、经济增长乏力、通货膨胀压力持续存在、企业经营利润下滑、居民收入增长困难等因素的存在，导致2012年的经济增长存在较大的不稳定因素，进而影响到国内猪肉的消费欲望和消费能力。

三是进口冻猪肉和冻猪量大。为平抑肉价上涨、减缓居民消费价格（CPI）上涨压力，国家2011年从国外大量进口冻猪肉和冻猪杂，又与英国政府签署冻肉进口协议。大量进口的冻猪肉和冻猪杂在一定程度上增加了猪肉供给，也拉低了国内猪肉价格。

综合分析，供过于求是导致2012年1—10月猪价持续下滑的最主要的因素。

二、养殖成本上涨明显

据调查，饲料成本占到养猪成本的六成以上。今年春节过后，生猪的价格一路下滑，而饲料价格却在一路上涨，无疑给养殖户带来了巨大压力。1—10月，钦州港玉米价格保持稳中有升的态势，从1月的均价2562.5元/吨到10月的均价2635元/吨，每吨上涨72.5元，上涨了2.83%；钦州港豆粕价格则呈“M”型强势上涨的态势，从均价2935元/吨到4050元/吨，每吨

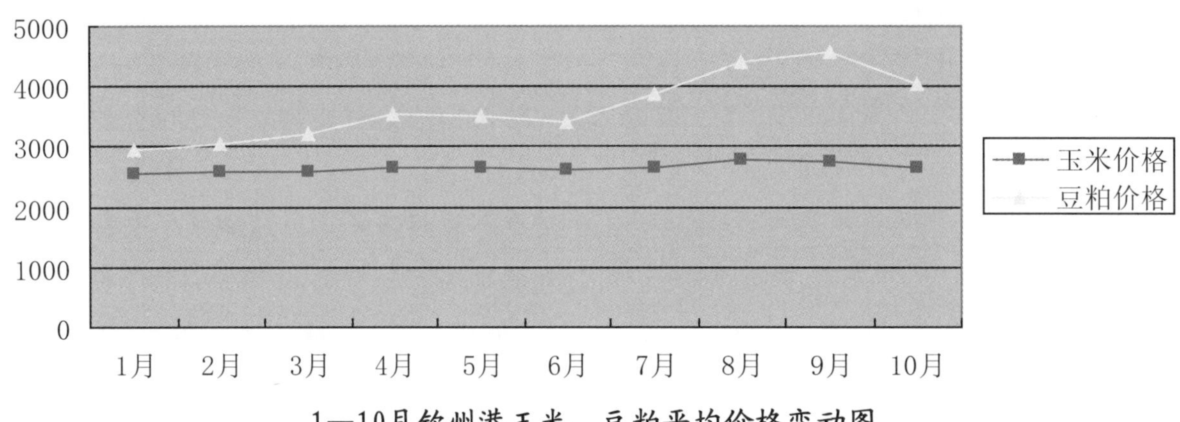

1—10月钦州港玉米、豆粕平均价格变动图

上涨高达1115元，上涨了37.99%。

2012年国内玉米市场呈现“先扬后抑再强”的特征：春节后国内养殖业尚未复苏之际，玉米市场提前启动；进入二季度，因养殖业需求迟迟不见起色、进口玉米大举入境和深加工效益不佳等因素陷入持续调整；但随着是美国玉米遭遇大旱已引发大涨行情，下半年国内玉米市场价格大幅上涨。

由于受到美国天气干旱大豆减产的影响，今年以来豆粕现货价格一路上涨，最高时达到每吨4500元，与去年同期相比上涨了近30%。

在调查中了解到，为了降低成本，部分养殖户放弃购买全价饲料，而是购买预混料，再购买其他的相关配料进行搭配，在预混料中所需的豆粕比重只占到4%左右，一定程度上能够降低养殖的成本。

人工费用在养殖成本中所占比例呈现逐年增长趋势，逐年攀升提高至两成左右，用人费用虽然不像饲料价格一样暴涨，但是随着这几年物价攀升，用人费用也在逐年增加。

三、猪粮比跌破盈亏点，养殖效益偏低

按照《防止生猪价格过度下跌调控预案（暂行）》规定，生猪价格和玉米价格比值处于9：1~6：1之间时是正常情况，如果超出这个范围则要启动响应机制。

1—10月，钦州市猪粮比先是大幅下降，落到预警区域，之后一直在5：1～6：1之间浮动，其中：6、7和9月猪粮比处于5.5～6：1之间，处于三级响应阶段；4、5、8和10月处于二级响应，养殖户处于亏损阶段。

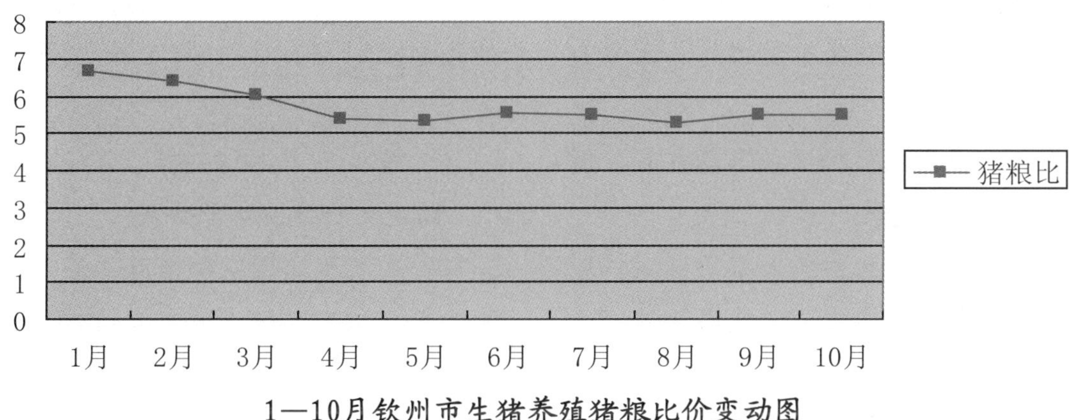

1—10月钦州市生猪养殖猪粮比价变动图

按照每头猪100公斤计算，今年1—10月生猪养殖户的利润分别为234元/头、180元/头、110元/头、-18元/头、-28元/头、10元/头、0元/头、-44元/头、4元/头和-4元/头。特别是纯肉猪养殖户，他们既要承担饲料涨价的成本，又要承担猪苗涨价的成本，进入4月份，肉猪养殖户基本处于亏本阶段。

从以上分析可知，除了1—3月养殖利润比较可观之外，其他七个月的养殖都是在盈亏点附近徘徊，几乎无利可图，养殖效益偏低，甚至亏本养殖。

四、下一阶段生猪养殖形势预测

（一）生猪价格将有小幅回升

根据对钦州市部分大型畜牧养殖企业的调查，大部分大型畜牧养殖企业对下一阶段生猪养殖依然充满信心，认为生猪出栏价格春节前将回归上升通道，相信春节等传统节日的到来，猪肉需求将大幅增加，供大于求局面将会有所缓解，生猪价格会出现小幅回升，并逐渐趋稳。

（二）仔猪价格将会逐渐攀升

在生猪价格和养殖利润回暖的带动下，仔猪价格也将会逐渐攀升，考虑到今年猪病的频发和饲料成本的高位运行，今年下半年仔猪补栏的积极性相对低于往年，价格也将低于去年平均的价格。

（三）玉米价格将保持现有的态势趋稳

豆粕价格正处于下行阶段，加上冬季正是水产养殖的淡季。因此，下阶段豆粕仍有可能继续降价。

（四）冬季生猪疫病总体的防控形势仍较严峻

当前，我国生猪养殖多种疫苗、以及抗生素的大量使用情况较严重，致使免疫抑制、病原入侵现象加剧，猪群自身免疫力大大下降，进一步加剧了生猪养殖的风险，专家预计今年冬季生猪疫病总体的防控形势仍较严峻。

五、几点建议

如何使生猪产业保持平稳运行是大力发展钦州市畜牧产业的重要工作。具体有以下几个建议:

（一）强化生产和销售市场监测，促进生猪生产稳定发展

进一步强化生猪生产和市场监测，密切跟踪生产和市场变化，加强形势研判；继续强化信息发布和预警工作，积极引导广大养殖场户优化调整生产结构，促进生猪生产稳定发展。

（二）加大扶持力度，加快龙头企业发展，推进生猪产业化经营

要保障市场稳定、食品安全唯一出路是发展标准化的规模养殖。要加大龙头企业建设，增加政策扶持，吸引大中型企业进入畜牧行业，参与生猪产业的产业化改造，采取“政府推动、政策优惠、招商引资”等方式，兴办草料加工、肉制品加工、大型养殖等牧业加工企业。主要以绿色生猪养殖为基础，逐步向屠宰深加工延伸，形成完整的以养殖、加工及销售一条龙产业模式。依托钦州市的资源和区位优势，以绿色、有机饲料种植为基础，以绿色、有机生猪饲养为基地，生产绿色、有机猪肉。

（三）创新工作思路，增强服务意识，创造生猪产业发展良好环境

要经常进村入户下企业，摸实情，办实事，为养殖大户和企业出思路、想办法、解难题，鼓励畜牧科技人员创办、领办规模养殖示范场。一是提供优良的科技服务，积极探索畜牧兽医技术推广的新途径；二是提供畜牧信息服务，指导生产；三是组织畜产品收购、销售，解决小生产与大市场的矛盾，搭起生产与市场的桥梁。

（四）完善体系建设，加快科技推广，转变生猪产业增长方式

一是完善畜禽良种繁育体系，加快品种改良。二是进一步转变乡镇畜牧兽医站职能，稳定村级防疫员队伍，强化兽医队伍教育培训，提高畜牧兽医人员的技术和服务水平，加强动物疫病防治体系建设，进一步强化动物疫病防疫工作，落实各项防疫措施，健全重大动物疫病应急机制，加大动物疫情监测预警预报，不断提高突发疫情的应急处置能力。三是健全畜牧兽医监督体系，加强畜产品质量安全监管，强化动物及动物产品的产地检疫、屠宰检疫和饲养环节、流通环节的监管，提高畜产品质量安全水平，保障人民群众身体健康和公共卫生安全。四是建立高效安全的饲料生产和监管体系，加快发展饲料加工业，抓好饲料安全监管，确保畜产品安全。

（五）强化金融保险政策支持，增强企业抵御风险的能力

运用财政贴息、补助等方式，引导各类金融机构增加对生猪养殖的贷款规模和授信额度，鼓励设立畜牧业贷款担保基金、担保公司，为龙头企业融资提供服务；创新金融担保机制，支持采取联户担保、专业合作社担保等方式，为养殖场提供信用担保服务；优化发展环境，鼓励民间资本以多种形式进入畜牧行业。按照“政府引导、政策支持、市场运作、投保自愿”的原则，稳步扩大生猪政策性农业保险试点范围，探索建立适合我国国情的生猪养殖政策性保险体系，提高畜牧业抗风险能力和市场竞争能力，促进畜牧业稳定有序发展。

贵港市花生生产现状分析及对策建议

覃盈水

贵港市是广西花生的主产区之一，花生种植面积达40万亩，约占广西花生种植面积的七分之一，花生种植农户超60万户。与其他农作物种植收益对比，花生占有较大的优势，已经成为促进农民收入增加的重要大田作物。

一、花生种植现状

（一）种植面积不断扩大

1.三年来花生种植面积不断扩大。据统计，2010年—2012年贵港市春植花生面积分别为34.95万亩、36.33万亩和38.76万亩，分别增长为3.4%、3.96%和6.69%，其中2012年增幅为3年来最大。花生油价格连年不断上涨，导致花生种植面积逐年扩大。

2.花生种植从旱地扩种到水田。贵港市地势平坦，很多地区旱地面积少，部分农民利用水田改种花生。如花生主产区覃塘区三里镇有大量水田种植花生，其他地方如桂平市、平南县均有不少水田用于种植花生。如覃塘区三里镇大零村某小组只有16.79亩旱地，水田57.67亩，水田种植花生24亩，约占水田的40%。

3.适宜扩种花生的耕地来源多。花生对土壤和水分要求相对较低，种植甘蔗、玉米、水稻的耕地均可轮换种植花生。几年来，农民将部分甘蔗地、玉米地、水田改种效益高的花生。比如，调查样本村民小组数据显示，长期村、何村、新建村分别将6.89亩蔗地、7.82亩玉米地、4.8亩水田改种花生，分别占原耕地的14.45%、30.54%、15.12%。

4.花生具有明显的间套种优势。农民充分发挥可间种套种的优势种植花生，间套种的花生近10万亩，占贵港市花生种植面积四分之一。有许多农户在林地中套种花生，如港南区桥圩镇姚平村姓李的老汉夫妇在林地中套种15多亩地花生，收益达3万元左右。

（二）花生产量逐年提高

1.近年花生单产总产快速增长。在单位面积产量上，2012夏收花生平均亩产量223公斤，比上年同比增加11公斤，增长5.19%，2011年、2010年平均亩产量分别比上年增长5.47%、4.69%；在总产量上，2012年夏收花生产量86496吨，同比增长11.9%，2011年、2010年花生产量分别比上年增长9.59%、8.17%。

2.良种良法广泛推广效果显著。贵港市政府把巧种花生当作农民增收的重要渠道来抓，三年来大力推广良种良法，大力宣传花生与水稻、玉米、甘蔗等作物轮换种植，特别是高产品种粤油27、桂花17的广泛种植，高产品种种植面积超85%，亩产大幅提高，亩产量超350公斤的地块随处可见。由于农作物的需肥特点不同，栽培条件不同，通过轮换耕作，可以充分利用土壤的养分，促进农作物更好地生长，同时因轮换不同的农作物，病虫失去寄生主，提高防治效果，从而提单位面积产量。

二、花生油产销价格运行情况分析

（一）花生油价格8年来一路上涨

1. 本土花生油价格累计涨幅惊人。根据农产品生产价格调查，本土花生压榨油价格从2005年的11元/公斤开始走上8年的攀升路子，2012年8月价格已经升至30元/公斤，涨幅达173%，其间最高涨幅达227%，达到如此大涨幅的大宗农产品为数不多，也远超居民消费价格（CPI）的涨幅。各年份花生油榨季平均价格详细见下表：

单位：元/公斤

年份	2005	2006	2007	2008	2009	2010	2011	2012
价格	11.00	12.50	19.00	16.00	22.00	28.00	36.00	30.00

2. 食用油价格仍处在上升周期。2012年1—8月份贵港市食用油价格持续上涨，8月份贵港市某超市5升装的鲁花牌一级压榨花生油、金龙鱼牌二代食用调和油的价格分别为149.6元、71.6元，与1月份的139.3元、67.2元对比，分别上涨7.39%、6.55%。尽管目前本土压榨花生油价格回软，但受到品牌花生油上涨影响，价格在高位持续企稳。

3. 国际市场大豆油价格上涨带动。世界上主要大豆生产国美国正处于大干旱，大豆产量大幅下降，大豆油价格也因此处于不断上涨之中，就我国而言，食用油价格上涨周期意犹未尽，因此，本土花生油价格持续高价位运行，在通胀推动之下，有可能进一步的上扬，有利农民种植花生增收。

（二）本土花生压榨油优势

1. 消费者对品牌油安全性不放心。随着大豆从美国大量进口，大豆油整个产业链落在外资手里之后，消费者对转基因食用油安全性的警惕性日益加剧，并随着“地沟油”的出现，人们谈油色变，对企业生产的花生油是否添加化工原料而惴惴不安，因此，部分消费者将目光转移到纯正花生油身上，尤其是转而消费本土花生油。

2. 本土花生油品质优良受到青睐。乡下花生油以纯正著称，主要是由于使用传统低温铁榨或机榨，保存了原有风味，有着口感好、香味浓、营养丰富、保存时间长的优点。生产过程中不添加任何化工原料，符合绿色食品标准，且新鲜自然，赢得广大市民的喜爱，于是城里人热衷到乡亲们那里争相购买花生油，农户一开榨便卖完。

因此，种植花生的农民不为花生油的销售而烦恼，收入兑现有可靠的保障。从事的产业包含产业链越长越有利于降低成本，目前贵港市农村花生的生产是从育种到种植，从压榨到出售，均在农村中完成，因此，除机械外，整个花生产业链均在农村，收益也留在这农民手中，无中间商参与，价格更具优势。

（三）花生种植对比效益情况分析

据对贵港市港北区、港南区、覃塘区3个花生主产区的农户进行的生产成本收益调查，2012年夏收花生种植每亩收益均比水稻和玉米高。

1. 花生种植收益高于水稻和玉米。根据2012年中间消耗调查，种植花生种子、肥料、农药、燃料、其他物质损耗合计225元/亩，加上运输、压榨花生等服务费51元/亩，总成本合计276元/亩。对花生种植收益进行测算，2012年夏收亩产223公斤，每亩产油约64公斤，以2012年夏榨均价30元/公斤计算，加上出售花生粕收入，每亩花生总收入2077元，扣除种植成本276元/亩，亩收益1801元。2012年早稻、早玉米每亩收益分别为651元、653元，与花生收益对比，分别少1150元、1148元，花生种植收益明显高于水稻与玉米。

2. 良种花生亩产与水稻玉米比肩。随着花生种植良种良法的广泛使用，花生产量大幅提高。据抽样调查，2012年高产地区的花生产量高达380公斤/亩，水稻平均亩产量在400公斤上下，玉米产量也差不多在400公斤/亩左右，亩产量相差不大，而花生价格远高于水稻和玉米。

3. 花生油价格涨幅远超水稻玉米。2005年至2012年的8年间，花生价格轮番上涨，2012年榨季花生油、水稻（中等质量籼稻为例）、玉米（以正大619品种为例）销售价格每公斤约分别为30元、3.5元、2.6元，分别与2005年每公斤约11元、1.8元、1.4元对比，分别上涨约173%、94%、85%。由此可知，花生油销售价格涨幅分别比水稻、玉米高出79%、88%。2005年至2012年花生、粘稻、玉米价格走势见下图：

2005—2012年花生、籼稻、玉米价格走势

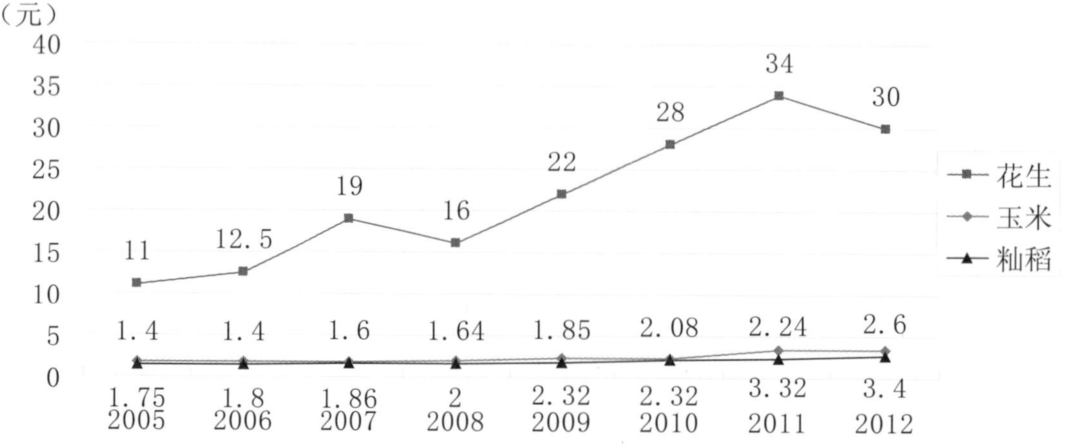

三、花生种植存在的问题

（一）劳动力缺乏及老龄化制约着花生的扩种

根据农村住户抽样调查，贵港市农村中62%的40岁以下的青壮年外出务工，导致农村留守人员多为老人与小孩，这些人员文化程度不高，在花生培植上缺乏科学的生产技术和经验。同时，外出打工比在家种地种花生赚钱多，而且没什么风险，年轻人都不愿意种地，更不会对种植花生有兴趣。

（二）农民自育花生种子影响产量提高

调查发现，有部分村民为了节省花生种子成本，只是通过简单的自繁留种，或农贸市场购买农民自育种子。这样会造成花生出芽率低、抗病能力差、产量下降。专家指出这种做法减产不可避免，如种植纯正的高产花生品种如“粤油27号”、“桂花17”亩产量要达400公斤不是太难的事情，如在自繁留种之后的花生亩产极易降至150多公斤。

（三）部分花生品种严重老化，良种扶持政策较弱

由于花生用种量大、价格高，一亩地用种量一般为12公斤左右，部分品种高达22公斤，而每公斤花生良种的价格大约14元/公斤，一亩地使用良种的费用一般为168元左右；目前花生良种补贴每亩仅为10元，相对每亩168元左右的高成本几乎可以忽略不计，农民为了降低成本只好使用8元/公斤的老化品种。

四、花生种植的建议

（一）通过轮换、间套种提高土地的利用率

首先要正确认识粮与油的安全同样重要，建议国家像注重粮食安全那样注重食油安全。其次，以甘蔗、水稻、玉米种植地进行轮换种植，可以充分利用土壤的养分，有效提高田间管理水平。再次不同的作物之间进行间套种，充分利用土地空间，节约土地，更好地发挥土地的能效，尤其是在林木间进行间套种，可大面积的扩种花生，大幅地提高农民收入。

（二）提高农业机械化水平，加强技术推广

要认识到解决和实现农村劳动力老龄化向年轻化、知识化、专业化、科学化转变，是一个长期过程。要继续完善和提高国家的农机具的购置补贴，加快农业机械化提高的进程，提高农业生产率，降低农业生产对人工的依赖程度，实现花生种植上的机耕、机灌、机械采摘等机械化。同时，加强对包括花生在内的农业社会化服务的体系建设，投入建立和完善对农业提供产前、产中、产后的社会化服务体系。

（三）加强种子市场管理，引导农民种植优良花生

加强花生种子市场的管理，禁止叫卖自繁品种，不得销售散装花生种子，规范花生种子经营范围、经营方式及有效期限、有效区域、分级包装。广泛宣传高产优良品种，引导农民不要使用自繁种子，要种植正规经销单位的优良种子。

（四）提高花生良种财政扶持力度

一方面，加大力度扶持良种培育，充分发挥科技是第一生产力在花生生产上的力量。常言“农业要发展，种子要先行”，对花生种子的引育、实验、示范、生产繁育和经营推广工作也要加大扶持力度，另一方面，把提高花生良种补贴金额作为强农惠农富农政策来推行，有力调动农民种植良种花生的积极性，有利于大幅度地提高农民收入。

贵港市蔬菜产业发展现状及建议

谭 锋

加强“菜篮子”工程建设既是稳定市场菜价、保障市场供应的重要手段，也是推动农业结构调整、增加农村就业、促进农民增收的主要途径。近年来，贵港市委、市政府高度重视“菜篮子”工程建设工作，抢抓机遇、发挥优势、突出特色、加大步伐，推动全市蔬菜产业朝着规模化、标准化、产业化、特色化、品牌化方向发展。

一、贵港市蔬菜产业的现状

（一）基地建设推进步伐加快，规模化程度稳步提高

目前贵港市蔬菜生产已形成一定的规模种植和区域生产。据统计，2011年贵港市蔬菜种植面积共87.02万亩，年总产量124.05万吨，年总产值21.88亿元，分别比2010年增长3.3%、6.4%、18.1%。连片100亩以上常年蔬菜基地面积1.4万亩，年总产量19600吨。全市蔬菜产业的产值占农业总产值的23.0%，蔬菜产业对全市农民人均纯收入贡献330多元，占农民人均纯收入的6.10%。2011年贵港市在稳定原有保障性蔬菜基地面积基础上，投入财政资金1295万元，新建连片100亩以上的“菜篮子”蔬菜示范基地20个，面积达4720亩，有效地带动了全市蔬菜产业的发展。

（二）蔬菜质量安全稳步提升

近年来贵港市通过大力推行无公害标准化生产，采取蔬菜农药残留检测制度和市场准入制等措施，使得全市蔬菜安全性得到了大幅度提高。目前全市共有4个蔬菜基地通过省级以上无公害认定，无公害蔬菜生产迅速发展。全市的蔬菜安全系数有了较大幅度的提高，2011年，在省、市农业部门进行的8000多样本的农药残留抽检中，蔬菜产品的合格率均达到98%以上。蔬菜质量明显提高。

（三）蔬菜流通方式多样，流通体系初步形成

贵港市城区现有蔬菜批发市场1个，规模较大的农贸市场7个、大型连锁超市3家。超市、农贸市场已成为城市蔬菜供应的重要载体，流通的主要方式有产地收购、农超对接、批发市场交易、批发市场和集散地销售、农民直销、专业运销组织运销等。2011年以来，商务、供销、工商等部门大力推行“农超对接”、“农校对接”，主动协调“菜篮子”基地与超市、饭店、单位食堂进行产销对接，努力构建蔬菜配送网络和产供销平台。市辖三区的

蔬菜基地分别在城区的大型超市建立了蔬菜直销专柜，减少了流通环节，有效平抑了蔬菜价格。

二、贵港市蔬菜生产存在的问题

（一）蔬菜规模化种植不够，自给率偏低

目前贵港蔬菜生产多是千家万户自给式种植，生产规模小而分散，组织化程度低，生产成本高，种菜收入少，基本上只是保证自家日常蔬菜的消费，作为商品进入市场的很少。虽然建设了一批蔬菜生产基地，但规模小、管理粗放，规模化、专业化、组织化程度低，产品质量不高，抗自然、市场风险能力较弱。近几年来，随着城镇化进程的加快和工业的快速发展，城郊原有的蔬菜基地不断被征占，短期叶菜的生产数量减少。城市人口增加与叶菜需求数量增加两者之间的矛盾日渐显现。辖区生产的蔬菜难以满足城区消费需要，过半蔬菜依靠从周边地市或省份调入补充。过度依赖外地供应，在一定程度上造成蔬菜价格不稳定和价格偏高，加重了老百姓的负担。

（二）蔬菜产业化程度不高，蔬菜流通体系不够完善

贵港市在蔬菜产品的加工、储藏保鲜和包装创品牌方面薄弱，高科技含量、高附加值、在国内有较高知名度的名牌产品基本没有，以蔬菜为主的加工企业少。现有蔬菜批发市场和农产品集贸市场少且规模小，布局落后、基础设施简陋、蔬菜集散能力较弱。农贸市场缺乏蔬菜基地和菜农直销蔬菜的专营点。蔬菜物流配送业务小，配送企业规模不大，与全市无公害蔬菜的发展不相适应。全市缺少多功能、综合化、结算交易电子化、服务程度较高的大型蔬菜专业批发交易市场。

（三）蔬菜基地基础设施薄弱，抵御自然灾害能力差

经过多年的建设，贵港市蔬菜基地的基础设施有所改善，但缺乏基础设施好、生产水平高、规模大的核心蔬菜保障基地，大多数蔬菜基地的基础设施比较薄弱，部分老基地基础设施陈旧老化，年久失修，损毁严重，新形成的基地农业基础设施不配套，运菜道路不通畅，田间排灌水渠不配套，制约了蔬菜基地的快速发展。大多数蔬菜基地基础设施建设已经不能有效抵御自然灾害，因此，保障市场有效供应的蔬菜生产能力还比较弱。

（四）蔬菜规模化种植程度低，蔬菜质量安全隐患仍然存在

受监管机制、管理体制、经营模式、生产方式及城市工业污染等多因素影响，贵港市蔬菜质量安全问题不容忽视。贵港市蔬菜生产仍以农户分散经营为主，经营规模小，集约化程度低，安全监管难度大，难以对产前、产中、产后各环节进行有效地监管。对蔬菜质量安全监管还主要停留在蔬菜农药残留方面，对蔬菜硝酸盐、重金属污染难以全面监控。蔬菜可追溯制度的建立仍处于起步阶段，蔬菜质量安全的信息化溯源还不能真正付诸实施，以致蔬菜安全监管盲区、盲点和监管不到

位现象依然存在。

三、贵港市蔬菜产业发展的建议

（一）合理规划布局，加强蔬菜生产基地建设

按照“科学规划、区域布局、规模经营”原则，结合区域资源优势，综合考虑城市化进程的影响，加强标准化专业化的规模生产基地建设，提高全市蔬菜的自给能力。各乡（镇）可根据本地的资源优势确定自己的主栽品种与搭配品种，逐步形成“一乡一品、多乡一业、规模化生产”新格局。建立一批标准化、具有一定规模的蔬菜生产基地，将现在的分散种植改为连片种植，促进规模生产，提高种植效益。引导农民不断调整优化产业结构，大力推广应用无公害、有机、绿色农产品生产技术，加快发展生态高效农业，使全市优质蔬菜基地的规模优势进一步凸显，农业综合效益大幅提升。

（二）创新流通方式，完善流通体系

不断加大投入，扩大市场规模，提高市场档次，构筑起完善的市场流通体系。建立遍及各村的蔬菜产地收购网点，加强城区蔬菜批发市场、农贸市场和社区菜店等的建设、服务与管理，在全市大型农贸批发市场设立蔬菜基地专销区，大型集贸市场、超市和社区等设立专销点。支持大型连锁超市与蔬菜专业合作社的“农超对接”，减少中间环节，抑制菜价虚高现象发生。鼓励和支持蔬菜生产和流通企业建设产地蔬菜冷藏保鲜和流通加工设施，实现采收快速预冷、商品化加工处理和上市旺季入库冷藏保鲜。建立健全高效灵敏的蔬菜产销信息体系，及时提供和掌握生产、加工、销售等诸环节的蔬菜交易信息，强化对蔬菜生产、市场和价格走势的分析预警，引导蔬菜生产者、经营者合理安排生产经营活动，增强应对和预警市场风险的能力。

（三）加强政策和资金扶持力度，确保蔬菜产业持续、稳步发展

一是增加财政投入力度，建议每年市、区财政在支农资金中，增加预算内固定资产投资用于蔬菜产业发展。二是加强项目资金的整合，加快基地基础设施建设。在今后五年建设期内，坚持每年将国土、财政、交通、水利、商务、供电和农业部门的相关项目资金整合，优先用于蔬菜基地建设，改善水、电、路等基础设施条件，提高基地综合生产能力。三是建立新菜地开发建设基金。出台新菜地开发建设基金征收管理办法，加大新菜地建设资金征收力度，为蔬菜基地建设提供稳定的资金来源。四是加大对蔬菜企业及种植大户的扶持力度。对蔬菜加工企业和业主在用地、用电、信贷、税收等到方面给予适当的政策倾斜，促进贵港市蔬菜产业可持续发展。

（四）发展蔬菜专业合作组织和培植龙头企业，推进产业集约化

通过政策引导、项目扶持、产业服务等措施，推动蔬菜规模化经营主体的发展，提升产销组织化程度，完善社会化服务机制。建立和完善扶持蔬菜专业合作组

织发展的扶持政策，培育一批资产实力强大、服务功能良好的规范性蔬菜专业合作社。除在人才、资金、技术等方面扶持外，农业项目应尽可能由有一定规模的专业合作组织作为承担主体，真正发挥专业合作组织的优势，带动蔬菜产业的发展，增强组织农民、服务农民、带动农民的能力。加大招商引资力度，引进蔬菜加工贸易龙头企业领办蔬菜基地，形成“加工龙头企业+专业合作组织+基地+农户”的经营模式，提升档次，培育品牌，提高全市蔬菜产业化水平。培育一批专业种植大户，使之成为提升和发展现代蔬菜产业的主体。

（五）完善质量安全监测体系，强化产品质量安全监管

逐步建立与完善农产品质量安全检测监管网络。加强市、县区农产品质量安全检验检测机构建设，加快乡镇农产品质量安全流动工作站和市场、超市、重点加工企业检测点建设。抓好源头控制，杜绝高毒、高残留农药和假冒伪劣农资产品流入市场。根据生产、加工的农产品主导品种确定监测重点，制订检测规程，对无公害农产品基地的产地环境和生产过程、农产品批发市场和超市的蔬菜产品质量安全等实行定点监测，在有关媒体上定期公布监测结果。建立和执行蔬菜产品质量追溯制度，从生产、流通、销售等环节实现蔬菜从菜地到餐桌的全程质量监管和安全控制，确保蔬菜产品质量安全。

来宾市蔗糖业发展现状、存在问题及对策建议

麦 丽 覃小梅

来宾甘蔗种植具有悠久的历史，从1976年开始规模种植，目前蔗糖业已成为来宾市经济发展重要的支柱产业之一，也是当地农民收入增加的重要途径。据统计，2011年来宾市甘蔗产量1050.91万吨，种植甘蔗产值为45.48亿元，占全市农业总产值的45.9%。制糖业生产成品糖111.15万吨，实现工业产值75.96亿元，占规上工业总产值的15.1%；实现增加值29.42亿元，占规上工业增加值的19.5%；实现利润14.17亿元，占规上工业利润的78.4%；利税19.67亿元，占规上工业利税的56.4%。2011年，来宾市甘蔗产量排全区和全国第二位，其中：兴宾区甘蔗产量排全国区（县）首位，是全国最大县级糖料蔗基地。尽管当前来宾市甘蔗产量排位居于全国前列，甘蔗生产已比建市之初大有发展，但在甘蔗生产过程中仍存在种种问题，影响着甘蔗产量的提高、蔗农收入的增长以及企业产能的最大发挥和对GDP贡献的增长。

一、甘蔗生产的基本情况

（一）甘蔗种植的自然条件

来宾市地理位置介于北纬23°16′—26°29′、东经108°24′—110°28′之间，位居广西中部，素有“桂中”之称，总面积1.34万平方公里，2011年可耕地面积为612.9万亩。来宾市属季风性气候区，雨量充沛，气候温和，年均气温多为20.5℃~21.0℃，光照充足，年日照时数在1500小时左右。辖区内土地平坦，具有得天独厚的自然条件和土地资源。

（二）甘蔗种植的状况

近年来由于蔗糖价格上扬，来宾市农民种蔗的积极性日益高涨，目前蔗区已覆盖全市四县一市一区，种蔗农户数近30万户，蔗农总数近150万人。甘蔗种植面积也在逐年增加。2012年来宾市甘蔗种植总面积达267.96万亩，达到历史的最高水平（见表1）：

表1 2003—2011年来宾市甘蔗种植面积及产量情况表

年 份	2003年	2004年	2005年	2006年	2007年	2008年	2009年	2010年	2011年
种植面积（万亩）	154	172.32	192.85	207.45	245.9	251.26	245.52	251.56	255.2
总产量（万吨）	759	817.44	777.32	884.16	1287.12	1244.77	1184.89	1053.54	1050.91
平均亩产量（吨）	4.93	4.74	4.03	4.26	5.23	4.95	4.83	4.19	4.15

目前，来宾市种植50亩以上的专业户超过1000户。种植的主要品种有：新台糖22号、新台糖16号、新台糖25号（台优）、桂糖32号等品种，其中种植面积较大的是新台糖22号，占到了八成。

（三）进厂原料蔗及白砂糖价格情况

2011/2012榨季，进厂原料蔗价格达500元/吨，比2003年增长2倍多，为历史最高水平。同期白砂糖出厂价格每吨达7163多元，比2003年增长1.6倍（见表2）：

表2 建市以来来宾市榨季进厂原料蔗及白砂糖价格情况表

年份	2003/2004榨季	2004/2005榨季	2005/2006榨季	2006/2007榨季	2007/2008榨季	2008/2009榨季	2009/2010榨季	2010/2011榨季	2011/2012榨季
进厂原料蔗价格（元/吨）	172	200	295	275	276	275	360	492	500
白砂糖价格（元/吨）	2750	3099	4800	4150	3903	4050	5167	7163	7163

（四）制糖业生产及经济贡献情况

来宾市目前有14家制糖企业，包括实力较为雄厚的东糖集团迁江糖厂和凤凰糖厂、博宣糖厂、永鑫糖厂等制糖企业，总日榨能力约8万吨，高于全国、广西平均水平。近年来，来宾市制糖企业的一批蔗糖产品成为国内同行的佼佼者，如来宾东糖集团迁江公司“QT”牌一级白砂糖曾荣获国际博览会金奖、中国农业博览会银奖、轻工部产品质量优秀奖、广西名牌产品奖；广西来宾永鑫糖业有限公司的“晶龙”牌白砂糖则荣获国家免检产品证书、中国绿色食品证书和广西名牌产品；广西来宾永鑫小平阳糖业有限公司的“鑫山”牌白砂糖荣获全国制糖行业产品质量评比优秀奖。制糖业在农副食品加工业中乃至整个制造业中，起到举足轻重的作用。2011年来宾市制糖业工业总产值为75.96亿元，企业利润总额为14.17亿元，利税总额达到19.67亿元，占全市规上企业行业利税总额的56.4%。

表3 2003—2011年来宾市成品糖产量表

年份	2003年	2004年	2005年	2006年	2007年	2008年	2009年	2010年	2011年
成品糖产量（万吨）	94.5	100.41	78.24	79.65	132.35	148.12	126.85	112.2	111.15

二、蔗糖业发展存在的问题

（一）甘蔗面积增长空间不足

统计数据显示，2011年来宾市耕地面积612.9万亩，用于种植甘蔗的耕地255.2万亩，甘蔗种植面积已占耕地面积的41.6%。今年以来，由于桂中农村土地整

治项目释放了部分闲置土地等因素，甘蔗种植面积达到271万亩，为建市以来的最高值。虽然今年甘蔗种植面积有所增加，但土地整治项目并不能成为甘蔗种植面积长期增长的因素，根据规划，“十二五”期间将继续稳定在260万亩左右，今后不可能像过去几年那样每年增加十几万亩、二十多万亩的甘蔗面积来增加甘蔗总量，单纯依靠扩大种植面积来增加甘蔗总量已没有太多发展空间。

（二）甘蔗品种质量下降

来宾市甘蔗种植品种基本为新台糖系列，当家品种新台糖22号和16号种植年代久，占总面积90%以上，种植年限均已超过10年，目前已出现品种退化现象，蔗茎变细，植株变矮，抵御灾害能力低，极易发生枯心病和长杂苗状况。

（三）水利灌溉设施跟不上，甘蔗单产逐年下降

来宾市地处桂中旱区，农业基础相对薄弱，水利设施落后，蔗区灌溉面积太小，旱地面积大，有水灌溉的甘蔗面积比例不到6%，抗旱能力不足。甘蔗虽是相对耐旱的作物，但来宾甘蔗种植大部分都在旱坡地上，受气候影响较大，遇极端天气，甘蔗单产难以提高。数据显示，建市以来甘蔗亩产平均在4—5吨之间，在2007年则达到了最高水平5.23吨。近年气候多变，台风、洪涝干旱等自然灾害较多，甘蔗单产出现下降趋势，如2010和2011年仅为4.19吨和4.12吨，属较低水平。

（四）进厂原料蔗总量逐年减少

由于近年来甘蔗生产总量处于较低水平，加上甘蔗外流现象时有发生，致使部分制糖企业生产原料不足，造成生产能力的浪费。从2007/2008榨季进厂料蔗创历史最高水平以来的1275万吨之后，连续四个榨季进厂料蔗分别降为1018万吨、941万吨、884万吨和854万吨，分别下降20.2%、7.6%、6.1%和3.4%。

（五）甘蔗机械化程度仍较低

近几年来，虽然来宾市大力引进和推广甘蔗机械化生产，但由于多种原因，机械化生产步履缓慢，生产手段落后，劳动生产率低的局面仍没有得到根本改变，特别在甘蔗的种植和砍收环节上，多用手工操作，投入人工多、工作效率低。如以较高的效率计算，每人每天最多可以收割一吨甘蔗左右，与制糖企业大规模自动化生产不相匹配。

（六）农资价格高企，蔗农投入不足

由于化肥、农药生产资料价格近年来持续高位运行，种植成本增加，甘蔗种植生产资料投入受到制约。如2011/2012榨季兴宾区蔗农在化肥、机耕、蔗种和中耕方面成本分别为420元/亩、60元/亩、150元/亩和90元/亩，同比上涨了15.7%、20%、4.1%和12%；比前个榨季上涨了21.7%、38.6%、25%和50%。

（七）劳力不足种植砍运难

近几年，农村中青壮年劳动力大量外出务工，向二、三产业转移，甘蔗种植和砍运用工矛盾突出，尤其在甘蔗砍收时节更为突出。据来宾市兴宾区农民工监测调查数据显示，2011年第四季度70户调查户中外出从业的就有86人，占总人口346人中的24.9%。由于劳动力严重不足，农户只能聘请人力进行砍蔗，一定程度上提高了甘蔗生产成本。兴宾区六五村甘蔗种植大户反映，2011/2012榨季甘蔗的护理、砍工和装车成本分别为550元/亩、65元/天、18元/吨，同比分别上涨了10%、18%和20%。

三、对蔗糖业发展的对策和建议

（一）稳定甘蔗种植面积

来宾市是农业大市，近年来自治区每年出台蔗价联动结算政策，对来宾甘蔗生产支撑力度很大。同时近几年随糖价逐年提高，甘蔗收购价也水涨船高。此外，随着我国加强对食品市场的管理和监督，糖精、甜蜜素的使用将会退出市场，对蔗糖的需求量将会增加，为制糖业的进一步发展提供了空间。但随着农业基础设施的不断改善和农业种植结构的不断调整，产业争地的矛盾会日显突出，农民会在比较效益的驱动下，自发调整种植其他产业，为避免出现“退蔗还桉”或“退蔗还蚕”现象，必须首先在保证种植面积方面来进一步巩固和提升来宾市作为广西和全国最大的蔗糖生产基地之一的地位。

（二）引进推广甘蔗优良新品种

在土地资源优势逐渐减弱的情况下，依靠科技，引进推广甘蔗优良新品种，是提高甘蔗单产保证来宾市制糖企业原料蔗供给的唯一出路。在稳定已有蔗区和甘蔗面积的基础上，通过引进、推广高产、高糖、抗逆性强等综合性优良甘蔗新品种，改善甘蔗品种种植结构，以增强甘蔗产业的抗风险能力。在重点甘蔗生产县（区）建立优质高产的甘蔗生产基地，重点培育和引进高糖高产优良品种。通过培育和引进，提高甘蔗单产和含糖量，进一步提高原料蔗质量。

（三）提高甘蔗栽培和技术水平

高效的甘蔗生产技术，仍未能全面地在甘蔗生产上得到广泛应用。在栽培管理上，农业部门应该继续加强技术指导，指导蔗农及时破垄松蔸，追施苗前肥，做好宿根蔗护理和病虫草害综合防治等工作。同时大力推广深耕深松、宽行密植、地膜覆盖、配方施肥、节水灌溉和蔗叶还田等技术，通过新技术的推广应用，提高甘蔗单产，确保产量提高。

（四）提高甘蔗种植机械化水平

要针对种植大户开发和推广高效的大中型机具，针对小规模种植户则研制效率较高、适用一般地块、减轻劳动强度的小型甘蔗机具。逐步引导蔗农实行规模经营，实行高效率的科学种植。进一步鼓励扶持蔗农使用先进的农业机械，实行税收优惠政策，对农民购买农机产品提供信贷支持和补助，进一步推动农业机械化进程。

（五）加强蔗区管理工作

由于近几年糖价高涨，来宾市也出现了蔗区原料蔗外流的现象，企业生产和利益受到影响，在一定程度上影响了来宾市糖业健康发展。制糖企业要进一步完善订单农业，与蔗农签订糖料蔗收购合同，确保稳定和充足的原料供应。

职能部门应组织多方力量，根据国家和自治区出台的管理办法，抓好蔗区管理工作，依法打击违反国家政策和合同规定的炒买炒卖原料蔗行为，维护好广大蔗农切身利益、维护制糖企业经济利益，促进蔗糖业健康发展。

第六部分

价格调查篇

2011年广西居民消费价格高位运行

黄岚兰

据国家统计局广西调查总队调查统计，在食品类价格大幅上涨的带动下，2011年广西居民消费价格（CPI）高位运行，同比上涨5.9%。其中，农村上涨6.4%，城市上涨5.7%。与全国相比，2011年广西CPI比全国平均涨幅5.4%高出0.4个百分点，居全国31个省（自治区、直辖市）第五位。

一、物价运行情况及特点

（一）总体高位运行

2011年居民消费价格上涨5.9%，总体上呈现高位运行的态势。但从阶段看，又表现出“前高后低”的特征，1—6月各月涨幅分别为5.8%、6.0%、6.8%、7.6%、7.7%和7.7%，呈现逐月攀升之势；7—12月各月涨幅分别为7.4%、6.6%、5.8%、5.2%、2.7%和1.9%，呈现逐月回落之势。

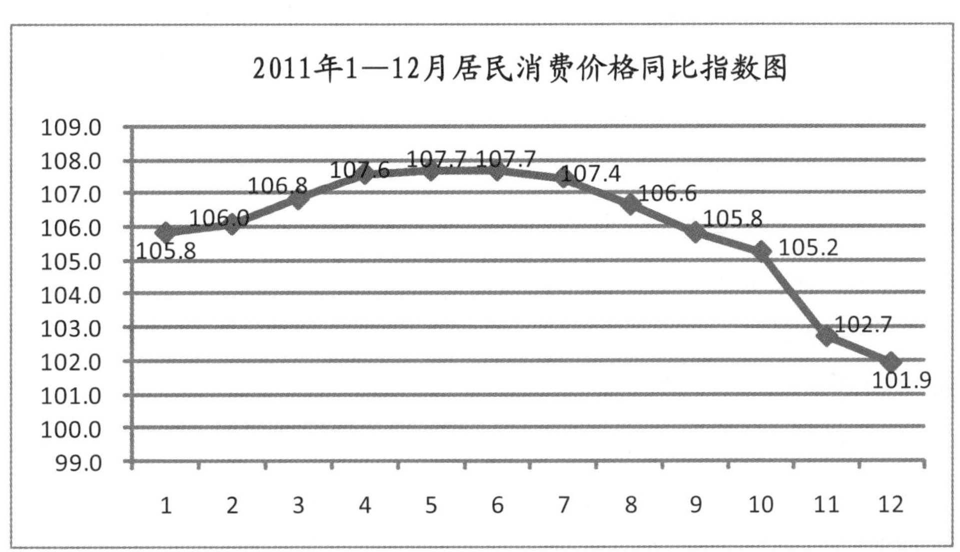

（二）八大类价格全面上涨

在调查的八大类商品和服务中，出现全面上涨的态势。其中，食品价格同比上涨14.4%，烟酒类价格上涨3.7%，医疗保健和个人用品价格上涨3.5%，居住价格上涨2.2%，衣着类和交通和通信类均上涨1.9%，家庭设备用品及维修服务类价格上涨1.7%，娱乐教育文化用品及服务类价格上涨0.1%。

（三）食品类价格涨幅居首

2011年广西食品类价格上涨14.4%，拉动居民消费价格总水平上涨4.6个百分点，是居民消费价格总水平上涨的第一拉动力。调查统计的16个食品中类全面上涨，其中9个中类涨幅超过10%。

1.粮价上涨的刚性特征明显。受粮食收购价格提高及天气急剧变化的影响，2011年粮价上涨势头较前几年更加迅猛。1—7月环比均为上涨；8—11月受政府推出大量平价大米平抑市场价格的影响，环比连续四个月略降；12月粮食价格重拾涨势。全年粮食价格累计上涨了17.2%，拉动居民消费价格上涨0.4个百分点，占整个居民消费价格总水平涨幅的6.8%。大米、面粉、粗粮、粮食制品价格全面上涨，其中尤以大米价格涨幅最高，涨幅为18.4%。

2.油脂价格持续高位上涨。随着国际市场大豆价格的上涨，食用植物油价格于2010年7月开始上涨；2011年原材料及加工、运输成本不断增加，推动了油脂类价格节节走高，全年油脂类价格累计上涨12.1%，拉动居民消费价格上涨0.1个百分点，占整个居民消费价格总水平涨幅的1.7%。

3.肉禽蛋价格涨势强劲。（1）猪肉价格大幅上涨。2011年猪肉价格累计上涨31.0%，拉动居民消费价格上涨1.2个百分点，占整个居民消费价格总水平涨幅的20.3%。2010年下半年开始，猪肉价格开始触底反弹，2011年5月以来，更是呈现强劲的上涨势头，其中6月和7月份的环比涨幅分别为7.0%和8.8%；8月份开始全区实行临时价格干预措施，各市政府相继推出的平价猪肉，使得猪肉价格明显回落，再加上11和12月随着供给的增加，更加大了猪肉价格回落力度；8—12月，猪肉价格连续五个月环比回落。（2）禽类和蛋类价格涨幅较大。由于养殖成本增加，加之粮食、肉类价格上涨形成比价效应，拉动了禽类和蛋类价格的上涨。2011年禽类和蛋类价格同比均上涨13.8%，合计拉动居民消费价格上涨0.5个百分点，占整个居民消费价格总水平涨幅的8.5%。其中鸡、鸭和鲜蛋的价格分别上涨14.2%、13.0%和13.8%。

4.鲜菜价格波动较大，鲜果价格上涨较多。2011年鲜菜价格上涨7.6%，拉动居民消费价格上涨0.2个百分点，占整个居民消费价格总水平涨幅的3.4%。鲜菜价格起伏波动明显，在1—2月因节日需求增加，环比分别上涨22.7%和4.1%；5、6月份受供应大量上市的影响价格回落，环比分别下降11.1%和5.5%；7月、9月和10月受台风等影响环比又大幅上涨，分别上涨9.3%、4.4%和5.8%。鲜瓜果由于上年水果减产，成本增加等因素影响价格一路走高，全年价格上涨16.4%，拉动居民消费价格上涨0.4个百分点，占整个居民消费价格总水平涨幅的6.8%。

5.水产品类和在外用膳类食品上涨明显。由于成本因素影响，水产品类和在外用膳类食品价格分别上涨了17.6%和10.1%，合计拉动居民消费价格上涨1.0个百分点，占整个居民消费价格总水平涨幅的16.9%。

（四）工业品及服务类价格出现较大幅度上涨

2011年，因原材料价格、人工成本等

上涨，工业品、服务类价格均出现较大幅度上涨，工业消费品和服务项目类价格均上涨1.9%。

1.衣着类和烟酒价格上涨。2011年衣着类价格一改上年的低迷状态，全年上涨1.9%，拉动居民消费价格上涨0.2个百分点，占整个居民消费价格总水平涨幅的3.4%。受白酒类价格大幅上涨影响，酒类价格上涨6.9%。

2.服务费用上涨。2011年几乎所有的服务项目价格均呈上涨态势，个别小类涨幅明显。其中因保姆费、钟点工价格大幅上涨，导致家庭服务上涨11.3%；因油价上调，飞机票上涨24.9%、长途汽车上涨8.5%和短途汽车上涨13.9%；其它涨幅突出的有：衣着加工服务费上涨8.4%、理发上涨6.6%和其他邮寄费上涨6.9%。

（五）农业生产资料价格大幅上涨

2011年农业生产资料价格上涨12.2%。各类农资价格均呈上涨之势。涨幅居前的类别有：幼禽家畜上涨42.3%、化肥上涨15.2%、农用种子上涨9.6%、农用机油上涨9.0%、农业生产服务上涨6.8%、农用手工工具上涨5.5%和机械化农具上涨4.9%。

二、居民消费价格上涨原因浅析

（一）翘尾因素影响比重大，新涨价因素也较明显

受2010年下半年价格涨幅高，尤其是第四季度居民消费价格总水平的大幅上升的影响，2011年的居民消费价格总水平产生了一定幅度的正翘尾影响。据测算，2010年广西居民消费价格总水平的变动，对2011年各月的居民消费价格总水平均产生正翘尾影响，全年居民消费价格5.9%的涨幅中约有3.2个百分点是翘尾因素，占总涨幅的占54.2%，其中5、6、7月份翘尾影响在4个百分点以上。受旱涝交替，供求矛盾、节日需求，输入性通胀以及公众通胀预期等诸多因素的影响，新涨价因素也很突出，约有2.7个百分点，占总涨幅的45.8%。

（二）成本上涨对价格的推动明显

1.上游工业品和原材料的价格传导，拉动工业消费品价格上涨。上游生产企业生产资料成本长期处于上涨趋势，企业的利润空间越来越小，最后必然反映在工业消费品价格上，衣着、食用工业品、白色家电等类价格上涨就充分反映了这一点。

2.农产品生产、运输及经营成本上涨，助推农产品价格全面攀升。2011年，由于化肥、种子、农膜、柴油，以及人工费用的大幅上升，增加了农产品生产、运输和经营成本，导致农产品价格全面攀升。

3.劳动力工资不断上升，导致劳动密集型产品和服务项目价格持续走高。我国经济在经历多年高速发展以后，劳动力等要素成本不断上升，导致农业、服务业等包含人工成本较高的产品价格过快上涨。

（三）输入性通胀是重要影响因素

美国等国的货币量化宽松政策，日本强震后的巨额注资等因素导致了全球流动性泛滥，使得国际市场农产品、有色金属等大宗商品价格持续高涨；利比亚战争更使得国际石油、黄金价格不断创出新高。进口原材料成本增加，直接提升国内各类相关加工制成品的价格，推动相关消费领域的价格上涨。

（四）全区经济高速发展也对物价起到支撑作用

广西属于经济后发展地区，近年来经济发展势头迅猛，地区生产总值、固定资产投资都持续高于全国平均水平，这对拉动全区消费价格总水平上涨会产生一定的影响。

三、2012年物价上行压力仍然较大

从国际环境来看：部分国家债务危机还将延续，主要经济体经济还处于萧条阶段，因此，主要经济体国家还将采取宽松的货币政策抵御经济衰退。此次危机爆发以来，全球普遍实施货币干预，国际市场货币依旧泛滥，国际初级商品价格上涨的货币环境还将持续，国际大宗商品的价格仍然高位运行，输入型通胀压力依然存在。

从国内环境来看：我国经济发展中不平衡、不协调、不可持续的矛盾和问题仍很突出，经济增长下行压力和物价上涨压力并存，特别是部分农产品供应求紧平衡格局依然难以改变，流通环节多、费用高问题仍很突出，各种要素价格和环保成本近几年呈刚性上涨趋势。

从区内环境来看：广西经济总量等多项经济指标超万亿元后，经济社会发展将呈总量迅速扩张、经济转型加快、城镇化持久加快等明显趋势，同时这一阶段也是进入了长期性价格上涨压力凸显的发展阶段，劳动力、土地、资源、环境等成本上升压力越来越大。其次受前期临时干预价格措施的消失，新涨价因素可能重新出现。

以上这些因素，都成为抬升通胀的中枢，因此2012年物价上行压力仍然较大。

2011年广西农业生产资料价格大幅上涨

莫庆明

受原材料、能源、人工、物流等成本上升的推动，以及农副产品消费市场价格上涨的影响，2011年广西农业生产资料价格（简称农资价格，下同）全面持续大幅上涨。调查显示，全年广西农资价格上涨12.2%，所调查的十大类农资价格全面上涨。

一、农资价格运行的特点

（一）总体高位运行

全年各月广西农资价格同比分别上涨6.4%、7.8%、9.5%、12.1%、14.4%、16.3%、16.1%、15.6%、15.5%、12.6%、10.4%、9.4%，1—6月涨幅呈逐月扩大的趋势，7—12月涨幅逐月缓慢回落，但全年农资价格维持高位运行的态势。

（二）产品畜价格变动激烈

全年产品畜价格上涨达42.3%，为近年来所罕见。从月环比看，1—12月环比指数分别为96.4、106.8、109.8、106.7、109.5、105.2、102.2、101.3、101.2、94.3、88.0、96.1，显示产品畜价格涨跌频繁，价格变动异常激烈。

（三）饲料、化学肥料、农用机油和其他农资价格涨幅较大

饲料价格上涨7.3%，其中，混合饲料上涨8.4%，是影响饲料总体价格上涨的主要因素；化学肥料上涨15.2%，其中氮肥、钾肥涨幅特别大，分别上涨23.5%和16.2%；农用机油、其他农资价格分别上涨9.0%和7.9%，其中，农用种子价格涨幅达9.6%，直接拉动了其他农资价格的上涨。

（四）农业生产服务价格快速上涨

农业生产服务价格持续飙升，同比涨幅由1月份的1.8%，一路快速上升到12月份的8.1%，7月份涨幅达到9.0%，为全年最高点，全年累计上涨6.8%。其中，机械作业费、农业用工价格分别上涨了10.3%和7.1%，推动了农业生产服务总体价格的快速上涨。

（五）手工工具、半机械化农具、机械化农具、农药及农药器械价格小幅上扬

在农资总体价格持续上涨的情况下，手工工具、半机械化农具、机械化农具、农药及农药器械各月价格变动幅度较小，全年价格走势保持相对稳定。全年农用手工工具上涨5.5%，半机械化农具上涨3.8%，机械化农具上涨4.9%，农药及农药器械上涨3.2%。

二、农资价格上涨的原因

（一）输入性通胀的影响

化肥、农药、饲料、农用机油等农

业生产资料的原材料进口依赖程度高，市场价格受国际价格变动影响的敏感性强。2010年以来，中东、北非地区局势动荡，致使国际油价上涨，再加上气候变化导致全球粮食减产，也引起了国际市场农产品价格的大幅上涨。全球大宗商品价格的持续上涨，造成国内生产成本增加，推高了我国石油化工、化学肥料、饲料生产成本，最终传导到农业生产和消费产品价格中，引起农资价格的全面上涨。

（二）农产品消费市场价格上涨的拉动

2011年广西居民消费价格上涨较快，粮食、猪肉、禽类等价格上涨迅猛，全年大米价格累计上涨18.4%，鲜菜价格上涨7.6%，猪肉价格上涨31.0%，禽类价格上涨13.8%。消费市场价格的大幅上涨，刺激了粮食、蔬菜种植和畜禽养殖的积极性，农民对种子、化肥、农药的需求有所增加，幼禽幼畜的市场需求特别旺盛，引起了相关农资价格的持续大幅上涨。调查显示，随着生猪收购价格的不断走高，仔猪价格也随之水涨船高。如3月份贵港市瘦肉型仔猪520元/头，至6月上涨到670元/头，涨幅为28.8%。1月份贺州市12.5公斤长白猪仔200元，至7月份上涨到390元，涨幅达95%。养殖规模的扩大，对饲料需求增加，拉动了饲料市场价格上涨。此外，农资综合直补、良种补贴、提高粮食最低收购价、农机购机补贴等农业扶持政策的落实，较大地调动了农民种粮的积极性，种植面积有所扩大，增加了对种子化肥农药的需求，拉动了相关农资价格的上涨。

（三）流通成本上升推高农资价格

化肥、饲料等大宗农资商品，流通成本在其价格构成中占有较大的比重。年内成品油价格的持续上涨，使得运输成本进一步增加。运输、物流等中间环节的成本逐年上升，增加的运输成本最终转嫁到农资终端市场，推高了农资产品价格。

（四）农民进城务工工资提高推高农业用工成本

2010年以来，各地普遍提高了最低工资标准，城市招工难、民工荒也推高了民工工资，农民进城务工收入有了很大提高，但也加大了农业用工的难度，增加了农业用工的成本，农机作业费同比上涨10.3%，农业用工价格同比上涨7.1%。

三、农资价格上涨对农业生产的影响

（一）增加农产品生产成本，降低农业生产效益

由于农资价格上涨，种养殖成本水涨船高，抵消国家惠农政策和农产品价格上涨带给农民的实惠，农民实际收益受到影响，对农业生产收益的预期降低，从而影响农民的生产积极性。如果农资价格持续上涨的势头得不到遏制，农资价格继续大幅上涨，农业生产可持续发展将受到影响。

（二）农资价格激烈变动不利于农业生产的持续性和供给稳定性

2011年以来，农资价格的上涨，特别是产品畜、化学肥料等价格的持续大幅上涨，使农副产品的生产成本陡增，降低了农业经济效益，挫伤粮农、菜农和养殖户积极性，影响了生产的可持续发展。部分农资价格忽高忽低、暴涨暴跌，也导致农民无所适从，无法把握市场价格规律，难以承受经营风险，破坏了农副产品生产的持续性和市场价格的稳定性，影响了农副业产品消费市场的供应和价格的稳定。

（三）人工成本大幅上涨进一步增大了农业生产用工难度

目前，农村青壮年劳动力外流情况已是普遍现象，在城市务工收入较快增长的带动下，农业用工工资也快速增长。与城市工业、服务业相比，目前农业仍是产出效益相对较低，难以承受上升过快的农业用工成本，工资低、请人难成为农副业发展面临的一个难题。

四、2012年农资价格走势判断

（一）农资价格将继续保持稳步上涨的态势

国内农产品价格的上涨，刺激农民种粮积极性不断提高，化肥农药的刚性需求继续增加，对市场起到较强的支撑作用，预计2012年农资市场需求将会继续保持稳步增加的态势。煤、石油、天然气、硫磺等原材料价格上涨、电力供应不足、电价上涨、铁路运力紧张等，也在一定程度上构成化肥、农药、饲料、农用机油等价格上涨的压力。

（二）全年产品畜价格呈同比下降的态势

产品畜价格经过2011年大幅上涨后，现已出现较大的回落，由于基期价格高企，预计2012年全年产品畜价格呈同比下降的态势。

综合以上分析，受原材料价格、市场需求、气候变化和价格变动周期的影响，2012年农资价格走势存在一定的不确定性，但单个因素难以左右价格总体走势，全年农资价格将维持上涨态势。

五、对控制农资价格上涨的几点建议

2011年农资价格的全面大幅上涨，直接推高了农业生产成本，降低了农民种养殖经济效益，不利于农业生产持续稳定发展。农资价格的基本稳定，关系着农业的正常生产和农民的切身利益。有关部门应重视当前农资价格形势，采取有效措施，防止农资价格过快上涨，减轻农户的经营压力，促进农业产业化可持续发展。

1.建立农资价格过快上涨的预警机制。加强农资价格监测，及时把握农资价格动态，借鉴消费价格调控做法，适时出台农资价格干预调控措施，防止农资价格出现过快上涨。

2.引导农户合理安排生产计划。针对产品畜价格暴涨，组织做好市场信息调研，预测消费市场价格趋势，及时向农户提供信息参考，引导农户合理安排生产计划，防止盲目追涨杀跌，规避不必要的损失，促进农业增产、农民增收。

3.强化农资市场管理与监督。规范农资经营秩序，加大对制售假冒伪劣农资打击力度，实行明码标价，规范市场价格，核准农资运营成本，稳定农资价格水平，切实维护农民利益。

4. 切实落实有关强农惠农政策。研究出台更多的惠农政策，在农资价格出现较大上涨的情况下，对涉农物资的运输、流通环节，减免更多的过路收费，切实降低农资的物流成本。

5. 对农业用工给予一定的政策扶持。与城市其他产业相比，目前农村明显缺乏人才竞争优势，对国家鼓励、具有发展潜力的农业产业，应在农业用工方面给予一定的政策护持，减轻农业用工价格上涨压力。

2011年广西工业生产者出厂价格高位、倒挂运行

吴 佳

据国家统计局广西调查总队调查，2011年广西工业生产者出厂价格（PPI）比上年上涨8.5%，总体上呈现高位运行的态势；工业品购进价格上涨10.0%，高出出厂价格涨幅1.5个百分点，呈现“高进低出”现象。

一、广西PPI运行情况

（一）高位运行：涨幅高于全国水平及西南四省

2011年广西工业品出厂价格涨幅比全国平均涨幅6.0%高2.5个百分点；比云南、贵州、重庆和四川分别高3.8、3.1、4.7、1.2个百分点；2011年广西工业品购进价格涨幅比全国平均涨幅9.1%高0.9个百分点。

（二）上涨面广：九成以上大类行业同比上涨

从大类行业分组来看，广西所调查的35个行业大类中，2011年共有34个大类同比指数上涨，上涨面达到97.1%，比上年91.4%的上涨面高出5.7个百分点。达到两位数上涨的有15个大类，分别是橡胶制品业上涨10.1%，非金属矿物制品业10.6%，食品制造业11.3%，有色金属冶炼及压延加工业11.6%，仪器仪表及文化、办公用机械制造业12.7%，非金属矿采选业15.0%，皮革、毛皮、羽毛绒及其制品业16.0%，纺织业16.7%，化学原料及化学制品制造业18.8%，石油加工、炼焦及核燃料加工业19.2%，纺织服装、鞋、帽制造业22.3%，农副食品加工业29.3%，有色金属矿采选业、煤炭开采和洗选业31.5%。

按工业部门分组，15个工业部门中除了电力工业产品出厂价格下降0.7%外，其余14个工业部门的产品出厂价格都呈不同程度的上涨。其中，权重部门冶金工业、化学工业和食品工业涨幅均达到两位数，分别上涨10.1%、13.4%和18.2%，合计拉动PPI同比指数上涨6.6个百分点，贡献率达77.9%，是影响广西PPI总水平上涨的主导力量。

（三）高进低出：连续12个月购进价格涨幅超过出厂价格

2011年以来，广西工业生产者购进价格同比涨幅持续高于出厂价格，1—4月剪刀差平均为2.6个百分点，5—9月有所缩小，9月缩小为0.1个百分点，10—12月又再扩大，分别为0.8、2，2和2.2个百分点。全年来看，剪刀差呈现“两头大中间小”的特点，“高进低出”现象的持续存在，将增加企业成本，挤压企业盈利空间。

（四）前扬后抑：1—3季度高位攀升，4季度加速回落

2011年1—3季度广西工业生产者出厂价格保持在高位运行，8月份达到最大涨幅，9月稍有回落，1—9月价格同比分别上涨9.0%、9.3%、9.4%、9.1%、9.9%、10.2%、11.3%、11.7%和10.0%；4季度同比涨幅加速回落，12月呈现全年最低涨幅，10—12月分别上涨7.1%、3.6%、1.9%；全年最低涨幅（12月）与最高涨幅（8月）相差9.8个百分点。

2011年生产资料和生活资料产品同比指数

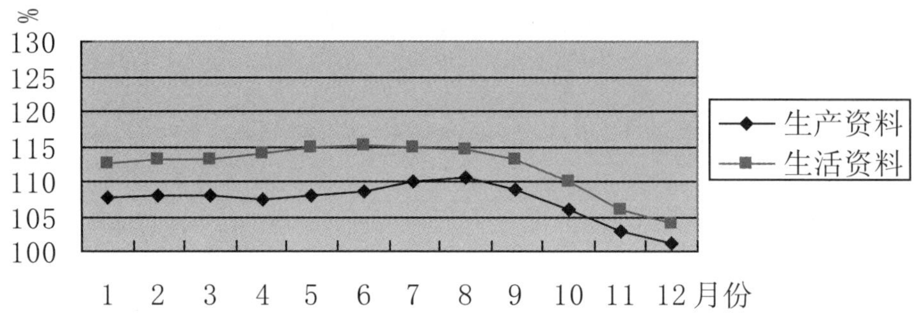

二、部分主要行业产品出厂价格运行情况

（一）食糖价格高位回落

受食糖主产国普遍受到灾害性天气的影响，食糖产量低于预期，国际食糖市场呈现供需偏紧，国内糖价强势上涨。上半年各月制糖类产品分别上涨31.3%、32.6%、34.0%、35.7%、36.5%、37.0%；第3季度进入纯消费期，糖价出现消费性上涨，7、8、9月上涨36.5%、38.4%、33.6%；进入第4季度，国际糖价走低，随着榨季开始，新糖涌入市场，供应量逐渐增加，糖价出现快速回落态势，10、11、12月分别上涨26.8%、13.8%和8.6%。糖价在8月达到最大涨幅，12月呈现最小涨幅，涨幅差高达29.8个百分点。

（二）黑色金属矿采选业涨跌互现

2011年以来，锰矿石码头库存急剧增加，4月中旬中国进口锰矿石和囤积在港口锰矿石总量已经达到3730000公吨，巨大的储量对锰矿石的价格带来巨大的压力，受此影响，上半年黑色金属矿采选业同比涨幅持续收窄，各月分别上涨41.3%、24.9%、13.6%、10.7%、8.8%和1.4%。下半年，全球经济增长态势疲软再现，大宗商品价格走势普遍承压，国内经济结构调整压力增加，钢材消费强度下降。受此影响，7—12月黑色金属矿采选业价格涨跌互现，7、8月同比均下跌1.1%；9、10月分别上涨3.7%、1.6%；11、12月再次下跌，跌幅分别为0.2%和1.0%。

（三）有色金属价格快速回落，12月达最低涨幅

2011年上半年，受国际资源性产品价格大幅上涨、国内经济强劲复苏的影

响，广西有色金属冶炼及压延工业同比上涨12.4%。下半年受欧债危机困扰、全球经济复苏乏力、国际大宗商品价格走低的影响，有色金属价格快速回落，尤其10、11、12月份，有色金属冶炼及压延工业同比分别上涨8.2%、3.8%、0.4%，12月与同涨幅最高的8月（20.0%）相比，涨幅差高达19.6个百分点。

三、影响广西PPI运行的主要因素

（一）国际大宗商品价格变动影响

随着世界经济一体化的发展和国内市场逐步全面对外开放，我国作为一个巨大的生产基地和消费市场，参与国际分工与合作的程度不断加深，国内各类大宗商品价格走势与国际市场的联系日渐紧密，特别是大宗产品因其同质性较高，价格联动效应十分明显，部分大宗产品的价格不仅是由国内行业供求因素决定，同时由全球供求因素决定。较为典型的是有色金属、铁矿石、石油加工产品、食糖、煤炭和基础化工原材料等产品，价格走势更多地受到国际因素的影响。

（二）生产成本增加的推动

2011年以来，广西原材料购进价格保持两位数上涨，购销价格倒挂的现象持续存在，人工费和运输费也在不断上涨，企业生产成本增加，经营压力不断增大，盈利空间持续受到挤压。上游行业产品价格的大幅上扬，给中下游行业带来了较大的成本压力，如2011年处于生产资料产品上游的采掘和原料产品价格分别上涨21.2%和6.5%，处于下游的工类生产资料价格上涨6.6%。企业为消化成本上升带来的经营压力，将会提高产品出厂价格，尽而推动了工业品出厂价格整体上扬。

（三）经济结构差异导致广西工业生产者价格高于全国水平

广西工业生产者出厂价格连续11个月超过全国水平，由于广西经济结构和全国经济结构差异较大，全国范围内指数变动相对平稳，而广西工业中有色金属、黑色金属和糖业所占的比重远远高于在全国工业经济中的比重，其价格变动对总水平影响更为明显，今年来这几个行业产品价格变动较大，直接影响广西工业生产者价格运行。

四、2012年广西PPI走势预测

（一）预期国际经济环境持续恶化

受美、欧债务危机冲击，当前国际经济环境有所恶化，市场信心有所动摇，大宗商品价格明显下跌。国际大宗商品价格的变动，直接影响有色金属、铁矿石、石油加工产品、食糖、煤炭和基础化工原材料等权重产品的价格走势。

（二）预计国内经济面临平稳减速

受国际经济形势持续恶化、供应偏紧的影响，2012年我国的出口、投资需求将面临下行压力，潜在风险也在增加，出口的增长放缓和消费的小幅调整，导致经济增长放缓。

（三）预计主要行业出厂价格涨幅收窄

1.糖价将呈现先抑后扬。随着国

际市场和国内市场联动性进一步增强，2011/2012榨季全球食糖主产国将进入甘蔗增产周期，我国食糖生产也可能步入增产周期。预期供应将大幅增加，甚至出现供应过剩，但综合种植和人工成本等其他因素综合考虑，预计糖价有可能先抑后扬。

2.有色金属价格将出现波动。2012年，随着世界经济不确定性进一步增强，国际大宗商品价格走势复杂，有色金属价格将会出现波动。

3.钢材价格涨幅将有所回落。2012年，国家房地产市场调控政策预期不会放松，以及受汽车行业的购置税优惠取消和节能补贴门槛提高等政策影响，预计钢材价格将涨幅回落。

（四）预计全年走势前低后高

从2011年定基价格来看，1—12月定基价格分别上涨6.8%、7.9%、8.3%、9.0%、8.7%、8.7%、9.1%、9.7%、9.7%、8.5%、8.0%、7.3%；分季度来看，1季度持续上涨，2—3季度涨幅趋稳，逐季抬高，4季度涨幅有所回落。受此影响，预计2012年1季度价格逐月下降，2—3季度逐季走低，4季度价格快速回升。

2011年广西工业生产者购进价格运行分析及2012年走势预测

蒋志华

2011年，在国际经济持续动荡，国内物价上涨压力较大的情况下，我国经济在“控物价、稳增长和调结构”中平稳较快发展，工业生产平稳增长，工业生产者购进价格随之上涨。据国家统计局广西调查总队调查，2011年广西工业生产者购进价格总水平比上年上涨10.0%，呈现高位运行的态势。

一、广西工业生产者购进价格高位运行

（一）总水平涨幅前高后低

2011年广西工业生产者购进价格总水平上涨幅度和中国经济运行情况以及调控政策的运行轨迹相吻合，呈现前高后低、逐渐回落的特点。1季度和2季度广西工业生产者购进价格总水平分别上涨11.8%、11.3%；进入3季度随着经济增速放缓，涨幅为11.3%；4季度经济增速回落，涨幅回落到5.9%。全年平均涨幅为10.0%，比全国平均高0.9个百分点。

（二）九大类购进价格全面上涨

在调查的九大类中，2011年购进价格涨幅在10.0%以上的有：纺织原料类、化工原料类、农副食品类、有色金属材料及电线类，分别比2010年上涨19.5%、16.5%、15.9%、14.5%；购进价格涨幅在10.0%以下的有：建筑材料及非金属类、木材及纸浆类、黑色金属材料类、其它工业原材料及半成品类、燃料动力类，分别上涨比2010年9.5%、8.6%、7.7%、7.0%、5.5%。

（三）近九成的行业大类购进价格上升

在调查的39个购进行业大类中，2011年购进价格上升的35个，占89.7%；持平1个，下降3个。购进价格涨幅较大的有：石油和天然气开采业、橡胶制品业、农林牧渔服务业、畜牧业、食品制造业、煤炭开采和洗选业、化学原料及化学制品制造业、有色金属矿采选业，分别比2010年上涨36.2%、31.1%、22.4%、20.1%、19.9%、18.3%、17.1%、15.7%。

（四）重要行业购进价格涨幅中间高两头低

农业、有色金属矿采选业、农副食品加工业、石油加工、化学原料及化学制品制造业、黑色金属冶炼及压延加工业、有色金属冶炼及压延加工业等重要行业购进价格涨幅呈现中间高两头低的特点。2011年1—4月广西重要行业购进价格同比涨幅逐月上升，5—8月的达到年内高点，

9—12月逐月回落。如：1—4月，农业购进价格分别比2010年同月上涨为13.9%、15.5%、17.7%、17.9%；5—8月，分别比2010年同月上涨17.9%、17.4%、16.8%、16.1%，5月涨幅达到年内高点；9—12月涨幅逐月回落，分别比2010年同月上涨15.9%、14.9%、13.2%、9.9%。

（五）主要产品购进价格大幅上涨

1.甘蔗购进价格上涨幅度较大。为适应国际、国内食糖市场供求和价格变化情况，广西决定对2010/2011年榨季糖料蔗收购价格再次实行提前挂钩联动。2011年广西甘蔗平均购进价格比2010年上涨23.9%。

2.煤炭购进价格高位运行。2011年，受国际煤炭价格上涨、国内通胀压力、高耗能行业需求旺盛的影响，我国煤炭价格高位运行，广西煤炭购进价格比2010年上涨18.3%。

3.部分有色金属购进价格大涨。近两年来各地自然灾害发生频率明显增加，导致有色金属类企业，特别是矿产采选企业正常生产受到影响，产能不足，加上国家实施“节能减排”、“限电拉闸”措施等，给矿产品价格上行提供充足理由，进而由成本和供应偏紧两因素共同推动有色金属价格上升，部分有色金属价格更是大幅上涨：（1）部分矿产品需求旺盛，国际国内供应偏紧，价格大幅上涨。2011年广西锡矿、钛矿、锑冶炼产品购进价格分别比2010年上涨45.7%、40.6%、69.4%；（2）由于政府加强对稀土的管理，行业内上游企业整合并购，部分厂商和贸易商借机囤货以求暴利，使得稀土价格不断暴涨。2011年2月以后广西稀土金属矿购进价格更是成倍暴涨，7月购进价格比1月已经暴涨了2.35倍，全年平均比2010年上涨1.86倍。

4.部分农副食品加工产品购进价格上涨幅度较大。由于国际市场玉米、大豆、小麦等农副产品价格的上涨拉动国内价格上涨，干旱和暴雨引起部分农产品原料产量减少，以及生产成本的增加，带动产品价格的上涨。2011年广西大米、食用植物油加工产品、成品糖等农副食品加工产品购进价格分别比2010年上涨17.3%、24.8%、29.0%。

5.原油加工产品购进价格高位震荡。自2011年以来，国际原油价格持续高位震荡，国内两次上调部分成品油价格，致使原油产品价格呈上涨态势。2011年广西原油加工产品购进价格涨幅在9—18.3%间高位震荡运行，全年平均比2010年上涨15.0%，其中：汽油、柴油、燃料油分别比2010年上涨12.6%、19.3%、13.8%。

二、购进价格上涨的主要因素

（一）国际因素

随着我国经济的不断发展，对外依赖程度的不断提高，国际商品价格的变动对我国市场的影响也越来越明显。2011年以来，国际大宗商品价格不断上涨，输入性因素影响逐步加深，导致国内基础原材料价格大幅上涨，带动国内相关产品价格上涨。如国际有色金属、铁矿石、石油加工

产品、煤炭和基础化工原材料等产品等价格上涨的影响，也使得国内的这些产品出现上涨的现象，从而带动相关产品价格的上涨。

（二）国内因素

2011年以来，党中央、国务院积极应对国际环境的剧烈变化，在控物价、稳增长、调结构中寻求平，保持经济快速增长。经济的快速增长极大地刺激生产需求，从而对工业生产者购进价格的上涨起到了较强的拉动作用。

（三）区内因素

进入2011年，广西经济继续发展。从投资看，固定资产投资保持较快增长，广西固定资产投资在上年高速增长的基础上继续保持较快增长。1—11月，广西固定资产投资8515.94亿元，同比增长29.6%，比1—10月回落0.1个百分点，按全国口径计算的增速比全国高3.8个百分点。从消费看，广西消费快速增长，1—3季度，社会消费品零售总额2798.14亿元，增长17.8%。从出口看，1—11月，广西进出口总额突破200亿美元，达到207.97亿美元，同比增长35.3%。投资、消费、出口的增长，有力地促进广西经济的发展。经济的快速增长极大地刺激生产需求，从而也促使广西工业生产者购进价格的上涨。

（四）政策因素

2011年，政策因素导致相关产品价格提高。（1）为适应国际、国内食糖市场供求和价格变化情况，广西决定对2010/2011年榨季糖料蔗收购价格再次实行提前挂钩联动，甘蔗购进价格上涨；（2）国内两次上调部分成品油价格，致使原油产品价格呈上涨态势，广西价原油加工产品购进价格随之上涨；（3）国家实施“节能减排”、 限制高耗能企业用电政策，矿产品产能不足供应偏紧推动有色金属价格上升；（4）国家通过提高资源税、实行配额制、整合行业集中度等多项政策措施严控稀土开采总量，导致大量游资进入市场进行囤购，稀土金属购进价格也一路飚升；（5）提高水稻、小麦最低收购价格，带动粮价上升，粮价上涨必然影响相关行业一系列产品购进价格上涨。

（五）结构因素

权重行业购进价格上涨的带动总水平上涨。农业、化学原料及化学制品制造业、黑色金属冶炼及压延加工业、煤炭开采和洗选业、石油加工、有色金属冶炼及压延加工业、有色金属矿采选业等购进价格的上涨，影响购进价格总水平上升7.2个百分点，影响程度达到72%。

三、2012年广西工业生产者购进价格预测

（一）国际大宗商品价格将继续上涨

2012年中国经济仍将保持较快发展，价格涨幅最大的将会是那些中国需求大、自给率较低的产品，首选原油、铜、铁矿石等。因此，在不出现全球经济基本面全面恶化、大规模战争、全球性极端天气等重大事件的影响下，2012年国际大宗商品价格会呈现继续上涨的

走势，但涨幅将明显低于2011年。国际大宗商品价格的上涨，将直接推动我国物价上涨，也将推升广西工业生产者购进价格的上升。

（二）国内经济环境将使工业生产者购进价格继续上升

2012年我国经济仍将平稳快速发展，对生产资料消费需求依然会保持高增长势头，国内矿产、原材料供应偏紧价扬上涨的局面仍将存在；电力、煤炭、石油等作为重要的基础性资源，其价格仍将震荡上行，其价格波动将通过产业链传导，渗透到产业链上的不同部门，最终拉动最终产品价格的上涨。

（三）成本价格的上升将推动工业生产者购进价格的小幅上升

各项生产成本的提高，将引发原材料燃料动力价格的上扬。（1）由于交通运输、物流费用的增加，一些重要原材料生产企业作为能耗和物流大户，生产成本的增加将比较明显，从而对整体生产资料价格起到极大的支撑作用；（2）因进口价格提高，我国生产环节成本随之提高，产生成本推动型价格上涨；（3）国际市场物价上涨带动国内人员工资、利率等上涨。（4）“三荒”（即电荒、油荒、气荒）对部分企业成本影响较大。近年来“电荒”、“油荒”、“气荒”的现象频繁发生，预计2012年电力供应仍会紧张，对耗电量大的企业成本影响较大；油价、气价仍将高位运行，增加企业的生产成本。

（四）部分农副食品加工产品购进价格仍将上升

国内外粮食价格长期上升趋势不改。（1）从国际看，随着经济的发展，人们营养结构的升级，粮食的饲用消费必定会大幅增加，世界粮食需求有持续扩大的趋势，支撑粮价长期上行，2012年国际粮价再上高峰的可能性很低，但总体的向上趋势不改；（2）从国内看，国内粮价长期上行趋势仍将持续。支撑粮食价格长期上涨的因素，一是粮食需求的增加，主要是饲用需求和工业用需求；二是种粮比较受益严重偏低，粮食进入价值重估期。粮食价格的上升，必将引起部分农副食品加工产品购进价格上升。

（五）有色金属购进价格先抑后扬

2012年全球经济增速将放缓，但各国经济刺激政策的实施，又将为市场提供宽松的流动性，而流动性对基本金属价格仍有一定支撑；因为铝、铅、锌、锡、镍等基本有色金属价格已接近其生产成本，下跌空间受限。从整体上看，预计2012年全球基本有色金属市场价格可能呈现先抑后扬的走势。

（六）钢材价格购进价格小幅上涨

2012年房地产、汽车、造船、铁路基建等主要钢材需求行业的发展趋势都充满不确定性，预计其用钢需求与2011年相差不大，而钢材产能稍有增加，但是铁矿石、焦炭等原材料价格仍在高位运行，钢材生产成本有增无减，钢铁企业要维持盈利，这就决定了2012年国内钢材价格将小

幅度的上涨。

综上所述，由于2011年前3季度广西工业生产者购进价格总水平涨幅运行高位，4季度涨幅明显回落。受基期价格的影响，预计2012年1季度广西工业生产者购进价格总水平涨幅逐月回落，2季度涨幅小幅上下震荡，3季度小幅逐月上涨，4季度涨幅逐月扩大，全年平均小幅上升。

2011年广西固定资产投资价格较快上涨

宁春林

2011年广西固定资产投资价格上涨6.2%，涨幅比上年高3.2个百分点；比全国平均水平6.6%低0.4个百分点。其中，一季度同比涨幅为7.6%，为2009年以来的最高点，二季度上涨5.9%，三季度涨幅为6.6%，四季度涨幅回落到4.8%。

2011年广西固定资产投资价格指数

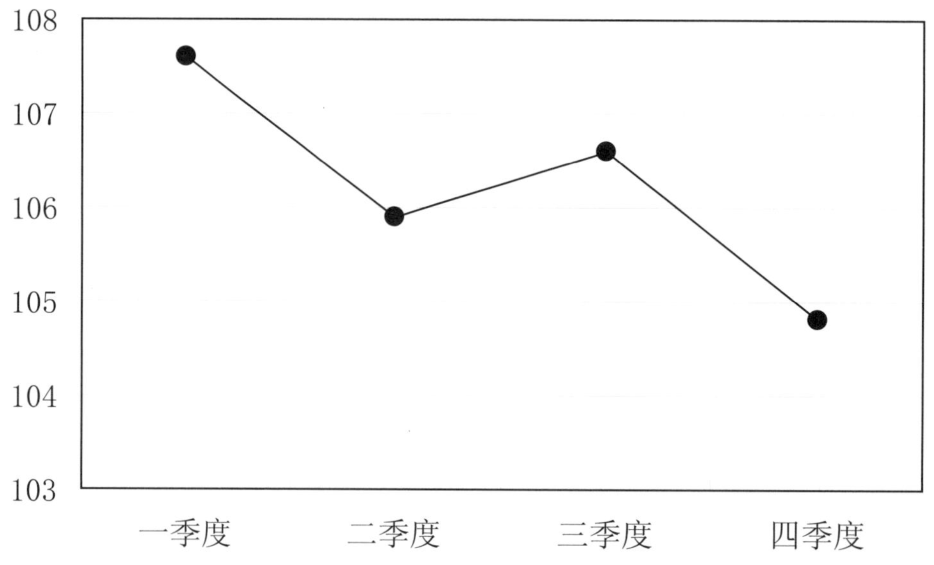

一、2011年运行情况

（一）建筑安装、装饰工程价格高位运行

2011年建筑安装、装饰工程价格上涨8.7%，呈现高位运行的态势；分季度看，1—4季度同比涨幅分别为10.8%、8.1%、9.1%和6.6%，其涨势呈波浪下行趋势。

1.各种人工费用价格上涨13.3%。其中，各季度人工费用价格涨幅均超过两位数，分别为14.2%、11.3%、14.1%和13.5%。在人工费用中，工程管理人员工资上涨10.3%，工程技术人员工资上涨10.6%，普通工人工资上涨14.3%。

2.材料费价格上涨8.3%。其中，各季度材料费价格涨幅分别为11.1%、8.1%、8.6%和5.5%，涨势呈波浪下行趋势；从材料分类来看，各类材料价格普遍大幅上涨，以化工材料价格涨幅最高，达11.5%；钢材价格涨幅次之，为9.7%；电料7.5%；水泥6.6%；地方建筑材料6.1%；

其他材料5.3%；木材4.2%。

3.机械费价格上涨3.3%。其中，各季度机械费价格涨幅分别为3.1%、3.2%、4.1%和3.0%，全年为3.3%，涨势相对较为平稳。

（二）设备、工器具购置价格略有上涨

2011年设备、工器具购置价格上涨1.0%，其中，各季度涨幅分别为1.3%、1.4%、1.1%和0.3%，涨势均保持在较低水平上。

（三）其他费用价格平稳上涨

2011年其他费用价格上涨3.9%，其中，各季度涨幅分别为4.2%、3.2%、4.4%和3.9%，价格波动也相对较为平稳。

二、影响其走势的主要因素

2011年广西固定资产投资价格走势主要取决于建安工程。

（一）投资热潮导致人工费用价格持续大幅上涨

2011年以来，广西自治区党委、政府将抓投资作为做好经济工作的重点，掀起了一股固定资产投资热潮。据了解，自2010年随着固定资产投资增速的加快，工程项目增多，对建筑工人需求增加，但与此同时劳动力供给却出现了相对短缺。企业只能以提高工资的办法来吸纳劳动力，导致劳动力成本上升，人工费价格持续大幅上涨。1—4季度人工费用价格涨幅均超过两位数，全年达13.3%。

（二）投资的快速增长推动材料费价格的上涨

2011年以来广西固定资产投资保持较快增长，全年固定资产完成投资额增长28.8%。投资品需求旺盛，导致材料费价格全面大幅上扬。其中钢材、木材、水泥、地方建筑材料、化工材料和电料等主要材料费价格涨幅分别为9.7%、4.2%、6.6%、6.1%、11.5%和7.5%。

钢材价格涨幅大，是材料费价格涨幅大的主因。1—4季度钢材价格涨幅分别为13.6%、9.5%、9.8%和5.8%。经测算，仅钢材一项就可拉升材料费价格上涨约4.4%。

（三）受国际大宗商品价格波动影响较大

1.铁矿石价格是影响建安工程材料费价格的主要决定因素之一。

2011年上半年，铁矿石需求量大幅增加，进口铁矿石价格一直都在高位波动。加上焦炭、煤、电、水等价格的上涨，导致钢材价格快速上涨。虽然四季度进口铁矿石价格开始下跌，使钢材价格下滑，但2011年的大部分时间铁矿石价格及钢材价格都在高位上运行，最终导致全年广西固定资产投资价格的上涨。

2.燃油费价格大幅上涨导致化工材料价格涨幅较大。2011年上半年，国际原油价格不断上涨，美国西德克萨斯轻质原油（WTI）和布伦特伦特原油价格一度由年初的90美元左右和95美元上扬至115美元左右和125美元左右。同期，国内成品油价格分别在2月和4月进行了两次上调。油价上涨，推动投资价格上涨。据调查，1—4季度的0#柴油的价格涨幅分别为17.0%、18.8%、17.1%和13.3%。

经粗略测算，仅上述钢材和柴油两项可共同拉动建安工程价格上涨约5.4%，拉动建安工程价格上涨约3.8%，占建安工程价格涨幅四成多，说明广西固定资产投资价格受国际大宗商品价格波动影响较大。

三、2012年走势预测

要研判2012年广西固定资产投资价格的走势，主要以下三个方面来进行分析。

（一）受国际经济形势的影响

1.国际债务危机的影响。与2011年一样，美国及欧洲经济形势将是持续影响2012年国际油价走势的重要因素。2012年1月13日，标普公布了欧元区除希腊以外16个成员国的信用评估结果，9个国家的信用评级遭降。标普称此次降级主要是因为欧洲领导人近期采取的政策措施不足以全面应对欧元区内部系统性压力，主权债务危机进一步蔓延的趋势并没有得到遏制。这一消息再次重挫投资者信心，为欧洲债务危机蒙上一层阴影。尽管2011年美国生产总值（GDP）增长明显，财政赤字也在大幅缩减，但值得注意的是，美国2011年12月的零售额环比增长0.1%，是7个月以来最慢速度增长；企业大举囤积库存，2011年11月的商业库存环比增长0.3%；资本支出等诸多经济数据低于预期。这些暗示着2012年年初美国经济发展将趋缓。

美欧经济复苏情况将影响美国及欧洲各国的石油需求量，进而对国际油价走势产生影响。如果美欧经济形势在2012年得不到明显好转，必将影响国际油价的上涨幅度，甚至可能让国际油价出现一定幅度的下挫。

2.中东局势变幻的影响。原油价格走势既受供需基本关系的影响，也受中东政治局势等诸多不确定因素的影响，其中以地缘政治风险影响最大。近期，伊朗与西方国家及中东邻国的关系日趋紧张，中东地区不稳定的局势无疑将成为2012年国际油价的最大变数。如果伊朗由于政局动荡停止原油生产将会对许多国家原油进口造成影响，其中就包括亚洲各国。针对眼下中东地区的紧张局势，国际能源市场反应强烈，促使1月上旬国际油价站稳100美元/桶。

除伊朗以外，2012年西亚北非形势也未完全稳定。经历过战火的利比亚等国家都面临较为严峻的国内形势，任何产油区局势的动荡都将影响全球石油市场。

3.新兴经济体的影响。2012年新兴市场经济体有可能整体陷入“滞涨”，甚至引发经济危机。能否走出困境，一方面要看新兴市场经济体能否启动内需，另一方面要看美国经济复苏的节奏。乐观估计，2012年下半年随着美国经济复苏，新兴市场经济体走出困境；悲观估计，2013年新兴市场经济体出现经济危机引发全球经济衰退。

国际形势的变化将左右国际大宗商品的价格，特别是石油价格，最终影响成品油的价格。

（二）受国内经济形势的影响

1.货币政策。中央经济工作会议确定了2012年经济工作思路，2012年经济总基调是“稳中求进”，并继续实施“积极的财政政策”和“稳健的货币政策”。央行继2011年12月5日下调存款类金融机构人民币存款准备金率0.5个百分点后，时隔2个多月又宣布从今年2月24日起，下调存款类金融机构人民币存款准备金率0.5个百分点。下调后，大型金融机构存款准备金率降至20.5%。

另外，2012年物价虽还有上涨压力，但多数专家分析认为，2012年物价指数上涨的幅度，将比2011年有所缓和。这对货币政策和财政政策带来的压力不大。

2.房地产调控房政策。经过限购、紧缩货币等一些列的房地产调控，房地产价格终于出现了拐点。从去年11月初温家宝总理在圣彼得堡总理会议上提出房地产调控将持续下去，这也明确了政府对房地产调控的决心，预示着2012年政策将不会有松动。本届政府面临2012年换届，在本届任期内房价越调控越高的现象屡次发生，已影响到政府的公信力，已使民怨沸腾，所以促使本届政府下大决心进行房价调控，房价是硬指标，已成为政治任务。

（三）受广西经济增长的影响

2011年底召开的广西经济工作会议，根据中央关于2012年经济工作稳中求进的总基调，结合广西实际，提出了2012年广西经济工作“稳中求进、好中求快”的总方针。鉴于目前广西“投资占大头、消费占小头、出口几乎无”的经济结构现状，要保经济增长就必须抓投资，预计2012年可能会加大投资规模。这就构成了广西固定资产投资的刚性需求。刚性需求增加，价格就可能会上涨。

综上所述，2011年广西固定资产投资价格过快上涨的势头在四季度得到有效遏制后，2012年将呈逐季缓慢回升的走势，预计全年广西固定资产投资价格总水平涨幅在5.0%左右。

2011年广西农产品生产价格全面大幅上涨

王 飞

2011年广西农业经济发展势头强劲，农产品市场购销两旺，农产品生产价格总体高位运行。据农产品生产价格调查显示，2011年农产品生产价格比上年上涨24.54%，其中，农、林、牧、渔业四大类产品的生产价格分别上涨14.92%、9.52%、39.09%和9.2%，牧业类产品生产价格大幅度上涨是拉动广西农产品价格总指数上行的主要因素。

一、2011年农产品生产价格走势特点

（一）种植业产品生产价格高涨

2011年广西种植业产品生产价格上涨14.92%，除部分蔬菜及水果价格下降外，其余类农产品价格均呈上涨态势，其中：谷物、薯类、油料、豆类、生麻、糖料、茶及饮料原料、中草药材的生产价格，分别比上年上涨17.12%、13.47%、43.44%、12.89%、10.46%、39.44%、15.64%和12.71%。

1.粮食类价格持续大幅上涨。在种植业中，粮食所占的比重较大，2011年粮食平均价格上涨17.12%，全年各季度同比涨幅分别为13.33%、21.86%、19.77%、14.46%，涨幅走势呈中间高两头低的倒V字型态势。据了解，2011年广西粮食类价格上涨的主要原因有三大方面：一是受国家惠农政策的支撑。近年来，国家继续实施惠农政策，逐年提高粮食最低收购价，使粮食价格不断上扬。二是种植成本的加大。随着劳动力价格逐年提高，以及肥料等农资价格的上涨，推动了粮食价格的上涨。三是惜售看涨心理的影响。2011年受气候和自然灾害的影响，稻谷出现减产，部分农户存有惜售的心里。

2.非粮食类产品价格涨势迅猛。2011年油料价格上涨43.4%，其中花生价格上涨44.9%。2011年广西遭遇干旱、持续低温等气候，季节性较强的非粮食农产品受自然灾害和季节转换的影响，出现短期供给偏紧、价格波动的现象。花生等油料价格在通涨预期、流通成本、生产成本、人工成本上涨的推动下，上涨幅度尤其迅猛。

3.茶叶价格快速上涨。2011年茶叶价格上涨15.64%。茶叶价格大幅上涨的主要原因：一是近年来随着生活水平的提高，人们对茶的消费需求加大，带动了茶叶生产价格逐渐上升；二是人工费用提高和整体物价上涨，也推动茶叶价格的提高；三是区外茶叶市场的辐射作用进一步增强，

茶叶销售形势看好，价格上涨。

（二）林业产品生产价格涨幅收窄

2011年广西林业产品生产价格上涨9.52%，其中：木材采伐产品价格上涨8.53%，林产品价格下降11.85%。分季度来看，1—4季度林业产品的价格分别上涨5.94%、13.15%、9.62%和1.76%，林业产品价格指数同比连续4个季度上涨，但2季度后涨幅呈收窄趋势。数据显示，木材产品中各种原木的价格均有不同程度的上涨，其主要原因是随着城乡居民消费水平不断提高，市场对纸浆和原木的需求增加，价格上涨。

（三）牧业产品生产价格大幅攀升

2011年牧业产品价格上涨39.09%。分类看，活牲畜、活家禽、畜禽产品类价格分别上涨43.20%、10.4%和14.76%。猪、羊、鸡、鸭、鸡蛋、鸭蛋、蚕茧的价格涨幅均高于2010年，其中生猪的价格涨幅最大，全年上涨43.24%。生猪价格上涨的主要原因：一是生猪出栏略有下降。受2011年年初阴冷气候、疾病等因素影响，全年出栏3195.12 万头，较上年减少1.08%。由于市场供应偏紧，致使前3季度价格不断攀升；二是养猪成本的提高。受饲料价格、人工价格、运输价格等生产成本提高的影响，生猪价格水涨船高。

（四）渔业产品生产价格涨幅较大

2011年广西渔业产品价格上涨9.20%。从全年来看，1—4季度广西渔业产品价格涨幅分别为15.96%、5.32%、11.74%和15.8%，除2季度稍有回落外，全年价格涨幅较大。分类看，海水捕捞产品、淡水养殖产品价格分别上涨13.65%和13.88%。渔业产品价格上涨的原因：主要是受海洋渔业资源逐步匮乏的影响，渔船捕捞的鲜活海产品产量有所下降；同时，柴油价格、人工费用及渔需物资价格的上涨，渔民捕捞成本大幅上升，导致海鲜产品价格上涨。

二、农产品生产价格上涨的主要原因

一是供求原因。2011年来的农产品价格上涨，根本原因还是来自供求矛盾引起的。长期以来，广西作为一个农业大省，但农业基础设施薄弱，特别是水利设施投入不足，农业抗灾减灾能力弱，总体上还没有摆脱靠天吃饭状态；农业科技、农田管理等也较落后，规模经济差；经济社会发展对农产品需求增大，粮食等主要农产品供求将长期处于紧平衡状态，稍有波动就会影响供给。如2011年上半年的持续低温干旱天气，对生猪生产、蔬菜生产、渔业生产等，都造成了较大的破坏作用，导致了相关西农产品生产价格的上涨。

二是成本因素。近年来，随着农业生产资料价格连续上涨，农产品生产成本出现的较快的上升趋势。农产品生产成本的增加，减少了农民的生产收益，从而严重影响到农民生产的积极性，导致农产品产量的减少，最终导致农产品价格的上涨。

三是政策因素。近年来，国家为保护农民种粮积极性，不断提高粮食最低收购价，使粮食价格逐年小幅上扬。2011年再度出台提高稻谷最低收购价格政策，在稻谷价格上涨的影响下，其他粮食品种的价格同样呈上涨态势，粮食价格的上涨，推动了种植业产品价格的整体上涨。

四是国际因素。近年来，国际上粮食、油料等农产品价格也呈上涨趋势，而我国大豆、油料进口量较大，受此影响，也在一定程度上推高了国内农产品价格的上涨。

三、2012年广西农产品价格走势初步判断

2012年，全国及广西GDP增速将有所回落，CPI涨幅也将较上年有所降低，同时农民生产积极性有所提高，2012年主要农产品如粮食、蔬菜、畜牧及水产品产量有增产预期。所有这些因素，都较有利2012年农产品价格的平稳运行。但综合供求、成本等方面因素来看，预计2012年广西农产品生产价格将呈继续上涨态势。具体依据是:

第一，农产品需求刚性极强。农产品不仅解决广大民众“吃”的问题，还作为原材料在工业中使用。随着广西宏观经济的强劲发展，对农产品的刚性需求不断增强，而需求价格弹性需求极小。

第二，农产品供给的脆弱性。受自然因素、流通环节等情况的影响，农产品的供给存在着加强的脆弱性。供求的不匹配，导致农产品价格更多处在一个动态平衡的位置上。

第三，生产成本推动压力仍然存在。随着我国提高农民收入举措的进一步实施，以及城镇化建设的进一步发展，农业生产资料价格、其他物质和服务费用上升将成为一种长期趋势，农产品生产成本的推动压力也将长期存在。

四、应对农产品价格波动的几点建议

农产品生产价格事关农民收入的增长和农业生产的健康发展，倍受各级党委和政府及社会各界的关注，保持农产品价格平稳运行对于保障农民利益，促进农民增收，保持农业生产持续稳定发展，都起着至关重要的作用。几点建议:

（一）政府要加强对农业生产的宏观调控

农产品是市场上供求关系最不稳定、价格波动最大的产品。大宗农产品价格的大幅波动将威胁宏观经济的稳定运行。因此，在农业尚未普遍实现产业化经营的条件下，政府应加强对农业生产的调控，特别是要加强对与人民生活密切相关，对宏观经济平稳运行影响较大的大宗农产品生产供应的调控。

（二）健全农产品价格保护机制

完善农产品市场调控体系，稳步提高粮食最低收购价，改善其他主要农产品价格保护办法，充实主要农产品储备，优化农产品进出口和吞吐调节机制；保持农产品价格合理，理顺比价关系，充分发挥市场价格对增产增收的促进作用；有效地保护农民利益，确保农产品供应的稳定有序。

（三）加大支农惠农投入力度

继续增加财政支农投入，加大涉农补

贴力度，扩大补贴范围，提高补贴标准，完善补贴方式；建立农资价格上涨与对农民补贴挂钩机制，保护和调动农民生产积极性。

（四）加快农业的现代化发展

分散经营的传统农业，是市场竞争的弱者，农业只有实现规模性的经营，市场化的运作才能有效应对市场变化。要积极探索发展广西现代农业的可行途径，大力发展规模经营，切实加强农田水利设施投入力度，提高农田抗灾能力，提高抗旱防涝能力，全面增加水田的旱涝保收面积，加快农业产业化的发展。

（五）加强畜牧业生产指导管理

继续加强对畜牧业生产的技术指导力度，努力推进畜牧业生产稳定健康发展，不断提高基层兽医系统人员队伍业务水平，加强对畜禽养殖户的技术培训，全面提高农户畜禽养殖的技术水平和管理水平，增强养殖场抗疫病能力，推动畜牧业健康发展。

2011年南宁市居民消费价格全面大幅上涨

周延松

2011年南宁市居民消费价格（CPI）上涨5.7%，高于全国平均水平0.3个百分点，在全国36个大中城市中排第四位；低于全区5.9%的平均水平，在全区14个地级市中排第六位。

一、CPI运行的主要特点

（一）总体高位运行，涨幅前高后低

2011年南宁市CPI总体上呈现“高位运行”的态势，但从阶段看，又表现为“前高后低”的特征。1—5月高开高走，月度同比涨幅从1月的5.2%一路攀升至5月的7.7%，为本年高峰；6—10月平缓回落，但涨幅仍在5%以上；11—12月加速下滑，11、12月同比涨幅分别降至2.3%、1.4%，为2010年5月份以来同比涨幅最低月份。从各月消费价格环比变动走势看，环比指数波动幅度较大。详见下图。

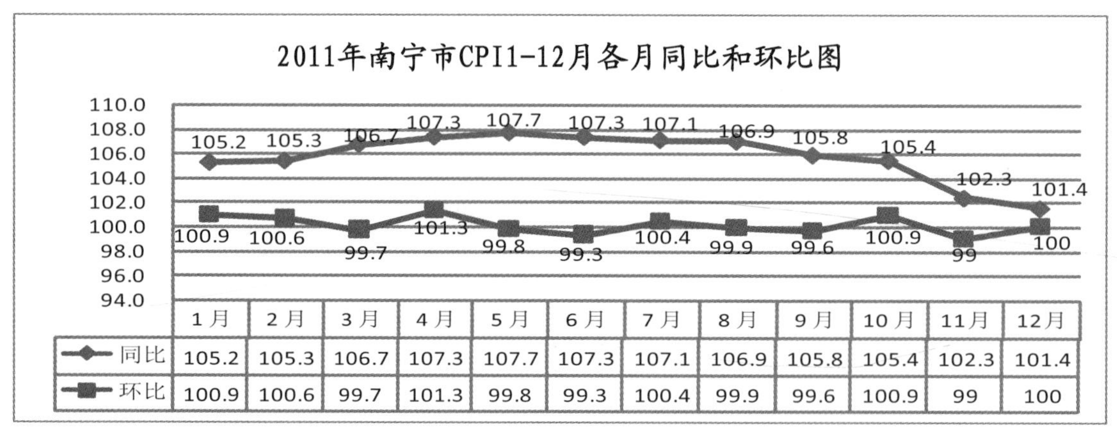

	1月	2月	3月	4月	5月	6月	7月	8月	9月	10月	11月	12月
同比	105.2	105.3	106.7	107.3	107.7	107.3	107.1	106.9	105.8	105.4	102.3	101.4
环比	100.9	100.6	99.7	101.3	99.8	99.3	100.4	99.9	99.6	100.9	99	100

（二）八大类商品和服务价格“七涨一跌”

2011年构成CPI的八大类商品和服务项目价格“七涨一跌”，其中食品、衣着、烟酒、医疗保健和个人用品、居住、交通和通信和家庭设备用品及维修服务等价格分别上涨12.5%、8.8%、4.6%、2.7%、1.8%、1.7%和1.4%，娱乐教育文化用品及服务类价格下降0.2%

（三）食品价格大幅上涨，影响程度较大

食品类价格大幅上涨是拉动南宁市物价高位运行的主要原因。全年食品类价格上涨12.5%，影响总指数上升约4.0个百分点，影响程度为70.2%。从八大类居民消费价格变动情况看，不论从涨幅还是影响

程度看，食品类价格均居八大类之首。从16个食品中类看，所有分类的食品价格均呈现上涨的态势，其中有9个分类涨幅超过10%。

1.猪肉领跑食品价格上涨。全年猪肉价格上涨27.9%，拉动CPI上涨约0.9个百分点，在各调查品种中影响较大。在其影响下，全年肉禽及其制品价格上涨18.6%。

2.粮食价格持续上涨。全年粮食价格上涨13.2%，拉动居民消费价格上涨约0.3个百分点，占整个居民消费价格总水平涨幅的5.3%。

3.鲜菜、鲜果震荡上涨。鲜瓜果和鲜菜价格分别上涨12.2%和4.2%，共同拉动居民消费价格上涨约0.4个百分点，占整个居民消费价格总水平涨幅的7.0%。鲜菜价格起伏波动明显。

4.食用植物油及植物油制品价格高位上行。油脂类价格上涨11.9%，拉动居民消费价格上涨约0.1个百分点，占整个居民消费价格总水平涨幅的1.8%。其中食用植物油同比涨幅达11.8%，植物油制品上涨12.2%。

5.水产品价格上涨幅度较大。水产品价格上涨17.3%，拉动居民消费价格上涨约0.3个百分点，占整个居民消费价格总水平涨幅的5.3%。

6.在外用餐费用较大提高。在外用膳食品价格上涨9.1%，拉动居民消费价格上涨约0.6个百分点，占整个居民消费价格总水平涨幅的10.5%。

（四）衣着类领涨工业品价格攀升

受棉丝、羊毛等自然纤维资源性原材料价格的迅速上涨及劳动力成本上升等因素共同影响，2011年衣着类价格指数走出负增长区间，从年初开始衣着类价格开始攀升，全年累计上涨8.8%，拉动居民消费价格上涨约0.7个百分点，占整个居民消费价格总水平涨幅的12.3%，仅次于食品价格上涨对总指数的拉动作用，涨幅居第二位。其中：服装类涨9.9%、衣着材料类涨15.5%、鞋袜帽类涨6.1%。

（五）居住类和医疗保健和个人用品类价格小幅上涨

南宁市居住类和医疗保健和个人用品类价格分别上涨1.8%和2.7%，各均拉动CPI上涨约0.3个百分点，两项影响程度达10.5%。

（六）大部分服务项目价格大幅上涨

南宁市服务项目价格上涨2.6%，大部分服务项目价格均有所上涨。其中涨幅较大的品种有因保姆费、钟点工价格大幅上涨，导致家庭服务上涨24.2%；因油价上调，飞机票上涨8.8%、长途汽车上涨6.2%和短途汽车上涨35.8%，其他邮寄费上涨22.1%。

二、CPI变动主要原因

（一）翘尾因素是CPI居高不下的主要因素

2010年下半年，由于农产品及原材料价格大幅上涨，带动全市CPI环比连续六个月快速上涨，对2011年的物价产生了较强的向上翘尾影响。据测算，2011年居民消费价格5.7%的涨幅中，上年涨价的翘尾影响约4.0个百分点，本年新涨价影响约1.7个百分点，影响程度分别为70.2%和29.8%。

（二）成本加大推动物价大幅上涨

成本推动是这轮农产品涨价的内在动力。随着工业化、城镇化步伐和城乡生产要素流动的加快，我国农产品成本组成已由单纯的物质投入逐渐向由人工、土地、物质与服务费用共同组成的综合成本转变，在水、电、油、气、劳动力、生产原料等要素价格上涨的压力下，推升部分商品及服务价格大幅上涨。

（三）国际经济环境影响加剧

由于国内资源不足，我国初级产品进口不断增加，铁矿石、原油、有色金属矿产、大豆等产品进口依存度不断提高。受新兴国家需求增加拉动，国际投机资本炒作，市场初级产品等大宗商品价格持续大幅度上涨，持续加大了我国的输入型通胀压力。

（四）政策性因素的影响

一是国家对粮食继续实施最低收购价政策，并适当提高最低收购价水平，导致粮食市场价格持续上涨；二是受国际油价持续走高影响，国家多次上调成品油价格，不断刷新“史上最高油价”，而油价上涨必然推动各行各业成本上涨，这些政策性调价对居民消费价格总水平的上涨发挥了重要作用。

（五）经济高速发展也对物价起到支撑作用

近年来南宁市经济呈现良好的发展势头，经济连续几年保持两位数的增长态势，这对拉动全市消费价格总水平上涨会产生一定的影响。据统计，2011年1—3季度全市生产总值达到1448.65亿元，同比增长13.1%，高于全国3.7个百分点，高于全区0.8个百分点；在14个地级市中，总量排名第1，速度排第5。

（六）农产品本市供应量少，调控能力弱

随着城市化进程的加快，农产品供求矛盾日益凸显。一方面，城市范围不断扩大，城市人口快速增多，使得食品消费需求大量增加；另一方面，当地能够提供的农产品供应量明显不足，不少农产品的市场供应不得不更多地依赖从外地采购调运输入，导致调控市场的能力较弱，价格上扬难以控制，而供应减少、需求增加必然引起价格上涨。

（七）政府价格干预政策作用明显

鉴于物价形势严峻，南宁市党委、政府结合南宁实际情况，下半年相继制定出相关调控措施，对抑制物价过快上涨起到了一定的作用。其中包括下调管道燃气、居民用水、液化石油气、公房房租、有线电视收费、医疗检查费和学前教育收费，以及每月定量向食品消费市场投放平价粮油、平价猪肉和部分平价蔬菜，对相关月份同比涨幅下行产生了积极作用。其中8月份开始实施的临时价格干预措施，推动了猪肉、大米价格回落。

三、2012年CPI走势判断

2012年CPI走势受多种因素交织影响，预计仍然会呈现上涨的趋势。

（一）物价上涨的主要压力

1.经济增长及流动性过剩消化等因

素的影响。南宁作为北部湾经济区中心城市，经济增长将保持一个较快的速度，价格上涨的基础仍然存在。货币政策虽然已经转向稳健，但收回流动性需要时间，2009—2010年的大规模信贷需要好几年才能消化，流动性过剩始终是造成通胀压力的主要因素。

2.农产品价格上涨的波及面和持续时间不可低估。从资源的稀缺性、农业生产比较效益、工农产品比价、城乡居民收入方面看，农产品价格正处在价值归位上涨阶段，这一趋势在2012年将延续。

3.国际大宗商品价格仍将上涨。随着世界经济的逐步复苏，美国等发达国家宽松货币政策的实行，一方面对能源、铁矿石、棉花等大宗产品的需求在增加，另一方面也存在着多余资金的炒作因素，国际大宗商品价格在2012年仍有上升走势的可能，对我国输入性通货膨胀的压力仍存在。

4.新涨价因素增多。受前期价格政府干预调控期限的失效，以及随着经营成本的上升，导致新涨价因素增多。同时，目前正在酝酿实施资源税费改革，原油、天然气、煤炭等资源税由从量计征改为从价计征，将会导致这类相关产品价格提高，这些因素都抬升通胀的中枢，因此2012年物价上行压力仍然较大。

（二）制约价格大幅上涨的因素

2012年仍然存在着制约价格大幅上涨的因素，主要有：

1.粮食连续八年丰收，供应稳定。在连续丰收后，全国各级粮食库存有数千亿斤，粮食的丰收、粮食较充裕的库存是稳定物价非常重要的基础，即使粮价处于上升状态，但不会出现大幅上涨。

2.需求相对不足的供求格局没有发生实质性改变。一方面居民最终消费增长乏力的局面至今没有得到根本改善；另一方面，经济增长主要依靠投资的格局短时间难以改变，这将进一步加剧行业产能过剩。所以，工业领域，特别是制成品，生产能力的相对过剩是防止物价过度上涨的一个非常重要的物质基础。

3.上年涨价的翘尾影响有限。由于2011年的下半年政府采取了控价措施，全年物价总水平控制在5.7%。受2011年下半年价格涨幅回落的影响，2012年总指数中受翘尾影响不大，经测算在负0.2个百分点左右。

2011年钦州市居民消费价格涨势明显

陈小珲

据国家统计局钦州调查队调查，受到成本上涨、通胀压力等因素影响，2011年钦州市居民消费价格总水平（CPI）上涨5.4%，涨幅比上年高2.1个百分点；八大类价格呈“六升二降”，其中：食品、烟酒、衣着、家庭设备用品及维修服务、医疗保健和个人用品、交通和通信类价格上涨；娱乐教育文化用品及服务、居住类价格有所下降。

一、CPI总体运行特点

（一）价格总水平高位运行

2011年，钦州市居民消费价格总水平始终保持高位运行，前三个季度居民消费价格累计上涨5.8%，除1月份保持在4.9%的水平外，其余7个月价格上涨都在5%以上，其中，7月份涨幅为全年最高点6.5%，这也是2009年12月以来的最高点。四季度，随着翘尾因素影响减弱，价格总水平涨幅小幅回落，但全年总水平仍比上年同期上涨5.4%。

（二）涨幅前高后低

2011年1月份，钦州市居民消费价格总水平延续上年上涨趋势，高位开局，同比上涨4.9%；2、3月，受节日、天气及季节因素影响，居民消费价格进入上升通道，价格总水平呈现出大幅上涨趋势，同比涨幅分别为5.7%和6.1%；4月至9月，受到猪肉、蔬菜价格居高不下的影响，CPI持续保持高位运行，同比涨幅在5.5%—6.5%之间波动；10月起，政府部门的抑价措施的作用越加显著，价格总水平同比涨幅趋缓，并开始逐月减缓，四季度价格同比涨幅分别为5.6%、4.0%和3.7%。

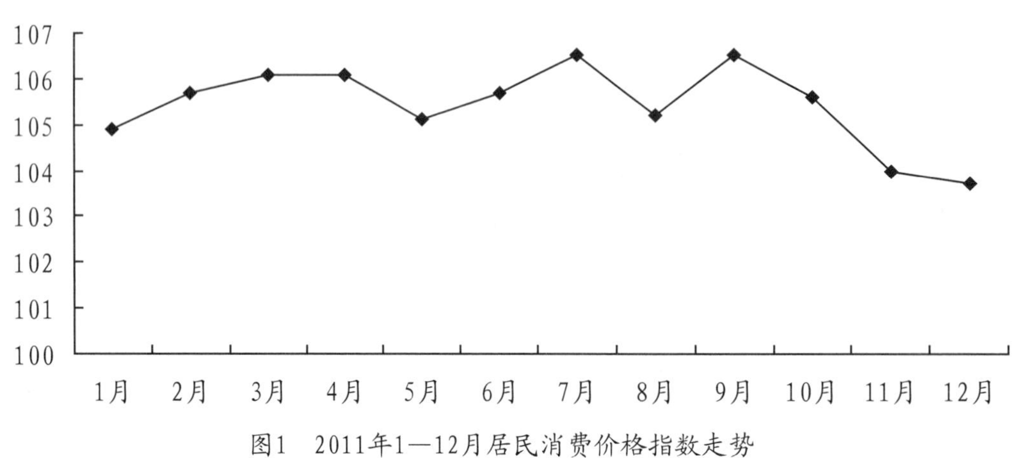

图1　2011年1—12月居民消费价格指数走势

二、分类指数运行情况

（一）食品类价格领涨

食品类价格同比上年上涨14.0%，拉动总指数上升4.5个百分点，占总升幅的83.3%，是钦州市居民消费价格上涨的主要推动力。

1.食品类涨价面扩大，价格普遍上涨。食品类价格呈现普遍上涨的态势，在构成食品类的16个中类，只有淀粉及制品、液体乳及乳制品类价格水平与上年持平，其余的14类出现不同程度的上涨。涨幅在10%及以上的有8类，其中，水产品类、干鲜瓜果、肉禽及其制品是食品类上涨的三大主力，分别比上年上涨22.6%、20.6%、19.9%。

2.农副产品价格涨幅较高。2011年农副产品价格居高不下，其中：粮食价格上涨13.0%，肉禽及其制品上涨19.9%，蛋上涨15.0%，水产品上涨22.6%，菜上涨11.6%，干鲜瓜果上涨20.6%，合计拉动总指数上涨4.1个百分点，是拉动食品类价格上涨的主要原因。

表2 农副产品指数对总指数影响

（单位：%）

类别	指　数	对总指数影响
粮食	113.0	0.3
肉禽及其制品	119.9	1.7
蛋	115.0	0.1
水产品	122.6	1.2
菜	111.6	0.4
干鲜瓜果	120.6	0.4

（二）衣着价格上涨是拉动CPI上升的次要因素

生产成本的提高和原材料成本的增加，是衣着价格上涨的重要原因。此外，流通环节多次传递、品牌竞争、人工、店铺租金等费用上涨等因素也助推了衣着价格的上涨。2011年衣着价格上涨3.3%，拉动CPI上升0.3个百分点，影响程度为5.56%。其中，服装价格上涨4.9%.

（三）其他工业消费品价格小幅上涨

在居民消费价格指数中，扣除食品和服务项目后的工业消费品价格上涨1.8%。其中，中药材及中成药、车用燃料及零配件价格分别上涨10.8%、8.8%，共拉动总指数上涨0.3个百分点；家庭耐用消费品、床上用品价格分别上涨2.8%和4.9%，共拉动总指数上涨0.22个百分点。

（四）服务项目价格上升

服务项目价格上涨0.8%。其中：衣着加工、家庭服务、停车费、技能培训学费、旅行社收费分别上涨10.7%、4.1%、59.2%、3.4%和14.1%，共拉动总指数上涨0.4个百分点。

（五）居住类价格稳中有降

2011年，国家出台了一系列针对房地产市场的调控政策，房价涨幅出现回稳。

受其影响，钢材、水泥、家具、装修、房产中介等行业都将呈现出供大于求的状况，居住类价格稳中有降。2011年钦州市居住类价格下降0.2%，影响总指数下降0.04个百分点。其中，水电燃料价格下降2.4%。

三、CPI变动原因分析

（一）农产品供需矛盾日益明显

一方面，近年钦州市城市高速发展，大多数农民工进城后由农产品生产者转变为消费者，城镇人口有所增加，对农产品的需求旺盛；另一方面，随着城市的扩张，城市近郊区蔬菜面积减少导致的蔬菜供应不足，钦州市农业生产率还处在较低的水平，部分农产品的商品率不高，农产品的供需矛盾越来越明显，农产品价格必然呈上升趋势；如遇大的自然灾害，这种供求矛盾将更加突出，价格上涨也会加快。

（二）成本上升仍是推动价格上涨的重要因素

首先，原材料价格上涨带动成品价格上涨。例如：进口石油价格、天然气、煤炭、矿石、废金属、橡胶等资源性原材料价格上涨，推动了国内成品油、金属、肥料、动力和运输等商品价格上涨，进而推动了食品、服装、住房、交通等价格的上涨。

其次，人工成本价格上涨推动产品价格上涨。随着提高居民收入政策的逐步实施和劳动力人口增速的下降，职工工资也呈上涨的趋势。随着生产经营成本的上升，餐饮行业、服务业等下游行业产品价格也受到影响，价格都有所上升。

第三，物流成本上升，加大产品价格上涨幅度。随着钦州城市建设占地越来越多，城市周边的食品供应基地越来越少，甚至消失，同时国内区域化产品生产发展越来越成熟，居民消费的商品所需物流成本越来越高，对于物价水平推动产生显著作用。

（三）天气等偶然因素影响

2011年春季低温阴冷天气，使农业生产和运输受到很大影响，如水产养殖因低温阴冷，受损严重；年中的干旱气候也给鲜菜、鲜果的生产带来不利影响，同时干旱使糖料蔗产量下降，带动食糖价格上涨；因中药材产地灾害性天气频发，加之种植面积减少，导致中药材价格持续上涨。

（四）输入性通胀的压力仍然很大

由于国际市场大宗商品价格上涨，如：原油、铁矿石、粮食、油料等大宗进口商品价格居高不下，带动国内市场成品油、金饰品等相关商品价格上涨，从而拉动居民消费价格指数上行。

（五）翘尾因素和新涨价因素共同影响

在全年CPI5.4%的涨幅中，年内新涨价因素约为3.7个百分点，占总涨幅的68.5%，上年价格翘尾影响约为1.7个百分点，占总涨幅的31.5%。

四、2012年CPI走势预测

（一）推动CPI上行的因素

1.节日消费形成高位开局。今年元

月，适逢春节，节日性消费及季节性等因素的影响，使1月份CPI同比将会小幅走高，但随后应可能进入总体下行的态势。

2.受政策性调价影响。由于前段时间钦州市CPI高位运行，一些农副产品、公用事业收费、服务等项目实施政策性调价。随着新年到来，政策调价压力开始逐渐释放，将会短期拉动物价总指数上行。例如，元旦起就结束了8月以来的粮油、猪肉等农副产品调价。另外，一些暂缓涨价的部分商品和服务，如天然气等，也会调整价格，增加新涨价的因素。

3.成本价格上涨压力依然存在。一方面，随着资源有限与市场需求的矛盾愈演愈烈，国际大宗商品价格动荡，基础性原材料价格刚性上涨渐成常态；另一方面，随着工业化和城镇化的持续推进，当前我国已经进入了长期性价格上涨压力凸显的发展阶段，劳动力、土地、资源、环境等成本上升压力越来越大。

4.资源性产品价格改革将成为潜在推手。2012年资源性产品价格改革的配套政策将相继出台，水、电、油、气等资源性产品价格逐步走高的压力依然存在，从而会在一定程度上影响居民消费价格上涨。

（二）抑制CPI上行的因素

1.食品价格涨幅将趋于缓和。2011年CPI食品类价格主要受粮食、猪肉、水产品等价格影响较大。由于2011年粮食增产，2012年粮食价格上涨压力将有所缓解；猪肉价格也将高位涨停或下滑，目前生猪存栏量和能繁母猪量都处于上涨，加上猪周期性价格波动双方面作用，猪肉价格也将高位涨停或下滑；水产品在2011年受到持续性阴冷气候影响价格一度飙高，而目前水产养殖正常，水产品价格出现去年情景的可能性不大。

2.上年翘尾影响有所减少。2011年居民消费价格总水平虽然居高不下，但下半年呈现回落的态势，对2012年的翘尾影响将会有所减少。经测算，2011年价格翘尾对2012年居民消费价格总水平影响约为1.2个百分点，比2010年翘尾对2011年的影响减少了0.5个百分点。

综上所述，2012年钦州市的物价总水平上涨压力明显降低，但难以回到以往的低水平，全年CPI涨幅呈现高开低走的趋势，预计年内CPI指数涨幅在4%左右。

2011年桂林市工业生产者价格平稳上涨

郑雯月

据国家统计局桂林调查队调查，2011年桂林市工业生产者出厂价格指数（PPI）比上年上涨5.5%，低于全区水平3个百分点，呈现平稳上涨的态势。全市31个大类行业中有27个行业的出厂价格上涨，其中农副食品加工业、食品制造业、饮料制造业、橡胶制品业等重点行业出厂价格涨幅较大。各月同比指数呈前8个月波动上行，后4个月直线下滑态势。

一、PPI变动基本情况

（一）分月看，同比涨幅前8月波动上行，后4月直线下滑

如图1所示，2011年各月 PPI同比涨幅分别为5.2%、5.2%、6.2%、6.6%、5.8%、6.8%、5.9%、6.7%、6%、5.1%、4.6%、2.4%，呈现前8个月波动上行，后4个月直线下滑态势。

图1 2011年桂林市工业生产者出厂价格指数

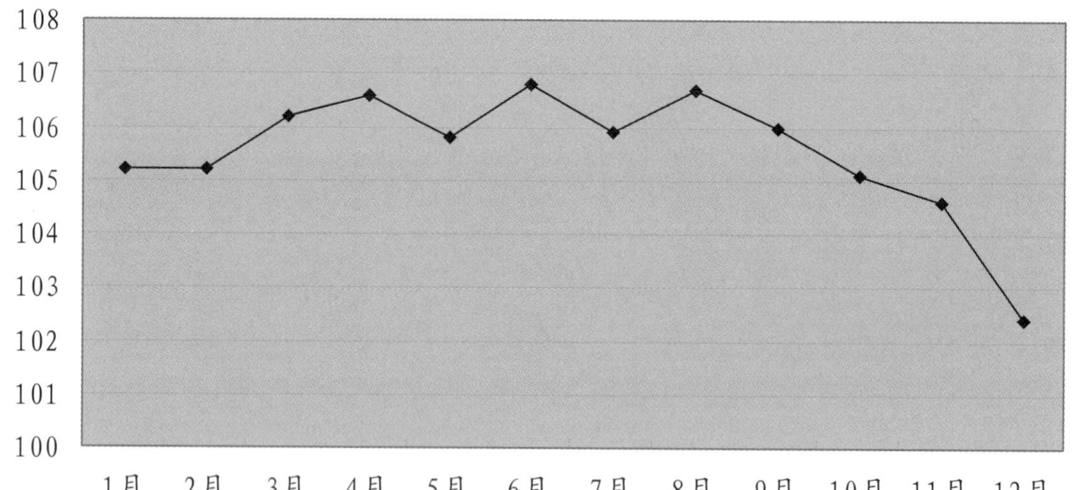

（二）分行业看，轻工业产品价格涨幅高于重工业

2011年轻工业产品出厂价比上年上涨6.87%，其中，以农产品为原料的轻工业产品价格上涨7.3%，以非农产品为原料的轻工业产品上涨5.18%；重工业上涨4.85%，其中，采掘类上涨8.14%，原料类上涨3.48%，加工类上涨4.87%。轻工业产品价格涨幅高于重工业2.02个百分点。

（三）分部类看，生活资料价格涨幅高于生产资料

2011年生活资料价格比上年上涨

7.43%，其中食品类上涨7.65%，一般日用品上涨7.45%，衣着类上涨3.92%，耐用消费品上涨1.84%；生产资料价格比上年上涨4.71%，其中采掘类上涨8.14%，原料类上涨4.11%，加工类上涨4.49%。生活资料价格涨幅高于生产资料2.72个百分点。

（四）分大类看，31个大类中有27个价格上涨

在调查的31个大类行业中，27个行业价格上涨，1个行业持平，3个行业下跌，上涨面超8成。其中：农副食品加工业、食品制造业、饮料制造业、橡胶制品业等重点行业出厂价格涨幅较大，分别比上年上涨11%、7%、7.4%和10.8%。交通运输设备制造业、专用设备制造业、水的生产和供应业分别比上年下降4.3%、1.9%和1.7%。

（五）国际大宗原材料购进价格年末回落明显

上半年，由于国际国内对能源和基础性原材料的需求增加，国际大宗产品价格上涨。而下半年，随着欧债危机影响逐步加深，国际大宗商品如橡胶、石油制品、贵金属、有色金属等购进价格大幅下跌，12月份合成橡胶、聚乙烯塑料环比价格跌幅破20%。

二、PPI变动的因素分析

（一）成本因素

上半年，随着国内通胀压力增大，投资需求增多，加上市场炒作等因素，原材料购进价格和人工费用不断上涨。受此影响，多数工业产品价格上涨。大部分企业反映，原材料在成本中占比重较大，其价格上涨是企业面临的最大困难。

1.农副食品价格上涨。2011年稻谷收购价从3210元/吨上涨至3725元/吨，上涨16%；小麦购进价格从2587元/吨上涨至2940元/吨，上涨14%；大豆购进价格从4205元/吨上涨至4675元/吨，上涨11%；白砂糖从6629.5元/吨上涨至7357元/吨，上涨11%。这些农副食品价格上涨主要推动农副食品加工业、食品制造业、饮料制造业出厂产品价格上涨。

2.天然橡胶价格上涨。原材料橡胶在橡胶制品总成本中所占比例达70%以上，2010年至2011年上半年，天然橡胶价格翻了一番，企业利润急剧压缩，虽然2011年下半年天然橡胶价格逐步回落，但年末价格与年初价格基本持平。天然橡胶价格上涨主要影响橡胶制品出厂价格。

3.能源价格上涨。上半年一号无烟煤价格从1065元/吨上涨至1216元/吨，上涨14%；下半年，随着自治区征收临时电力价格调节基金和限电政策的实行，一些高耗能产业不堪重负，冶金业几乎停产。能源类产品购进价格上涨成为多数产品价格上涨的重要原因。

4.人工费用上涨。2011年以来，一些行业工人工资有所上涨，平均每月工资涨幅最高达到20%。人工费用的上涨，也成为这些企业产品价格上涨的一个因素。

（二）需求因素

上半年，世界经济和国内经济持续向好，投资需求强劲，部分产品需求旺盛，助推工业品出厂价格上涨。如中成药，往年4、5月销售已经进入淡季，但2011年同期需求仍然旺盛，且价格还有较大的上涨空间，主要原因是桂林本地的中成药质优价廉，在南部沿海发达地区有价格优势，且企业自身经过整顿或兼并，获得了资金、销售方面的优势。如水泥，由于国内某些地方限电，外地客户到桂林抢购造成水泥价格上涨。下半年，随着欧债危机影响逐步加深，制造业外需紧缩，上半年部分产品需求旺盛之势不再，但特色资源刚性需求仍然旺盛。主要表现在：

1.水泥传统需求旺季不旺。2011年水泥价格前后走势反差明显。上半年价格一路上扬，而下半年传统销售旺季不旺，企业库存积压严重，价格高位回落。水泥价格下跌的原因一是房地产调控政策影响需求。2011年国家出台多项政策遏制房价过快上涨，桂林市作为被监控的全国70个大中城市之一，下半年房地产开工少，此外，部分高铁和高速公路的停修，让水泥销售雪上加霜。二是库存积压严重。水泥的保质期一般为2-3个月，超过保质期的水泥由于受潮强度等级会降低。下半年，在需求没有大幅上涨的情况下，水泥和水泥熟料库存连续几个月积压严重，为尽快消化库存，企业不得已降价。

2.装备制造业下半年出口量减半，价格持续下跌。装备制造业是桂林市的重点行业。受欧债危机、人民币汇率走低的影响，各装备制造企业外需紧缩，出口量和价格出现不同幅度下跌。部分装备制造企业利润低于上年，出口量比上年下跌达50%以上。

3.滑石需求旺盛，价格持续大幅上涨。滑石是许多工业制品的原材料，国际国内的化妆品、塑料、油漆、纸张、橡胶等工业产业发展迅速，产品需求量与日俱增，直接扩大了滑石的需求量。由于桂林是全国滑石的主产区，刚性需求支撑滑石价格大幅上涨，从4月开始，滑石价格同比涨幅均在两位数以上，且涨幅逐月扩大，12月同比涨幅达全年最高，为32.1%。

（三）国际因素

上半年，石油、煤、铁矿石等价格的上涨带动国内大宗产品价格不断上扬，在一定程度上拉高了价格指数，与此同时，国内粮食、油料、糖类等农产品价格大幅上涨，带动了下游及相关行业产品价格全面上涨。下半年，由于欧债危机影响逐步加深，美国信用评级降低影响市场前景等原因，贵金属、石油制品、橡胶等国际大宗产品价格一路下跌。购进价格下跌使出厂价格高位上扬之势得到缓解。

（四）政策因素

国家调控政策对工业品出厂价格影响很大。如国家从2011年开始取消已经开展两年的汽车下乡补贴和小排量汽车购置税优惠政策，影响了桂林市的汽车零部件销售，企业不得不降价应对；2011年，国家提高水稻、小麦最低收购价，桂林市早籼稻的政府收购价比上年提高29.6%，受此影响，企业的对粮食的收购价也在上涨，推动下游的食品加工行业价格的大幅上涨；2011年上半年，国家两次提高成品油价格，不仅带动了能源类产品价格上涨，也推动了工业品价格上涨。

（五）结构因素

饮料制造业、农副食品加工业和通信设备、计算机及其他电子设备制造业是桂林市的重要产业，在全市工业中占有较大的比重，其价格变化对工业品出厂价格总水平有重要的影响。2011年通信电子设备制造业、农副食品加工业、饮料制造业、非金属矿物制品出厂价格比上年分别上涨13.4%、11%、7.4%、7.1%，由此推动总指数上涨2.41个百分点。

三、企业和政府的应对措施

（一）企业寻求新的利润增长点。企业面对外需减少、原材料价格和人工费用上涨、企业贷款难度加大等压力，主要采取以下措施寻求利润措施：一是整顿销售市场，统一经销商价格，避免价格恶性竞争；二是调整出口和内销的比例。外需紧缩迫使各企业将重心放于国内销售，通过强化内销、提高内销产品价格来弥补外需不足所造成的损失；三是通过实行企业兼并，壮大公司实力；四是对产品实行技术改革，及时淘汰夕阳产品；五是积极实施节能减排，使用替代能源，降低企业生产成本。

（二）地方政府积极扶持。国家和地方一些扶持政策给部分企业带来利好，使这些企业在出口形势不容乐观的形势下，能够保持利润，甚至利润高于上年。桂林市对于企业的扶持政策主要有：一是继续进行桂林市技术研究与开发计划项目；二是继续推行产业化政策；三是为促进对外贸易，支持出口商务类研发。凡是符合以上三个政策条件的企业，经审批，都可以得到地方政府的拨款。由于得到政府的扶持，一些外贸出口企业在外需不利的情况下，仍然获得了不少于上年的利润。

四、2012年工业生产者价格走势预测

中央经济工作分析会上提出，2012年要牢牢把握实体经济，将实施积极的财政政策和稳健的货币政策。由此可见，2012年农业、制造业等实体经济领域将会得到较宽松的经济环境，需求压力和资金流转困难将得到一定程度的缓解。同时，国际经济形势的不稳定性增加了工业发展的风险。在利好与不确定因素的同时作用下，预计2012年工业生产者价格将呈平稳上涨趋势。

2011年贵港市主要工业品购销价格走势分析

黄崇色

2011年，贵港市主要工业品出厂价格上涨趋势不明显，而主要工业品购进价格上涨趋势强劲。

一、主要工业品价格运行特点

（一）主要出厂价格变动情况

1.白糖出厂价格维持高位波动。2011年贵港市白糖出厂价格上涨27.3%。分月看，1月份，随着2010/2011榨季新糖上市供应量瞬间猛增影响，价格小幅回落；2—4月份，虽然贵港市2010/2011榨季产糖量达19.18万吨，比2009/2010榨季增加0.85万吨，但是近几年来食糖市场一直存在供应偏紧，加上新蔗出糖率较低，出厂价格小幅回升；5—7月份，随着夏季的到来，饮料等食品需求量大增，白糖市场正值销售旺季，但是由于在国际食糖市场供应情况得到大幅改善的背景下，国内食糖价格持续缓慢下行；8、9月份，受2011年中秋、国庆节临近，生产月饼、糖果、饮料等需用大量的白砂糖，食品企业大量购进，导致白糖库存量减少，价格持续急升，并创糖价历史新高；10、11月份，经过前两个月的白糖需求旺季之后，白糖销售市场渐淡，价格也在小幅回落；12月份，进入了新的榨季，受到新糖大量上市的冲击以及贵港市2011/2012榨季产糖量增加预期影响，白糖价格在连续两个月下滑的基础上继续下跌，下跌幅度增加了4.8个百分点，12月价格跌至与上年同期价格相比减少302元/吨。纵观全年，白砂糖出厂价格继续维持高位运行的态势。

2.水泥出厂价格高位波动。2011年贵港市水泥出厂价格同比上涨23.5%。分月看，1—6月份，由于持续雨水天气，造成建筑工程开工及运输困难，销售量低迷，另外受到2010年下半年水泥价格持续走高、市场需求旺盛的刺激，厂家信心增强，春节期间仍正常生产，货源充足，甚至出现产能过剩，水泥价格出现连续几个月下滑；7月份，随着水泥需求量的增加，水泥市场逐步明朗，价格有所回升；8、9月份，受节能减排限电政策影响，产量减少，价格出现了快速上涨；10—12月份，不再受限电影响，企业产能正常发挥，产量较三季度限电影响大幅提升，企业库存明显增加，加上受外围水泥价格偏低的影响，而企业希望以价换量，价格持续下行，下降幅度逐月增加。全年水泥出厂价格出现了

先降后涨再降的格局。

3.松香出厂价格持续走低。2011年贵港市松香出厂价格在1、2月份出现小幅上涨之后，达到全年最高出厂价格19103元/吨；3—12月份出现了逐月持续走低，12月份，松香出厂价格跌至7992元/吨，同比下跌54.2%。松香出厂价格大幅下跌的主要原因：一是今年日本受地震及海啸的影响，对于松香需求锐减，使得极需资金的松香厂家以降低价格抛售；二是由于前一两年松香价格快速大幅上涨，一些下游产业，为了追求利益最大化，使用松香替代品比如石油树脂，随着替代品与松香价差缩小，而且替代优势明显，直接导致松香脂价格下降。尽管松香出厂价格逐月大幅下跌，松香价格一直维持高价位变动，所以全年同比增幅仍达到26.5%。

4.大米出厂价格稳步上涨。全年大米出厂价格上涨21.4%。由于柴油、种子、化肥等农资价格上涨，以及抗旱投入费用的增加，农业生产成本明显上涨，加上各种粮食的价格不断上涨，2011年大米出厂价格随着稻谷价格的持续上涨而水涨船高。1—12各月同比分别上涨17.5%、19.7%、24.2%、23.3%、21.3%、21.5%、21.6%、22.3%、24.5%、25.8%、18.1%、17.4%；从各月环比来看，全年仅在4月和11月出现了环比下降，环比下降幅度都不超过0.9%，籼米精米12月份出厂价格上涨至5547元/吨。

5.化肥出厂价格小幅上涨。2011年贵港市化肥出厂价格呈现快速上涨趋势，主要表现在3、7月的春耕、夏播农忙季节，化肥需求增加，经销商大批量从化肥厂购进化肥，拉动化肥出厂价格快速上涨；化肥原材料如氯化钾、尿素、磷矿石等购进价格大幅上涨，是化肥出厂价格上涨的又一原因。其中25%氮磷钾三元复合肥料、过磷酸钙、氮磷二元复混肥料、氮磷钾三元复混肥料价格分别为1560元/吨、460元/吨、1300元/吨、1580元/吨，分别上涨0.9%、1.2%、0.8%、1.0%。

6.饲料出厂价格涨幅明显。2011年，受需求拉动的影响，饲料原材料豆粕、菜粕、棉粕等价格大幅上涨。12月份猪配合饲料出厂价格达3167元/吨，同比上涨13.7%，与1月份的2880元/吨，上涨幅度达10.0%。

7.纸品出厂价格稳中略显疲软。2011年纸品出厂价格稳中略显疲软。纸品中的瓦楞原纸、手帕纸、胶印板纸等价格分别为2639元/吨、12732元/吨、4979元/吨，与上年出厂价格相比分别下跌39元/吨、18元/吨、57元/吨。由于纸浆购进价格持续走跌，纸品消费下游需求稳定价格，纸品出厂价格跌幅度都不大，价格较为平稳。

（二）主要购进价格变动情况

1.甘蔗收购价格大幅上涨。为了保护蔗农的利益，甘蔗收购价一再上调，2月下旬自治区宣布按482元/吨的收购价格与食糖7000元的销售价格进行联动，较2009/2010榨季的319元/吨的收购价格相比，大幅提高了51%，较2010/2011榨季初的410元/吨也提高了18%。

2.稻谷购进价格全年持续上涨。2011年稻谷收购价格逐月上涨，优质稻谷桂小占收购价格1—12各月同比分别上涨4.2%、11.4%、17.8%、18.1%、18.1%、19.6%、25.0%、23.2%、26.3%、26.3%、23.1%、24.4，全年同比上涨19.8%，12月份收购价格达到全年最高，为3830元/吨。

3.天然松脂购进价格大幅上涨。天然松脂出厂价格从2月份起逐月大幅下跌，但因此全年价格仍上涨了30.5%。12月天然松脂购进价格仅为6525元/吨，与1月份的14703元/吨相比，下跌55.6%。

4.饲料原材料购进价格略有上涨。2011年饲料原材料购进价格全线上涨，米糠粕购进平均价格为1622元/吨，与上年相比增加了78元/吨，上涨0.5%；白玉米购进平均价格为2216元/吨，与上年相比上涨了255元/吨，上涨1.3%。

5.煤、工业用电价格小幅上涨，工业用水价格稳定。2011年，调查企业购进的各种煤都有不同程度的上涨，三号无烟煤平均价格765元/吨，与上年相比上涨了1.2%；购进的1/3焦煤平均价格，与上年相比上涨3.9%；长焰煤煤平均价格与上年相比上涨了0.7%。工业用电均价为6421元/万千瓦时，与上年相比上涨0.7%。企业购进工业用水价格为2.46元/平方米，与上年持平。

二、企业经营面临的主要困难和问题

一是企业效益不佳。2011年受金融危机的影响，贵港市调查企业反映出厂价格虽然维持高位，但是时涨时跌，价格不平稳；人工成本和物料购进价格等投入成本都出现了较大幅度的上涨；规模较小的企业受到本市同行较大企业压制，出厂价格被迫下降，企业效益有所下滑，不敢发挥生产，缺乏扩产扩能信心。

二是融资存在困难。受国家宏观调控政策影响，2011年企业融资难度加大，企业从银行贷款的难度更大，即使得到的贷款也比上年的少，为了维持企业的正常生产，企业选择从民间渠道筹资。而目前民间借贷的利息已经从上年的月息0.2%提高到0.3%~0.4%，高额的利息大大增加了企业的生产成本，加重了企业的负担。

三是电荒影响企业正常生产。贵港市2011年第三季度企业生产受到限电的影响，部分企业限电期间只能调整生产时间，以便做到在正常供电时多生产；部分企业采取减少生产线生产或半停半生产等方式控制用电量；部分企业甚至一周停电三至四天，严重影响了正常生产。电荒影响企业正常生产，产量减少。

三、几点建议

一是加大政策扶持力度。当前部分企业资金周转仍存在困难，开放融资渠道，帮助企业走出困境；对外资企业和本土企业一视同仁，给予本土企业生存的空间；政府减轻企业税费负担、加快垄断行业改革、大力完善企业经营环境。

二是要继续发挥好政府的服务引导作用。政府及相关部门应加大市场价格监

管，避免价格大幅波动，稳定物价，规范市场行为，抑制原材料市场价格不断上涨。要从源头抓起，减少行业间的不正当竞争。

三是工业企业要深挖节能降耗潜力。企业可通过提高管理和工艺水平、节能降耗，用以缓冲原材料、燃料、动力价格上涨带来的成本压力，提高对价格变化的风险控制能力，推动企业的可持续发展。

2011年南宁市楼市降温房价回落

罗 莎

2011年，南宁市房地产市场受“限购令”等调控政策的影响，市场运行趋于“低调”，楼市降温，房价回落。据国家统计局南宁调查队调查数据显示，2011年南宁市新建住宅价格上涨2.4%。

一、商品房销售价量运行情况

调查显示：2011年1—2月“限购令”出台前夕，买卖双方赶搭政策“末班车”，楼市上演“抢购”风潮；3月“限购令”开始实施，楼市交易迅速降温；之后数月，新建商品住宅的销售量一直处于低位徘徊，二手住宅市场价格也出现了相同的走势，市民观望情绪浓厚，签约量也随之大幅下降。

（一）价格变动情况

1.新建房屋同比价格小幅波动。2011年，南宁市新建住宅和新建商品住宅价格同比涨幅，基本上在1.6%~3.6%区间内小幅波动。新建商品房价格同比涨幅最大值出现在8、9月份，分别上涨3.5%和3.1%；其中，新建商品住宅价格同比价格走势与新建商品房一致，最高峰也出现在8、9月，分别上涨3.6%和3.2%。详见图1。

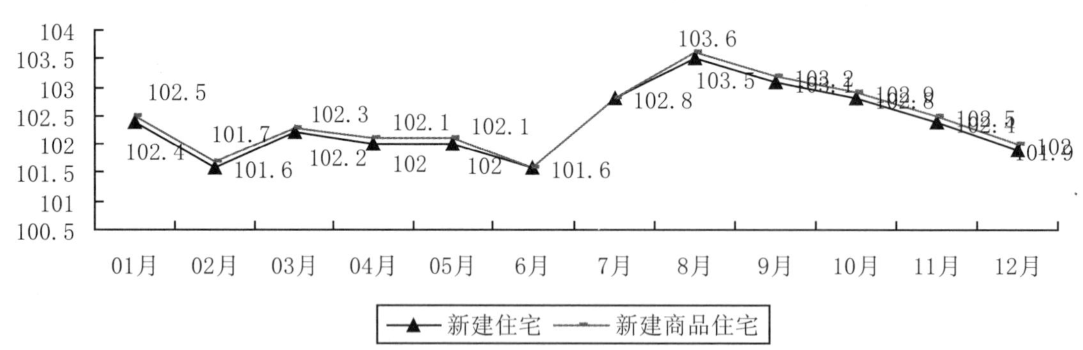

图1 新建住宅和新建商品住宅同比价格指数

2.新建房屋环比价格基本平稳，5月后逐渐走低。2011年，南宁市新建住宅价格各月环比涨跌幅在-0.2%~1.3%之间，走势相对平稳，其中新建商品住宅价格走势基本一致。5月份之后，新建住宅和新建商品住宅各月环比价格或持平、或微降，降幅不高于0.2%，呈逐步走低态势。

3.二手住宅价格缓慢下行。2011年南宁市二手住宅价格同比涨幅由1、2月份的3.6%、3.7%，下降到12月份的-0.3%；环比指数在-0.9%~0.6%之间波动。二手住宅同比价格涨幅收窄态势明显，环比价格在震荡中下行，详见图2。

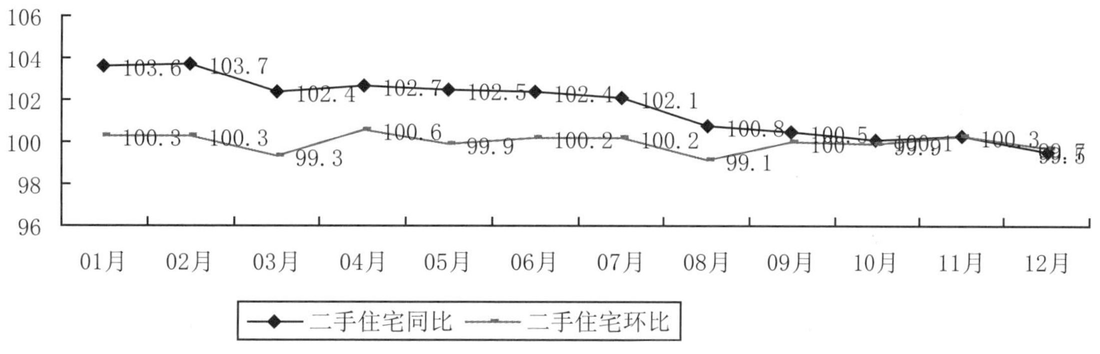

图2 各月二手住宅同比和环比价格指数

（二）销售量变动情况

1.新建住宅销售量高开低走。2011年南宁市新建商品住宅成交面积465.95万平方米，同比下降10.3%；成交套数45361套，同比下降10.4%。3月以后，各月房屋销售量大幅度下挫，新建商品住宅面积的销售量由2月份的98.12万平方米下跌至22.80万平方米，跌幅达76.8%；新建商品住宅成交套数的销售量仅为2388套，环比下跌了71.4%。详见图3、图4。

图3 2011年南宁市新建商品房和新建商品住宅成交面积

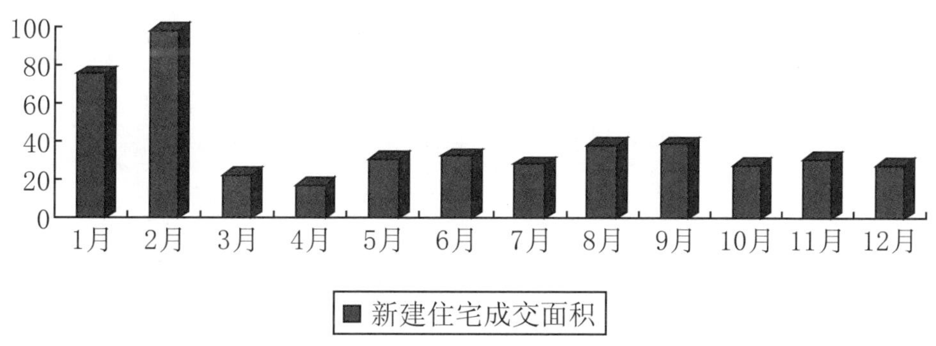

图4 2011年南宁市新建商品房和新建商品住宅成交套数

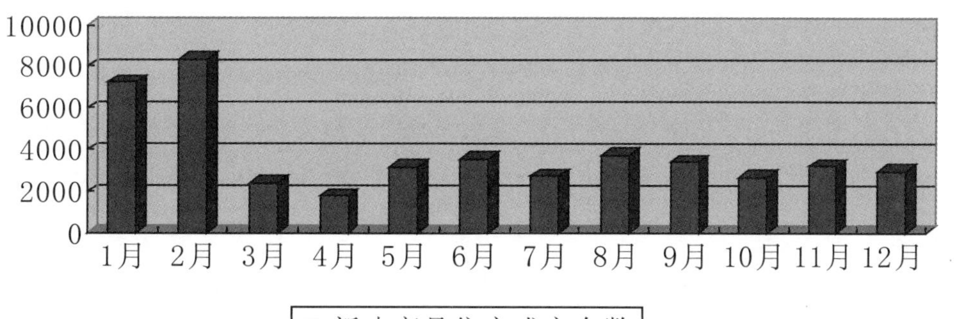

2. 二手住宅成交量先跌后涨。2011年二手住宅成交面积142.29万平方米，同比下降19.5%，成交套数13317套，同比下降21.5%。其中二手住宅成交面积122.16万平方米，同比下降22.1%；成交套数11093套，同比下降25.6%。南宁市二手房各月成交面积和成交套数在3月份出现了较大的下滑，而后逐月回升，到8、9月份出现了一个小高峰，详见图6所示。其中，二手住宅成交面积和成交套数走势基本与二手住宅一致。详见图7。

图5　2011年南宁市二手住宅成交面积

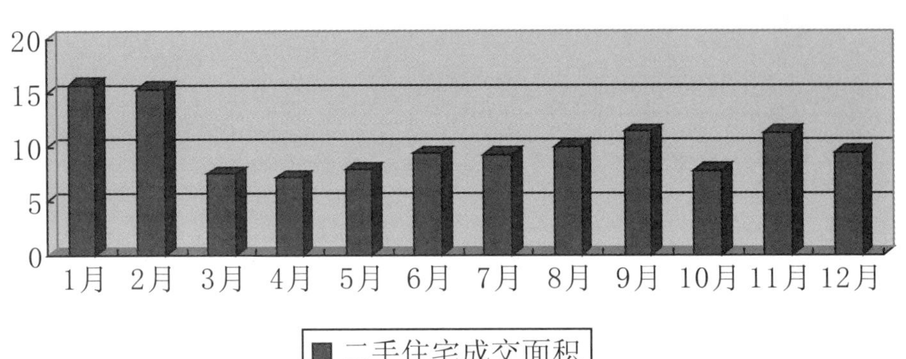

图6　2011年南宁市二手住宅成交套数

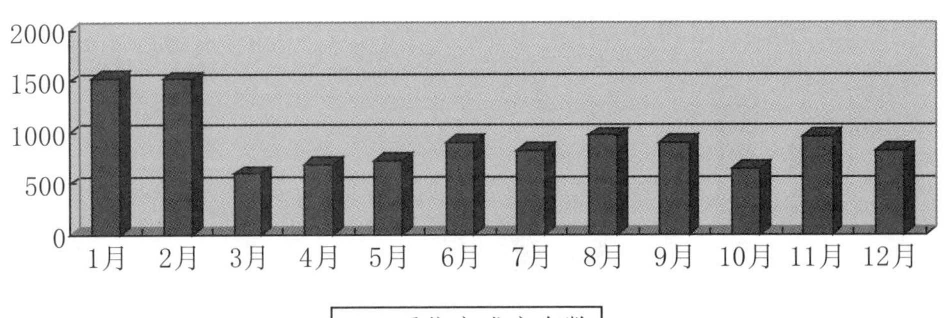

二、影响房地产价格运行的主要因素

2011年3月份南宁市房地产市场逐渐降温，影响房地产价格运行的主要因素有以下五点：

（一）政策调控成效渐现，楼市降温。2011年，在国八条、限购令、房价调控、加息、明码标价等政策的压力下，非理性购房行为得到有效遏制，南宁商品房销售量大幅下挫，新建商品住宅和二手住宅的价格也逐月走低。随着政策效果不断显现，从3月份开始新建商品住宅价格涨幅放缓，而且房地产市场的成交量和成交面积从3月份开始就处于低位徘徊。5月份后，新建商品住宅价格逐步回落。

（二）保障性住房建设加快，抑制房价上涨。2011年度，南宁市不断加大对保障性住房的建设力度，政府及时出台《南

宁市进一步加快保障性安居工程建设若干规定》，从土地供应、规划设计、建设模式、筹资渠道、工作机制、监督问责等六个方面，在制度上对保障性安居工程建设给予了保障，有力推动了南宁市保障性安居工程的建设，全年超额完成自治区布置的任务。随着廉租房，经济适用房等保障性住房建设步伐加快，一定程度上压缩了房价继续上涨空间，对控制房价过快上涨起到良好的抑制作用。

（三）为保资金回笼，降低房屋售价。据调查了解，2011年，随着房地产调控力度的不断加大，开发商承受了越来越大的压力，尤其是现阶段实施的楼市限贷限购政策，对开发商的资金链构成了巨大的压力，限购降低了现金回流速度，而限贷则限制了开发商的融资规模和渠道。央行开始将部分保证金存款纳入存款准备金上缴范围，预示着未来房贷再度收紧，2011年四季度南宁市房地产业企业融资的景气指数仅为66.67，而流动资金的景气指数仅为74.36。开发商为冲销量，不惜以大量的优惠方式去吸引消费者购房，明着暗着让利，开发商纷纷“以价换量”，楼市“打折风”渐起，低首付、低起步价、一口价特惠房频现，“赠套内面积”、“赠车位”、“赠精装修”等买赠方式日趋活跃，促销方式呈多样化。以求加快资金回笼速度，夺回未来市场竞争中的领先优势。

（四）市场观望情绪加重，影响房屋销售。据调查反映，限购政策出台以后，住宅投资性客户大量流失，住房回归居住本性。2011年购买商品房的客户群以刚性需求和改善性需求为主，大部分客户购房均为自住。购房者，尤其是首次置业者在置业过程中都显得更为谨慎，改善型购房者也变得更为理性。在“追涨杀跌”的中国式购房观念影响下，拐点论、低价潮等悲观舆论不断，购房者的心理预期也有了明显的改变，从担心买不起转为担心买早买亏了，持币观望的情绪持续弥漫，进一步影响了房屋的销售。很多购房者预计还会有更严厉的调控政策出台，资金的压力亦迫使部分购房者搁置买房计划，继续保持观望。

（五）房地产业信心下滑，促进房价合理回归。南宁市2011年四季度房地产业的景气指数仅为92.31，较2010年同期的120下降了27.69点，房地产业不景气，杜绝了炒房团的炒作，也促使了开发商进一步调低价格，让利于民。另外，根据南宁市出台的限购令细则，在区域界定上，将南宁市各城区街道办事处管辖的区域列为限购范围，而仙葫、五象新区、兴宁等有部分目前不在街道办事处管辖之下的区域便成了非限区。因此，非限区纷纷打出多次置业的广告语，引起不少购房者关注。由此可见，南宁“非限区”效应渐显，非限购楼盘备受追捧。

三、对房地产企业的几点建议

2012年南宁市的房地产市场对房地产企业来说是机遇和挑战并存的一年。房地产企业可以通过三个方面提升实力，应对房地产市场现状：

一是拓宽融资渠道，解决资金问题。现阶段绝大部分房企都是通过自有资本、银行贷款的途径解决资金问题，但有实力的房企也可以通过发行企业债券，股市融资，进入资本市场融资等方式来改变单一的投资渠道。

二是专业化趋势，合作开发。楼市调控的从紧，会对房地产企业进行新一轮的洗牌，除了房企自身需要调整发展战略外，行业内的抱团取暖也逐渐成为共识。各企业可以分工合作，在买地、建设、销售、物业服务等房地产开发销售的各个环节均有专业化的公司分别完成，只做自己最擅长的。

三是提升房屋品质，开发精品楼盘。开发商应该对产品有更精准的定位，提供更优质的产品，进一步做好物业服务和产品品质的升级。

四、2012年南宁房价走势预期

预计2012年南宁房屋价格会持续平稳下行，“稳中有降”将是主旋律。

（一）房价上涨可能性极小。据了解，中央经济工作会议关于房地产市场调控的一系列政策和举措以及两会传递出的信息均显示，限购政策短期内难以放松，保障房建设继续推进，覆盖范围有望逐步扩大，种种迹象表明，2012年南宁的房地产价格不会大幅上涨。

（二）房价不会暴跌。南宁市有其独特的优势，相比一线城市，房价不算太高，且人居环境不错，生活压力不大。因此，外地人更愿意来南宁置业或退休养老，而房子很多关系着医疗、教育、养老等。除此之外，建设成本进一步提高，挤压房价下降空间。2011年，受物价高位运行的影响，南宁市房地产开发的各种成本要素也开始上涨，尤其是建筑材料的价格。12月份，水泥出厂价格上涨12.8%，混凝土价格上涨13.6%，金属制窗及窗框价格上涨0.8%，铝型材价格上涨4.4%。钢管价格上涨11.8%，钢压延产品价格上涨11.8%。导致房屋建造成本增大，开发企业盈利空间缩小。预计2012年房价不会出现大幅度下跌。

2011年桂林市新建商品住宅价涨量跌

栗凌燕

据国家统计局桂林调查队调查数据显示，2011年桂林市新建商品住宅价格上涨6.0%，二手住宅价格上涨1.9%；商品住宅成交面积54.09万平米，下跌49.9%。预计2012年房价仍呈上涨态势，但涨幅将有所回落。

一、房地产市场运行主要特点

（一）价格整体上涨

1.新建商品住宅价格大幅上涨。2011年桂林市新建商品住宅价格上涨6.0%，其中，90m²以下商品住宅价格上涨5.3%，90—144m²商品住宅价格上涨7.4%，144m²以上商品住宅价格上涨0.9%。由此看出，90—144m²商品住宅作为桂林新建房市场的主力销售类型，其价格涨幅最高；而144m²以上商品住宅的价格涨幅最低，大户型供销不旺，上市供应的144m²以上商品住宅只占全部房屋供应量的14%，而成交量只占18%。

2.二手房价格平稳上涨。2011年桂林市二手住宅价格上涨1.9%，其中，90m²以下二手住宅上涨1.5%，90—144m²二手住宅上涨2.6%，144m²以上二手住宅上涨2.7%。二手房各类型价格走势与新建商品房正好相反，主销类型90m²以下二手住宅价格涨幅最低；而大户型144m²以上二手住宅涨幅最高。政策调控小户型二手房的投资投机需求作用明显，因而价格平稳；而购买大户型二手房则以改善生活的自住需求为主，价格弹性较大。

3.月度价格高开低走。2011年新建住宅和二手住宅的月度价格走势，均呈高开低走态势（详见图1）。

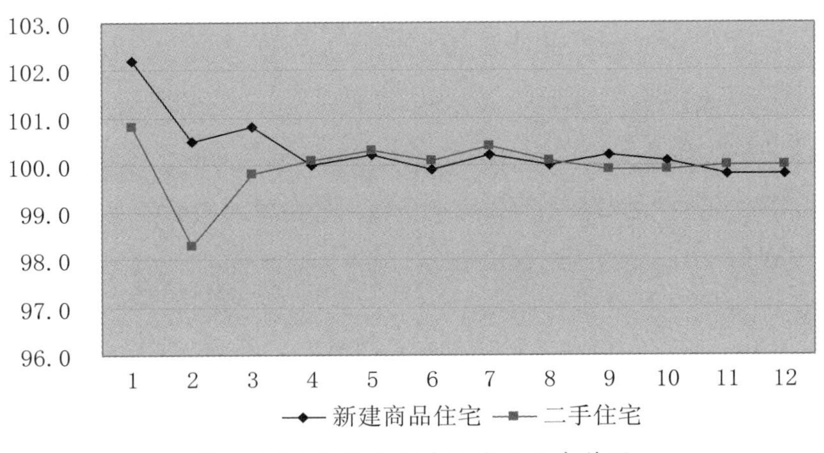

图1 2011年桂林市房地产价格走势图

一季度新建住房价格月均环比涨幅为1.2%，上半年为0.6%，前三季度为0.4%，全年月均环比涨幅为0.3%，价格涨幅逐步回落。说明随着调控逐渐深入，价格快速上涨的势头被有效遏制。从图1还可以看出，前8个月二手房价格随新建房价格起伏，而9月份后，二手房价格走势与新建房相反。说明二手房受新房价格走势的影响在削弱。

（二）商品住宅成交量大幅下降

2011年桂林市新建商品住宅成交面积54.09万平米，下跌49.9%，创2005年以来新低。二手住宅成交面积32.88万平米，下降12.2%。

（三）保障性住房建设超“十一五”时期总量

2011年是桂林市保障性安居工程建设史上任务最重、投入资金最多、开工面积最大、建设种类最全、覆盖范围最广的一年。截至2011年11月份，已开工项目130个，建设保障性住房18114套，开工面积130.65万平方米，开工率超过100%，超过“十一五”期间保障性住房建设总量。

（四）新供土地大幅缩减

2011年通过招、拍、挂共新出让商业住宅用土地4宗、526.42亩，下降近80%。成交溢价率大幅降低，4宗土地中溢价率最高的为2%，其余三幅宗地的溢价率均在1%以内。未发生流拍情况，也没有出现多家开发企业争抢一宗地的情况。

二、房价及新商品房存量的成因分析

（一）市场因素影响房价整体高于上年

1.城市及住房品质的升级。桂林属国际旅游名城，随着建设桂林国家旅游综合改革试验区、桂林国家服务业综合改革试点区域和旅游城建设的加快推进，以及正在建设中的贵广高铁等政策利好，城市规模不断扩大，潜在市场需求旺盛。另一方面，随着社会的发展，人民生活水平逐步提高，楼盘品质、住宅软硬件条件逐步提升。开发的楼盘整体品质都要高于上年，如某新开楼盘，房屋安装的是全指纹的密码锁、智能家居中央控制系统，房屋的整体造价大幅提高；又如某新开楼盘推出的所有房屋均安装了地暖设施；各小区都更加注重园林、绿化，带动了销售价格的上扬。

2.成本推高是直接因素。2011年桂林市居民消费价格（CPI）上涨5.8%，水泥价格上涨12%，红砖价格上涨8.8%。随着建材价格和劳动力成本的全面上涨，房价也水涨船高。

3.补涨因素。作为三线城市，桂林市房地产市场起步较晚，属“价值洼地”，虽然2011年价格涨幅高于南宁和北海，但实际销售均价低于两个城市。较低的基数，随城市间的融通、连接显出“补涨”效应，房价逐步抬升；同时近年来外来楼盘逐渐增多，很多全国大的知名房产企业纷纷落户桂林，带来新建筑、新居住理念的同时，价格的形成机制也逐渐影响桂林

房地产市场，对于价格的抬升影响明显。

（二）行政手段重拳出击遏制房价上涨幅度

按照“新国八条”的要求，3月底桂林市出台了2011年新建住房价格控制目标并向社会公布，提出桂林市2011年新建住房价格增幅不高于市本年度城镇居民人均可支配收入实际增长水平。在这个控价目标的指导下，采取了强有力的调控措施。

1.新建房预售监管从严。首先是预售价格的核定。按新国八条的要求，对楼盘的申请预售价格从严核准。对于楼盘品质、居住环境等没有实质变化，开盘价平白无故高窜的，不予发放预售证；对于建安档次确有提升，但价格虚高、价实不配的楼盘，让开发商重新核准开盘均价，经评估到合理价位后才予发放预售证。其次是销售价格的管制。严格实行商品房明码标价，所有出售房源必须一房一价进行明示，并且取消了销售价格上浮比例的规定，要求房屋不得高于申报预售价成交。

2.二手房税费征收从严。按新国八条要求，加强了房地产市场信息系统建设，根据桂林二手市场实际，对于非房改房进行交易买卖的，一律严格按照20%的税率征收个人所得税。加强二手房评估定价监管，所有评估报告必须经房管部门审定备案，未经备案的评估报告一律不予采用。对不符合《房地产估价规范》，评估价格明显高于或者低于市场价格的评估报告不予备案。

3.加强了企业服务引导。积极引导房产开发企业认清发展形势，把握政策导向，根据市场情况的变化积极调整发展战略，抢抓发展机遇，注重诚信建设，不断提高楼盘品质，提升品牌形象，而不是只把目光放在价格高低上；举办了房地产评估机构房地产估价师培训班，提高其二手房价格评估的业务素质及道德水平，对为迎合委托方不合理要求，出具不实报告行为的房地产估价机构作出停止估价业务或者取消执业资格的处理。

通过采取有力稳定市场发展的一系列措施，调控成效初步显现：以往楼盘开盘价格节节拉升的态势不再，2011年大部分楼盘的每期开盘价呈持平或者下行态势；二手房阴阳合同、偷逃税款的情况大幅减少，交易价格贴合市场实际，虚高或者虚低的现象基本杜绝。新建房价格虽整体高于上年，但涨幅为5.9%，控制在了城镇居民人均可支配收入实际增长10%的水平之内。

（三）信贷政策收紧、供应不旺，令市场成交量大幅下跌

1.信贷政策收紧。新国八条规定的限贷政策对桂林房地产市场销售的影响最大。近5年来，桂林本市居民购房占全体购房者的比例一直都在80%以上，建筑面积在$90m^2$~$144m^2$的房屋是市场销售的主力，占60%。表明桂林房产市场以改善型住宅需求为主导，很大部分购房者都是二次以上购房。限贷政策的实行，令购房者购房资金压力增大，成本增加，令很多购房者“心有余而力不足”，如据某楼盘9月销售了10套房屋，后来因为贷款办不下来，退房7套，对楼盘销售影响极大。限贷抑制了各种名目的炒房和投机性购房，“挤出”了这部分成交量。此外，2011年存款准备金屡次提高，银行信贷额度一度趋紧，下半年，几乎所有的银行都停止了二手房买卖贷款业务，新房贷款也亦趋艰难，申请时间拉长。

2.商品房供应下滑明显。受调控政策影响，不少房产开发企业对市场预期较为谨慎，压缩开发计划，减少开发项目，放缓开发速度和推货上市步伐。2011年房地产业景气指数和信心指数比上年双双下滑了11.37%和25%。市区房地产开发投资和施工、竣工量增长缓慢乃至下降。1—11月市区房地产开发投资和施工呈现负增长，房地产开发完成投资占城镇固定资产投资比例呈下降趋势，比2009年、2010年同期分别下降2.4%、1.1%。商品房上市供应量大幅缩减，全年上市供应面积同比下降38.9%，其中2月、3月连续两月无新房源上市，上市量创下近五年来新低。

由于前两年市场形势较好，存量房快速去库存化后，2011年市场房源紧张的状态一直比较突出。可售房源不丰，加重了市场观望氛围，同时受一线城市房价下跌的心理影响，成交持续低迷。2011年月均成交量低于受金融危机影响的2008年月度成交均值，创自2008年以来的成交量新低，成交面积同比下降49.88%。

三、桂林市房地产发展过程中存在的问题

（一）市区土地供求矛盾比较突出。桂林地处南方丘陵地带，山地面积多，平整可供开发的土地面积不大；典型的“喀斯特”岩溶地理地貌决定城市的建筑物是限高的，楼盘的容积率不高，限定了新建房的供应量，加重了土地的稀缺程度。新建房的开发不得不逐渐往城市郊区转移。市区近年土地供应量偏小，无论是商品房还是保障房，可供开发的土地都相对紧张，对住宅市场供应产生影响。

（二）保障房短时间内难以形成有效供给。2011年全市有7265套保障性住房实现主体竣工建设目标，只相当于2006—2011年的年平均商品住宅成交量。而2011年建设的保障性住房超“十一五”期间保障性住房建设总量。综合2011年和前期的保障房总量，短期内难以大幅提高市场住宅供应。

四、发展桂林房地产市场的建议

（一）重视二手房市场的培育发展。二手房对于满足市场居住需求，提高房屋的供应量起着重要的作用。盘活存量房产，实现二手房市场的供需平衡、价格平稳，使其成为房屋供应量提升的重要保证，合理拉动消费和投资，平抑房价涨幅。

（二）继续大力推进保障房建设。只有形成良好的梯级住房供应机制，使不同的住宅需求得到不同的满足，才能形成合理的房地产市场差别价格，促进房地产业合理良性发展。

五、2012年房价走势预测

年底中央经济工作会议和住建部工

作会议明确，2012年将继续坚持房地产调控不动摇，促进房地产市场健康发展。这意味着房地产市场面临的宏观经济环境将依然趋紧。综合当前桂林市房地产发展的情况，土地、房屋供求依然紧张、价格补涨因素、保障房陆续供应及金融政策等因素，预计2012年的房价将呈现小幅微涨态势，不会大幅上涨，但是下行亦难。

2011年北海市商品房量减价平

张 明

为了遏制部分城市不断上涨的房地产价格，2011年，国务院及相关部委针对房地产市场出台了一系列的宏观调控政策，取得了明显的成效。受宏观调控政策影响，北海市商品住宅市场总体上呈“量减价滞”的态势，全年销售面积出现了一定程度的萎缩，价格上涨幅度也得到了有效的控制，朝着“理性回归”的调控方向发展。

一、2011年北海市房地产投资完成情况

北海市统计局数据（快报数据）显示，2011年北海市房地产投资继续保持高速增长态势，全年完成房地产投资135.4亿元，比上年增长39.1%，房地产投资占全社会固定资产投资的22.4%，其占比与上年（20.1%）相比略有回升，扩大的幅度为2.3个百分点；全年房屋施工面积1304.32万平方米，增长54.9%，其中住宅1124.19万平方米，增长50.4%；全年新开工面积495.41万平方米，增长21.3%，增幅与上年（87.7%）相比大幅度缩小，其中住宅面积414.75万平方米，增长12.7%，增幅比上年缩小72.5个百分点；全年房屋竣工面积95.65万平方米，增长959.3%，其中住宅面积82.22万平方米，增长920.5%。

二、销售价格变化情况

（一）新建商品住宅价格上涨2.5%

2011年新建商品住宅价格上涨2.5%，呈现“高开低走”的走势。受上年的惯性影响，年初价格指数高开，随着市场调控政策效力的不断发酵，月同比指数逐渐下行。2011年北海市新建商品住宅1—12月价格同比增幅分别为5.5%、4.5%、3.6%、3.0%、1.5%、1.7%、1.8%、2.1%、1.7%、1.6%、1.6%、1.4%，前5个月份价格同比增幅逐月收窄，后7个月份价格增幅在低水平徘徊，12月份的价格增幅降至全年的最低点，比年初回落了4.1个百分点。

“高开低走”的走势表明，2012年北海市房地产市场调控政策初步见效。12月份北海市新建商品住宅价格涨幅1.4%，低于广西区内的其他两个城市（南宁市1.9%，桂林市3.7%），也低于广东省的湛江市（3.4%），比海南省三亚市（0.9%）略高。

从更能直接反映房地产市场价格短期变动趋势的环比数据观察，2011年1—12月各月新建商品住宅环比涨幅分别为0.4%、

0.8%、0.7%、0.6%、－0.3%、-0.1%、0、-0.1%、-0.1%、-0.2%、-0.1%、-0.2%。受市场调控政策的影响，从5月份开始北海市新建商品住宅销售价格 出现“停涨”，并持续缓慢下行。

（二）二手房价格上涨2.1%

2011年北海市二手房价格上涨2.1%。分月看，1—12月各月同比涨幅分别为0.9%、2.2%、2.4%、2.2%、2.2%、2.4%、2.3%、2.3%、2.3%、2.3%、2.1%、2.1%，总体上价格走势比较平稳。

三、销售量变化情况

2011年北海市商品房销售面积和销售额与上年相比略有下滑，全年商品房销售面积161.52平方米，比上年下降10.1%；销售额72.91亿元，下降4.0%，其中商品住宅销售面积157.49万平方米，下降9.5%；销售额70.28亿元，下降3.9%。

在住房交易的二级市场，北海市房地产交易中心数据显示，2011年北海市二手房交易面积为41.42万平方米，下降36.0%。与作为一级交易市场的商品住宅市场相比，同期二手房交易量下滑的幅度更深一些。

四、北海市商品住房市场的主要影响因素

影响各地商品住房市场的因素比较多，既有政策调控等全国普遍性的因素，又有区域经济发展不平衡、市场发展程度不一致等特殊性因素。综合来看，2011年影响北海市商品住宅市场的主要因素有：

（一）受房地产调控政策影响，购房需求有所降温

近年来，房价上涨过快问题引起党中央、国务院的高度重视，为保证房地产市场健康发展，国务院不断出台各项严厉的房地产调控措施，要求各城市制定房价调控目标，并同时要求各直辖市、计划单列市、省会城市和房价过高、上涨过快的城市实施限购政策。之后，国务院出台“新国八条”，要求对已实施住房限购措施的城市继续严格执行相关政策，对房价上涨过快的二三线城市也要采取必要的限购措施；同时明确规定：“对贷款购买第二套住房的家庭，首付款比例不低于60%，贷款利率不低于基准利率的1.1倍。”此项政策明显降低了北海市购房者的意愿和需求，尤其是投资投机性需求，房屋成交量不断萎缩。

（二）商品房市场主要依靠外地需求支撑，本地需求较弱

对大部分的北海市本地居民来说，由于受传统生活习惯等因素影响，目前北海市房地产市场上持续旺销且占有份额较高的海景概念房，吸引力并不是很高。海景概念房对于外省特别是来自北方内陆省份的置业者来说，具有本地居民难以想象的魅力，目前北海市海景概念房价格比其他沿海城市相对较低，许多外省置业者觉得在满足居住需求的同时，又具有一定的投资价值。

据企业有关人员反映，除等少数项目外，大部分项目外地人购房的比例都在70%以上，滨海项目的客源则几乎全部来

自于外省，本地居民的比例接近于零。广东南路某畅销项目财务主管透露，目前外地人购房的比例在85%左右。附近另一项目的销售主管介绍，目前的客源基本全部来源于外省，以东北三省和川渝地区为主。

北海市是一个典型的新兴移民城市，是中国非自然因素人口增长较快的城市之一。加上优越的人居环境等自然优势，交通便捷，生活成本不高，近年来，非本地户籍人口在北海市购房者的比例一直居高不下。一方面，对于众多的北海房地产开发企业来说，要在目前激烈的市场竞争环境下生存并继续发展下去，短期内的最大依托还是在外地特别是外省购房者的异地置业需求上。另一方面，过于倾向于外向型的市场需求结构，使北海的房地产市场受宏观调控政策的影响较大，稳定性较为脆弱。

（三）旅游地产迎来新的发展契机，但住房空置率过高

继商品住宅和汽车消费热潮之后，休闲度假逐渐成为国内引领未来消费的主力。随着城市居民收入和闲暇的持续增长，在海滨城市拥有一处可以用于度假的房产，在紧张的工作之余，一年之中选择一段时间，能够真正地放松心情、放慢节奏，成为许多人特别是“有闲钱又有闲暇”的高收入群体向往的生活方式。近年来，北海成为国内的旅游地产热点城市之一，为了认真落实中央和自治区关于加快涠洲岛旅游区开发建设的要求，北海市委、市政府加强对涠洲岛旅游区开发建设工作的领导，加快实现把涠洲岛打造成为“国内一流、国际知名的休闲度假海岛”。

但是，和国内旅游地产发展最为迅猛的海南市场一样，目前国内旅游地产市场存在的最大问题是住房的空置率过高，北海市旅游地产市场同样存在这一问题。过高的空置率，不但严重浪费资源，造成公共设施和服务的不合理闲置，而且还会造成一系列的社会问题。

五、建议

（一）拓宽资金来源渠道，加大保障性住房建设的投入力度。扩大廉租房、公共租赁房、经济适用房等保障性住房的供应量，加快低价位、小户型的普通商品住房的建设，在确保工程质量的前提下，努力降低保障性住房的建设成本，逐步解决城市中低收入家庭的住房困难问题，结合北海市本地实际，探索出一条“安居工程”新路子。

（二）大力培养住房租赁市场，盘活二手房交易市场。地方政府在国家政策允许的范围内，可以考虑出台税收优惠等灵活的鼓励措施，使改善住房购房居民的原有住房得到充分的利用，也能够解决农民工等低收入群体的过渡性住房问题。

（三）充分利用现有的国家优惠政策，培养适合地方经济发展特点的新增长点。大力发展商业、休闲旅游、物流、酒店餐饮等第三产业，解决新就业问题，使本地居民收入得到进一步的提高，缩小与其他沿海城市的经济差距，缓和社会不同阶层的矛盾，促进和谐发展。

（四）逐步完善北海市的城市总体规划。逐步解决教育、医疗等各种公共服务资源的合理布局问题；加快“民生路网”的建设步伐，使城市路网的建设不断地得到完善，并逐步完善公共交通线路的建设，合理解决困扰市民的出行问题。

（五）及时引导企业对房地产开发结构进行调整。建立多元化、多层次的房地产开发体系，重点发展度假酒店、度假村、养生疗养等经营性房地产产品。

2011年四季度以来广西工业生产者出厂价格快速回落的原因及对策

苏小玲

2011年第四季度以来，在宏观经济形势、输入型因素、要素成本变化、政策性因素以及部分产品周期性变化等多重因素共同影响下，广西工业生产者出厂价格总水平（PPI）涨幅快速回落，并呈连续三个月下降趋势。调查数据显示，目前广西工业生产者价格涨幅已基本达到本轮周期的峰值开始出现下滑，估计2012年初将出现负增长趋势。

一、近期PPI回落情况

（一）同比涨幅快速回落

2011年广西PPI呈现“前高后低，快速回落”的态势，前三季度，PPI一路上涨，8月份同比涨幅高达到11.7%。进入四季度，随着国际经济的持续低迷和国内经济增速的放缓，PPI出现快速回落的态势，10月份涨幅回落到7.1%，11月为3.6%，12月仅为1.9%，全年平均上涨8.5%。

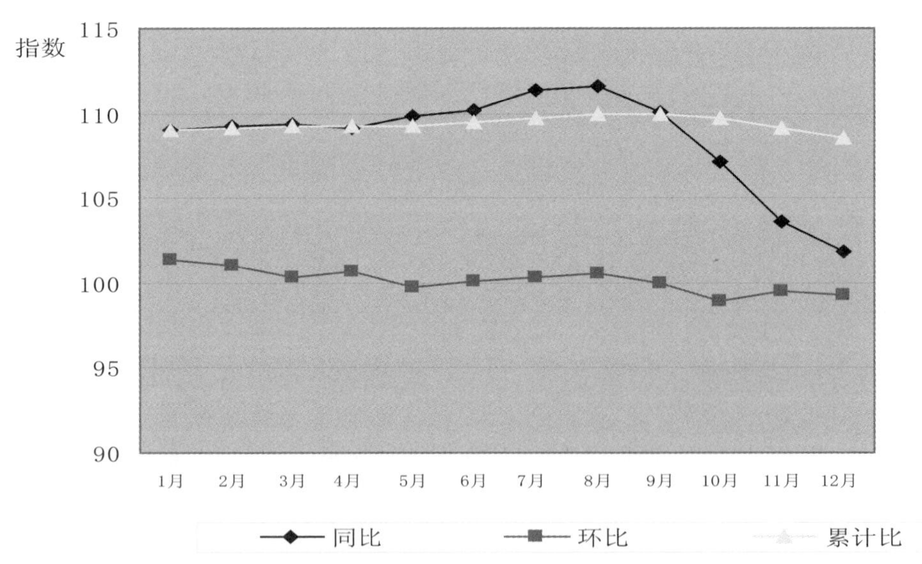

图 2011年工业生产者出厂价格走势图

（二）环比涨幅连续三个月下降

10月以来，因受世界经济前景疲软和欧债危机影响，需求受到一定抑制，大宗商品价格纷纷回调，加之国内各项宏观调控政策效果的逐步显现，经济速度放缓，广西PPI出现连续下降的态势。10、11、12月份，PPI环比价格分别下降1.1%、0.5%和0.7%。

尤其12月份，在调查的35个工业行业中，环比价格下降的行业多达17个，占48.6%。其中降幅较大的有：有色金属矿采选业下降3.9%，化学原料及化学制品制造业下降3.8%，农副食品加工业下降1.8%（其中制糖业下降2.6%），有色金属冶炼及压延加工业下降1.8%，黑色金属矿采选业下降1.2%，黑色金属冶炼及压延加工业下降1%。

（三）主要产业产品价格大幅回落

2011年广西食糖、有色金属、黑色金属三大产业产品价格走出了一波“过山车”行情，一季度价格大幅上升，2季度缓慢上升，8月到达顶峰，年末快速回落。如食糖价格同比涨幅由8月的38.4%降至12月的8.6%，降幅达29.8个百分点；有色金属矿采选价格涨幅由6月的48.6%降至12月的8.8%，降幅达39.8个百分点；有色金属冶炼及压延加工业价格由7月的20.0%降至12月的0.4%，降幅达19.6个百分点；黑色金属冶炼及压延加工业价格由8月的14.9%降至12月的1.8%，降幅达13.1个百分点。

二、PPI快速回落的原因

近期广西工业生产者价格快速回落，从大的方面看，是世界经济不景气和国内经济增长放缓的影响所致。具体分析，主要有以下几个方面：

一是国际因素。美欧债务危机向实体经济领域扩散，使全球贸易环境恶化，世界经济复苏步伐减慢，需求减少，大宗产品价格明显下跌。而我国原油、铁矿石等资源性产品和初级产品对外依存度较大，在国际市场价格下行的带动下，国内相关产品价格随之快速回落。同时，外部需求减弱加大了我国出口难度，也在一定程度上推动了工业品价格下行。

二是国内因素。国内经济增速连续三个季度回落，工业生产、固定资产投资增幅也相应回落，使国内需求的扩张速度减低，导致国内的钢铁、有色金属等投资品价格迅速下跌。在生产资料市场上，能源、原材料价格大幅下降；在消费品市场上，需求增长乏力。

三是区内因素。1.区内主要产品价格大幅下降带动PPI快速下行。自2011年9月份以来，广西钢铁、有色金属、食糖等主要产品价格都在下跌，而且呈连续下降态势。如12月铁合金冶炼同比下降1.9%，比9月份回落17.2个百分点；有色金属冶炼同比下降0.3%，比9月份回落15.8个百分点；水泥、石灰和石膏制造同比下降11.4%，比9月份回落28.7个百分点；纺织业同比下降4.2%，比9月份回落12.6个百分点；此外，造纸、印刷、化工原料及化学制品等行业产品价格也出现明显的下降趋势。2.区内投资需求减少。受国内外经济形势影响，广西投资和工业增长明显下滑，投资需求进一步减弱。据广西自治区统计局统计，2011年1—11月全区固定资产投资同比增长29.6%，比1—10月回落0.1个百分点；前3季度全区规模以上工业增加值增幅比上年回落了3个百分点。

三、PPI快速回落的负面影响

PPI是衡量工业企业产品出厂价格变

动趋势和变动程度的指数，是反映经济增长的先行指标，其快速回落不仅对企业生产经营带来极大的压力，同时也对宏观经济发展带来不利的影响。

（一）企业生产经营压力增大

受融资环境趋紧、用工成本上升、利率汇率调整、能源原材料价格高位波动、要素供应紧张等多重因素挤压，实体经济面临的困难明显增大。历史经验表明，如果工业企业产品出厂价格大幅回落，必将对企业生产产生较大的压力：第一，企业生产趋于萎缩，停产、半停产情况趋于严重；第二，企业盈利空间压缩，盈利水平减少，甚至会出现亏损现象；第三，企业资金周转困难。由于流动性不足，使得企业面临的融资环境趋于恶劣，资金周转进一步紧张。

（二）工业增速将出现回落

市场疲软，产品价格下跌，使广西工业面临更加严峻的挑战，而且，随着国家一系列宏观调控政策，如节能减排、取消汽车下乡补贴及部分地区汽车限购、房地产限购及购房登记备案制度等的实施，广西工业生产压力将不断加大，工业增长的需求动力减弱，工业增长速度将会有所减缓。2012年，广西工业经济增长将面临更多的困难，更大的压力。

（三）减缓经济增长速度

工业是关联度极高的行业，包括冶金、电力、石油、化工、机械建筑等15个部门的数十个行业和上下游众多行业的发展，是直接推动经济增长的主要动力，占国内生产总值（GDP）比重45%。工业增长动力不足，与其直接和间接相关的行业必然受到严重的影响，对GDP增长的影响不言而喻。

四、应对PPI快速回落的建议

2012年广西PPI的快速回落，反映了2011年四季度以来广西经济活动的收缩；初步判断PPI下行趋势将会延续到2012年上半年，这意味着2012年广西经济增长下滑的压力将进一步加重。

工业生产者价格的快速回落，不仅影响着广西工业乃至整个国民经济又好又快的健康发展，而且也使生产资料生产行业承受了越来越大的成本压力。对于工业生产者价格快速回落的现象，政府及相关部门必须高度重视，尽最大努力降低其影响程度，以防止经济转冷过快、工业增速下滑幅度过大。

一是加快工业结构调整。目前广西钢铁、有色金属、食糖等行业的比重还比较大，今后要抓住时机，着力推进千亿元工业产业和重点工业产业发展，淘汰一批“三高企业”，大力扶持高科技含量产品产业的发展；以传统产业为依托，因地制宜，对于拥有专利产品和技术、科技含量高、附加值大、销售渠道稳定、辐射作用强、具有广阔发展潜力的企业提供重点扶持。

二是扩大消费需求。财政刺激政策可以直接与民生挂钩，提高农村居民和城市低收入群体的补贴和收入，加快全社会的社保体系建设，进一步启动消费市场。

三是重视配套产业的规划与扶持。在

切实抓好大项目大工程的同时，要充分重视与其相关的配套产业的规划与扶持，起到“发展一个，带动一片”的效果。要注重形成以主导大项目作为产业发展龙头，以中小企业集群为主力的相关配套及附属产业作为龙脊，以微型企业与个体工商户为龙尾的发展模式。

四是完善和健全各种价格机制。尽快完善上下游产品间的价格传导机制，实行部分产品的价格与成本联动机制：如煤电联动、天然气销售价格与购气成本之间的联动等等。同时，建立合理、长效的价格调整机制，针对企业生产成本上升较快的情况，及时核实成本出台有关调价项目。

2012年上半年广西居民消费价格涨幅明显回落 通胀压力有所缓解

黄岚兰

2012年上半年，广西居民消费价格总水平（CPI）同比上涨3.0%，涨幅低于上年同期3.9个百分点；低于全国平均水平低0.3个百分点，按涨幅由高到低排列，在31个省（市、区）中第23位。总体上看，上半年广西CPI涨幅明显回落，通胀压力有所缓解。

一、CPI变动基本特点

（一）涨幅明显回落

上半年各月广西CPI同比分别为3.7%、2.6%、3.4%、2.6%、3.0%和3.0%，涨幅分别低于上年同期2.0、3.4、3.4、5.0、4.7、4.7个百分点；上半年累计上涨3.0%，涨幅低于上年同期3.9个百分点。

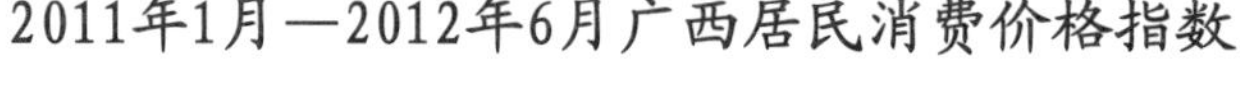
2011年1月—2012年6月广西居民消费价格指数

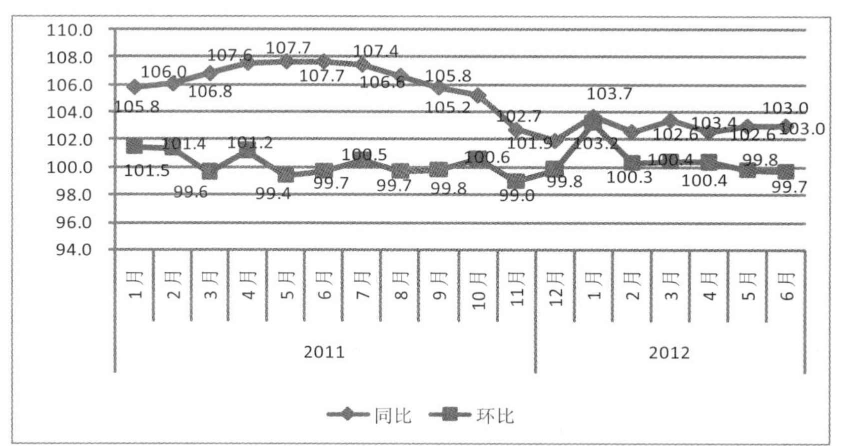

（二）涨价面仍然较大

从调查的八大类商品与服务价格看，呈全面上涨的态势。其中，食品价格同比上涨6.1%，烟酒类价格上涨4.2%，医疗保健和个人用品价格上涨2.6%，衣着类价格上涨2.6%，家庭设备用品及维修服务类价格上涨1.3%，居住价格上涨1.3%，交通和通信类价格上涨0.4%，娱乐教育文化用品及服务类价格上涨0.1%。

从调查的262个基本分类中，上半年同比上涨的为191个，上涨面为72.9%。

二、主要商品及服务价格变动情况

（一）食品价格涨幅回落

上半年食品价格同比上涨6.1%，涨幅

比去年同期低1 0 个百分点。

1.粮食价格继续上涨。受国家再度提高粮食收购价格影响，粮食价格继续上涨，上半年累计上涨4.3%，但涨幅较上年同期低14.4个百分点。

2.猪肉、鸡蛋价格处于下降周期。今年以来，广西猪肉、鸡蛋价格进入下降趋势，对CPI回落产生了直接作用。受生产周期性导致供给过剩的影响，春节后，猪肉价格连续三个月环比大幅下降，上半年同比上涨0.3%，涨幅比去年同期低34.6个百分点。上半年鸡蛋价格环比连续 5 个月下降， 6 月份开始触底反弹，累计同比仍下降3.5%，涨幅比去年同期低19.6个百分点。

2011年1月—2012年6月广西猪肉价格指数

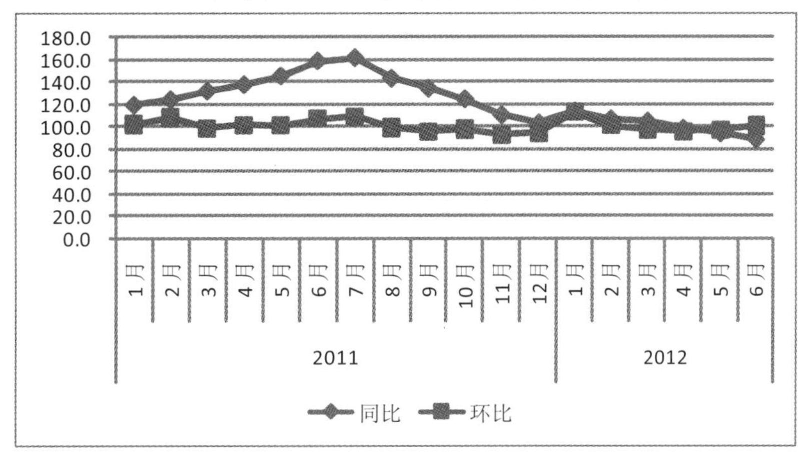

3.鲜菜价格大幅上涨。上半年广西鲜菜价格同比上涨19.7%，影响CPI上升0.6个百分点，占上半年居民消费价格总水平同比涨幅的20.0%。主要原因：一是今年年初北方低温和南方阴雨影响了部分蔬菜的正常生长，市场依然供应偏紧；二是去年春季洋白菜、芹菜、大葱等蔬菜品种价格较低，并出现了部分“卖难”情况，影响菜农种植积极性，种植面积缩减；三是今年以来油价连续两次上调，蔬菜运输成本大幅增加；四是“蔬菜进城”中间环节过多，各流通环节加价幅度大。

2011年1月—2012年 6 月广西鲜菜价格指数

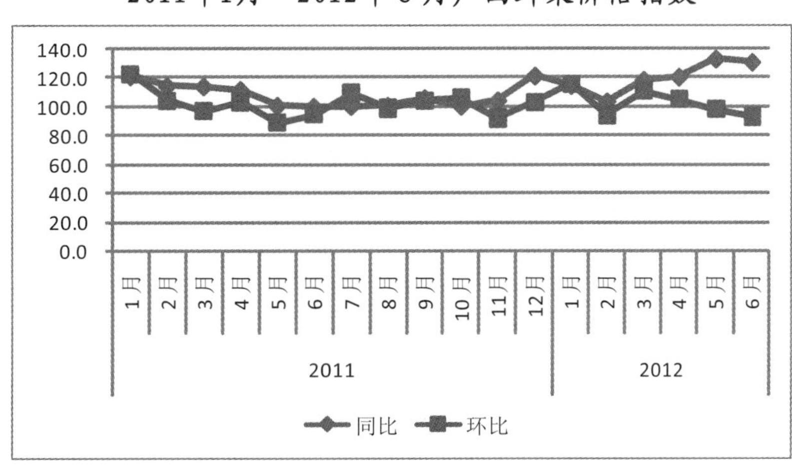

4.牛肉价格高位运行。今年以来，受供给不足、养殖和运输成本增加以及生长周期较长等因素影响，广西牛肉市场价格持续高位运行， 1—6月份累计上涨35.1%，涨幅比上年同期扩大34.6个百分点。1—6月各月同比涨幅持续扩大，分别为29.4%、31.2%、34.2%、36.1%、38.6%和41.5%；4月份以来，随着气温升高，天气变热，本来应该进入牛肉消费淡季，但牛肉价格却不降反升，显现价格“淡季不淡”现象，连续三个月出现较大幅度的上涨，6月份环比上涨2.3%。

2011年1月—2012年6月广西牛肉价格指数

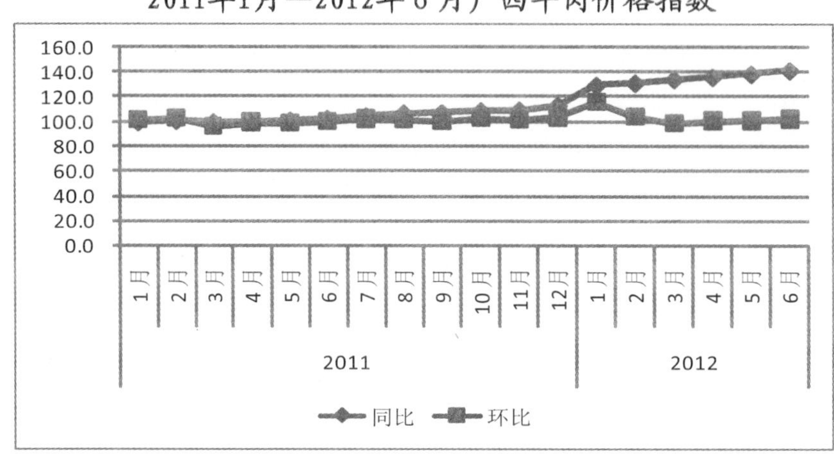

5.加工食品类价格明显上涨。上半年，调味品、糖、糕点饼干面包、液体乳及乳制品、在外用膳食品和其他食品等价格累计分别上涨2.0%、6.6%、5.3%、3.6%、10.0%和5.0%。上涨的原因是因农产品价格持续上涨，以农产品为原料的加工食品类产品成本压力增加，加工企业通过提价应对成本上升压力，导致该类产品价格出现新一轮上涨。

（二）民生用品价格“涨”声迭起

受成本上涨的影响，上半年食用油、调味品及日化产品等民生用品均有不同程度涨价。具体情况如下：

1.部分品牌食用油及调味品等价格呈现涨势。据了解，国内食用油巨头鲁花、金龙鱼和福临门在4月份分别上调了旗下花生油和菜籽油的出厂价格，上半年食用植物油上涨7.0%。如南宁市某超市鲁花压榨花生油5升（L）装由126元/桶涨至143.9元/桶，涨幅达14.2%。部分品牌调味品价格有所上调，涉及调价的有酱油、醋等多个种类。

2.部分日化用品价格上涨。今年以来，部分日化用品价格出现了不同程度上涨，其中，从4月开始，宝洁旗下的海飞丝、沙宣的价格上调了5%~20%，如某超市沙宣洗发、润发系列400毫升（mL）从48元上涨到52元，上涨8.3%。上涨原因：一是原材料上涨。从2010年至今，包括洗发水、沐浴露等洗护类产品的原材料和包装材料的价格，平均上涨了40%到50%；二是近年来劳工成本的不断上涨；三是运输成本上涨。日化用品的消耗量比较大，厂家要持续运输供货，而今年上半年油价高企

加大了运输成本。

（三）烟酒及用品价格涨幅居八大类第二位

去年以来，高档白酒价格上涨带动整个酿酒行业价格上涨。今年上半年，白酒价格在2011年大幅上涨的基础上上涨11.2%，带动整个酒类价格上涨7.7%。

（四）居住类涨幅低于上年同期

受提高房贷利率的一系列房地产调控政策影响，上半年居住价格累计上涨1.3%，低于上年同期2.4个百分点。其中建房及装修材料价格上涨1.8%，涨幅低于上年同期5.4个百分点。

三、居民消费价格变动原因浅析

（一）新涨价因素左右今年物价的上涨幅度

由于去年价格上涨对今年的翘尾影响为负，所以今年的居民消费价格涨幅全由新涨价因素决定。上半年，各月居民消费价格涨幅中的新涨价因素分别为3.2、3.5、3.9、4.3、4.1和3.8个百分点，价格上行的压力仍然存在。据测算，上半年广西居民消费价格总水平同比上涨3.0%的变动幅度中，新涨价因素为3.8个百分点，因2011年价格的滞后影响幅度为负0.8个百分点（即翘尾因素），新涨价因素成为广西2012年上半年CPI上涨的主导因素。

（二）人工成本上升是物价上涨的主要动因

近年来，为保障劳动者、特别是低收入劳动者的基本生活，国家提高最低工资标准。2010年全国有30个省（市、区）提高了劳动者最低工资标准，平均涨幅为22.8%；2011年有24个省（市、区），平均涨幅为22%。2012年2月，广西区人民政府办公厅再次发出《广西壮族自治区人民政府关于调整广西职工最低工资标准的通知》，调整之后，根据类别和适用地区的不同，最低工资增加了125元～180元不等，非全日制职工最低小时工资标准也水涨船高，如南宁市每月最低工资标准提高了22%。劳动力成本的上涨势必推动制造业、服务业成本的提高，给物价上涨带来压力。受此影响，上半年服务项目价格上涨1.8%，拉动居民消费价格总水平上涨0.5个百分点，其中，衣着加工服务费上涨9.9%、家庭服务费上涨12.2%、个人服务费上涨5.8%、其他邮寄上涨6.6%等。

（三）资源型产品涨价形成成本压力并影响上涨预期

在资源价格上涨方面，主要是电力、成品油、水的价格上涨。由于国内稳步推进成品油价格、阶梯用电，阶梯用水，污水处理费等改革。如今年以来部分城市上调污水处理费，导致上半年广西水价上涨7.2%，拉动居民消费价格总水平上涨0.1个百分点；同时由于成品油两次大幅上调价格，虽然近期有所下降，但上半年汽油、柴油价格均分别上涨5.0%、液化气价格上涨2.6%。资源型产品价格上调对CPI的影响有三方面，一是直接影响，天然气、成品油包含在CPI中，价格上调对CPI有直接的推动作用；二是传导作用，能源价格上涨增加了商品及服务的生产成本以及流通成本，加大了价格总水平上涨的压力；三是对市场预期的影响，资源型商品价格上涨，容易形成价格上涨的导向和预期。

（四）农业生产资料价格连续上涨

2010和2011年农业生产资料价格分别上涨1.9%和12.2%，2012年上半年累计上涨7.1%，涨幅低于上年同期4.0个百分点。调查的十大类农资价格呈全面上涨态势。农资价格居高不下，会发生成本转嫁，使得农产品零售价格提高，推动食品类价格继续上涨，进而助推居民消费价格总水平保持较高水平。

四、后期价格走势预测

在国家宏观调控及各项稳价措施共同作用下，去年下半年CPI走势逐步回落。今年政府工作报告仍将保持物价总水平稳定作为任务之一，并将全年控价目标定为4%。由于2011年食品、工业消费品及服务价格都出现较大幅度上涨，今年大幅上涨可能性降低，加上2011年价格上涨对2012全年产生的翘尾因素为负，今年控价有很多有利因素。但随着基础性资源价格改革大幕开启，完成今年控价任务仍有很大压力。

（一）影响价格回落的因素

1.生产资料价格指数呈逐步下降的态势。上半年广西PPI同比下降1.1%。钢材、水泥等主要工业生产资料价格基本稳定，上下游传导压力有所减弱，同时国际经济环境恶化导致中国出口行业生产趋弱，再加上国内工业增速出现连续下滑，对上游能源和原材料的需求有所下降，对于缓解通胀压力起到了直接作用。

2.调控市场各项政策措施效应的进一步显现。2011年粮食再获丰收，生猪、蔬菜等主要农产品市场供求关系趋于改善，特别是猪肉价格，随着供给逐步增加，从而使猪价进入下行轨道。食品类价格涨幅趋稳。

3.主要工业消费品价格下行压力加大。工业消费品市场供大于求总体格局不会发生大的改变，将抑制消费品价格进一步上升。除烟酒、衣着外，大部分工业消费品价格仍然低迷。国内市场供给总量增长，工业消费品市场供大于求总体格局不会发生大的改变，市场竞争更趋激烈，又进一步加大主要工业消费品价格下行压力。

4.翘尾因素大幅回落。2011年全年的平均翘尾为3.5个百分点，而2012年全年平均翘尾为-0.7个百分点，远低于2011年。

（二）影响价格上涨的因素

1.货币存量仍然很大。因长期外贸顺差多发的货币和2009年前后大量的贷款还需要较长时间进行消化，发达经济体实行的量化宽松货币政策造成的全球性流动过剩对我国影响也还在发生作用。而且，通胀减缓程度也取决于政策放松的力度，2012年货币政策有所放松，二次连续降息，则通胀可能比预期的要高，尤其是到下半年。

2.食品价格上涨是一个长期的过程。最近两轮物价上行都由食品涨价引领，而

目前国内食品价格走高预期并未完成。首先，国内食品价格因二元经济和价格管理，相对于国内非食品价格存在长期低估，从国内食品价格与国外食品价格绝对水平比较来看，国内食品价格低水平虽有所改观，但仍低于国外水平，未来食品价格上行仍是大势所趋；其次，由于需求增加及自然灾害频发，世界食品价格高企和波动局面将延长相当一段时期；三是资源价格改革，水、电、气价格上涨提高了农产品生产成本，如果没有适当补贴政策，农产品价格将会一定幅度上涨。

3.非食品价格回落受到劳动力成本上升的制约。本轮通胀上升过程中非食品价格超常规上涨更多体现了能源、人工及农产品价格上涨等趋势性因素，其中劳动力价格上涨有一定的“粘性”，也就是说，工资上涨一般是难以回调的，这就意味着，由工资上涨带来的部分工业消费品和服务项目价格的上涨回落相对较慢，而且2012年行政干预措施的退出可能会导致部分前期受限的商品价格补涨。

4.资源、医疗等价格的调整。2010年下半年以来，由于总体价格水平较高，水、电、气等资源类价格的上调一直没有涉及到居民消费领域，这些将在今年逐步得到疏导和释放，水、电、气和医疗收费等价格上调措施陆续出台，是构成今年价格上涨的潜在因素。由于是基础产品，其价格上涨对CPI的间接影响可能会大于直接影响，会导致餐饮、公共服务、居住等一系列产品价格上涨。

2012年上半年梧州市居民消费价格平稳运行

肖凤玲

据国家统计局梧州调查队调查，2012年上半年,梧州市居民消费价格（CPI）同比上涨2.9%，涨幅较上年同期回落3.4个百分点，分别低于全国和全区0.4个、0.1个百分点，在全区14个城市中，居民消费价格涨幅居第6位。总体上看，上半年梧州市CPI呈现出平缓上行的态势。

一、CPI总体运行情况

（一）CPI平缓运行，波动不大

上半年梧州市居民消费价格总水平表现出平缓上行的特点，1—6月各月CPI同比分别上涨3.3%、2.6%、3.0%、2.6%、2.8%、3.0%，环比则分别上涨2.4%、0.4%、0.6%、0.8%、-0.4%、-1.0%。1月份环比大涨是因为受春节消费高峰的影响，今年的元旦和春节集中在1月份，假日消费需求对于食品价格具有正面拉升作用。而在春节之后，CPI涨幅则出现下滑的态势。

（二）八大类价格呈现“七升一降”

调查的八大类消费品价格中，升幅最大的是食品类，上升5.5%；其余各类价格涨幅分别为：烟酒类3.8%、衣着类4.7%、家庭设备用品及维修服务类2.8%、医疗保健和个人用品类3.3%、交通和通信类0.3%、居住类0.6%；只有娱乐教育文化用品及服务类下降0.2%。

二、CPI分类运行特点

（一）食品类价格仍居涨幅首位

调查显示，16个小类食品价格一改上年全面上涨的势头，部分价格出现下降。与居民生活密切相关的“米袋子”、“油罐子”、“菜篮子”等食品价格涨幅较大。其中：粮食价格上涨4.2%、油脂价格上涨9.3%、菜类价格上涨15.0%、肉禽及制品价格上涨6.2%、在外用餐价格上涨6.5%、其他食品价格上涨12.7%，有两小类价格下降：蛋价格下降1.8%、干鲜瓜果价格下降6.5%。

1.油脂价格同比上涨9.3%。其中，食用植物油价格上涨12.3%。据了解，市场上的花生油和菜籽油主要依靠国内供给，上年国内花生和油菜籽产量下降，导致原料价格上升，是食用油涨价的主要原因。

2.食用畜肉及副产品价格同比上涨8.8%。其中，猪肉价格上涨1.6%。在猪肉价格走势趋稳的情况下，牛羊肉价格涨势依然明显，牛、羊肉价格分别上涨29.9%、32.9%。

3.鲜菜价格同比上涨17.5%。 1—6各

月鲜菜价格同比分别上涨6.7%、1.1%、16.4%、26.2%、24.1%、33.2%；环比涨幅分别为10.3%、-7.0%、16.2%、14.9%、-6.4%、-14.9%。主要是受春季长时间阴雨低温天气影响，此外蔬菜运输成本、储存成本增加，导致了蔬菜价格出现较大幅度上涨。

4.水果价格同比下降10.1%。今年1季度气温较低，即使在春节期间也有相当部分市民减少了对水果的需求，而且今年以来市场上各种水果供应相对充足，与上年水果价格较高的情况相比，今年上半年水果价格下降趋势明显。

5.餐饮价格再次上调。自春节期间起，市内不少餐饮店上调了供应品种的价格（0.5元—2元）。据餐饮店老板表示，此次涨价主要是因经营成本增大。租金年均上调近1000元，而1000元月薪已经很难请到工人。此外，原材料、燃料、调味品等价格也小步走高。

（二）烟酒类价格继续上涨

烟酒类价格上升主要表现为酒类价格的上涨。酒类价格上涨4.9%，其中：白酒上涨4.0%、葡萄酒上涨8.6%、啤酒上涨4.4%、其他酒上涨10.6%。酒类价格不断走高，除了粮价上涨的原因外，也由于不少名酒厂家不断加大品牌的宣传力度，将高昂的宣传费用转嫁到产品成本上。

（三）衣着类价格涨幅位居第二

上半年衣着类价格上涨4.7%，而人工、物流成本的提高，是衣着类价格上涨的主要原因。据了解，去年以来许多企业的人工费涨了3成左右，因物流和人工成本就增加了服装总成本20%。

（四）耐用消费品价格涨跌互现

尽管有国内外制造业产能过剩及产品更新换代速度的加快，智能升级不断提升自身品牌的科技含量，市场竞争日益激烈的影响，但受原材料价格上涨及人工费用增大推动，耐用消费品价格一改以往处于全面下降的态势，出现涨跌互现的势头。其中：家具价格上涨0.3%、交通工具上升6.4%（其中助动自行车价格上涨16.1%）、家庭设备价格上升0.8%、文娱用耐用消费品下降5.6%、通信工具下降17.0%（其中手机价格下降20.6%）。

（五）政策性调价陆续出台

1.居民用电价格同比下降4.5%。今年1月份开始全区取消丰水期、枯水期电价的收费方法，实行新的统一电价（0.5283元/度）。

2.居民生活用水价格同比上升6.5%。主要是2月1日起梧州市污水处理费在现行标准基础上，每立方米提高0.1元，即调整到每立方米0.9元。

3.汽柴油价格同比上涨4.3%。伴随着油价的涨跌，上半年梧州市14.5公斤罐装液化气价格同比上涨2.8%，由年初的110元/瓶升至4月130元/瓶，重回历史最高水平，至6月份降至123元/瓶。受油价上涨直接影响，城市间交通费上涨2.0%，其中：长途汽车票上涨4.6%、短途汽车票上涨1.3%。

三、CPI变动原因分析

从今年上半年梧州市居民消费价格运

行情况综合分析，影响CPI运行的主要因素既有推动物价上行的因素，也有平抑物价高涨的因素。

（一）推动物价上涨的因素

1.食品类价格上涨是CPI走高的最主要原因。今年上半年食品类价格涨幅达5.5%，拉动全市CPI上涨了1.7个百分点，占CPI同比涨幅的58.6%。其中一个主要因素是鲜菜价格（同比上涨17.5%），拉动CPI上涨0.5个百分点，另外，牛羊肉价格的明显涨势也拉动CPI上涨0.4个百分点。

2.灾害性天气和成本增大推动农产品价格上涨。今年一季度梧州市出现了长时间阴雨低温天气，全国北冷南雨的天气对蔬菜食品的生产、供应产生比较大的影响，造成物价明显反弹。另外，化肥、农药、人工价格以及运输成本的上升，也是推高农产品价格的重要因素。

3.油价传导效应。上半年国家两次较大幅度提高了油价，油价的涨价效应会通过原材料、生产、运输成本的上涨，乃至心理预期变化，从上游逐渐传导到下游，对CPI的推动作用会日益显现。

4.流通环节过多，也增大了成本费用推动价格上涨。据了解，流通中间环节过多，已成为部分商品涨价的又一推手。如中药材，零售商一般从医药公司进货，医药公司的供货商则是呈现金字塔状的层层采购商，一般中药材从药农到老百姓手中需要经过8个环节。高档白酒进入最终的零售渠道，一般要经过四级代理，每一级代理至少都会加价15%。另据了解，我国传统的农产品流通模式经过多级批发、多级零售，每一个环节均至少加价5%至10%，这些成本最终都会转嫁到零售价格中。

（二）遏制物价高位运行的因素

1.经济大环境的影响。当前物价走势难以背离中国经济增速回落带来总需求回落的大势。在国家宏观调控作用下，加之受到国际金融危机的影响，我国经济增速呈现回落态势。这意味着总需求的放缓，加之持续回收流动性的货币政策的滞后效应，物价涨幅自然回落。

2.推动物价高位运行的因素已减弱。领涨上年CPI的猪肉价格连续回落，数据显示，1—6月猪肉类价格同比涨幅分别为10.3%、7.9%、 5.7%、 3.2%、 -5.2%、-11.4%，呈现下降趋势。其中6月份梧州市去骨猪肉售价为20元/公斤，比年初下降16.7%，比上年同月下降23.0%。据分析，供过于求是导致猪价下跌的主要原因。受上年猪价大涨刺激，农户生猪存栏量不断上升，出栏增加，而目前正处于消费淡季，猪肉市场出现了供大于求的局面。

3.规模化和标准化养殖改善有效平抑物价。今年上半年梧州市生猪、生鸡、鱼类等价格虽略有上涨，但基本保持平稳（猪肉、鸡、鱼价格同比分别上涨1.6%、1.2%、0.3%）。据市水产畜牧局反映，上年全市肉类总产量达20.4万吨，同比增长5.7%；全市规模养猪、养鸡、网箱养鱼的标准养殖场达4208个，增长近10%；水产畜牧业产业化经营率由2008年25%提高到上年的40.7%，这为水产畜禽产品安全供应提供了有效的保障。

4.工业耐用消费品价格将保持稳中有降。目前工业耐用消费品更新换代加快、处于供大于求的格局，市场竞争激烈导致的价格大战将成为抑制工业品价格上涨的有利因素。

四、下半年CPI走势预测

当前我国仍面临较为长期的温和通胀的压力，劳动力价格、资源价格等成本推动压力将在较长时期内存在，输入性通胀因素还存在较大的不确定性。今年1月起广西再次调整职工最低工资标准、企业退休人员基本养老金，央行两次下调存款准备金率、时隔三年半首次降息，都向我们释放出刺激居民消费需求、增强经济运行活力的信息。另外，上年6月—12月自治区实施的系列控价措施将在下半年引起部分价格反弹，今年下半年CPI会有一个增速加快的过程。由于2011年梧州市CPI涨幅已高达5.4%，其翘尾因素对2012年的影响为-0.3个百分点，从2012年上半年梧州市居民消费价格运行情况及对今年走势的影响来看，上半年CPI涨幅为2.9%，预计今年CPI会低于上年水平，全年涨幅将在4%以内。

2012年上半年玉林市居民消费价格涨幅波动回落

黄 琳

国家统计局玉林调查队调查数据显示，2012年上半年，玉林市居民消费价格（CPI）同比上涨2.9%，涨幅比全区平均水平3.0%低0.1个百分点，比上年同期的6.6%回落了3.7个百分点。总体而言，上半年玉林市CPI呈现涨幅波动回落的态势。

一、CPI运行总体特点

（一）涨幅呈波动回落

分月看，上半年各月玉林市居民消费价格同比分别上涨3.6%、3.0%、3.6%、2.8%、3.1%、1.7%，涨幅呈波动回落态势（见图1）。

图1 玉林市上半年居民消费同比指数走势图

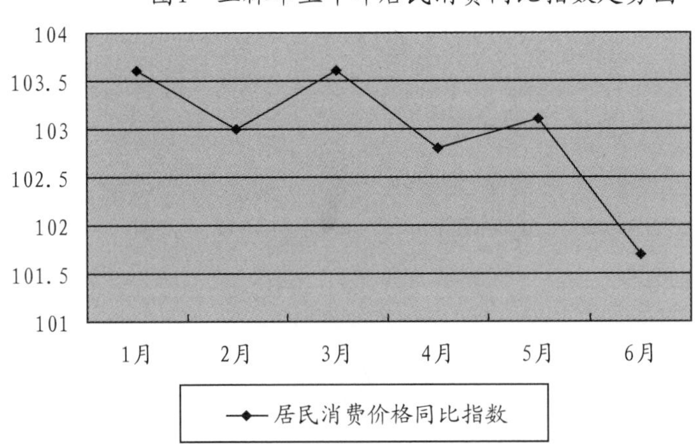

（二）结构呈“五升三降”

从结构看，调查的八大类商品及服务价格呈“五升三降”的态势，其中：食品、烟酒、医疗保健和个人用品、交通和通信、居住类价格累计同比分别上涨7.1%、2.9%、2.7%、0.7%、2.1%；衣着、家庭设备用品及维修服务、娱乐教育文化用品及服务累计同比分别下降0.7%、1.4%、0.4%。在八大类商品及服务价格中，食品类价格涨幅最高，家庭设备用品及维修服务类价格降幅最大。

（三）食品类价格上涨仍然是拉动总指数上涨的主因

调查数据表明，上半年食品类价格仍处高位，各月同比分别上涨10.4%、6.8%、8.2%、6.9%、6.9%、3.6%，均领涨于其他七大类。上半年累计同比上涨7.1%，拉动总指数上涨2.4个百分点。

二、八大类价格变动情况

（一）食品类价格上涨7.1%

1.粮食价格涨幅逐步回落。上半年粮食价格同比上涨5.6%，各月同比涨幅分别为15.1%、13.8%、4.8%、1.4%、0.4%和0.1%，呈逐月回落趋势，从3月份开始在14个月之后涨幅重新回落在10%以下。

2.猪肉价格涨幅落差较大。上半年猪肉价格同比上涨0.5%，各月同比涨幅为15.2%、7.8%、5.7%、-1.3%、-6.4%和-14.9%，1月和6月的涨幅相差30.1个百分点。

3.牛羊肉价格上涨迅猛。牛肉和羊肉的价格同比分别上涨36.0%和28.5%，各月的涨幅均在20%以上，其中牛肉价格在今年春节期间涨幅较大，1月份同比涨幅达33.1%。

4.鲜菜价格涨幅较大。上半年鲜菜价格上涨22.0%，其中3—6月涨幅均在20%以上，涨幅最高的5月为44.2%。

（二）烟酒类价格上涨2.9%

其中白酒和葡萄酒价格分别上涨8.3%和1.1%。生产销售成本的提高以及年初春节的节日效应，是酒类价格上涨的主要原因。

（三）衣着类价格下降0.7%

价格下跌的品种主要为冬装，由于上年冬季和今年春天气候相对较好，冬装价格有所回落，其中男式的毛线衣和羽绒服价格分别下降2.0%和3.1%；部分新上市的服装有所上涨，如：男式裤子和女式运动衫裤的价格分别上涨6.4%和6.0%。

（四）家庭设备用品及维修服务类价格下降1.4%

其中：耐用消费品价格下降4.4%，前期价格处于高位以及出口需求饱和的影响，是耐用消费品价格回落的原因；家庭服务机加工维修服务价格上涨13.4%，食品类价格上涨、生活成本的提高，是拉动服务类价格上涨的主要原因。

（五）医疗保健和个人用品类价格上涨2.7%

上半年医疗保健和个人用品类价格涨幅拉动总指数上涨0.3个百分点，其中中药材及中成药价格上涨9.5%，拉动总指数上涨0.2个百分点。

（六）交通和通信类价格上涨0.7%

其中，上涨比较明显的是汽油和柴油价格，分别上涨了5.3%和5.4%，受其影响长途汽车和短途汽车的价格分别上涨7.3%和2.0%。

（七）娱乐教育文化用品及服务类价格下降0.4%

其中，文娱用耐用消费品及服务下降3.0%；由于技术更新换代比较快，电视机和电脑的价格分别下降8.2%和1.6%。

（八）居住类价格上涨2.1%

从今年3月开始，玉林市城区供水价格、水资源管理费及污水处理费每立方米分别上调了0.21元、0.01元、0.1元；液化石油气价格受政府控价措施结束及产业上游成本压力影响，上半年价格同比上涨9.3%，拉动总指数上涨0.2个百分点。上半年居住类价格同比上涨2.1%，拉动总指数上涨0.4个百分点。

三、影响CPI走势原因

（一）宏观调控使流动性受到抑制

价格从根本上讲是一种货币现象，货币量是决定价格总水平的宏观因素。今年以来，国务院继续实施稳健的货币政策，坚持房地产调控力度不放松，货币供应量增幅持续回落。今年以来货币供应量增速持续处于近年低位，存款准备金率虽然小幅下调，但仍处于近年高位。宏观调控政策的效果不断积累，流动性受到抑制。

（二）资源要素的带动

上半年成品油价格多次上调，直接推高了商品的流通成本，仓储、包装等保管成本也相应上涨，共同推升物流成本较快上涨，从而导致部分商品和服务价格上行。受2011年全球范围内资源价格普涨的影响，原材料购进价格呈上涨趋势，带动食品、交通和通信、居住等类价格上行。

（三）生产成本上涨的支撑

在农业生产中，农资价格和农业人工成本的提高推升了农产品价格。饲料、农用种子、农具等生产资料价格持续上涨，同时国内劳动力结构也发生了变化，劳动力成本上升加大成本推动型通胀压力。随着城镇化进程推进，农村富余劳动力向非农产业转移逐步减少，劳动力要素成本不断上升。从事农业生产的劳动者不断减少，使农业人工成本上升，共同推高农产品价格。而农产品涨价对物价上涨的支撑力影响较大，一方面通过居民消费粮、油、肉、蛋等农产品，直接表现为食品类价格的上涨；另一方面生活必需品价格的上涨致使劳动力成本提高，最终推动多个领域商品和服务价格上涨。

（四）外部输入型通胀压力减轻

受全球经济放缓、欧债危机加剧影响，2月底以来，国际原油、黄金、有色金属、棉花等大宗商品价格大幅下跌，小麦、玉米等国际粮食价格较为平稳，输入型通胀压力减轻。国际市场大豆、玉米、小麦价格均有所回落，国际农产品、能源等大宗商品价格的回落，缓解了物价上涨压力。

（五）政府控价措施结束

从去年8月开始实施的政府控价措施，到今年1月基本结束。受其影响，1月份CPI环比大幅上涨3.4%，其中猪肉、油脂、液化石油气、电、管道燃气、有线电视和检查费价格环比分别上涨26.3%、6.7%、8.0%、14.8%、5.3%、50.4%和16.0%，当月共拉动CPI上涨约1.8个百分点。

（六）翘尾因素的下行作用

由于上年物价持续走高，对今年CPI的走势形成了下行的翘尾影响，上半年除了1月的翘尾影响为正0.2之外，其余5个月的翘尾因素均为负影响，上半年翘尾因素累计影响总指数下行1.3个百分点。

四、下半年CPI走势预测

（一）上行作用因素

1. 货币政策引起的通胀预期。货币供应量自今年起增量快速放大。2月份为近三年来首次下调存款准备金率，6、7月份连续两次降息也释放出有意缓解市场流动性偏紧的信号，这些政策和措施虽然在

短期内不会对物价构成实质性影响，但所引起的通胀预期也不应忽视。一般来说，新增的流动性对消费价格的作用一般有半年左右滞后期，因此，今年第三季度季末和第四季度价格走势将会做出应，第四季度环比指数将可能走高。

2.政策因素的积极推动。在当前复杂多变的国际国内经济形势下，中央重新把“稳增长”放在了宏观调控的首要位置，新的“稳增长”政策实施并在经济领域见效后，经济发展、生产需求增加、居民收入增长等都将通过成本推动、消费拉动等形式影响消费价格上涨。

3.成本推动的价格上涨将继续存在。目前我国仍处于发展的较快阶段，对能源、资源等基础性原材料产品需求将继续旺盛。随着我国经济发展转型和结构调整的加快推动,劳动力、资源、能源等生产要素的低价供应格局将会被逐渐打破，其价格上涨将成为推动物价整体上行的重要因素。2012年，能源和资源价格形成机制改革开始加快推进并实施,上半年居民阶梯电价定价调整已经实施，下半年油、气、水、电等价格的改革预计会加快推进，公共产品调价压力可能在今年集中释放。

（二）下行作用因素

1.经济增长放缓。随着国内经济增长的放缓，我国经济发展不确定性因素增加，工业、出口、财政收入等增速减慢，国内经济增速的适当回落有利于物价下调。

2.工业领域的产能过剩。产能过剩将继续抑制价格上涨向消费终端传导。目前国内不少行业产能过剩情况仍比较普遍，市场竞争激烈，商品市场总体供过于求，且短时期内难以出现实质性改观,特别是工业消费品领域将长期存在着供大于求的格局，这对通货膨胀有一定的抑制作用。

3.猪肉价格有望稳定。上年生猪价格持续处于高位，养殖户补栏积极性较高。据悉，经过前期补栏，生猪存栏数量已有所增加，生猪供应压力随之减少，预计下阶段生猪价格将较为稳定。

4.季节性因素对菜价的稳定作用。随着天气的变暖，本地产的蔬菜将大量上市，将对菜价起到下行作用，加上每年的2季度的气候比较适宜蔬菜种植，在7、8月台风季节来临之前，蔬菜的运输物流环节受天气影响可能性不大，季节因素将对蔬菜价格起到稳定作用。

5.国际原油价格影响。成品油和燃料等国家宏观调控的商品价格在下阶段均存在着价格变化的可能性，目前国际油价持续低走，近期已经跌破90美元/桶，根据成品油价格联动机制，成品油价格有可能回落，同时液化石油气的价格也会受夏天消费淡季和原油价格回落的影响而有所变化。

6.翘尾因素影响。2011年物价处于高位，特别是猪肉价格的持续走高，会对2012年CPI走势形成翘尾影响。据测算，2012年翘尾因素将影响价格总指数回落1.4个百分点，其中下半年将影响总指数回落1.5个百分点，翘尾因素的下行作用在下半年将逐步体现。

综上所述，预计三玉林市CPI会处于平稳走低态势，同比涨幅持续回落，但四季度涨幅可能出现小幅反弹。

2012年上半年广西农业生产资料价格涨势渐趋平缓

莫庆明

2012年上半年，广西农业生产资料价格（简称农资价格，下同）同比上涨7.1%；分月看，各月涨幅分别为9.6%、10.3%、8.7%、7.3%、4.4%、2.9%，涨幅呈逐月回落的态势。

一、上半年农资价格变动的特点

（一）上涨势头趋于平缓

从同比看，2012年广西农资价格上涨7.1%，比上年同期低4个百分点。自2月份以来，广西农资价格涨幅一路下滑，6月份涨幅降至2.9%，为半年来的最低水平，比2月份涨幅低7.4个百分点；从环比看，1—6各月，环比涨幅分别为0.5%、2.4%、0.9%、0.1%、-0.9%、-0.1%，2月份以来环比价格指数快速回落，5、6月份环比总体水平由涨转跌。

（二）饲料价格维持较大涨幅

1—6各月广西饲料价格同比分别上涨12.9%、12.9%、13.5%、13.8%、14.4%、14.3%，累计上涨13.6%，涨幅居十大类农资之首，影响农资价格总水平上涨1.8个百分点。其中：混合饲料价格上涨14.2%，其他饲料价格上涨11.2%，分别影响农资价格总水平上涨1.5和0.3个百分点。

（三）化学肥料价格上涨影响显著

2012年上半年化学肥料价格同比上涨9.2%，拉动农资价格总水平上涨2.1个百分点。其中：氮肥价格上涨9.4%，磷肥上涨9.6%，钾肥上涨6.3%，复合肥上涨10.0%，分别拉动农资价格总水平上涨0.9、0.3、0.2、0.7个百分点。在十大类农资中，化学肥料价格的上涨是拉动农资价格总水平上涨的最显著因素。

（四）农用机油价格仍高企

1—3月份农用机油价格呈涨幅不断扩大的态势，分别达到4.0%、8.4%、11.7%，4—6月份随着国内成品油价格的两次下调，农用机油的涨幅也随之收窄，分别上涨8.7%、6.8%、4.4%。但由于前期价格水平较高，上半年农用机油价格同比仍上涨7.3%，影响农资价格总水平上涨0.5个百分点。

（五）农业生产服务价格快速上涨

2012年上半年农业生产服务价格同比上涨7.1%，拉动农资价格总水平上涨0.6个百分点。其中涨幅较大的机械作业费上涨9.3%、农业用电价格上涨8.1%、农业用工价格上涨7.2%，分别影响农资价格总水平上涨0.3、0.1、0.2个百分点。

（六）农用种子价格涨幅较大

上半年其他农业生产资料价格同比上涨6.0%，主要是受农用种子价格大幅上涨9.0%的影响，拉动农资价格总水平上涨1.0个百分点。

（七）产品畜价格先涨后降

1—4月份产品畜价格同比分别上涨24.0%、26.6%、16.2%、3.1%，5、6月份则分别同比下降13.8%、19.6%。上半年产品畜价格同比上涨3.9%，影响农资价格总水平上涨0.5个百分点。

二、影响农资价格变动的因素

（一）经济增长放缓促使农资价格涨势趋缓

2012年以来，受欧债危机影响，世界经济增长乏力，我国经济受出口增长减缓、投资和内需不足的影响，也面临较大的下行压力，工农业生产的扩张和市场需求增长的规模受到一定程度的压缩，经济高速增长对各种生产要素价格上涨的压力也有所缓解。国际市场原油、矿物等能源、原材料供应相对充足，价格有所调整，影响了农资价格总体水平趋于平稳回落。

（二）翘尾因素推高农资价格指数

由于2011年广西农资价格上涨较快、涨幅较大，且1—9月环比连续上涨，对2012年上半年农资价格上涨产生了正翘尾影响。截止2012年6月份，广西农资价格上涨的新涨价因素为2.8个百分点，翘尾因素影响上涨4.3个百分点，上年农资价格的持续上涨显著抬高了2012年上半年农资价格的上涨幅度。

（三）成本上升推高部分农资价格

化学肥料涨价首先来源于化肥生产成本的增加，由于生产化肥的石油、天然气等原材料价格、水电价格、运输费用、人力成本以及环境成本等不断上升，使化肥生产企业的成本压力日益加大，促使化肥出厂价格有所上涨。从全国范围来看，受国家惠农政策和农产品价格上涨的影响，农民种田的积极性较高，农作物播种面积的增加直接导致了农用化肥需求量的增加，刺激化肥价格持续上涨。第二季度广西雨水增加，对年初部分地区的旱情有了一定的缓解，农户施肥的积极性较高，化肥需求量增大，也推动化肥价格小幅上涨。受政府节能减排政策的影响，化肥企业的生产受到一定影响，产量减少，成本相对增加，同时化肥出口量增加。所有这些因素叠加在一起推动了化肥价格的上涨。市场供需关系和生产成本是影响饲料价格上涨的主要因素。豆粕、玉米、麦麸等原材料的上涨直接推动了饲料价格上涨。成品油价格近期虽有所下调，但总体价格水平仍然较高，运输物流成本居高不下，也在较大程度上推动了饲料价格的上涨。2011年以来生猪养殖业发展势头迅猛，饲料的市场需求量很大，也拉动了价格的上涨。

（四）消费价格回落带动产品畜价格周期性回落

一是消费市场猪肉价格在过去两年长时间持续上涨，刺激了生猪养殖业的快速发展，而自2011年年底开始，猪肉价格已转入持续下降。按照市场规律，仔猪价格一般随着猪肉价格的变化而变化，随着天气的变热，猪肉消费量减少，猪肉价格持续回落，相应影响了猪仔价格的下跌；二是产品畜价格存在较为明显的价格周期，其价格经过2011年的长时间暴涨后，幼畜禽供应充足。而目前生猪养殖业利润空间已经很小，在饲料、人工成本上涨的情况下，生猪养殖效益已经跌破了盈亏平衡点，部分养殖户出现亏损，补栏意愿有所下降，对幼畜禽的需求相对减少，导致产品畜价格的下降；三是夏季高温，持续降雨，幼禽养殖不好护理，肉鸡，肉鸭养殖风险增大，成本增加，养殖户补栏减少。同时部分地区实施“促农增收”的惠农政策，许多农户家庭得到政府给予鸡苗、鸭仔等免费扶持，受此影响，使小鸡苗、小鸭苗价格下降。

三、下半年农资价格走势判断

（一）总体走势将保持较低涨幅

由于下半年经济增长仍面临诸多不利因素的影响，短期内市场需求难以出现较快增长，农资生产供应、市场需求能够保持基本的平衡，如果不发生突发性的供求关系改变，预计下半年广西农资价格不会出现较大幅度的涨跌，仍将延续上半年小幅平稳上涨的态势。由于上半年涨幅较大，全年涨幅将低于上半年的涨幅。

（二）饲料、化学肥料、种子、农业生产服务价格仍将上涨

尽管第二季度国际油价、国内成品油价格出现一定程度的下调，但目前其价格仍处于较高的水平。谷物、豆类、蛋白等原材料价格保持坚挺，几乎没有下调的空间；人工费用、运输成本持续上升，企业的生产、销售、服务成本难以消化。预计下半年广西饲料、化肥、种子以及农业生产服务价格仍将维持目前的较高水平。

（三）产品畜、农用机油价格将维持平稳向下态势

产品畜价格与猪肉价格紧密相关，目前猪肉价格低迷，还处在价格周期的下行阶段，短期内看不到显著上涨的苗头。产品畜价格目前虽然处于很低的水平，但符合其价格自然变动的规律，且其价格变动受肉价上涨影响还有一个滞后效应，因此，下半年产品畜价格仍将低迷，难以大幅反弹。继5月、6月份国内成品油价格连续两次下调后，广西于7月12日再次下调了成品油价格。从国际石油价格市场走势来看，未来国内成品油价格仍有进一步下调的可能性。由此分析，下半年农用机油价格涨幅总体上将会进一步下行。

（四）农用手工工具、半机械化农具、机械化农具、农药及农药器械价格将保持稳定

从上半年价格走势来看，农用手工工具、半机械化农具、机械化农具、农药及农药器械的环比价格比较稳定；与2011年同期相比，其价格呈逐月小幅下降的趋势。考虑到夏种、秋收农忙季节对农机具需求会有所增加，价格可能小幅上涨。综合分析，预计下半年其价格走势将保持稳定。

四、保持农资价格相对稳定的建议

（一）加强敏感农资价格监测，适当引导调节生产供应

一是加强对化肥、种子、农药等关键农资商品价格的监测，加强生产、销售、服务环节的监管，确保农资商品质量。疏通关键农资商品的流通渠道，简化中间环节，减少经营成本，降低农资价格；二是加强对产品畜价格监测，积极向养殖户提供价格信息和技术指导，防止价贱伤农，保持产品畜价格相对稳定，保护养殖生产积极性，促进价格周期正常循环，从而保证产品畜和肉禽生产供应的连续稳定性。

（二）适当增加对农业机械化补贴，应对农业用工价格和农业机械作业费用的快速上涨

目前广西农村青壮年劳动力严重短缺，农民也无力常年放养耕牛，农忙时节很多农民选择雇请农业工人、农用机械完成耕种作业。由于近年来农业用工价格和农用机械作业费快速上涨，直接增加了农业生产成本，影响了农民种田积极性。应进一步加大农机补贴力度，更好地落实各项惠农政策，减轻农民的机械作业费负担，减少农业对人力的依赖，降低农民种田成本，促进农业健康发展。

（三）减轻农业对化肥的依赖，引导农民科学种田

在当前化学肥料市场价格居高不下的情况下，进一步推广测土施肥、采用缓释肥料等措施，有效提高肥料利用率。同时要充分利用目前规模养殖业产生的大量有机肥、生物肥料施肥，既可以在一定程度上消解掉化肥价格上涨因素，又能够达到改良土地、改善环境的效果。

2012年上半年贵港市主要工业品购销价格走势分析

黄崇色

2012年上半年，贵港市主要工业品出厂价格呈现下降的态势，主要工业品购进价格上涨趋缓。具体情况分析如下：

一、主要工业品价格运行特点

（一）主要出厂价格变动情况

1.白糖出厂价格同比下降6.9%。分月看，1—6月各月同比分别下降3.1%、2.2%、7.7%、9.7%、9.2%、9.2%；环比分别上涨-2.2%、1.1%、-2.7%、0.5%、0.2%、-1.8%。1月份，受到2011／2012甘蔗生产榨季新糖上市供应量瞬间猛增的影响，价格小幅回落；2月份，受春节市场需求量较大的影响，价格小幅回升；3月份，受消费淡季，以及国际食糖大量过剩、国际糖价下跌的影响，白糖出厂价格也随之下跌；进入4、5月份，随着夏季饮料消费的启动，库存趋势性走低，销糖量则不断增加，给糖价以坚实的利好支撑，价格较为平稳；6月份，由于国际原糖在反弹后大幅下挫，国内白糖需求不旺，价格下跌。

2.水泥出厂价格同比下降9.1%。分月看，1—6月各月同比分别下降10.0%、6.4%、11.1%、13.6%、0.5%、12.7%；环比分别上涨-1.2%、-1.2%、-8.9%、-2.8%、-0.8、0.2%。上半年贵港市水泥出厂价格下降的主要原因：一是上半年不受限电影响，企业产能正常发挥，水泥库存增加；二是受上半年持续寒冷和降雨等恶劣天气的影响，工程施工减缓，水泥需求量大量减少；三是目前银行对地方放贷偏谨慎，基建项目投资和房地产建设受挫，加上房地产市场调控政策仍然延续，没有能够拉动水泥的潜在需求。

3.大米出厂价格同比上涨13.4%。分月看，1—6月各月同比分别上涨13.9%、15.0%、10.2%、11.0%、9.7%、8.4%；环比分别上涨2.9%、2.8%、-0.8%、-0.2%、-0.7%、-1.0%。主要原因：一方面，由于柴油、种子、化肥、农用机械等农资价格上涨，以及人工、抗灾投入费用的增加，农业生产成本明显上涨，加上各种粮食的价格不断上涨，上半年大米出厂价格随着稻谷价格的持续上涨而水涨船高；另一方面，今年2月，国家再次提高稻谷最低收购价格，即每50公斤早籼稻（三等，下同），中晚籼稻、粳稻最低收购价格分别提高到120元、125元和140元，比2011年分别提高18元、18元和12元。这一政策的实施，为2012年籼稻运行价格筑牢了底部空间。

4.螺纹钢出厂价格同比下降5.2%。分

月看，1—6月各月的螺纹钢出厂价格同比分别下降2.7%、4.5%、3.2%、2.9%、8.0、9.8%，环比分别为-0.7%、1.6%、-0.5%、0.8%、2.6%、-0.6%。价格下跌最重要的一个原因是需求疲弱，房地产的萎缩明显，使得钢材市场的观望和推迟采购。

5．蚕茧生丝出厂价格同比下降18.1%。受到欧元区危机、国内经济不景气的影响，国内丝绸产品出口形势比上年艰难，丝绸出口量和出口金额都出现了下降，加上蚕茧原材料产量价格不稳定以及蚕丝被销售旺季主要在秋冬季，生丝价格持续走低。6月份，贵港市蚕茧生丝出厂价格为32.93万元/吨，上半年同比下降18.1%。

6.羽绒出厂价格同比上涨7.1%。分月看，1、2月份由于持续寒冷的天气，增加羽绒加工企业生产的信心，需求量大增，羽绒价格环比分别上涨2.1%、4.7%；3—6月份，随着气温的回暖，羽绒需求进入了淡季，价格小幅回落，环比分别为-1.2%、0.9%、-0.5%、-0.4%。主要原因，随着经济水平的提高，羽绒产品消费需求快速增长，加上羽绒原材料、辅料、劳动力等生产成本上涨等因素影响所致。

7.硫酸出厂价格同比下跌18.4%。1—6月各月同比分别下降4.5%、2.8%、21.2%、19.4%、24.0%、33.9%，环比分别为-5.3%、2.6%、-3.4%、0.5%、-6.0%、-12.2%。上半年硫酸的市场需求持续减弱，下游行业化肥、农药及硫酸盐等生产企业开工不足，市场供大于求是硫酸价格下降的主要原因。

8.松香出厂价格同比下降49.6%。在2010年高松香价格的刺激下，2011年国内松香产量较上年有较大幅度的增长，同时2011年国内外经济低迷，特别是受日本地震及海啸的影响，2011年3月份以来，对于松香需求锐减，出口量大减，松香库存较大，松香市场行情持续低迷下行状态。从环比看，1月份，受短线需求拉动，松香市场延续了2011年年末的上涨趋势，环比上涨9.5%；2月份，随着春节过后返厂开工的厂家逐渐增多，在拉涨心态的影响下，环比上涨5.5%；3—6月份缺少下游刚性需求的支撑，库存压力难以缓解，松香出厂价格持续下跌，环比分别下跌0.7%、1.4%、0.5%、7.5%。其中，6月份的松香出厂价格为8462元/吨，为2012年以来的最低价格。

（二）主要购进价格变动情况

1．甘蔗收购价格大幅上涨。2011/2012榨季的甘蔗收购价格为500元/吨，与2010/2011榨季初的442元/吨相比，上涨了13.1%。

2.稻谷购进价格先涨后跌。1—6月份各月价格同比分别上涨20.2%、17.6%、13.2%、13.2%、7.3%、0.2%，环比分别为3.4%、0.4%、-1.0%、-0.6%、-4.5%、-6.3%。主要是由于大米出口量减少进口量增加，导致市场供应量增加；二是随着2012年来肉猪价格的持续下跌，粮食饲料需求下降，大米需求减少。

3.天然松脂购进价格大幅下降。1—6各月环比分别上涨11.8%、3.4%、0、12.6%、5.9%、-6.7%，6月天然松脂购进价格为8400元/吨，但是由于受2011年持续下跌的影响，2012年上半年天然松脂购进价格同比仍下降了41.6%。

4.煤、工业用电价格小幅上涨，工业用水价格稳定。上半年，三号无烟煤平均购进价格783元/吨，同比上涨了7.9%；气煤平均价格为493元/吨，同比上涨2.5%；1/3焦煤平均价格与上年同期相比上涨了14.5%。工业用电均价为7175元/万千瓦时，同比上涨9.4%。企业购进工业用水价格为2.46元/平方米，与上年同期持平。

二、企业经营面临的主要困难和问题

一是企业效益不佳。2012年受金融危机的影响，贵港市调查企业反映出厂价格涨幅回落甚至出现持续回落，价格不平稳。人工成本和物料购进价格等都出现了较大幅度的上涨；规模较小的企业受到本市同行较大企业压制，出厂价格被迫下降，企业效益有所下滑，不敢发挥生产，缺乏扩产扩能信心。受原材料偏紧以及出现需求量减少等因素的影响，2012年上半年企业销售量大幅下降，甚至有些企业销售量仅为上年同期的10%。

二是融资存在困难。受国家宏观调控政策影响，2012年企业融资难度加大，企业从银行贷款的难度更大，即使得到的贷款也比上年少，为了维持企业的正常生产，企业选择从民间渠道筹资。而目前民间借贷的利息已经从上年的月息0.2%提高到0.3%—0.4%，高额的利息大大增加了企业的生产成本，加重了企业的负担。

三是企业招工、用工困难依然存在。2012年以来，贵港市政府通过举办人才招聘会、加大对农民工的培训等多项措施，积极为企业解决用工难问题，取得了一定的成效。但据调查数据显示，2012年以来贵港市大部分的企业用工难问题依然突出，存在用工紧缺现象的达到80%，其中用工不足一半的企业达到30%。用工紧缺严重影响了企业的生产和经营，部分企业由于员工不足，不敢贸然接定单，有的企业只能压缩生产线。

三、几点建议

一是加大政策扶持力度。当前部分企业资金周转仍存在困难，开放融资渠道，帮助企业走出困境；对外资企业和本土企业一视同仁，给予本土企业生存的空间；减轻企业税费负担、加快垄断行业改革、大力完善企业经营环境。

二是要继续发挥好政府的服务引导作用。政府及相关部门应加大市场价格监管，避免价格大幅波动，确保企业的生产利益；要从源头抓起，减少行业间的不正当竞争；相关部门加强到企业调研，倾听企业的心声，掌握一手资料，帮助企业走出困境。同时，要利用贵港市交通便利的优势，推进物流业的发展，帮助企业减少或降低运输成本。及时发布各类市场信息，为企业营造一个良好的生产经营环境；做好产品产销衔接，抑制原辅材料市场价格无序上涨。

三是工业企业要深挖节能降耗潜力。企业可通过提高管理和工艺水平、节能降

耗来缓冲原材料、燃料、动力价格上涨带来的成本压力，提高对价格变化的风险控制能力，推动企业的可持续发展。

四是加强企业管理，降低成本。随着世界经济贸易日趋一体化，企业面临激烈的市场竞争，竞争不仅仅是产品质量、技术的竞争，价格竞争更尤为突出。成本控制是价格竞争的基础，降低成本是企业生产、健康发展的关键因素。企业应该做到不断转变观念，要加快技术创新、提高产品质量，企业管理创新，规范财务管理，加强成本核算，提高产品质量提高企业核心竞争力。

2012年三季度广西农产品生产价格同比微涨0.4%

王 飞

据国家统计局广西调查总队农产品生产价格调查，2012年三季度农产品生产价格上涨0.4%，价格涨幅比上半年明显回落，其中，农业、渔业类产品价格分别上涨12.2%、0.7%，而林业、牧业产品价格下跌4.6%和3.6%，前三季度广西农产品生产价格累计上涨2.5%。

一、2012年三季度农产品生产价格运行情况

（一）农业产品价格涨幅较大

2012年三季度广西农业产品生产价格同比上涨12.2%。分品种来看，玉米、豆类、生麻、蔬菜、水果等价格同比上升，稻谷和油料同比稍有下降，具体情况如下：

1. 稻谷价格小幅下跌。三季度谷物生产价格同比下降0.5%，其中早籼稻平均价格为2.8元/公斤，较上年同期下降3%左右。稻谷出售价格下降的主要原因有：三季度是早稻成熟收获季节，农户出售稻谷的数量比较多，相对其他季度而言供给充足，价格有所下跌。但前三季度来看，受近年来逐年提高粮食最低收购价和种植成本增加的影响，稻谷价格同比仍然呈上涨态势，涨幅为3.8%。

2. 玉米价格小幅上涨。2012年三季度玉米价格同比上涨3.6%，前三季度累计上涨4.1%。玉米价格上涨的主要原因：一是受国内物价整体上涨和人工费用增加影响，2012年玉米种植成本有所增加。种子、化肥价格稳中有涨，人工及租地成本均出现了上涨，种植成本上涨抬高了国内玉米价格。二是2012年国外主产区出现罕见干旱，导致玉米、大豆、小麦等农作物大幅减产，国际市场玉米价格明显上涨，推高国内市场粮食价格，从去年底开始，作为主要饲料原料的玉米价格持续攀升。

3. 油料花生和茶叶价格一降一升。三季度花生价格同比下降8.2%，前三季度累计下降3.9%。价格下降的原因主要有两个方面：一是2012年花生种植面积扩大，花生质量较往年好，产量高，供给相对充足；二是受到猪肉价格同比下降的影响，做为油料用的花生需求下降。双重因素致使油料花生价格同比下跌。本季度茶叶价格同比上涨8.0%，前三季度累计上涨5.7%。据调查，2012年茶叶价格不断上涨，主要受如下几个方面的影响：一是供给相对偏紧，邻省云南2011年和2012年连续两年遭遇灾害天气，茶树受损，茶叶失收现象较严重，茶商到广西收茶叶原料较

多，促使广西本地茶叶供应相对偏紧。二是需求加大，随着人民生活水平的提高，近来市场上又兴起收藏陈茶之风，消费需求拓展。三是生产成本增加，据茶叶加工厂老板反映，除肥料、柴油、运输等上涨外，工人工资2012年比2011年翻一番，由2011年1500元左右/月，增加到2800~3000元/月。

4.蔬菜、瓜果类价格涨多跌少。2012年三季度蔬菜类价格大部分呈上涨态势，个别品种的蔬菜、水果由于受季节气候以及供给等因素影响，略有下降。在调查的品种中，叶菜类蔬菜、芥菜类蔬菜、豆类蔬菜、莴苣类蔬菜、水生蔬菜中的及食用菌类的价格呈上升的趋势。空心菜、芥菜、黄瓜、茄子、辣椒等常见蔬菜的价格同比分别上涨6.5%、10.3%、23.5%、43.1%和12.8%。其价格大幅上涨，主要受季节转换和气候变化的影响，2012年的三季度雨水、台风较多，使常见蔬菜的减产，促使价格上涨。在根茎类蔬菜中，生姜价格下降17.3%，同比降幅较大，主要原因是2012年天气等各方面种植条件相对较好，供应量大增，生姜价格下降。在调查的水果品种中，热带水果荔枝、芒果和龙眼价格大幅上涨，同比涨幅达47.2%、53.3%和23.3%。主要原因是去年是遇到水果的“大年”，主要产区荔枝、芒果和龙眼丰收，集中上市，致使价格大幅下滑，而今年由于受生长期阴雨天气的影响，产量不高，促使价格同比大幅上升。

（二）林业产品价格小幅下降

2012年三季度林业产品价格同比下降4.6%，其中木材采伐产品和林产品价格分别下降4.0%和44.1%。前三季度林业产品价格累计下降2.4%。林业产品中天然松脂的价格下降幅度较大。据了解，一是市场需求不旺，目前少数工厂已停产，工厂持货观望，剩余的旧松脂还有少量在市场上流通，生产出来的松节油质量较往年同期有所降低；二是脂农采集积极性低，零星采集到的松脂仅为补贴家用或上学所需的零花钱。松脂市场总体不景气，致使价格大幅下跌。

（三）牧业产品价格下降3.6%

2012年三季度牧业产品价格同比下降3.6%，前三季度累计下降6.3%。同比下降的主要原因是去年生猪价格高位运行，自2011年10月起，生猪价格开始一路震荡下行，在6月出现企稳迹象，但猪价相比去年同期仍处于低位。受饲养成本，猪肉消费量增加等因素影响，生猪市场逐渐进入旺季，目前生猪价格环比继续保持上升态势。山羊的价格同比大幅上升，三季度价格同比增幅为35.6%。据了解，部分养殖户开始引进南非波尔山羊，非洲卢比亚纯种公羊，进行品种改良，由于体型大、肉质好，深受广大农户青睐，市场需求量大，推动了山羊价格上升。三季度活鸭价格同比上涨6.5%，其上升的原因是广西普遍有过“中元节”的风俗习惯，由于需求量加大，活鸭平均出售价格有所上升。三季度蚕茧价格同比上涨11.8%，目前每公斤蚕茧价格为36元左右。促使蚕茧价格同比上升是由于本季桑蚕养殖数量和蚕茧产量同比减少，推动了蚕茧市场价格大幅上升。

（四）渔业产品价格略增

2012年三季度渔业产品价格同比上涨0.7%，其中海水养殖产品、海水捕捞产品和淡水养殖产品价格涨幅分别为-8.6%、12.4%和-0.4%。前三季度渔业产品的价格累计上升2.0%。海水捕捞产品价格上升的主要原因是，三季度台风天气较多，使捕捞类水产品受到较大影响，捕捞类水产品出售价格相比去年同期提高。部分养殖水产品价格出现下降趋势，如淡水养殖罗非鱼价格下降的主要原因是今年罗非鱼消费市场不旺，部分地区加工厂收鱼积极性不高，导致罗非鱼出售价格持续下跌。淡水养殖龟价格下降的主要原因是石龟养殖周期较长，去年同期外地市场收购价格较高，而今年龟鳖种苗市场畅销，石龟种苗价格下跌，属于回归正常价位。

二、2012年农产品价格走势初步判断

综合供求、成本等方面因素来看，预计全年广西农产品生产价格将呈平稳上涨态势。

一是农产品需求不断增强。农产品不仅解决广大民众“吃”的问题，还作为原材料在工业中使用。随着广西宏观经济的强劲发展，对农产品的需求不断增强。

二是农产品供给相对充足。受自然因素、流通环节等情况的影响，农产品的供给存在着较强的脆弱性。至目前为止，全区农业气象条件基本正常，农产品供求充足，有利于保持农产品价格的相对平稳。

三是生产成本推动压力仍然存在。随着我国提高农民收入举措的进一步实施，以及城镇化建设的进一步发展，农业生产资料价格、其他物质和服务费用上升将成为一种长期趋势，农产品生产成本的推动压力也将长期存在。

三、加强农产品生产的几点建议

农产品价格的变化对农业生产结构的调整和农业增效，农民增收，都起着至关重要的作用，为保障农民利益，促进农民增收，有关部门应当注意和解决好以下几个问题：

（一）政策方面：进一步落实好国家的各项惠农政策，稳定粮食生产，加强粮食市场价格的宏观调控，把握好准确的市场信息。正确引导农民搞好种植结构调整，确保粮食安全。

（二）管理方面：加大农资市场监管力度，遏制农资价格过快上涨，保持农资市场价格的基本稳定，让农产品涨价所带来的利益更多的落到农民手中。

（三）生产方面：在当前生猪价格看好情况下，政府及有关部门要正确把握市场走势和生产周期规律，防止生猪市场大起大落，确保牲猪生产健康稳步发展。同时，大力发展农业产业链，搞好农产品深加工。通过深加工来提高农产品附加值，开辟绿色通道，降低流通费用，让农民的农产品产得多、销得旺、收益好。

2012年前三季度广西居民消费价格总体温和上涨

黄岚兰

2012年前三季度广西居民消费价格总水平（CPI）同比上涨3.1%，涨幅低于上年同期3.7个百分点。总体上看，CPI属于温和上涨，通胀压力有所缓解，但后期涨幅开始走高。与全国相比，前三季度广西CPI涨幅高于全国平均水平0.3个百分点，按涨幅由高到低排列，在31个省（市、区）中与上海，天津，湖北并列全国第7位。

一、CPI总体变动特点

（一）各月同比涨幅波动性明显

1—9各月广西CPI同比分别为3.7%、2.6%、3.4%、2.6%、3.0%、3.0%、2.6%、3.4%和3.9%，呈现“两头高，中间低”走势，波动性较为明显。

图1 2012年1—9月广西居民消费价格指数

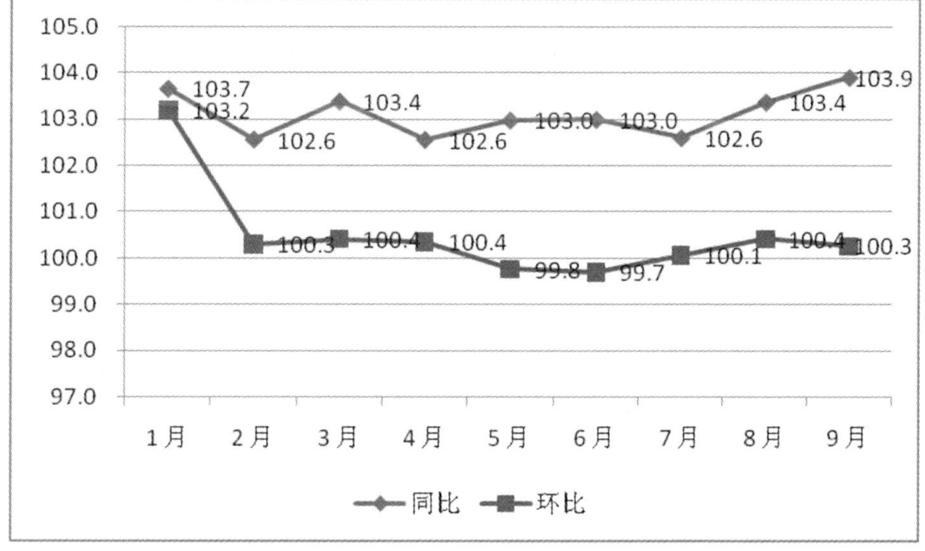

（二）八大类价格全面上涨

调查的八大类商品与服务呈全面上涨态势。其中，食品类价格同比上涨5.3%，烟酒及用品类价格上涨3.8%，衣着类上涨3.8%，家庭设备用品类价格上涨1.2%，医疗保健和个人用品类价格上涨2.2%，交通和通信类上涨0.2%，娱乐教育文化用品及服务类上涨1.1%，居住类价格上涨2.6%。调查的262个基本分类中，同比上涨的为195个，上涨面为74.4%。

（三）新涨价因素影响大

据测算，前三季度广西CPI同比上涨

3.1%的涨幅中，新涨价因素为3.9个百分点，因2011年价格的滞后影响幅度为-0.8个百分点（即翘尾因素），新涨价因素成为广西前三季度CPI上涨的主导因素。

二、主要商品及服务价格变动分析

（一）食品价格涨幅明显弱于上年同期

前三季度食品类价格同比上涨5.3%，涨幅比上年同期低10.6个百分点，拉动居民消费价格上涨约1.8个百分点，对居民消费价格总水平影响程度达58.1%。

1.鲜菜类价格对CPI的推动力居首位。鲜菜价格受节日和气候影响大，波动明显。今年年初，广西遭遇历史罕见的低温阴雨寡照天气，影响蔬菜生长；进入夏季，连续高温多雨天气，加上台风频频造访，推高鲜菜价格；再加上人工和运输成本的上升以及“蔬菜进城”中间环节过多，各流通环节加价幅度大。受多因素影响，前三季度鲜菜价格上涨21.6%，拉动居民消费价格上涨约0.6个百分点，占居民消费价格总水平的19.4%。

2.在外用膳食品类价格居高不下。农产品价格的持续上涨，特别是粮食价格的高位运行，加之人工费用大幅上涨直接推动在外用膳食品上涨，1—9月在外用膳食品类价格累计上涨9.2%，拉动居民消费价格总水平上涨0.5个百分点。

3.肉禽及制品价格小幅上涨。1—9月肉禽及制品价格上涨2.7%，涨幅比上年同期低21.7个百分点，拉动总指数上涨0.3个百分点，拉动居民消费价格总水平上涨0.2个百分点。值得一提的是，1—9月猪肉价格同比下降5.5%，比上年同期涨幅低44.0个百分点，拉动居民消费价格总水平下降0.3个百分点；但牛、羊肉价格高位运行。1—9月牛、羊肉价格分别上涨36.8%和28.9%，涨幅分别比上年同期扩大34.5和9.3个百分点，合计拉动居民消费价格总水平上涨0.3个百分点。供给不足和养殖成本高是导致牛、羊肉价格的高位运行的主要原因。

4.粮、油价格持续上涨。受今年全球性的粮食涨价和国家再度提高粮食收购价格的双重影响，粮食价格继续上涨，1—9月粮食上涨3.7%，但涨幅较上年同期低15.2个百分点。受南美等大豆主产区遭遇干旱，原料减产等影响，油脂价格上涨6.6%，其中，食用植物油价格上涨7.8%，部分品牌花生油价格创历史最高。粮油价格上涨，合计拉动居民消费价格总水平上涨0.2个百分点。

（二）白酒价格上涨，带动烟酒类价格上行

1—9月烟酒类价格同比上涨3.8%，拉动居民消费价格总水平上涨0.1个百分点。主要原因是去年以来高档白酒价格上涨引起，今年白酒价格在2011年大幅上涨的基础上再度上涨，1—9月累计上涨9.9%，带动整个酒类价格上涨。

（三）工业消费品和服务项目价格对总指数影响不断扩大

1—9月工业消费品价格累计上涨1.7%，服务项目价格累计上涨2.4%，合计拉动居民消费价格上涨1.3个百分点，对

居民消费价格总水平影响程度为41.9%。工业品价格受成本上升影响持续上涨，上涨类别较多，其中衣着类价格上涨3.8%，拉动居民消费价格上涨0.3个百分点。部分日化用品出现了不同程度上涨，自2011年下半年起，包括卫生用纸制品、洗衣粉等在内的日用百货类商品价格形成“你追我赶”之势，涨价种类涵盖了日用百货、洗涤用品、美容护肤品、洗发用品、洗浴用品等几大类。成本提高推动服务项目价格上涨，服务项目中涨幅较大的多集中在劳动密集型行业，如家庭服务、理发、缝纫、清洗，洗浴、车辆修理服务费等。服务项目价格指数的上扬凸现出货币购买力的下降和公众生活成本的上升，在一定程度上反映了经济通胀水平的提高，控物价、保民生的压力增大。

（四）成品油等资源型产品涨价

今年以来，广西各地资源性产品调价政策频出，价格总水平上行预期增强，成品油价格经历几上几下调整，总体依然上涨。1—9月广西汽油、柴油、水、电、液化石油气分别上涨2.4%、2.5%、9.4%、2.8%、3.7%，合计拉动居民消费价格总水平上涨近0.3个百分点。由于是基础产品价格上涨，增加了商品及服务生产成本以及流通成本，对CPI间接影响可能大于直接影响。

三、影响当前物价上涨的因素

（一）上年政策性调控措施实施停止后的恢复性上涨

据测算，由于上年政策性调控的恢复性上涨，给今年带来约2.0个百分点的新涨价因素，1—9月，各月居民消费价格涨幅中的新涨价因素分别为3.2、3.5、3.9、4.3、4.1、3.8、3.8、4.3、4.6个百分点。据测算，1—9月广西居民消费价格总水平同比上涨3.1%的变动幅度中，新涨价因素为3.9个百分点，因2011年价格的滞后影响幅度为负0.8个百分点（即翘尾因素），新涨价因素成为广西2012年CPI上涨的主导因素。

（二）鲜活农产品流通成本增大

主要表现在：一是农产品的远距离运输消耗的成品油及过路费；二是城市房租的不断上涨，经营出现的相关费用及损耗，增加了农产品的存储和销售费用；三是相关从业人员的人工成本和生活成本也在不断上涨。农产品生产受供需影响会呈现出短期波动，而流通环节的批发商和经销商的成本始终是只升不降。这也是造成“菜贱伤农，菜贵伤民”的主要原因。1—9月广西鲜菜价格平均累计上涨21.6%，影响CPI上涨0.6个百分点，影响程度达19.4%，成为拉动1—9月CPI和食品价格上涨的主要因素。

（三）生产要素价格提高

一是表现在农业生产资料价格大幅上涨。受能源等资源类产品价格上涨的影响，近年来，化肥、农药等农资价格总体呈上涨态势，决定了农资成本短期难以下降。1—9月全区农业生产资料价格在承接上年上涨12.2%的基础上，继续上涨4.9%；二是用工成本大幅上涨。随着工业化和城镇化发展进程加快，能源基础性原材料、土地和劳动力资源聚集，劳动力需求不断扩大，用工成本不断攀升。2012年2月，广西区人民政府办公厅再次发出《广西壮族自治区人民政府关于调整广西职工最低工资标准的通知》，调整之后，根据类别和适用地区的不同，最低工资增加了125元～180元不等，非全日制职工最低小时工资标准也水涨船高，如南宁市每月最低工资标准提高了22%。

（四）资源型产品涨价形成成本压力

在资源价格上涨方面，主要是电力、成品油、水的价格上涨。由于国内稳步推进成品油价格、阶梯用电，阶梯用水，污水处理费等改革。资源型产品价格上调对CPI的影响有三方面，一是直接影响，天然气、成品油包含在CPI中，价格上调对CPI有直接的推动作用；二是传导作用，能源价格上涨增加了商品及服务的生产成本以及流通成本，加大了价格总水平上涨的压力；三是对市场预期的影响，资源型商品价格上涨，容易形成价格上涨的导向和预期。

四、预计可实现全年预定目标，但潜在问题不容忽视

总体来看，后期如不出现大范围严重自然灾害及国际政治经济重大变故等突发事件，预计2012年广西全年居民消费价格总水平控制在4%左右是可以实现的。

但推动价格总水平长期上涨的深层次因素仍然存在，目前回落的仅仅是价格涨幅而不是价格水平。1—9月份，构成CPI的八大类商品服务价格均持续上涨，特别是食品价格涨幅仍较大。今后几个月仍存在着不可忽视的不确定因素：一是各级政府为应对经济增速放缓而实施的加大投资，刺激消费，扩大内需等诸多举措，将会对物价产生产生一定上拉作用。二是随着秋冬季节来临，天气渐冷，农产品生产供应相对减少，食品价格面临较大上涨压力。三是农产品生产成本持续攀升，不排除其后期价格重拾升势，并伴随经济回升，带动价格总水平快速上涨的可能性。四是由于去年的价格调控措施集中在四季度出台，对今年指数的负翘尾作用将减弱，再加上几个月来国内新涨价因素回升以及发达国家量化宽松货币政策操作力度加大等预期增加了未来物价反弹的压力，预计四季度，特别是11和12月单月同比涨幅将会超4.0%。

2012年前三季度钦州市居民消费价格涨速平稳放缓

谭 明

据国家统计局钦州调查队调查，2012年前三季度钦州市居民消费价格总指数（CPI）同比上涨3.5%，涨幅比上年同期回落2.3个百分点，物价上涨速度明显放缓。其中，食品类价格上涨6.3%，非食品类价格上涨2%，消费品价格上涨3.9%，服务项目价格上涨2.2%。

一、CPI运行的基本情况

（一）同比涨幅平稳回落

前三季度，钦州市CPI同比涨幅呈现平稳回落态势。一季度受春节和持续阴雨天气等因素影响，钦州市部分农副食品价格持续高位运行，加上连续两次上调成品油价，加剧了部分商品的物流成本，使得居民消费价格保持高位运行，同比上涨4.1%；二季度受猪肉、水产品、成品油价格回落影响，居民消费价格回落，同比上涨3.8%；8月份受强台风天气影响，导致的蔬菜价格一度飙升，致8月份居民消费价格出现较大反弹，随着生产逐步恢复9月份居民消费价格平稳回落，三季度同比上涨3.5%。分月看，居民消费价格呈波动式回落态势，如图示：

2012年钦州市居民消费价格各月同比指数

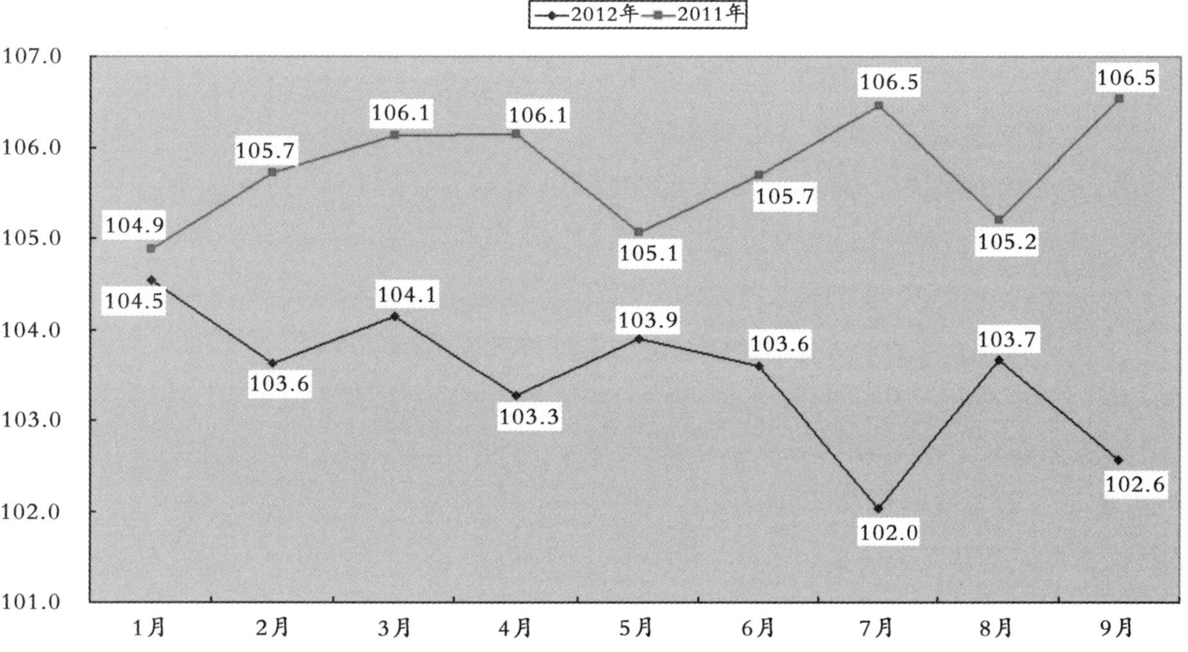

（二）环比涨幅逐步回落

1—9月各月环比涨幅分别为：2.4%、0.5%、0.4%、-0.1%、-0.7%、-0.2%、-0.3%、0.9%、0。从各月环比来看，1—5月份环比指数逐步回落，最高降幅为0.7%。受台风对农产品价格等因素影响，6—8月份环比指数回升，最高涨幅为0.9，九月份趋于平稳。（见下图）

2012年钦州市居民消费价格各月环比指数

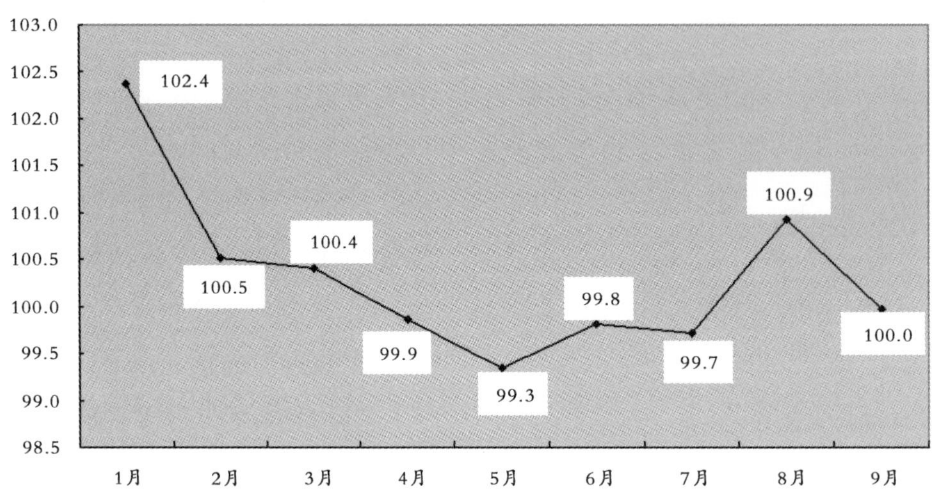

（三）物价上涨面仍较宽

虽然2012年前三季度CPI涨幅有所回落，但价格上涨面仍然较大。从构成居民消费价格的八大类商品看，呈现“七升一降”的格局。其中上涨的七大类分别为：食品类上涨6.3%、烟酒类上涨4.6%、衣着类上涨3.5%、医疗保健和个人用品类上涨2.8%、交通和通信类上涨1.5%、娱乐教育文化用品及服务类上涨3%、居住类上涨1%，对总指数分别拉动2.17、0.12、0.27、0.24、0.16、0.37、0.18个百分点；下降的仅有家庭设备用品及维修服务类，同比下降0.4%。从八大类商品价格的变化可以看出，居民消费价格总水平呈正增长趋势，主要是衣、食、住、行、医疗、教育娱乐价格上涨所致。

二、分类指数变动情况

（一）食品价格涨幅回落，但仍引领CPI走势

2012年前三季度钦州市食品类价格涨幅放缓，同比涨幅6.3%，涨幅比上年同期回落8.4个百分点，拉动总指数上涨2.17个百分点，占上涨幅度的六成，成为了CPI上涨的主要推动力。1—9月份食品类各月价格同比指数走势与CPI走势基本一致。（见下表）

在调查的16个食品类别中，除蛋和液态乳及乳制品类价格与上年同期价格相比有所下降外，其余食品类别均有不同程度上涨。“菜篮子”价格持续高热，其中水产品和菜类价格涨幅达到了两位数，分别上涨10.4%、16.9%。粮食、油脂、肉禽及其制品和在外用膳食品价格分别上涨

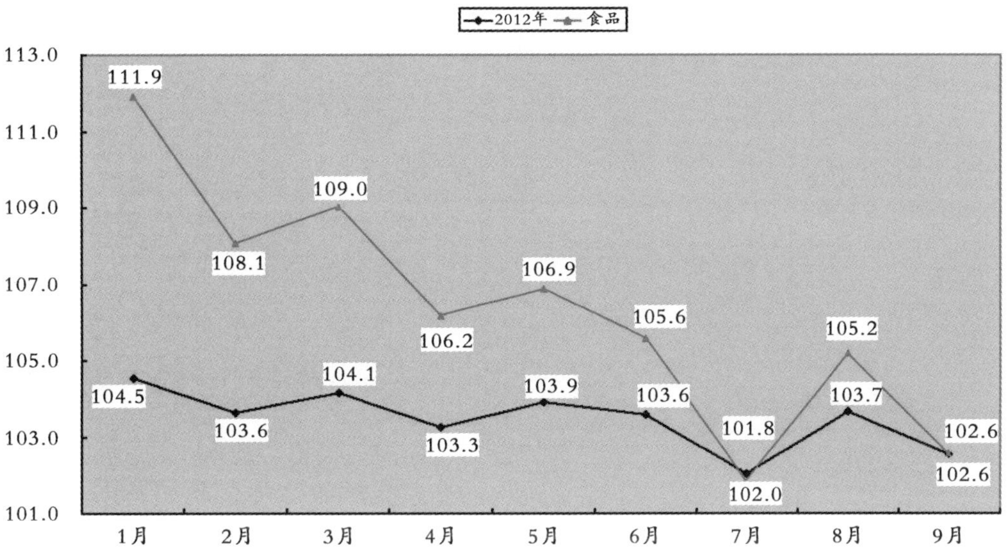

8.8%、4.2%、3.3%、5.8%。

1.菜价涨幅明显。2012年前三季度菜类价格同比上涨16.9%，拉动CPI上涨0.62个百分点，其中鲜菜价格上涨明显，同比涨幅达18.1%。钦州市多半蔬菜需要外地输入，因此极端天气对蔬菜生产的影响成为菜价波动的重要原因。一季度受春节和年初持续的低温阴冷天气影响，蔬菜需求增加，但蔬菜生长和运输受到严重影响，菜价上扬；二季度高温少雨，加上市场炒作，大部分蔬菜价格出现新一轮上扬；7—8月份的台风天气造成极大影响了本地蔬菜生产，8月份蔬菜价格出现了较大反弹，对后期指数产生一定的拉动作用。1—9月鲜菜价格同比呈不同程度上升，其中5、8月份高达32%。

2.水产品价格涨势强劲。随着人们生活水平的不断提高，海水产品备受青睐。交通设施的不断发展，也为优质鲜活海水产品的运输提供了便利，但目前的海水产品经过多年的捕捞，近海渔业可捕捞量出现不同程度的下降，加上海水养殖不完备，风险较大，加剧了不少海水产品价格上涨。1—9月份水产品价格总体涨势强劲，同比分别上涨22.9%、21.1%、17.5%、5.2%、9.5%、7.6%、9.7%、5.5%、-1.1%，累计上涨10.4%，拉动总指数上涨0.63个百分点。其中海水鱼和虾蟹类价格涨幅较大，累计同比分别上涨15.9%和14.9%，分别拉动总指数上涨0.49、0.2个百分点。

3.牛羊肉及禽类价格普涨。钦州市牛羊养殖储有量较少，价格波动受市场影响较大，在需求量增加及国内市场牛羊肉上涨到情况下，今年以来钦州市牛羊肉持续高位运行，同比涨幅分别高达为34.2%、23.5%。禽类生产较为稳定，由于外地需求的增加及消费量的增大，市场鸡鸭价格上涨，同比涨幅分别为8%、7.1%。虽然猪肉价格有所回落，但在牛羊禽价格上涨的推动下，肉禽及其制品价格上涨，同比涨幅为3.3%，拉动总指数上涨0.32个百分点。

4.粮油价格稳中有升。前三季度粮食价格同比上涨8.8%，油脂价格同比上涨4.2%，合计拉动总指数上涨0.3个百分点。其中：大米价格上涨9.2%，食用植物油上涨5.5%。主要是由于今年以来粮食收购价格上调；美国大豆价格受干旱影响，大豆油价格上涨的拉动，国内油脂价格上调。

（二）白酒价格上扬助推烟酒价格上行。

前三季度钦州市烟酒类价格同比上涨4.6%，拉动总指数上涨0.12个百分点。其中酒类价格上涨明显，同比上涨9.5%。在茅台等高档白酒的提价的推动下，白酒价格上涨尤为明显，同比上涨达14.1%。

（三）能源类商品价格稳中有涨。

2012年以来国内经济平稳发展，而受国际油价波动影响，国家多次调整成品油价格，油价有升有降，总体稳中有涨，致使能源类价格有所上涨。与上年同期相比，前三季度汽油价格上涨2.4%，柴油价格上涨2.6%，液化石油气价格上涨1.7%，管道天然气上涨11.3%。

（四）工业品价格总体保持平稳。

由于经济的稳步发展，产品不断更新换代，社会需求逐步增加，工业品价格稳中有升。与上年同期相比，前三季度工业品价格上涨1.8%，拉动总指数上涨0.72个百分点。其中，衣着价格上涨3.5%，家庭设备价格下降1.7%，交通工具价格上涨1.9%，通讯工具价格下降0.5%，娱乐耐用消费品价格下降3%，建房及装修材料价格上涨2.1%。

（五）服务项目价格平稳上涨。

前三季度服务项目价格累计上涨2.2%，拉动总指数上涨0.59个百分点。从服务项目构成来看，教育服务费用上涨14.4%，美容个人服务费用上涨1.7%，衣着加工服务费上涨2.1%。

三、影响CPI的主要因素

（一）原材料、物流、人工费用等成本上涨成为物价上涨的主因

2012年以来农副产品、饲料、肥料、木材、水、电、气等原材料的不断上涨，致使产品生产成本增加，价格传导作用下，出售产品价格也随之上涨。并且国家多次调整成品油价格，涨多跌少，致运输费的上涨，运输费上涨直接推高部分商品的价格。政策性工资调整，最低工资增加，非全日制职工最低小时工资标准也水涨船高。劳动力成本的上涨推动了制造业、服务业成本的提高，给物价上涨带来压力。而经济规模的持续扩大对劳动力的需求有增无减，劳动力供求关系日渐紧张，加大了工资上涨的幅度，劳动成本的提高，服务性行业价格趋于上涨。

（二）经济快速发展也对消费需求的推动作用

近年来钦州市依托保税港区带动，经济呈现良好的发展势头，地区生产总值、固定资产投资逐年增加，对拉动本地区消费价格总水平产生一定的推动作用。2012年上半年，钦州市GDP增长10.3%，同比回落22.3个百分点，但依然可喜地实现了两

位数的稳增长。上半年经济的良好发展态势在推动三季度物价上涨起到了一定作用。

（三）农产品规模生产滞后、仓储不完善，抵御自然灾害能力较差，对消费价格产生负面影响

目前，钦州市具规模的农产品生产、加工的企业仍不能满足市场需求，特色产品相对集中，产品多样性仍较落后，加上仓储业发展滞后，许多市尚未建立储备保鲜库，仓储设施及能力弱，应对突发事件以及自然灾害引发的商品价格波动的能力有限。如2012年早春的低温阴雨、夏季的高温干旱、7—8月份的台风天气，直接影响了“菜篮子”价格，波动较大。

（四）新涨价因素影响今年物价涨幅

据测算，2012年以来钦州市居民消费价格总水平同比上涨3.5%的涨幅中，其中翘尾因素影响幅度为0.6个百分点，新涨价因素为2.9个百分点，新涨价因素成为前三季度钦州市CPI上涨的主导因素。

四、后期价格走势预测

前三季度食品、工业消费品及服务价格都出现较了不同程度上涨，从目前情况看，预计2012年后期大幅波动可能性降低。影响2012年钦州市四季度CPI下降因素和上升因素并存，物价上涨的压力仍然存在。

（一）影响价格下降的因素

1.市场农副产品充裕有利价格下降。2012年上半年粮食再获丰收，秋粮生产形势良好，四季度生猪存出栏增加、秋季蔬菜大量集中上市、休渔期的结束等诸多因素影响，将促使市场肉禽、鲜菜、水产品价格保持相对稳定态势，农产品市场供求关系趋于改善，食品类价格涨幅趋稳。

2.工业品价格的下拉作用客观存在。由于国内外制造业产能过剩及产品更新换代的加速，部分原来出口的企业，也加快了内销的步伐，工业消费品市场供大于求总体格局不会发生大的改变，大部分工业消费品价格仍然低迷。

3.翘尾因素大幅回落。由于2011年上半年物价快速上涨，下半年快速回落，2011年全年的平均翘尾为2.2个百分点，而2012年全年平均翘尾为0.5个百分点，远低于2011年。

（二）刺激物价上涨的因素

1.食品类的拉动作用仍将是CPI上涨的主推力。粮食价格将继续稳中略升。粮食收购价格上扬，加上受上年粮食价格上涨的翘尾影响，市场出现粮食价格小幅上涨。从目前的趋势看，粮食价格没有下降的迹象。百物随粮价，粮价的上升也将推动食品类价格上涨。

2.经济快速增长将带动价格上涨。2012年钦州市经济平稳快速发展的趋势不会改变，货币存量增大。中央把稳增长放在更加重要的位置，加大了预调微调力度，陆续出台包括降息、下调存款准备金率、结构性减税、扶持小微型企业发展、鼓励民间投资准入、刺激节能产品消费等在内的一系列“稳增长”政策，对实体经济的刺激力度增大，货币市场流动性不断释放，信贷规模不断增加。在货币政策相对较为宽松，经济快速增长的情况下，消费进一步扩大，带动物价上涨。

3. 成本的上涨开始转移到相关行业。食品价格的上涨，直接影响到餐饮行业；原材料价格的上涨，直接转移到工业最终消费品价格；各级政府对劳动者权益的保护不断加强，各地最低工资标准不断提高，而工资上涨将逐步从制造业向服务业传导，以及资源类产品价格改革等，成本推动物价上涨压力加大。

2012年前三季度广西工业生产者价格持续下降

陈 钧

2012年以来广西工业生产者价格呈现持续下降走势。前三季度广西工业生产者出厂价格（PPI）同比下降2.0%，工业生产者购进价格（IPI）同比下降0.5%。其中，PPI自2月份起连续八个月同比下降，IPI自3月份起连续七个月同比下降。

一、工业生产者价格运行特点

2012年前三季度，无论是PPI或者IPI，都呈现“下降时长、降势明显、降面扩大”的特点，具体情况是：

1. 下降时间长。PPI：自2月份起，连续八个月同比下降；IPI自3月份起，连续七个月同比下降。

2. 降势明显。PPI：除1月份上涨0.2%外，2—9月分别下降0.8%，1.1%，1.4%，1.4%，2.0%，2.9%，4.2%和4.6%，呈明显的下行走势，且降幅不断扩大。前三季度广西PPI同比下降2.0%，较上半年扩大了0.9个百分点。IPI：前三季度IPI同比下降0.5%，降幅较上半年扩大了0.5个百分点。其中。1—2月分别上涨2.0%、0.8%、3—9月分别下降0.3%、1.2%、0.6%、0.5%，1.1%，1.7和2.0%。

3. 降面扩大。PPI：分轻重工业看，轻重工业双双下降。1—9月广西轻工业出厂价格同比下降0.8%，较上半年回落1个点。重工业价格则下降2.5%，降幅较上半年扩大1.1个点。分行业看，“20涨15降”。在调查的35个行业中，有20个行业出厂价格上涨，15个行业下降，下降面为42.9%，下降面较上半年有所扩大，且部分主要行业产品出厂价格下降明显。IPI：从九大类原材料分类看，呈现“2升7降”的格局，其中燃料、动力类上涨5.2%、农副产品类上涨0.2%；黑色金属材料类下降4.0%、有色金属材料及电线类下降4.6%、化工原料类下降0.7%、木材及纸浆类下降2.0%、建筑材料及非金属类下降1.2%、其它工业原材料及半成品类下降1.5%、纺织原料类下降9.6%。

二、部分主要行业产品出厂价格情况

（一）食糖价格进入暴跌周期

由于2011/2012榨季全球食糖产量创下历史新高，全球食糖供需盈余巨大，国内市场供大于求的状况严重。果糖、淀粉糖、麦芽糖、糖精等替代品的成熟加上走私白糖大量涌入国内，对市场造成巨大冲击。而下游消费企业“买涨不买跌”持续观望，食糖市场呈现出消费旺季不旺的迹象。2012/2013榨季日期不断逼近且继续高产的预期使得制糖企业不得不加快清库存速度，三季度呈现出大幅降价抛售的态势，食糖进入新一轮暴跌周期。前三季度广西食糖出厂价格累计下降7.1%，除1月份上涨1.1%外，从2月起分别下降1.4%，2.7%，4.9%，5.4%，6.0%，9.2%，15.4%和18.3%，连续八个月下降并于8月份降幅达到两位数，9月份较去年12月份下降了26.9个百分点，食糖价格已进入新一轮暴跌周期。

（二）水泥价格降幅达到两位数

一方面是来自宏观调控持续进行引起的房地产开发投资大幅度减少。另一方面尽管当前基础设施建设投入增大，但很多项目由于地方政府缺乏资金而迟迟难以开工，实际消费难以被拉动。两方面因素造成水泥需求大幅减少，价格大幅度下降。前三季度广西水泥出厂价格同比下降13.4%，各月分别下降10.5%，13.4%，10.7%，8.6%，11.8%，12.7%，12.4%，18.7%和20.5%，除4月份外其余各月降幅全部达到两位数，9月份更跌破20个点。

（三）钢材价格大幅下降

前期四万亿投资刺激下中国钢铁行业扩张过快的恶果逐渐显现，由于中央还没有推出大规模投资计划的动向，钢材市场处于严重供过于求的状态，钢铁企业库存积压，经销商资金链面临崩断，钢材价格持续走低。前三季度广西黑色金属冶炼及压延加工业产品出厂价格同比分别下降2.6%，7.2%，7.5%，7.3%，9.4%，11.9%，13.5%，17.6%和20.3%，累计下降10.9%，降幅继续位列各大类行业之首。其中，炼钢产品出厂价格累计下降4.8%，钢压延加工产品出厂下降12.4%，铁合金冶炼产品下降9.1%。

（四）有色金属价格全面下降

一方面国际经济形势继续恶化，国际期货市场普遍做空，国际有色金属价格震荡下行，使得国内价格随之下调。另一方面由于国内经济增速放缓，房地产政策调控持续深入，汽车行业复苏缓慢，有色金属下游消费乏力，价格持续下跌。前三季度广西有色金属冶炼及压延加工业产品出厂价格同比下降7.9%。常用有色金属和贵金属价格除铝冶炼产品外全部降幅达到两位数。其中铜冶炼下降18.4%，锡冶炼下降17.9%，锑冶炼产品下降15.3%，铅锌冶炼下降11.7%，铝冶炼下降2.3%。贵金属冶炼下降12.4%。

三、工业生产者价格下降的主要原因

（一）国际经济形势影响

由于欧美债务危机愈演愈烈，欧元区经济持续动荡，美国经济复苏缓慢，全球贸易环境持续恶化，工业品市场需求减少，出口困难。此外，国际大宗商品市场的一体化、开放化使得国际市场价格变动对广西工业品价格的影响日益加重，在国际期货市场价格下降作用下，广西的钢材、有色金属、食糖、化工原料等重要产品也随之下降。

（二）国内经济增速放缓

由于欧债危机对实体经济的影响不

断扩散，我国经济增速连续放慢，出口增速锐减，企业开工不足，采购经理指数（PMI）持续低位徘徊，许多行业出现供大于求的情况。而持续从紧的房地产政策使得房地产市场低迷，房地产投资增速回落，全国固定资产投资增幅继续缩小的预期强烈，水泥、钢材等建材产品市场需求降低，产能过剩，价格降低。

（三）区内经济因素影响

受国内外经济环境影响，区内经济增长放缓。2012年以来广西生产总值（GDP）、财政收入、规模以上工业增加值、进出口总额等的增速均低于去年同期。经济增长放缓也使得区内工业品市场活跃度降低，工业品价格下降。

（四）四大主要行业产品价格大幅下降影响

其中，食糖价格的下降导致广西PPI下降了0.4个百分点；钢材价格持续走低下拉广西PPI下降1.4个百分点；有色金属价格下降致使广西PPI下降了0.5个百分点；水泥价格的下降引起广西PPI下降了0.4个百分点。

（五）产品定价权缺失，市场受制于人

虽然广西是全国重要的食糖、有色金属和钢材生产基地，产量比重份额较大，但是在定价销售方面却没有主导权。这些产品的交易市场大多没有落在广西区内而是分布在郑州、上海等各个期货交易中心，价格受到国内外期货市场的影响严重，对于外部降价压力抵抗承受能力微弱，价格波动较大。

（六）运输成本上升导致出厂价格下降

广西的工业结构主要是以重工业为主，主要出产产业链中上游原料和半成品，区内消化产能的能力非常有限。在产品外销时，由于能源价格和人工费用连续上涨造成运输成本上升，在价格上与外地产品相比没有竞争优势。在需求不旺的情况下，为了打开市场只能采取降低出厂价格的办法。

四、未来走势预测

2012年前三季度，广西PPI连续8个月处于下降走势，且降幅不断扩大，三季度加速下降，9月份降幅已达到4.6个点。如无意外，全年PPI下降的大局基本确定。

促使PPI下行的因素：未来四季度，欧元区持续动荡，国内外工业品市场仍处于需求不旺的态势，而区内食糖、钢材、化工原料等产品价格将持续下跌走势，PPI下行的大趋势将延续。

促使PPI反弹的因素：下半年以来中央和地方政府陆续出台了一些稳增长的措施，5月以来国家改委项目审批通过数目一直维持每月200个以上，较往常明显提速。9月份发改委审批通过超万亿的城市轨道、公路建设和集装箱码头、航道等交通建设项目。这无疑将对刺激经济增长起到很大作用。从工业生产者价格看，广西IPI环比已于7月见底，8、9月跌势减缓；PPI环比已于8月见底，9月跌势减缓；从制造业采购经理指数（PMI）看，9月中国制造业采购经理指数（PMI）为49.8%，比上月回升0.6个百分点，为2012年5月以来连续4个月回落后的首次回升。PPI和

PMI是经济的先行指标，预示着中国经济增速基本趋于稳定，并且继续出现积极的变化，中国经济将在四季度企稳。而国际方面，欧美日9月份接连发布新一轮宽松政策，尤其是美国第三次量化宽松政策（QE3）的推出，市场迅速做出反应，国际大宗商品价格拉升。由于QE3的推行导致美元流动性增加，热钱涌出，势必引起大宗商品升值价格飙升。9月份广西有色金属价格反弹就是明显信号。

综上所述，预计三季度PPI加速下降的趋势有望于四季度遏制，但全年仍将会是小幅下降，2013年走势取决于国内外经济刺激政策的作用程度和生效时间。

2012年前三季度百色市农资价格涨势明显趋缓

文昌安

据国家统计局百色调查队调查，2012年前三季度，百色市农资价格总水平同比上涨5.5%，与上年同期的13.6%相比，涨幅明显收窄；从季度来看，一季度上涨9.4%、二季度上涨5.4%、三季度上涨1.8%，呈现出逐季减缓的态势。总体而言，前三季度百色市农资价格涨势放缓、平稳，有助于提高农民生产积极性，有利于农业生产发展。

一、农资价格运行的基本情况

（一）从类别结构来看，十大类农资价格“九升一平”。与上年同期相比，前三季度十大类农资价格由全线大幅上涨转为平稳小幅上涨。其中，涨幅最大的是农用机油和化学肥料，分别上涨10.2%、8.0%；产品畜、机械化农具、其他农业生产资料、农药及农药械具、饲料、农用手工工具、农业生产服务等七大类价格涨幅在0.1%—4.9%之间；半机械化农具价格与上年同期持平。

（二）从月度同比来看，农资价格涨幅逐步放缓。据调查，前三季度各月百色市农资价格同比分别上涨9.6%、9.8%、8.7%、6.6%、5.9%、3.9%、2.8%、1.1%、1.6%。从走势看，除2月、9月价格较上月微幅上扬之外，其他各月价格涨幅呈逐月收窄态势。

（三）从月度环比来看，农资价格以小幅上涨为主。除5月、7月、8月小幅环比下降0.4%~0.5%以外，其余各月都有不同程度的上涨，涨幅在0.3%~1.7%之间，整体呈小幅波动性变化。

二、农资价格变动的主要特点

今年以来，农资价格高位运行，继续上涨，但总体上涨态势逐渐放缓。其中，饲料、农用机油和化肥价格涨幅较大，三者拉动价格总水平上升4.44个百分点，影响程度达81.5%；与此同时，生产服务、农具、农药及农药器械等农资产品也有不同程度的上涨，推高了农业生产成本，挤占农产品利润空间，影响农民增产增收。

（一）饲料价格涨幅居十大类农资之首。前三季度饲料价格同比分别上涨14.4%、13.7%、11.9%，累计上涨13.3%，影响农资价格总水平上涨1.84个百分点，影响程度达33.8%。其中：混合饲料价格上涨12.5%、其他饲料价格上涨16.7%，分别影响农资价格总水平上涨1.38 和0.46个百分点。饲料价格高位上涨，推高了畜禽养殖成本。

（二）农用机油价格大幅上扬。受国际原油价格上下波动的影响，国内几次调整成品油价格，但仍是涨多降少，涨幅在十大类农资价格中位居第二。据调查，前三季度，农用机油价格除1月份同比上涨2.9%以外，其他各月涨幅均维持在10%左右，累计上涨10.2%，影响农资价格总水平上涨0.63个百分点。前三季度，农用机油的价格同比涨幅较上年同期扩大了1.4个百分点。

（三）化学肥料价格仍居高不下。前三季度化学肥料价格同比上涨8.0%，拉动农资价格总水平上涨1.97个百分点，影响程度达36.1%。其中：氮肥价格上涨9.0%、磷肥上涨4.3%、钾肥上涨3.6%、复合肥上涨10.3%，分别拉动农资价格总水平上涨1.13、0.19、0.08、0.57个百分点。化肥价格涨幅与上年同期的22.6%相比，虽大幅下降14.6个百分点，但高位运行、继续上涨的态势不变，推动了农资价格持续高位运行。

（四）农业生产服务价格平稳上涨。前三季度农业生产服务价格上涨4.9%，拉动农资价格总水平上涨0.42个百分点。其中，农业用电、农业用工费用上涨明显，分别上涨8.1%、11.4%，拉动农资价格总水平分别上涨0.06、0.28个百分点。

（五）产品畜价格先扬后抑，价格快速回落。前三季度产品畜价格同比上涨0.1%，基本与上年同期持平。但从时间上看，表现为先扬后抑的态势。一季度价格同比上涨27.2%；至4月份止涨转跌，价格下降0.7%，第二季度累计下降4.3%；第三季度累计下降15.0%。

三、影响农资价格变动的主要原因

（一） 经济发展因素影响

经济发展调优减速促进农资价格涨势趋缓。受世界金融危机的影响还未完全消褪和今年欧债危机等多重因素引起的外需大量下降影响，各生产要素价格上涨缺乏动力支撑；面对国际复杂而不稳定的经济影响，国家采取一系列措施调优减速促进经济良性发展，工农业生产面临升级压力，扩展规模受到一定限制，需求下降。在原料供给相对充足，总需求有所下降的情况下，农资价格相应调整，总体涨势逐渐变缓。

（二）市场因素影响

1.成本上行是农资价格上涨的主要因素。成本上行是农资价格上涨的第一因素，主要表现有：一是劳动力价格继续上扬，农资企业用工成本也在上升；二是初级原材料价格的上涨导致农资生产或使用成本增加，促使农资价格上涨。例如，豆粕、玉米等原材料价格上涨直接推动饲料价格上涨；油价上涨，推动运输成本、农机用油费用增加；煤炭、水电、石油等能源性原材料价格的增加导致高能耗的化肥价格继续上涨。

2.市场规律的周期性影响。一是过去两年猪肉价格持续上涨，带动其他畜禽肉价格上扬，刺激畜禽养殖业的快速发展，导致饲料的需求大量增加，推高饲料价格。二是粮油等主要农产品价格上涨收

缩，利润减少，在价格规律作用下，抑制了农资价格的大幅上涨。

3.翘尾因素影响价格继续上涨。由于2011年百色农资价格上涨较快、涨幅较大，且1—8月环比连续上涨，对今年前三季度农资价格上涨产生了正翘尾影响，一定程度上抬高了前三季度农资价格的上涨幅度。

（三）政策因素影响

多种政策措施对农资价格影响各异。一是今年以来，受国际资源类商品市场价格波动频繁影响，国家多次调整成品油价格，影响农用机油价格上涨明显；二是受国家增加惠农补贴、提高粮食保护价等强农惠农政策影响，农民发展农业生产积极性提高，对农资需求量相对有所增加，促进了农资价格的上升；三是“林下养鸡”工程奖补扶持力度增加，许多农户家庭得到政府免费给予鸡苗、鸭仔等惠农政策扶持，受此影响，小鸡苗、小鸭苗价格下降。

四、全年农资价格走势预测

第四季度，调优减速仍是国内经济发展的主旋律，受此影响，市场需求下降、供给相对充足的供需关系暂时不会出现明显变化，全年农资价格很难大幅上扬；在原料价格上涨、成本被抬高的生产条件下，农资价格暂时也不会快速回落。进入第四季度，国家将加大各种平抑物价措施的力度，物价整体水平将趋于平稳。在综合因素作用下，整体平稳、涨幅趋缓仍是第四季度农资价格的基本走势。主要依据是：

（一）供需趋于平衡，农资价格变化趋于平稳。上年主要农产品价格普遍大幅上涨，带动农资价格大幅飙升，在高利润导向下，大量农资生产者尾随跟进，供给增加，农资价格增速放缓，经过今年前三季度的市场调节，部分农资生产者退出，供需趋于平衡，农资价格趋于平稳。

（二）成本高企，农资价格将继续上涨。一方面玉米、豆粕等饲料原料价格高位运行、小幅上涨，将继续推高饲料价格；另一方面，油价上涨，化肥等高能耗性产品成本增加，农资运输费用提高，将抬高化肥等大宗农资产品的价格；再者，农业用工成本增加，助推农资价格上涨。

（三）市场周期性作用，农资价格涨幅将回落。进入第四季度，受季节性影响，生猪养殖进入淡季。据百色市粮食部门反映，夏粮收购期间监测的8个粮油品种4涨4跌，稻米价格小幅回落，玉米价格继续上扬，面粉价格小幅上调，散装花生油及瓶装金龙鱼花生油价格微幅上涨，总体趋于平稳；另外，产品畜价格周期性回落仍在继续，在价格规律及利润调节作用下，农资价格涨幅将逐渐回落。

五、保持农业生产资料价格平稳的建议

农产品与人民群众的生产生活息息相关，平抑和稳定农资价格具有十分重要的意义，建议政府部门加大以下措施，保持农资价格平稳：

（一）严格监管，加大价格调控力度。监管重在打击各种农资经营的违法犯

罪行为，规范农资贸易市场，维护正常的市场秩序；调控重在加强信息披露及共享，提高农资价格预测能力，主动引导，尽量减少农业生产经营者盲目产销现象的发生。

（二）完善机制，加大农业奖补力度。现有的各种强农惠农政策作用已初具成效，但种类仍显不足，结构欠科学，建议增加节能、燃油等补贴项目，提高绿色农业规模生产的奖励水平等。

（三）统筹规划，减少经济结构调整反作用的影响。农资价格的变动促进了农业产业结构调整，而农民在农业产业结构调整过程中对农资需求的变化，又反作用于农资价格的变动。在经济结构调整中，更应注重对广大农民群众发展农业生产积极性的保护，稳定农资价格，促进种植业、养殖业健康发展。

近年来桂林市居民消费价格变动情况对比分析

李小雯

近年来，居民消费价格指数（CPI）大幅波动，是各级政府十分关注的重要指标，也是社会公众议论的热门话题之一。本文通过对2000年以来桂林市CPI运行情况并与全区CPI数据进行对比分析，总结特点，分析原因，提出建议，并对2012年桂林CPI进行预测，以供参考。

一、2000年以来桂林市CPI总体运行情况

2000年以来，桂林市CPI总体呈现跌宕起伏、波动幅度越来越大、越来越频繁的的趋势。分时段看，变动情况如下：

2000—2003年平稳运行。年度间略有波动，期间最高值和最低值相差2.7个百分点。

2004—2005年高位运行。由于亚洲金融危机解除，世界经济发展环境好转，国内经济稳步发展，对各种产品的需求不断增加，且广西粮食及畜产品产量减产，供求矛盾比较突出，猪粮价格大幅度上涨，桂林市CPI全面攀升，持续高位运行。2004年和2005年桂林市CPI涨幅均达4.0%。

2006年涨幅回落。受前两年猪价大涨、养猪效益好等因素的影响，养殖户热情高涨，主要畜禽产品产量大增，价格下滑，桂市林CPI涨幅回落，由上年涨幅4.0%下降到0.7%，回落了3.3个百分点。

2007—2008年再度走高。受国际、国内、区内雨雪冰凉雪灾及生猪“蓝耳病”疫情的影响，我国养猪业受到严重的冲击，生猪生产下滑，猪价再创历史新高。同时，广西粮食连续两年减产，粮价上涨带动了其他农产品价格全面上涨，桂林市CPI再度走高，上涨幅度分别达6.8%和5.9%。

2009年低位运行。受2008年四季度国际金融危机暴发影响，世界主要经济体经济下滑，需求锐减，国际市场上原油、铁矿石等大宗商品价格走低，国内市场相关商品价格也持续下跌；当年生猪生产在国家一系列畜牧业发展政策刺激下呈现恢复性增长，粮食生产也获得了较好的收成，猪、粮等大宗农产品价格明显回落，CPI也随之下降，降幅为0.8%，是十年来的最低。

2010—2011年持续攀升。受流动性过剩滞后效应、输入型通胀压力、成本上涨等多重因素的影响，CPI持续攀升，特别是2011年，物价上涨压力很大，市政府采取了多项物价调控措施，但桂林市CPI涨

幅仍达到5.8%。

二、与全区CPI运行走势的异同点

随着市场经济体制的不断完善和发展，市场处于一个相对开放的氛围，影响全国价格波动的供求关系、货币供应、资本市场、国际市场、自然灾害等主要因素同样也会影响着桂林市CPI总体水平的波动，因此桂林市CPI与全区的总体走势有相同之处，但由于市场环境各异， CPI的变动情况也存在一些差异。

图1 2000—2011年桂林及全区CPI折线图

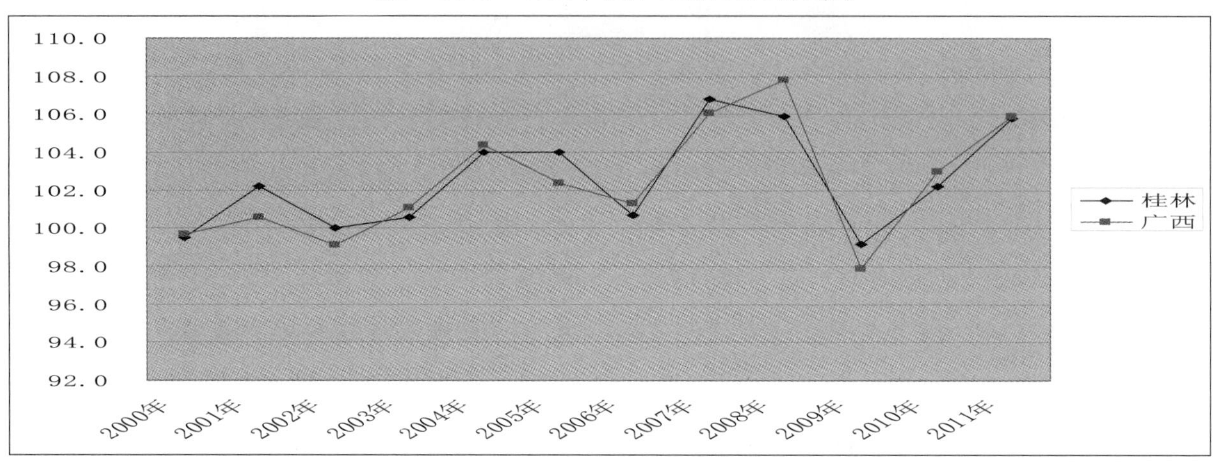

（一）相同之处

1.波动周期基本一致。从图1可以看出，桂林市CPI走势与全区的趋势基本一致，年度间涨跌没有出现趋势相反的现象；桂林的CPI在2004年、2008年和2011年为近年来的波峰，2002、2006、2009年为波谷，波动的周期基本为3~4年一次。

2.波动幅度由小到大的趋势基本一致。在国际、国内经济起伏发展的大环境下，桂林市CPI呈现出跌宕起伏、波动幅度越来越大的趋势，特别是2008年暴发国际金融危机后，世界经济增长明显放缓，部分主要发达国家或地区经济陷入衰退，为了应对国际金融危机，防止经济陷入严重衰退，世界各国都采取了一系列措施刺激经济发展，推动了全球物价上涨，在这种大背景下，桂林市CPI和全国、全区一样，受输入性影响较大，波动幅度呈前低后高、越来越大的趋势。

（二）差异之处

1.涨幅达到或超过4%的年份多于全区。2000年来，桂林市CPI上涨幅度达到或超过4%的有5年，比全区多1年；涨幅在2%～3%和0～2%的分别是2年和3年，与全区相同；负增长的2年，比全区少1年。总体来看，由于桂林市特殊的市场环境，CPI上涨幅度达到或超过4%的年份比全区略多，调控难度相对来说会大一些。

2.平均涨幅低于全区。分年度看，2000年以来的12年间，桂林市CPI涨幅有7年低于全区水平，有5年高于全区水平。分月份看，以2008年1月—2012年6月为例，在54个月中，桂林市CPI有33个月低

于全区水平，占61.1%；有20个月高于全区水平，占37%；有1个月与全区持平，占1.9%。分时段看，同样以2008年1月—2012年6月为例，桂林市CPI低于全区水平的有3个时段，分别是2008年1月至2008年11月、2010年1月至2010年12月和2011年6月至2012年4月，而桂林市CPI高于全区的只有2个时段，分别为2008年12月至2009年12月和2011年1月至2011年5月，低于全区水平的时段略多。详见图2。

图2 2008以来桂林市及全区CPI分月数据折线图

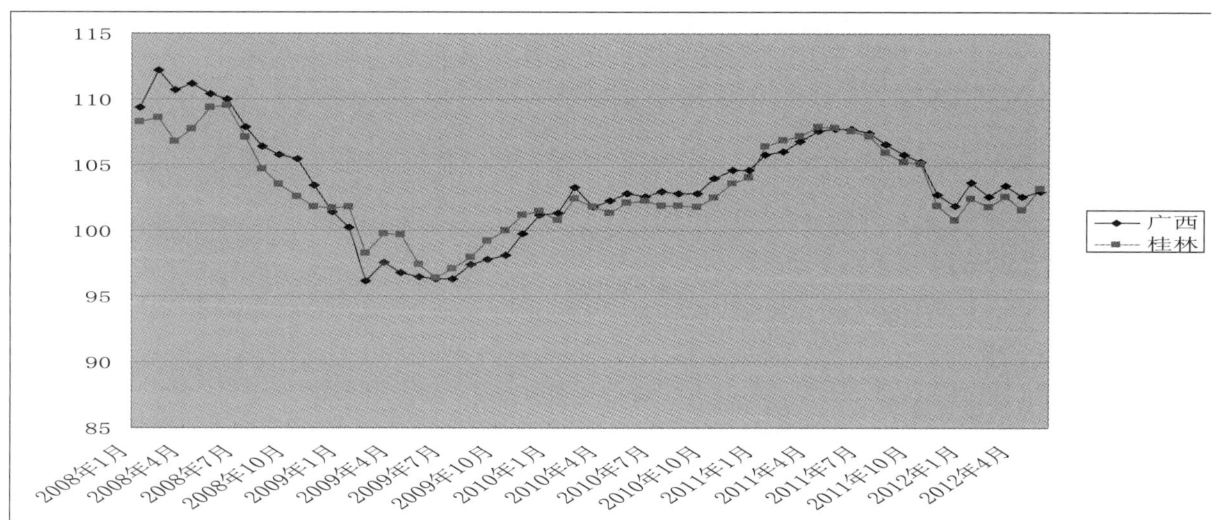

3.波动幅度小于全区。2002年全区CPI指数位于低谷，2004年位于高峰，2004年比2002年高5.3个百分点，同期，桂林市CPI涨幅为4.0%，低于全区1.3个百分点；特别是2008年在CPI指数高涨时，全区CPI涨幅达7.8%，桂林市仅为5.9%；2009年指数下滑，全区跌幅为2.1，桂林市跌幅为0.8%，这两年全区CPI波动幅度高达9.9个百分点，而桂林的波动幅度为6.7个百分点，低于全区3.2个百分点。

4.结构性变动有差异。

（1）医疗保健和个人用品、娱乐教育文化用品及服务价格指数普遍高于全区。通过对2010—2011年CPI分项资料对比分析，2010—2011年桂林医疗保健和个人用品的价格指数分别为101.8和104.2，分别比全区平均水平高0.3和0.7个百分点，娱乐教育文化用品及服务价格指数分别为100.9和100.5，分别比全区高2.5和0.4个百分点，呈现出医疗保健和个人用品、娱乐教育文化用品及服务价格指数均高于全区平均水平的趋势。

（2）烟酒、衣着、居住类价格指数普遍低于全区。通过对2010—2011年CPI分项资料对比分析， 2010—2011年桂林烟酒类的价格指数分别为100.1、103.0，分别比全区平均水平低1.5和0.7个百分点；衣着类的价格指数为96.7和100.2，分别比全区平均水平低3.1和1.7个百分点；居住类的价格指数为104.2和100.2，分别比全区平均水平低1.5和2.0个百分点。呈现出烟酒、衣着、居住类价格指数普遍低于全区平均水平的趋势。

（3）食品、家庭设备用品及维修服务、交通和通信类价格指数高低互现。观察2010—2011年CPI分项资料，2010年桂林食品、家庭设备用品及维修服务、交通和通信类价格指数分别为106.1、97.2和98.9，分别比全区平均水平低1.0、1.6和1.5个百分点，到了2011年这三类指数变为115.0、102.2和102.9，分别比全区平均水平高0.6、0.5和1.0个百分点，这三类指数与全区同类指数相比，呈现出高低互现的状况。详见表1:

表1 2010—2011年桂林及全区居民消费价格分类指数表

指标	2010年			2011年		
	全区	桂林	桂林比全区	全区	桂林	桂林比全区
居民消费价格总指数	103.0	102.2	-0.8	105.9	105.8	-0.1
1.食品	107.1	106.1	-1.0	114.4	115.0	0.6
2.烟酒	101.6	100.1	-1.5	103.7	103.0	-0.7
3.衣着	99.8	96.7	-3.1	101.9	100.2	-1.7
4.家庭设备用品及维修服务	98.8	97.2	-1.6	101.7	102.2	0.5
5.医疗保健和个人用品	101.5	101.8	0.3	103.5	104.2	0.7
6.交通和通信	100.4	98.9	-1.5	101.9	102.9	1.0
7.娱乐教育文化用品及服务	98.4	100.9	2.5	100.1	100.5	0.4
8.居住	105.7	104.2	-1.5	102.2	100.2	-2.0

三、与全区差异的原因分析

（一）消费结构不同，计算CPI的权重有差异

根据国家统计局《流通和消费价格统计报表制度》规定，计算居民消费价格指数使用的权数，是根据各地居民家庭住户调查及相关资料整理评估得出的，一般来说，由于消费习惯的差异导致消费结构不同，各地计算居民消费价格指数所用的权数也有所差别。例如：近年来桂林市和全区一样，CPI涨跌幅度很大，主要原因都是由食品价格上涨特别是猪肉价格上涨过高引起的，桂林CPI的走势与全区基本一致，但与全区有一些差异，主要原因是桂林物价水平特别是食品类绝对价格比全区平均水平相对低；另一方面，食品中权数最重的猪肉权数与全区有差异，由于全区各地消费习惯、民族风俗、地域特点不同，地处北部的桂林与全区其他地市城乡居民对水产品、猪肉等食品的消费数量肯定不一样，消费结构也有所差别，计算CPI用的猪肉、水产品等权重也会不同，因此，猪肉价格的大幅涨跌对桂林市CPI的拉动作用也会和全区有所差别。

（二）桂林经济平稳发展，对CPI的影响较温和

经济发展史表明，物价上涨周期与经济增长周期往往基本相同，高速经济

增长率会拉高CPI，近年来，桂林经济平稳增长，波动幅度小于全区平均水平，对CPI影响也小于全区。据统计，2009—2011年广西生产总值（GDP）增长速度分别为13.9%、14.2% 和12.3%，而桂林的增长速度则分别为13.8%、13.8% 和12.2%；桂林市生产总值增幅波动幅度略低于全区平均水平；2009—2011年广西全社会固定资产投资增长速度分别50.8%、37.7%和29.1%，而桂林的增长速度则分别为35.7%、37.8% 和28.9%，波动幅度远小于全区平均水平；总体来看，桂林经济呈平稳发展的趋势，波动幅度小于全区，平稳的经济发展对CPI的影响也较全区温和。

（三）工业品出厂价格（PPI）波动小，传导影响小

工业品出厂价格（PPI）反映生产环节价格水平,CPI反映消费环节的价格水平。根据价格传导规律,PPI对CPI有一定的影响，整体价格水平的波动一般首先出现在生产领域,然后通过产业链向下游产业扩散,最后波及消费品。桂林工业以轻工业为主，而全区以采矿等重工业和制糖业为主，桂林PPI与全区的PPI有一些差异，据工业生产者价格调查，2010—2011年，广西工业生产者出厂价格（PPI）比上年上涨12.0%和8.5%，而桂林的仅上涨3.5%和5.5%，比全区低8.5和3个百分点。由于桂林PPI波动幅度小于全区，因此对CPI的传导影响幅度也小于全区。

（四）政府对物价的干预措施不同，调控效果有差异

针对近年来CPI波动幅度较大的形势，特别是2011年物价持续高位，防控形势严峻，桂林市党委、政府高度重视，积极贯彻落实自治区党委、政府关于抑制物价过快上涨的有关文件精神，结合桂林实际情况，加大调控力度，根据不同时间，2011年下半年相继出台相关调控措施。如：7月起下调有线电视初装费50%，公房租金10%；8月起每月定量向食品消费市场投放平价粮油和平价猪肉；9月起临时优惠有线数字电视基本收视维护费等等，对抑制物价过快上涨起到了一定的作用。由于市场环境不同，各市采取的干预措施也不同，这对控制物价总水平会产生不同的影响。

四、2012年桂林CPI走势预测

目前国内经济仍处于弱势，上半GDP增速继续放缓，预计全年经济增速继续放缓，物价上涨的需求拉动因素减弱；同时，国内夏粮丰收、生猪生产大幅度增长，市场粮油肉供应充足，粮食价格稳定，猪肉价格进入周期性回落通道，食品价格涨幅仍有下降的趋势，今年我国物价涨幅将放缓，预计2012年桂林CPI上涨幅度比上年回落，假如下半年桂林生产、生活等条件正常，没有其他影响物价的重大事件发生，全年涨幅可以控制在4%以内。

五、对调控物价的一些建议

经济全球化的状态下，各地的CPI上涨不仅仅取决于各地的总供给、总需求，取决于国内的货币状态，还取决取整个世界经济状况，因此桂林市在调控物价方面，应该立足于国际、国内这个大的市场环境，分析本市的物价特点，有针对性地进行调控。

（一）密切关注CPI，把控物价作为政府宏观调控的主要目标

通货膨胀和通货紧缩都是经济发展过程中的不良现象，前者表现为“供不应求”，后者表现为“供过于求”，是宏观经济运行的不平衡和不协调的表现，通货膨胀和通货紧缩对经济发展将起到阻碍和破坏作用，因此，政府应充分认识通货膨胀（紧缩）的危害性，继续密切关注CPI的变动情况，适时采取措施，把治理通货膨胀（紧缩）稳物价作为当前宏观调控的首要任务。

（二）加强价格监测监管，增强通胀预期管理的有效性

政府有关部门要进一步加强和完善价格监测预警体系和机制建设，及时分析和防范可能引发价格异常波动的倾向性、苗头性问题，完善信息披露机制，科学引导社会公众的通胀预期。同时，建立健全价格调控监管机制，审慎采取价格干预措施，在充分发挥市场平抑价格内在机制的基础上，加大打击价格违法违规行为的力度。此外，加强政策协调配合，注意把握好政策调控方向、重点和力度，以形成管理通胀预期的合力。

（三）加大农产品生产力度，促进主要农产品供需基本平衡

由供求关系导致的农产品价格大涨大跌的问题，是目前世界各国普遍存在的问题。近年来，我国历次通胀都表现为食品类价格的过快上涨，而其中的粮食、生猪、食油、蔬菜等关系国计民生的大宗农产品的短缺成为推动物价上涨的主要因素，桂林是个农业大市，是广西粮食生产主产地，也是生猪、家禽、水果和蔬菜等大宗农产品的生产基地，应大力改善农业生产的基础条件，建立并完善规模化、标准化、现代化、产业化的农业产业体系，继续抓好粮食、生猪、家禽、水果、蔬菜等农产品的生产力度，建立健全农产品产业链，在保证供给的同时，积极引导消费，确实解决农产品在增产年份出现的“卖难”问题，确保这些关系国计民生农产品的供求基本平衡，从根本上破解农产品价格大起大落现象，稳定市场物价。

（四）改善农产品流通环节，降低流通成本

农产品的流通环节，是连接菜园子和菜篮子的中间环节，这个中间环节畅通与否，直接关系到农户和广大消费者的利益，是稳定物价的有效手段。

当前我国农产品流通主渠道的批发市场和农贸市场公益性大多缺失或被违背，使“最后一公里”成为农产品价格非理性上涨的背后推手之一。因此，要认真贯彻落实好国务院《关于深化流通体制改革加快流通产业发展的意见》，控制物流成本，减少流通环节，建立产销对接平台和产品供求信息系统，提倡和鼓励少环节、高效率的流通方式，如农超对接、工厂直营店等经营方式，如可鼓励一些距离桂林市区较近、条件允许的规模养猪户（企业）直接面对消费者经销猪肉，减少中

间环节，降低流通费用，实现供需有效对接，促进消费，平抑物价。

（五）加强市场监管，维护市场秩序

针对近来农产品等价格上涨过快的现象，有关部门要采取有力的措施，加大市场价格监督检查力度，规范农产品流通领域收费行为，严厉打击价格违法行为；对食品超市、集贸市场等开展巡查，依法查处致使价格过快上涨的不正当竞争和垄断行为，重点打击恶意囤积、哄抬价格、变相涨价以及合谋涨价、串通涨价等违法行为，严厉查处恶性炒作行为，发现问题及时处理。桂林市是个旅游城市，流动人口及旅游人数多，要加强对景点门票、旅游纪念品、旅游服务产品市场的管理，坚决取缔违规和不合理收费，维护消费者合法权益，稳定消费价格。

近三年贵港市农业生产资料价格变动情况分析

李子旺

农业生产资料价格的变化直接影响到农业生产成本和农民的生产积极性，对农民增收影响巨大，2012年，在粮食价格平稳和生猪价格大幅下跌的情况下贵港市农业生产资料价格持续上扬，8月份价格同比上涨0.4%，1—8月农资价格累计比上涨6.6%， 2011年1—8月农资价格累计比上涨11%，2010年1—8月农资价格累计比上涨0.5%，可见，近三年来农资价格持续上涨。保持生产资料价格基本稳定，是确保农民增产增收的有力保障。下面对近年来农资价格变动情况作简要分析。

一、1-8月贵港市农资价格运行主要特点

（一）近三年来农资价格走势回顾

2010年农资价格基本持平，呈振荡上升趋势。2010年1—8月各月农资价格累计比涨幅分别为1.1%、0.0%、-0.4%、-0.5%、-0.5%、-0.2%、0.0%、0.5%。可见，2010年1—8月，贵港市农资价格走势比较平稳，呈振荡上升趋势，比较有利于农业生产。

2011年农资价格呈逐月高涨且涨幅逐步扩大。与上年同期累计比，2011年1至8月各月农资价格涨幅分别为5.7%、7.2%、7.6%、8.1%、9.1%、10.1%、10.6%、11.0%。各月累计比涨幅明显。总体来说，1—8月贵港市农资价格涨势较为迅猛，价格总水平在产品畜、化学肥料、农用机油等主要农资商品的推动下快速上涨。1至5月份各月涨价在10%以内，6、7、8月涨幅均在10%以上，并且形成逐步走高走势。

2012年春耕农资价格猛涨，5月以来涨势趋缓。2012年1—8月各月农资价格累计比涨幅分别为9.8%、10.4%、10.4%、10.3%、9.5%、8.6%、7.5%、6.6%。可见，2012年1—4月，贵港市农资价格以10%左右的涨幅在运行，5—8月各月以比上月下降约一个百分点的涨幅在运行。说明在春耕农资用量集中、用量最大时期价格猛涨。总体来说，1—8月份，贵港市农资价格总水平在化学肥料、农用机油和农用种子等主要农资价格高涨的推动下涨势坚挺。环比看，1至8月生资价格各月环比涨幅分别为1.0%、2.3%、1.1%、-0.1%、-0.8%、0.1%、-0.8%、0.2%，1—3各月环比上涨，4—8各月环比呈持平或下降趋势。

近三年1—8月贵港市农业生产资料价格走势图

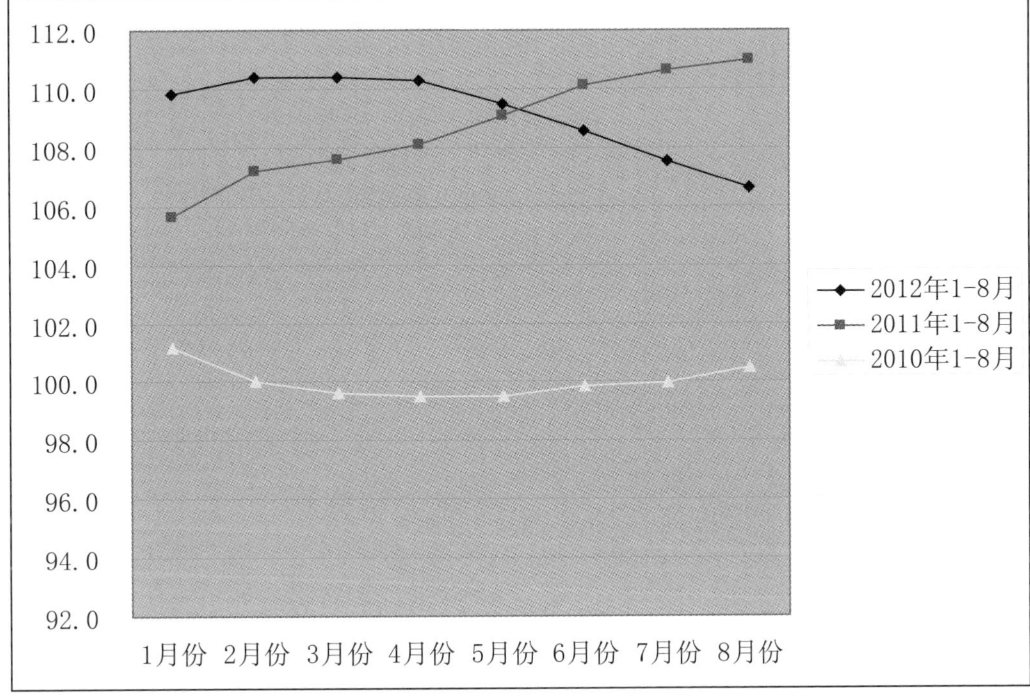

（二）农资价格普涨，主要农资价更高

近三年来，贵港市农资价格均呈普涨局面。以2012年1—8月为例，十大类农资价格累计比呈“八升两降”运行态势，上涨的八大类为农用手工工具、饲料、农用机械、化学肥料、农药及农药械、农用机油、其他农业生产资料和农业生产服务，涨幅分别为1.2%、18.3%、3.0%、8.8%、3.4%、6.7%、11.9%、2.0%。下降的两类为产品畜（幼畜家禽）和半机械化农具，降幅分别为7.7%、1.1%。上涨幅度较大且影响程度大的是饲料、化学肥料和其他农业生产资料。其中：混合饲料价格上涨19.5%；磷肥价格上涨11.9%；农用种子价格上涨13.0%。这三类农资商品成为拉动农资价格总水平上扬的主要因素。

二、农业生产资料价格上涨的主要原因

（一）原料价格和工资提高导致生产成本上升

近年来，与农资生产密切相关的能源产品如煤、石油、天然气、电力的价格持续上升，特别是煤炭、电力价格大幅度上涨，其中：2012年8月，气煤的购进均价是535元/吨、同比上涨6.29%；同时电力购进均价是7068.54元/万千瓦时、同比上涨23.14%。导致化肥、农药、农用机油等农资产品生产成本越来越高。同时，原油、柴油、汽油价格高位运行，直接影响到我国农资生产企业的成本增加和农资产品运输成本的上升。还有，企业员工和雇工工资提高等因素影响，共同导致生资价格上涨。2012年1—8月，贵港市城镇居民人均工资性收入10814元，同比增长16.4%。

2012年上半年，贵港市农村居民人均工资性收入1335元，同比增长24.7%。

（二）需求量增加拉动农业生产资料价格上涨

近年来贵港市积极落实各项强农惠农和涉农补贴政策，极大地调动了农民的生产积极性，农业发展较快，农用手工工具、农业机械、饲料、化肥、农药、农用机油和其他农业生产资料用量大增；同时，农业生产服务需求旺盛，一起拉动了农资价格的上涨。抽样调查表明，2012年，贵港市农作物播种面积增长5.0%；林业发展，速丰桉种植面积增加；8月末生猪存栏同比增长30.6%；2012年1—8月淡水鱼价格同比上涨9.7%，促进了淡水养殖业的较快发展。由于用种、肥料、饲料大量增加，有力拉动农业生产资料价格上涨。

（三）生猪规模养殖大增推饲料价格大幅提高

据国家统计局贵港调查队对贵港市8个村普查小区的调查点和186个规模养殖户、非农户生产单位的主要畜禽监测调查，2012年上半年,调查样本生猪期末存栏498134头、同比增长30.6%。生猪养殖规模的迅速扩大，饲料需求量随之大增，导致饲料价格不断上涨。据调查，2012年6月，玉米价格达2.66元/公斤、同比上涨18.2%，其它豆粕3.6元/公斤、麦麸2.3元/公斤，鱼粉12元/公斤，同比分别上涨3.4%、1.2%、6.7%。

（四）市场监督管理不规范导致农资价格上涨

当前，农资经销者有生产企业、农技推广部门、个体户等，形成了多种市场主体、多种流通渠道共同参与的农资经营格局。由于农业生产资料流通环节过多,销售网点散乱,造成农资营销成本扩大、工商、质监等部门监督管理困难。经营者良莠不齐，无序竞争、鱼目混珠、哄抬价格等不规范乃至不法行为时有发生，扰乱了农资市场，导致农资价格上涨。

三、农资价格上涨对农民增收的不利影响

农业生产资料价格是否稳定，直接影响着农民的生产积极性、农业生产成本和农业生产效益，最终影响农民收入。当前,农资价格上涨对农民增收产生了不利影响。

（一）增加了农业生产成本 影响农民生产积极性

生产资料价格的上涨,直接导致农业生产投入的增大，农民需要更多的资金才能维持简单再生产，造成农业生产成本提高、效益下降，农民的生产积极性受到打击，必然影响农业生产的发展。

（二）降低农业生产效益 加大农民增收难度

100户农村住户调查表明，2012年上半年，贵港市农户人均家庭经营第一产业生产费用支出837元、同比增长87.6%。可见,农户的第一产业生产费用支出大幅度增加。农业生产投入大幅度增加的原因除了生产规模扩大所致外，农资价格上涨是重要原因。2012年上半年，农户购买100公斤化肥支出215元，同比增加30元；

购买100公斤饲料支出310元、同比增加64元，同时，农户出售100公斤猪肉收入1897元、同比减少97元。在粮食价格走低走稳、生猪价格大幅下降的情况下，农资价格持续上涨，一是增大了农业生产费用，二是进一步限制农产品获利空间，三是加大了农民增收的难度。

（三）制约农业生产投入 影响农业可持续发展

农业生产资料价格上涨，增加了农业生产成本，发展生产要投入更多资金，加重了农民负担，限制了农业生产规模的扩大，长此以往，必然影响农业的可持续发展。

四、采取措施保持农业生产资料价格平稳

近年来，贵港市各级政府部门采取了种种措施平抑和稳定农资价格，作了不懈的努力，积累了不少经验，但控价效果不够理想。建议政府部门加大以下措施的实施力度：

（一）加强农资市场监管 加大价格调控力度

建立农资商品市场价格调控机制、加大调控力度，维护市场正常秩序，保证农资合法渠道的正常供应，抑制农资价格上涨，切实维护农民的利益。密切关注农资市场的价格动态，提高价格预警的时效性、准确性。对农资生产企业优先供应生产所需的原料、能源等物资，确保原料供应充足。督促交通、铁路等部门优先安排农资运输，降低公路运输路桥收费，降低运输成本。加大执法力度，强化农资市场价格监管。工商、质检、农业等部门要严厉打击囤积居奇、哄抬物价、价格欺诈、销售假冒伪劣农资商品等违法行为，形成长效监管机制，维护农资市场正常经营秩序和价格秩序，切实保护农民合法利益。同时，加强对优质种子、化肥和农药的宣传，引导农民购买优质农资。

（二）完善农资补贴机制 及时增发农资补贴款

目前，贵港市强农惠农政策和涉农补贴主要项目有：①粮食直补政策；②良种补贴政策；③农机具购置补贴政策；④农资综合补贴；⑤标准化养猪场补贴；⑥连片“蔬菜基地”发展补贴；⑦粮食订单补贴。

政府要进一步完善现行强农惠农政策和涉农补贴机制，着重解决好以下问题：①配套资金不足影响发放进度、补贴资金发放太迟、部分农户能繁母猪补贴资金不到位；②发放补贴成本过大，发放涉农补贴涉及到政府、财政、主管部门等，手续烦多，而且要动用大量的人力和物力；③补贴资金与实际情况出入较大；④补贴要求标准过高，比如蔬菜基地建设要求连片100亩以上才能拿到补贴资金等；⑤粮食订单补贴太少；⑥农机具补贴政策出台过迟，每年的农机具补贴政策都要到六、七月份才能出台，农户想在春耕生产购买农机具就不能享受到补贴，严重影响了春耕生产。

（三）制定科学的生猪等畜禽养殖业扶持政策

严密监控国家各级政府对畜牧业的扶

持资金使用，保证能足额适时发放到养殖户手中，科学调控养殖数量，保证市场供应，提高养殖效益。要进一步加强猪禽疫病的监控和防治工作，保障养殖业健康发展。

第七部分

企业调查篇

2011年广西规模以下工业企业稳步发展

杜雪勇

在国家和自治区出台的一系列促进小微型企业发展政策推动下，2011年广西各级政府加大政策贯彻落实力度，规模以下工业企业积极应对各种挑战，全年规模以下工业总产值为2535.18亿元，不变价增速5.5%，广西规模以下工业企业实现平稳发展。但融资难、原材料价格上涨、民间借贷风险高等困难犹存。

一、2011年广西规模以下工业运行特点

据测算，2011年广西规模以下工业企业现价增速为21.7%。其中，一季度现价增速为19.9%，二季度增速为19.6%，增速比一季度略有回落；三季度增速为20.8%，比上半年高1.2个百分点，比一季度高0.9个百分点；四季度在三季度20%以上增速的基础上，再扩大0.90个百分点，达到全年最高的21.7%。

2011年全年规模以下工业发展速度表（%）

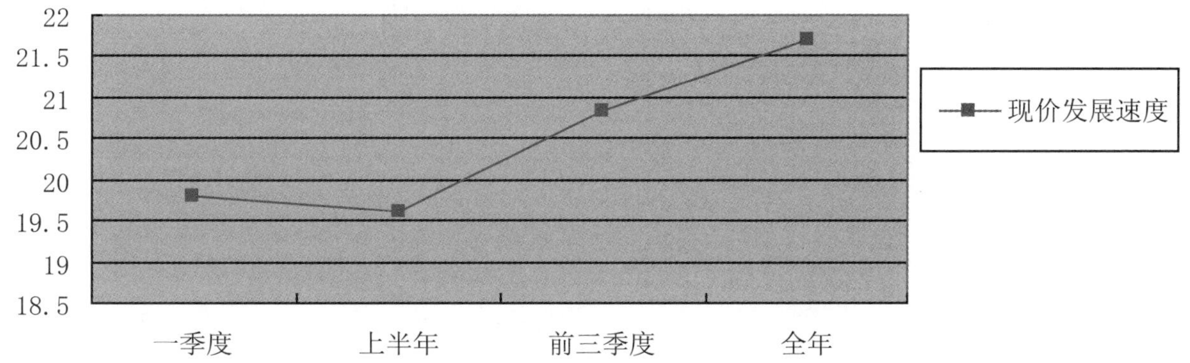

二、2011年广西规模以下工业增长因素分析

（一）国家政策支撑

2011年以来，国家及地方各级政府高度重视小微型企业的发展，出台了一系列推动小微型企业快速发展的举措。广西在全面实施国家政策的基础上，也出台了相应的扶持措施，如自治区出台的《关于大力发展微型企业的若干意见》，在基本运作模式，财政资金补助政策，税收扶持政策，融资担保扶持政策，行政规费减免政策，相关部门扶持政策等六个方面给小微型企业的发展创造了有利条件，总体形势对小微型企业有利。如贵港市政府实施了

《贵港市中小企业资本金补助资金管理办法》，对中小企业进行了资金的扶持；全面推广“信贷工厂”服务模式，积极为中小企业解决资金困难的问题，如北部湾银行贵港分行通过推出无抵押物只需营业执照或合同的微小企业贷款产品，全年已发放资金2亿8千万元。

（二）规模以上工业发展带动

2011年广西规模以上工业增加值比上年增长20.8%，比全国高6.9个百分点。广西36个行业中，有35个行业增加值同比增长，其中工业投资3742.54亿元，增长35.1%。规模以上工业的快速发展和投资的带动，对规模以下工业发展起到了积极作用。工业园区建设、铁路公路建设、水利枢纽工程建设等都对规模以下工业提供了发展机遇。

（三）工业生产价格涨幅继续回落

2011年广西工业生产购进价格上涨10.0%，比前11个月回落0.6个百分点；比前10个月回落1.1个百分点；全年工业生产出厂价格上涨8.5%，比前11个月回落0.6个百分点，比前10个月回落1.2个百分点。企业“高进低出”的现象得到一定程度缓解。

（四）企业科技创新意识逐步增加

各地中小企业在应对国际、国内复杂的经济形势中，已经积累了一些经验。不少企业改革创新，积极开发新产品，拓展市场营销渠道。如某电气公司生产的配电设备由于产品质量好，知名度提高，在某市的市场占有率较高，覆盖到大部分楼盘和新建厂房，2011年1—11月主营收入突破4000万元，进入规模以上企业行列。某自控设备有限公司产品覆盖全国95%的制糖企业，部分产品出口缅甸、越南等国，并获得了100万政府创新资金扶持。

三、企业运行中存在问题

（一）生产成本大幅度增加挤压企业利润

一是原材料价格不断攀升。企业当前面临的最突出问题，如聚苯乙烯原料2010年均价1.09万元/吨，2011年达1.2万元/吨；不锈钢、高锰钢一段时期价格同比涨幅高达30%；2011年铜价格上涨40%，木材价格上涨50%以上，焦炭价格上升20%。原材料价格不断攀升，导致生产成本上涨大。

二是人工费用增长快。实行最低工资和强制性为工人购买“五险”，导致了企业人工成本的上涨。如某制衣公司2011年每月给工人增加200~300元工资，仅工资每月就比上年同月多支出2~3万元。一些小水电站工人工资增幅30%以上，一些市养老基数也都上调。

三是运输成本高位运行。由于成品油价格居高不下，过桥过路费也是有增无减，导致运输成本不断提高。2011年有些企业运输费用同比增幅30%以上。

四是电费价格有所提高。2011年6月份以来，广西电力供应缺口大，尽管采取多种措施，但是平均电价的上升在所难免。某企业反映，2011年电费均价为0.68元/度，比上年上升17.2%。同时，自9月至12月，政府征收调节基金，每度电加收

0.05元。

（二）部分行业发展困难

一是水电企业受干旱影响发展艰难。小水电是个别县的支柱产业之一，特点是靠天吃饭。2011年降雨量减少，秋冬季节干旱明显，小水电产值下降，个别电站产值下降幅度达60%以上。

二是部分城市供水企业经营困难。如某供水公司，在管网扩点、取水、消毒净化等投入大，生产成本高，投入与水费收入难以平衡，常年处于亏损状态，企业负债率高达80%以上。

（三）货款拖欠现象突出，企业流动资金紧张

因金融危机影响，国内外经销商大多数都不能按时付清货款，企业为了维持与客户的长期合作关系，做出让步，货款回笼慢，使企业无法支付原材料购进货款，造成企业原材料购进困难，资金周转受困的恶性循环，对企业的生产和经营造成极大影响。据推算，2011年规模以下工业企业应收账款为36.03亿元，比上年增长16.48%。

（四）企业利息支出压力大

据测算，2011年广西规模以下工业企业利息支出为5.05亿元，比上年增长24.69%。其中，银行借款与民间借款双双上涨，民间利息涨幅大大高于银行，分别增长8.14%，80.97%。主要原因是银行借款难度大，民间借款容易，导致民间借款利息涨幅大大高于银行。目前民间借贷处于监管盲区，相关部门难以有效审查，企业在民间借贷中承担一定的市场风险。

（五）电力供应紧张

受严重干旱、电煤价高等因素影响，2011年广西电力供应紧张，尤其从2月份开始干旱少雨，很多小水电发电量减少，电量缺口最高时达到40%，成为全国缺电最严重的省区之一。由于很多小企业能耗高，产值低，很多市县在保证规模以上企业用电的同时对小企业拉闸限电。小企业生产经营严重受损。

（六）企业招工困难

由于工业规模小，福利条件较差，招工对象不愿来。如某太阳能有限公司是加工和生产太阳能和防盗门的企业，实际需要从业人数30人，仅有从业人数15人，短缺人员达50%。

四、几点建议

广西要牢牢抓住产业升级机遇，围绕广西优势支柱产业，加大规模以下工业投入，建设培养起一批管理水平先进、产品技术含量高、经济效益好、辐射带动作用强的中小企业，促进规模以下工业又好又快发展。

一是重视规下企业作用，加大政策扶持。规下企业分布广，有利于吸纳闲散劳动力。政府要针对规下企业需求，出台一系列的扶持措施，尤其是当前企业融资困难问题。对低能耗、吸纳劳力显著的企业要保持其生产的稳定，对有发展前景的，尤其是技术型企业要重点进行帮扶，为其提供必要的财政资金补助，鼓励研发，进一步增强企业自主创新能力和竞争力。

二是加强生产管理，促进节能降耗。

原材料、燃料、动力等生产要素价格刚性上涨不可避免，要引导企业加强生产耗能管理，把节能降耗、提高效率作为缓解要素资源瓶颈制约，应对价格上涨的有效手段和途径，切实转变经济增长方式。

三是更新观念，提高企业管理水平。小型企业要在维护好原合作对象关系的基础上，进一步扩大产品销售渠道，诚信为本，打造良好的信誉度。切实更新经营管理理念，不要一味地认熟人，抱着家族式管理不放，要招聘有管理经验的人员，引进先进的管理模式，将企业管理向规范化推进。

四是技术创新，加大企业产品竞争力。要积极创新，将单一的产品优化创新成为系列产品，增大在市场上的竞争能力，能够在同行业中脱颖而出。同时引导以加工为主的小型企业向开发自身产品发展，拓宽企业生产经营的延续性。

五是大力引导节能降耗改造。政府及相关部门正确引导企业进行节能减排，多扶持中小企业，通过设备更新，技术改造等降低原材料、能源的消耗，提高资源的重复利用，降低企业成本支出，同时相应加大对原材料、能源价格上涨的宏观调控，尽量使中小企业由于成本上升造成的损失和困难降到最低。

六是建立信息平台，加大宣传力度。政府相关部门应为企业搭建信息交流平台，拓宽信息流通渠道，推进中小企业全面信息化，让小企业及时掌握市场动态，研发适应市场需求的新产品，丰富品种结构，让中小企业在市场占一席份额。

2011年广西服务业重点监测行业发展态势良好

郑月波

据对服务业重点监测行业的抽样调查，2011年广西服务业重点监测行业发展态势良好，主要表现在规模继续扩大，盈利能力也有所提高，行业总体呈可持续较快增长的态势。各行业发展中，六行业发展形势喜人，但一些行业发展存在一些问题。

一、调查基本情况

2011年对服务业重点监测行业的抽样调查，抽取了包括11个服务业重点监测行业大类和房地产中介、物业管理2个行业中类全部18212家企业中的1108家样本企业。

1. 样本企业的分布情况。装卸搬运和其他运输服务业59家，仓储业78家，计算机服务业164家，软件业54家，租赁业32家，商务服务业211家，科技交流和推广服务业63家，居民服务业69家，其他服务业98家，体育20家，娱乐业65家，物业管理140家，房地产中介55家。

2. 样本企业控股情况。国有控股企业185家，集体控股企业53家，私人控股企业573家，港澳台控股企业11家，外商控股企业7家，其他企业279家。

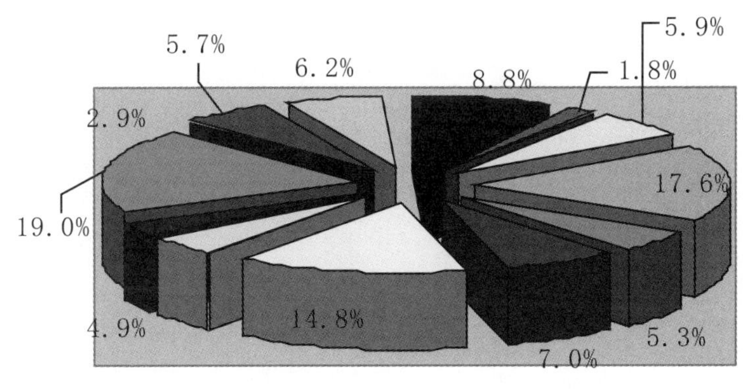

二、行业呈较快增长态势

2011年监测结果显示，广西服务业重点监测行业资产投资规模稳步扩张、资产负债率适中、收入利润同步增长、社会贡献能力增强、员工收入增长社会保障水平提高，行业呈较快增长态势。

1.资产投资规模稳步扩张、财务风险适中。调查企业的资产总计为884.3亿元，比上年增长12.5%；企业的固定资产原价167.5亿元，增长0.1%。企业资产负债率为60%，处于40%~60%的正常水平，财务风险适中。

2.营业收入增长有所恢复、盈利能力较好。调查企业实现全部营业收入211.09亿元，增长9.7%，增幅比1—5月提高了3.3个百分点。调查企业实现利润15.81亿元，比上年增长14.2%，其中装卸搬运和其他运输服务业额比上年增长59.2%。

3.企业社会贡献能力增强。税收方面，调查企业上交所得税2.07亿元，主营业务税金及附加4.25亿元，分别比上年增长24.59%和16.3%。解决就业方面，调查企业共吸收就业人员81800人，比上年增长2.7%，户均解决就业74人。

4.员工收入增长社会保障水平提高。工资方面，调查企业月人均工资2107元，比上年增长7.6%；月人均福利费122元，比上年增长30.5%。其中，月人均工资最高的是仓储业，为3277元；月人均工资增长最快的是娱乐业，为1701元，比上年增长16.8%。社会保障方面，月人均劳动、失业、养老、医疗保险费合计366元，比上年增长10.2%；月人均住房公积金和住房补贴合计550元，比上年增长6.4%。

三、六行业发展形势喜人

1.装卸搬运和其他运输服务业发展体现规模效益。“十一五期间” 广西物流基础设施建设不断完善，公路、铁路、水路、航空等多式联运基础设施建设加快给现代物流的发展打下了结实的基础。装卸搬运和其他运输服务业企业自身也达到了一定的规模。据监测调查结果，2011年装卸搬运和其他运输服务业调查企业户均资产达2.76亿元，比上年增长23%；营业收入1.27亿元，比上年增长15.5%，有9家企业营业收入过亿。规模的扩大给物流业发展带来的规模效益，2011年装卸搬运和其他运输服务业调查企业实现营业收入10.58亿，比上年增长59.2%，营业收入利润率为14.2%，比上年提高3.9个百分点，资产利润率为5.9%。

2.企业经营集团化带动生产性服务业迅速发展。随着广西生产性企业经营逐步走向集团化，加大了各类软件在企业管理中的应用及对企业管理、法律、市场调查、中介、广告、旅游等商务服务业的需求，带动了这些生产性服务业的迅速发展。软件应用方面，2011年软件业调查企业实现营业收入1.47亿元，比上年增长32.7%；商务服务方面，2011年商务服务调查企业实现营业收入62.84亿元，同比增长20%，其中：企业管理服务企业增长41.4%、法律服务企业增长73.5%、市场服务企业增长9.5%、广告业企业增长13.6%、职业中介企业增长34.5%、旅行社增长10.2%。

3.物业管理发展形势较好。2011年样本企业物业在管面积持续扩大，经营规模呈现扩大化，96家物业管理企业再管建筑物面积为4175万平方米，户均再

管面积为43.5万平方米，比上年增长了21.2%。应收物业费总额比上年增长了17.1%。

4.群众体育产业爆发活力。一是赛事组织有声有色。2011年体育组织企业营业收入比上年增长35%；二是体育场馆供不应求。居民日益增长的文化体育需求和稀缺的体育设施的矛盾较为突出，2011年体育场馆企业营业收入比上年增长54.5%；三是室内休闲健身投入加大。2011年室内休闲健身企业固定资产增加43.3%，营业收入比上年增长18.9%。

5.设备租赁业有所回升。2011年设备租赁业企业实现营业收入7253.3万元，比上年增长32.2%。主要表现在：一是车市偏冷，租市回升。城市企业保有量大，平日出行不便，致使一些用车需求从购买专项租赁，租车企业经营回升。2011年汽车租赁业企业营业收入是上年的5倍；二是建筑设备租赁需求大。广西北部湾建设的不断深入，建筑设备租赁需求量不减。2011年建筑设备租赁企业营业收入比上年增长19.7%。

6.居民服务业增长突破两位数。2011年居民服务业企业实现营业收入3.01亿元，比上年增长14.6%，其中，洗染服务业增长47.2%、殡葬服务业增长21.7%、其他居民服务业增长11.4%。

四、重点监测服务业企业发展存在的问题

1.新兴行业比重不足。调查显示，调查企业以知识密集型和技术密集型为代表的现代服务业企业的规模偏小，所占比重较低。如计算机服务业、软件业、科技交流与推广服务业，2011年资产总计、固定资产原值、营业收入合计分别为11.29亿元、2.79亿元、5.28亿元，分别仅占全部调查企业的1.3%、1.7%和2.5%，以上三个指标平均到每家企业仅分别为401.9万元、99.1万元和188万元。一些科技含量大、附加值高的行业没有得到足够重视，规模明显偏小，潜力没有得到充分挖掘，虽然广西高端服务业涉及面广，覆盖了从事海外市场的软件开发及销售、现代技术教育智能电子系统工程、电信增值业务、企业管理系统设计、行业专业软件设计、农业科技研究、电子节能技术推广等多个领域，但经营目标多而不专，使得企业经营处于盲目、松散的状态难以形成技术优势。应该明确高端服务业发展的定位，重点突出某个或几个重点领域，通过整合企业资源，做大做强，才能提高高端科技服务业的竞争力。

2.房地产中介企业在限购令下经营惨淡。房地产销售市场的低迷，使得多数房地产中介企业经营下降，有的甚至关门倒闭。2011年调查企业实现营业收入9833.5万元，比上年下降10%，55家调查企业仅有23家坚持经营。

3.面向民生的居民服务业资源缺乏。2011年，面向民生的物业管理和房地产中介也、居民服务业、其他服务业和娱乐服务业四个行业营业收入合计为17.35亿，占总体的8.9%；从业人员25711人，占总体的8.9%。用31.4%的就业人数，实现了

8.2%的产值，人均创造营业收入6.76万元在提高居民生活水平和缓解就业压力方面贡献突出。但是，很多能提高附加值的面向居民的服务业资源仍很缺乏，如家庭服务、上门服务、接送服务、养老服务、保健服务、文娱服务等还没有形成规模，面向民生的服务行业尚有较大发展空间。

4.企业规模小，实力弱，抗风险能力差。在物流企业不断做大做强，企业集团服务业收入不断增长的带动下，服务业的总体规模有了明显的提升，但从总体来看，重点服务业企业规模小，实力弱，抗风险能力差的特点没有改变。2011年调查企业平均年末从业人员74人，平均拥有资产108.1万元。调查企业中，资产过亿的企业仅有79家，占企业总数的7.1%；固定资产原值过亿的企业仅26家，占企业总数的2.3%；营业收入1亿以上的仅41家，占企业总数的3.7%；而营业收入在500万以下的有815家，占企业总数的73.6%。政府应当在信贷方面出台相关政策，为服务业的发展提供资金支持，鼓励做大做强。特别是对有发展潜力、高附加值的企业创造有利条件，拓展融资方式和渠道，在适当的时机尽快推出创业板，为有发展潜力、科技含量高、高附加值的企业上市融资提供平台。

2011年南宁市服务业调查企业发展现状、问题及对策建议

周伟明

随着宏观经济发展，2011年南宁市服务业（包括装卸搬运和其他运输服务业、仓储业、计算机服务业、软件业、租赁业、商务服务业、科技交流和推广服务业、居民服务业、其他服务业、体育和娱乐业等11个服务业行业大类及物业管理和房地产中介）发展态势持续向好，企业各项主要经济指标保持较快增长，行业规模不断扩大，但统筹发展仍任重道远。

一、调查企业情况

国家统计局南宁调查队对南宁市范围内的13个行业444家服务业企业进行了抽样调查，由于注销、筹建、停产等原因，实际有245家企业完成了报表数据的填报，占全部样本企业的55.2%。调查企业基本情况是:

1.行业分布情况。11个行业大类的样本企业具体分布是：装卸搬运和其他运输服务业12家，占全部样本企业的4.9%；仓储业16家，占6.5%；计算机服务业27家，占11.0%；软件业12家，占4.9%；租赁业7家，占2.8%；商务服务业61家，占24.9%；科技交流和推广服务业14家，占5.7%；居民服务业5家，占2.0%；汽车维修等其他服务业25家，占10.2%；体育和娱乐业15家，占6.1%。两个行业中类的样本企业分布是物业管理服务业43家，占全部样本企业的17.5%；房地产中介服务8家，占全部样本企业的3.2%。

2.企业控股情况。调查的样本企业中，国有控股企业51家，占全部样本企业的20.8%；集体控股企业8家，占3.3%；私人控股企业111家，占45.3%；港澳台商控股企业1家，占0.4%；外商控股企业3家，占1.2%；其他控股企业71家，占全部样本企业的28.9%；

3.执行《企业会计准则》情况。调查的样本企业中，有206家企业是执行了国家2006年《企业会计准则》的，占全部样本企业的84.1%；其他的39家企业如网吧等还没有执行《企业会计准则》，占15.9%。

4.企业报告期内变化情况。调查的样本企业中，报告期内有12家企业进行了合并，有18家企业改变了企业名称。

二、服务业调查企业总体保持稳定增长

（一）从营业收入看，企业运营能力持续增强

南宁市服务业企业经过多年的摸索逐渐发展壮大起来，主要表现为企业运营

能力的持续增强，市场竞争力得到较大提高。调查结果显示，2011年1—11月，南宁市抽样调查的245家样本企业营业收入为612488.6万元，同比增长21.6%，呈现出稳步增长趋势。其中增长较快的行业依次是租赁业、体育服务业、商务服务业，1—11月营业收入同比分别增长2.37倍、61.1%、31.0%。

（二）从接收就业来看，企业吸纳就业能力增强

2011年1—11月，南宁市抽样调查的245家样本企业从业人员为28496人，同比增长3.0%，呈现出稳步增长趋势。其中，增长较快的行业依次是体育服务业、科技交流和推广服务业、租赁服务业，1—11月从业人员同比分别增长18.7%、15.3%、11.1%。

（三）从企业内部看，企业内生机制不断巩固

2011年以来，南宁市加大产业结构优化升级力度，不断促进服务业发展，不断加大对服务业尤其是现代服务业投资力度，企业资产得到较快增长。2011年1—11月，南宁市245家样本企业资产总计为5274001.7万元，比上年同期增长9.5%。资产总计增幅较大的行业依次是广告业、居民服务业、科技交流和推广服务业，1—11月企业资产总计同比分别增长了38.4%、26.5%和25.6%。1—11月南宁市245家样本企业投资收益为74744.9万元，同比增长1.2%。

（四）从社会效益看，企业税收贡献增强

2011年南宁市部分服务业企业经营状况良好，对全市社会贡献作用进一步增强。2011年1-11月，南宁市抽样调查的245家样本企业分别缴纳税金3355.9万元、应交所得税4332.8万元，营业税金及附加15479.3万元，同比增长18.4%、1.8%、52.2%，企业对财政的贡献进一步加强。

（五）从保障条件看，企业职工待遇不断提升

随着南宁市部分服务业企业快速发展，企业职工工资收入稳定提高，保险、住房补贴及福利等待遇也快速增长。2011年1—11月，南宁市抽样调查的245家样本企业工资总额71422.4万元，比上年同期增长13.2%，应付福利费、保险费、住房公积金和住房补贴分别为4055.5万元、11053.6万元和3718.05万元，同比增长24.8%、21%和8.5%。

三、服务业调查企业面临的困难

2011年，尽管南宁市服务业企业整体呈现出良好的发展趋势，但企业在生产经营过程中，仍存在很多困难。从调查结果看，主要有:

（一）企业费用、成本上升

2011年1—11月，南宁市抽样调查的245家样本企业在当前成本费用影响因素中，营业费用、管理费用、财务费用三项费用为223019.8万元，同比上升了21.4%；企业营业成本469179.4万元，同比上升22.2%，企业成本压力继续加大。

（二）部分行业企业营业收入呈负增长趋势

2011年1—11月，计算机服务业、科技交流和推广服务业及房地产中介三个行业营业收入，同比分别下降32.5%、27.7%、10.2%。

（三）部分行业总体仍处于亏损状态

调查结果显示，调查的245家样本企业中仍有广告业、科技交流和推广服务业、体育业处于亏损状态。

（四）行业内部结构仍然不尽合理

从南宁市部分服务业内部结构来看，商务服务业依然是南宁市部分服务业发展主力。2011年1—11月，被调查的61户商务服务业企业资产总额占被调查企业的91.4%，营业收入占46.6%，从业人员占40.7%，而其他行业起步晚，发展慢，没有形成规模，占部分服务业的份额比重小，比重均偏低，对于优化资源配置、提高部分服务业发展空间存在一定的阻碍。

（五）区域发展不平衡现象没有得到根本改变

目前，部分服务业区域发展不平衡现象没有得到根本改变，部分服务业企业主要集中在市区内。2011年1—11月，被调查的245家企业中六城区有212家，占被调查企业的86.5%。

四、发展南宁市服务业的对策建议

（一）夯实企业发展的根基

目前，服务业企业的“出生率”受到高度关注，而对企业的“存活率”、“成长率”关注度较低。政府部门要转换工作思路，帮助企业落实从业人员的社会保障，让企业员工安心工作，减少人才和技术流失；帮助企业建立和完善财务管理制度，加强成本管理，提高生产经营效益，在市场竞争中不断发展壮大。

（二）加大改革力度，给予服务业更多政策支持

面对当前企业成本持续上升的处境，服务业企业迫切希望政府有关部门采取有力的措施帮助服务业企业降低经营成本，确保企业经营形势基本稳定。例如对营业税进行改革，避免重复征税，减轻企业的税费负担，缓解企业成本压力；加强信贷服务，完善担保方式，拓宽企业融资渠道，鼓励和支持企业扩大经营规模；取消不合理的行政性收费项目，比如有关部门可以对服务业企业用水、用电、用气、用热等提出具体优惠政策措施，切实减轻企业负担，使服务业在资源要素的获得和使用上享受与其他产业平等的政策待遇等措施。使南宁市服务企业降低经营成本，度过难关，持续、健康、稳定地发展。

（三）整合市场资源，提升劳动生产效率

从市场化的角度来说政府必须允许一些盈利能力差、生产水平落后的中小企业倒掉，但也必须扶持另一批有发展潜力的中小企业不断发展壮大，从而通过整合资源，提升整个服务业企业的劳动生产率。因此必须积极探索由政府引导的主要依靠市场机制配置资源的服务业投资机制。加大金融支持力度，推进以兼并收购为手段，以提高国际竞争力为目的的结构重组，培育一批大型的新兴服务业企业集团。

（四）加强发展县份服务业力度

南宁各县必须结合地方产业情况，因地制宜的加强服务业的发展力度，充分发挥其在经济发展中的作用，这样才有助于县份经济走上新台阶。

（五）企业重经营也要重管理

对于企业而言，不能只重经营而不重管理。盈利性企业经营的本质是赚钱，而管理的本质是为经营做好保障体系，无数企业实例证明，只重经营而不重管理，企业的发展是难以长久的。就小型企业而言，只有做好人财物配置等基础管理工作，企业在商场上冲锋陷阵才有后劲，忽视管理不利于企业的长远发展。

（六）大力实施城镇化战略，扩大服务业消费群体

可以把加快发展服务业与实施城镇化战略结合起来，积极稳妥地推进城镇化，调整城镇规模结构，不断扩大城市服务消费的群体。

（七）抓住小微型企业发展契机，引导服务业企业规范发展

发展微型企业是备受政府关注的民生工程，按照有关规定在相关部门大力配合支持下，促进微型企业创业带动就业，其中也包括很大一部分服务业企业，通过享受创业培训、资金及贷款等一系列优惠政策，制定发展规划，明确发展措施，规范经营行为，在发展中不断壮大，使企业上规模、上档次，走上规范化的发展轨道。

2011年桂林市服务业调查企业实现收入利润双增长

张　悦

2011年，桂林市全面启动桂林国家服务业综合改革试点区域建设工作，全市服务业统筹推进142个重点建设项目，预计实际完成投资123.54亿元，有力地推动了服务业向前发展。国家统计局桂林调查队调查数据显示，2011年（报告期为2011年1-11月，下同）桂林市装卸搬运和其他运输服务业、软件业、商务服务业等11个服务行业（共143家企业）总体呈现收入利润双增长的局面。但在总体形势趋好的情况下，部分服务业企业经营管理仍存困扰。

一、服务业调查企业发展的特点

（一）货币资金增多，固定资产投资步伐加快

2011年，桂林市加大了对商贸流通业、旅游业等服务业的投资力度，大力推进重点建设项目。2011年143家样本企业共保有的货币资金量比上年同期增长45.96%，固定资产原价比上年同期增长了3.32%。

分行业来看，货币资金量增幅最大的是租赁业、科技交流和推广服务业、娱乐业，货币资金量与上年同期相比翻了一倍以上。固定资产原价增加最快的是装卸搬运和其他运输服务业、租赁业、娱乐业，固定资产分别比上年同期增长了28.19%、15.32%和11.24%。

（二）营业收入增多，利润总额增加

调查数据显示，11个行业呈现营业收入和营业利润双增长的良好局面。其中，样本企业营业收入比上年同期增长7.76%，利润比上年同期增长了28.57%，服务业企业整体经营形势较为乐观。

分行业来看，租赁行业的营业收入与上年同期相比增长最快，为27.76%，其次是科技交流和推广服务业、居民服务业，营业收入分别比上年同期增加17.57%、16.28%。11个行业中6个行业利润总额比上年同期增长，其中增长较快的行业是仓储业、商务服务业、其他服务业，增长幅度分别为49.91%、47.54%、25.2%。

（三）对社会贡献度提高，投资收益增长

2011年服务业样本企业营业税金及附加同比增长7.67%，与营业收入增长幅度基本持平，对社会贡献程度提高。随着盈利情况的好转，企业对外投资增加，投资收益增多，143家样本企业2011年投资收益比上年同期增加了84.25%。

分行业来看，租赁业、房地产和物业管理、商务服务业的营业税金及附加分别比上年同期增加了94.8%、22.07%、19.76%。对外投资方面，除娱乐业、其他服务业外，装卸搬运和其他服务业、仓储业、计算机服务业、软件业、房地产和物业管理、租赁业、商务服务业、科技交流和推广服务业、居民服务业共9个服务业行业投资收益均比上年同期增加。

（四）应付工资增长，员工福利水平提高

2011年，桂林市强制为员工购买保险，并不断提高最低工资水平，在服务业经营情况向好的情况下，服务业从业人员工资和福利水平不断提高。调查数据显示，2011年调查企业从业人员平均人数比上年同期小幅减少，但应付工资总额却比上年同期提高了9.99%，应付福利费总额比上年提高了33.63%，劳动、事业、养老、医疗保险费总额比上年同期提高了7.62%，住房公积金和住房补贴比上年同期提高了8.07%。其中，软件业、居民服务业、娱乐业人员工资增长较快，人均工资分别比上年同期提高了30.11%、23.89%、17.58%。

（五）旅行社行业表现突出

2011年桂林市荣获“2011中国特色休闲城市——最美休闲城市”称号，旅游业持续稳健发展。据统计，2011年1—11月，全市接待游客人数2729.16万人次，同比增长29.69%，实现旅游总收入197.19亿元，同比增长30.49%。桂林调查队调查数据显示，2011年旅行社经营情况较好，在11个服务行业中表现突出。其中，货币资金保有量和固定资产原价比上年同期增长46.07%和1.66%；营业收入和利润总额比上年同期增长12.71%和59.62%；营业税金及附加、投资收益比上年同期增长22.17%和52.23%；人均工资总额和福利费比上年同期增长29.46%和45.75%。

二、发展中存在的问题

（一）成本和费用的持续上升增加了企业的运营压力

2011年服务业企业经营成本和费用有所提高，被调查的143家企业营业成本比上年同期增长7.33%，增幅和营业收入增幅基本持平；营业费用、管理费用、财务费用总额比上年同期增长10.59%。其中科技交流和推广服务业由于受到劳动力成本大幅度增加的影响，营业成本增长最快，增幅达23.88%，高于营业收入增幅6.31个百分点，造成部分企业经营压力和困难加大。

（二）服务业发展不平衡影响了经济协调发展

服务业重点行业发展过程中主要存在两个不平衡。第一是企业间发展不平衡。调查资料显示，143家样本企业中，资产规模超过平均水平3600万元的只有14家，占10%，而这10%的企业实现了调查总体56%的营业收入，创造了97%的营业利润。其次是行业间发展不平衡。服务业营业收入增长主要集中在租赁业、科技交流和推广服务业、居民服务业，增长幅度均超过15%以上，而其他服务业和软件业营

业收入则比上年同期分别下降了17.8%和22.8%，行业发展缺乏活力。

（三）企业短期投资较少，理财保守

143家样本企业2011年投资收益比上年同期增加了84.25%，但是企业有短期投资的并不多，仅占了不到5%。大部分企业反映，拥有充足的流动资金都成问题，如何周转，如何在短期内投资更成问题了，再加上企业规模小，竞争力弱，没有相关专业人才，即使有了多余资金，最多也存在银行里生息。调查数据显示，2011年企业利息净支出总体比上年同期下降2.48%，部分企业利息净支出为零或负值，说明企业有银行利息收入。

（四）从业人员平均人数小幅下降，企业员工流动性大

2011年样本企业全部从业人员平均人数比上年同期下降3.14%。其中下降最快的是软件业、居民服务业和其他服务业，分别比上年同期下降了27.3%、21.1%和10.8%。分行业小类来看，应用软件服务、家庭服务、清洁服务从业人员数量下降最多，主要原因与用工成本提高、居民实际需求量下降有关。这些行业对经济环境变化比较敏感，具有人员流动性大的特点，家庭服务和清洁服务行业还具有门槛低、对人员综合素质要求不高的特点，都进一步导致了从业人员流向其他行业。

三、进一步发展服务业的建议

（一）有系统、有重点地全面综合发展桂林市服务业

以“国家服务业综合改革试点”为契机，使服务业成为桂林市的战略性支柱产业，继续以旅游为龙头创新发展服务业，在突出特色的同时挖掘其他服务业发展潜力，实现更多开放发展，延伸产业，将资源优势转化为产业优势。

（二）创造有利于服务业企业生存发展的环境

调查资料显示，资产规模较低的服务业企业，缴纳的营业税金及附加增长幅度较快，平均增幅达50%以上，中小企业的税负仍然较重。因此应适度放宽对中小企业进入传统的公共服务领域的限制，切实落实财税优惠政策，清理有关税费，使中小企业享受同等的退税待遇与便利，为中小企业发展创造一个自由轻松的环境。

（三）积极拓宽中小企业资金渠道

一方面，继续加大对服务业发展的财政支出力度、外资和社会资本的吸引力度及多元化资本的公共服务引导力度。另一方面，促进金融机构对服务企业通过信用贷款、质押贷款、小额融资等渠道形成支持；支持建立桂林服务业产业投资基金，支持服务业重点企业进行债券发行试点，鼓励服务业企业上市融资。

（四）继续完善服务业人才培养培训体系

继续完善以企业为主题、职业院校为基础、学校教育与企业培养密切结合、政府推动与社会支持相结合的服务业人才培养培训体系。在培养专业人才的同时，注重人才与企业的沟通渠道和信息畅通机制，搭建专业平台，使物尽其用、人尽其才、才合其位、位合其酬。

（五）进一步完善相关法律政策

随着桂林市服务业企业的发展，部分服务业行业市场份额扩大，但相关法律政策跟进不足。较多服务业企业直接面对居民消费群体，易产生矛盾和纠纷，这就需要配套相关解决条款。如在如何处理业主和物业管理公司的矛盾和冲突上，如何解决家政人员和雇主的纠纷上。随着日益专业化的服务，怎样归责和协商处理方面的细化条款仍需完善，相关程序仍需化繁为简。

2011年南宁市物业管理业平稳发展

王雪梅

据国家统计局南宁调查队在全市范围内对62家物业管理企业的经营状况开展了抽样调查。调查结果表明：2011年南宁市物业管理业呈现平稳发展态势，物业管理企业覆盖面不断扩大，居民物业管理意识逐步增强，业主自主管理机制和物业服务市场竞争机制逐步建立。但是物业管理业作为一个新兴行业，在发展过程中仍存在一定的问题。

一、物业管理业发展现状

近年来，南宁市加快建设，不断改善居住环境，完善社区配套服务；同时加强了政府监督，规范物业管理行业秩序，促进了物业管理的快速发展。2011年南宁市物业管理业主要有以下几个特点：

（一）企业规模发展迅速

从2011年1—11月企业的资产规模来看，调查的62家物业管理企业实际资产总计为37175.9万元，同比增长8.3%；平均每家企业拥有资产达到599.6万元；货币资金总计为14625.3万元，增长27.1%。

（二）营业收入持续增长

南宁市经济持续发展及建设项目的增加，推动了南宁市物业管理业收入持续增长，物业管理企业呈现出良好的发展势头。2011年1-11月，62家物业管理企业共实现营业收入44043.5万元，平均每家企业营业收入710.4万元，同比增长9.1%。

（三）企业运营能力不断增强

2011年1—11月，62家物业管理本期已收物业管理费为32536.3万元，同比增长19.0%；本期应收物业管理费为32360.1万元，增长15.6%；实现营业利润577.2万元，增长10.0%。表明物业管理企业运营能力不断增强。

（四）在管建筑面积不断增加

2011年1—11月，62家物业管理企业在管房屋建筑面积达2483.7万平方米，同比增长15.9%。其中，住宅、办公用房和商业营业用房的在管房屋建筑面积分别为1533.4万平方米、730.8万平方米和133.7万平方米，同比增长分别为20.4%、7.5%和9.1%。表明物业管理企业在管建筑面积不断增加。

（五）从业人员数量不断增加

物业管理业作为劳动密集型行业，有着容量大、覆盖广，就业门槛较低的特点。2011年1—11月，62家物业管理企业从业人员人数为10324人，平均每家企业从业人员达167人，同比增长6.4%，远高于服务业抽样调查13行业中平均每家服务业企业64人的水平。物业管理公司员工种类繁多，涉及管理人员、收费员、保洁工、水电工、管道工、绿化工、保安等多个工种，其就业容量大，就业门槛较低，有利于扩大社会就业。

（六）物业管理服务领域不断扩展

调查显示，南宁市的物业管理企业主要涉及住宅物业、办公用房物业、商业营业用房物业和厂房物业等类别，包括别墅、住宅、商务写字楼、政务型办公楼、金融物业、工厂、工业园区、大型购物中心、学校、医院等多种领域。管理对象也从单一的新建小区住宅，逐步向办公楼、学校等公共区域延伸，管理覆盖面逐步扩大，并且逐步形成了包括环境保洁、安全维护、绿化管养、生活服务、物业中介等一系列配套服务。

二、物业管理业发展中存在的问题

近年来在物业管理业的发展过程中，南宁市物业管理业相继涌现出一批专业化、规模化、品牌化的知名企业，但与发达城市相比，物业管理业企业还存在一些突出问题。主要有：

（一）物业管理业企业整体规模偏小

南宁市物业管理业经过多年的发展，物业管理企业数量逐年增加，管理水平不断提高，但从总体看，企业规模小、能力弱。2011年1—11月，62家被调查的物业管理企业中，营业收入1000万元以上的企业仅14家，占全部样本企业的22.58%；营业收入1000万元以下的企业48家，占全部样本企业的77.42%。表明当前物业管理服务企业整体规模仍然相对较小，多数企业无法取得规模效益，行业处于发展期，整体抵抗风险能力较弱，不利整个行业发展水平的提高。

（二）经营成本不断加大

2011年，随着物价指数高位运行、物业维护成本、最低工资标准的提高，物业管理企业经营成本压力也随之增大。2011年1—11月，62家样本企业的营业成本达25519.5万元，同比增长7.8%；企业从业人员应付工资总额达18062.9万元，占主营业务成本的70.8%；物业管理企业的营业费用、管理费用、财务费用三项费用合计为15486.5万元，比上年增长10.9%。主要原因是近年来通涨压力的加大，原材料价格、劳动力成本明显增加，造成物业管理企业运行成本不断增高，企业的利润空间减少。

（三）主营业务单一

2011年1—11月，被调查的62家物业管理企业所管理的住宅建筑面积1533.4万平方米，占全部在管建筑面积的61.7%。表明南宁市大部分物业管理企业是住宅管理，过于单一的主营业务制约了企业的创新发展。

（四）物业管理企业税负较高

2011年1—11月，南宁市物业管理企业营业税率为5.6%，加之其他税费和所得税等，企业负担较重。表明物业管理企业税率偏高，在企业营业成本增加，主营业务单一的情况下，高税率不利于物业管理行业的快速发展。

（五）从业人员流动性大

2011年1—11月，被调查的62家物业管理企业中，从业人员不到100人的企业有38家，占全部企业的61.3%。随着南宁物价水平快速提高，出现一些物业管理企业只有通过降低职工工资等方式来达到降低成本支出，导致企业员工待遇低、企业人才流失严重。

（六）物业费征收难度大

据抽样调查，南宁市物业管理企业的物业服务费征收率为60%~80%，新建高档住宅小区物业费征收率较高一般在85%，老旧社区大概在50%左右，一些拆迁安置小区业主，由于没有形成物业管理消费的观念和习惯，出现拒交物业费现象。据物业管理公司反映，物业管理企业物业征收率要达到70%以上才能保本经营。

三、物业管理业发展的对策建议

随着人民生活水平的不断提高，市民对物业服务要求不断提升，为进一步提高物业管理业发展水平，提高企业市场竞争力，扩大社会就业，提升物业管理业整体水平具有非常重要的意义，这就需要政府主管部门、物业管理企业和广大业主三方面的共同努力，营造良好发展环境。从南宁市物业管理业基本情况出发，结合其目前存在的问题，提出以下几点对策建议：

（一）强化政府监管与指导，规范物业管理市场

政府要从源头上对包括物业项目报建、规划设计、融资、开发、销售全过程进行严格监管，为后续的物业管理服务打下良好的基础。应严格实行建管分离，由开发建设单位通过公开、公平、公正的市场竞争机制选择物业管理企业，大力推行物业管理招投标制度，真正建立业主与物业管理企业双向选择市场竞争机制；要加强政府调控引导力度，加快物业管理企业优化结构，培育一批高素质的企业；加强对物业管理公司的资质审核，对违法违规不能规范运作的物业管理企业，加大监督处罚力度，使物业管理企业在竞争中规范自己的经营行为。

（二）充分发挥行业协会作用，积极加强行业管理和引导

积极发挥行业协会的作用，搭建物业管理企业信息平台，加强企业沟通合作；针对我市物业管理业区域分布较为集中的现象，政府相关部门应积极引导规模大的品牌企业，带动全市物业管理业发展水平。

（三）提高物业管理行业管理水平

当前物业管理企业竞争十分激烈，只有提高企业自身的创新服务水平，才能加强企业市场竞争力。物业管理业企业应树立起商品经营的观念和市场竞争的意识，为消费者提供高效优质的服务，为业主提供一个优质、舒适的居住环境；企业应积极通过物业管理质量体系认证，规范企业运作，物业管理企业要以品牌、服务和效益为重点，通过不断改进服务态度和提高服务质量，从多方面来提升企业市场竞争力。

（四）加强对物业管理的社会监督

进一步加强社会舆论宣传，引导群众

转变思想观念，使物业管理进一步得到广大群众的认同和支持，提高他们参与物业管理活动的主动性和积极性。并依靠业主代表、人大代表、专聘社会监督员等各方力量，拓宽群众投诉渠道，及时解决群众反映的物业管理问题，并加大对群众投诉的处理力度，对各种违法违规行为坚决查处，公开曝光。使业主委员成为业主和物业管理公司之间沟通的桥梁，才能建立起物业企业经营的良性循环机制。

（五）提高物业管理企业人员素质

随着物业管理业的发展，企业整体管理水平的提高、服务的细化与品质的提升、现代楼宇高科技设备的增加以及现代管理手段的应用，这些对物业管理从业人员提出了更高的要求，因此企业加强物业管理队伍建设，提高行业服务人员素质。物业管理业企业要重视人才培训，从企业内部加强思想教育和职业教育，加强考核和培训，实行持证上岗，要以优秀物业管理企业为学习对象，树立质量与品牌意识，形成更好的管理模式和管理理念，提高物业服务质量和水平。

2012年上半年广西规模以下工业发展平稳

肖静月

2012年上半年，受国家和各级政府的关注和扶持，广西规模以下工业发展平稳，实现可比价增速4.3%。比一季度高0.7个百分点。现将上半年广西规模以下工业运行情况分析如下：

一、企业总体运行特点

（一）运行平稳，二季度发展情况总体好于一季度

2012年上半年，广西规模以下工业运行平稳，二季度发展情况总体好于一季度。上半年的电力比上年同期充足，且小微企业得到了更多的关注和扶持；同时，二季度的气候条件较好，有21个一季度停产企业在二季度复产，认为当前生产经营状况差和很差的企业比例也比一季度减少2.3个百分点。

（二）主营业务成本和应付职工薪酬都有所增长

2012年上半年，广西规模以下工业企业的主营业务成本同比增长6.49%，比主营业务收入增速稍快；上半年应付职工薪酬增长8.22%，比一季度增速高2个百分点。企业调查问卷显示，认为当前面临的最突出问题是劳动成本和原材料成本上升快的企业比重，比一季度高3.3个百分点。

（三）企业应收账款增多

2012年上半年，广西规模以下工业企业的应收账款同比增长41.3%，比一季度的增速快近28个百分点。应收账款增长过快，占据了企业的部分流动资金，对企业的生产有影响。

（四）银行借款增速高于民间借款增速

2012年上半年，广西规模以下工业企业的期末借款余额同比增长26.1%，其中银行借款同比增长31%，民间借款同比增长20.6%，银行借款的增速高于民间借款增速。

二、企业发展的有利因素

（一）政策扶持

从2011年下半年开始，国家以及地方政府不断关注小微企业的经营发展情况，从税费、资金等方面扶持小微企业的科技创新和产业升级。受此利好条件，广西规模以下工业企业生存环境得到改善，发展良好。如来宾市政府对微型企业实行“1+X”的运作模式，即在“投资者出一点”的基础上，采取“财政补一点、税收返一点、金融机构贷一点、规费减一点、

职能部门帮一点”等方式，扶持微型企业发展。针对中小企业融资难的现状，通过切实加强政、银、企对接，帮助微型企业主动向上申请生产扶持资金，引进战略合作伙伴，联系信用担保公司，加大信用担保力度，扩大和拓宽融资渠道。

（二）经济总体平稳

2012年上半年广西规模以上工业的增长，给规模以下工业带来了发展契机，带动了相关规模以下工业企业发展。如防城港市武钢千万吨级冶炼项目的获批，对当地规模以下企业的配套发展有很大的助推作用。

（三）部分企业内部管理成效显著

面对复杂的经济形势，部分企业加强内部管理，拓宽产品销路，获得了较好的发展机遇。如样本企业中的某服装厂增加了体育系列服装生产，企业产品种类增加，销量迅速提高。某宝石加工厂从2011年开始出口受到了影响，但该厂积极寻求发展机遇，出口转内销，现已初步打开国内市场。某茶叶制造公司，通过合作，扩大企业生产规模，主营业务收入同比增长翻倍。

（四）企业融资难问题稍有缓解

据样本企业反映，近来小微企业融资难问题受到关注，得到了一定的缓解。本次调查中，表示有借款需求并全部或大部分借到的企业比例比一季度多了2个百分点。

三、面临的困难和问题

（一）经营成本压力依然存在

进入二季度之后，企业的发展情况虽好于一季度，但是经营成本压力依然存在，这些经营成本主要是原材料价格的上涨、运输成本的上涨还有用工成本的上涨。很多样本企业反映今年原材料价格上涨较大，但产品的价格没有上涨或上涨幅度较小。企业调查显示：25%的企业认为劳工成本上升快是企业当前面临的最突出问题，比一季度提高0.7个百分点；21.8%的企业认为原材料成本上升快是企业当前面临的最突出问题，比一季度提高2.6个百分点。而运输成本对于企业的压力也很大，虽然近期油价下调了一次，但持续多次的油价上调使得油价位于一个高点，一次下调并不能减轻企业的压力。此外，用工成本也持续上涨，各省都上调了最低工资标准，而且面对招工难，规模以下工业企业必须付出比以前更高的工资来招聘并留住员工。这些经营成本的上涨，压缩了规模以下工业企业本已经十分微薄的利润空间，降低了企业的经营积极性。某制药有限公司反映，6月份该企业购进的原料每公斤价格同比上涨15.5%；某饲料有限公司反映其购进原料每吨价格同比上涨12.3%。另外，企业为吸引、留住员工，工资水平在2011年基础上普遍提高10%左右。

（二）资金不足还需进一步解决

2012年以来，虽然政府对小微企业贷款难的问题高度重视，对小微企业在资金扶持上实行倾斜，企业融资难的问题也得到了一定的缓解，但本次调查中表示目前企业流动资金情况紧张或很紧张的企业比例并没有变化。这说明规模以下工业企业的资金不足情况依然存在，仍然未能得到显著改善，还需进一步解决。如某市调查

的17个企业中有12个需要贷款，只有6家得到小量贷款，还有一半未能解决资金问题。另外，三角债问题还是比较严重。

（三）企业竞争力有待提高，抗风险能力有待增强

广西规模以下工业企业的产品单一，技术含量少，附加值低，所以在市场竞争中处于劣势，抗风险能力较差。不少规模以下工业企业属于加工企业，从事电子加工、玩具加工、机械零部件加工等，生产需要依附于当地规模以上工业企业和外来订单。长期受订单式生产模式的影响，企业机械化设备、技术水平不高，缺乏创造力和开拓力，产品竞争力不强。而从2011年下半年起因国际环境较差，部分外销企业出口锐减导致停产。如某电子有限公司生产的节能灯专供出口，2012年出口受阻，没有订单，被迫停产。

（四）劳动密集型企业、粗放型企业发展形势不容乐观

我国经济如今处于转型期，粗放型企业逐步淘汰，而我国人口红利的消失，使得劳动密集型企业的优势也日渐削弱。规模以下工业企业中劳动密集型企业和粗放型企业数量较多，在产业结构升级中遭到淘汰，以致关闭停产企业较多。如小微型矿产企业，粗加工较多，精细加工较少，污染严重，如今几乎都已关停。

四、企业的期盼

（一）国家对于小微企业的扶持政策能够全面贯彻落实

从2011年下半年开始，国家对小微企业日益关注，并在税收、资金等方面予以支持，但小微企业分布广数量众多，还不能全面享受国家的扶持政策。企业希望能结合本地实际，根据不同行业规模以下工业企业的发展现状，制定完善税费缓、减、免的优惠措施，严格规范收费行为，切实为企业减免负担。

（二）增加对小微型工业企业的资金支持，免息贴息贷款能面向更多的小微企业

此次调查中，41.3%的受调查企业表示目前企业流动资金紧张或很紧张。这表明小微型工业企业还需要更多的资金支持。尤其是当前企业的各种经营成本在不断增加，企业的利润空间缩小，所以企业更希望能有免息贴息的贷款，以降低企业的资金成本，迅速壮大企业实力。

（三）引导和支持企业调整产业产品结构

我国经济经过三十多年的发展，产业结构的升级是必然的。在产业结构升级中，小微型工业企业的优势并不明显，希望能得到更多的引导，为其提供市场信息、融资渠道和技术支持，让企业以优势产业和传统产业为依托，因地制宜，发展附加值更大的深加工企业，来提升企业档次，增加企业效益。

（四）为企业做好培训和宣传，帮助企业实现用工自给自足

一是通过各种途径引导和开展务工人员培训。针对当前存在的劳动力素质和企业用工需求不一致的情况，通过组织开展培训活动，促进劳动力素质提高，满足企业用工需求。同时，及时收集和发布企业的用工需求信息，引导务工人员增强培训意识，使广大务工人员主动、有针对性地通过社会职业技能培训机构学习职业技能，增强就业能力。二是充分利用当前务工人员增加的有利时机。6—7月份正是各类大中专、中学学生毕业时期，新增务工人员将有所增加。有关部门可通过各种途径，架起务工人员和企业之间的桥梁，促进新增务工者实现本地就业。此外，7月份也是村镇稻谷收种期间，少部分外出务工人员将在此时回流，做好本地就业优惠政策和有利条件的宣传，也将吸引部分外出人员本地就业。

广西小微型工业企业用工矛盾依然突出

龚建峰

2011年来广西各级政府采取了一系列措施，缓解小微型企业用工难的问题；企业也通过提高工资待遇等方式吸引返乡农民工在本地就业，农民工回流迹象有所增强。但受用工结构性矛盾、新生代农民工观念转变以及用工环境等因素影响，小微型企业用工难问题仍较突出。据国家统计局广西调查总队调查：广西小微型工业企业用工难已成为当前一段时期内小微型企业发展的瓶颈，具体分析如下。

一、当前小微型企业用工现状

（一）招工难问题仍较突出

据调查：2011年一季度在调查企业中有招工需求并能全部招到员工的仅有4%的企业，有招工需求招到大部分所需员工的有10%，有招工需求招到少部分所需员工的有13%，还有13%的企业有招工需求却没能招到所需用员工。如某电子厂扩大生产能力，用工缺口将达120人，该厂虽然以保底每月1300元的工资标准，且每年按10%的速度增长工资的条件招聘员工，但应聘人员仍寥寥无几。

（二）企业用工量小幅下降

据调查资料显示，2011年一季度规模以下工业企业从业人员期末人数同比下降4.77%。致企业用工人数下降的原因：一是季节性停产以及政策因素所致。如受龙江河镉污染事件影响，河池市、环江县、南丹县等地涉重金属采、选、冶炼等企业目前基本没有招工意向与需求。二是企业的生产经营设备进行技术更新和改造后对劳动力的需求减少，同时对劳动力技能要求更高。三是部分企业生产原料不足而减少生产工人。四是从业人员报酬增加，生产成本费用增加，企业选择减少工人降低人工成本。

（三）农民工回流迹象增强但仍非主流

1. 农民工回流迹象增强。虽然大部分农民工仍选择外出务工，但也有部分农民工在权衡薪酬待遇、周边环境与家庭因素后，选择了留在区内进入本地小微型企业就业，一定程度缓解了部分企业的用工紧缺程度。据象州县反映，今年春节过后，在省外返乡过节的1.5万农民工中，约有0.12万人留在省内就业，约占原国内省外务工的3.65%；2011年一季度该县省外务农民工占外出务工人员的比重同比下降0.11个百分点。农民工返乡就业主要原因：一是由于广西区域经济的发展，为农民工提供了就业空间。二是就业环境不断改善。近年来，全区各级政府部门服务意识不断增强，工业园区环境不断改善，用工企业企业待遇不断提高。如有的地区采取开通了园区通往县内各乡镇的公交车，兴建职工住房、夫妻房，解决务工人员子女同等入学待遇等措施吸引农民工返乡就业。三是部分农民工已不适应长期在外务工而选择就近择业。

2.农民工外出务工仍是主流。调查了解，2012年1月起，广西对全区职工最低工资标准进行调整，如玉林市作为广西二类地区，最低工资标准上调至850元,但最低工资标准的提高对务工人员回流影响甚微，年初返乡的农民工绝大部分年后仍前往外地务工，仅少部分留在本地务工或是返乡创业。据平乐县2011年一季度农民工监测调查结果显示，在70户调查对象中，外出务工人员占从业人员的32%；输出地还是以广东为代表的东部沿海发达地区，这部分人占外出务工人员的93%。

（四）用工不够规范，保障措施难到位

1.用工不规范致制度约束力低。由于小微企业的特性，部分企业为了减少企业用工成本，一般不与工人直接签劳动合同，而是通过劳动派遣机构等中介机构签订合同。在都安县、全州县等地调查发现，大部分企业与员工之间都没有签订劳动合同。一是员工为了来去自由，不愿签订合同；二是部分企业为了避免给员工缴纳保险也不愿意签订劳动合同。松散的用工模式导致企业急需用工时缺口难以弥补。某电子厂反映，由于没有和员工签订劳务合同，每到农忙时，很多员工都回家帮忙，这时候工厂的员工缺口达60—70%。

2.社保缴纳面临两难困局。在有关部门的监督下，企业为员工提供的社会保障水平有所提高，但目前仍普遍存在“企业不愿意为员工交保却不得不交，员工交社保可以获得更大利益却宁愿不要”的情况。因为按照有关法律和政策规定，企业必须为员工交纳有关保险，但在成本高涨的压力下和获得更大利益的驱使下，企业为员工购买社保的意愿低。而对于员工来讲，尽管交纳保险可以获得更大好处，但由于本身工资基数低，再扣掉一部分社保支出就所剩无几。同时不够完善的社会保障体制也影响就业人员交纳保险的意愿。因为这些工人工作流动性很大，若出省从业，难将在本地交纳的保险随工作转移。

（五）工资水平总体偏低，较东部沿海地区差距更大

小微型企业由于规模小，产品单一，技术含量低，工人工资普遍不高，甚至不如当地泥水工、砍蔗工。特别是农村这些工种的报酬涨幅比小微型企业更高更快，小微型企业招工更加困难。如某县建筑小工有70元/天，大工更高到140元/天左右，甘蔗工每天也有上百元的报酬；而该县以按件计薪的某玩具制品公司，员工正常收入才60元/天，最高的每天也只有80—100元/天，某竹编厂工资更低，每天才有30元的报酬。再加上广西仍属于欠发达地区，近年来本地小微型企业工资虽然有不同程度上涨，但与东部沿海地区相比差距仍然较大。玉林市反映同工种人员在本地

务工的工资要比广东等地沿海地区务工收入少1000元以上；贺州市本地小微型企业普通工人工资在1000元左右，技术工人在1800元左右，但与相隔不足200公里的珠三角地区相比，没有任何优势。

（六）企业用工不稳定，员工流失普遍

调查发现，小微型企业员工流失比较普遍，尤其是年轻工人、熟练工人、技术工人。主要原因：一是小微型企业生产经营不稳定所致。由于小微型企业抗风险能力差，多是订单生产模式，受资金、原材料、产品销路等及其他因素的影响，个别企业经常出现生产不连续甚至停产现象，致使工人对企业信心不足从而造成工人流失。如今年南丹县由于部分工矿企业停产关闭，技术好的工人纷纷向外流动。二是企业生产生活环境欠佳导致流失。不少企业为节约成本都处在相对偏远郊区，距离城区远，生活设施不完善，在工资福利相当的情况下，企业员工特别是年轻人，更愿意“跳槽”到城区就业。尤其在各大工业园区，各小微企业经常被充当跳板。如都安县某电子厂年初时招收11位员工，进厂两个多月后，就有8位跳槽到同类企业。

（七）用工结构性矛盾仍突出

1．年龄结构偏大。以上林县为例，在调查的7家小微型企业中，年龄在25岁以下年轻从业人员较少，占5.2%；26岁至35岁23人，占14.8%；36岁至45岁占主导地位，占47.7%；46岁以上大龄工人占32.3%。同样在崇左市调查发现，目前崇左市小微企业用工年龄在35岁以上的占70%左右。

2．文化程度偏低。不少企业反映，新增的就业人员主要来源是未升学的初、高中毕业生，大、中专毕业生较少。在上林县调查的7家企业中，初中及以下文化72人，占46.5%；高中及中专人数占44.5%；大专占6.5%；本科及以上4人，仅有2.5%。同样，在博白县调查的7家小微企业中，大学生比例在2%~3%，且大多是财会人员，普通工人多是高中以下文化程度。造成大学生比例低的原因有：一是待遇低，与大学生的待遇要求不匹配；二是当前大学生的的就业意向主要还是在城市和大企业；三是一些小微型企业的工艺和技术对学历要求不高。

3．管理类、技术类人才短缺。调查了解，招工最容易的是行政人员，其次为临时工，再次为一般技术人员，最为缺乏的是中高技术人员。虽然部分地区有专业技术学校，但是仍难满足企业需求，大部分企业所需技术人才只能从外地招聘。此外，企业还面临技术人员年龄老化问题，中青年技术骨干培养问题常困扰企业。据对崇左市城市工业园、龙州县和宁明县的一些小微企业调查发现，企业因业务发展都需大专以上学历，且有相关管理、技术工作经验的人才，这些岗位人员缺口率为20%—30%左右。柳州某印刷厂表示，企业目前有两个精密机器操作工种缺口，必须有相关工作经验才可胜任，但很难招到此类人员。虽然个别技术学校开设此专业，但学生未毕业就遭到珠三角地区以5000—

6000元/月的工资抢走，而该企业能给出的最高待遇只有3000元/月左右。平乐县二塘工业园区某水泥制品厂也面临25%的技工缺口，且本地招不到这种技术工。

二、多重原因致小微型企业用工难

（一）小微型企业就业吸引力不强

究其原因，主要有：一是工资福利低。不少想到本地企业打工的农民工觉得农业雇工的工资比到厂里打工还高。技术熟练者，愿赴外省追求更优厚的待遇；二是小微型企业市场竞争力不强，不少企业处于微利状态，工人认为企业经营不稳定，不愿意到小微型企业就业；三是保障措施不到位；四是由于蚕茧、糖蔗等农产品价格涨至历史最高水平，部分有一定技能的外出农民工返乡从事种桑养蚕、种植甘蔗等农业生产，既有不错的收入，又可以照顾家庭，从而放弃到小微型企业就业。

（二）企业职业培训不到位

据了解，小微型企业缺乏对员工进行培训和提供再深造学习机会的能力，而其提供的岗位也多缺乏技术含量和长远发展的可能性，导致大部分技术工人不愿意在本地就业，更愿意到沿海等对于行业技术培训体系、行业资格认证体系等更为完善的地区工作。有无职业培训对企业招工影响截然不同。如忻城县城南开发区标准厂房内的两家企业，一家企业能够对工人开展岗前培训，工人很快上手对工作有信心，积极介绍亲朋到该厂就业，因此该厂并未出现用工缺口；另一企业要求工人具备一定技能，不开展岗前培训，工人工作较难上手，以致用工需求缺口较大。

（三）用工成本上升影响企业招工意愿

随着劳动力价格持续上升，福利保障的不断提高，用工成本高成为企业面临的突出问题。据了解，目前工人工资的年平均增长幅度在10%~15%，加上五金一险的购买、工作环境的改善等原因，每年的用工成本增长幅度超过20%。据崇左市反映，目前普通工人工资标准为每人每月1000~1500元，比上年同期上涨200~300元；一般技术工人工资标准为每人每月1800~2500元，上年同期仅为1600~1800元；技术骨干和铆工等紧缺技工的工资标准为每人每月3000~4000元，比上年同期上涨1000元左右；综合平均工资较去年增长30%左右，大大增加了企业用工成本。不断上涨的用工成本导致部分企业招工难。

（四）务工人员思想观念转变

当前青壮年劳动力的思想观念有了很大改变，尤其是18~25岁阶段的劳动者，对生活品质、工作自由度均有较高要求，由过去单一的生存转变为对生存及生活和未来有更高期望的复合型观念，他们更注重自身能力提升和长远发展空间等，因此他们为寻求更合适的就业岗位宁愿到沿海发达地区或大中城市发展也不愿在家门口的企业打工，一些工人不愿进入小微型企业务工或没有长期工作心理。还有部分本地劳动力在将本地劳务报酬水平与发达省

市对比时会剥离食宿、交通、物价及企业物流成本等因素，单纯在数字层面进行比较，主观的认为本地劳务报酬水平与发达省市差距过大，因此放弃本地企业而选择外出务工。

（五）用工环境与员工需求差距大

一是工作和生活环境欠佳。小微型企业大多分布在乡镇较偏僻的地方和新建的工业园区，生活、居住环境条件不便利，工人劳动强度高，工作时间长，常出现“招一批走一批，走一批又招一批”现象，缺工长期存在。例如粉体厂的破碎车间工人，电子厂的高温车间招工很困难，从事矿山开采、化学制品、冶金行业短期缺工也比较严重。某电子厂反映，目前还租用民房作厂房和员工住房，工作环境差，很难稳住员工，不时就会有一批员工辞职，工厂又得再招工，同时还需对新进人员进行培训，时间成本加大。

二是业余文体生活单调。由于小微型企业文化配套设施不够完善，外地工人的业余生活单调乏味，文化娱乐生活难以满足企业职工需求。特别是在80后、90后成为就业大军的背景下，单调重复的工作很难吸引年轻人，在企业中能稳定工作下来的，年龄通常在30岁以上。

（六）企业生产方式和招工方式单一

1.小微型工业企业生产方式单一，生产易受市场左右，部分企业不是以产定销，而是接到订单需增产时才突击招人。如2011年稀土和有色金属价格飞涨，贺州市相关企业用工需求突然大增，但是短时间内突然招收大批熟练工人十分困难。

2.多数小微型企业都是通过张贴招工启事或者经熟人介绍的形式招收工人，很少参加劳动部门组织的专场招聘会，招工方式比较单一。据来宾反映，由于调查企业为规模以下小企业，在招工方式上有近7成的企业是张贴招工启事，参加专场招聘会的只有2家，参加劳动部门组织的到外省招聘和组织到高校、中专、技校（职校）招聘的分别只1家，其他均为熟人介绍来的。

三、多管齐下缓解小微型企业用工难

（一）多渠道发布用工信息，提高就业服务水平

一是有关部门要有针对性的收集企业用工信息，协调企业建立企业空岗报告制度，组织企业在节后到广场、乡镇，甚至到村开展招聘会；同时利用网络，报纸，手机短信以及电视等平台发布企业用工信息，宣传企业形象，更好地为企业和求职者提供优质的就业服务。二是要针对各地用工环境特点，搭建信息交流平台，进一步完善企业需求和百姓求职的信息资料库以及信息发布制度，增加信息更新的频率和信息发布的途径，提供统筹、统一的就业服务平台；三是鼓励和支持行业协会、劳务中介等机构到劳务输出地开展跨市劳务协作。

（二）强化职业技能培训，建立技能人才培训机制

首先，小微型企业应通过加强与区内职业技术学校的合作，开展“订单式”

专业技术人才培训，使培养的人才能够快速适应岗位需要，缩短个人和企业的磨合期，降低企业的培训成本。其次，要积极引导劳动者建立合理的就业观，使其能根据自身情况选择合理的职业和就业地点；免费开展失业人员再就业培训，提高就业人员整体素质。

（三）实施优惠政策，吸引农民工“回流”及大学生就业

一是要应通过加强舆论宣传、强化维权服务等手段，促进返乡农民工本地再就业，为企业用工提供更多劳务资源。二是有关部门要从农民工关心的子女就学、户口迁移、衣食住行等实际问题着手，实施农民工本地就业优惠政策，消除农民工本地就业顾虑。三是提高待遇水平招聘从外地返乡的持有各种技术资格证的技术工人。四是要鼓励有技术的年青人，尤其是学有专长、有志回乡工作的大学生到当地小微企业工作，并给予政策、资金上的扶持，帮助他们选好项目，把小微企业做大做强。

（四）加快企业转型升级，优化企业用工模式

加强引导扶持，通过技术进步减少用工需求和生产成本，通过优势产品增强竞争力，促进企业优化升级；要对企业现有设备进行更新或技术改造，淘汰落后设备，提高生产效率和质量，减少对低端劳动力密集型行业的依赖。

（五）改善用工环境，满足员工文化生活需求

企业要健全企业内部人事晋升、保险福利制度，真正做到招到人留得下；要营造优良的企业文化，关爱员工生活，定期开展文体活动，满足职工文化生活需求。

当前广西小微企业融资喜忧并存

龚建峰

为了解目前小微型工业企业融资现状，国家统计局广西调查总队对广西551家小微型工业企业进行了问卷调查。结果显示，目前广西小微型企业融资呈现喜忧并存的局面。喜的是：在多方合力下融资环境优化，小微企业融资难有所缓解；忧的是：小微企业融资仍面临抵押物不足、担保难、融资负担重、手续繁琐等问题。现将调查结果分析如下：

一、当前小微工业企业融资现状

（一）多方合力助小微企业融资显成效

随着政府一系列扶持政策出台，小微企业融资环境得到改善，越来越多的小微企业资金“饥渴”得到缓解。据3季度对广西551家小微型工业企业调查表明，当前小微型工业企业中面临的问题最突出是“资金紧张”的企业比重为14.7%，比2季度下降0.86个百分点。受此带动企业流动资金紧张状况有所缓解，表示资金“很紧张（缺口20%以上）”和“紧张（缺口1—20%）”的比重比2季度分别下降1.58和1.45个百分点。

多方合力下解决小微型企业融资难的政策措施成效显现，主要支撑因素有：一是金融政策扶持力度加大。广西深入贯彻落实党中央、国务院关于金融服务实体经济的决策部署，引导银行业金融机构持续加大对小企业的信贷支持，不断提升小企业金融服务水平，企业借款需求进一步得到满足。据551家小微企业调查问卷显示，表示“今年以来有银行借款需求没能借到”的企业比重比2季度下降2.38个百分点，表示“全部”能借到的企业比重比2季度提高0.78个百分点；二是担保公司作用增强。广西在大力建设村镇银行的同时，积极推进政府、银行、企业及民间担保机构、中介服务机构的联动与合作，进一步加强担保体系和社会信用体系建设，努力拓宽小微企业的融资渠道，缓解了小微企业贷款难问题；三是金融宣传力度加大。广西银行业举办小微企业金融服务宣传月活动、中小企业服务月等活动，宣传银行业服务小微企业的政策和措施，通过开展一系列有关政策、金融、两化融合、人才推进公益性服务，进一步助力中小企业成长。四是创新项目扶持模式和服务产品。

（二）融资成本涨跌不一，银行仍是融资主渠道

1．融资成本有升有降。部分地区通

过禁止小额贷款咨询费、财务顾问费或者降低评估费用等为企业减少融资成本。如中国农业银行钦州分行禁止向小微企业收取中间业务费用，使之融资成本降低1%~1.5%。北部湾银行钦州分行直接免收小微企业评估费，为企业融资至少节省3~5万融资成本。

但同时，某食品厂近期公司按相关政策获得了信用联社350万元贷款，但是利率上浮了50%，致使公司融资成本达到10%。个别企业反映享受政策过程中的高成本使得很多小微企业没有精力去争取。如某冶炼厂因准备材料和所花各项费用支出成本太大而宁愿选择民间融资。

2.银行仍是融资主渠道，民间贷款利率水涨船高。据3季度样本企业监测数据显示，在有借贷的238家小微企业中，有159家（占66.8%）企业向银行贷款，大大高于民间借款的79家。但是，目前广西小额担保、贷款公司仍较少，当小微企业由于贷款条件不足而向银行融资无门的时候，民间借贷几乎成了小微企业融资的唯一选择。民间借款利率随之不断上升，据抽样调查资料显示，3季度全区民间借款年平均利率由上年同期的11.39%上升到11.42%，部分企业民间贷款利率甚至高达30%。据贵港反映，随着年底越来越近，各民间担保机构大幅提高了贷款利率，年初的时候贷款利率大多在月息2%左右，目前提高到了3%~4%，贷款利息提高了将近一倍。在调查的50家企业中，有民间贷款的企业达34家，这些企业普遍反映利息提高过快，大大加重了企业的负担。某食品加工厂反映，上半年每个月支付的民间利息是3.5万元，到了8月份后升至5.5万元，企业利润空间被不断挤压。

（三）小微型企业授信申请批准率较高

今年以来，金融机构由于受到业绩考核中对小企业支持比例的要求影响，只要是手续齐全、信用记录完好的小微企业授信申请都较容易批准，批准率大大提高。如贵港市金融机构对小微型企业授信申请无论是申请次数还是申请金额的通过率都超过了50%，特别是有7家金融机构（占70%）对小型企业授信申请在申请次数和申请金额上的批准率在80%以上。

（四）小微企业发展缓慢制约金融支持

在一些工业园区了解到，政府通过招商引资引进的一些小微企业已进驻筹备建设多年，由于生产许可证尚未办妥等原因导致项目建设进展缓慢。一些金融机构虽有意对园区企业发放贷款、也密切进行了跟踪和关注，但终因企业发展不成熟而迟迟不能放贷。

（五）资金拖欠问题仍较严重

调查数据显示，1—8月广西规模以下工业企业应收账款同比上涨13.03%，大大高于主营业务收入4.76%的涨幅。主要原因是小微企业存货库存增加，资金回笼压力加大，导致相互拖欠而发生“三角债”。1—8月，广西规模以下工业企业的期末存货同比增加20.7%，存货积压较多。资金拖欠给企业维持正常的生产运营（员工工资，机器设备维护，场地费等）

带来较大压力。百色市某石料加工企业应收帐款高达292.8万元，导致资金无法回笼，出现资金紧缺局面。柳州某汽车配件企业反映，如今账款的回收至少要3—4个月，比以前推迟了1—2个月。

二、多重因素致小微企业融资难“止渴”

（一）贷款程序繁琐、办理时间长

1.贷款程序繁琐。企业抵押贷款一般要涉及工商局、国土局、房管所等部门，要通过提出申请，信贷员核实个人诚信、财产、生产情况、抵押物、银行研究，等待上级行指标等程序。而小微型企业的资金需求有“时间短、金额小”等特点，手续的繁琐和效率低下是企业对银行贷款望而却步的重要原因之一，不少企业不得不放弃银行借贷融资途径，而选择民间融资途径。由于繁琐的审批手续致使小微企业在订单量较大赶工期而需要大量资金经营生产时很难及时从金融机构获得融资，大大制约企业发展。如某公司反映，由于企业没有完整财务报表，按照银行要求补齐一些材料，一个月的时间也无法获得贷款。如通过了银行的审批手续，资金也要10~15天的工作日批给企业，由于手续繁琐，资质不通过，企业不得不通过民间借贷200万元资金救急。调查还发现，部分企业同样因政府扶持资金手续繁琐转向银行贷款，这种现象应值得关注。

2.审批评估时间长。由于贷款手续繁琐，有的企业办完全部手续要数月之久。审批时间过长让不少急需资金缓解压力的小微企业对银行贷款打“退堂鼓”。如某有限公司走访相关部门办理一切证明材料，将近3个月还没有把所有的手续办理完毕，企业的生产经营陷入困境。某电子厂在办理贷款时请专业估价机构评估土地和房产价，估价机构综合分析评估达五次之多，最终才得出一个让银行可以接受的合理价格，评估用时近三个月。

（二）扶持政策受惠面小、宣传力度不足

虽然目前全区各地采取了一些扶持小微企业融资的政策措施，但受惠面过小，企业表示扶持作用有限。据对钦州市19个小微企业走访了解，其中71.88%企业认为“金融支持”和“优惠政策的扶持”“不起作用”，只有15.63%企业认为起作用，但作用很小。仍有大部分企业不了解政府、银行对小微企业贷款方面有何支持政策，宣传力度与企业的要求仍有一定差距。没有深入到企业。而很多小微企业在交通不便的偏远地区，只有在需要贷款时才主动前往银行咨询，对扶持政策了解程度不高。

（三）银行还贷灵活性差，难以适应企业要求

主要表现在：一是部分银行不允许更改贷款手续，贷款期限较长。据某纸业有限公司反映，企业生产季节性的水果包装纸，每年供应田东、田阳芒果季节及广东、海南、福建等地水果纸，当企业流动资金紧张，急需银行贷款资金15—30天周转期使用，而银行的借贷期限最短为一年。企业在有盈利，流动资金充足情况

下，想提前归还银行借款，而银行不允许更改贷款手续，为此企业每月要支付不少的利息，增加企业负担。二是部分银行贷期短，难以缓解资金缺口。桂平市部分获得贷款的小微企业贷款期一般在3个月至半年的时间，有些企业由于不够一个生产周期，在资金回笼中就出现了资金链断裂的情况，因未能按时还贷而被罚息，加重了企业的负担。

（四）小微企业信用体系不健全，融资渠道狭窄

1.小微企业信用体系不健全影响信用评级。由于小微企业信用体系不够健全，部分小微企业信息没有进入企业征信系统，信用记录的不完善影响了金融机构发放贷款的信心，这也在一定程度上影响了信贷支持力度的加大。

2.融资渠道单一狭窄。小微企业的融资渠道多为银行贷款，其次为民间融资，对其他融资方式诸如企业债券、风险投资、发行股票等金融知识的不了解，也不加以使用，使其融资渠道狭窄，资金满足率不高。

（五）抵押能力不足成融资瓶颈

据调查，抵押能力不足是大部分企业无法从银行贷到所需款项的主要原因，主要表现在:

1.抵押物价值低不达标。小微型企业由于生产规模小，固定资产价值较低，抵押能力不达标。特别是位于乡镇的小微企业，大多使用的是以前镇办、村办企业遗留的旧厂房，土地属集体所有，或者为租赁性质，机器设备老旧，抵押物价值低。而现在大多数的微型企业创办人有的是失业人员、有的是农民，有的是家庭夫妻二人、他们本来收入少，而且房价又高，根本就没有什么房产，加上大部分微型企业都是刚开始创办，资金积累不足，因此，要想从银行得到一笔代款是难上加难，大多被挡在信贷大门之外。某金属材料制品厂反映，由于没有土地使用证，只能从银行借到少部分所需资金，该企业所在工业园区有三十多家企业存在同样问题。在百色调查的11家小微企业中，70%因缺乏有效的抵押资产，而无法向银行贷款。

2.企业担保难负担重。虽然银行规定抵押能力不达标的小微型企业可通过担保公司提供担保获得贷款，但对于这类企业，同样是出于无抵押或者与担保公司要求的反担保标准存在较大差距，担保公司往往不愿意担保，即使做了担保，企业也只能获得小额贷款，仍无法有效解决资金问题。再加上担保条件严格，如大新县信用社贷款条件是要求有正式公务员、或者要有经济能力的人做担保，才能贷款所需要的企业流动资金。在该县调查的10家微型企业就有6家企业反映当前没有熟人做担保，即使找到担保人，担保人一看是微型企业，生产规模小，经济效益不明显，担心还不起而不愿做担保。

3.银行信贷管理制约。由于部分拥有贷款审批权的上级行对申请贷款企业的具体情况不了解，只是按照程式化的审批标准判断，导致许多虽然抵押物存在缺陷，但经营前景较好、现金流较大的小微企业提出的贷款申请被卡死。再加上部分金融机构为了保证上报贷款的审批通过率，往往会优先上报抵押物充足、偿还能力强、贷款额度大的客户申请，导致抵押能力不足而具有发展前景、有潜力的小微型企业融资需求很难快速获得审批。

三、多措并举破解小微企业融资难

1. 完善小微工业企业贷款担保体系。发展商业性担保机构，建立政府、银行、企业三方融资风险共担机制，形成“政府引导、社会参与”的融资担保体系；引导小微型工业企业通过信用贷款、抵押贷款的方式，盘活企业有形资产和无形资产，降低融资成本、扩大融资规模，实现企业资金运转和自身发展的良性循环。

2. 打造更加有效的公共服务平台。以金融知识教育和有效信息沟通为主要目标，建立多层次的公共服务平台，指导小微企业主使用财务工具及获得融资的方法，增进资金供需双方的了解，化解信用障碍与信息障碍。同时，有针对性地设计实施符合小微企业特点的金融产品，简化审批手续，加强综合金融服务。

3. 加大扶持政策的落实力度。中央及地方出台了扶持小微企业的贷款政策，但具体执行中，能真正分流到小微企业的份额很少，政府部门要充分发挥职能作用，建立健全相关的制度，加大扶持政策的落实力度；通过落实减免费用，给予补贴、实行减税等手段加大金融体系外的扶持力度，减轻小微企业的经营负担，使各项扶持政策能真正落实到急需资金的小微企业。

4. 拓宽渠道多方式促进融资。一是积极鼓励金融组织创新，大力引导互助式金融组织的发展；鼓励金融产品创新，及时推出适用性强的信贷品种，加大推广工作，使创新金融服务更上一台阶。二是通过政府支持，推进小微企业债券和集合信托的发行，开拓资金来源。三是在融资方面降低门槛，简化程序，缩短评估周期，设立小微企业融资通道，为小微企业融资服务提供专门的组织支持和人员保障。四是建立起小微企业的信用档案，帮助小微企业进行信用增级。

5. 规范小微型工业企业自身经营管理。小微企业要专注于核心业务，加强品牌建设，增强自身实力；健全企业制度，强化内部管理，提高生产经营的透明度，保证财务信息的合法性、真实性和有效性；要增强信用意识，塑造良好形象，提升信用等级和信誉度；尤其要充分了解并利用好政府、银行提供的各项优惠政策。

当前柳州市企业融资难的景气状况分析及缓解难题对策

韦国能

2011年以来，在流动性紧张和通货膨胀压力持续高企的形势下，企业尤其是小型企业资金紧张状况普遍加剧，盈利空间受挤压，企业融资难题再次成为焦点。为深入了解柳州市企业融资现状，国家统计局柳州调查队对全市277家企业景气调查样本企业进行了专题调查，调查结果表明，融资困难是目前企业生产经营发展的最大瓶颈。

一、当前企业融资难的景气状况

在国家银根收紧，当前准备金率处在历史高位，票据和现金贴息频频升高的情况下，企业融资变得愈加困难。在此政策环境下，柳州市企业融资景气度持续低迷，融资景气指数长期处于70点至80点上下徘徊。

（一）企业融资整体状况长期不景气。从总体上看，融资难问题一直困扰着柳州市企业发展。自2008年国际金融危机爆发以来，柳州市企业融资景气指数长期处于不景气区间，2008年4季度下降到72.6的最低点，此后随着国家宏观调控政策和实体经济缓慢复苏，企业融资状况虽然有所好转，但是依旧处于景气临界点以下。调查显示，2011年各季度，企业融资景气指数分别为80.7、79.5、73.2、73.3，其中小型企业融资景气度最低，2011年3季度指数跌至68.9，融资难问题成为制约中小企业发展的重要瓶颈。

（二）八大行业中有七大行业不景气。从行业来看，当前87.5%的行业融资状况不景气。2011年4季度，在八大行业中，除信息传输、计算机服务和软件业企业融资处于景气临界点100.0之外，其他七大行业融资均处于不景气区间，景气度由高至低依次为：住宿餐饮业93.3，批发和零售业81.1，交通运输业76.9，工业72.3，建筑业70.0，房地产业66.7，社会服务业63.6。信息传输、计算机服务和软件业，由于行业景气度较高，企业经营良好，容易得到各方面的资金青睐，资金状况较其他行业相对宽松。房地产业受国家宏观调控政策的影响，企业融资景气指数为近年来的最低点，被调查的24家房地产企业，均表示资金紧张，融资比较困难。

（三）集体企业融资状况最为艰难。从企业类型来看，企业融资难易程度差异较大。2011年4季度，除了港澳台投资企业融资景气指数（140.0）处于较为景气区间外，其他类型企业融资景气度均处于

不景气区间。具体情况是：国有企业为68.7、集体企业为14.3、股份合作企业为87.5、有限责任公司为73.2、股份有限公司为75.7、私营企业为58.8、外商投资企业为74.5。融资状况最为艰难的集体企业与融资状况最好的港澳台投资企业，融资景气指数差距高达125.7点。2011年各季度，集体企业融资景气指数分别为50.0、25.0、37.5、14.3，调查的7家集体企业，均表示融资状况很差。集体企业既不具备国有企业所享有的政策优势，也不具备私营企业经营自主灵活性，处于进退两难的境地，很少得到政策的倾斜扶持，融资最为困难。

（四）小型企业融资难成难点。从企业规模来看，融资难度由低至高依次为大型、中型、小型企业。自2008年金融危机爆发以来，小型企业融资景气指数与大型企业、中型企业的最大差距增达到28.7点和18.1点；2011年4季度，小型企业融资景气指数为70.4，分别低于大型企业、中型企业13.3点和4.9点，它们间的差距虽然有所缩小，但是小型企业的融资处境依然最为困难。

二、企业融资难的原因分析

随着金融市场的发展，企业融资渠道日益增多，改变了以往四大国有银行一统江山的金融体系和单一银行借贷的金融市场，这不但给企业融资带来曙光，同时也孵化了一批中小企业，但对数量众多的中小企业而言无疑是杯水车薪，融资难问题依然难解决。从企业自身及金融机构来看，融资难主要有四方面原因：

（一）银行信贷权限过度集中

近两年银行信用等级分类无不良贷款记录，但是仍要等待市级分行审批。信贷权限过度集中使得基层银行资金规模受限，贷款失去主动性，难以满足企业资金需求。

（二）企业自身局限导致银行放款谨慎

一方面，一些企业管理不规范，尤其是小型企业财务管理十分薄弱，财务信息容易出现人为操作，导致信息失真，银行无法掌握企业真实的财务状况，对企业的资金流量、资信状况、盈利水平及还款能力的评估就有可能失衡。另一方面，中小型企业规模偏小，技术装备落后，抗风险能力较弱，总体上处于一个较低层次，相当一部分小企业没有拳头产品，市场竞争力不强，生产经营存在较大风险，从而导致银行对小型企业的贷款项目慎之又慎。

（三）民间融资成本大，加重企业负担

随着金融市场化进程，典当行、寄卖行、小额贷款公司、融资性信用担保公司等日益增多，为企业融资带来了更多的选择，但融资成本却增加不少。据调查，多数典当行融资的利率高达20—50%，融资性担保公司民间拆借折合年利率一般在30%—40%之间，为同期贷款利率的4—6倍。如柳州市某融资性担保公司2011年11月给出的月利率为25‰，为同期贷款利率的4.6倍；柳州市某汽车零部件制造有限公司通过担保公司贷款150万，支付给担

保公司的费用高达2.7万元，无疑增加企业生产成本。

（四）信贷门槛过高，企业信用体系建设薄弱

一方面，金融机构在发放贷款时，偏重抵押担保，把借款人能否提供符合条件的抵押担保作为发放贷款的必要条件。企业一旦不能满足担保抵押标准，则无法筹集到资金，致使一部分有市场、经营有效益、信用关系好的企业贷款时，由于准入条件过严而得不到贷款支持。此外，贷款程序繁杂冗长，依靠订单生产的企业，在接到订单后，急需贷款支持，但由于贷款手续复杂，审批时间过长，有时达不到订户的要求，从而丧失接单良机。另一方面，企业信用体系建设滞后，基础薄弱，银行、信托等金融机构无法正确把握企业的信用状况，容易导致部分企业投机取巧，采取不正当的手段获取资金，影响金融机构贷款投放信心。2011年末柳州市金融机构各项贷款比年初增幅，在全区14个市排位第12名，表明柳州市各银行投资更为谨慎。

三、缓解企业融资困难的对策建议

企业融资畅通既离不开政府的大力扶持，也需要企业提升自身综合素质，更需要金融部门增强服务功能，只有三方共同努力，才能有效缓解企业融资难、贷款难问题。

（一）增强金融服务功能

上级金融部门应适当下放基层金融机构的信贷管理权限，使县级金融机构把吸收的资金真正投入到地方经济发展中。同时加快金融创新，不断拓宽直接融资渠道，引导企业推广使用商业汇票，减缓对银行资金运用的压力，化解经济发展过程中资金紧张矛盾。

（二）加强诚信体系建设

一方面，完善以政府为主体的信用担保体系，建立风险防御机制，各级财政应该安排一定的专项资金，建立信用担保补偿基金，帮助担保机构分散风险；另一方面，加快推进现代企业信用体系建设，完善企业信用评估平台，引导企业诚信经营，宣扬诚实守信的企业，让守信者得到更多的资金照顾，避免中小企业的道德风险。

（三）改善信贷中介服务

改善中小企业发展的外部环境，建立运转有效的中小企业融资担保机构，逐步规范民间融资，拓宽企业融资渠道，解决企业贷款难问题，为县域中小企业的发展营造良好的外部条件。对产业发展龙头企业、科技含量高的新兴企业贷款，地方财政给予贴息扶持，以帮助其发展壮大。

（四）加大对企业扶持力度

一方面，政府要提供财政资金，对支持中小企业创业和创新的小额贷款给予支持，如对中小企业的“技术改造贷款”发放实行贴息政策，对创业者给予小额贷款和贴息支持等；另一方面，减免有关税费，扶持企业发展。调查中企业普遍希望政府能够加大税收政策扶持力度，减轻企业税负，帮助企业做大做强做优。

防城港市磷化企业发展状况、存在问题及对策建议

米文婷

2012年以来，云贵地区干旱造成黄磷矿产量大幅下降，防城港市各磷化生产企业纷纷表示生产负荷率不足，企业经济效益受影响。为此，国家统计局防城港调查队对有关部门和一些磷化企业进行了走访调查，主要目的是进一步了解当前防城港市磷化产业发展状况及其存在问题，为促进防城港市磷化产业发展提出对策建议。

一、磷化企业原料购进价格和产品出厂价格走势

黄磷作为磷酸生产的主要原料之一，其购进的价格高低直接影响企业生产成本。据防城港市工业生产者价格调查数据显示，2012年1—5月黄磷的购进价格在16000~18000元/吨，其中1—4月购进价格环比呈现持续上涨趋势，购进价格最高时达17680元/吨。5月份购进价格稍为回落，但是与2011年同期相比上涨仍然达到6.7%。

与此同时，磷酸作为磷化企业的主要产成品，价格处于较为低迷状态。2012年1—5月磷酸的出厂价格徘徊在5000~5500元/吨，价格环比时高时低，1—5月环比分别为104.96%、92.59%、101.28%、101.89%、95.67%，其中5月磷酸出厂价格最低，与2011年同期相比涨幅只有2.6%。由此可见，磷化企业的产品出厂价格与原材料购进价格的涨幅不相匹配，在一定程度上压缩了企业的盈利空间。

尽管面临着原料购进价格上涨、产品出厂价格不够理想的生产环境，但2012年以来防城港市磷化产业发展仍保持平稳态势。据地方统计部门数据显示，2012年1—5月磷化企业总产量20.77万吨，同比下降1.1%；1—5月份产值为13.15亿元，同比增长5.3%。企业管理者表示，目前的生产经营情况和经济效益尚能维持企业正常运转，并对下半年生产趋势及磷化产业发展前景持较为乐观的态度。

二、磷化企业发展存在的主要问题

在调研中，我们发现在企业生产运营中存在一些问题，具体如下：

（一）生产原料紧缺影响正常生产

磷化企业主要生产原料为黄磷，产地以云南贵州四川为主。2012年以来云南、贵州等地干旱，供电不足，黄磷的开采属于高耗能产业，导致磷化企业的原料黄磷供应跟不上生产需要。在受访的磷化企业中，大多数企业表示2012年3月以来，

基本不能满负荷生产，生产率只达到50—70%。虽然有些企业通过集团内部自行开采矿山获取生产原料，但所得到调剂的黄磷也无法满足生产需要。而那些通过采购方式获取生产原料的企业，更是表示市场上黄磷量少、价格不稳定，生产越多亏损越大，生产维持半停半工状态。

（二）市场产品订货有所下降

磷化企业产品主要以出口外销为主，产品销往东南亚、南亚、欧洲、美洲、非洲，买家较为集中稳定。但受欧债危机、美国次贷危机的后续影响，国际市场疲软，特别是欧美市场低迷，企业出现订单量下降的情况。如某企业反映，2012年4月份接不到任何订单，对企业正常生产运营带来负面影响，增加企业库存量。综合1—4月份各磷化企业产品订货情况，总体情况不理想，有企业表示订单量同比下降50%，影响磷化企业的生产和销售。

（三）生产成本不断上升

据调查发现，2012年以来，黄磷价格居高不下，最低价格为15000元/吨，最高时甚至飙升到18000元/吨。与2011年同期13000~14000元/吨的价格相比，较大的增加企业生产成本。其次，人工费用也是生产成本上涨的另一因素。随着物价上涨，企业支付劳动用工的费用亦是水涨船高，与2011年同比上升近20%，给企业带来较大的生产压力。再者，作为高耗电生产行业，工业电价改革也给磷化企业带来一定的影响。据企业测算，电价不再实行丰水期、枯水期定价后，企业每生产一吨磷酸，生产成本上涨15元左右。

（四）企业尚未适应码头管理新政策

目前港口码头严格规定货车行车路线，并实行刷卡入码头的管理新政。虽然这是码头规范化管理的举措，但是却给一些企业带来管理方面的问题。如有企业反映，在实行新的管理办法后，企业原来每天能往码头储存罐倒入三车磷酸，因为刷卡管理和绕行路线安排，延长运输时间，现在每天只能倒入两车磷酸。进港速度变慢，迫使员工加班运输或停产减量，企业在员工管理和厂区库存方面新增加管理问题。

（五）工业园区搬迁方案不明朗，影响企业家生产信心

按照工业园区搬迁方案，从2011年起，渔洲城工业园、市中心区石板田、冲孔的15家企业实施搬迁改造。各企业均表示接到要求2013年完成搬迁工作通知，却没有看到搬迁细节内容，如新厂址土地规划等情况尚未明确。如果按通知要求实行搬迁，在一定时期会影响企业生产，企业不仅会失去订单，更会流失市场份额，这对销售市场特定的磷化企业是致命的问题。

三、防城港市磷化产业发展优势

尽管防城港市磷化企业面临着较为严竣的生产形势，但是磷化产业落户防城港的发展优势不可小视。

1. 物流成本优势突显。防城港市背靠云南贵州四川，是中国磷化工产品的热点地区。按照1吨黄磷可以加工3~4吨磷酸计

算，把黄磷从云南运到防城港再加工包装出口，比在云南加工后运到防城港出口，至少可以节约物流成本70%。

2.港口优势得天独厚。防城港是西南第一大深水港、建有20万吨级码头及专业磷化码头，以硫磺和磷肥铁路散装箱对流运输为疏港方式，填补了国内无硫磷专用码头的空白，并创下自动化程度最高、卸船效率最快、配套设施最好等多项全国纪录。同时港口面临北部湾出海口，是通往亚洲太平洋地区的便捷通道，也是中国东南沿海海运途径之一，海运码头和集装箱的发展，为防城港市磷化产业的发展都带来了便利。

3.经济区战略优势突出。自2008年《广西北部湾经济区发展规划》获批后，防城港市加工制造基地的发展定位，给磷化工企业带来发展的机遇，他们利用北部湾经济区规划布局的有利条件，充分借助地理位置优越、人才聚集、技术发达、信息快捷、交通方便、能连接资源产地和产品市场等优势特点，将资源深加工成市场所需产品，提高资源价值，向精深发展。

4.产业发展规划明确。为了全力的打造全国最大的磷酸生产、出口加工基地，防城港市统筹规划建设的集科研、生产、销售于一体的磷化工产业链基地——防城港市磷化工产业园，将实现了优势资源与产业发展的有机结合。磷化工业园规划面积1.35平方公里，一期开发面积600亩，入园企业8家，总投资10多亿元，项目建设内容主要是磷酸盐加工及磷酸周边产品，项目建成后，年产值将达到35亿元，创利税6亿元、形成物流量达500万吨。同时地方政府对磷化工企业的进入工业园给予了极大的支持，表现在对土地价格，配套设施等方面的服务体系。通过出台“退二进三”政策，优惠政策激励原则、以市场运作，不增加企业负担、不影响企业生产、不损害企业利益原则，通过实施搬迁改造，提高企业可持续发展能力，实现工业化和城市化的协调发展。

四、对策和建议

伴随着北部湾经济区发展战略深入实施，防城港市磷化企业依托西南第一大港——防城港及背靠大西南的突出区位优势，发展前景较为明朗。综合调研情况，在企业生产、行业监管、政府支持三方面提出以下对策和建议。

（一）企业生产方面

1.合理调整生产计划，尽可能降低生产原料紧缺影响。制定合理有效的生产时间表，以机器检修时间错开生产原料紧缺时间，避免反复开停机影响产品品质稳定性。建议有条件的企业进行黄磷旺季收储，发挥黄磷产品蓄能功能，实现资源转化价值的最大化。

2.提升产品质量，获取更多产品订单。目前磷化工产品仍以初级的基础产品为主，而精细磷化工的产品所占比例较少。因此，开发和发展磷精细化工产品，将初级磷化工产品进行深加工，是磷化工企业的发展方向。各磷化企业应主抓技术改造工作，运用高新技术和先进适用技术改造提升传统产业，提升技术水平和装备水平，淘汰落后生产能力，扩大先进生产能力，推动产品升级和技术创新，提高产品竞争优势以获得更多市场订单。

3. 努力节能减排，提高经济效益。鼓励磷化企业加大对黄磷下游高技术高附加值产品开发和环境综合治理，通过节能减排消化生产成本不断上涨的影响，如加强热能回收再利用、提高循环水的用量，再如加大磷酸尾气中的五氧化二磷的回收率、提高产值，节能耗换效益，促使企业走可持续发展道路。

（二）行业管理方面

1. 加强信息引导和行业自律，充分发挥行业组织的作用。目前各磷化企业各自为阵，企业间竞争行为不规范，磷酸产品价低徘徊。因此要充分挥“广西磷化工协会”作用，积极发挥行业生产经营、市场价格、投资信息的收集统计和发布工作，加强组织协调和行业自律，规范市场竞争行为。

2. 建议将行业共性技术纳入科研规划。积极协调将行业共性关键技术纳入科研规划，建立以加强企业为主体、市场为导向、产学研相结合的磷化行业技术创新体系建设为突破口，促进行业科技资源的整合与开放共享，充分发挥科技创新在促进磷化产业结构调整和发展方式转变中的重要作用。

（三）政府支持方面

1. 积极推进搬迁整改工作，增强企业生产信心。高度重视磷化产业园的发展，引导企业实施搬迁方案，对磷化工企业的落户新园区给予最大程度的支持，表现在对土地价格、配套设施等方面的服务体系，为企业协调相关部门工作。

2. 加大污染物治理和节能减排的支持力度。将黄磷渣余热回收与资源化利用、尾气净化再利用等磷化行业污染物治理与节能减排项目纳入化工废物综合利用有关国家资金扶持专项，给予配套资金扶持，鼓励企业综合利用资源，给予税收等政策优惠支持。

当前钦州市小微型企业融资状况、存在问题及对策建议

王 苗

为了解当前钦州小微企业融资状况，国家统计局钦州调查队对不同行业的30个小微型企业和部分银行的融资状况进行调查。调查结果显示，各种扶持微小企业的金融财税政策效果初步显现，小微型企业资金紧张状况有所缓解，但融资仍有多重困难，建议继续加大对小微型企业扶持力度。

一、小微型企业当前融资状况有所改善

为贯彻落实好小微企业财政扶持政策，近期钦州市政府拟定了《钦州市微型企业资本金补助资金管理办法》，确保微型企业能够及时申办并获得资本金补助。2011年全市筹措财政资本金补助资金300万元，扶持新办100个微型企业。同时，市财政注入500万元资本金，成立钦州市兴业担保责任有限公司，出资共建基金筹建了广西中小企业担保公司钦州办事处，给符合国家发展政策的小微企业提供贷款担保，降低了30%的保费。2011年已累计为15个微型企业担保贷款，累计贷款额75万元。2012年市政府还将微型企业资本金补助专项资金列入部门预算，实行财政贴息政策，每年出资200-300万用以扶持符合条件的小微企业。在政府多措并举的扶持下，钦州微小企业融资状况得到有效改善。具体表现在以下几个方面：

（一）贷款条件有所放宽

从贷款条件来看，各银行从制度上、风控措施等方面都进行了改变，如联保联贷、贸易链融资、专业担保公司担保，放宽抵押物范围等。如北部湾银行钦州分行对一些资质较好的小微企业贷款抵押物范围扩大到机械设备、股权、商标权等。

（二）融资程序有所优化

从融资程序上看，很多银行成立了小企业贷款中心，采用 “信贷工厂”模式，将客户营销和信贷业务办理相分离，使基层行客户经理专注营销。同时，实行信贷业务中后台集中处理，岗位之间实行“流水线”作业，并建立了评级、授信、支用“三位一体”的操作模式，减少流转环节，节约业务处理时间。尽量简化授信审批流程，如北部湾银行钦州分行对额度500万以下的小微企业贷款进行系统自动化审批，流程缩短为7-10天。

（三）融资成本有所降低

从融资成本上看，小微企业融资成本较以往有所降低。（1）禁止收取中间业务费用。经了解，2012年以前银行大都向

企业收取一定的小额贷款咨询费、财务顾问费等，数额相当于贷款利率再上浮10%~20%左右。现在禁止收取，为企业节省了1%~1.5%融资成本。（2）降低评估费用。银行通过优先评估机构，将涉及小微企业的整体评估费从原来的3‰降为1‰左右；如北部湾银行钦州分行直接免收小微企业评估费，为企业融资至少节省3~5万融资成本。（3）降低担保费用。银行对发展前景好、信用记录好、有订单、有销路的小微企业，减少抵押担保环节；经了解，中国农业银行钦州分行针对浦北县域的一些小微企业如手工编织厂发放小额信用贷款，有效破解了其融资难的困境。（4）降低贷款利率，积极落实差别化利率政策，对经营质态和成长性好的小微企业实行优惠利率。如针对小微企业贷款，北部湾银行钦州分行以前报价基准利率上浮50%~80%，现在降低到基准利率上浮30%~50%，经银行内部了解，甚至有一些发展良好的小微企业开始可以和银行商谈利率。

（四）融资服务有所加强

从融资服务上看，各大银行创新服务方式，积极为小微企业提供融资保障。如北部湾银行钦州分行采取多元化金融服务全方位支持小微企业发展。2012年以来，向中小企业签发承兑汇票20000万元，超过同期发放贷款，使银行承兑汇票成为小微企业融资的重要渠道之一。针对小微企业抵押物不足的情况，在明确第一还款来源，风险可控的情况下，创新服务，如，依托核心企业，在钦州首先开展了油品批发企业“先票后货”业务。即：企业在向生产厂商购买货物时，先凭采购合同及缴纳一定比例的保证金向银行申请短期融资支付货款，并承诺未来将该笔货物提供给银行办理质押担保。又如，针对目前钦州工业园区外来投资者较多的实际情况，尝试接受外地的抵押物。中国农业银行钦州分行实施“小企业简式快速贷款”，将评级、授信、用信一并办理，简便快捷，将原来3个多月的流程缩短到1至半个月；“小企业自助可循环贷款”，可随借随还，周转使用，特别受小企业欢迎。以及县域小企业特色农产品抵押贷款等特色产品，有效破解小微企业融资难问题。

截至6月末，中国农业银行钦州分行累计发放小企业贷款52笔，共计5.5亿元，比去年净增1.1亿元。北部湾银行钦州分行累计发放小企业贷款40多个，共计7亿多元，比去年净增2亿多元。

二、当前小微企业融资难的主要表现

虽然小微企业融资难的状况有所缓解，但是融资难的困境依然存在。参与调研的30家小微型企业中，只有13家反映企业流动资金基本正常。其余企业均反映资金缺口在200~500万，有2家企业甚至在3000万以上。小微企业融资难主要表现为：

（一）金融机构门槛高

银行的放贷标准与小微企业的实际状

况不相匹配是“贷款难”的主要原因。调研发现，小微企业融资的难易程度呈明显的两极分化趋势。抵押能力达标的小微企业获取银行贷款并不难，难的是抵押能力不达标的小微企业，而且抵押物仍主要局限在不动产，并且普遍不认可股权抵押，无形资产抵押基本不认可。绝大部分小微型企业处于发展初期，资产积累不足，难以满足银行信贷抵押要求。

（二）融资手续繁杂

小微型企业融资特点是“小、急、频”，而银行为防范风险，太多要求一套完整而繁琐的融资手续，难以满足中小企业融资简单快捷的要求。同时，国有商业银行随着银行企业化改革，大幅度上收信贷管理权限，下级行贷款审批权限较小，授权、授信不足，对小微型企业贷款业务大多只起调查评估作用，然后是层层报批，程序复杂，耗时费力。企业借一笔数额不大的贷款要十来道手续，少则一周，多则数月，往往错过最佳商机。而地方商业银行机制虽较灵活，但贷款成本一般较高，而且规模较小，无法拿出大量资金来满足中小微型企业日益扩大的贷款需求，同时其业务人员素质和服务意识也参差不齐。

（三）融资成本较高

企业普遍反映融资成本较高，大部分银行的利息都上浮，上浮率在20%以上，由于抵押物不足另需担保公司担保的年费率在3%以上，房地产抵押费按贷款额的2‰以上收取。民间贷款部分不用抵押物，但月利率最少也在4%以上。另外，小微企业贷款基本以抵押为主，银行普遍资产抵押折扣率较低，土地、房产按50%左右折扣，生产设备仅折20%～30%。

三、小微企业融资难的主要成因

（一）小微企业抵押能力不达标

多数小微企业由于成立时间较短，生产规模小，资产价值较低，抵押能力不达标。特别是位于乡镇的小微企业，大多使用的是以前镇办、村办企业遗留的旧厂房，土地属集体所有，机器设备老旧，抵押物价值低。出于风险防范需要，无论是国有商业银行县级分支机构，还是地方性银行，对抵押能力不达标的小微企业均要求有担保公司提供担保。对于这类小微企业，与担保公司要求的反担保标准存在较大差距。担保公司也不愿意提供担保。

（二）银行信贷管理的制约

国有商业银行对其县级分支机构的信贷业务普遍采取指标控制、逐级审批的管理模式。一方面，拥有贷款审批权的上级行对申请贷款企业的具体情况不了解，只是按照程式化的审批标准判断，导致许多虽然抵押物存在缺陷，但经营前景较好、现金流较大的小微企业提出的贷款申请被判死刑；另一方面，县级分支机构为了保证上报贷款的审批通过率，往往会优先上报抵押物充足、偿还能力强、贷款额度大的客户申请，从而在事实上造成了对抵押能力不达标的小微企业的歧视性待遇。

（三）小微企业管理存在缺陷

绝大多数抵押能力不达标的小微企业存在着法人治理结构不完善、财务制度不健全，内部管理水平低等问题。其内控机制达不到银行发放贷款所要求的标准。一些小微企业受资金、设备、科技、人才等因素影响，绝大多数抵押能力不达标，主营的业务又是初级加工或简单再加工，处于产业链的末端，综合竞争力低，多数处于微利经营，按银行信贷资金管理要求，向这类企业发放贷款存在较大风险，属限制级业务。

四、破解小微企业融资难的策略

（一）健全金融服务

首先要加快村镇银行、小额贷款公司等专门服务于小微企业金融机构的发展，积极拓宽小微企业融资渠道，为农村小微企业提供更多的金融产品和更好的金融服务。其次是国有商业银行、股份制银行应加快小微企业信贷专营机构建设，按照小微企业的经营特点设计审贷流程和定价机制，实现工厂式流水线作业，采取合理设计贷款期限，适当降低贷款利率标准，积极推广贷款授信管理模式，简化贷款审批手续等一系列组合手段。

（二）加大银行与担保公司合作的力度

在调查中，2家银行业金融机构的负责人均表示，担保公司参与是解决小微企业融资难的有效途径，也是现行信贷管理体制下解决小微企业融资难的现实需要。但是担保机构普遍存在着注册资金少、信用等级低的问题，影响其业务的发展。解决这一问题的有效方法是由政府财政部门牵头组建政府控股的大型担保机构，以减少担保机构数量，扩大担保规模，集中使用担保资源。

（三）充分发挥财政的扶持作用

目前，财政对小微企业的各种补贴资金往往拨给了小微企业里经营效益较好、资金相对宽裕的规模企业，真正需要资金的小微企业却被排除在外。要真正发挥财政资金对小微企业的扶持作用，首先要建立专门针对规模以下小微企业的财政专项补助基金，对符合标准的小微企业贷款给予财政贴息，这是降低小微企业融资成本最有效的手段。其次是建立正向激励机制，对银行发放的小微企业贷款，在征收营业税、企业所得税时执行优惠税率，调动银行支持小微企业发展的积极性。

（四）加快发展民间借贷市场

促进民间借贷市场发展要明确民间借贷的合法地位，在法律层面明确正常民间借贷和非法金融活动的界限，对正常的民间借贷给予法律上的保护；要引导典当行、旧物行、中介公司等民间借贷机构向小额贷款公司和财务公司转化。通过降低小额贷款公司、财务公司准入门槛等方式，逐步将民间借贷机构纳入准金融企业管理，从而引导更多的民间闲置资本进入规范化的融资市场，实现民间借贷行为的阳光化、规范化和专业化。

（五）改善企业自身融资条件

在小微企业建立之初，资金有限、

经验不足、人才缺乏等因素往往并存，为降低管理成本，可以采取引进会计师事务所或记账公司代管的方式，以保证企业财务制度的正规性和财务资料的完整性。随着小微企业的发展，逐步规范财务会计管理，最终建立起现代企业制度；小微企业要审慎经营，努力降低生产成本，大力增加科技投入，不断提高产品质量，逐步提升产品市场竞争力和市场占有率，不断提高生产效益，壮大企业实力；小微企业要加强信用建设，增强自身的信誉度。

当前贵港市小微企业资金压力仍然较大

潘少健

近期，国家统计局贵港调查队与贵港市中小企业局联合对贵港市112家小微企业经营与融资情况进行了专题调查。调查结果显示，今年以来贵港市小微企业生产平稳发展，但资金紧缺、融资成本高和企业支付利息过高仍是制约小微企业发展的主要原因。

一、样本企业基本情况

本次调查的样本企业中，64家为小型企业，占调查企业的58%；48家为微型企业，占调查企业的42%；其中以民营企业、商贸企业为主，行业涵盖电子信息、纺织服装鞋帽、农林加工和制造行业，以及销售、设计、贸易、金融等服务行业。

二、小微企业资金压力增大

贵港市的小微型企业主要以劳动密集型为主，所以受到2011年国家宏观调控的影响程度不深，各类小微型企业的经营状况并没有出现太大变化，继续保持着营业总收入增长的良好态势。但是，近65%的企业预测下半年生产与经营压力将会增大，情况不容乐观。据调研了解，真正对小微型企业的运营产生影响的主要是资金短缺、融资成本过高和企业所支付的利息过重等原因。

在2011年的宏观调控影响下，辖区企业普遍出现了资金比较紧缺现象。在调查的112家企业中，有75家企业（占67%）表示资金不足情况已经严重影响到公司的正常运营，另外37家企业（占33%）认为资金不足已经严重影响了企业的运转和发展。另外，超过70%的调查企业认为民间借贷利息过高、所支付的利息过重不仅大大增加了企业的负担，也制约着企业的正常运转。

调查企业反映，由于没有适合的抵押物，小微企业很难从银行获取贷款，大多通过民间借贷来维持企业的经营。2012年以来，民间借贷利率有了较大的上浮，月息普遍为3%，稍高的达到6—8%，最高甚至达到10%。从贵港市工商局2012年上半年申请注销注册的35家小微型企业的调查中发现，有22家是由于资金短缺无法继续运营的；另有10家由于负担过重、亏损过大而无法继续运营，余下3家是由于其他原因申请注销的。

三、导致小微企业资金压力增大的主要因素

据调查了解到，受原材料涨价、劳

动力成本提高、能源紧缺等因素影响，企业流动资金需求增加较多在信贷总量控制情况下，银行普遍采取“保大压小”的措施，导致小微企业申贷批准率大幅下降，等待时间进一步延长，融资难问题明显加剧。此外，在信贷总量控制措施下，市场资金价格大幅提高，对小微企业成本形成较大压力。诸多不利因素，导致企业融资困境进一步增强，企业资金缺口也不断扩大。据统计，调查的112家企业资金缺口达9.5亿元，缺口金额占资金需求总额的36%以上。

（一）融资方式和信贷结构较为单一

目前，银行贷款仍是其融资的主要渠道。据统计，2012年上半年，112家小微企业贷款余额为5490万元，同比增加47.13%，票据融资余额1089万元，同比增长62.78%。目前，贵港市金融机构对小微企业贷款的融资方式较为单一，主要以抵（质）押贷款为主，保证贷款和信用贷款占额较少，此外有少量票据贴现。

（二）企业贷款满足率过低，资金缺口较大

据调查，112家企业中，64家企业获得银行贷款，另外48家企业无法从获得银行贷款，而且获得银行贷款的这64家企业，资金需求仍无法满足。上半年，64家企业获得银行贷款206笔，金额合计7460万元，目前这些企业资金缺口仍有4550万元，缺口资金超过30%。

（三）贷款投放集中度高，两极分化现象明显

在宏观政策银根收紧的背景下，银行优先满足优质企业的融资需求，大部分小微企业资金紧张局面未得以改善。调查了解，贵港辖区农业龙头化企业和新建立的水泥、电力企业成为各金融机构贷款争夺对象，贷款满足率达100%。而小微企业贷款满足率不到50%，如辖区素有“中国羽绒之乡”之称的港南区羽绒企业和木乐镇服装生产企业，除了个别规模较大的企业外，基本无法从银行获得贷款，贷款投放集中度高，两极分化现象明显。以贵港工行为例，1—6月，新增企业贷款2.1亿元，但主要集中在台泥、华电、贵钢等17户大型、优质企业。

（四）短期流动资金贷款为主，企业需求无法满足

从银行和企业了解到，目前向企业发放的贷款主要以短期流动资金贷款为主，没有下达过中长期贷款指标，这与企业长期发展资金需求存在较大矛盾。据统计，调查的企业中，有56家企业反映所需资金要用于固定资产投资、技改项目等，但是由于种种因素限制，都没能获得银行批准，即使从银行贷款的企业，也需要大量的中长期贷款，但是没有一家企业获得过。

四、小微企业资金紧张的原因分析

（一）企业存货和应收账款占用资金过大

从被调查的企业来看，除少数属生产原材料等上游产品或产品供不应求或价格走势不明朗的企业外，存货和应收帐款占用流动资金明显大幅上升。主要原因是由于原材料价格上涨较快，企业一方面利用商业信用占用上游客户资金的能力大大降低，现在企业采购原材料基本上现付资金，另一方面为了应对涨价风险还要千方百计多备原材料，导致存货占有资金量迅速上升。存货和应收账款占用程度越高，企业的资金压力越大，资金需求就越多。以某食品有限公司为例，由于原材料价格上涨、人工费用增加、库存囤货增长等因素影响，今年1—6月在这方面的支出达1200万元至，比上年同期增加了40%，在原材料价格仍会持续上涨预期下，企业只能加大对原材料囤积的资金投入，资金压力进一步增大。

（二）固定资产投资占比较大，后续生产经营资金遭受挤压

前期投资规模过大，导致小微企业资金紧张日益显现。近年来，随着房地产价格突飞上涨，土地价格也水涨船高，部分企业纷纷将资金转向投入其他固定资产投资，这部分支出占用过多的企业资金，导致后续生产资金不足。此外，由于贵港市厂房租赁业务还不够成熟，加上一些企业家投机心理重，抱着买地等涨的心理，在拿到银行贷款后，往往将资金用于买土地和建厂房，等到厂房建起来，资金也用得差不多了，而目前国家对土地出让控制较紧，贵港市每年的工业用地指标只有300亩左右，部分企业购买的土地和建设的厂房都存在着证件不全的情况，无法用于抵押向银行申请贷款，企业生产经营受到严重影响。

五、进一步做好小微企业金融服务的意见和建议

（一）大力营造良好金融生态环境

良好的信用环境可以助推银企实现双赢，当前要解决小微企业“贷款难”和银行“难贷款”的矛盾，必须切实改善金融信用环境。需要不断优化社会信用环境，完善信用制度，加快推进投融资体制改革，规范融资主体行为和融资市场秩序，逐步建立金融安全长效机制。严厉打击逃废金融债务行为，有效消除金融机构“恐贷、惧贷”心理。切实加强企业的信用建设，增强企业法制观念，树立市场和诚信意识，增强竞争能力，建全管理制度，依法合规经营，积极创造条件，争取获得更多的资金扶持，促进企业做大做强。

（二）全力打造利益风险联保机制

一是政府要加大信用担保中心建设力度，增加担保基金，使其发挥信贷双方的中介和桥梁作用，为金融机构化解信贷风险，帮助企业解决抵押难问题。二是充分发挥小微企业信用促进会的作用，建立多层次的担保体系，促进民间资本的启动。三是筛选出成长性好、经济效益好、龙头带动作用强的小微企业与银行方面合作，以诚信的理念取得金融部门的信任，以互保的方式获得信用贷款。

（三）着力构建和谐银政企关系的有效机制

各金融部门、政府部门、企业要通过互相交流，打破平时各自为政，互相回避，不利于业务发展的僵局，努力实现资源共享，共同推动贵港市经济发展和自

身壮大的转型。政府定期组织银企对话交流，通报有关情况，研究解决存在的问题，有针对性地提出解决办法，加强信息反馈，促进部门、企业和金融机构的沟通联系，要变银企“互责”为“互通”。金融部门要经常深入企业、乡镇、部门宣传国家金融政策，推荐信贷产品；企业要努力做强做大，不断提高竞争力和信用等级，达到金融信贷投放条件，主动与金融部门沟通，进一步密切与金融部门的关系，建立长期稳定的银企沟通合作机制，从而有效寻求解决企业融资难和银行贷款难问题的最佳路径。

（四）全力抓好小微企业的发展与壮大

小微企业的发展壮大，一靠环境，二靠自身的素质，三靠适销对路的产品。因此，各级政府、各有关部门要加大对小微企业的扶持力度，以推进企业持续、快速的发展。与此同时，小微企业也要提高自身素质，加强管理，不断提高经营管理水平；加强全员质量管理，开发新产品，提升产品科技含量；以市场需求为突破口，努力生产适销对路的产品，提高市场占有率，为小微企业融资创造有利条件。

（五）改革信贷管理制度，建立支持小微企业长效机制

一是改革抵押贷款管理办法，要建立贷款额度授权制，即针对同一企业同一抵押物，在抵押物质保证前提下，给予贷款企业相应贷款额度，要规定时期内企业可分批分期办理贷款，而不需再次办理抵押手续；二是建立完善企业联保贷款操作规程，即出台相关贷款操作规定，对企业联合提供保证（担保）的贷款，可适度扩大贷款额度，并适度下降贷款利率，以此推动企业讲诚信，充分发挥抵押物规模效应，并提高银行贷款积极性。三是鼓励针对小微企业的金融创新。针对小微企业自身特点，改进对小微企业的资信评估制度，对符合条件的小微企业发放信用贷款，开展授信业务；对有市场、有效益、有信用的企业，拓展公司理财和帐户托管业务；开展专利权、商标权等无形资产质押贷款试点。

第八部分

专题调查篇

2011年广西公众对城市环境保护总体满意率上升

郝 渭

受各地政府委托，2012年初国家统计局广西调查总队在全区主要城市开展“公众对城市环境保护满意率”调查。本次调查参照国家城市环境综合整治定量考核指标，内容包括：公众对本市空气质量、水环境质量、噪声治理、环境卫生、环保教育和投诉解决渠道等六个方面的评价，城市环保公众总满意率得分达到85分以上为优秀。调查表明：2011年广西公众对城市环境保护满意率达到71.35分，比上年上升4.24个百分点。

一、环境保护满意率总体评价情况

2011年广西参加城市环保满意率调查的11个市县，其环境保护公众满意率、在“城考”总体系中得分情况如下表：

2011年11个市县城市环保满意率评价情况

参评市县	公众满意率（分）	比上年增减（分）	城考得分（分）
1.柳州市	78.79	+0.27	2.66
2.横　县	76.52	-5.52	2.54
3.大新县	76.46	+11.67	2.53
4.崇左市	75.95	+0.01	2.51
5.钦州市	73.90	+5.35	2.39
6.南宁市	73.35	+3.99	2.36
7.岑溪市	71.69	+0.82	2.27
8.百色市	68.07	+2.79	2.08
9.桂平市	64.54	—	1.88
10.合山市	63.24	—	1.81
11.靖西县	62.32	—	1.76

注：桂平市、合山市、靖西县上年没有参评

（一）总满意率排在第一档的市县有7个

各地公众对当地城市环保满意率评价得分情况可划分为两个档次，公众评价得分在70分以上为第一档，公众评价得分在70分以下为第二档。2011年城市环保满意率评价得分属第一档的有7个市县，他们是柳州市、横县、大新县、崇左市、钦州市、南宁市和岑溪市，比上年的6个增加了1个；其中，柳州市、横县、崇左市连续两年满意率排在第一档。

（二）总满意率比上上年提高的市县有7个

2011年城市环保满意率与上年提高的市县有7个，他们是柳州市、大新县、崇左市、钦州市、南宁市、岑溪市、百色市，其中，提高幅度最大的是大新县，2012年比上年提高了11.67分。

但同时也应看到广西其余城市环境保护满意率与国家环保模范城市标准还是存在一定差距，随经济发展，部分城市甚至出现倒退现象，突发环保大事件增多，影响公众满意率。我区环境保护工作仍然任重道远。

二、单项指标评价情况

2011年单项指标达到国家优秀水平的城市有所增加。2010年单项评价得分达到国家优秀水平的市县有6个，分别是横县、柳州市、崇左市、东兴市、宜州市、南宁市等；2011年单项评价得分达到国家优秀水平的增加到9个市县，分别为柳州市、横县、大新县、崇左市、南宁市、岑溪市、百色市、合山市、靖西县。其中，2011年公众认为政府在环保教育宣传、环境卫生治理等环节成效显著。

（一）公众对政府环保教育宣传工作的评价维持在较高水平

2011年公众对政府环保教育宣传工作的评价为82.71分，比上年的78.00分高出4.71分。其中，5个市县得分达到全国环保模范城市标准（85分），分别是柳州市89.27分、岑溪市87.82分、崇左市85.91分、大新县85.73分、横县85.64分；3个市县得分接近85分，分别是南宁市83.94分、钦州市83.90分、靖西县82.25分；其他市县得分分别是百色市79.86分、合山市73.94分、桂平市71.60分。

（二）公众对政府治理环境卫生效果满意率上升

2011年公众对政府治理环境卫生脏乱差效果满意率的评价为79.89分，比2010年的75.10分高出4.79分。其中，5个市县得分达到全国环保模范城市标准（85分），分别是大新县88.28分、柳州市86.08分、崇左市85.96分、岑溪市85.62分、横县85.12分；3个市县得分接近全国环保模范城市标准，分别是南宁市81.18分、百色市80.79分、钦州市80.13分；其他市县得分分别是桂平市69.84分、合山市69.13分、靖西县66.70分。

（三）公众对政府治理水污染效果评价有所提高

2011年公众对政府治理水污染方面的评分为73.50分，比2010年的71.37提高了2.13分。各市县得分按高低排序如下：柳州市89.29分、横县82.15分、崇左市79.84分、大新县78.95分、桂平市77.68分、南宁市76.09分、百色市75.71分、钦州市74.05分、合山市73.81分、岑溪市73.57分、靖西县61.40分。

三、存在问题及对策建议

广西在2011年公众对城市环保满意率

调查中，也有多项指标达不到国家优秀标准，反映比较突出的问题是：

（一）噪声污染及治理评价得分最低，控制、降低噪声力度亟需加大

2011年公众对噪声污染及治理方面的评分为64.43分，虽比上年的59.94分提高了4.49分，但仍是所有调查项目中得分最低的单项，广西无一市县达到优秀标准。各市县城市噪声污染评价得分高低排序为：横县74.62分、柳州市72.69分、大新县68.69分、崇左市67.34分、岑溪市65.07分、钦州市63.34分、南宁市62.97分、合山市62.73分、桂平市58.79分、百色市57.00分、靖西县55.81分。

1.交通噪声是影响广西城市居民生活的主要噪音污染。从噪声污染类型分布情况可知（如图1所示），在各类型噪声中，对市民生活产生影响的噪声最主要的是交通噪声。在交通、建筑、娱乐、生活等四项噪声污染来源中，交通噪声对市民生活的影响高达47.2%。可见，要提高公众对噪声污染治理的满意，首当其冲的问题就是必须解决交通噪声污染问题。

图1 噪声污染类型分布图

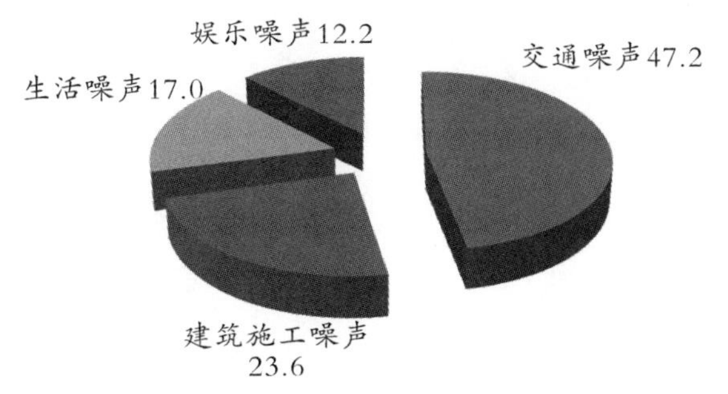

2.控制、降低噪声力度亟需加大。2011年公众对政府治理噪声污染效果评价得分高低排序如下：大新县78.14分、柳州市77.95分、崇左市76.11分、钦州市73.62分、横县71.61分、南宁市69.93分、岑溪市66.53分、百色市62.29分、桂平市62.03分、靖西县59.96分、合山市57.37分。调查结果表明，公众对政府治理噪声污染效果评价不高，与国家优秀水平存在较大差距，控制、降低噪声力度亟需加大。

（二）公众对治理空气污染评价较低，建筑施工扬尘控制效果是关键因素

2011年公众对空气污染方面的评价得分为66.21分，虽比上年的62.16分提高4.05分，但各市县得分主要集中在52~78分之间，与国家优秀标准存在较大差距。

1.建筑施工扬尘、工业废气和汽车尾气是城市空气污染的主要来源。2011年公众对工业废气和汽车尾气的控制效果评价得分为62.37分，与上年的58.06提高了4.31分但仍是空气污染方面评价得分最低的项目。随着各城市经济不断发展、工业化进程和城市建设化进程的不断推进，居民生活水平日益提高，工业废气和汽车尾气的排放量将随之增加，建筑施工扬尘、工业废气和汽车尾气排放量对空气污染治理的压力逐步凸显，重点治理冒黑烟的公交车和货车的尾气排放。

2.建筑施工扬尘控制效果是关键因素。治理空气污染的工作千头万绪，要求有关部门了解治理的重点，做到有的放矢，在尽可能短的时间内做出成绩。现通过建立模型分析得知，建筑施工扬尘控制效果，是影响“市民对政府治理空气污染满意度评价”的关键因素。具体分析过程如下：

由于“建筑施工扬尘”和 “工业废气和汽车尾气”与“市民对空气改善情况的评价”三项指标是离散型、排序的指标。分析这类型指标之间的关系，及指标间影响的程度，常选择多维排序选择型的罗吉斯特（logistic）回归分析。罗吉斯特（logistic）回归的主要用途：寻找影响某事件发生的重要（或关键）因素。模型中各因素对应的回归系数，为各因素对事件发生情况的影响程度，即某因素x的回归系数越大，表明所该因素在对因变量y的影响程度越大。

本文采用罗吉斯特（logistic）回归明确“建筑施工扬尘”和 “工业废气和汽车尾气”两个因素中，哪个因素是影响“市民评价空气污染情况”的关键因素。谁的系数越大，则该因素对“市民对空气污染情况评价”的影响越大。罗吉斯特（logistic）回归标准化回归系数如表1所示。

表1 罗吉斯特（logistic）回归标准化系数表

指 标	标准化回归系数
建筑施工扬尘的控制效果（v1）	0.652
工业废气和汽车尾气的控制效果（v2）	0.417

从回归分析的结果看，因素V1对应的标准化系数为0.652，大于因素V2对应的标准化系数，即：市民对建筑施工扬尘控制效果的评价对空气污染方面情况满意度的影响力大，“建筑施工扬尘控制效果”是目前影响“市民对空气污染治理改善状况评价”的关键因素。即：政府如果能够对建筑施工扬尘的做到较好的控制，则空气质量就会有较大的好转，市民对政府环保方面的满意度就会有较大上升。

（三）遇到环保问题知道解决途径的人数偏少，应引起重视

在调查中不少市民反应遇到环保问题投诉无门，知道解决途径的人数偏少。据调查显示，接受调查公众中知道环境投诉热线为12369的比例非常低，仅为33.69%，知晓率多年在低水平徘徊；知道解决途径的人数偏少，不少市民反应遇到环保问题感到投诉无门，便求助网络扩大事态。这样一来会产生社会公众舆论对环保问题、事件负面情况共振放大，使政府解决问题复杂化。

各市县城市居民遇到环保问题，知道解决途径的比率为：南宁市55.2%、钦州市50.7%、横县48.0%、崇左市39.7%、柳州市36.7%、桂平市31.6%、大新县26.0%、百色市25.7%、合山市20.3%、靖西县19.6%、岑溪市17.3%。

市民认为政府在环保宣传教育工作开展存在的主要问题：一是政府环保宣传方面还有不到位；二是打了电话反应问题但得不到有效解决；三是出现突发的环保事件，政府无法及时处理；四是没有真正形成有效的市民监督机制。

良好的生态环境是生产力，也是竞争力；发展经济提高人民生活水平是民生工程，保护好生态环境，营造良好生活环境更是造福子孙后代的民生工程。各级政府要贯彻落实自治区政府最近出台《关于开展以环境倒逼机制推动产业转型升级攻坚战的决定》，以“壮士断臂”的决心和勇气，采取“治本之策”，关停并转高污染、高排放、高能耗企业，确保生态文明和经济发展“两不误”、“双促进”。

2011年南宁市公众对城市环保满意率调查报告

王雪梅

南宁是广西的首府和北部湾经济区的核心城市，市政府围绕加快建设区域性国际城市和广西“首善之区”战略目标，狠抓环境保护工程建设，环境质量逐年改善，生态文明建设迈上了新台阶，2011年蝉联“全国文明城市”称号。为了解公众对城市环境保护工作成效的认同度，以及在环境治理和保护等方面存在的问题，2011年12月，国家统计局南宁调查队根据广西调查总队的统一部署开展专项调查。调查结果显示，公众对南宁市城市环境保护综合满意率为73.4%，比上年提高4个百分点，政府的环保宣传教育工作受到肯定，八成受访者在日常生活中经常有环保意识，但距创建“国家环境保护模范城市”的标准还存在差距，空气质量下降和噪声污染增多等难题亟待破解。

一、公众对城市环境保护的评价

本次调查从2011年12月15日至2012年1月10日，采用分层多阶段随机抽样的方法，以直接入户调查的方式，共在全市六个城区随机抽取了800个居住一年以上、18~65周岁的常住居民户进行调查。调查内容涉及空气质量、水环境质量、噪声污染、垃圾处理、环保宣传教育、环保投诉热线知晓率等六大方面15项指标的评价。调查结果表明，2011年上述六大指标的满意率得到全面较大提高。调查的具体情况是:

（一）对空气污染控制方面的评价提高4.8个百分点

2011年公众对南宁市控制空气污染方面的满意率为67.8%，比上年提高4.8个百分点。其中，对空气质量改善情况满意率为72.7%、对建筑施工扬尘的控制效果的满意率为67.8%、对工业废气和汽车尾气控制效果的满意率为62.8%，分别比上年提高1.6、6.3和6.2个百分点。市民对政府及相关部门在空气质量改善情况和控制工业废气乱排放现象作出的努力给予了肯定，满意率逐年提高，同时希望加强对建筑施工扬尘、汽车尾气排放等方面的管理力度。

（二）对水环境质量控制方面的评价提高4.1个百分点

2011年市民对南宁市水环境质量控制方面的满意率为76.1%，比上年提高4.1个百分点。其中，对河流、湖泊的水质满意率为76.9%、对河流湖泊随意排放污水现象满意率为74.4%、对饮用水水质的满意

率为76.9%，分别比上年提高3.7、5.6和2.8个百分点。市民对水环境质量控制方面各项指标满意率有所提高，对市政府及有关部门在改善水环境质量做出的工作评价较好，对水环境质量整体较为满意。

（三）对噪声污染控制方面的评价提高5.1个百分点

2011年市民对南宁市噪声污染方面的满意率为63.0%，比上年提高5.1个百分点。其中，对是否受到噪声影响的满意率为56.0%、对噪声污染的治理效果满意率为69.9%，分别比上年提高3.1和7.0个百分点。随着南宁市经济社会发展和城市建设步伐加快，噪声污染不断增多，公众对噪音污染的重视程度也随之增加，尽管满意率比上年有所提高，但仍处于“一般满意”区间，噪声污染治理工作仍待加强。

（四）对垃圾处理方面的评价提高3.6个百分点

2011年市民对南宁市垃圾处理的满意率为81.2%，比上年提高3.6个百分点。其中，对生活垃圾日常收集情况满意率为81.3%、对环境卫生情况的满意率为81.0%，分别比上年提高3.2和3.9个百分点。市民对生活垃圾日常收集情况较为满意，现有的垃圾中转站基本能满足市内生活垃圾的中转要求。

（五）对环保宣传教育方面的评价提高4个百分点

近年来，南宁市加大了对环保宣传教育力度和广度，在报刊、广播电视、市区主要干道上都有环保宣传教育方面的内容，得到了市民的广泛认可。2011年市民对南宁市环保宣传教育的满意率为83.9%，比上年提高4个百分点，在环境保护六大方面中评价较高。其中，对政府环境保护工作重视程度的满意率83.6%，比上年提高0.7个百分点；对市民环保意识满意率为88.3%，比上年下降1.1个百分点；对环境保护宣传教育工作满意率为79.9%，比上年提高0.2个百分点。

（六）对南宁市环保投诉热线知晓率的评价提高10.9个百分点

2011年市民对南宁市环保投诉热线的知晓率为55.2%，比上年提高10.9个百分点，上升幅度较大。

二、目前环境保护存在的主要问题

虽然2011年公众对南宁市城市环境保护的满意率比上年有所上升，但是本次调查中公众反映当前南宁市城市环境保护工作中仍存在一些突出问题，应引起相关部门重视。

（一）汽车尾气控制和噪音治理效果仍不满意

随着南宁市经济快速发展和市民可支配收入不断提高，市民家庭汽车拥有量迅猛增加，给城市环境污染和道路交通造成巨大压力，如上下班时间段堵车现象较为严重，汽车尾气排放污染严重，机动车随意鸣笛现象加剧灯。调查结果显示，仅有39.0%和27.6%的被访者对汽车尾气控制效果和汽车噪音治理效果表示满意。有市民反映，市区内部分老旧公交车排放大量废气，对空气质量影响较为严重。

（二）治理建筑施工污染仍不到位

随着南宁市城市建设的快速发展，建筑施工的噪声污染和施工扬尘问题也日益突出，尤其是城市人口稠密地区的建设项目施工中产生的噪声污染，城区道路及施工现场周边的环境污染问题仍然突出。不仅影响周围居民的正常生活，而且严重影响城市环境形象。据市民反映，仍存在建筑工地施工车辆带泥上路、运输车辆撒漏、夜间施工噪音扰民、扬尘污染等现象，认为政府对这些方面的控制和治理力度不够。调查结果显示，仍有21.6%的市民对政府控制建筑施工扬尘的效果不满意。工程施工单位与周围居民因噪声而引发的纠纷时有发生，群众投诉日渐增多。

（三）市民对环保投诉热线知晓率不足六成

尽管今年来南宁市对环保宣传推广作了大量的工作，知晓率上升，但宣传方式略显单一，覆盖面不广，成效仍不尽人意，受访者知道环保投诉热线不足六成，一定程度上说明此热线的公众知晓率还不高，仍需要加大宣传力度。

三、对城市环境保护工作的建议

城市环境保护是一项长期而艰巨的系统工程，环保工作应常抓不懈。加快城市环境保护基础设施建设，提高南宁市市民环保意识，改善城市环境质量，争创“国家环保模范城市”任重道远。在本次调查中，市民对城市环保的关注度很高，针对南宁市环保工作中存在的问题提出以下几点建议：

（一）加大城市道路交通管制，控制汽车尾气和噪声污染

南宁市城市道路上汽车违章行驶现象时有发生，造成市内交通拥堵；汽车占道停放、行人、电动自行车随意穿行马路现象较多，使城市的交通更加拥挤；汽车尾气污染也成了城市空气污染重要来源。司机在交通拥堵时随意鸣喇叭，给城市带来了严重的噪音污染。市民呼吁，希望政府及有关部门加大道路交通、汽车尾气和噪声问题的整治与惩罚力度。调查中，受访者对汽车，尤其是大型公交车、长途客车、货车的尾气超标排放意见较为集中，应在长途客车、货车比较集中的路段进行检查，并对公交车的黑烟问题予以整治，从而减少污染。

（二）加大对建筑施工监控力度，控制施工扬尘和工地噪声污染

据调查，市民反映如五象大道、凤岭南、凤岭北、大学路、轻轨工程等施工工地，对周边生活的市民影响很大。施工地点的粉尘，施工的噪音，携带尘土的泥头车上路，都是本次调查市民意见较大的几个方面。希望政府及有关部门应加大对施工工地的监控力度，惩防并举，从源头上减少污染环境行为的发生，责任落实到工地施工单位，做好对施工工地周边的空气粉尘的控制，治理建筑工地扬尘和建筑施工日夜噪声污染城市环境状况。

（三）宣传方式应多样化，唤起市民的主动参与意识

调查中，虽然受访者对政府的环保宣

传教育工作比较肯定，市民的环保理念也日益增强，但是环保投诉热线的知晓率还不高，又缺少其他投诉方式，因此市民参与维护、监督环保建设的主动性和积极性还不够。许多受访者建议政府相关部门进一步加强宣传力度，改进宣传方式，调整宣传重点，如在电视、公共交通工具、街头广告牌等受众面多的载体上多作宣传，以扩大受众面，更多地唤起市民自觉维护环境的意识和积极性。

2011年钦州市环境保护公众满意度调查报告

苏春慧

2011年12月，国家统计局钦州调查队根据广西调查总队统一布置在钦州市城区开展了“2011年城市环境保护公众满意度”专项调查，调查内容涉及空气质量、水环境质量、噪声污染、垃圾方面、环保宣传教育及其他等六个方面共15个问题。调查结果显示，2011年钦州市公众对本市的城市环境保护总满意率为73.9%，与2010年、2009年、2008年相比，分别提高了5.35、7.15和5.01个百分点，创2008年以来新高。现将调查情况报告如下：

一、调查结果和分析

本次调查随机抽样城区四个街道的10个社区共300户居民家庭，采取现场直接入户的方式进行问卷调查，实发问卷300份，收回有效问卷300份，回收率100%。

从调查内容的六个方面来看，与上年相比满意率全面提高，具体情况分析如下：

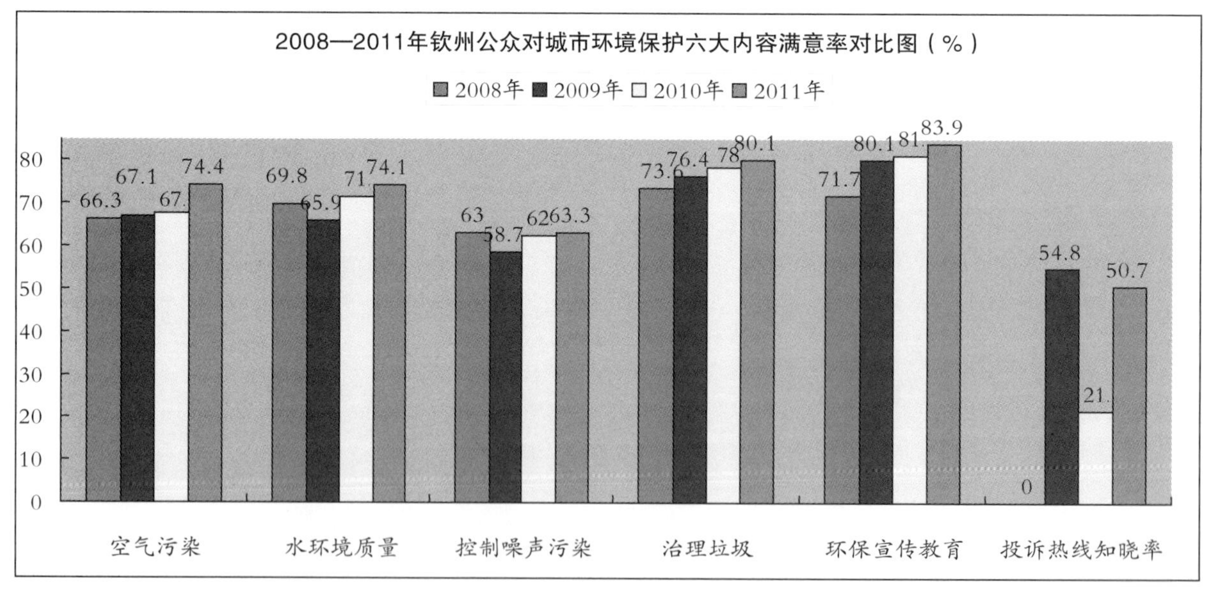

（一）公众对空气污染方面满意率为74.4%，比上年提高6.89个百分点

2011年以来，钦州市开展大气污染防治联防联控工作，加强对机动车排放污染物的管理，大气环境质量不断得到改善，城区环境空气质量总体水平良好，达到GB3095－1996《环境空气质量标准》二级标准，优良率达到99.6%，全年降雨pH均

值为6.29，未出现酸雨样本。公众对控制空气污染方面的满意率也得到不断提高。

2011年公众对空气污染方面所包括的空气质量改善情况、建筑施工扬尘的控制效果、工业废气和汽车尾气的控制效果等三项满意率分别为77.2%、73.8%、72.1%，分别比上年高6.89、3.69、8.37、8.52个百分点，比全区平均水平高9.44、8.5、8.73、和11.0个百分点。2008年以来，公众对空气污染方面的三项满意率指标均呈逐年上升的态势。见附表1：

附表1：钦州公众对城市空气污染方面满意率评价表（%）

指标＼时间	2011年	2010年	2009年	2008年	2011年全区平均水平	2011年比2010年	2011年比2009年	2011年比2008年	2011年比全区
空气污染方面	74.4	67.51	67.08	66.27	64.96	6.89	7.32	8.13	9.44
空气质量改善情况	77.2	73.51	72.29	74.14	68.7	3.69	4.91	3.06	8.5
建筑施工扬尘的控制效果	73.8	65.43	66.87	60.76	65.07	8.37	6.93	13.04	8.73
工业废气和汽车尾气的控制效果	72.1	63.58	62.08	60.80	61.1	8.52	10.02	11.3	11

（二）公众对水环境质量方面满意率为74.1%，比上年提高2.77个百分点

2011年钦州环保部门加大环境管理和监督力度，深化环境综合整治，开展各项环保专项行动，继续强化饮用水源地保护工作，加大饮用水源保护区面源污染的监督检查力度，钦州市城区集中式饮用水水源地青年水闸断面和钦州港区集中式饮用水水源地企山水库断面水质均达到GB3838－2002《地表水环境质量标准》Ⅱ类标准，集中式饮用水源地水质达标率为100.0%。河流断面中，钦江的上游白坟江断面水质为Ⅱ类，钦江的下游横丰断面、茅岭江的茅岭江口断面、大风江的高塘断面水质均为Ⅲ类，地表水环境质量总体良好。

2011年公众对水环境质量方面所包含的河流湖泊的水质、饮用水的水质、河流湖泊随意排放污水现象等三项指标满意率分别为73.7%、81.7%、66.7%，与上年相比，前二项指标分别提高5.81和3.82个百分点。公众对水环境质量方面三项指标中，河流湖泊的水质、饮用水的水质两项指标的满意率逐年提高，只有河流湖泊随意排放污水现象满意比去年同期有所下降。公众对水环境质量方面满意率虽然比上年提高了2.77个百分点，但与其他先进的市县相比仍有一定的差距，水环境质量，河流、湖泊的水质，河流湖泊随意排放污水等两项指标满意率仍低于全区平均水平。见附表2：

附表2：钦州公众对城市水环境质量满意率评价表（%）

指标＼时间	2011年	2010年	2009年	2008年	2011年全区平均水平	2011年比2010年	2011年比2009年	2011年比2008年	2011年比全区
水环境质量方面	74.1	71.33	65.94	69.76	75.77	2.77	8.16	4.34	-1.67
河流、湖泊的水质	73.7	67.89	62.97	67.96	74.66	5.81	10.73	5.74	-0.96
河流湖泊随意排放污水现象	66.7	68.21	64.27		74.04	-1.51	2.43		-7.34
饮用水的水质满意度	81.7	77.88	70.59	75.19	78.6	3.82	11.11	6.51	3.1

注：空白栏是当年没有该项指标测评。

（三）公众对控制噪声污染方面满意率为63.3%，比上年提高1.05个百分点

2011年，钦州市将年度减排工作纳入市绩效考评系统，采用平衡计分卡对减排工作任务完成情况、完成质量逐项进行考核，强化了各县区和有关部门的减排工作责任。2011年公众对钦州市控制噪声污染方面满意率得到进一步提高，提升了1.05个百分点。但在本次环保调查的所有指标中，控制噪声污染方面满意率依然是最低的一项指标，满意率只有63.3%，在噪声污染方面所包括的受噪声影响、噪声污染治理效果的两项指标满意率分别为53.1%、73.6%，噪声污染仍然得不到明显的控制。尽管公众对噪声污染治理效果满意率为73.6，比上年提升5.69个百分点，但对受噪音影响的满意率仅为53.1%，是所有测评指标中满意率最低的一项指标，比上年降低了3.49个百分点。见附表3：

附表3：钦州公众对城市控制噪声污染满意率评价表（%）

指标＼时间	2011年	2010年	2009年	2008年	2011年全区平均水平	2011年比2010年	2011年比2009年	2011年比2008年	2011年比全区
噪声污染方面	63.3	62.25	58.74	63.04	63.16	1.05	4.56	0.26	0.14
是否受到噪声影响	53.1	56.59	51.37		58.82	-3.49	1.73		-5.72
噪声污染的治理效果是否满意	73.6	67.91	66.12		67.5	5.69	7.48		6.1

注：空白栏是当年没有该项

在所有噪音污染中，“交通噪声”和“来自建筑施工噪声”所占的比重最大，分别为36.9%和34.9%，见图表所示

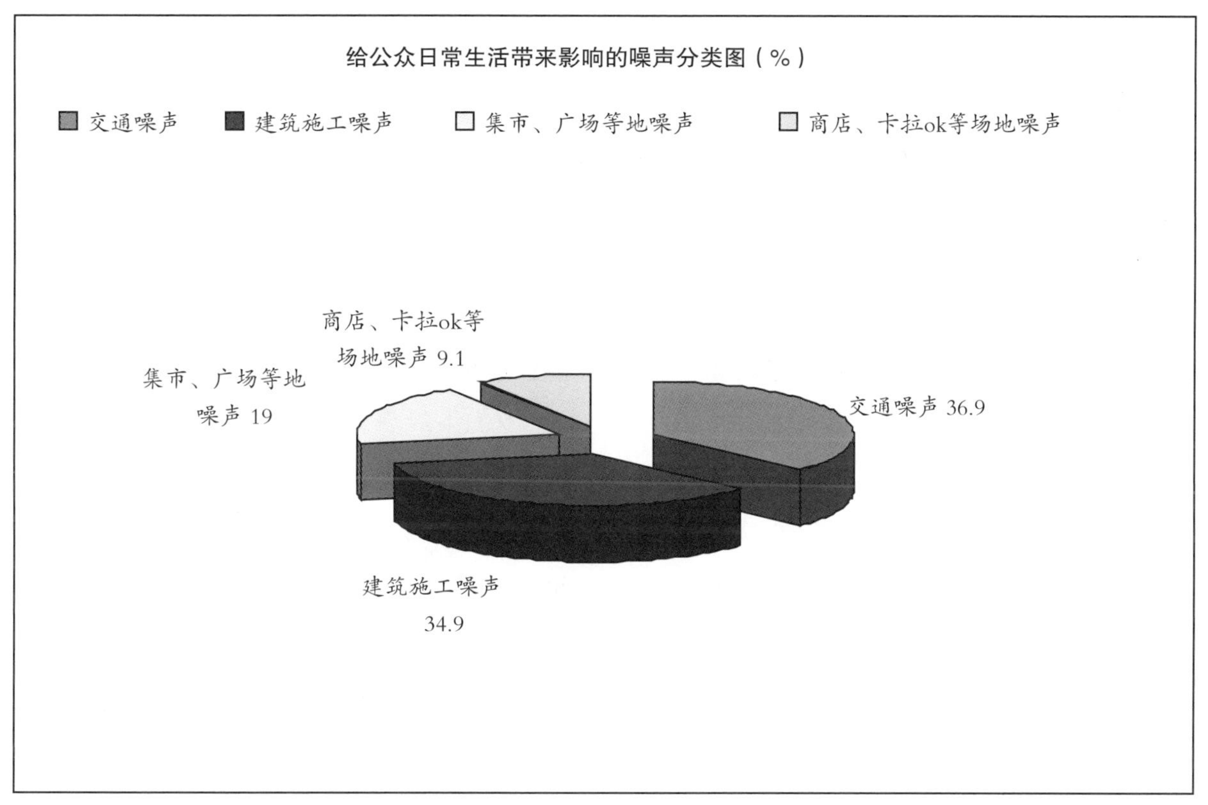

（四）公众对治理垃圾方面满意率为80.1%，比上年提高1.59个百分点

近年来，为进一步优化环境，治理脏、乱、差的现象，钦州市高度重视“城乡清洁工程”，继续落实卫生清洁责任区为手段，定期在逢15号和25号开展卫生大清扫活动，将卫生清洁活动经常化、制度化；继续推进城镇污水垃圾处理设施建设，加快河东污水处理厂和钦州港污水处理厂的建设，督促县级污水处理厂开展整改工作，逐步提高污水收集率和处理负荷；实施“生态园林城市”的城市规划，全面启动创建自治区级园林城市活动，取得了显著的成效，城市风貌大为改观，公众满意率显著提高。

2011年公众对治理垃圾方面满意率为80.1%，比上年提高1.59个百分点，高于全区平均水平2.2个百分点。与近几年相比，垃圾方面满意率呈现逐年提高趋势，证明钦州市坚持开展“城乡清洁工程”取得了成效。见附表4：

附表4：钦州公众对城市治理垃圾满意率评价表（%）

时间 指标	2011年	2010年	2009年	2008年	2011年全区平均水平	2011年比2010年	2011年比2009年	2011年比2008年	2011年比全区
垃圾方面	80.1	78.51	76.36	73.58	77.9	1.59	3.74	6.52	2.2
生活垃圾的日常收集是否满意	78.8	79.90	76.93	78.03	77.91	-1.1	1.57	0.77	0.89
环境卫生情况是否满意	81.5	77.13	75.80	73.21	77.89	4.37	5.7	8.29	3.61

（五）公众对环境宣传教育满意率为83.9%，比上年提高3.84个百分点

公众对环保宣传教育方面的满意度评价高，得益于市政府对环保宣传教育工作的高度重视。2011年，钦州市环保局围绕全市环保中心工作，开展了多形式、多角度的环保宣传教育活动，召开“十一五”环境保护工作新闻通报会，邀请区内11家新闻媒体参与报道，展示钦州市“十一五”期间环保工作的成绩，并积极开展绿色社区、绿色学校、绿色幼儿园、绿色环保医院、绿色机关、绿色企业等的创建工作，营造环保氛围。

2011年公众对环境宣传教育满意率较高，达83.9%，高于全区平均水平2.98个百分点。公众对环境宣传教育满意率包含的对环境保护工作是否重视、是否有保护环境意识、环境宣传教育工作开展情况三项指标满意率分别为84%、84.6%、83.1%，位居在所有测评指标中的前三位。2011年，城市环境保护宣传教育方面满意率指标是钦州市近年来第一个各项指标满意率全部超过80%的调查内容。见附表5：

附表5：钦州公众对城市环境宣传教育满意率评价表（%）

时间 指标	2011年	2010年	2009年	2008年	2011年全区平均水平	2011年比2010年	2011年比2009年	2011年比2008年	2011年比全区
环保宣传教育方面	83.9	80.06	80.13	71.74	80.92	3.84	3.77	12.16	2.98
对环境保护工作是否重视	84	80.20	77.61	80.07	79.47	3.8	6.39	3.93	6.39
您是否有保护环境的意识	84.6	82.33	88.01	62.88	89	2.27	-3.41	21.72	-4.4
环保宣传教育工作开展情况	83.1	77.63	74.76	72.27	74.28	5.47	8.34	10.83	8.82

（六）其他方面

近年来，钦州市环保部门加大了“12369”环境投诉热线的宣传力度，热线电话逐渐被公众熟知。调查显示，在回答“您知道12369是环境投诉热线”问题时，被访者“知道”的占50.7%，同比提高29.2%，是所有指标中提高幅度最多的，“不知道”的比例为49.3%。

二、存在的主要问题

2011年钦州城市环境保护的总体满意率比上年有了较大提高，说明了市政府一年来在环保宣传教育和环卫工作方面做了大量的工作，得到了公众的认可。但钦州市总体满意率距创建国家环保模范城市要求85%以上的标准仍有一定的距离，其中存在一些突出的问题需引起重视。

（一）噪声污染治理任重道远

噪声污染方面的综合分数在五大项里面得分最低，提高的幅度也最低，只比去年提高1.05个百分点，这说明钦州市噪声污染方面监督力度还有待提升。公众受到噪声影响的情况较为普遍，主要表现为建筑施工噪声、乱燃放烟花礼炮噪声、交通噪声（汽车乱鸣喇叭）、商店、集市、广场等场地的生活噪音等，钦州公众反映最为强烈的是交通噪声及建筑施工噪声。

（二）环保投诉热线要认真对待

调查显示，有近五成公众不知道12369是环境投诉热线，知道的也对该热线能否快速反应表示怀疑。这说明环境法律法规及方针政策宣传的深度和广度还不够。

（三）环保难题要及时处理

本次调查中，公众反映比较集中的问题主要是城中村卫生、垃圾处理、噪声、污水排放、执法力度等问题。一是城中村卫生问题。公众反映城中村卫生或城乡结合部还存在很多卫生死角，认为目前的保洁人员及卫生设备配备不足、保洁员工资低等因素是影响城市卫生问题的一个重要因素；二是垃圾处理场所，公众反映部分垃圾处理场所位置处于市中心，有些位置在居民住宅傍，影响居民生活环境。如向阳街道新兴社区群众反映该小区垃圾集运站太近市中心，希望搬离市区；三是城市排污问题。公众认为城市排污系统不合理、不完善，有些小街道污水排放出街面或乱排放，有损市容市貌。如南珠街道反映城西仙鹤一、二巷污水管道完成堵塞，臭水横流，导致当地居民出入行走及生活极大不便。受访者超过四成有偶尔发现向河流中随意排放污水的现象存在，同时，受访者还反映河流还经常出现死猪、死鸡等现象，造成公众对钦州市水环境质量的担心。

（四）环保执法监管及执法力度要加强

一是环保执法监管还存在薄弱环节，“违法成本低、守法成本高、环境执法难”的现象仍存在；二是执法力量较为薄弱，执法人员结构老化，素质参差不齐，力量严重不足，执法水平不高。

三、几点建议

（一）全面提高环境保护监督管理水平

坚持将年度减排工作纳入市绩效考评

系统，着力解决影响群众健康的突出环境问题。首先是要抓住对钦州环境影响最为突出的问题，抓住最为关键的流域性、区域性、行业性等突出环境问题，加强对污染源的监管，确保钦江、大风江、茅岭江等流域饮用水源地水质安全。

（二）深入开展重金属环保专项行动

吸取河池龙江河重金属污染事件的教训，加强对重金属排放企业的监管，完善环保设施和应急预案，明确要求，逐一对照推进，促使企业做到全面达标排放。

（三）进一步加强河流排污整治力度

要定期对城市河流、渠道进行巡察，严控污水排放，责任落实到位；及时清理居民小区的下水道；加强对河水水质、淤泥治理；加强河流丢弃物等方面的管理，严控白色污染。

（四）深入宣传环保法规，进一步提高市民环保意识

按照党的十七大提出的“建设生态文明，基本形成节约能源资源和保护生态环境的产业结构、增长方式、消费模式”的要求，积极宣传环保法律法规：一要做到教育从娃娃抓起，加强对中小学生环境保护教育的指导工作；二是环保宣传的形式要多样化，方式上要有突破。要把学生、环保志愿者等群体组织起来，提高公众和社会参与度，多印刷一些环保宣传画，张贴到社区，促进社会整体环保意识的提高；三是定期通过电视台、报纸等媒体结合大型宣传活动进行宣传，曝光污染企业；四是集思广益，征求钦州市广大市民对环保工作的建议。五是围绕污染减排、重金属污染防治、农村环境整治和生态文明示范区建设等重点工作加大正面报道工作；六是利用世界环境日、地球日等重大纪念日以及“环境宣传月”开展形式多样的宣传教育活动，加强对环保投诉电话12369的宣传，把12369热线以广告牌形式在各主要街道宣传。

（五）完善城区环境卫生保护管理长效机制

相关部门要加大创卫工作力度，切实加强对城区渣土、扬尘、噪声、乱停乱摆等影响环境行为的整治和管理，严管重罚，积极履职，特别要加强现场管理，减弱娱乐场所噪声，减少城区施工渣土堆放时间，对市民反映强烈的随意燃放烟花爆竹的行为要坚决制止；加强城中村卫生整治，提高保洁员工资水平，配备足够保洁员及设备。

2011年崇左市公众对城市环保满意率调查报告

韦长智

据国家统计局崇左调查队调查结果显示：2011年，崇左市公众对城市环境保护总满意率为75.95%，比上年提高了0.01个百分点，比全区平均水平高出5.83个百分点，但在测评的六大项指标中呈“两升四降”趋势，反映出的问题亟待解决。

一、基本情况

该调查采用住户规模比例法（PPS法）抽选调查社区，以随机等距抽样方法抽选调查户，以入户调查的形式进行调查。调查内容主要包括空气污染、水环境质量、噪声污染、垃圾处理、环保宣传教育和其他方面等六个方面。

二、调查结果

2011年崇左市公众对城市环境保护满意率为75.95%，比上年提高了0.01个百分点，在测评的六大项指标中呈“两升四降”（详见表1）。其中，满意率上升的有：公众对垃圾处理方面和其他方面的评价，满意率分别为85.91%和39.67%，比上年分别提升1.61和6.5个百分点；满意率下降的有：公众对空气污染方面、水环境质量方面、噪声污染方面和环保宣传教育方面的评价，满意率分别为74.76%、79.84%、67.34%和85.91%，比上年分别下降1.48、1.24、0.64和0.02个百分点。

表1 2011年与2010年公众对城市环境保护的满意率对比表

指标名称	2011年	2010年	本年比上年增减百分点
公众对城市环境保护的满意率（%）	75.95	75.94	0.01
其中：空气质量方面（%）	73.29	74.76	-1.48
水环境质量方面（%）	79.84	81.08	-1.24
噪声方面（%）	67.34	67.98	-0.64
垃圾方面（%）	85.96	84.35	1.61
环保宣传教育方面（%）	85.91	85.93	-0.02
其他方面（%）	39.67	33.17	6.5

（一）空气污染满意率逐年下降

随着城市化的加快，市内空气受建筑施工的影响不断突显。调查显示，公众对空气污染方面的评价满意率逐年下降，2010年满意率为74.76%，比2009年下降2.37个百分点，2011年满意率为73.29%，比2010年下降1.48个百分点。分项指标中，对空气质量改善情况的满意率为74.76%，比上年下降2.86个百分点；对建筑施工扬尘的控制效果满意率为73.47%，比上年下降2.03个百分点；对工业废气等的控制效果满意率为71.64%，比上年上升0.45个百分点。

（二）水环境质量满意率虽有下降但仍保持较高水平

2011年崇左市公众对水环境质量方面的满意率为79.84%，虽比上年下降1.24个百分点，但仍处较高水平。其中对河流、湖泊水质的满意率为78.14%，对是否向河流湖泊随意排放污水的满意率为78.94%，对饮用水的水质满意率为82.44%。

（三）噪声污染满意率下降，但对政府治理效果满意率提升

公众对噪声污染方面的满意率为67.34%，比上年下降0.64个百分点。在噪音污染的主要来源上，有61.9%的调查对象选择了交通噪音，16.6%调查对象选择了建筑施工噪音，8.5%调查对象选择了集市、广场等地的生活噪音，13%调查对象选择了商店、卡拉OK厅等场地的娱乐噪音。另外，被访居民对政府在噪声污染治理效果的满意率为76.11%，比上年提高1.13个百分点。

（四）垃圾处理满意率高出优秀基准

调查结果显示，公众对生活垃圾的处理比较满意，满意率在六项指标中最高，为85.96%，比上年提升1.61个百分点，高出创建国家环保模范城市满意率优秀线（85%）0.96个百分点。其中对生活垃圾收集的满意率为84.88%，比上年提升2.36个百分点；对环境卫生情况的满意率为87.03%，比比上年提升0.85个百分点。

（五）环保宣传教育满意率略有下降，但高出优秀基准

2011年崇左市公众对环保教育宣传方面的满意率为85.91%，比上年下降0.02个百分点，但满意率水平仍超过优秀线（85%）的水平。被访市民中有37%认为市政府对环境保护工作非常重视，40.3%认为比较重视。结果表明，2011年公众对环境保护工作是否重视的满意率为86.42%，比上年提升1.4个百分点，对环保宣传教育工作开展情况的满意率为82.1%，比上年提升0.03个百分点。

（六）其他方面满意率有较大提升，但仍处于较低水平

其他方面主要针对环保投诉热线的知晓率而言，被访者中知道12369是环保投诉热线的比例为39.67%，比上年提升6.5个百分点，但此比例仍处于较低水平，反映出热线电话没能在政府部门工作与普通百姓生活的之间沟通充分发挥作用。

三、存在的主要问题

从调查结果来看，虽然公众对城市环境保护满意率有提升，但距创建国家环保模范城市要求的满意率85%这一指标还有一定差距，且测评六大指标中有四大的指标比上年下降。由此，本次调查中所反映的一些突出的问题应引起政府及有关部门的重视。

（一）公众对空气质量改善情况满意率下降最大

随着城市化的加快，建筑工地不断增多，施工扬尘现象得不到有效遏制，此外，市区三轮车多且旧，排出的废气难闻等极大程度地影响市区空气质量的改善状况。公众对空气质量改善情况的满意率为74.76，比上年下降2.86个百分点，在十四个分项指标中下降幅度最大。

（二）公众受噪声影响依然严重

虽然政府加大对噪声污染的治理力度，如加大对烧烤摊、OK厅等的监管，取得了一定效果，2011年崇左市公众对噪声污染治理效果的满意度为76.11%，比上年提升1.13个百分点。但是，公众受噪声影响依然严重。调查显示，2011年崇左市公众对噪音污染的满意率为58.56%，比上年下降了0.64个百分点。导致公众受噪声影响严重的两大因素是：一是车辆噪声污染。崇左市迅速增加的私家汽车和施工车辆穿梭于城市各个角落，部分车辆在市区随意鸣笛现象时有发生，由此造成交通噪声污染成为噪声污染的最主要来源。二是施工噪音污染。在城市建设施工过程中，部分企业不注意噪音问题，在中午甚至深夜施工，给周围群众的生活带来许多不便。在本次调查中，有9.3%的市民反映日常生活受到噪声影响非常多，此比例比上年高出1.47个百分点。

（三）部分市民对垃圾的收集反映强烈

随着政府在各个小区普及了有盖垃圾桶，使市民对垃圾收集、治理环境卫生效果比较满意，在调查的所有指标中，市民对生活垃圾的日常收集满意度提升最大，但是仍存在一些问题值得关注。有些市民反映，街道垃圾箱太少，随地扔垃圾现象仍有发生；建筑垃圾清理不及时，堆放时间长；环卫人员对不装袋的垃圾不打扫，造成有些垃圾得不到及时处理。

（四）环保宣传力度仍需进一步加强

大多数的崇左市民环保意识较强，但在遇到环境保护方面的问题仍然不太清楚投诉方式。调查问及“您知道12369是环境投诉热线”问题时，绝大部分市民回答“不知道”，仅有39.67%的市民知道“12369”是环境投诉热线。可见，政府在环保宣传方面还需进一步加强。

四、几点建议

针对2011年崇左市公众对城市环境保护满意率调查反映的一些突出问题，为进一步做好城市环境保护工作，现作如下建议：

（一）加大环保宣传力度，增强群众环保意识

政府环保部门要充分利用电台、电视、报纸等新闻媒体加大对环境保护工作的宣传力度，使环境保护知识深入人心，进一步提高城市公众的环境保护意识；加大对环保热线电话的宣传，让环保热线电话变成大家关心、家喻户晓的电话号码，把环保整治工作发展成为全民参与的工作。加强与电信、移动、联通等通讯部门的合作，采用发送短信的方式向市民宣传环保工作。

（二）加强工业企业污染控制

政府在发展工业强市战略的同时，要注意保护环境，走可持续发展道路。严禁企业对空气、河流污染，加大城市河流河道的管理力度，在招商引资上，要对环保严格把关，提高环保进入门槛。对落户崇左市的工业企业，要增强企业环境保护责任意识，加大对工业生产的环保监管力度，大力整治污染性企业。

（三）加大市容环卫工作力度

环卫部门要加大对城市卫生的工作力度，加强对环卫工作人员的培训，增强其环保意识，杜绝向下水道扫垃圾现象的发生，及时收集垃圾，不能只停留在“重收集、轻处理”的阶段，积极做好各种生活垃圾的无害化处理。

（四）加大执法力度

有关部门要定期到街道检查，加大对生活垃圾的监管力度，杜绝随意乱倒、生活用水随意排放等现象，建议对小商小贩乱扔垃圾的行为给予适当的处罚。在城乡结合部地段，增加绿化面积，净化空气，多设垃圾箱对有毒垃圾进行有效回收。

2012年广西投资环境监测调查报告

马华斌

2012年4—6月，国家统计局广西调查总队在全区14个地级市开展了2012年投资环境监测调查。调查结果显示，2012年广西整体投资环境满意度为81.69，再创新高；投资软硬环境各方面满意度均较上年有明显提高，各城市投资环境满意度均位于较高满意区间。

一、调查基本情况

调查采用“与样本单位规模成比例的概率抽样”（PPS抽样）方法，从全区范围内抽取调查样本企业2500家，样本企业分布于各经济类型、各类行业、各种规模、各城市中，经济总量约占全区企业总体经济总量的60%。其中，按规模分，大型占8.36%，中型占30.16%，小微型占61.48%；按类型分，国有企业占18.16%，外商及港、澳、台商投资企业占7.16%，有限责任公司占45.96%，私营企业占14.64%，股份合作企业和股份有限公司占8.64%，集体企业、联营企业和其他内资企业占5.44%；调查企业有21家上市公司。调查内容包括企业对包含软硬环境的投资环境评价。采用现场走访调查和问卷调查相结合的调查方法，调查问卷在调查人员走访企业前发给企业，由调查人员直接走访选中企业的负责人（厂长或总经理），进行现场直接调查，审核、查收其填报的问卷。

二、整体投资环境满意度创新高

2012年广西各地整体投资环境满意度为81.69，位于较高满意区间，比上年提高2.59，其中，外商投资企业满意度为82.07，比上年提高2.19。

1.各城市投资环境持续改善。全区14个地级市投资环境满意度均位于较高满意区间。满意度排在前三位的是钦州市（83.36）、来宾市（82.65）和柳州市（82.63），分别比上年提高1.57、3.64和2.75；排在后三位的是防城港市（80.55）、北海市（80.21）和贺州市（79.55），分别比上年提高1.56、2.33和2.79。

2.投资环境的良好与否，对企业投资和经营信心有影响。从当地投资环境对企业投资和经营信心的影响情况看，有1.44%企业认为当地投资环境状况对投资信心是决定因素，17.72%企业认为有较大影响，69.76%企业认为有一定影响、但可以解决，11.08%企业认为投资环境很好、不存在影响。

3.调查企业认为当地最近一年的投

资环境有改善。从最近一年当地的投资环境的变化趋势看，有27.93%企业认为当地近一年投资环境变化趋势有明显改善，39.96%企业认为有改善，但仍不令人满意，26.11%企业认为没什么变化，5.52%企业认为有变坏的趋势，0.48%企业认为是明显恶化。

1-1 各城市企业对投资环境的满意度及排位

	投资硬环境				投资软环境				总体投资环境			
	满意度		排位		满意度		排位		满意度		排位	
	2012	2011	2012	2011	2012	2011	2012	2011	2012	2011	2012	2011
南宁市	82.94	81.04	3	3	81.98	79.40	5	4	82.27	79.89	4	2
柳州市	83.64	81.00	1	4	82.20	79.40	3	5	82.63	79.88	3	3
桂林市	83.35	81.21	2	1	81.20	79.19	9	6	81.84	79.79	6	4
梧州市	82.56	78.22	5	9	81.23	78.07	8	12	81.62	78.11	7	11
北海市	81.98	79.53	7	5	79.45	77.17	14	13	80.21	77.88	13	13
防城港市	79.97	77.84	13	13	80.80	79.48	11	3	80.55	78.99	12	6
钦州市	82.84	81.06	4	2	83.58	82.11	1	1	83.36	81.79	1	1
贵港市	81.68	79.26	8	6	81.51	78.21	6	10	81.56	78.53	8	9
玉林市	80.68	78.19	11	10	81.41	78.45	7	9	81.19	78.37	9	10
百色市	80.89	79.04	10	7	80.84	78.46	10	8	80.86	78.63	10	7
贺州市	78.72	76.93	14	14	79.91	76.70	13	14	79.55	76.76	14	14
河池市	80.42	77.87	12	12	80.78	78.17	12	11	80.67	78.08	11	12
来宾市	81.26	78.33	9	8	83.24	79.61	2	2	82.65	79.23	2	5
崇左市	82.40	78.08	6	11	82.18	78.82	4	7	82.24	78.60	5	8
全　区	81.99	79.51			81.57	78.92			81.69	79.10		

三、投资硬环境持续改善

2012年，企业对包括自然环境、基础设施、公共设施等在内的投资硬环境的满意度为81.99，比上年提高2.48。其中，外商及港、澳、台商企业满意度为82.54，高于全区平均水平，比上年提高2.14。硬环境满意度排在前三位的城市是柳州市（83.64）、桂林市（83.35）和南宁市（82.94）。

1. 自然资源环境。企业对自然资源环境的满意度为84.2，比上年提高1.67。从地级市看：桂林市（86.43）、崇左市（84.76）和防城港市（84.74）的满意度较高，河池市（82.01）、玉林市（83.19）和贵港市（83.21）的满意度较低。从分项指标看：企业对当地生态地理环境与企业发展适合程度满意度为84.3，比上年提高1.71；对淡水资源的保障程度满意度为85.82，提高0.33；对煤、燃油等基础能源充沛保障程度满意度为83.24，提高1.82；对土地资源保障程度满意度为81.46，提高2.38；对电力资源保障程度满意度为84.23，略降0.86，一年来企业公共供电系统平均停电次数7.98次，比上年提高2.32次。

2.基础设施环境。企业对基础设施环境的满意度为82.04，比上年提高2.55。从地级市看：柳州市（83.8）、钦州市（83.78）和南宁市（82.92）的满意度较高，贺州市（79.17）、玉林市（80.15）和河池市（80.34）的满意度较低。从分项指标看：企业对海、陆、空交通运输便利程度满意度为80.84，比上年提高1.9；对未来总体发展及建设规划适合程度满意度为83.22，提高1.64；对物流、仓储、流通相关商业设施完备程度满意度为82.32，提高3.18；对电信、资讯设施、网络等通讯条件完善程度满意度为81.46，提高1.88；企业销售总额中通过互联网方式订购所占比重逐年上升，从2005年的4.69%上升到2011年的28.94%；对污水及废弃物处理设施完善程度满意度为76.39，提高0.6；但对城市规划及配套设施的适合程度满意度为76.81，下降3.32。

3.公共设施环境。企业对公共设施环境的满意度为79.71，比上年提高3.2。从地级市看：柳州市（82.62）、南宁市（81.53）和桂林市（81.15）的满意度较高，百色市（78.23）、防城港市（74.36）和贺州市（73.6）的满意度较低。从分项指标看：企业对医疗、卫生、保健设施完备程度满意度为80.84，比上年提高2.87；对学校、教育设施完备程度满意度为81.69，提高2.97；对科研机构完备程度满意度为75.73，提高3.33；对银行服务、商旅等商务环境便捷程度满意度为82.89，提高3.02；对城市建设国际化程度满意度为73.72，提高3.65；但对食、衣、住、行便利程度满意度为82.44，下降1.9。

2-1 各城市企业对投资硬环境的分项满意度及排位

	自然资源环境				基础设施环境				公共设施环境			
	满意度		排位		满意度		排位		满意度		排位	
	2012	2011	2012	2011	2012	2011	2012	2011	2012	2011	2012	2011
南宁市	84.38	82.88	6	6	82.92	80.92	3	3	81.53	79.36	2	1
柳州市	84.46	82.61	4	8	83.80	81.16	1	2	82.62	79.18	1	2
桂林市	86.43	84.92	1	1	82.68	80.4	5	4	81.15	78.58	3	3
梧州市	84.46	81.82	5	10	82.63	78.54	6	8	80.55	74.18	5	12
北海市	83.85	83.29	9	4	82.87	80.18	4	5	78.93	74.89	8	10
防城港市	84.74	83.5	3	3	80.61	78.32	11	10	74.36	71.55	13	14
钦州市	84.36	84.53	7	2	83.78	81.97	2	1	80.07	76.37	6	6

续表

	自然资源环境				基础设施环境				公共设施环境			
	满意度		排位		满意度		排位		满意度		排位	
	2012	2011	2012	2011	2012	2011	2012	2011	2012	2011	2012	2011
贵港市	83.21	83.04	12	5	82.29	79.39	7	6	79.35	75.32	7	9
玉林市	83.19	80.26	13	13	80.15	78.47	13	9	78.88	75.76	10	7
百色市	83.71	81.97	10	9	80.78	78.73	10	7	78.23	76.53	12	4
贺州市	83.25	80.88	11	12	79.17	77.25	14	13	73.60	72.54	14	13
河池市	82.01	79.77	14	14	80.34	77.53	12	12	78.93	76.43	9	5
来宾市	84.23	82.66	8	7	81.05	77.06	9	14	78.56	75.69	11	8
崇左市	84.76	81.68	2	11	81.95	78.21	8	11	80.64	74.32	4	11
全　区	84.20	82.53			82.04	79.49			79.71	76.51		

四、投资软环境趋向优良

2012年，企业对包括社会环境、政策环境、法制环境、政务环境、经济环境、经营环境等在内的投资软环境的满意度为81.57，比上年提高2.56；其中，外商投资企业的软环境满意度为81.87，提高2.22。投资软环境满意度排在前三位的城市是钦州市（83.58）、来宾市（83.24）和柳州市（82.20）。

1.社会环境。企业对社会环境的满意度为80.2，比上年提高1.13。从地级市看：钦州市（82.33）、崇左市（82.04）和桂林市（81.82）的满意度较高，贺州市（77.08）、北海市（77.36）和河池市（78.37）的满意度较低。从分项指标看：企业对社会治安状况满意度为78.27，比上年提高3.61；对民众文化素质及文明程度满意度为78.5，提高4.07；对社会风气满意度为79.83，提高3.4；对民众道德诚信程度满意度为81.56，提高3.47；对民众及政府欢迎外来投资态度满意度为86.67，提高1.64。

2.政策环境。企业对政策环境的满意度为82.89，比上年提高2.74。从地级市看：钦州市（85.03）、来宾市（84.05）、柳州市（83.75）的满意度较高，北海市（80.36）、贺州市（80.74）和贵港市（82.13）的满意度较低。从分项指标看：企业对行政政策法规与国家法律法规一致性程度满意度为84.93，比上年提高2.65；相关投资优惠政策优惠条件满意度为83.2，提高2.69；对政府对外来投资承诺实现情况满意度为84.14，提高2.58；对政策透明度情况满意度为81.82，提高2.82；对政策稳定性情况满意度为84.38，提高2.12；对知识产权保护情况满意度为83.12，提高2.73。

3.法制环境。企业对法制环境条件的满意度为82.23，比上年提高3.3。从地级市看：来宾市（84.2）、钦州市（84.16）和贵港市（83.58）的满意度较高，北海市（80.04）、贺州市（80.97）

和玉林市（81.19）的满意度较低。从分项指标看：企业对政府与执法机构秉持公正执法态度满意度为82.71，比上年提高2.83；对解决纠纷渠道完善程度满意度为81.22，提高3.51；对落实环保法规满意度为82.88，提高2.47；对司法环境体现公正、公平、公开的程度满意度为82.4，提高3.18；对在投资经营过程中，合法权益得到法律保障情况满意度为83.9，提高2.41。

3-1 各城市企业对投资软环境的分项满意度及排位

	社会环境				政策环境				法制环境			
	满意度		排位		满意度		排位		满意度		排位	
	2012	2011	2012	2011	2012	2011	2012	2011	2012	2011	2012	2011
南宁市	80.55	79.93	6	4	83.20	80.26	5	6	81.97	78.63	8	8
柳州市	81.09	80.11	4	3	83.75	80.36	3	5	82.67	79.98	5	3
桂林市	81.82	81.64	3	1	83.16	80.86	6	3	82.18	79.92	7	4
梧州市	80.54	78.57	7	8	82.31	80	10	7	81.62	78.5	9	9
北海市	77.36	76.43	13	13	80.36	78.57	14	13	80.04	76.61	14	14
防城港市	79.18	78.82	10	6	82.83	80.64	7	4	81.42	78.27	10	10
钦州市	82.33	81.17	1	2	85.03	83.53	1	1	84.16	81.77	2	1
贵港市	80.29	78.29	8	9	82.13	79.54	12	9	83.58	78.68	3	7
玉林市	78.74	77.79	11	12	82.52	79.21	8	11	81.19	77.18	12	13
百色市	79.50	78.63	9	7	82.49	79.07	9	12	81.20	78.23	11	11
贺州市	77.08	75.04	14	14	80.74	77.33	13	14	80.97	77.79	13	12
河池市	78.37	78.23	12	10	82.23	79.23	11	10	82.30	79.23	6	5
来宾市	80.91	78.09	5	11	84.05	82.28	2	2	84.20	78.97	1	6
崇左市	82.04	79.64	2	5	83.54	79.96	4	8	83.47	80.14	4	2
全 区	80.20	79.07			82.89	80.15			82.23	78.93		

4．政务环境。企业对政务环境的满意度为82.19，比上年提高2.72。从地级市看：钦州市（84.84）、来宾市（84.41）、柳州市（82.64）的满意度较高，北海市（79.99）、贵港市（80.89）和贺州市（81.24）的满意度最低。从分项指标看：企业对贯彻落实《行政许可法》情况满意度为84.83，比上年提高2.35；对政府部门的服务意识满意度为82.82，提高2.61；对行政机关工作效率满意度为81.34，提高3.39；对行政机关办事程序公开情况满意度为83.71，提高2.59；对各级官员操守清廉程度的满意度改变从2009年以来持续走低的态势，达到80.84，提高3.36。

在对45个管理部门的行政效率评价中，按满意度分值高低排序，居前三位的是，统计部门（87.0）、地方税务部门（85.09）和工商管理部门（85.06），居后三位的是，城管部门（81.29）、扶贫部门（82.6）和食品药品监督管理部门（82.71）。

5．经济环境。企业对经济环境的满意度为81.5，比上年提高2.98。从地级市看：钦州市（83.44）、来宾市（83.04）、南宁市（82.68）的满意度较高，河池市（79.3）、北海市（79.65）

和贺州市（79.92）的满意度较低。从分项指标看：企业对人民生活水平满意度为72.76，比上年提高3.15；对商业及经济发展水平满意度为73.12，提高3.21；对金融体系完善程度满意度为79.78，提高3.07；对资金汇兑及利润汇出便利程度满意度为80.65，提高2.76；对经济环境影响投资获利满意度为79.18，提高3.13；对所在城市未来经济发展潜力满意度为86.35，提高4.69；对政府改善投资环境态度满意度为86.88，提高5.22；对融资政策满意度为83.46，提高6.51；对所在城市经济开放程度满意度为81.62，提高2.75。

6.经营环境。企业对经营环境的满意度为81.15，比上年提高2.92。从地级市看：来宾市（83.16）、钦州市（82.63）、南宁市（81.79）的满意度较高，北海市（79.52）、贺州市（79.76）和防城港市（79.88）的满意度较低。从分项指标看：企业对劳动力供应充裕程度的满意度为79.03，比上年提高1.71；对劳动力技能满足企业发展需要满意度为76.95，提高2.38；对技术人才供应充裕程度满意度为75.11，提高2.1；对适合发展内贸、内销市场环境满意度为80.91，提高3.01；劳资关系和谐程度满意度为81.5，提高2.91；对厂房与相关设施成本合理程度满意度为80.45，提高2.76；对上下游产业供应链完整程度满意度为79.24，提高2.85；对整体产业技术研发水平满意度为77.43，提高3.51；对市场发展潜力满意度为82.85，提高2.22；对同行业间公平竞争满意度为79.28，提高2.6；对政府鼓励企业自主创新满意度为83.26，提高2.3；但对管理人才供应充裕程度满意度为77.13，下降0.77。

3-2 各城市企业对投资软环境的分项满意度及排位

	政务环境				经济环境				经营环境			
	满意度		排位		满意度		排位		满意度		排位	
	2012	2011	2012	2011	2012	2011	2012	2011	2012	2011	2012	2011
南宁市	81.97	79.08	8	9	82.68	79.28	3	3	81.79	79.41	3	3
柳州市	82.64	79.52	3	6	82.16	79.25	4	4	81.74	78.38	4	5
桂林市	81.26	78.66	11	11	80.53	78.06	11	10	80.14	78.08	11	7
梧州市	82.38	79.18	6	8	80.80	76.11	8	13	80.46	77.5	9	10
北海市	79.99	76.93	14	14	79.65	78.32	13	9	79.52	76.54	14	13
防城港市	81.90	81.41	9	2	80.72	79.5	9	2	79.88	78.32	12	6
钦州市	84.84	83.83	1	1	83.44	81.97	1	1	82.63	80.97	2	1
贵港市	80.89	77.57	13	13	82.10	78.64	5	6	81.20	77.61	7	9
玉林市	82.38	80.13	7	4	81.84	78.42	6	7	81.52	77.71	5	8
百色市	81.69	79.4	10	7	80.72	77.11	10	12	80.26	78.53	10	4
贺州市	81.24	78.63	12	12	79.92	75.33	12	14	79.76	76.54	13	14
河池市	82.50	78.93	5	10	79.30	77.83	14	11	80.85	76.93	8	11
来宾市	84.41	80.41	2	3	83.04	79.09	2	5	83.16	79.5	1	2
崇左市	82.52	79.86	4	5	81.47	78.36	7	8	81.49	76.86	6	12
全区	82.19	79.47			81.50	78.52			81.15	78.23		

五、软环境中存在的问题

2012年，企业对法制环境、政务环境、经营环境等投资软环境方面的评价中，认为还存在一些问题，主要集中表现在存在问题认同率较高的方面是：

1. 行政执法部门存在的主要问题。一有24.72%的企业认为是“行政执法不透明、不规范”，认同率较高的是河池市（28.33%）、贵港市（27.86%）和桂林市（27.6%）；二有19.28%的企业认为是“多头检查、频繁检查”，认同率较高的是贵港市（22.14%）、防城港市（21.82%）和南宁市（20.53%）；三有18.92%的企业认为是“工作人员素质低、态度差”，认同率较高的是北海市（38.57%）、玉林市（26.84%）和防城港市（21.82%）。

2. 法制环境存在的主要问题。一有12.64%的企业认为是“办案程序不规范、不公开”，认同率较高的是北海市（19.29%）、贵港市（17.14%）和柳州市（14.29%）；二有11.36%的调查企业认为是“地方保护主义严重”，认同率较高的是北海市（36.43%）、贺州市（16.67%）和崇左市（14.29%）；三有11.28%的企业认为是“司法人员水平低、素质差”，认同率较高的是北海市（24.29%）、防城港市（18.18%）和玉林市（14.74%）。

3. 企业与各政府部门交往中遇到的主要问题。一有37.12%的调查企业认为是“推诿扯皮、效率低下”，认同率较高的是北海市（57.14%）、南宁市（37.11%）和柳州市（32.86%）；二是有21.28%的企业认为是“只有收费、检查、处罚时才见到人，企业有困难时却坐视不管”，认同率较高的是北海市（27.14%）、南宁市（26.58%）和百色市（24.67%）；三有8.44%的调查企业认为是“政务不公开，搞暗箱操作”，认同率较高的是柳州市（13.57%）、南宁市（10.0%）和百色市（10.0%）。

4. 党政机关工作人员存在的主要不廉洁行为。一有37.24%的企业认为是“办事不公”，认同率较高的是崇左市（57.86%）、玉林市（51.05%）和北海市（42.14%）；二有27.67%的企业认为是“以权谋私”，认同率较高的是防城港市（36.36%）、玉林市（36.32%）和北海市（32.86%）；三有22.52%的企业认为是“吃拿卡要”，认同率较高的是崇左市（27.86%）、防城港市（26.36%）和玉林市（24.74%）。

5. 行政执法和管理方面存在问题最多的一级政府部门。一有39.16%的企业认为是“县级部门”，比上年提高2.26，认同率较高的是百色市（49.33%）；二有35.16%的企业认为是“乡（镇）级以下”，提高1.13，认同率较高的是钦州市（53.33%）；三有23.72%的企业认为是“市级部门”，下降0.74，认同率较高的是南宁市（32.89%）；四有1.96%的企业认为是“省级部门”，提高0.05，认同率较高的是来宾市（3.13%）。

6. 市场秩序方面存在突出问题。一有33.52%的企业认为是“同行业恶性竞争”，认同率较高的是桂林市（43.2%）、玉林市（36.32%）和南宁市（36.05%）；二有27.52%的企业认为是“假冒伪劣商品多，冲击企业产品销售”，认同率较高的是玉林市（32.11%）、柳州市（31.07%）和南宁市（31.05%）；三有24.28%的企业认为是“货款拖欠影响企业资金周转”，认同率较高的是柳州市（33.21%）、南宁市（29.47%）和玉林市（27.37%）。

7.生产经营过程中存在的主要问题。一有54.4%的企业认为是“劳动力成本提高”，认同率较高的是桂林市（59.2%）、北海市（58.57%）和柳州市（57.86%）；二有53.8%的企业认为是“生产经营成本过高”，认同率较高的是河池市（65.33%）、桂林市（60.4%）和玉林市（56.84%）；三有43.4%的企业认为是“人才招聘难与稳定性不高”，认同率较高的是贵港市（51.43%）、防城港市（50.91%）和桂林市（48.8%）。

8.投资软环境存在的主要问题。一有53.72%的企业认为是“企业营运成本较高”，认同率较高的是贵港市（63.57%）、玉林市（58.95%）和百色市（56.67%）；二有37.52%的企业认为是“开放意识不强，改革措施不到位”，认同率较高的是贺州市（46.67%）、贵港市（45.71%）和河池市（44.0%）；三有34.32%的企业认为是“审批办事手续繁琐”，认同率较高的是崇左市（44.29%）、百色市（42.67%）和桂林市（42.0%）。

2012年南宁市投资环境监测调查报告

苏 霓 周伟明

为客观反映南宁市投资环境状况，掌握企业对投资环境的评价和意见，了解投资软、硬环境，国家统计局南宁调查队在南宁市辖15个县区（开发区）开展了2012年投资环境监测调查，调查采取现场问卷、企业座谈的方式，调查内容为企业对南宁市投资环境的评价。调查结果显示：企业对南宁市投资环境总体评价较高，投资硬环境、软环境满意度均达到较高满意区间（75~90为较高满意），投资环境改善取得明显成效，投资潜力进一步显现。

一、对投资环境总体评价创新高

本次投资环境满意度调查涉及硬件和软件两个方面的内容，其中，投资硬环境包括自然资源、公共设施、基础建设三个方面，投资软环境包括社会环境、政策环境、法制环境、政务环境、经济环境、经营环境六个方面。调查结果显示，企业对南宁市投资环境的整体满意度为82.27（满分为100），比上年提高了2.38，比全区平均满意度高0.58，同时也是2007年开展投资环境调查以来6年中的最高分。在全区14个市排名第4位，整体投资环境获得了企业较一致认可。近五年投资环境满意度变化情况见下图：

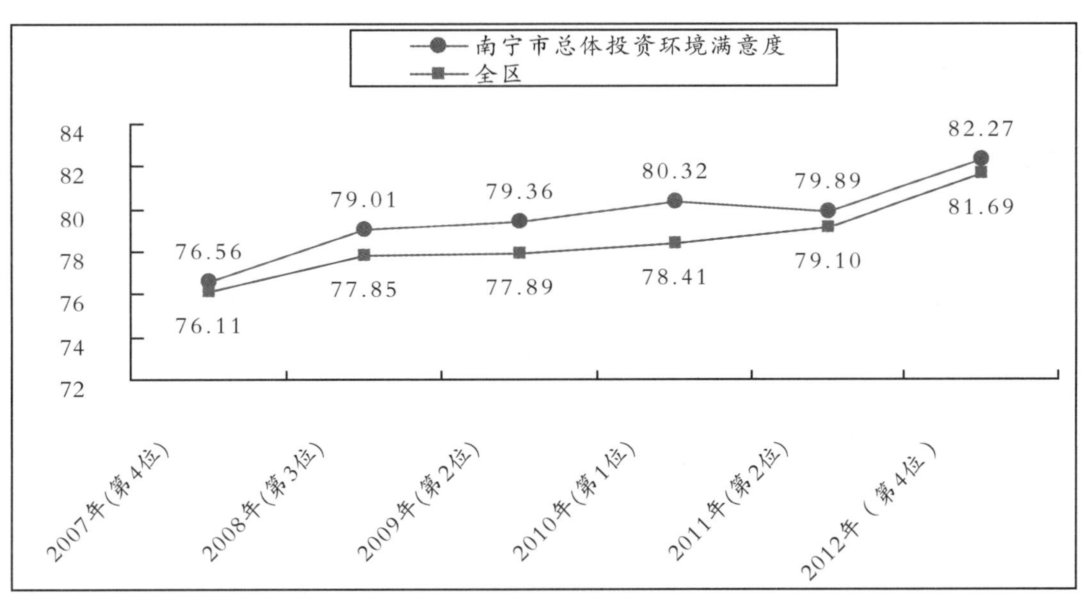

其中，9项指标满意度全面提高：政策环境83.20，比上年提高2.94；基础建设环境82.92，提高2.00；经济环境82.68，提高3.40；法制环境81.98，提高3.34；政务环境81.97，提高2.89；经营环境81.97，提高2.38；公共设施环境81.53，提高2.17；社会环境80.55，提高0.62。

二、对投资硬环境评价持续提高

近年来，南宁市不断加大投资，加快城市基础设施建设，完善城市规划体系，扎实推进生态文明建设，得到了企业广泛认可。南宁市投资硬环境总体得分82.94，比上年增长1.90，在全区排名第三。

（一）对自然资源环境评价最高

2011年，南宁市扎实推进生态建设并取得明显成效，市区环境空气质量继续保持较好水平，优良以上天数为351天，城市区域声环境、道路交通声环境均达到较好水平，市区居民生活区、文教区、商住混杂区总体声环境质量也基本均能达到国家环境噪声标准要求；主要江河水质状况总体优良，境内左江、右江、邕江、郁江、武鸣河等主要河流上共布设的8个监测断面按全年监测平均值评价，Ⅲ类水质与水环境功能区达标率均为100%，其中Ⅱ类水质比例为75%，较上年的50%明显上升。南宁市良好的自然资源环境受到了企业、投资者的青睐，在整个投资硬环境评价中，企业对自然资源环境的评价为84.38，比上年提高1.50。7个小项的评价有6项在80以上，但是对电力资源的保障程度评价由上年的85.13降到84.02，下降了1.11，说明南宁市电力资源的保障有待改善。

表1 南宁市企业对自然资源环境满意度评价表

项 目	2012年	2011年	同比（+、-）
1. 当地生态地理环境与企业发展的适合程度	85.14	82.71	2.43
2. 当地电力保障程度	84.02	85.13	-1.11
3. 当地水电供应部门提供的服务质量	84.88	83.62	1.26
4. 当地煤、燃油等能源的保障程度	83.52	81.42	2.1
5. 当地淡水资源的保障程度	86.26	86.01	0.25
6. 当地的土地资源的保障程度	80.98	78.88	2.1
7. 当地的土地资源价格的合理程度	77.04	74.03	3.01

（二）对基础建设的评价全面提升

2011年，南宁市加快城市基础设施建设，全社会固定资产投资保持高速增长，总量达2003.68亿元，同比增长37.1%。基础设施的不断完善，得到了企业的普遍认可。调查显示，企业对南宁市基础建设总体评价满意度为82.92，比上年提升2.00。

表2 南宁市企业对基础建设满意度评价表

项 目	2012年	2011年	同比（+、-）
1.当地的海、陆、空运输便利程度	83.75	81.83	1.92
2.当地的城市规划及配套设施与企业发展的适合程度	81.94	78.78	3.16
3.当地的未来发展及建设规划与企业发展的适合程度	83.54	82.14	1.4
4.当地的污水及废弃物处理完善程度	78.13	77.45	0.68
5.当地的物流仓储、流通相关商业设备完善程度	83.31	80.66	2.65
6.当地的电信、资讯设施、网络等通讯条件	82.39	81.68	0.71
7.当地的电信部门提供的服务质量	79.28	78.32	0.96

（三）对公共设施的评价提升较大

调查显示，企业对南宁市公共设施的评价提升较大，总体评价为81.53，比上年增加2.17。值得一提的是，对“当地的城市建设国际化程度”评价为78.84，比上年提升3.66；对“当地的银行服务、商旅等服务环境便捷程度”评价82.79，提升2.90。

表3 南宁市企业对公共设施满意度评价表

项 目	2012年	2011年	同比（+、-）
1.当地的食、衣、住、行便利程度	85.27	83.58	1.69
2.当地的医疗、卫生、保健设施完备程度	81.4	79.82	1.58
3.当地的学校、教育设施完备程度	81.34	80.05	1.29
4.当地的科研机构完备程度	78.76	76.37	2.39
5.当地的银行服务、商旅等服务环境便捷程度	82.79	79.89	2.90
6.当地的城市建设国际化程度	78.84	75.18	3.66

三、对投资软环境评价止跌转升

近年来，南宁市投资软环境不断得以提升，连续几年企业对投资软环境都给予了较高评价。调查结果显示，企业对南宁市投资软环境的评价为81.98，比上年增加2.58，扭转了上年同比下降的态势，在全区排名第五位。

表4 南宁市企业对投资软环境评价表

评价项目	2012年	2011年	（+，-）
社会环境	80.55	79.93	0.62
政策环境	83.2	80.26	2.94
法制环境	81.97	78.63	3.34
政务环境	81.97	79.08	2.89
经济环境	82.68	79.28	3.4
经营环境	81.79	79.41	2.38

（一）对社会环境评价稳中略升

2011年以来，南宁市精神文明建设成效显著，再度荣膺“全国文明城市”称号，文明创建活动不断延伸和拓展，进一步挖掘和提升了“能帮就帮，敢做善成”的城市精神品质，社会保持和谐稳定。企业对南宁市社会环境的评价提高，为80.55，比上年提升0.62。

表5 南宁市企业对社会环境满意度评价表

项　　目	2012年	2011年	同比（+、-）
1. 当地的社会治安状况	76.48	74.42	2.06
2. 当地民众的文化素质及文明程度	79.18	77.04	2.14
3. 当地社会风气状况	80.44	78.29	2.15
4. 当地民众的道德诚信程度	81.47	78.95	2.52
5. 当地民众及政府欢迎外来投资设厂的态度	86.61	85.09	1.52

（二）对政策环境的评价稳步提升

良好的政策法制环境是企业健康稳定发展的重要保障，也是政府服务企业的重要内容，更是招商引资的重要保证。2012年，企业对南宁市政策环境的评价提高，为83.2，比上年提升2.94。

表6 南宁市企业对政策环境满意度评价表

项　　目	2012年	2011年	同比（+、-）
1. 当地行政政策与国家行政政策的一致性程度	85.37	82.92	2.45
2. 当地的相关投资政策优惠条件	83.55	80.71	2.84
3. 当地政府对外来投资承诺实现情况	83.72	81.79	1.93
4. 当地政府政策的稳定性	84.30	81.92	2.38
5. 当地政府政策的透明度情况	81.35	79.01	2.34
6. 当地对知识产权保护的情况	82.92	80.68	2.24
7. 当地政府政策环境度情况	83.2	80.26	2.94

（三）对法制环境满意度进一步提高

从总体看，企业对南宁市法制环境的满意度为81.97，比上年提高3.76。各项满意度都达到80以上，属于较高满意，满意度的进一步提高，说明各级党委、政府积极推进法制工作建设，并取得明显成效。其中，满意度较高的有：当地政策法规与国家法律法规的一致性程度为85.1，在投资经营过程，合法权益得到法律保障的为83.21，当地政府落实环保政策法规的情况为82.68。

表7 南宁市企业对当地法制环境的满意度

项目	2012年	2011年	同比（+、-）
1.当地的法规条例与国家法律法规的一致性	85.16	83.30	1.86
2.当地政府与执法机构秉持公正的执法态度	81.83	79.16	2.67
3.当地解决纠纷的渠道完善程度	81.39	77.63	3.76
4.当地政府落实环保政策法规的情况	82.68	80.80	1.88
5.当地司法环境体现公正、公平、公开的程度	82.22	78.50	3.72
6.在投资经营过程中，合法权益得到法律保障	83.21	80.53	2.68

（四）企业对政务环境评价全面提升

南宁各级党委、政府重视机关行政效能建设，努力转变政府职能，推进依法行政，在改进政风行风等方面做了大量工作，取得了明显成效。调查显示，企业对当地的政务环境条件整体满意度为81.97，属较高满意水平，比上年提升了2.89。企业对当地政务环境的满意度有5个小项处于较高满意度区间，分别为当地行政机关贯彻落实《行政许可法》的情况、当地政府的服务意识、当地行政机关办事程序公开的情况、当地行政机关工作效率情况、当地的各级官员操守清廉程度。除了“贵公司近年承担各项社会负担是否增加”满意度比上年下降2.03个百分点外，对机关工作效率、办事程序公开及贯彻落实《行政许可法》情况的满意度比上年都有不同程度的上升。

表8 南宁市企业对当地政务环境的满意度

项目	2012年	2011年	同比（+、-）
1.当地行政机关贯彻落实《行政许可法》的情况	84.59	82.14	2.45
2.当地政府部门的服务意识	82.51	79.74	2.77
3.当地行政机关办事程序公开的情况	83.84	80.66	3.18
4.当地行政机关工作效率情况	81.03	77.47	3.56
5.不向政府管理机构支付非正常费用对企业的影响程度	78.58	77.75	0.83
6.贵公司近年承担各项社会负担是否增加	64.25	66.28	-2.03
7.当地的各级官员操守清廉程度	80.04	76.95	3.09

调查显示，企业对南宁市45个部门的行政效率满意度均在80以上，其中，排名前5位的部门分别是统计部门、广播电视部门、新闻出版部门、商务部门和财政部门，满意度分别为86.95、84.99、84.79、84.75和84.64，平均水平较上年提高了3.65；排名后5位的部门分别是城管部门、食品药品监督管理部门、交通运输部门、国土资源部门和卫生部门，但满意度也分别达到了80.49、81.42、82.49、82.83和82.85，平均水平较上年提高2.83。

表9 南宁市企业对部门的评价满意度表

项 目	2012年	2011年	同比（+、-）
1.统计部门	86.95	84.04	2.91
2.广播电视部门	84.99	80.44	4.55
3.新闻出版部门	84.79	80.38	4.41
4.商务部门	84.75	81.57	3.18
5.财政部门	84.64	81.45	3.19
6.安全生产监督管理部门	84.62	81.24	3.38
7.质量技术监督部门	84.45	81.29	3.16
8.工业和信息化部门	84.38	81.76	2.62
9.发展与改革部门	84.38	81.4	2.98
10.审计部门	84.35	81.58	2.77
11.地方税务部门	84.31	82.35	1.96
12.测绘部门	84.3	80.47	3.83
13.水利部门	84.25	80.57	3.68
14.教育部门	84.25	79.89	4.36
15.公安消防部门	84.24	81.55	2.69
16.侨务部门	84.24	80.21	4.03
17.外汇管理部门	84.21	80.14	4.07
18.农业部门	84.2	80.78	3.42
19.检察院	84.19	80.33	3.86
20.工商部门	84.16	81.53	2.63
21.外事部门	84.15	80.35	3.8
22.水产畜牧兽医部门	84.13	79.76	4.37
23.国有资产管理部门	84.1	80.93	3.17
24.海关部门	84.07	81.01	3.06
25.文化部门	84.06	79.61	4.45
26.科技部门	84.04	80.98	3.06
27.体育部门	84.03	79.62	4.41
28.林业部门	84.02	80.44	3.58
29.旅游部门	84.02	80.09	3.93
30.粮食部门	83.98	79.92	4.06
31.人口计生部门	83.87	80.49	3.38
32.司法部门	83.83	80.83	3
33.民政部门	83.82	80.58	3.24
34.金融部门	83.8	80.1	3.7
35.环境保护部门	83.78	80.38	3.4
36.检验检疫部门	83.72	81.09	2.63
37.人力资源和社会保障部门	83.71	80.61	3.1
38.住房和城乡建设部门	83.49	80.05	3.44
39.法院	83.29	79.85	3.44
40.扶贫部门	82.89	78.39	4.5
41.卫生部门	82.85	79.56	3.29
42.国土资源部门	82.83	80.22	2.61
43.交通运输部门	82.49	79.55	2.94
44.食品药品监督管理部门	81.42	78.9	2.52
45.城管部门	80.49	77.69	2.8

（五）企业对南宁市经济环境认可程度较高，不足主要体现在融资难问题上

随着西部大开发进一步推进以及东盟自贸区的发展，特别是北部湾经济区的开放开发上升到国家战略以及《国务院关于进一步促进广西经济社会发展的若干意见》的出台，南宁市经济发展形势越来越好，发展潜力日益增强，居民收入和生活条件不断提高。调查显示，企业对南宁市的经济环境满意度较高为82.68，比上年提高3.4。从企业注册类型看，私营企业对经济环境的评价较高，满意度达到84.83，其次是外商及港、澳、台商投资企业为83.25；集体企业家评价较低，为79.8；从行业类别来看，租赁和商务服务业对经济环境评价都较高，满意度分别为84.94，水利环境和公共设施管理业为较低，满意度为78.75。从评价指标来看，企业对南宁市未来具有经济发展潜力的情况、政府改善投资环境的态度评价最高，满意度分别为88.35、88.15。

表10 南宁市企业对南宁市经济环境的评价

项　目	2012年	2011年	同比（+、-）
1.当地人民的生活水平相比较于国内的一般水平	72.88	71.39	1.49
2.当地的商业及经济发展相比较于国内一般水平	75.03	72.8	2.23
3.当地的金融体系完善的程度	80.44	76.91	3.53
4.当地的资金汇兑及利润汇出便利程度	80.85	77.62	3.23
5.当地的资金贷款取得难易程度	69.06	67.17	1.89
6.当地经济环境对投资者经营获利影响程度	79.73	76.51	3.22
7.所在城市未来具有经济发展潜力的情况	88.35	84	4.35
8.当地政府改善投资环境的态度	88.15	83.16	4.99
9.当地的融资政策	84.2	76.11	8.09
10.所在城市经济开放程度	83.31	80.62	2.69

（六）对经营环境的评价向好，高素质人才短缺问题突出

调查显示，企业对经营环境的评价为81.79，但比上年的79.41有明显的提高，比上年上升2.38。但在投资软环境评价的六个方面中，经营环境的评价算是满意度较低的，尤其高素质人才短缺是南宁市改善经营环境急需解决的问题。企业对当地的劳动力技能是否满足企业发展需要、当地技术人才供应充裕程度的评价，排在经营环境各项目中倒数第二和第一，分别为76.99、76.3（详情见表12）。

表11 南宁市企业对经营环境的评价

项　目	2012年	2011年	同比（+、-）
1. 当地的劳动力供应充裕程度	79.76	78.34	1.42
2. 当地的劳动力技能是否满足企业发展需要	76.99	75.43	1.56
3. 当地的技术人才供应充裕程度	76.3	75.41	0.89
4. 当地的管理人才供应充裕度	78.12	75.82	2.3
5. 当地环境合适投资者发展内贸，内销市场的程度	82.11	78.7	3.41
6. 当地的劳资关系和谐程度	81.95	78.86	3.09
7. 当地的厂房与相关设施成本合理程度	79.65	77.74	1.91
8. 当地有利于形成上、下游产业供应链的完整程度	78.97	76.41	2.56
9. 当地的整体产业技术研发水平	78.04	74.49	3.55
10. 当地市场的发展潜力	84.1	82.13	1.97
11. 当地同行业间公平竞争的情况	78.64	76.96	1.68
12. 当地政府鼓励企业自主创新的情况	82.98	80.82	2.16

四、企业反映的主要问题

1. 总体投资环境仍需继续提高。虽然投资环境总体得到了较大的改善，但仍有26.8%的企业认为最近一年投资环境没什么变化；5.3%的企业认为投资环境有所恶化；40.8%的企业认为投资环境有所改善，但仍不让人满意；34.7%的企业认为与其它城市相比，南宁市的投资环境有一点差距；7.9%的企业认为差距很大。投资者认为南宁市的目前投资环境对自己的投资和经营信心的影响情况中，有70.53%的投资者认为有一定的影响，但可以解决；有17.11%的投资者认为有较大的影响。

2. 企业在与政府部门交往中，仍然存在许多的困难和问题。调查结果显示，36.8%的企业认为县级部门在行政执法和管理方面存在较多问题；在与政府的交往中，有37.1%企业反映政府工作人员，办事推诿、效率低下；有26.8%的企业反映在行政执法的过程中不透明、不规范；26.6%的企业反映政府只有收费、检查、处罚才见到人，企业有困难时却坐视不管；有48.2%的企业认为办理证照审批时间太长；有56.1%的企业认为审批程序过多。

3. 融资难，融资渠道不畅。很多企业反映，企业生产经营所需资金较为紧缺。由于没有抵押资产等原因，企业很难从银行获得贷款，同时获得民间借贷的困难也很大。资金不足严重影响了企业的发展和生产规模的扩大。调查资料显示，企业对当地资金取得的难易程度满意度较低，仅为69.06。有30%的企业认为贷款难，比上年上升了3.16个百分点。74.5%的企业认为贷款程序繁杂，难以获得金融机构贷款的因素；37.6%的企业认为融资成本过高，27.4%的企业认为受国家信贷政策的影响，28.4%的企业认为手续繁杂、效率太低。

4. 招工难，高素质人才短缺。随着

东部产业的转移，落户南宁的企业大量增多，工业生产所需工人大量增加，部分企业出现招工难、用工不足的问题。由于工人不足，企业生产受到很大的制约，并且企业对高素质人才的需求也得不到满足，只有24.5%的企业认为能满足高级技术人需求。

5.电力供应较为紧张。2011年和今年年初，电力供应非常紧张，停电、限电不断，一些企业由于限电等无法正常开工，影响了企业订单的完成。

6.生产成本、劳动力成本过高成为企业发展壮大的主要障碍。调查结果显示，在企业目前生产经营过程中存在的主要问题项目中，有56.6%的企业认为生产经营成本过高，56.1%的企业认为劳动力成本提高，43.4%的企业认为人才招聘不稳定。

7.市场秩序方面有许多地方急需规范。调查结果显示，31.6%的企业认为目前市场假冒伪劣商品多，冲击着企业的产品销售；36.1%的企业认为同行业存在恶性竞争的状况，29.4%的企业认为贷款拖欠，影响企业资金周转。

五、进一步优化南宁市投资环境的建议

1.进一步提高行政效能和效率，营造优质高效的服务环境。努力转变机关工作作风，不断提高服务质量。对投资企业的申报文件，主办部门和单位要在规定时限内办理或提出答复意见，追究推诿扯皮、效率低下部门的责任。建立投诉制度，受理投资企业对政府工作人员服务质量、工作作风、收费等方面的监督和投诉。为民企提供产业政策，市场信息，法律援助和人才引进、培训等方面的服务，帮助企业更快的发展。

2.进一步加快基础建设步伐。以开展“项目建设年”、“服务企业年”、“发展环境建设年”活动为依托，加快城市交通基础网络建设，切实解决城市快速发展扩容的问题。借助南宁作为广西首府这一独特优势和明显的区位优势，确立其作为全区物流中心、仓储配送中心的地位，加快产业链各环节相关配套设施的建设进度。

3.出台扶持中小企业发展的优惠政策。尽快出台相关政策放宽对中小企业的信贷，简化贷款手续，提高办事效率，尽可能减少企业的贷款成本。制定更多税收优惠，减免政策，更好地吸收企业投资，减轻企业负担。

4.大力发展人才强市战略，为企业发展输送急需的人才。政府部门应紧紧围绕提升企业核心竞争力和构建现代产业体系，坚持政府引导与企业主导相结合、重点突出与整体推进相结合的原则，实现政企联动，以引育科技创新创业领军型人才、高技能实用型人才、紧缺急需专业人才和高素质经营管理人才为抓手，以体制机制创新为动力，大力推进企业人才集聚和人才结构优化，切实为企业的转型发展提供强有力的人才支撑和智力保障。加强本地人才培训，出台政策引进人才，与高校合作培养出更多高端及专业性人才，大

力引进外地优秀人才。

5.合理安排生产用电。加大投资，合理安排企业用电，本着“远近结合、缓急分开”的原则作好供电设施的建设，力争做到不限电、不停电，尽量满足企业的生产用电需求，保证企业的正常生产经营活动，确保经济保增长目标的实现。

6.努力营造公平、规范有序的市场环境。进一步完善市场体系，建立规范的市场经济秩序，要健全市场法律法规，完善市场监督机制，坚持不懈地打击制售假冒伪劣产品，严肃查处价格欺诈行为，打击逃避债务、不履行合同等违约行为，为企业营造良好的经营环境。

7.落实工业用地出让制度，规范工业用地出让行为。必须强化执法监察，对于工业用地出让中的违规违法行为，要认真纠正和查处。对领导干部以任何形式违反规定干预和插手工业用地招标拍卖挂牌出让的，要坚决予以查处；对领导干部在工业用地出让中违规违法造成重大损失或恶劣影响的，要实行问责；对于某些单位和部门以扩大内需、促进经济增长为名在工业用地出让中违反供地政策、用地标准和国家产业政策，搭车用地、借机圈地的，要严肃处理。

2012年桂林市投资环境满意度稳步提高

曾 劼

近期，国家统计局桂林调查队按要求组织开展了2012年桂林市投资环境满意度调查工作。调查结果显示：桂林市投资环境总体满意度（以100分制计，下同）为81.84，比上年增加2.05，位居全区各市第六。其中，“硬环境”和“软环境”满意度分别为83.35和81.20，分别比上年增加2.14和2.01，居全区第二位和第九位。桂林市完善区域投资环境的多项举措取得明显成效。但是，仍存在桂林投资环境总体和硬、软环境满意度在全区排名下降，企业融资环境、政府服务功能满意度亟待大力提高等问题，应引起高度重视。

一、桂林市投资环境满意度总体趋好

（一）整体投资环境持续优化

调查结果显示，桂林市投资环境总体满意度连续4年增长，并首次突破80，处于较高满意区间（75~90），比全区平均水平高0.15（见表1）。

表1 2008—2012年桂林市投资环境总体满意度得分情况

总体投资环境	2008年	2009年	2010年	2011年	2012年
桂林市	78.73	78.36	78.84	79.79	81.84
全区	77.85	78	78.41	79.1	81.69

（二）投资“硬环境”发展良好

近年来桂林市加快城市基础设施建设，完善城市规划体系，得到了企业广泛认可。调查结果显示，近五年企业对桂林市投资硬环境的满意度均在较高水平（见图1）。

1.自然资源环境满意度最高。桂林市生态环境持续改善，居住环境质量不断提升，城市环境质量继续保持全国先进水平，国家环境保护模范城市通过自治区复核验收，被评为全国十佳绿色城市，“城考”成绩连续17年名列全区第一。桂林市良好的自然资源环境受到了企业、投资者的青睐，在整个投资硬环境评价中，企业对自然资源环境的评价最高，达86.43，比上年提高了1.51。调查资料显示，企业对生态地理环境与企业发展的适合程度、水电供应部门提供的服务质量、煤燃油等

图1 2011年和2012年桂林市投资“硬环境”满意度示意图

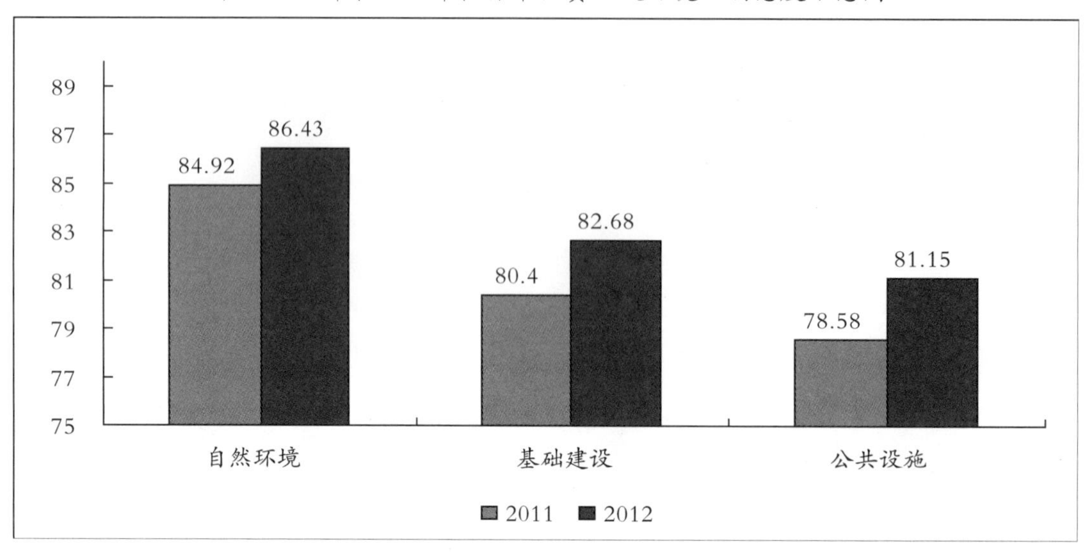

能源的保障程度、土地资源的保障程度和当地土地资源价格合理程度五项调查指标的满意度评价均有提高，分别为85.48、85.82、84.15、80.62、77.34，分别比上年增加1.8、1.46、0.73、0.46、0.64。

2.基础建设进一步优化。桂林市围绕建设特大城市目标，拉大城市框架，拓展城市空间，完善市政设施，提升城市品位。2011年完成固定资产投资1040.22亿元，同比增长26.5%；全市城镇化率40.2%，同比提升1.3个百分点。桂林市基础设施的不断完善，得到了企业的普遍认可。调查显示，企业对桂林市基础建设总体满意度为82.68，比上年增加2.28。其中，当地交通运输便利程度、城市规划及配套设施与企业发展的适合程度、物流仓储流通相关商业设施完善程度，电信资讯及网络等通讯条件完善程度和电信部门提供服务质量满意度分别为83.1、80.53、81.63、84.55、81.71，分别比上年增加1.66、1.39、0.77、0.19、0.95。

3.公共设施不断完善。调查结果显示，企业对桂林市公共设施的满意度有较大提升，满意度为81.15，比上年增加2.57，对桂林市衣、食、住、行便利程度，医疗、卫生、保健设施完备程度，学校和教育设施完备程度，科研机构完备程度，银行服务、商旅等商务环境便捷程度和城市建设国际化程度给予肯定，满意度分别为85.56、82.36、82.96、78.38、84.78、77.68，分别比上年提高1.08、1.46、2.76、1.8、3.64、3.28。

（三）投资“软环境”进一步改善

近年来，桂林市投资“软环境”不断提升，调查结果显示，企业对桂林市投资软环境的评价为81.2，比上年增加2.01（见图2）。

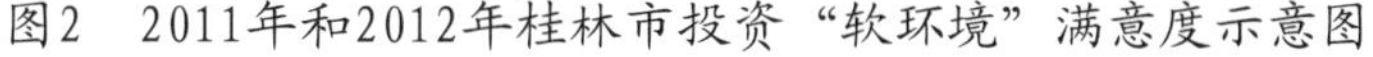

图2 2011年和2012年桂林市投资“软环境”满意度示意图

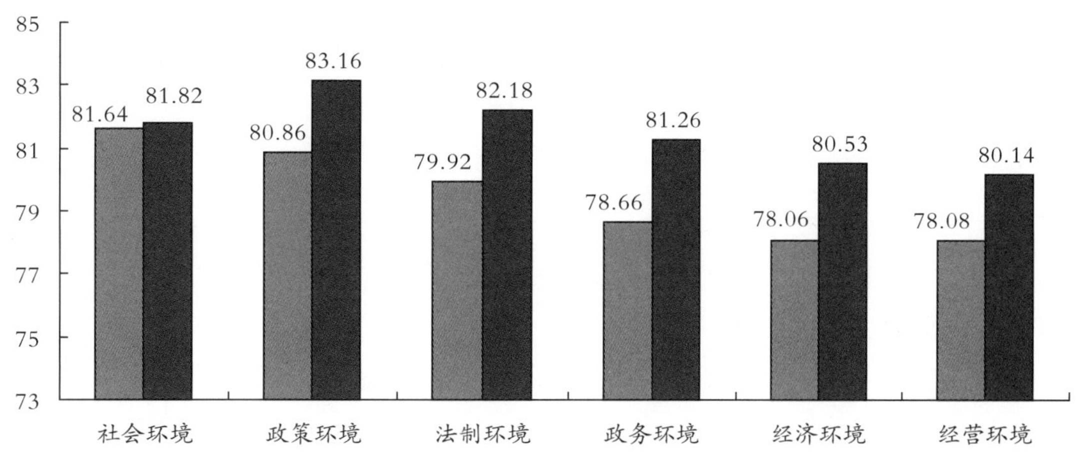

1.社会环境较为稳定。2011年以来，桂林市相继荣获“全国绿色模范城市”、“全国十佳绿色城市”等称号，实现“全区双拥模范城”八连冠，获得“2011中国特色休闲城市——最美休闲城市”“最中国文化名城”等荣誉，文明创建活动不断延伸和拓展，社会保持和谐稳定。企业对桂林市社会环境的满意度为81.82，比上年增加0.18。其中，对社会治安状况、民众的文化素质和文明程度、社会风气、民众道德诚信程度以及民众及政府欢迎外来投资建厂的态度满意度分别为83.46、80.47、82.1、82.69、86.47，分别比上年提高2.78、2.01、2.26、2.81、0.57。

2.政策环境逐步优化。调查结果显示，企业对桂林市政策环境的满意度为83.16，比上年提高2.3。对行政法规与国家法律一致性程度、相关投资政策的优惠条件、对外来投资承诺实现的情况、政府政策稳定性情况、政府政策透明性情况、知识产权保护情况满意度分别为85.82、82.23、83.43、84.68、81.54、83.24，分别比上年提高2.78、2.13、1.57、2.02、2.12、1.68。

3.法制环境日趋改善。调查结果显示，企业对桂林市法制环境满意度为82.18，比上年提高2.26，行政法规与国家法律法规的一致性程度、政府与执法机构秉持公正的执法态度、解决纠纷的渠道完善程度、落实环保政策法规的情况、司法环境体现公平公正公开的程度、企业合法权益得到法律保障的情况满意度分别为85.34、82.61、80.53、84.27、81.38、83.77，分别比上年提高1.25、1.71、2.45、1.79、2.62、1.75。

4.政务环境满意度提高最快。调查结果显示，企业对桂林市政务环境的满意度为81.26，比上年增加2.6。其中企业对行政机关办事程序公开情况满意率增加最多。企业对当地行政机关贯彻落实《行政许可法》的情况、政府部门的服务意识、机关办事程序公开的情况、行政机关工作效率、官员操守清廉情况满意度分别为84.51、81.61、82.91、79.24、78.65、61.25、80.11，分别比上年增加1.09、1.67、3.07、2.15、2.91。

5.经济环境转好。调查结果显示，企业对桂林市经济环境的满意度为80.53，比上年增加2.47，其中，桂林市的城市经济开放程度、经济情况对投资者经营获利影响程度、未来具有的经济发展潜力情况，政府改善投资环境的态度、融资政策满意度分别为：79.52、78.22、83.67、86.22、82.18，分别比上年提高了1.3、2.84、4.19、4.42、4.86。

6.对经营环境的评价向好。调查结果显示，企业对经营环境的评价为80.14，比上年提高2.06。其中，厂房与相关设施成本合理程度、上下游产业供应链的完整程度、整体产业技术研发水平、对市场的发展潜力、同行业公平竞争的情况、政府鼓励企业自主创新情况的满意度分别为80.33、77.81、76.99、80.47、77.66、83.36，分别比上年提高2.51、1.63、1.89、1.49、2.24、2.74。

二、桂林市投资环境存在的问题

（一）投资环境总体和软、硬环境满意度在全区排名下降。在全区14个市中，桂林市总体投资环境满意度比上年下降了2位，由上年第四下降为本年第六。其中，“硬环境”和“软环境”满意度比上年分别下降了1位和3位，硬环境由上年年的全区第一下降为第二，软环境由上年全区第六下降为第九。

（二）政府服务功能有待进一步加强。调查结果显示，在评价桂林市行政机关工作效率时，选择“一般”、“差”和“非常差”的分别占了60.18%、5.6%和0.8%，行政机关工作效率满意度得分为79.24。企业反映较多的问题有：首先是行政审批过多，一些部门行政审批繁琐，需要时间较长；其次是出现问题有相互推诿行为，部门互相踢皮球，事情很久不能得到解决；第三是一些行政手段有待完善，比如有企业反映，产品送检的制度存在收费高，周期长等问题。部分中小企业反映，由于创新能力不足，对相关行业发展把握不到位，希望能够在控制成本和促进企业创新等方面上得到支持。

（三）企业融资仍存困难。调查结果显示，企业对资金贷款取得的难易程度满意度不高，仅为71.11分，企业普遍反映存在流动资金紧张、银行融资困难、民间融资风险系数大等问题。由于无固定资产抵押，难以获得第三方担保，许多小、微企业无法得到金融机构贷款，尤其是没有在金融部门贷过款的企业，由于缺少诚信记录，贷款手续比较繁杂，贷款难度更大，使企业错失不少投资发展的商机。金融系统规避风险给中小企业贷款造成一定困难，迫使不少企业采取内部集资，民间拆借等高风险手段来融资。

（四）行业恶性竞争增多。调查结果显示，桂林市同行业间公平竞争情况满意度得分仅为77.66，部分企业反映，有关部门对于假冒伪劣产品的打击没能做到

快、准、狠，影响了经营环境的良性发展和企业正常的运营。产品同质化问题严重，市场的严重饱和加剧了同行业企业之间的恶性竞争。企业垫资增多，拖欠情况不断增多，影响企业正常运行。

（五）配套服务不到位，经营环境有待提高。调查结果显示，当地劳动力供应充裕程度满意度得分为78.14，比上年下降了0.62。由于薪资、实际工作等原因，中小企业很难招到合适的人才，企业反映目前较普遍存在一般工人、技术人员、优秀管理人员缺乏等情况。

（六）企业负担增加。调查结果显示，在问及“贵公司今年承担各项社会负担是否增加”时，只有2.4%和8.74%的企业选择了“有所减轻”和“明显减少”，满意度仅为61.25，比上年降低2.45。如部分企业反映有关部门在企业员工办理上岗证、继续教育以及产品送检等方面的收费过高。

（七）与其他城市相比差距拉大。调查结果显示，在问及“您认为与其他城市相比，您所在的城市投资环境如何”时，选择“差距很大”的企业比例为13.6%，选择“有一点差距”的企业占50.4%，选择“差不多”的占“19.04”，选择“略好”和“好很多”的企业仅占12%和4.96%，满意度得分仅为55.24，比上年下降1.96。

三、进一步优化投资环境的建议

（一）进一步牢固树立政府为企业服务的观念。认真梳理行政程序，减少不合理、繁琐的行政程序，切实做到简化审批流程，理清部门责任，减轻企业负担，真正做到全心全意为企业服务。

（二）营造良好的政策法制环境，解决企业后顾之忧。贯彻落实国家各项政策法规和优惠政策，保持政稳定性，提高政策执行透明度，兑现各项政策承诺，秉公执法，完善解决纠纷的渠道，切实保护企业投资经营的合法权益。

（三）进一步优化经济环境，切实解决企业融资难问题。加大经济开放力度，探索科学合理的发展模式，提高商业和经济发展水平。拓宽企业融资渠道，加大对优质中小企业的扶持力度，制定更细致更有针对性的融资优惠政策，切实帮助企业解决实际困难。

（四）提升企业的配套服务。充分利用桂林市教育科研资源，做好人才的培养和引进工作，加强企业与科研单位的合作力度，做好科研转化。

（五）汲取经验，加强宣传，缩小与其他城市差距。向投资环境优秀地区学习，加快步伐，进一步完善桂林市投资环境。加大宣传，使企业了解桂林市的优惠政策，提高企业投资环境满意度。

2012年防城港市投资环境监测调查报告

邹　君

为全面了解防城港投资环境及各行业企业投资成本和收益状况，更好地为党政领导宏观决策提供可靠依据，近期，国家统计局防城港调查队在全市范围内开展投资环境监测调查，此次共抽查八大行业110个企业。调查结果显示：企业对防城港市投资环境评价满意度位于高度满意区间（75~90为高度满意），较上年有所提高，但仍低于全区平均水平，在全区14个地级市中的排位由上年的第6位下降到第12位。这表明2012年防城港市投资环境得到进一步改善，但仍存在一些问题亟待重视和解决，以进一步提升企业满意度。

一、企业对投资环境的总体评价

2012年，企业对防城港市整体投资环境满意度为80.55（满分为100），位于高度满意区间，与上年相比提高了1.56，但仍低于全区平均水平1.14，在全区14个地级市中的排位由上年的第6位下降到第12位，排位相对靠后。其中，投资硬环境满意度为79.97，比上年提高2.13，在全区14个市中排名第13位；软环境满意度为80.80，比上年提高1.32，在全区14个市中排名第11位。

（一）对投资硬环境的评价

投资硬环境主要包括自然资源环境、基础建设、公共设施三大方面。2012年企业对防城港市投资硬环境的满意度为79.97，与上年相比提高2.13，位于高度满意区间。

1．自然资源环境保持良好。“城在海中，海在城中”的防城港市辖区内港口、海洋、矿产、旅游、农林资源丰富。据调查，2012年企业对防城港市的自然资源环境满意度为84.74，与上年相比提高1.24，位于高度满意区间。在自然资源环境条件的评价指标中，对当地生态地理环境与企业发展的适合程度的满意度最高，为84.55，比上年提高1.64；对当地水电供应部门提供的服务质量、当地煤、燃油能源的保障程度、当地淡水资源的保障程度、当地土地资源的保障程度这四项指标的满意度分别为83.49、84.45、84.38、82.18，均较上年有所提高；对当地的土地资源价格的合理程度的满意度最低，为78.4，但仍比上年提高3.45；自然资源环境的7项评价指标中仅有当地电力资源的保障程度有所下滑，满意度由上年的83.23降为82.84。表明防城港的能源供应充足，水电资源丰富，自然资源环境条件

依然保持良好，适合企业发展。

2.基础设施建设步伐加快。防城港市自2011年以来实施“项目建设提速年”，狠抓产业百项工程和重点基础设施建设，核电、铜镍、钢铁三大项目及其配套工程加快推进，一批重大交通基础设施全线施工。 调查显示，2012年企业对防城港市基础建设环境满意度为80.61，比上年提高2.29。在基础建设环境的7项评价指标中：企业对防城港市的未来总体发展及建设规划与企业发展的适合程度的评价最高，满意度为83.09；居第二位是企业对防城港市的电信、资讯设施、网络等通讯条件完善程度的评价，满意度为82.76；居第三位的是企业对防城港市的物流、仓储、流通相关商业设施完备程度的评价，满意度为82.17。可见，防城港市项目建设的全面提速，加快重大基础设施的建设步伐得到了企业的认可。

3.公共设施逐步完善。防城港市继续以“四沿线、四片区、两景观、两改造”为重点，实施城建百项工程，加快公共设施的建设步伐。调查显示，2012年企业对防城港市公共设施环境的满意度为74.36，与上年相比提高2.81，位于一般满意区间（55~75为一般满意）。在公共设施环境的6项评价指标中有4项指标处于高度满意区间，比上年增加两项，分别为：对当地的银行服务、商旅等商务环境便捷程度的满意度为81.41，比上年提高4.64；对当地的食、衣、住、行便利程度的满意度为78.26，比上年提高2.49；对当地的学校、教育设施完备程度的满意度为77.26，比上年提高5.47；对当地的医疗、卫生、保健设施完备程度的满意度为75.25，比上年提高6.66。表明随着城市路网建设的全面推进，桃花湾体育馆、桃花湖公园一期、市青少年活动中心竣工使用，白鹭公园基本建成，防城港市的城市功能逐步完善，全海景生态海湾城市初具规模。

（二）对投资软环境方面的评价

投资软环境包括社会环境、政策环境、法制环境、政务环境、经济环境和经营环境等六个方面。2012年企业对防城港市投资软环境的满意度为80.8，与上年相比提高1.32，处于高度满意区间。

1.社会环境条件满意度略有提高。2012年防城港市社会环境条件满意度为79.18，比上年略提高0.36。社会环境条件的5项评价指标全部达到高度满意标准，这表明2012年防城港市的社会治安状况、民众的文化素质及文明程度、社会风气状况、民众的道德诚信程度得到企业的高度肯定。在被调查企业中，有60.91%的企业认为防城港市民众及政府欢迎外来投资设厂的态度好，有15.36%的企业认为非常好，即有七成六以上的企业认为当地民众是欢迎外来投资设厂的，这也进一步坚定了外来企业到防城港市来投资办厂的信心和决心。

2.政策环境条件满意度相对较高。近年来防城港市先后出台了如《防城港市关于大力发展微型企业的实施意见》、《关于实施抓大壮小扶微工程的意见》、《防城港市鼓励和扶持企业上市暂行办法》等一系列政策，并积极落实、兑现各项扶持企业优惠政策，保障企业合法权益，不断优化招商引资方式，政策服务效果显著。据调查，2012年防城港市政策环境条件的满意度为82.83，与上年相比提高2.19，处于高度满意区间。在政策环境条件的7项评价指标中：当地政府对外来投资承诺实现的评价最高，满意度为85.91，比上年提高3.86，其中有67.28%的被调查企业对此指标评价为好或非常好；满意度位居第二位的指标是当地的相关投资优惠条件，满意度为85.02，比上年提高2.64，其中有64.18%的被调查企业对此指标评价为好或非常好；排在第三位的指标是当地政策的稳定性情况，满意度为84.73，比上年提高1.37，其中有66.37%的被调查企业对此指标评价为好或非常好。

3.法制环境满意度显著提高。调查显示，2012年防城港市法制环境条件的满意度为81.42，同比提高幅度较大为3.15，处于高度满意区间。在政策环境的6个评价指标中满意度从高到低排列，依次为当地的行政政策法规条例与国家法律法规的一致性程度，满意度为85.26，比上年提高3.03；在投资经营过程中，合法权益得到法律保障的情况，满意度为84.25，比上年提高3.7；当地司法环境体现公正、公平、公开的程度，满意度为83.05，比上年提高3.82；当地解决纠纷的渠道完善程度，满意度为82.23，比上年提高6.18；当地的政府与执法机构秉持公正的执法态度，满意度为81.98，比上年提高3.16；当地政府落实环保政策法规的情况，满意度为81.47，比上年提高2.88。6项指标满意度均处于高度满意区间，并且比上年均有较大幅度提高，表明通过加大“六五”普法宣传和法制环境整治力度后，全市法制环境良好，法制环境满意度显著提高。

4.政务环境有所提升。2012年企业对防城港市政务环境满意度为81.9，比上年提高0.49，处于高度满意区间。在接受行政效率评价的45个政府部门中，企业对各个部门的评价满意度排名前五位的部门排名从高到低依次为统计部门、工商部门、检验检疫部门、商务部门和财政部门，满意度排名最后三名的部门分别为人力资源和社会保障部门、卫生部门和扶贫部门。

在政务环境评价中，处于高度满意区间前五位的指标分别是当地行政机关贯彻落实《行政许可法》的情况，满意度为86.45，同比提高2.95；当地行政机关办事程序公开的情况，满意度为84.72，同比提高1.72；当地政府的服务意识，满意度为84.2，同比提高3.34；当地行政机关工作效率，满意度为82.28，同比提高4.42；当地的各级官员操守清廉程度，满意度为80.03，同比提高2.35。表明防城港市政府执行力不断强化，落实廉政建设责任制，深入开展纠风专项治理，严厉查处违法违纪案件，努力营造风清气正的良好环境卓有成效。

5.经济环境、经营环境满意度稳步提高。2012年企业对防城港市经济环境、经营环境条件的评价满意度与2011年相比分别提高1.22、1.56，均处于高度满意区

间。经济环境评价指标中，企业对防城港未来具有经济发展潜力的情况、政府改善投资环境的态度、当地的融资政策的评价满意度分别为88.72、87.17、83.43位居前三位；满意度提高幅度较高的三个指标是当地的融资政策、当地的资金汇兑及利润汇出便利程度、当地的资金贷款取得难易程度，同比分别提高5.2、5.05、4.15。

经营环境评价指标中，处于高度满意区间前三位的指标有：企业对防城港的市场发展潜力、当地政府鼓励企业自主创新的情况、当地劳资关系和谐程度，满意度分别为85.59、83、81.56。可见，防城港市的经济环境和经营环境整体优势明显，企业对在当地经营发展充满信心，满意度稳步提高。

二、存在问题

2012年防城港市的投资环境整体满意度处于高度满意区间，全市投资环境与上年相比得到进一步改善，但调查结果也同时显示，当前投资环境还存在不少问题，亟待重视和解决。

（一）污水及废弃物处理设施评价不甚理想

调查显示，在基础建设条件的各项评价指标中，企业对防城港市的污水及废弃物处理设施完善程度的评价满意度最低，满意度为74，处于一般满意区间。其中，有25%的被调查企业认为差，50%的企业认为一般，即有75%的企业评价不甚理想。表明防城港的污水及废弃物处理设施还不够完善，在一定程度上还不能满足企业发展需要，同时也影响到生态环境和人居环境，企业对此不够满意。

（二）公共设施条件依然薄弱

防城港市的公共设施条件的满意度为74.36，虽比上年提高2.81，但仍处于一般满意区间（55~75为一般满意），至今依然是硬件环境中的最薄弱环节。特别是当地的城市建设国际化程度和当地的科研机构完备程度这两项指标，满意度仅为72.36和73，均处于一般满意区间。由此可见公共设施条件需加大改善力度。

（三）企业生产经营的成本负担较重

据调查，企业对“贵公司近年承担各项社会负担是否增加”评价的满意度仅为64.64，同比下降2.72。在110个调查样本企业中，有36.36%的企业认为近年承担各项社会负担有所增加，有7.27%的企业认为各项社会负担明显增加，即有超过四成的调查企业认为近年承担各项社会负担增加了。调查数据还显示，有49.09%和46.36%的企业分别认为生产经营成本过高和劳动力成本提高两个因素是企业目前生产经营过程中的主要问题之一，制约着企业的发展。

（四）经济环境有待进一步优化

调查显示，在经济环境条件的的各项评价指标中，企业对“当地的商业及经济发展相比较于国内一般水平”、“当地的资金贷款取得难易程度”和“当地人民的生活水平相比较于国内一般水平”三项指标的评价最低，满意度分别为72.58、73.74和74.76，均处于一般满意区间。同时，在整体投资环境评价指标中，企业对“您认为与其他城市相比，您所在城市投资环境如何”的评价也比较低，满意度为60.5，处于一般满意区间。其中，11.82%的企业认为差距很大，43.64%的企业认为有一点差距。可见，有过半的企业认为防城港市与其他城市相比存在差距，经济环境有待进一步优化。

（五）人才瓶颈问题非常突出

在经营环境条件的各项评价指标中，满意度最低的两项指标是企业对当地的技术人才供应充裕程度和当地的管理人才供应充裕度的评价，满意度分别为71.77和73.78，均处于一般满意区间，其中有22.73%的企业认为当地的技术人才供应充裕程度差，有21.82%的企业认为当地的管理人才供应充裕度差。在110个调查样本企业中，有50.91%的企业认为目前生产经营过程中存在的主要问题之一是人才的招聘与稳定。可见，目前防城港市的人才资源还不能满足企业发展的需要，劳动力素质不高、技术人才和管理人才引进难、留住更难的问题非常突出。

三、优化投资环境的几点建议

（一）加快建设河流治污和城市污水处理网络

针对污水及废弃物处理设施完善程度的满意度低的情况，建议加强沿江沿河排污现象的监管，积极引导重污染企业建设完善污水处理设施，减少水源受污染；加快城市内污水处理网络建设，净化好群众生活污水；定期检查地下排污系统，对超负荷工作、发生堵塞的下水道，及时疏通，增强道路排水能力，给市民、企业一个干净、舒适的生产生活环境。

（二）推进城市功能配套建设，提升海湾城市魅力

要抓紧完成城市中心区、“七大场馆”、西湾景观一期工程、城市综合交通枢纽等项目建设并投入使用，同时强化规划并尽快完善商贸、文体、教育、医疗等城市功能配套，推进数字化城市建设，不断提升城市管理水平，以优美的城市环境吸引国内外商客前来，不断提升海湾城市魅力，从而缩短与其他城市的差距。

（三）完善落实扶持政策，引导推动企业发展壮大

不断完善并积极落实《防城港市关于大力发展微型企业的实施意见》、《关于实施抓大壮小扶微工程的意见》、《防城港市鼓励和扶持企业上市暂行办法》等一系列政策，及时兑现各项扶持企业优惠政策，通过“抓大壮小扶微”促进企业发展，强化企业服务，切实减轻企业负担。一是“抓大”，加快培育防城港市有实力的大型企业跨入百亿元企业行列；二是“壮小”，积极引导、推动一批有潜质的工业企业壮大规模；三是“扶微”，加大对小微企业的扶持培育力度，切实解决小微企业融资困难等难题，促进企业发展壮大。

（四）建立完善的人才引进与储备机制

坚持城市与产业融合发展，吸纳更多产业工人和各类人才落户防城港。鼓励

用人单位和人才市场进行双向交流，搭建科技创新人才交流服务平台，优化配置科技创新人才资源；鼓励中小企业与大专校院、科研机构等建立合作关系，联合建立研发机构，进行联合创新，共同开发人力资源和技术服务；同时要强化中小企业管理人员培训，提高企业经营管理人才和技术人才的素质，促进企业管理水平的提升，从而为加快防城港市赶超跨越、率先崛起注入新的强大动力。

2012年钦州市投资环境满意度再创新高

李 固

为了解钦州市投资环境状况，为各级党政领导宏观决策提供依据，近期，国家统计局钦州调查队与全区14个地级市同步开展了投资环境监测调查。调查显示：2012年企业对钦州市总体投资环境总体满意度为83.36，比上年提高1.57，比全区高1.67，创六年来最高点。这表明钦州市在改善投资环境方面成效明显，企业投资环境建设得到了企业的认可。

一、总体投资环境满意度再创新高

2012年钦州市总体投资环境满意度达到83.36，创六年来新高。其中对投资软环境的满意度为83.58，比上年提高1.47；对投资硬环境的满意度为82.84，比上年提高1.78。从调查的软硬环境的九大指标（包括：自然环境、基础建设、公共设施、政务环境、经营环境、经济环境、政策环境、社会环境、法制环境）来看，除对自然环境满意度微降外，其他均全面提升。

近三年投资环境满意度情况

	2010年	2011年	2012年
总体投资环境满意度市	79.24	81.79	83.36
软环境满意度	79.77	82.11	83.58
硬环境满意度	77.99	81.06	82.84

（一）投资硬环境继续改善，满意度进一步提高

企业对投资硬环境（包括自然环境、基础建设、公共设施）的评价积极，满意度为82.84，比上年提高1.78。其中，对公共设施的改善情况满意度提升最快，满意度为80.07，提高3.7；对基础设施建设的认可度较高，满意度为83.78，提高1.81；对自然环境的评价最好，满意度为84.36。具体见下表：

投资硬环境分项满意度及变动情况

	满意度		本年对比上年
	2011年	2012年	
自然环境	84.53	84.36	-0.17
基础建设	81.97	83.78	+1.81
公共设施	76.37	80.07	+3.7

一是对自然环境评价最好。企业对自然环境满意度为84.36，处于“较高满意”，且高于其他两项，表明企业对自然环境的认可度依然良好。从生态环境看，对生态环境与企业发展适合程度的满意度为86.13，提高2.26。从保障程度看，对电力保障程度满意度为85.9，处于“较高满意”；对煤、燃油等能源保障程度满意度为85.13，提高2.36；对淡水资源

保障程度满意度为86.78，提高0.78；对土地资源保障程度满意度为84.35，提高2.25。从价格条件看，对土地资源价格合理程度满意度为80.4，提高1.5。

二是对基础设施建设认可度提高。一年来，全市加大力度，逐步完善配套基础设施，城市面貌焕然一新。调查显示，企业对基础设施建设满意度为83.78，比上年提高1.81。从交通情况看，对海、陆、空运输便利程度满意度为81.89，提高1.22。从城市规划看，对城市规划及配套设施、未来发展和规划与企业发展的合适度的满意度分别为81.39、85.73，分别提高1.92、1.26。从完善程度看，对物流仓储相关商业设备、电信资讯网络等通讯条件的满意度分别为83.81、84.93，分别提高2.98、1.73。

三是对公共设施改善情况满意度提升最快。企业对公共设施的满意度为80.07，比上年提高3.7，提升最明显，表明企业对居民生活、商业服务等公共设施改善情况较为满意。从完备程度看，对医疗、卫生、保健设施满意度为83.22，提高2.75；对学校、教育设施满意度为83.41，提高2.34；对科研机构满意度为77.17，提高3.6，从“一般满意”升至“较高满意”。从便捷程度看，对衣、食、住、行便利程度满意度为83.83，提高1.63；对银行、商旅等服务环境便捷程度满意度为84.55，提高4.15。从城市建设看，对城市建设国际化程度的满意度为76.04提高4.61，从“一般满意”提至“较高满意”。

（二）投资软环境继续优化，分项满意度全面提升

企业对投资软环境（包括社会环境、政策环境、法制环境、政务环境、经济环境、经营环境六个方面）满意度为83.58，比上年提高1.47。分项来看，满意度全面提升，提升最大的三项是法制环境、经营环境、政策环境，满意度分别提高2.39、1.66、1.52，提升较慢的是政务环境，仅提高了1.01。具体见下表：

投资软环境分项满意度及变动情况

	满意度		本年对比上年
	2011年	2012年	
政务环境	83.83	84.84	+1.01
经营环境	80.97	82.63	+1.66
经济环境	81.97	83.44	+1.47
政策环境	83.53	85.03	+1.52
社会环境	81.17	82.33	+1.16
法制环境	81.77	84.16	+2.39

一是对政策环境认可度最高。政策制定和落实程度是决定企业投资的主要因素，钦州市积极贯彻落实各项政策，保障政策的稳定性、连续性及政策执行力，为企业发展创造良好的环境。调查显示：企业对政策环境的满意度为85.03，是投资环境九大分项中最高的一项，表明企业对当地政策环境非常满意。其中，对“当地政府对外投资承诺实现情况”认可度最高，为87.94，提高2.11；对“当地相关投资政策优惠条件”、“当地政府政策的稳定情况”评价较高，满意度分别为87.49、87.34，分别提高1.36、3.64；对

“当地政策法规与国家政策法规的一致性”、“当地政策透明度”、“对知识产权的保护”三项满意度也超过了85，分别为86.98、85.83、85.47，分别提高1.35、2.7、2.54。

二是对法制环境改善情况满意度提升最快。一年来，钦州市加强法制建设，切实保障企业合法权益，受到企业普遍好评，为企业发展提供了良好的法制环境。调查显示，企业对法制环境的满意度为84.16，提高2.39。其中，对“当地的法规条例与国家法律法规的一致性”满意度最高，为87.18，提高1.38；对“当地解决纠纷的渠道完善程度”改善情况评价最好，满意度为84.38，提高3.28；对“投资中合法权益得到法律保护情况”、“当地政府与执法机构秉持公正的执法态度”评价较好，满意度分别为86.23、85.89，分别提高1.06、2.66。

三是对政务环境仍保持较高评价。政务环境是城市的“第一环境”，是投资软环境的核心，钦州市多措并举，狠抓政务环境建设，受到企业的好评。调查显示：企业对政务环境的满意度为87.84，提高1.01。其中，提升较快的有：“当地政府的服务意识”、“当地机关的行政效率”、“落实《行政许可法》的情况”，满意度分别为86.96、84.58、87.13，分别提高2.83、2.81、2.4。在对45个部门的评价中，满意度居前三位的是统计部门（88.68）、地方税务部门（88.21）、工商部门（87.79），居后三位的是粮食部门（83.97）、人口计生部门（83.95）、旅游部门（83.57）。

四是对经济、经营环境评价良好。1.经济环境。企业对经济环境的满意度为83.44，比上年提高1.47。其中，满意度最高的三项是“当地政府改善投资环境的态度”、“所在城市未来具有经济发展潜力的情况”、“当地的融资政策”，分别为88.03、87.87、84.78，分别提高1.63、0.7、4.21。满意度提升最快的三项是“当地商业及经济发展程度”、“资金汇兑便利程度”、“当地的融资政策”，分别为77.96、82.91、84.78，分别提高5.09、4.24、4.21。2.经营环境。企业对经营环境的满意度为82.63，比上年提高1.66。其中，13项指标均达到“较高满意”。满意度较高的三项是对“当地市场的发展潜力”、“政府鼓励企业自主创新”、“劳资关系和谐程度”评价，满意度分别为86.79、85.36、83.52；对“技术人才供应充足程度”评价最低，满意度为76.59，但比上年提高1.76。提升最大的三项是“同行间公平竞争的情况”、“厂房及设施成本合理程度”、“产业技术研发水平”，满意度分别为83.08、82.69、78.77，分别提高3.21、2.86、2.44。

五是对社会环境评价进一步提高。企业对社会环境的满意度为82.33，比上年提高1.16。其中，对“当地民众及政府欢迎外来投资设厂的态度”满意度最高，达88.33，提高0.3；对“当地民众的文化素质及文明程度”满意度最低，为79.34，但比上年提高3.51。其他评价较好的三项

是“民众的道德诚信程度”、“社会风气状况”、“社会治安状况”，满意度分别是83.55、81.19、80.88，分别提高3.32、2.96、3.75。

二、存在的主要问题

综合来看，企业对钦州市的投资环境给予了较高的评价，满意度均达到了“较高满意”，但仍存在一些问题。

（一）自然环境方面

部分企业反映停电次数增多，影响企业正常生产计划。调查显示，2011年5月—2012年5月，企业平均停电次数为6.23次，比上年提高1.24次。

（二）政策环境方面

企业反映部分政策贯彻执行得不够好，主要体现在环保政策、社会保障政策、规划管理政策方面，选择的比例分别为23.33%、20.67%、18.67%。

（三）政务环境方面

45.33%的企业认为“项目审批程序过多”，比上年提高1.33个百分点；27%的企业认为“部门推诿扯皮，效率低下”，比上年提高3个百分点；25.33%企业认为“办事不公”比上年提高12.03个百分点；24%的企业认为存在“乱收费、乱摊派、乱罚款”现象，比上年提高17.33个百分点。

（四）经济环境方面

54.67%的企业认为“银行贷款程序繁琐”；27.33% 的企业认为“融资成本过高”，比上年提高4.63个百分点；26.67%的企业认为“手续繁琐、效率太低”，比上年提高3.37个百分点。

（五）经营环境方面

1.市场秩序：26.67%的企业认为“假冒产品多，冲击企业产品”，比上年提高5.97个百分点；25.33%的企业认为“同行业恶性竞争”，比上年提高6.63个百分点。

2.企业经营：企业对“劳动力成本提高”、“生产经营成本过高”、“人才招聘与稳定问题”的认同率分别为53.33%、49.33%、48%，分别提高19.63、22.03、22个百分点。

三、优化投资环境的几点建议

（一）强化供电管理，确保供电稳定

电力是企业生产的重要保障，尤其是对部分工业企业，企业希望相关部门在落实节能降耗政策时深入企业一线调研，了解企业情况，加强供电规划，确保企业生产用电需要。

（二）加强政策监管，确保执行到位

企业建议，对国家、自治区、市制定的政策，应不遗余力的贯彻执行，同时要做好政策落实情况的督查，确保政策落实不走样，切实将有利于企业发展的政策措施惠及到企业，营造良好的政策环境。

（三）提高行政效能，强化服务意识

一是继续推进行政审批制度改革，优化审批流程，缩短审批时间，提高审批效率；二是强化政务部门服务意识，切实为企业和群众服务水平，杜绝“门难进、脸难看、事难办”不良现象；三是提高对政务工作人员的监管力度，严肃办事纪律，强化工作考核，减少“办事不公”和“乱收费”等行为。

（四）加强金融服务，缓解融资难题

一是加大政、银、企业互动，加强信息交流，发挥金融平台对企业的积极作用；二是加大对金融部门监管，跟踪有关金融扶持企业政策落实情况，确保政策正确执行，促进企业健康发展；三是加强信贷政策的研究，制定适合本地企业的信贷细则，拓宽企业融资渠道，降低融资难度。

（五）加强市场监管，关注企业困难

一是规范市场行为，建立文明、规范、有序的市场环境，严厉打击假冒伪劣产品，整治不正当竞争，营造良好的经营环境；二是密切关注企业困难，如用工不足及成本上升等问题，及时掌握企业动态，提高服务企业水平，千方百计帮助企业成长。

2012年玉林市投资环境满意度较大提升

赵光虎

近期，国家统计局玉林调查队根据总队的工作部署，在玉林市七个县（市、区）开展投资环境监测调查，调查结果显示：2012年玉林市投资环境满意度全面提高，企业对玉林市投资环境总满意度为81.19，处于较高满意度区间，比上年提高了2.82，与全区总满意度81.69的差距缩小。调查的自然环境、基础建设公共设施、社会环境、政策环境、法制环境、政务环境、经济环境、经营环境共九项满意度均有不同程度提高，显示出投资环境改善全面，企业对投资环境改善认可度较高。

一、调查的基本情况

2012年玉林市投资环境监测调查采取抽样调查、现场走访调查和发表调查、问卷调查相结合的方式，抽取样本企业190家。八大行业中：工业70家（包括采矿业、制造业、电力、煤气及水的生产和供应业）、建筑业15家、交通运输仓储及邮电通信业9家、批发和零售贸易业60家、房地产业13家、租赁和商务服务业4家、计算机传输、软件和信息技术服务业4家，住宿和餐饮业15家。样本分布情况：玉州区63家、北流市31家、容县36家、陆川县19家、博白县14家、兴业县14家、福绵管理区13家。

二、调查结果

（一）投资环境总满意度明显提高，首次突破80大关

2012年玉林市投资环境满意度为81.19，自2007年开展投资环境监测调查以来，首次突破80大关，处于较高的满意度范围（75~90），比上年提高了2.82，满意度增幅明显，与全区总满意度81.69略低0.5个百分点。在全区14个市排在第9位，排位比上年提升1位。

从不同规模的企业看：中小微企业满意上升快，中型企业满意度首次超过大型企业。抽中的190家样本企业中，大型企业17家，满意度81.27；中型企业56家，满意度82.57；小型企103家，满意度80.68；微型企业14家，满意度79.25。不同规模的企业满意度比上年同期全面提高，特别是中、小、微企业满意度同比提高显著（见图一）。今年中型企业满意度跃居大、小、微型企业的首位，表明玉林市开展“抓大、壮小、扶微”活动成效明显，特别是对中小微企业长期面临的融资、用工、税收等问题的扶持措施成效明显，深受企业认可。

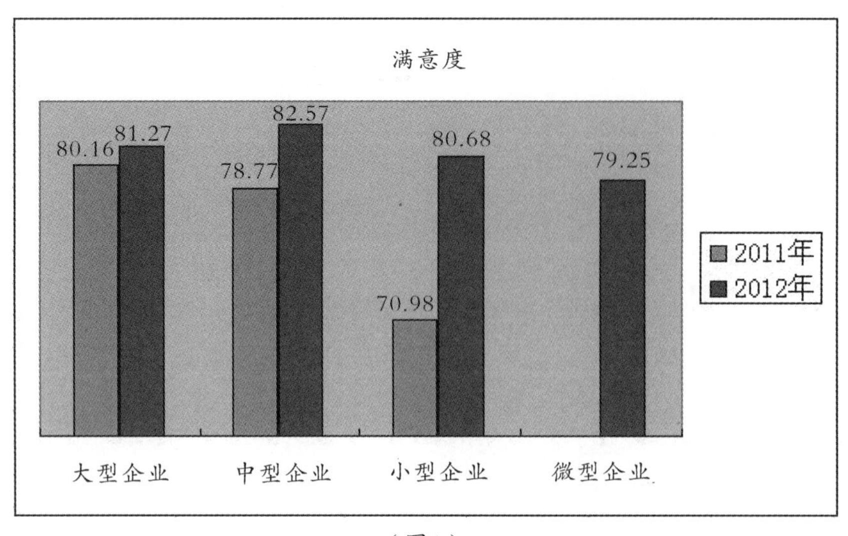

（图1）

从八大行业类型看：大部分行业满意度提高，满意度较上年提高的有五个，下降的有三个。满意度比上年提高的行业分别是：工业企业满意度80.94；建筑业满意度83.16；交通运输、仓储和邮电通信业满意度80.76；批发和零售贸易业满意度82.26；住宿和餐饮业满意度78.74。满意度比上年下降的分别为：房地产业下降2.39、租赁和商务服务业下降0.6、信息传输、计算机服务业和软件业下降4.09（八大行业满意度评价情况见下表）。

八大行业满意度评价情况表

八大行业	满意度	
	2011年	2012年
信息传输、计算机服务和软件业	82.97	78.88
租赁和商务服务业	80.33	79.73
房地产业	80.01	77.62
工业	78.61	80.94
住宿和餐饮业	77.98	78.74
建筑业	77.85	83.16
批发和零售贸易业	77.83	82.26
交通运输、仓储和邮电通信业	75.98	80.76

（二）投资硬环境满意度全面稳步提高

2012年以来，玉林市采取有力措施保障企业发展所需自然资源的供给，推进城市建设和基础设施建设，取得了明显成效。投资硬环境满意度80.68，较上年提高了2.49。自然资源方面，企业对水电供应、土地资源及煤、燃油保障上，较为满意。自然资源环境满意度83.19，比上年提高了2.93。在城市建设和基础建设上，玉林市通过全面统筹城乡发展，构建城乡一体化发展新格局。围绕统筹城乡“五年大发展”目标，大力推进城乡一体化发展，争当广西统筹城乡发展排头兵。随着以新区开发带动旧城改造深入，秀水大道建成通车，狮子山公园、龟山公园三期建成开放，文体路、湿地公园、玉柴广场、文化艺术中心等项目加快推进，企业对公共设施满意度、基础建设满意程度同步提高，分别为78.88和80.15，满意度较上年分别提高3.12和1.68（见图2）。

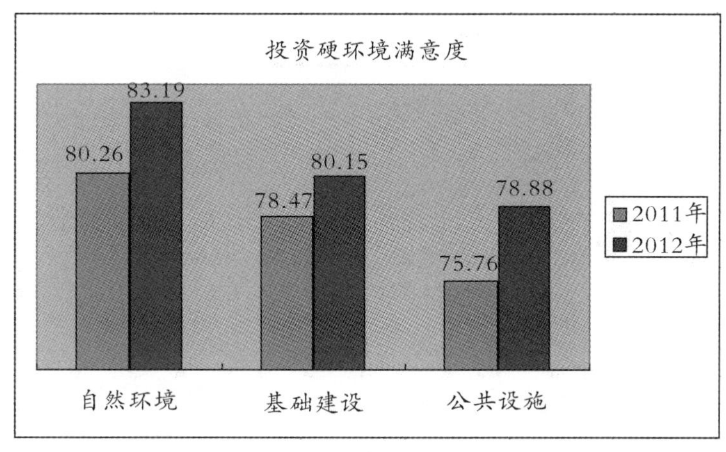

（图2）

（三）投资软环境满意度显著提高

近年来，玉林市深入实施“抓大、壮小、扶微”工程，推进“全民创业年”活动，出台了一系列政策措施，加快推进企业发展，激活经济发展动力。特别是围绕长期困扰中、小、微企业型企业发展的资金问题、税收问题、用工问题等。打造优质高效的服务环境、实施优惠财税政策，帮助企业解决融资难题，取得了显著成效，深受企业和群众的广泛认可，企业对玉林市投资软环境的满意度显著提高。2012年玉林市投资软环境满意81.41，比上年提高2.96，成为助推投资环境总满意度提高的主要方面。从调查的情况看，投资软环境六项指标比上年全部提高。其中，社会环境满意度78.74，比上年提高0.95；政策环境满意度82.52，比上年提高3.31；法制环境满意度81.19，比上年提高4.01；政务环境满意度82.38，比上年提高2.25；经济环境满意度81.84，比上年提高3.42；经营环境满意度81.52，比上年提高3.81（见图3）。

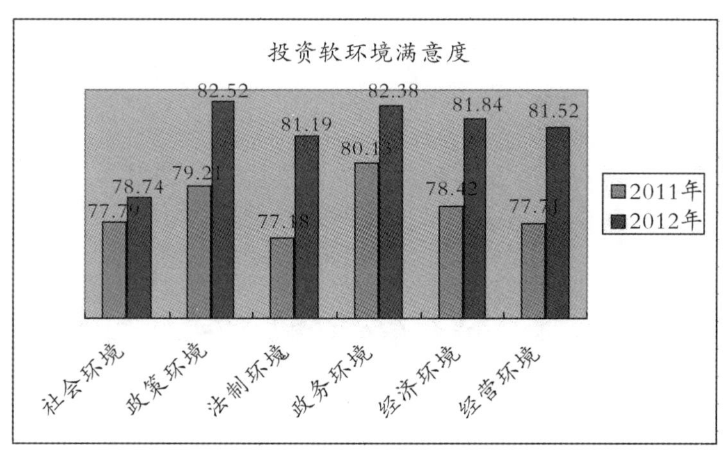

（图3）

三、进一步改善投资环境需要关注的问题

2012年玉林市投资环境改善明显，投资软硬环境均有不同程度提高。190家样本企业中，高达68%的企业认为玉林市投资环境有改善或有很大改善，企业对玉林市投资环境持续改善信心十足。但根据调查中企业反映，改善玉林市投资环境仍需关注以下六方面问题。

（一）污染治理欠佳，企业发展配套设施不完善

在投资硬环境的三项内容中，基础设施建设满意较上年提高1.68，满意度增幅低于自然环境和公共设施。基础建设满意度由7项指标组成，其中有6项均处于较高满意范围，仅“当地的污水及废弃物处理完善程度”满意度处于一般水平，为72.11。同时，“当地的城市规划及配套设施与企业发展的适合程度”满意度为76.99，也相对较低。企业反映，一是工业和生活污水、建筑垃圾等处理设施不完善，污染处理不及时；二是企业周边环境较差，特别是粉尘污染、噪音污染等难以根除；三是老城区改造相对新城区建设力度不够，企业发展直接相关的具体配套设施上有待完善。

（二）科研机构不完备，城市建设国际化程度低

2012年，样本企业对玉林市公共设施满意度为78.88，是九项调查内容中满意度低于80的两项之一。公共设施所包含的6项指标中，处于一般满意的有2项，分别为“当地的科研机构完备程度”满意度74.53、“当地的城市建设国际化程度满意度”69.22。不少企业反映，在企业发展过程中，难以获得有效的科研技术服务和支持，不利于产业升级。同时，玉林市城市建设国际化程度不高，城市的规划设计和建设较发达地区的城市仍有一定差距。

（三）治安状况较差，民众素质和文明程度需提高

2012年样本企业对玉林市社会环境满意度为78.74，是投资环境监测调查九项内容中满意度最低的一项。社会环境满意度的5项指标中，有三项长期不高，分别为“当地的社会治安状况”满意度75.46，上年为73.7；“当地民众的文化素质及文明程度”满意度77.12，上年为74.2；“当地社会风气状况”满意度77.22，上年为75。少部分企业反映，生产设备遭受盗窃或毁坏时有发生，影响企业正常生产经营。同时，民众不文明的行为也随处可见，整体社会风气有待改善。

（四）人才供应不足，企业运营成本相对较高

190家样本企业中，37.37%的企业认为人力资源缺乏，58.95%的企业认为当前企业运营成本较高。人才供应不足、运营成本较高成为投资软环境中存在的突出问题。人才供应方面，企业对“当地的技术人才供应充裕程度”满意度为75.79，是经营环境12项指标中最低一项。在“当地能满足企业发展需要的技术人才”选择上，仅有25.26%的样本企业认为高级技术人才能偶满足需求，高级技术人才缺口较大。企业运营成本方面，受劳动力成本上涨、原材料价格居高等因素影响，企业利润空间下滑，造成企业对经营

环境满意度不高。

（五）企业贷款难、融资成本高问题需长期关注

在经济环境各项指标中，2012年企业对玉林市的资金贷款满意度为71.45，比上年提高了1.42，该项指标满意度近年来持续提高，但处于一般满意度范围，可见贷款难问题需要长期关注。190家样本企业中，27.4%的企业认为获取贷款难或者非常难。根据企业反映，企业难以获得金融机构贷款的主要原因为：手续繁琐、效率低，融资成本过高、信贷政策条件不符。同时，企业对“当地的融资政策”满意度高达84.19，也显示出企业对政策扶持的信心充足。

（六）审批办事手续繁琐问题仍需改进

2012年企业对行政机关工作效率满意率为81.36，比上年提高了2.12，近年来，该项指标满意度持续较快提高。表明玉林市在推进部门工作作风转变上的措施得到了企业认可。但在企业反映的“当地投资软环境存在的主要问题”涉及的12项内容上，35.26%的企业选择了“审批办事手续繁琐”。可见简化审批办事手续，转变机关工作作风需要长期推进。

四、改善投资环境的意见和建议

（一）完善城市基础设施、公共设施建设

注重加强与企业配套的相关设施建设，完善污染治理等环保设施建设，切实解决企业所关心的环境问题、配套设施问题。同时，科学规划布局城市设施，提高群众衣食住行便捷度，加强医疗、卫生、保健设施建设，建设完备的科研机构，提升城市国际化水平。

（二）维护社会治安和稳定，营造和谐环境

加大整治违法犯罪行为力度，加大打击偷窃、抢劫等犯罪行为，提高群众的安全感，确保企业正常生产经营，维护社会稳定。要加大文明知识宣传，开展好文化教育，提高民众的文明素质，促进社会和谐稳定。

（三）继续加大对企业融资的支持

今年以来，玉林市中小微型企业融资在政策措施的支持下，得到缓解。但融资问题作为企业发展长期面临的突出问题，需要持续关注和解决。建议政府有关部门，加大融资政策的宣传，多开展企业融资难原因的调研，多出台好的政策，帮助企业解决实际困难。

（四）出台有效措施解决企业用工难题

注重引进高级技术人才，加快培养企业所需的各种类型技术人才解决企业技术人才缺乏问题。同时，要架起企业和务工者之间的桥梁，引导务工人员务工。针对本地工人外流发达地区较多的情况，建议出台一定的本地务工优惠政策，促进务工人员回流，实现用工自给自足。

（五）建议进一步简化办事审批手续

进一步转变机关工作作风，提高办事效率，提高服务质量。围绕企业反映的项目审批程序、办理证照审批时间过长等问题，简化优化相应办事流程，缩短办理时间，为企业提供更好更便捷的服务。

2012年百色市投资环境调查监测报告

黄立东

为客观反映百色市投资环境状况，及时掌握了解百色投资环境软、硬件建设，以及各行业企业投资成本和收益状况，更好地为地方经济社会发展服务。近期，国家统计局百色调查队从百色市辖区内的工业、建筑业、交通运输和仓储及邮电通信业、批发和零售贸易业、房地产业、社会服务业、信息传输与计算机服务和软件业、住宿和餐饮业等八大行业中，抽取150家样本企业进行了问卷调查。

调查结果显示：2012年企业对百色投资环境总体满意度为80.86，较上年上升2.23，处于较高满意区间。但从广西全区的排名上看，百色市投资环境满意度比全区平均水平低0.83，在14个地级市排名中，由上年的第七名下降至第十名，排位靠后，说明百色市优化区域投资环境的多项举措成效显现，但在全区投资环境满意度整体上升的态势下，百色市投资环境建设仍然任重道远。

一、投资环境满意度大幅提升，软硬件双双向好

投资环境满意度调查主要是企业对自然资源环境、基础建设、公共设施、社会环境、政策环境、法制环境、政务环境、经济环境、经营环境等九大项指标的评价。调查结果显示：2012年企业对百色整体投资环境满意度为80.86，是2007年以来首次突破80，满意度分值为历年最高，其中，八项指标的满意度全面提高，与上年相比，满意度达80以上的有7项，而2011年仅有1项。如图1所示：

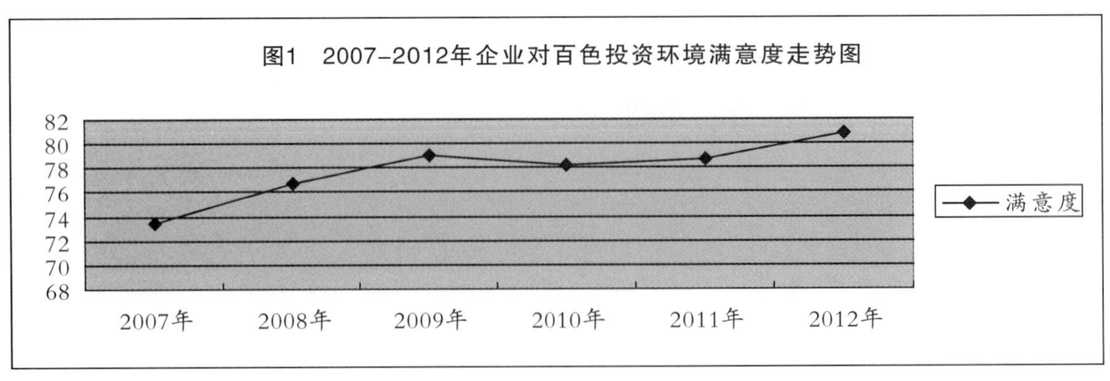

（一）硬环境满意度持续上升

随着城市建设加快推进，城市管理力度不断加大，基础设施和公共服务设施逐步完善，企业对百色投资硬环境的持续改善给予肯定。调查显示，企业对百色投资硬环境的满意度为80.89，比上年提高1.85，连续五年保持上升态势。如图2所示：

图2 2007-2012年企业对百色投资硬环境满意度走势图

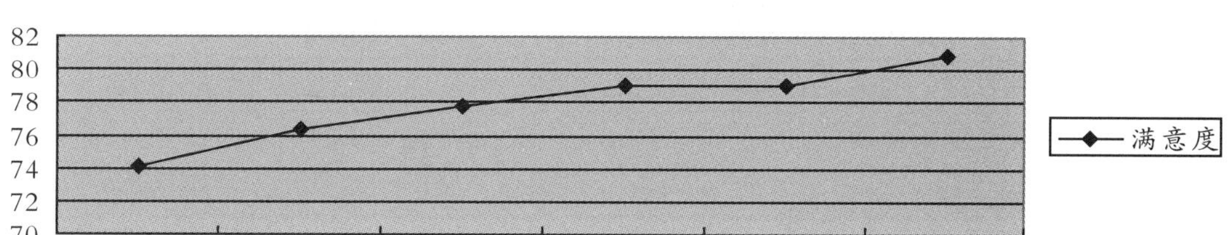

1.自然环境满意度分值最高。丰富的自然资源，充足的资源供给，为企业提供了有利的发展条件，始终是企业保持投资信心的重要因素。调查显示，企业对百色自然资源环境满意度为83.71，比去年提高1.74，是投资环境满意度九大项指标中分值最高的项，其中，企业对淡水资源保障程度的满意度评价最高，为86.08，提高了0.51；而对土地资源保障程度和土地资源价格合理程度的满意度评价增幅较大，分别比上年提高了3.65、3.91。详见表1

表1 企业对百色自然环境的满意度

项目	2011年	2012年	同比
1. 当地生态地理环境与企业发展的适合程度	82.57	83.09	+0.52
2. 当地电力资源的保障程度	82.73	83.40	+0.67
3. 当地的水电供应部门提供的服务质量	82.85	83.08	+0.23
4. 当地煤、燃油等能源的保障程度	79.70	82.32	+2.62
5. 当地淡水资源的保障程度	85.57	86.08	+0.51
6. 当地土地资源的保障程度	78.13	81.78	+3.65
7. 当地的土地资源价格的合理程度	74.87	78.78	+3.91
8. 整体而言，当地的自然资源环境条件	81.97	83.71	+1.74

2.硬件中基础建设满意度增幅最大。城建、路网等项目投资不断加大，城市基础设施明显改观，企业对百色基础建设总体评价明显提升，满意度为80.78，比上年提升2.05，在投资硬环境三项指标中增幅最大。其中，企业对物流、仓储、流通相关商业设施完备程度评价的满意度提升幅度最大，比上年提高2.31；对城市规划及配套设施与企业发展适合程度的满意度提升幅度较大，比上年提高2.23。详见表2

表2　企业对百色基础建设的满意度

项　　目	2011年	2012年	同比（+、-）
1. 当地的海、陆、空交通运输便利程度	78.47	78.95	+0.48
2. 当地的城市规划及配套设施与企业发展的适合程度	76.93	79.16	+2.23
3. 当地的未来总体发展及建设规划与企业发展的适合程度	82.15	82.96	+0.81
4. 当地的污水及废弃物处理设施完善程度	75.93	74.03	-1.9
5. 当地的物流、仓储、流通相关商业设施完备程度	79.03	81.34	+2.31
6. 当地的电信、资讯设施、网络等通讯条件完善程度	80.57	82.53	+1.96
7. 当地的电信部门提供的服务质量	78.57	79.29	+0.72
8. 整体而言，当地的基础建设条件	78.73	80.78	+2.05

3. 公共设施满意度继续提升。国家卫生城市创建活动深入开展，公共设施建设加速，医疗卫生、教育科研、商务、城建等环境建设问题逐步改善，企业对百色市公共设施的评价进一步提高，但仍是九大项指标当中分值最低的项。调查显示，企业对公共设施的满意度为78.23，比去年提高1.70。从具体评价上看，六个分项指标虽然全线提升，但企业对科研机构完备程度和城市建设国际化程度的评价较低，满意度分别是72.36、69.33。详见表3

表3　企业对百色公共设施的满意度

项　　目	2011年	2012年	同比（+、-）
1. 当地的衣、食、住、行便利程度	81.20	82.96	+1.76
2. 当地的医疗、卫生、保健设施完备程度	76.97	80.13	+3.16
3. 当地的学校、教育设施完备程度	78.93	82.36	+3.43
4. 当地的科研机构完备程度	70.70	72.36	+1.66
5. 当地的银行服务、商旅等商务环境便捷程度	80.07	81.18	+1.11
6. 当地的城市建设国际化程度	68.80	69.33	+0.53
7. 整体而言，当地的公共设施条件	76.53	78.23	+1.7

（二）投资软环境满意度明显提高

投资软环境，体现经济社会发展中的思想观念、文化氛围、体制机制、政策法规及政府行政能力水平和态度等，是优化经济发展环境的核心内容。近年来，百色市不断提升投资软环境建设水平，不断满足企业对行政效率、审批手续、社会治安等方面的软性需求，促进企业对百色投资软环境的满意度评价首次突破80大关，达到80.84，较上年提高2.38。如图3所示：

1. 社会环境保持良好，满意度有所提升。（注：此段置于图3之后，后接正文）

图3 2007-2012年企业对百色投资软环境满意度走势图

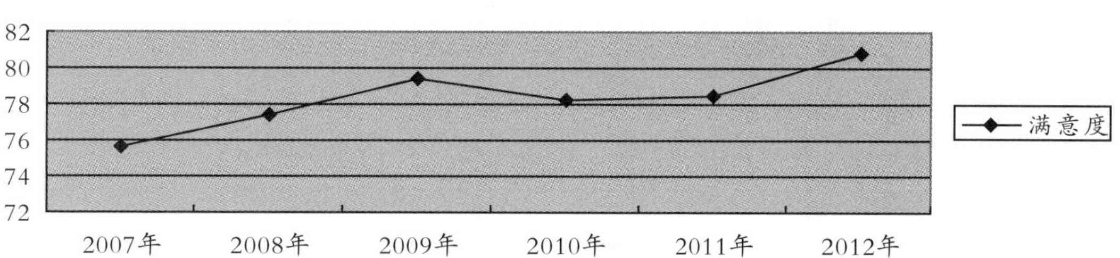

“平安百色”建设扎实推进，“六安工程”深入实施，基层社会管理逐步完善，社会持续保持和谐稳定。调查显示，企业对百色社会环境的满意度评价提高，为79.50，比上年提升0.87，但分值仍然偏低，排在九大项指标的倒数第二位。详见表4

表4 企业对百色社会环境的满意度

项　　目	2011年	2012年	同比(+、-)
1．当地的社会治安状况	74.20	75.96	+1.76
2．当地民众的文化素质及文明程度	73.27	76.17	+2.90
3．当地社会风气状况	77.10	79.01	+1.91
4．当地民众的道德诚信状况	79.13	80.38	+1.25
5．当地民众及政府欢迎外来投资设厂的态度	84.09	85.08	+0.99
6．整体而言，当地的社会环境条件	78.63	79.50	+0.87

2.政策法制环境进一步完善，企业满意度较高

良好的政策法制环境，是企业健康稳定发展的重要保障，更是坚定企业投资信心的重要因素。调查显示，企业对百色政策环境的满意度为82.49，比上年提升3.42，其中，企业对政府对外来投资承诺实现情况的满意度评价增幅最大，比上年提高了3.86；企业对百色法制环境的满意度为81.20，比上年提升2.97，其中，企业对解决纠纷的渠道完善程度的满意度增幅最大，比上年提高了3.06，说明百色市兑现承诺、保护企业合法权益方面的努力获得认可。详见表5、6

表5 企业对百色政策环境的满意度

项　　目	2011年	2012年	同比(+、-)
1．当地行政政策与国家行政政策的一致性程	81.77	84.05	+2.28
2．当地的相关投资政策优惠条件	79.30	82.72	+3.42
3．当地政府对外来投资承诺实现情况	79.27	83.13	+3.86
4．当地政府政策的稳定性	81.27	83.93	+2.66
5．当地政府政策的透明度情况	77.97	79.75	+1.78
6．当地对知识产权保护的情况	79.83	81.88	+2.05
7．当地政府政策环境度情况	79.07	82.49	+3.42

表6　企业对百色法制环境的满意度

项　目	2011年	2012年	同比（+、-）
1. 当地的法规条例与国家法律法规的一致性	81.33	83.93	+2.60
2. 当地政府与执法机构秉持公正的执法态度	79.23	81.28	+2.05
3. 当地解决纠纷的渠道完善程度	76.87	79.93	+3.06
4. 当地政府落实环保政策法规的情况	79.67	82.54	+2.87
5. 当地司法环境体现公正、公平、公开的程度	79.30	81.62	+2.32
6. 在投资经营过程中，合法权益得到法律保护	80.67	83.13	+2.46
7. 整体而言，当地的法制环境条件	78.23	81.20	+2.97

3.政务环境明显改善，企业给予积极肯定。政务环境的好坏体现着政府服务能力水平的高低，是企业以及群众对政府工作评价的直观感受。调查显示，2012年企业对百色政务环境的满意度为81.69，比上年提高2.29，扭转了前两年下降的态势，其中，企业对行政机关贯彻落实《行政许可法》的满意度评价最高，达到84.27，而企业对行政机关工作效率的满意度评价增幅最大，比上年提高了2.67。详见表7

表7　企业对百色政务环境方面的评价

项　目	2011年	2012年	同比（+、-）
1. 当地行政机关贯彻落实《行政许可法》的情况	81.93	84.27	+2.34
2. 当地政府部门的服务意识	79.93	81.03	+1.10
3. 当地行政机关办事程序公开的情况	80.80	82.26	+1.46
4. 当地的各级官员操守清廉程度	77.65	78.87	+1.22
5. 当地行政机关工作效率	76.87	79.54	+2.67
6. 整体而言,当地的政务环境条件	79.40	81.69	+2.29

4.经济环境不断优化，企业满意度增幅最大。随着百色市“环境倒逼机制推动产业转型升级攻坚战”深入开展，地方政府陆续出台支持企业融资的相关政策，促进经济环境不断优化。调查显示，企业对百色经济环境的满意度为80.72，比上年提升3.61，在投资软环境评价指标中增幅最大，其中，企业对政府改善投资环境态度的满意度分值最高，比上年提高5.86，达到86.5；企业对融资政策的满意度评价增幅最大，比上年提高6.75。详见表8

表8 企业对百色经济环境的满意度

项 目	2011年	2012年	同比（+、-）
1．当地人民的生活水平相比较于国内一般水平	68.67	70.94	+2.27
2．当地的商业及经济发展相比较于国内一般水平	69.83	69.86	+0.03
3．当地的金融体系完善的程度	76.33	79.18	+2.85
4．当地的资金汇兑及利润汇出便利程度	77.03	79.66	+2.63
5.当地的资金贷款取得难易程度	70.87	67.67	-3.2
6．当地经济环境对投资者经营获利影响程度	75.83	78.34	+2.51
7．所在城市未来具有经济发展潜力的情况	80.47	86.7	+0.77
8．当地政府改善投资环境的态度	80.64	86.5	+5.86
9．当地的融资政策	76.5	83.25	+6.75
10.所在城市经济开放程度	77.57	80.55	+2.98
11．整体而言，当地的经济环境条件	77.11	80.72	+3.61

5.经营环境向好，企业比较满意。经营环境关系企业自身发展，随着科技管理人才不断引进、生态铝工业发展壮大和整体产业水平的稳步提高，百色市经营环境持续向好发展。调查显示，企业对百色经营环境的满意度为80.26，比上年提高1.73，其中，企业对当地市场发展潜力的满意度分值最高，达到82.44，比上年提高1.67；而企业对当地劳动力技能是否满足企业发展需要的满意度增幅最大，比上年提高4.04。详见表9

表9 企业对百色经营环境的满意度评价

项 目	2011年	2012年	同比（+、-）
1．当地的劳动力供应充裕程度	78.6	80.68	+2.08
2．当地的劳动力技能是否满足企业发展需要	73.67	77.71	+4.04
3．当地的技术人才供应充裕程度	72.38	75.17	+2.79
4．当地的管理人才供应充裕程度	73.76	77.46	+3.7
5．当地环境适合投资者发展内贸，内销市场的程度	77.43	79.74	+2.31
6．当地劳资关系和谐程度	79.07	81.78	+2.71
7．当地的厂房与相关设施成本合理程度	78.72	79.76	+1.04
8．当地有利于形成上，下游产业供应链的完整程度	77.13	79.98	+2.85
9．当地的整体产业技术研发水平	73.57	75.73	+2.16
10．当地市场的发展潜力	80.77	82.44	+1.67
11．当地同行业间公平竞争的情况	78.2	77.83	-0.37
12．当地政府鼓励企业自主创新的情况	80.9	81.27	+0.37
13．整体而言，当地的经营环境条件	78.53	80.26	+1.73

二、百色投资环境存在的问题分析

近年来，百色市各级党委政府在努力改善投资环境、推动经济发展方面做出了大量富有成效的工作，对企业给予了很大的支持和帮助，得到企业的充分肯定。但与此同时，调查也反映出投资环境建设上仍存在一些不容忽视的问题，制约企业对百色投资环境满意度的进一步提升。

（一）地区差距影响。作为欠发达地区，百色与其他先进城市相比，在产业发展、资源配置、城镇化建设等方面显得优势不足，一定程度影响了企业对百色经济发展的评价。调查显示，在对公共设施评价中，企业对百色城市建设的国际化程度的满意度为69.33，低于70，属于不满意区间；在对投资环境整体评价中，企业认为所在城市的投资环境与其他城市比差距很大的占14%，满意度仅为60.35，仅比去年提高0.02，说明企业从横向对比上对投资环境建设提出了更高的要求。

（二）企业融资困难影响。融资困难的问题一直困扰着企业，特别是中、小、微型企业，由于规模小，经营风险大，金融机构贷款习惯性“抓大放小”，倾向大型企业，加上2011年银根紧缩，放贷审批程序从严从紧，造成企业在银行贷不出钱，在外筹不到钱，限制了中、小、微型企业的筹资渠道。调查显示，企业对资金贷款取得难易程度的满意度仅为67.67，比去年下降3.20，有34%的企业反映资金贷款获取困难，企业融资难问题已成为影响企业评价投资环境满意与否的重要标准。

（三）高素质人才缺乏影响。百色劳动力资源虽然丰富，但是综合素质较高的劳动力大量流向发达地区，具有产业专业技能的劳动力相对缺乏，高科技人才更是稀少，企业普遍面临人才不足的问题，制约企业的长远发展。调查显示，企业对劳动力技能是否满足企业发展需要、技术人才供应充裕程度、管理人才供应充裕程度的满意度连续6年均未突破80，其中，反映劳动力技能不能满足企业发展需要的企业占11.33%；反映技术人才供应不足的企业占17.33%。

（四）行政服务不到位影响。2011年，通过全面开展服务企业年活动，服务企业的能力和水平进一步提高，但是行政审批项目过多，手续太繁琐，部分工作人员态度较差，工作方法简单等问题仍是社会各界的“诟病”。调查中，仍有12%的企业认为承担的社会负担加重，对承担社会负担的满意度为65.48；同时，还有8%的企业认为政府部门的服务意识差，8.6%的企业认为行政机关效率低。

（五）行业有序竞争的影响。行业之间的不良竞争增多，将导致企业陷入恶性竞争，影响企业乃至整个行业的科学发展，不利于市场经济的有序发展。调查显示：企业对同行业间公平竞争的情况的满意度为77.83，比上年下降0.37，有12%的企业认为同行业之间存在不良竞争。

三、进一步改善和优化百色投资环境的建议和对策

（一）解放思想，大力推进投资环境建设。

以深入开展“解放思想、赶超跨越”大讨论活动为契机，积极向投资环境满意度排名靠前的城市和地区学习，学习先进经验和做法，找出自身的差距和不足，通过挖掘自然资源优势，加强基础建设，完善公共设施，进一步巩固提高硬环境；突出抓好社会环境，发挥政策环境优势，扎实推进法制建设，全面优化政务环境，协调提升经济和经营环境，不断提升软环境建设水平，促进投资环境建设水平取得新的更大突破。

（二）创新思维，加强人才的引进和培养。

按照高素质、职业化的要求，切实加强职业技能人才队伍建设，以提高人才素质和提升技能水平为重点，抓紧制订职业技能人才培养规划，加强职业教育和专业技术培训，着力培养职业技能人才队伍；加大高素质人才引进力度，通过各种渠道，积极引进国内外高素质人才，保障人才资源合理有序流动。在政策、项目上对招工困难的企业给予扶持，帮助企业通过提高人才待遇、减轻用工成本等方式，积极引进和留住人才。

（三）转变观念，努力提高服务意识和工作效率。

提高政府职能部门的服务意识和工作效率，是建设服务型政府的基本要求，更是提升投资软环境的重要突破口。在当前全国各地积极响应党中央、国务院号召，全面建设服务型政府，不断提升执政能力的形势下，各级党委政府部门要进一步强化服务意识，提高工作效率上下工夫，努力克服“官本位”的思想，转变作风、转变职能，加强沟通，实现从管理型向服务型的转变，树立起政府机关“服务企业、服务群众”的良好形象，进一步提高软环境建设水平。

（四）强化措施，加强对企业的引导帮扶工作。

以市场经济为主导，加大经济开放力度，建立和完善金融信用体系，大力整顿信用秩序，规范行业竞争，引导企业树立起诚实守信的道德观念和行为准则，保证经济社会健康发展。扎实推进“抓大壮小扶微”工程，更加关注中、小、微型企业的成长发展，拓宽融资渠道，加大扶持力度，积极争取中小微型企业扶持资金，切实帮助中、小、微型企业解决融资难的问题。

2012年广西外资企业投资环境调查报告

郑月波

2012年4—6月，国家统计局广西调查总队在全区14个地级市开展了投资环境监测调查。调查结果显示，2012年，外商及港、澳、台商投资企业（简称外商投资企业）对投资环境的总体满意度为82.07，比2011年提高2.19，比全区投资环境满意度高0.38，其中，满意度排列前三位的是柳州市（85.94）、防城港市（84.18）、梧州市（83.45），排列后三位的是北海市（78.91）、河池市（79.14）、贺州市（79.89）。广西的投资环境获得外商投资企业的普遍认可。

一、投资硬环境吸引外资能力持续增强

投资硬环境包括自然资源环境、基础建设环境和公共设施环境等三个方面。2012年，外商投资企业对广西投资硬环境的满意度为82.54，比上年提高2.14，其中，满意度排列前三位的是柳州市（86.88）、桂林市（84.44）、梧州市（84.01），排列后三位的是玉林市（78.25）、崇左市（78.58）、河池市（79.28）。

1.对自然资源环境的评价最高。外商投资企业对自然资源环境的满意度为85.06，比上年提高1.92，满意度居监测的九大环境之首。在对自然资源环境的7个满意度评价项目中，满意度上升的是“当地生态地理环境与企业发展的适合程度”（85.43）、“当地的水电部门提供的服务质量”（85.39）、“当地煤、燃油等能源的保障程度”（84.57）、“当地土地资源的保障程度”（82.7）、“当地土地资源价格的合理程度”（78.43），分别比上年提高2.43、1.05、1.83、1.78、1.71；满意度下降的是“当地电力资源的保障程度”（83.21）、“当地淡水资源的保障程度”（86.66），分别下降1.98、0.52。

外商投资企业对自然环境满意度排列前三位的是桂林市（89.35）、防城港市（88.86）、柳州市（88.27），排列后三位的是北海市（80.3）、来宾市（81.0）、河池市（81.0）。

2.基础建设环境获进一步认可。外商投资企业对基础建设环境的满意度为82.23，比上年提高1.22。在对基础建设环境的7个满意度评价项目中，满意度上升的是“当地的海、陆、空交通运输便利程度”（81.31）、“当地的城市规划及配套设施与企业发展的适合程

度”（80.09）、“当地的未来总体发展及建设规划与企业发展的合适程度”（82.36）、“当地的物流、仓储、流通相关商业设施完备程度”（81.84）、“当地的电信、资讯设施、网络等通讯条件完善程度”（85.3）、“当地的电信部门提供的服务质量”（82.48），分别比上年提高1.22、3.25、0.77、1.98、1.6、1.56；满意度下降的是“当地污水及废弃物处理完善程度”（77.29），下降0.63。

外商投资企业对基础建设环境满意度排列前三位的是柳州市（87.4）、钦州市（84.81）、百色市（84.38），排列后三位的是来宾市（75.25）、崇左市（76.56）、贵港市（80.38）。

3.公共设施环境明显改善。外商投资企业对广西公共设施环境的满意度为80.42，比上年提高3.56。在对公共设施环境的6个满意度评价项目满意度全部上升，其中，“当地的食、医、住、行便利程度”（83.65）、“当地的医疗、卫生、保健设施的完备程度”（80.13）、“当地的学校、教育设施完备程度”（80.68）、“当地的科研机构完备程度”（74.78）、“当地的银行服务、商旅等商务环境便捷程度”（83.0）、“当地城市建设国际化程度”（72.6），分别比上年提高3.79、2.63、1.93、1.78、1.51、1.21。

外商投资企业对公共设施环境满意度排列前三位的是柳州市（84.81）、梧州市（83.83）、南宁市（83.13），排列后三位的是贺州市（72.5）、玉林市（75.25）、河池市（75.25）。

各城市外商投资企业对投资硬环境的满意度

	硬环境		自然环境		基础建设		公共设施	
	2012年	2011年	2012年	2011年	2012年	2011年	2012年	2011年
南宁市	82.47	82.59	82.19	83.79	82.19	82.27	83.13	81.82
柳州市	86.88	85.86	88.27	86.82	87.4	85.45	84.81	85.45
桂林市	84.44	82.73	89.35	87.29	82.12	81.67	82.61	79.58
梧州市	84.01	78.3	85.93	81.86	82.7	79.71	83.83	72.86
北海市	80.11	79.33	80.3	80.0	81.43	78.33	78.15	80.0
防城港市	83.18	77.82	88.86	83.75	83.86	80.63	76.59	68.13
钦州市	82.36	81.37	85.0	86.67	84.81	82.67	76.44	74.33
贵港市	81.92	79.95	86.63	85.5	80.38	79.5	79.25	75.0
玉林市	78.25	78.33	85.25	81.11	75.25	78.33	75.25	75.56
百色市	82.69	83.2	84.38	82.5	84.38	85.0	78.75	81.5
贺州市	80.67	76.93	87.19	82.86	81.56	79.29	72.97	67.86
河池市	79.28	77.79	81.0	70.71	81.0	81.43	75.25	80.0
来宾市	81.0	78.25	81.0	81.88	81.0	77.5	81.0	75.63
崇左市	78.58	79.0	81.09	80.56	76.56	81.67	78.75	73.89
全　区	82.54	80.4	85.06	83.14	82.23	81.01	80.42	76.86

二、投资软环境全面获得好评

投资软环境包括社会环境、政策环境、法制环境、政务环境、经济环境、经营环境等六个方面。2012年外商投资企业对投资软环境为81.87，比上年提高2.22。其中，满意度排列前三位的是柳州市（85.54）、防城港市（84.61）、梧州市（83.22），排列后三位的是北海市（78.4）、河池市（79.09）、贺州市（79.56）。

1.社会环境切实改善。外商投资企业对社会环境的满意度为80.47，比上年提高0.82。在对社会环境5个评价项目中，“当地的社会治安状况”（79.77）、“当地民众的文化素质及文明程度”（78.23）、“当地的社会风气”（80.71）、“当地民众的道德诚信程度”（82.51）等4个项目满意度提高较大，分别比上年提高3.78、3.14、3.61和3.24；“当地民众及政府欢迎外来投资设厂的态度”为87.83，比上年提高1.75。

外商投资企业对社会环境满意度排列前三位的是百色市（90.0）、桂林市（84.13）、防城港市（83.18），排列后三位的是贺州市（72.5）、河池市（73.0）、玉林市（75.0）。

2.对政策环境评价提高。外资企业对政策环境的满意度为83.17，比上年提高1.82。在对政策环境6个评价项目中，“当地的行政政策法规与国家法规的一致性程度”（85.14）、“当地的相关投资政策的优惠条件”（83.62）、“当地政府对外来投资承诺实现的情况”（83.07）、“当地政府政策的稳定性情况”（84.53）、“当地政府政策的透明度情况”（82.15）、“当地对知识产权保护的情况”（83.1），满意度分别比上年提高1.2、1.52、0.36、0.4、0.88和0.91。

外商投资企业对政策环境满意度排列前三位的是防城港市（87.84）、柳州市（85.67）、贵港市（85.5），排列后三位的是河池市（77.5）、北海市（81.0）、来宾市（81.0）。

3.对法制环境满意度进一步提升。外资企业对法制环境的满意度为83.14，比上年提高3.12。在对法制环境6个评价项目中，“当地的法律法规与国家法规的一致性程度”（85.26）、“当地政府与执法机构秉持公正的执法态度”（83.57）、“当地解决纠纷的渠道完善程度”（81.48）、“当地政府落实环保政策法规的情况”（84.01）、“当地司法环境体现公正、公平、公开的程度”（82.2）、“在投资经营过程中，合法权益得到法律保障的情况”（84.77），满意度分别比上年提高1.59、1.8、2.0、0.66、1.42和1.73。

外商投资企业对法制环境满意度排列前三位的是防城港市（88.86）、柳州市（85.67）、玉林市（85.5），排列后三位的是北海市（78.21）、桂林市（80.33）、南宁市（82.19）。

各城市外商投资企业对投资软环境的满意度（1）

	软环境		社会环境		政策环境		法制环境	
	2012年	2011年	2012年	2011年	2012年	2011年	2012年	2011年
南宁市	81.98	78.81	79.38	80.0	83.39	79.09	82.19	78.18
柳州市	85.54	85.59	83.08	86.36	85.67	86.82	85.67	86.82
桂林市	81.26	79.7	84.13	82.5	82.34	79.17	80.33	79.38
梧州市	83.22	78.53	82.26	77.86	83.1	82.86	83.83	78.71
北海市	78.4	78.75	76.19	79.17	80.06	79.44	78.21	79.72
防城港市	84.61	82.01	83.18	80.0	87.84	87.0	88.86	83.75
钦州市	82.3	79.98	81.54	77.0	84.23	84.0	84.23	78.33
贵港市	81.67	77.98	79.5	78.0	85.5	81.0	84.38	78.5
玉林市	81.68	80.42	75.0	78.33	83.25	80.0	85.5	83.33
百色市	82.69	82.0	90.0	82.5	84.38	81.0	84.38	82.5
贺州市	79.56	75.82	72.5	73.57	82.97	73.57	84.38	77.14
河池市	79.09	77.89	73.0	79.29	77.5	77.14	85.5	77.14
来宾市	81.23	78.32	81.0	80.63	81.0	82.5	83.25	80.63
崇左市	81.49	80.8	82.5	78.33	82.97	83.33	84.38	81.67
全　区	81.87	79.65	80.47	79.65	83.17	81.35	83.14	80.02

4.政务环境不断改善。外资企业对政务环境的满意度为82.26，比上年提高1.18。在对社会环境5个评价项目中，“当地行政机关贯彻落实《行政许可法》的情况”（85.21）、“当地政府的服务意识”（83.78）、“当地行政机关办事程序公开的情况”（84.23）、“当地行政机关工作效率”（81.14）、“当地各级官员操守清廉程度”（82.12），满意度分别比上年提高1.39、2.58、2.15、2.51和1.04。

外商投资企业对政务环境满意度排列前三位的是防城港市（85.8）、梧州市（85.52）、河池市（85.5），排列后三位的是北海市（77.32）、贵港市（80.38）、南宁市（80.52）。

5.对经济环境满意度大幅提高。外资企业对经济环境的满意度为81.7，比上年提高3.16。在对经济环境10个评价项目中，满意度升幅较大的是“当地的融资政策”（82.15）、“所在城市未来具有经济发展潜力的情况”（86.65）、“当地政府改善投资环境的态度”（86.4）、“当地的商业及经济发展相比较于国内一般水平”（73.23）、“当地人民的生活水平相比较于国内一般水平”（73.05）、“所在城市经济开放程度”（81.42），分别比上年提高4.65、4.24、3.59、3.37、3.17和3.05；满意度升幅较明显的是“当地经济环境对投资者经营获利影响程度”（78.69）、“当地的资金贷款取得难易程度”（73.51）、“当地金融体系完善的程度”（79.06），分别比上年提高2.86、

2.71、1.98；此外，满意度略有提高的是“当地的资金汇兑及利润汇出便利程度”（79.97），比上年提高0.75。

外商投资企业对经济环境满意度排列前三位的是柳州市（85.67）、南宁市（83.39）、玉林市（83.25），排列后三位的是河池市（75.25）、贺州市（77.97）、百色市（78.75）。

6.经营环境明显优化。外资企业对经营环境的满意度为81.52，比上年提高2.96。在对经营环境12个评价项目中，满意度提高较大的是“当地同行业的竞争情况”（80.99）、“当地政府鼓励企业自主创新的情况”（85.06），满意度分别比上年提高3.18、3.08；满意度进一步提高的是“当地劳动力供应的充裕程度”（76.63）、“当地的劳动技能是否满足企业发展的需要”（75.19）、“当地环境适合投资者发展内贸、内销市场的程度”（79.58）、“当地管理人才供应充裕程度”（75.82）“当地劳资关系和谐程度”（80.85）、“当地的厂房与相关设施成本合理程度”（80.66）、“当地的整体产业技术研发水平”（75.95），满意度分别比上年提高2.48、2.48、2.13、2.05、1.86、1.74和1.73；满意度略有提高的是“当地有利于形成上、下游产业供应链的完整程度”（78.21）、“当地市场的发展潜力”（81.35）、“当地技术人才供应充裕程度”（72.67），满意度分别比上年提高0.83、0.83和0.47。

外商投资企业对经营环境满意度排列前三位的是柳州市（87.4）、防城港市（83.75）、南宁市（82.92），排列后三位的是北海市（78.69）、河池市（78.75）、百色市（78.75）。

各城市外商投资企业对投资软环境的满意度（2）

	软环境		政务环境		经济环境		经营环境	
	2012年	2011年	2012年	2011年	2012年	2011年	2012年	2011年
南宁市	81.98	78.81	80.52	78.94	83.39	78.18	82.92	78.64
柳州市	85.54	85.59	84.81	84.09	85.67	85.45	87.4	85.45
桂林市	81.26	79.7	80.87	80.83	81.68	79.38	79.46	77.71
梧州市	83.22	78.53	85.52	81.0	81.98	77.29	82.74	76.14
北海市	78.4	78.75	77.32	79.44	80.06	76.39	78.69	79.17
防城港市	84.61	82.01	85.8	83.75	81.82	80.94	83.75	80.0
钦州市	82.3	79.98	83.37	83.0	82.12	78.0	80.48	80.0
贵港市	81.67	77.98	80.38	78.0	82.13	78.0	81.0	76.5
玉林市	81.68	80.42	83.25	81.67	83.25	80.0	81.0	80.0
百色市	82.69	82.0	84.38	81.0	78.75	81.0	78.75	83.5
贺州市	79.56	75.82	81.56	83.57	77.97	75.71	80.16	71.43
河池市	79.09	77.89	85.5	79.29	75.25	77.14	78.75	77.14
来宾市	81.23	78.32	81	80.63	81.0	74.38	81.0	75.63
崇左市	81.49	80.8	81.56	84.44	80.16	78.33	80.16	80.0
全区	81.87	79.65	82.26	81.08	81.7	78.54	81.52	78.56

三、外资企业反映投资环境存在的问题

外资企业对投资环境的总体评价逐年趋好，但在实际运行中还存在不少问题，许多因素还程度不同的制约着企业的发展，外资企业认为投资环境存在以下问题。

1.产业配套能力薄弱。35.2%的外商投资企业认为投资环境中存在的主要问题是产业配套能力薄弱。从企业对“当地配套服务方面对企业影响最大的问题”看，27.53%认为零部件本地配套难，24.16%认为水、电、运输等企业外部生产条件不能满足需要，11.24%认为中介服务体系不健全，另有37.08%认为是其他方面。

2.人才资源缺乏。34.64%的外商投资企业认为投资环境中存在的主要问题是人才资源缺乏。从外资企业对“目前生产经营过程中存在的主要问题”看，55.31%认为是劳动力成本提高，45.25%认为是人才的招聘与稳定，26.26%认为是员工素质不高。从外资企业对经营环境人才资源评价看，对劳动力供应充裕程度的满意度为76.63，比全区平均满意度低3.0、对技术人才供应充裕程度的满意度为72.67，比全区平均满意度低2.44、对管理人才充裕程度的满意度为75.82，比全区平均满意度低1.31。

3.审批办事手续繁琐。32.4%的外商投资企业认为投资环境中存在的主要问题是审批办事手续繁琐，45.25%认为办理证照审批时间太长，54.19%认为企业项目审批程序过多。

4.经济发展水平仍显落后。外商投资企业对城市建设国际化程度满意度为72.6，对人民的生活水平相比较国内一般水平的满意度为73.05，对当地的商业及经济发展相比较于国内一般水平的满意度为73.23，满意度均在75以下的一般满意范畴。

5.与政府部门工作交往中遇到的问题更加凸显。有32.16%的外商投资企业遇到“推诿扯皮、效率低下”，比上年提高2.77个百分点，24.02%遇到“只有收费、检查、处罚时才见到人，企业有困难时却坐视不管”，提高4.68个百分点，7.26%遇到“以部门的名义要求赞助”，提高2.54个百分点，6.7%遇到“政务不公开，搞暗箱操作”，提高1.98个百分点，5.03%遇到“工作人员以权谋私”，提高3.0个百分点，4.47%遇到“执法粗暴生硬”，提高1.17个百分点。

2012年北部湾经济区投资环境调查报告

陆玉秀

自2006年成立北部湾经济区以来，在六年的建设发展过程中，广西通过出台一系列相关政策，为北部湾经济区持续发展创造了不断改善的软硬投资环境，使其成为了广西经济腾飞的新引擎。根据国家统计局广西调查总队在北部湾经济区范围内开展的投资环境监测调查显示：2012年广西北部湾经济区投资环境持续改善，企业对北部湾经济区投资环境各方面满意度均创历史新高，但区位优势不是特别显著，区域内的南宁、北海、防城港、钦州四市投资环境改善程度呈两极分化态势，存在问题不容忽视。

一、调查样本的基本情况

调查采用“与样本单位规模成比例的概率抽样”（PPS抽样）方法，抽取北部湾经济区范围内780家企业样本，分布于各经济类型、各类行业、各种规模、各城市的企业中。

（一）调查样本的城市分布：在780家调查样本中，南宁市380家，北海市140家，防城港市110家，钦州市150家。

图1　样本城市分布图

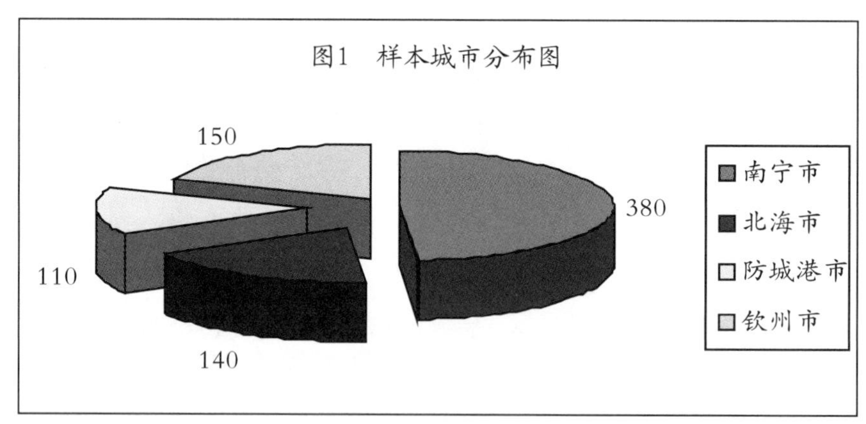

（二）调查样本的行业分布：调查样本涵盖了八大行业，其中，工业344家，建筑业55家，批发和零售业110家，交通运输、仓储和邮政业72家，住宿和餐饮业57家，信息传输、计算机服务和软件业29家，房地产业68家，社会服务业45家。

（三）调查样本的规模分布：调查样本中，大型企业68家，中型企业243家，小型企业418家,微型企业51家；

图2 样本企业规模分布图

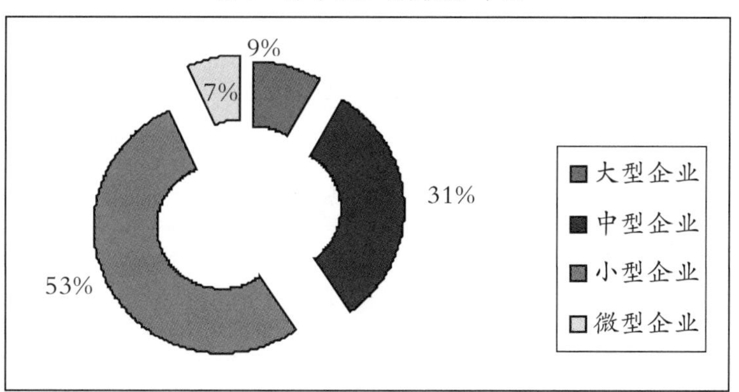

（四）调查样本的类型分布：从注册登记类型来看，国有企业133家，集体企业31家，股份合作企业11家，联营企业1家，有限责任公司374家，股份有限公司47家，私营企业108家，其他内资企业6家，外商及港、澳、台商投资企业69家。

二、广西北部湾经济区投资环境整体趋好

经过6年多时间的发展，北部湾经济区不仅进入了经济发展的快速成长期，投资环境也日趋优化，初步形成投资环境与经济发展的良性循环。

（一）总体投资环境满意度创新高

调查显示，2012年广西北部湾经济区总体投资环境满意度为81.77，较上年提高2.3，创2006年开展投资环境调查以来新高。受调查企业中，有67.89%认为最近一年北部湾经济区投资环境得到改善，比上年提高2.77个百分点。

1.总体投资环境的满意度优于广西总体水平。与2012年全广西总体投资环境满意度相比，北部湾经济区总体投资环境满意度为81.77，高于广西总体水平0.08。受调查企业中，有28.42%认为北部湾经济区投资环境要优于其他城市，比上年提高了4.58个百分点。

2.区域内南北钦防四市整体投资环境满意度均有所提高。企业对北部湾经济区所辖南宁市、北海市、防城港市和钦州市的2012年总体投资环境的满意度分别为82.27、80.21、80.55和83.36，分别比2011年提高2.38、2.33、1.56和1.57。

3.各规模分组企业满意度凸显区位优势。大、中、小型企业对2012年北部湾经济区投资环境的满意度均较上年全面提升并整体优于全区水平。其中大型企业2012年对经济区投资环境满意度为83.58，比上年高3.1，比全区水平高0.42；中型企业2012年对经济区投资环境满意度为82.45，比上年高2.51，比全区水平高0.01；小型企业2012年对经济区投资环境满意度为81.34，比上年高2.21，比全区水平高0.03。

（二）投资硬环境建设效果初显

企业对2012年北部湾经济区硬环境的满意度为82.33，比上年提高2.01，比全区水平高0.34。其中，企业对自然环境、

基础设施建设和公共设施环境三个分项的满意度分别为84.33、82.75和79.77，较上年分别提高0.97、2.13和2.89。

1.自然资源保障进一步提高。自然资源环境是投资环境的基础，决定着一个地区经济、社会、环境的综合协调发展水平和质量，是可持续发展的基础条件。受调查企业中，有59.13%认为北部湾经济区自然资源环境条件良好，比上年提高2.85个百分点。对于电力资源、能源（煤、石油）、淡水资源和土地资源的保障程度，企业的满意度分别为82.89、83.84、85.92和81.94。依托于充足的资源保障，63.09%受访企业认为北部湾经济区生态地理环境适合于企业发展，比上年提高7.71个百分点。

2.基础建设进一步夯实。基础设施是吸引投资的重要物资基础，特别是交通运输、物流流通、邮电通讯等系统，更是现代经济发展和发展外向型经济的必要条件。有51.66%受访企业认为北部湾经济区具备良好的基础建设条件，比上年提高9.48个百分点。企业对北部湾经济区交通运输满意度为82.92，比上年提高1.68；企业对北部湾经济区物流、仓储、流通相关商业设施满意度为82.74，比上年提高2.28；企业对北部湾经济区电信、资讯设施、网络等通讯条件满意度为82.93，比上年提高1.0。扎实的基础建设和规划提升了投资者的信心，60.55%的企业认可北部湾经济区未来总体发展和建设规划对企业发展的推动作用，比上年提高5.55个百分点。

3.公共设施配套进一步完善。除了自然资源和基础设施，是否具有安全、卫生、舒适的生活环境，也是吸引投资的重要因素。北部湾经济区的公共设施环境在投资硬环境中尚为短板，但提升力度最大。受访企业中，有42.18%认为北部湾经济区公共设施条件良好，比上年提高13.85个百分点。企业对北部湾经济区衣食住行便利程度、医疗卫生保健设施完备程度、学校教育设施完备程度和商务环境便捷程度的满意度分别为83.79、80.31、80.71和82.5，均处于“较高满意”区间，和上年相比，分别提升了1.8、2.85、2.19和3.04。

（三）投资软环境整体良好

软环境涉及到政企、政资、政社关系，对经济发展和招商引资有着十分重要的直接关系和影响。2012年，企业对北部湾经济区软环境的满意度为81.54，比上年提高2.44。总体上说，北部湾经济区作为广西经济发展的新一极，社会环境、政策环境、法制环境、政务环境、经济环境、经营环境等六方面的软环境均持续得到改善，保持对投资企业的持续吸引力。

1.欢迎外来投资意愿强，社会环境良好。企业对社会环境的满意度为80.13，比上年提高0.75。其中，企业对当地欢迎外来投资态度的满意度最高，为86.55，比上年提高1.29；其余依次是对当地民众道德诚信的满意度为81.61、对当地社会风气状况的满意度为79.87、对当地民众文化素质及文明程度的满意度为78.51、对当地社会治安状况的满意度为77.61，均处于“较高满意”区间，并较上年有不同程度提升。

2. 对外来投资承诺实现度高，政策环境宽松。企业对政策环境的满意度为82.99，比上年提高2.35。其中，企业对投资承诺实现度为84.57，比上年提高2.21；此外，企业对相关投资政策优惠条件、政府政策的稳定性、政策透明度和对知识产权保护情况也有着较高的满意度，分别为83.94、84.48、81.83和83.34，比上年分别提高2.69、1.8、2.32和2.55。

3. 保障投资者合法权益，法制环境公正。企业对法制环境的满意度为81.97，比上年提高3.15，在投资软环境的六个方面中提升最大。其中，企业对投资经营过程中，合法权益得到法律保障的满意度为83.71，比上年提高2.63；对政府与执法机构执法态度的满意度为82.32，比上年提高2.69；对司法环境体现公正公平公开程度的满意度为82.47，比上年提高3.56；对解决纠纷渠道完善程度的满意度为81.46，比上年提高3.63。

4. 政府服务意识增强，政务环境优化。企业对政务环境的满意度为82.16，比上年提高2.22。其中，企业对政府的服务意识满意度为83.05，比上年提高2.85；对行政机关工作效率满意度为81.33，比上年提高3.49；对行政机关办事程序公开情况满意度为83.66，比上年提高2.2。

5. 发展潜力被看好，经济环境向好。企业对经济环境的满意度为81.5，比上年提高2.98。其中，企业对当地经济发展潜力的满意度为86.35、对改善投资环境态度的满意度为86.88、对所在城市的开放程度满意度为81.62，分别比上年提高4.69、4.49和2.75；此外，企业对金融体系的完善程度的满意度为79.78、对资金汇兑及利润汇出便利程度的满意度为80.65、对融资政策的满意度为83.46，分别比上年提高3.07、2.76和6.51。

6. 市场秩序良好，经营环境平稳。企业对经营环境的满意度为81.15，比上年提高2.92。其中企业对劳动力供应满意度为79.03，比上年提高1.71；对劳资关系满意度为81.5，比上年提高2.91；对厂房及相关设施成本满意度为81.5，比上年提高2.76；对政府鼓励企业自主创新的满意度为83.26，比上年提高2.3。

三、北部湾经济区投资环境值得关注的问题

在六年的建设过程中，北部湾经济区抢抓机遇，不断加大对基础设施的投入，不断改善政务环境、政策环境等投资软环境，区域内的投资环境不断得到优化和提升，企业的认可度也逐年提高，但仍有一些问题值得进一步关注。

（一）北部湾经济区投资环境优势不明显

北部湾经济区享有广西自治区党委、政府“三个优先发展”战略的优势，即产业优先发展、交通优先发展、北部湾经济区优先发展。但区内其他城市也依托各自资源或区域优势，大力构建良好投资环境，形成了“百舸争流”的竞争局面，与广西其他城市相比，北部湾经济区的投资环境优势未能显现。

1.投资软环境满意度居广西中下水平。北部湾经济区投资软环境满意度为81.54，低于全区整体水平0.03。投资软环境的六个分项中，北部湾经济区的社会环境、法制环境和政务环境满意度均低于全区水平；经济环境、经营环境满意度与全区水平持平；仅有政策环境满意度比全区水平高0.1。将北部湾经济区作为一个总体和全区其他10个市排名来看，北部湾经济区的社会环境、法制环境和政务环境满意度均排在第7位，经营环境满意度排在第6位，政策环境和经济环境排在第5位。

2.重点产业企业满意度未能体现区位优势。自治区党委、政府在《关于加快广西北部湾经济区全面开放开发的若干意见》中，将石化、林浆纸、能源、钢铁和铝加工、粮食食品加工、海洋产业、现代服务业、物流产业、高新技术产业作为北部湾经济区九大重点产业。从2012年企业对北部湾经济区总体满意度来看，将北部湾经济区作为一个总体和全区其他10个市相比，造纸及纸制品业满意度为80.97，低于全区水平0.75，排名全区第7；电力、燃气及水的生产和供应业满意度为82.63，低于全区水平0.52，排名全区第7；农副食品加工业满意度为81.76，低于全区水平0.28，排名全区第7；交通运输仓储和邮政业满意度为81.05，低于全区水平0.85，排名全区第7；计算机传输、软件和信息技术服务业满意度为79.56，低于全区水平0.93，排名全区第8。其他北部湾经济区重点产业中，除石化、海洋产品等区域特色产业维持较高满意度外，黑色金属冶炼及加工业满意度为82.29，排名全区第3；有色金属冶炼及加工业满意度为82.07，排名全区第2；商务服务业满意度为83.35，排名全区第3。如何更好服务于重点产业企业，仍有待继续努力。

3.对外资的吸引度无明显优势。外资是北部湾经济区的招商重点之一，2012年外商及港澳台商投资企业对北部湾经济区投资环境满意度为81.52，排在柳州、梧州、百色、桂林、贵港之后，并低于全区水平0.55。

（二）北部湾经济区各市投资环境改善程度呈两极分化

北部湾经济区内南宁、钦州、北海、防城港4市投资环境改善程度不一，其中钦州全区领跑，南宁砥柱中流，而北海、防城港已成为提高北部湾经济区投资环境满意度的短板。具体来看，南宁市总体投资环境、投资硬环境和投资软环境满意度分别为82.27、82.94和81.98，分别排全区第4、第3和第5；钦州市三项满意度分别为83.36、82.84和83.58，总体投资环境和软环境均排全区第1，硬环境排全区第4；北海市三项满意度分别为80.21、81.98和79.45，排名分别为第13、第7和第14；防城港市三项满意度分别为80.55、79.97和80.8，排名分别为第12、第13和第11，总体投资环境排名比上年下滑了6位。

（三）融资、成本和劳动力是制约企业生产经营三大因素

1.融资难。调查结果显示，23.28%的企业认为资金筹措困难是其生产经营过程中的主要问题，26.52%的企业认为难以从当地获取资金贷款。企业认为难以获得金融机构贷款的主要原因分别为过高的融资成本、繁琐的信贷手续和国家收紧的信贷政策，认同率分别为25.16%、32.56%和28.76%。

2.成本高。分别有54.4%和53.8%的企业认为过高的劳动力成本和生产经营成本对企业生产经营造成了影响。

3.人才流失。尽管企业对北部湾经济区劳动力供应、技术人才供应和管理人才供应的满意度分别达到了79.03、75.11和77.13，但43.4%的企业在生产经营过程中还是遇到了人才的招聘和稳定问题，“易招难留”现象有待解决。

（四）部分职能部门服务为企业的意识有待加强

调查显示，企业认为行政执法和管理方面存在问题最多的职能部门主要集中在市、县、乡三级，认同率分别为28.59%、35.13%和34.1%。推诿扯皮、效率低下和只收费、检查、处罚见人，企业困难时却坐视不管是企业反映有关职能部门存在的主要问题，认同率分别为36.54%和23.85%。另外，分别有43.33%和53.46%的调查企业认为办理证照审批时间过长和企业项目审批程序过多。

第九届中国—东盟博览会参会人士满意度调查报告

孔 杰

中国—东盟博览会是目前中国境内唯一由多国政府共办且长期在一地举办的展会，为了了解掌握各国、各地区、各方面、各层次人士对中国—东盟博览会组织工作认可程度及相关问题的回应情况，为更好地举办博览会提供决策依据，国家统计局广西调查总队在第九届中国—东盟博览会期间开展了参会人士满意度专项调查。调查对象为现场参展商、交易商、政府官员和新闻记者，通过对他们的问卷调查，得出了东盟各国、各地区参会人士对本届博览会的总体评价、对博览会组织和服务工作的评价、对博览会效果的评价以及对办好中国—东盟博览会的展望等一系列调查资料。

一、调查基本情况

第九届中国—东盟博览会参会客商团组数量更多，本次调查采用了非概率配额抽样调查方法，现场问卷调查了能够代表总体的各种不同身份类别、国家、地区、行业的参会人士共1208人，调查样本主要分布状况是：

1.调查境外人士：境外参会人士440人，占总体36.4%，其中：东盟10国人士396人，港澳台人士和其他国家人士44人。在东盟10国当中：泰国77人，越南58人，马来西亚56人，缅甸44人，柬埔寨32人，印度尼西亚60人，菲律宾9人，老挝43人，文莱6人，新加坡11人。

图表1 东盟10国参会人士调查样本构成图

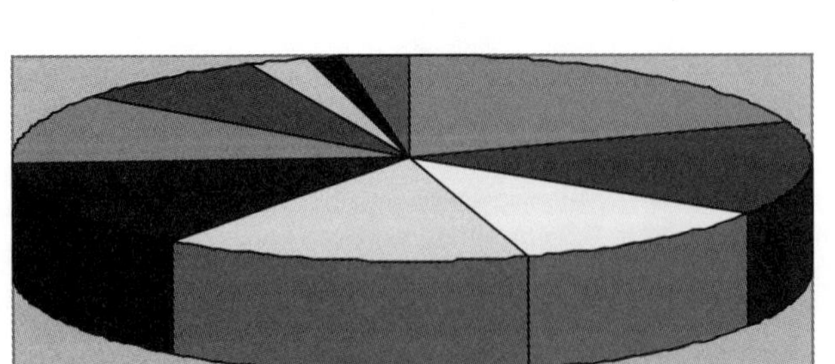

2. 调查境内人士：境内参会人士768人，占总体的63.6%，其中：广西380人，除西藏外，其他省市区均有调查样本分布。

3. 调查对象身份：参展商793人，其中境外有334人；采购投资交易商243人，其中境外有56人；政府官员92人，其中境外32人；新闻记者80人，其中境外有18人。

4. 调查参展商的行业类别：农林牧渔业60人，采矿业60人，制造业267人，电力及水生产及供应业49人，建筑业60人，交通运输仓储和邮政业25人，批发和零售业188人，房地产业12人，金融业11人，社会服务业23人，信息传输、计算机服务和软件业19人，住宿和餐饮业19人。

5. 调查人士参加历届博览会情况：参加了一届博览会的人士为540人，占44.7%，参加了二届博览会的人士为275人，占22.8%，参加了三届博览会的人士为134人，占11.1%，参加了四届博览会的人士为74人，占6.1%，参加了五届以上博览会的人士为185人，占15.3%。

二、博览会组织服务工作再上新水平

中国—东盟博览会已经成为一个非常成熟、专业的国际性大型展会。本届博览会配套服务继续优化，各项服务更加便利，服务模式不断完善，得到参会人士的充分肯定，对博览会各方面组织服务工作的满意度持续提高。

1. 对会展服务工作水平的评价。参会人士对本届博览会会展服务工作水平的满意度为88.18，比第一届提高12.77，比上届提高0.98，其中，境外人士的满意度为88.54，比上届提高0.98，参展商满意度为86.46，提高0.16，采购投资交易商满意度为91.51，提高3.56，政府官员满意度为90.31，提高1.89，新闻记者满意度为92.66，提高2.19。

图表2 历届参会人士对博览会会展服务工作水平的满意度（%）

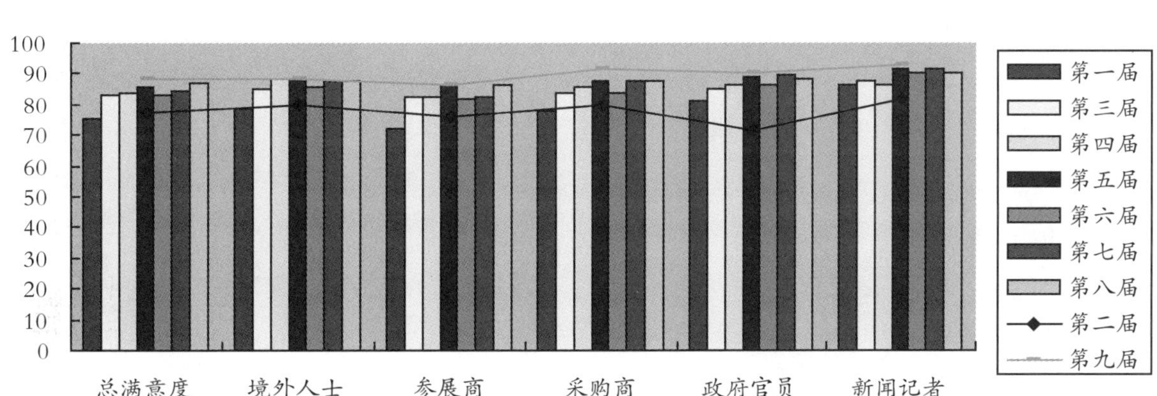

2.对会展设施的评价。参会人士总的满意度为88.44，比第一届提高3.09，比上届提高1.65，其中，境外人士满意度为89.28，比上届提高0.4，参展商满意度为86.96，提高1.10，采购投资交易商满意度为90.77，提高2.53，政府官员满意度为90.85，提高2.82，新闻记者满意度为93.02，提高2.54。

3.对接待工作的评价。参会人士对本届博览会接待工作的满意度为87.85，比第一届提高10.19，比上届提高0.91，其中，境外人士的满意度为87.85，比上届提高0.79，参展商满意度为85.82，降低0.07，采购投资交易商满意度为91.97，提高3.77，政府官员满意度为90.70，提高2.41，新闻记者满意度为91.88，提高0.24。

4.对运输服务的评价。参会人士对本届博览会运输服务的满意度为85.71，比第一届提高7.8，比上届提高2.21，其中，境外人士的满意度为85.65，比上届提高1.34，参展商满意度为83.75，提高1.53，采购投资交易商满意度为89.25，提高3.92，政府官员满意度为88.97，提高4.58，新闻记者满意度为90.49，提高1.86。

5.对口岸通关服务的评价。参会境外人士对本届博览会口岸通关服务的满意度为88.48，比第一届提高8.99，比上届提高3.26，其中，参展商满意度为87.98，提高3.46，采购投资交易商满意度为91.87，提高6.53，政府官员满意度为86.85，降低4.3，新闻记者满意度为90.28，提高0.99。

6.对提供交流和沟通服务的评价。参会国内人士对本届博览会提供交流和沟通服务的满意度为86.09，比第一届提高16.15，比上届提高2.40，其中，参展商满意度为83.59，提高2.08，采购投资交易商满意度为89.24，提高2.33，政府官员满意度为89.85，提高5.01,新闻记者满意度为90.98，提高0.98。

7.对宣传工作的评价。参会人士对本届博览会宣传工作的满意度为89.95，比第一届提高4.70，比上届提高1.71，其中，境外人士的满意度为88.48，比上届提高3.30，参展商满意度为88.81，提高1.44，采购投资交易商满意度为91.91，提高1.62，政府官员满意度为91.89，提高4.65，新闻记者满意度为92.86，提高0.85。

8.对安全保卫工作的评价。参会人士对本届博览会安全保卫工作的满意度为89.66，比第一届提高12.08，比上届降低0.77，其中，境外人士满意度为90.83，比上届提高0.78，参展商满意度为88.31，提高0.55，采购投资交易商满意度为91.97，提高1.18，政府官员满意度为92.90，提高2.04,新闻记者满意度为91.99，降低0.61。

9.对信息通讯服务的评价。参会人士对本届博览会信息通讯服务的满意度为87.59，比第一届提高4.18，比上届提高1.90，其中，境外人士满意度为88.48，比上届提高2.41，参展商满意度为86.03，提高1.46，采购投资交易商满意度为91.07，提高3.13，政府官员满意度为88.94，提高1.89,新闻记者满意度为90.87，提高1.93。

10.对重大活动安排的评价。参会人士对本届博览会重大活动安排的满意度为88.69，比第一届提高4.83，比上届提高1.88，其中，境外人士满意度为88.73，比上届提高1.17，参展商满意度为87.40，提高1.40，采购投资交易商满意度为90.99，提高2.74，政府官员满意度为91.17，提高4.45，新闻记者满意度为91.42，提高2.19。

11.对住宿条件的评价。参会人士对本届博览会住宿条件的满意度为87.13，比第一届提高12.19，比上届提高2.70，其中，境外人士的满意度为87.92，比上届提高0.36，参展商满意度为85.78，提高2.21，采购投资交易商满意度为88.65，提高2.47，政府官员满意度为90.72，提高8.66，新闻记者满意度为91.42，提高1.92。

12.对饮食安排的评价。参会人士对本届博览会饮食安排的满意度为82.61，比第一届提高20.79，比上届提高7.30，其中，境外人士的满意度为84.68，比上届提高8.59，参展商满意度为80.38，提高7.51，采购投资交易商满意度为86.06，提高6.60，政府官员满意度为85.69，提高9.02，新闻记者满意度为90.28，提高7.08。

13.对卫生环境的评价。参会人士对本届博览会卫生环境的满意度为89.00，比第二届提高1.65，比上届提高2.73，其中，境外人士满意度为88.99，比上届提高5.54，参展商满意度为88.08，提高3.01，采购投资交易商满意度为89.92，提高0.77，政府官员满意度为91.92，提高7.08，新闻记者满意度为91.52，降低0.12。

14.对组织工作便利高效的评价。参会人士对本届博览会组织工作便利高效的满意度为85.38，比第二届提高8.87，比上届提高1.93，其中，境外人士的满意度为87.28，比上届提高2.95，参展商满意度为83.69，提高1.43，采购投资交易商满意度为88.59，提高3.68，政府官员满意度为87.17，提高2.57，新闻记者满意度为90.22，提高2.05。

图表3 历届参会人士对博览会各方面组织工作水平的满意度（%）

	第一届	第二届	第三届	第四届	第五届	第六届	第七届	第八届	第九届
会展服务工作	75.41	77.35	82.96	83.47	85.95	83.09	84.26	87.20	88.18
会展设施	85.35	87.19	86.79	86.38	87.49	85.31	85.10	86.79	88.44
接待工作	77.66	78.05	83.02	83.82	85.85	83.09	84.62	86.94	87.85
运输服务	77.91	77.73	79.59	81.02	82.06	79.90	82.71	83.51	85.71
口岸通关服务	79.49	79.85	84.48	86.87	85.92	80.93	85.00	85.22	88.48
提供交流和沟通服务	69.94	77.36	80.08	79.92	82.50	80.07	80.13	83.69	86.09
宣传工作	85.25	85.22	87.41	87.06	87.78	87.36	86.23	88.24	89.95

续表

	第一届	第二届	第三届	第四届	第五届	第六届	第七届	第八届	第九届
安全保卫工作	77.58	83.85	85.86	86.21	88.99	87.38	86.37	88.89	89.66
信息通讯服务	83.41	84.36	84.73	84.96	85.54	83.22	83.81	85.69	87.59
重大活动安排	83.86	84.75	85.37	84.36	85.80	85.04	84.94	86.81	88.69
住宿条件	74.94	80.94	82.94	81.84	84.53	82.41	82.22	84.43	87.13
饮食安排	61.82	79.86	75.95	75.27	76.92	65.89	74.10	75.31	82.61
卫生环境	—	87.35	88.10	87.49	88.79	85.63	86.34	86.27	89.00
组织工作便利高效	—	76.51	80.16	81.71	82.28	78.87	81.65	83.45	85.38

15.对博览会各项现场服务工作的评价。本届参会人士对各项现场服务工作的认可程度普遍比上届提高。

认同率排列前五位的是：一是设置免费饮水点（51.6%），比上届提高1.13个百分点；二是为客商免费提供电脑租赁（27.98%），提高0.23个百分点；三是增设洽谈区和休息室（27.72%），提高0.54个百分点；四是扩大安保现场区域（26.89%），提高0.37个百分点；五是贵重物品保管（25.89%），提高0.51个百分点。

认同率排列后六位是：一是增设安检门方便客商进入（24.71%），比上届提高0.85个百分点；二是临近展馆增设出租车和公交车上落点（24.13），提高0.83个百分点。三是改进证件办理工作（23.93%），提高0.63个百分点；四是餐饮多样化（21.52%），提高1.82个百分点；五是免费看管半夜抵达展馆车辆（20.14%），提高0.82个百分点；六是展馆增设电瓶车（12.16%），提高1.27个百分点。

三、博览会专业化程度更高、贸易促进活动更丰富

第九届中国—东盟博览会以“科技合作”为重点主题，参会人士在互利合作方面的形式越来越多，内容越来越丰富，层次在不断地提高，呈现出展会专业化程度更高、贸易促进活动更丰富的特点。参会人士对本届博览会提供经贸合作机会的满意度普遍提高，中国和东盟10国人士相互开展业务往来增加，九成的参会人士达到参加博览会预期目的。

1.经贸合作机会。参会人士对本届博览会提供经贸合作机会的满意度为84.68，比第一届提高9.70，比上届提高2.79，其中，境外人士的满意度为87.88，比上届提高1.89，参展商满意度为82.43，提高2.32，采购投资交易商满意度为88.03，提高3.59，政府官员满意度为88.47，提高2.88，新闻记者满意度为92.05，提高3.01。

图表4 历届参会人士对博览会提供经贸合作机会的满意度（%）

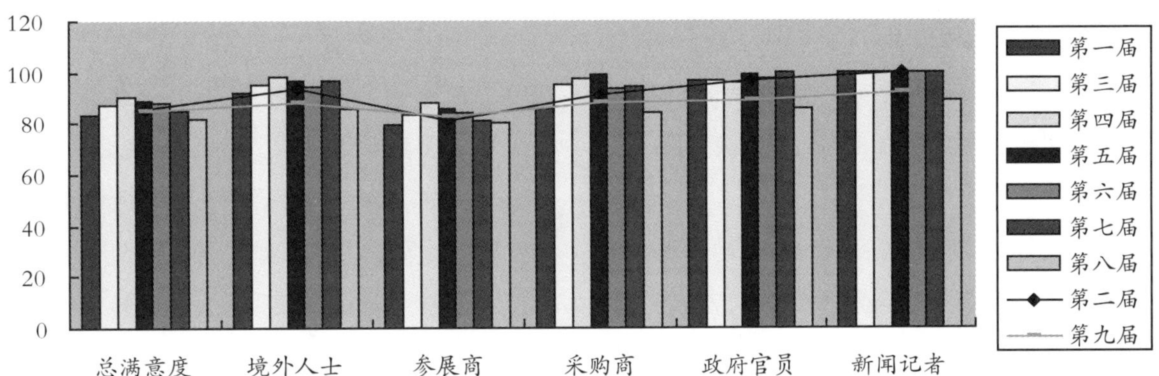

2.相互开展业务往来。本届博览会，有71.19%的国内和东盟10国人士相互进一步开展了业务往来，并取得了效果，比上届提高6.19个百分点。参会人士对在本届博览会相互开展业务往来的满意度为85.12，比第一届提高14.84，比上届提高2.56，其中，境外人士的满意度为87.08，比上届提高1.09，参展商满意度为82.98，提高1.56，采购投资交易商满意度为88.4，提高4.0，政府官员满意度为90.13，提高7.49,新闻记者满意度为90.23，提高2.17。

3.专业化程度。参会人士对本届博览会专业化程度的满意度为85.63，比第二届提高13.50，比上届提高3.57，其中，境外人士满意度为87.76，比上届提高2.97，参展商满意度为83.38，提高3.21，采购投资交易商满意度为89.99，提高4.12，政府官员满意度为88.89，提高4.15,新闻记者满意度为90.63，提高1.98。

4.市场针对性。参会人士对本届博览会在优化参展商品的结构，展览内容更具市场针对性方面取得成效的满意度为86.69，比第三届提高4.44，比上届提高2.33，其中，境外人士的满意度为90.18，比上届提高2.75，参展商满意度为84.67，提高1.84，采购投资交易商满意度为89.51，提高2.69，政府官员满意度为91.33，提高5.74,新闻记者满意度为92.52，提高2.01。

5.经贸关系互补性。参会人士对本届博览会在突出各自优势和体现双方经贸关系互补性方面取得成效的满意度为87.52，比第三届提高3.69，比上届提高2.69，其中，境外人士的满意度为89.97，比上届提高1.65，参展商满意度为85.78，提高2.09，采购投资交易商满意度为90.05，提高2.82，政府官员满意度为91.13，提高6.20,新闻记者满意度为92.64，提高1.24。

6.贸易配对和项目撮合。参会人士对本届博览会在贸易配对和项目撮合方面取得成效的满意度为86.27，比第二届提高9.56，比上届提高2.40，其中，境外人士的满意度为88.71，比上届提高2.71，参展商满意度为84.10，提高1.52，采购投资交易商满意度为89.15，提高2.93，政府官员满意度为90.86，提高4.92,新闻记者满意度为93.28，提高4.26。

7.关税互惠待遇影响。参会人士对中国—东盟原产商品相互优惠关税待遇对本届博览会商品成交量影响的满意度为85.28，比第二届提高1.70，比上届提高2.56，其中，境外人士的满意度为88.46，比上届提高2.51，参展商满意度为82.77，提高1.32，采购投资交易商满意度为89.84，提高4.21，政府官员满意度为89.16，提高5.80,新闻记者满意度为91.39，提高5.88。

8.促进中国—东盟自贸区建设。参会人士对博览会推进中国—东盟自由贸易区建设和促进作用的满意度为90.35，比第二届提高0.74，比上届提高1.15，其中，境外人士满意度为91.58，比上届提高0.87，参展商满意度为89.79，提高2.07，采购投资交易商满意度为91.12，降低1.56，政府官员满意度为91.69，提高2.93,新闻记者满意度为91.89，降低1.86。

图表5 历届参会人士对博览会取得成果的满意度（%）

	第一届	第二届	第三届	第四届	第五届	第六届	第七届	第八届	第九届
经贸合作机会	74.98	76.99	78.74	80.24	79.92	78.42	78.16	81.89	84.68
相互开展业务往来	70.28	73.87	84.82	84.92	85.78	80.28	80.46	82.56	85.12
专业化程度	—	72.13	80.81	80.65	82.65	79.67	80.53	82.06	85.63
市场针对性	—	—	82.25	82.50	82.92	81.14	81.61	84.36	86.69
经贸互补性	—	—	83.83	83.82	83.99	82.77	83.07	84.83	87.52
贸易配对和项目撮合	—	76.71	82.24	82.44	82.83	81.41	80.82	83.87	86.27
关税互惠影响	—	83.58	84.78	83.76	84.66	79.79	80.42	82.72	85.28
促进自贸区建设	—	89.61	90.85	89.88	90.36	88.06	88.37	89.20	90.35

四、对本届中国—东盟博览会的总体评价进一步提高

第九届中国—东盟博览会围绕中国与东盟重点合作领域，举办丰富多彩的高层次论坛、会议和文化体育交流活动，在加强中国与东盟多领域合作方面加大力度。参会人士对本届博览会的整体评价在上届较高水平的基础上普遍有所提高，保持较高的满意度。

1.对博览会的整体评价。参会人士对本届博览会的整体满意度为86.21，比第一届提高7.30，比上届提高2.78，其中，境外人士满意度为89.10，比上届提高1.17，参展商满意度为83.83,提高1.7，采购投资交易商满意度为90.84，提高8.72，政府官员满意度为90.81，提高5.74,新闻记者满意度为90.35，提高4.96。

图表6 历届参会人士对博览会的整体满意度（%）

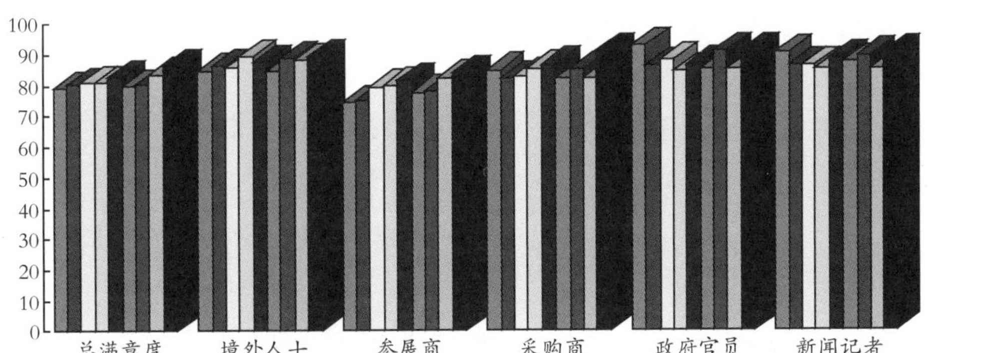

2.对博览会取得总体效果的评价。参会人士对本届博览会取得总体效果的满意度为84.99，比第一届提高4.33，比上届提高2.10，其中，境外人士的满意度为88.01，比上届提高1.71，参展商满意度为82.26，提高1.53，采购投资交易商满意度为88.78，提高0.54，政府官员满意度为90.96，提高5.24,新闻记者满意度为93.11，提高4.48。

3.对达到预期目的评价：参会人士对参加本届博览会达到预期目的满意度为82.69，比第一届提高11.09，比上届提高1.0，其中，境外人士满意度为86.26，比上届提高0.63，参展商满意度为79.22，提高0.14，采购投资交易商满意度为87.65，提高3.09，政府官员满意度为90.73，提高2.3,新闻记者满意度为92.29，提高2.77。

4.对举办地的评价。参会人士对南宁举办中国—东盟博览会的满意度为91.43，比第一届提高4.09，比上届提高1.14，其中，境外人士满意度为91.29，比上届降低0.13，参展商满意度为90.34，提高0.92，采购投资交易商满意度为93.00，提高0.91，政府官员满意度为93.89，提高4.02，新闻记者满意度为94.27，降低0.25。

5.对本届与以往各届比较的评价。参会人士对本届博览会与前八届比较的满意度为86.81，比第二届提高8.17，比上届提高1.17，其中，境外人士的满意度为87.49，比上届提高1.22，参展商满意度为85.43，提高0.32，采购投资交易商满意度为88.31，提高2.74，政府官员满意度为89.66，提高3.5，新闻记者满意度为92.25，提高2.83。

图表7 历届参会人士对博览会总体方面的满意度（%）

	第一届	第二届	第三届	第四届	第五届	第六届	第七届	第八届	第九届
整体的满意度	78.91	80.03	80.85	80.80	82.58	79.49	80.23	83.43	86.21
总体效果	80.66	84.50	83.47	83.87	84.03	78.90	79.86	82.89	84.99
达到预期目的	71.60	71.76	77.81	79.40	80.20	75.78	75.22	81.69	82.69
南宁举办博览会的满意度	87.34	88.23	90.20	89.51	90.33	88.24	89.32	90.29	91.43
本届比以前各届的满意度	—	78.64	83.66	80.37	81.72	81.98	82.93	85.65	86.81

五、对今后办好中国—东盟博览会的展望

参会人士对办好博览会信心进一步增强，对博览会需要改进的组织工作要求普遍降低，对参加下一届博览会的期望值提高。

1. 对中国—东盟博览会越办越好的信心增强：参会人士总的信心指数为98.84，有60.6%的参会人士认为中国—东盟博览会一定会越办越好，比上届提高0.66个百分点。

2. 对下一届博览会的期望值较高：参会人士对参加下一届博览会总的期望值为98.71%，有42.69%的人士一定会参加下一届博览会，比上届提高2.22个百分点。84.64%参会人士认为中国—东盟自由贸易区建成后，对参加博览会产生影响，比上届提高0.25个百分点。

3. 对博览会组织工作需要改进的要求进一步降低：按认同率高低排列：一是提高专业观众的数量和质量，认同率为36.09%；二是加强信息披露与沟通，认同率为28.39%；三是改善宾馆服务条件，认同率为28.06%；四是进一步将安全与便利结合起来，认同率为27.73%；五是完善对口接待联络机制，认同率为27.57%；六是做好展览现场管理和服务工作，认同率为25.41%。七是切实提高博览会经贸效果，认同率为22.19%；八是改进招商组展方式，认同率为22.02%。

图表8 历届博览会组织工作需要改进方面认同率（%）

	第二届	第三届	第四届	第五届	第六届	第七届	第八届	第九届
进一步将安全与便利结合起来	48.68	42.7	30.0	37.8	29.1	33.0	31.06	27.73
完善对口接待联络机制	43.18	37.5	33.8	32.7	34.3	28.8	30.78	27.57
改善宾馆服务条件	34.21	32.4	33.0	31.8	30.9	29.5	30.59	28.06
加强信息披露与沟通	31.82	43.3	39.8	39.2	39.3	35.5	32.48	28.39
改进招商组展方式	25.12	37.4	36.1	30.0	29.2	28.4	28.60	22.02
做好展览现场管理和服务工作	23.56	38.6	33.7	33.6	35.1	29.9	27.08	25.41
切实提高博览会经贸效果	23.33	41.1	38.7	35.7	37.7	35.7	30.59	22.19
提高专业观众的数量和质量	—	54.7	54.3	51.8	40.1	50.9	40.25	36.09